中国劳动关系学院
建校70周年祝贺文集

Exploring the Advancement
of the Rule of Law in Labour Relations I

劳动关系法治化探索（上）

姜　颖／主编

法律出版社
LAW PRESS·CHINA

序言
Preface

2019年是新中国成立70周年，也是中国劳动关系学院建校70周年。

中国劳动关系学院的前身是1946年4月从华北联合大学分离建校的晋察冀边区行政干部学校。1949年年初，学校迁至天津，更名为华北职工干部学校。1949年9月，根据刘少奇同志的指示，华北职工干部学校更名为中华全国总工会干部学校，全国总工会副主席李立三同志兼任第一任校长。经党中央批准并由刘少奇同志亲自审定学校校址；1954年8月，学校从天津迁至北京。1984年9月，中华全国总工会干部学校正式改建为中国工运学院，开始面向全国工会系统和社会开展成人学历教育。2003年5月，中国工运学院改制升格为普通本科院校，并更名为中国劳动关系学院。2017年7月，中华全国总工会、教育部共同印发了《关于共建中国劳动关系学院的意见》，学校发展迈入新的历史阶段。根据全国总工会和教育部的指导和要求，学校多年坚持弘扬劳动特色、工会特色、工运特色，坚定不移地走"特精尖"内涵式发展道路，已经形成了以普通本科教育为重点、工会干部培训为使命、稳步发展研究生教育、做精做强高等职业教育的办学格局，成为在工会和劳动关系领域学科门类较为齐全、较为完整的大学。

在七十载弦歌奋进的历史长河中，中国劳动关系学院坚持特色行业院校发展之路，确立了新时代"劳动+""工会+"特色学科体系，努力培养新时代的奋斗者。中国劳动关系学院法学院以劳动法和社会保障法为特色的法学学科发展方向，不仅对学校办学特色的形成助益良多，在"弘扬特色创一流"的新时代使命中也将担当重任。中国劳动关系学院法学院的前身为组建于1986年的“劳动法学系”,由我国著名法学家、新中国劳动法学科的奠基人之一关怀教授亲自主持创办,1992年更名为“法学系”;2016年8月改为“法学院”。2003年经教育部批准开始招收法学专业(劳动法与社会保障法方向)普通本科生;2007年被教育部确定为国家级特色专业建设点;2008年被北京市教委确定为北京市特色专业建设点。2015年为中国法学会“法治社会研究方阵”的理事单位、中国社会法学研究会副会长单位、中国社会法学研究会劳动法学分会常务副会长单位和秘书处所在单位、北京市劳动与社会保障法学会副会长单位和团体理事单位,成为我国培养高素质劳动法律人才的重镇和基地。三十多年来,法学院坚持走特色办学的发展道路,一直以劳动法和社会保障法为专业特色,着重劳动法和社保法的教学和研究,为各级工会、法院、仲裁院、律所和各企事业单位培养了大批高素质的劳动法律专门人才。

2018年“五·一”前夕,习近平总书记给我校劳模本科班学员回信,极大地鼓舞了我校继续办好劳模本科教育的信心,极大地鼓舞了全校师生员工“弘扬特色创一流”的决心。习近平总书记在回信中强调,“劳动最光荣、劳动最崇高、劳动最伟大、劳动最美丽”。这一指示对于我校坚持办学的正确政治方向、建设高素质教师队伍、形成高水平人才培养体系具有重要的指导意义。

劳动的光荣、伟大、崇高与美丽,离不开社会法的保驾护航。劳动法是保障劳动者的法律,社会保障法以增进公民福利、实现公民社会保障权利为根本目的,只有全面协调国家、社会、劳动者、用人单位等各主体的利益,切实保障劳动者的基本权利,增强劳动者的劳动获得感,才能奠定劳动光荣、伟大、崇高与美丽的坚实基础。这在新时代社会主义中国,尤为必要。

劳动的光荣、伟大、崇高与美丽,需要进一步推进社会法学研究、完善社会法律制度。人民对于美好生活的向往,不仅是我们的奋斗目标,也是社会法学的立法取向。作为规范劳动权利与义务,规范社会福利供给,合理配置社会主体社会保障权利义务的社会法,应当将合理增进人民劳动与社会保障权利作为矢志追求的目标。

值此中国劳动关系学院70周年校庆之际,法学院组织编写了这套“劳动关系法治化探索——中国劳动关系学院建校70周年祝贺与纪念文集”。该文集分上下两卷，本书为文集的上卷，由我国劳动法和社会保障法领域的资深、知名专家学者共襄我校70周年校庆之盛举而特意惠赐文稿所成，主题涵盖社会法与劳动法的一般理论、劳动合同法、劳动基准和集体劳动法，以及社会保障法，且文章均为作者从近年论著中亲自挑选的代表之作，既有对基础理论的深入探讨，也有对制度热点和社会现实需求的积极回应，可以说这本文集是我国当前劳动法与社会保障法优秀研究成果的一次总结和展示，也是文集中的学者们通过“以文会友”的方式向中国劳动关系学院院庆表示祝贺，向中国劳动关系学院法学院表达了深厚的学术友谊之情。诸位方家慧赐良稿，共襄盛事，不仅是我校之幸事，也是我国社会法学研究事业之幸事！在此，我也代表法学院向各位专家学者多年来对中国劳动关系学院及法学院的支持与帮助致以真挚的谢意与感激！

习近平总书记指出，“社会主义是干出来的，新时代也是干出来的”。中国劳动关系学院法学院全体教师在“立德树人，德法兼修，培养高素质法治人才”这一新时期法学专业培养目标的背景下，团结一心、开拓进取、砥砺前行，为把学校建设成为我国高素质应用型人才培养的重要基地、工会干部培训的最高学府、劳动关系和工会领域研究的高端智库付出应有的努力；为在2029年建校80周年之际，实现学校“劳动关系和工会领域国内一流、国际知名大学”的建设目标做应有的贡献！

姜　颖

2019年8月8日

目录
Contents

劳动合同法论

劳动基准法与集体劳动法论

社会保障法论

社会法与劳动法的一般理论

个体之人与集体之人

——私法与社会法的人像区别之解析

赵红梅*

【摘　要】 社会法为公法与私法以外之第三法域。私法对人的认知受个人(自由)主义政治哲学观的影响,社会法对人的认知受集体(反自由)主义政治哲学观的影响。关于人的认知前提假设,私法与社会法最本质的区别是:私法中的人是币钵之人,存在形态为“独”与“合”;社会法中的人是集体之人,存在形态为“群”与“群之成员”。就私法与社会法两者而言,每一个书本都具有多重身份:作为独立自我的个体和与他人合作的书本以及作为集体成员的币体。私法与社会法的人像区别在法律对群体纠纷的处理模式及其态度上也有明显体现。

【关键词】 私法　社会法　个体之人　集体之人　个人主义政治哲学　集体主义政治哲学

一、导言

在展开本文的论证之前,需要对“私法”与“社会法”这两个基本概念加以界定。“大陆法系中公认的基本法律分类是公法和私法,私法主要包含民法和商法两个部分。”①“私法是整体法律制度的一个组成部分,它以个人和个人之间的平等和自觉(私法自治)为基础,规定个人和个人之间的关系。”②约翰·亨利·梅利曼和卡尔·拉伦茨上述关于“私法”的界定为笔者所认同,从而作为笔者使用这些概念

---

* 中国政法大学民商经济法学院社会法研究所所长、教授,中国社会法学研究会常务理事。原文刊载于《法商研究》2009 年第 2 期。

① [美]约翰·亨利·梅利曼:《大陆法系》,顾培东等译,法律出版社 2004 年版,第 72 页。

② [德]卡尔·拉伦茨:《德国民法通论》,王晓晔等译,法律出版社 2003 年版,第 1、45、48、180 ~ 181 页。

的依据。在一些大陆法系国家或地区,社会法有广义社会法、狭义社会法和中义社会法之分。[③] 笔者赞成“中义社会法说”,并认为只有该说(社会法为公法与私法以外之第三法域)才可冲破大陆法系中公法与私法划分的樊篱,摆脱公法与私法理论的禁锢,具备对新生的法律现象进行科学性、合理性解释的理论功能,从而对传统法律(学)具有“革命”的意义。[④] 古斯塔夫·拉德布鲁赫对作为第三法域之社会法的阐释非常经典:“如果要用法律语言来表述我们所见证的社会关系和思潮的巨大变革,那么可以说,由于对社会法的追求,私法与公法……之间的僵死划分已越来越趋于动摇,这两类法律逐渐不可分地渗透融合,从而产生了一个全新的法律领域,它既不是私法,也不是公法而是崭新的第三类:经济法与劳动法。”[⑤] 弗朗茨·维亚克尔对此所作的阐释也相当精辟:“在个人与国家之间插入合法或非法的团体权力,后者成为社会法的真正住所与源泉。”[⑥]

以上述界定为基础,本文的命题是:私法中的人是个体之人,社会法中的人是集体之人。笔者认为,若这一命题得以成立,对人的个体性与集体性认知观念的不同,就成为私法与社会法最本质的区别,其他的若干区别[⑦]可由此推导派生出来。

在大陆法系,关于人及其相互关系,公法与私法在本质上迥然有别,甚至可以毫不夸张地说,对此之认识形成了公法与私法的分野。[⑧] 那么,在当代社会,这种区别是否同样存在于私法与社会法之间而尚未被研究者从理论上予以充分揭示呢?

2006年1月,3名美国国际商用机器公司(CIBM)职员因“被迫加班工作却没有获得补偿”,将IBM告上法庭,打算为美国国内所有被IBM拖欠加班费的雇员追讨加班费(为加利福尼亚州的雇员追讨过去4年内的加班费,为其他州的雇员追讨过去3年内的加班费,但起诉时没有获得这些雇员授权),加班费总额共计数百万美元。[⑨] 这个案件中的集体诉讼方式极具典型性和代表性。欧洲是否应当引入

---

③ 参见郭明政:《社会法之概念、范畴与体系——以德国法制为例之比较观察》,载《政大法学评论》1997年第58期。

④ 参见赵红梅:《私法社会化的反思与批判——社会法学的视角》,载《中国法学》2008年第6期。

⑤ [德]古斯塔夫·拉德布鲁赫:《法学导论》,米健、朱林译,中国大百科全书出版社1997年版,第77页。

⑥ [德]弗朗茨·维亚克尔:《近代私法史——以德意志的发展为观察重点》,陈爱娥、黄建辉译,上海三联书店2006年版,第585页。

⑦ 笔者认为私法中的人与社会法中的人还有一些派生属性差别,如高度抽象与适度具体、理性智慧与感性愚蠢、自私利己与克私利公等。

⑧ 参见[日]美浓部达吉:《公法与私法》,黄冯明译,中国政法大学出版社2003年版,第25页。

⑨ See lied Herring, Worker Overtime Suit Hits IBM, Jan 24, 2006, http://www. lieff callracer. com/news articles/2006/2006012_rh. htm.

在此案中适用的美国式集体诉讼制度,[10]历来是一个有争议的热门话题,[11]长期以来一些欧洲国家特别是大陆法系国家一直拒绝接受或怀疑这一诉讼模式。[12] 为实现对消费者等个体社会弱者的保护,他们主张改造既有的民事诉讼程序,在此基础上发展出"代表人(共同)诉讼"[13]模式。但是,代表人诉讼仍以多数受害者个体自愿加入诉讼为前置条件。大陆法系的法学家认为,诸如此类问题,毕竟涉及的是私人利益,只是事件往往同时造成许多个别人受害,而有数量上的"公共性"而已。[14]一宗发生于我国甘肃省兰州市的劳动者群体性讨要加班工资维权诉讼案件[15]就印证了这一见解。随着诉讼的深入,用人单位不依法向职工支付加班工资的违法事实越来越清楚,可参加诉讼讨要加班工资的职工却在不断"减员"。虽然在二审进行过程中由于用人单位撤诉,法院作出"双方均按原审判决执行"的终审裁定,但坚

---

⑩ 集体诉讼(class actions)是指当众多的受害者因同一个违法行为受侵害,但由于每一个受害者所遭受的损失很小而不值得为之进行个别诉讼或主张权利时,将众多的小额请求(赔偿请求或禁令请求)合并在一起,允许一个或数个原告不经多数受害者委托依法自行代表所有受害者提起诉讼,从而使这种类型的小额请求也可以通过司法程序迫使违法者退出非法所得或停止违法行为的一种诉讼模式。

⑪ 2001年,英国宪法事务部门进行了一场有关集体诉讼的咨询活动。2002年4月,英国宪法事务部门发布了一份咨询后的报告。这份报告归纳了80多位被调查者对此份咨询中各种提议的回答:有人强烈反对把损害赔偿金判给不知名索赔者的建议,并且反对进行针对被告的与之没有主要直接因果关系的诉讼程序;有人则强烈支持通过组织代表来进行集体诉讼的建议。Peter Cashman, *Class Action Law and Practice*, Federation Press, 2007, p. 623.

⑫ 据阿斯垂德·斯坦得勒介绍:20世纪70年代,美国式集体诉讼制度成为德国学术界讨论的主题之一,不过对此,学者们普遍都持怀疑态度。之后大约20年间,关于德国集体诉讼的思考停止,直到20世纪90年代末才得以恢复。今天,集体诉讼问题则是程序法、竞争法、反垄断法、消费者保护法面临的主要问题之一。参见[德]阿斯垂德·斯坦得勒:《德国公益诉讼》,王洪亮、黄华莹译,载清华大学法学院编:《"公共利益与私人诉讼学术研讨会"论文集》,2006年,第3页。

⑬ 参见范愉:《集团诉讼问题研究》,北京大学出版社2005年版,第277页。

⑭ 参见苏永钦:《走入新世纪的私法自治》,中国政法大学出版社2002年版,第9、12、242页。

⑮ 虽2004年甘肃省兰州市某公司安排121名职工在休息日加班后,既未安排补休,也未支付任何加班工资。于是,121名职工联合向甘肃省兰州市劳动仲裁委员会申请仲裁,该仲裁委员会裁决某公司向121名职工一次性支付2004年度加班工资、经济补偿金共计25万多元。对此,该公司不服,遂向甘肃省兰州市榆中县人民法院提起诉讼。在一审过程中,该公司撤销了对金某等47名职工的起诉(因这47名职工已经做出妥协,放弃了自己的权益),维权职工则由原来的121人减少到74人。2006年3月20日,甘肃省兰州市榆中县人民法院作出一审判决,裁定由该公司向郑某等74名职工一次性支付加班工资和经济补偿金共计7万余元。一审宣判后,该公司还是不服,遂向甘肃省兰州市中级人民法院提起上诉。在上诉审理期间,该公司提出申请撤诉,理由是其已与余下的74名职工(被上诉人)达成和解协议。2006年6月7日,甘肃省兰州市中级人民法院作出终审裁定,认为双方经过协商达成和解协议,准予上诉人撤回上诉,双方均按原审判决执行。参见郝冬白:《讨加班工资:官司赢了后的尴尬》,载《兰州晨报》2007年6月18日。

持到底的74名职工最终也迫于压力与用人单位签订了“不平等条约”,[16]“自愿”放弃了对原审判决全部内容的执行主张,丢弃了即将赢得的胜利果实。

近年来,我国已经发生了一些真正具有集体维权性质的公益诉讼案件,如刘某娟诉杭州乐金化妆品有限公司(以下简称乐金公司)、南京苏宁环球购物中心(以下简称苏宁购物中心)消费者权益纠纷案,[17]但该案最终并未使刘某娟实现其意欲实现的维护集体公益之目的。2008年三聚氢胺毒奶粉事件,有关部门最终通过诊疗记录统计确定全国各地共有近30万名三聚氢胺毒奶粉受害婴幼儿。许多法律学者和律师等法律实务工作者主张采取民事诉讼的方式解决受害者获得赔偿问题。[18] 而这近30万名受害者即将获得赔偿的主要途径却是:由中国乳制品工业协会组织协调三鹿集团股份有限公司等22家责任企业建立基金给予赔偿。[19]

接下来的问题是,上述对同类案件的不同处理模式及其反映出的解决思路是否体现出私法与社会法的本质区别?而对这个问题的求证,又必将成为论证社会法能否独立于私法的关键(理论基石)所在。

---

[16] 该“不平等条约”的内容主要有三条:第一,双方劳动争议自协议签字之日起和解息讼;第二,74名职工自愿放弃对原审判决全部内容的执行主张;第三,在劳动关系方面,用人单位在今后对74名职工不排斥、不责难,与其他职工一视同仁。参见郝冬白:《讨加班工资:官司赢了后的尴尬》,载《兰州晨报》2007年6月18日。

[17] 2004年1月26日,刘某娟在江苏省南京市南京苏宁环球购物中心购买了一瓶由杭州乐金化妆品有限公司生产的价格为170元的海哲蓝O_2时光嫩肤液,该化妆品的外包装上只标明限用期限到2007年11月27日,并未标明开瓶后的使用期限和正确使用方法。刘某娟购买后开瓶使用,并于2004年3月8日以化妆品的限用期限不能等同于开瓶后的使用期限,杭州乐金化妆品有限公司和南京苏宁环球购物中心未在该化妆品的外包装上标明开瓶后的安全使用期限和正确使用方法,致使其难以正确使用为由,向江苏省南京市鼓楼区人民法院起诉,认为两被告对化妆品使用期限的不当标示行为侵犯了其依法享有的消费者知情权,要求法院判令两被告在海哲蓝O_2时光嫩肤液的外包装上标明开瓶使用期限和正确使用方法并提供相应的检测报告。一审法院判决认为,原告购买的化妆品海哲蓝O_2时光嫩肤液外包装底部标明的限用期限应视为开瓶前或开瓶后都应达到的使用期限,因国家法律和行业规范对开瓶后的使用期限没有强制性的要求,故判决驳回原告刘某娟的诉讼请求。刘某娟对此不服,上诉至江苏省南京市中级人民法院。二审法院判决撤销一审判决,责令被告人于判决生效之日起3个月内以书面形式告知刘某娟其购买的海哲蓝O_2时光嫩肤液的开瓶使用期限,并驳回刘某娟要求两被告在与其购买的海哲蓝O_2时光嫩肤液同样产品上标明开瓶使用期限的诉讼请求。参见《刘某娟诉杭州乐金化妆品有限公司、南京苏宁环球购物中心消费者权益纠纷案》,载《中华人民共和国最高人民法院公报》2005年第6期。

[18] 参见张新宝:《从公共危机事件到产品责任案件》,载《法学》2008年第11期;吴春岐:《“问题奶”生产者、销售者的不真正连带责任》,载《法学》2008年第11期;张雪忠:《质监机构产品抽检中的民事责任》,载《法学》2008年第11期;孙维飞:《“三鹿问题奶粉事件”与侵权法中的因果关系》,载《法学》2008年第11期;刘璐:《“三鹿问题奶粉事件”损害赔偿民事诉讼程序之保障》,载《法学》2008年第11期。

[19] 参见《30万毒奶粉患儿将获赔偿——三鹿等22家企业将给予一次性现金赔偿》,载《北京晚报》2008年12月28日。

二、理论前提之说明

私法对人的认知受个人(自由)主义政治哲学观的影响,[20]社会法对人的认知受集体(反自由)主义政治哲学观的影响。两种政治哲学观的根本区别在于对社会起源及其本质的解释不同。在个人(自由)主义看来,人的本体是"原子化"的孤独个体。"自由主义的假设就是人类个体本质上是孤独的,具有独立于——如果不是对立于——其他人的需要和利益。这种假设是自由主义理论的出发点。"[21]在集体(反自由)主义看来,社会作为整体或有机体,汇集和结合了构成社会的各个要素或细胞,社会作为要素或细胞的总和,在性质上并不由这些要素或细胞的性质来规定;由个人联合而形成的集体不同于单独个体的实体,集体作为一种特殊的实体,以外在的形式作用于个体,并在个体身上形成一种完全内在的存在。[22] 也就是说,集体(反自由)主义将个人定位于社会"有机体的一个器官"。[23] 斐迪南·腾尼斯关于"联合体"与"共同体"的区分较好地界定了个人主义与集体主义两种不同的社会观。[24] 据此,社会学家李强指出:"个人主义的社会观就其本质而言是把社会看作某种形式的联合体。社会是人们聚集在一起的产物。人们聚集的目的是实现各自的利益。除了每个人自己的利益之外,社会没有自身独特的利益。在这个意义上,所谓个人利益服务于社会利益、集体利益,只能是毫无意义的昏话……与此相反,集体主义者心目中的社会是一个共同体。它不仅仅是一群个人的简单集合体,而是由人们组成的某种形式的共同体。这意味着,人们之间有某种超越个人利益之上的纽带,即共同利益、共同信仰、共同道德。这个共同体的利益绝对大于所有个人利益的总和。"[25]

当然,有当代新个人(自由)主义者认为,反个人(自由)主义者对其一系列夸张的指控"包含着真理被扭曲的回声",[26]自由主义并不是要肯定"原子主义",它仅

---

[20] 私法社会化的思想基础是在对古典自由主义进行批判的基础上发展起来的新个人(自由)主义,其与个人(自由)主义的思想理念尚无根本冲突。

[21] 参见[加拿大]威尔·金里卡:《自由主义、社群与文化》,应奇、葛水林译,上海世纪出版集团2005年版,第14、228页。

[22] 参见渠敬东:《现代社会中的人性及教育——以涂尔干社会理论为视角》,上海三联书店2006年版,第72页。

[23] 参见[法]E. 涂尔干:《社会分工论》,渠东译,上海三联书店2000年版,第185页。

[24] 参见[德]斐迪南·腾尼斯:《新时代精神》,林远荣译,北京大学出版社2006年版,第19~22、60~61页。

[25] 李强:《自由主义》,中国社会科学出版社1998年版,第156、244页。

[26] 参见[美]斯蒂芬·霍尔姆斯:《反自由主义剖析》,曦中等译,中国社会科学出版社2002年版,第267~275、367页。

仅是想“把被政府官员大肆滥用的正当性策略,从他们的武器库中除去”,[27]自由主义并不破坏全部社会纽带,但确实鼓励个人独立。[28] 罗尔斯和德沃金这些新个人(自由)主义者并不是真正古典概念上的原子主义者。“他们的论证注意到了而且确实强调了作为个人的我们对于我们的文化结构和社群的依赖。”[29]笔者认为,新个人(自由)主义者的上述辩解,提醒我们对其关于人的“原子化”的理解不要过于偏激。但是,不可否认,新个人(自由)主义与集体(反自由)主义对人的“个体”或“集体”本质属性的认识确实存在差别。新自由主义仍然属于自由主义阵营,在个体与集体、自由与控制的天平上,新自由主义总体上还是倾向于个体与自由一边。正如威尔·金里卡所言:“社群主义喜欢强调文化成员身份的重要性,强调我们进入并非我们可以选择的历史和语言的重要性。这被看作超出自由主义知识范围的一种洞见。”[30]这种洞见即使像罗尔斯和德沃金这样的当代自由主义代表者也没有加以强调。[31]

在反个人(自由)主义阵营中,社群(community)主义是对个人(自由)主义批判得最彻底、最深刻,与个人(自由)主义最针锋相对的理论体系。社群主义对社会法理论的启发意义十分重大。

社群主义强调社群对于自我和个人的优先性,因此,社群概念对于社群主义正像个人概念对于自由主义一样,具有压倒一切的重要性。[32] 不同的社群主义者对社群的界定是各不相同的。一般来说,社群主义者把社群看作一个拥有某种共同的价值、规范和目标的实体,其中,每个成员都把共同的目标当作自己的目标。因此,在社群主义的眼中,社群不仅仅是指一群人,它是一个整体,个人都是这个整体的成员,都拥有一种成员资格。[33] 社群主义者所说的社群有许多个基本的向度,如地理的、职业的、年龄的、性别的、文化的、种族的,甚至国家的。不同的向度分别构成了不同类型的社群。

---

[27] 参见[美]斯蒂芬·霍尔姆斯:《反自由主义剖析》,曦中等译,中国社会科学出版社2002年版,第267~275、367页。

[28] 参见[美]斯蒂芬·霍尔姆斯:《反自由主义剖析》,曦中等译,中国社会科学出版社2002年版,第267~275、367页。

[29] A. Jaggar, *Feminist Politics and Human Nature*, Rowman and Allenheld, Totowa, HJ, p. 40.

[30] 参见[加拿大]威尔·金里卡:《自由主义、社群与文化》,应奇、葛水林译,上海世纪出版集团2005年版,第14、228页。

[31] 参见[加拿大]威尔·金里卡:《自由主义、社群与文化》,应奇、葛水林译,上海世纪出版集团2005年版,第14、228页。

[32] 参见俞可平:《社群主义》,中国社会科学出版社1998年版,第22~23、45、55、57页。

[33] 参见俞可平:《社群主义》,中国社会科学出版社1998年版,第22~23、45、55、57页。

社群主义激烈批判自由主义对于自我和个人优先性认知的观念。乔治·桑塔亚娜认为:“假如人们认为共同利益不过是每个个体单独追寻的目标之总和,这是自由主义带来的错误认识。”[34]娜梅斯特尔批评个人(自由)主义忽视了社群。他指出:“没有社会依归的个人是孤独的个人,是内在世界充满自相矛盾的个人。个人需要某种归属,需要某种大于个人、高于个人的团体作为认同的对象……将个人融入某种更大的社会群体不仅有利于建立稳定的社会秩序,而且也使个人得以摆脱内在世界的自相矛盾。”[35]社群可能被有意识地创造出来,但这必须是一种特殊类型的意识,也就是说,其目的是实现共同的善或公共利益,或者是一个团体所共有的一系列利益。[36]

三、私法的个体之人像及其解析

私法对人(法律关系主体)的识别赋予人个体品性。

(一)所有的人都是个体之人

在私法的视野中,所有的人——无论单个的人还是组织化的人——都是个体之人,都是一个独立之人,而不是一群关联之人。“自然人”“法人”本身是指为法律所识别的,独立且具有权利能力的个体之人。正如萨维尼对“自然人”所作的描述:每个人,并且只有每个人,才具有权利能力,也才成为民法上的人。[37] 而“法人”则是法律拟制的“组织化的单个人”,正如卡尔·拉伦茨对“法人”所作的描述:“法人本身的基本特征是它作为一个法律实体与其他作为法律实体的成员或者职能机关的个人相分离。从而它本身能作为法律主体,享有权利和承担义务,具有与自然人相同的地位。”[38]

卡尔·拉伦茨对《德国民法典》中的“人”作了下列分析:“《德国民法典》中的‘人’就是指‘可以承担法律上的权利和义务的(主体)’。因此,法典除了规定自然人外,还规定了‘法人’。‘自然人’是指每一个人……《德国民法典》认为每一个人(Mensch)都生而为‘人’(Person)。《德国民法典》将‘权利能力’视为法律意义上的人—包括‘自然人’和‘法人’——的本质属性。权利能力,首先是指人能成为权

---

[34] [美]乔治·桑塔亚娜:《社会中的理性》,张源译,北京大学出版社2008年版,第157页。

[35] 李强:《自由主义》,中国社会科学出版社1998年版,第156、244页。

[36] 参见俞可平:《社群主义》,中国社会科学出版社1998年版,第22~23、45、55、57页。

[37] 参见[德]罗尔夫·克尼佩尔:《法律与历史——论德国民法典的形成与变迁》,朱岩译,法律出版社2003年版,第63、74页。

[38] 诺贝特·埃利亚斯:《个体的社会》,翟三江、陆兴华译,凤凰出版传媒集团、译林出版社2008年版,第160~161页。

利的主体的能力。在我们的私法中存在各种各样的权利……所有种类的'权利'都有一个共同之处,即某一个人权利,依法享有某种东西。"[39]"我们可以将某一个人在某个特定时刻依法享有的东西的总和,亦即这个人全部的权利或受法律保护的利益的总和,称之为'权利范围'(Rechtskreis)。"[40]上述论述中一共出现了5次"个人"这一表述,足以证明"个体之人"是私法中"人"的唯一肖像。

(二)"独"与"合"

私法中的人是以个体即"独"的形态存在的,这样的人为"一个人",但并不能据此说私法中的人永远系人数为"一人"(尽管在属于自然人的情况下确实如此)。私法中存在一个自然人与其他自然人形成财产共有、组成合伙或设立公司、社团等社团法人形成人的联合的情形。这时,私法中的人是否具备下文将要提及的社会法意义上的集体那样的"群"性呢?

在私法上,人的前述利益结合共同体可以由两个人组成,也可以由成千上万个人组成如上市公司中的小股东、住宅法团业主,但其依然属于"合"的形态,而不属于社会法"群"的形态。"合"有两个基本属性:(1)"合"是单个人物质利益实现的手段。法人的存在源于商人及所有其他人,他们有自己的头和手,但是他们却不能同时无处不在,尽管他们必须这样,所以创造出来另外一个有机体,并且该有机体与他们自身(一起)行为。[41] 可见,设立法人的实质是自然人以法人作为实现其个体利益的手段。因此,这样的利益结合共同体的出发点是单个人的物质利益愿望。斐迪南·腾尼斯指出:"总体上来说,单一化的人很少能做出重大的和开发性的事情……于是必然产生这种想法,即他们可以把他们的手段联合起来,使他们自己更加强大,实现他们的把手段结合在一起的目的,即赢利的目的,利润的增加对每一个参加者都有好处:采取理性的即通过计算决定的形式进行合作的思想:结盟(Assoziation)。"[42]A. J. M. 米尔恩对自由主义就此问题的观点客观描述如下:"有一种直感以为,一个共同体的利益可以还原为它的成员的共同利益。共同体由其成员所组成,没有共同体的成员,它就什么也不是。因此,共同体利益必定同一于其成

---

[39] [德]卡尔·拉伦茨:《德国民法通论》,王晓晔等译,法律出版社2003年版,第1、45、48、180~181页。

[40] [德]卡尔·拉伦茨:《德国民法通论》,王晓晔等译,法律出版社2003年版,第1、45、48、180~181页。

[41] 参见[德]罗尔夫·克尼佩尔:《法律与历史——论德国民法典的形成与变迁》,朱岩译,法律出版社2003年版,第63、74页。

[42] 参见[德]斐迪南·腾尼斯:《新时代精神》,林远荣译,北京大学出版社2006年版,第19~22、60~61页。

员的共有的利益。‘共同体的利益’这一说法只是‘共同体成员的共同利益’的一个缩写。”[43](2)“合”是单个人自主选择的结果。组成利益共同体的人的“合”不是社会安排给他们的,也不是法律对其身份加以识别所确定出来的,而是其自主选择的结果。因此,这种联合的形成是每个人自主意愿、自我选择的结果。一个人与谁形成联合,采用什么形式联合,于什么时间形成联合、什么时间解除联合,都可以服从他的自我意志以及与其他合作者一致的共同意志。每个人的命运完全掌握在自己手中,如《合伙企业法》第4条规定:“合伙协议依法由全体合伙人协商一致、以书面形式订立。”

这两个基本属性的概括非常重要,它们形成私法与社会法对作为组织体的“人”加以识别的理论工具。一个自然人与其他自然人形成财产共有、组成合伙或设立公司、成立社会团体等,都不影响对私法中的人属于个体的判断,这是私法对人的法律属性最基础的定位。

四、社会法的集体之人像及其解析

社会法对人(法律关系主体)的识别赋予人集体品性。

(一)所有的人都是集体之人

笔者认为,社会法中的“人”是以集体即“社群”,又称为“社会共同体”的形态存在的。前文论及,社群主义者所说的“社群”有许多个基本的向度,如地理的、职业的、年龄的、性别的、文化的、种族的甚至国家的,不同的向度分别构成了不同类型的“社群”。因此,社会法中的集体即“社群”也有许多不同的类型。而且,不仅不同的集体即“社群”内部存在关联,集体即“社群”相互之间也存在关联,每一“社群”人都有共同的诉求,“社群”同时还是更大的社会有机体的组成部分。因此,“社群”构成了一张复杂的社会连带关系网。

在社会法的视野中,所有的人都是集体之人,都是一群人,而不是一个人。消费者是一群人,经营者是一群人;劳动者是一群人,雇佣者是一群人;污染受害者是一群人,排污者是一群人……借用A. J. M. 米尔恩的说法:“在一个所有成员互相熟识并互相依赖的小型游牧共同体中”,[44]这种人的集体性比较容易被感知到,“但

---

[43] [英]A. J. M. 米尔恩:《人的权利与人权的多样性》,夏勇、张志铭译,中国大百科全书出版社1995年版,第48~50页。

[44] [英]A. J. M. 米尔恩:《人的权利与人权的多样性》,夏勇、张志铭译,中国大百科全书出版社1995年版,第48~50页。

当一个共同体对它的所有成员来说庞大到使他们无法保持一种亲密或经常的联系时”,[45]就感知不到集体的存在;“对每一个成员来说,都必定有一些其他成员的存在,他们并不直接关系到他个人生活的质量,他们的幸福也不与他的幸福相联系”。[46] 然而,这种集体性却是一种客观存在,不受共同体规模大小的影响。

这样的人固然为一定数量的多数人,但并不能据此说社会法中的“社群”所包含的人数一定都不确定,虽然大多数情况确实如此。购买和使用某种商品的消费者的数量虽然经常处于变化之中,但在某一个静止的时空也不能说不确定;一个企业雇佣劳动者的数量,在某一个确定的时空更是确定的。但是,这些都不影响对其系社会法中的人即“社群”的判断。

古斯塔夫·拉德布鲁赫非常精辟地阐述了私法对人个体性的识别:“私法,或者说‘市民法’……它也不明白什么是劳动者的联合,通过这种联合,单个劳动者这种弱势群体寻求与企业主达成力量均衡;它同样不明白什么是大职业联合体(协会),这些职业联合体通过劳资协议而成为劳动合同的真正缔约者;它眼里所看到的只有单个的签约人和单个的劳动合同。故此,它最终也不清楚什么是企业的联合体:市民法只想见到的是这样单个的劳动者而绝不通过法律纽带联结起来的劳动者们相互间签订的劳动合同,根本不把企业的职工总体看作一个完整的社会统一体,它地地道道的是只见纯粹的树木,不见森林。”[47]

古斯塔夫·拉德布鲁赫接着非常精辟地阐述了典型社会法——劳动法对人集体性的识别:“而劳动法的本质则是:极限地接近生活。它与抽象的市民法不一样,其眼里……不只是单个人,而且也是联合会和企业……它把单个的人看作联合会的一员,企业的一员,最终也是整个经济和社会的一员,带有一切自我生成的动力,这就是共同体感觉,或至少是放大了的自我主义的动力,我们把它称为有机团结(连带)。”[48]作为私法学者的史尚宽也认可劳动法上的人具有集体性:“该劳动运动为大量的行为,如团体协约法、工会法、劳动争议法等皆为关于大量的法律行为之规定。于此可见,集团的或团体的思想之发现与从来以个人为中心之私法大有

---

[45] [英]A. J. M. 米尔恩:《人的权利与人权的多样性》,夏勇、张志铭译,中国大百科全书出版社1995年版,第48~50页。

[46] [英]A. J. M. 米尔恩:《人的权利与人权的多样性》,夏勇、张志铭译,中国大百科全书出版社1995年版,第48~50页。

[47] [德]古斯塔夫·拉德布鲁赫:《法律智慧警句集》,舒国滢译,中国法制出版社2001年版,第149~150页。

[48] [德]古斯塔夫·拉德布鲁赫:《法律智慧警句集》,舒国滢译,中国法制出版社2001年版,第149~150页。

不同。”[49]

（二）“社群”与“社群之成员”

笔者认为，社会法中的“人”是以集体即“社群”及“社群之成员”的形态存在的。在这里，“社群”是一个与个体即“独”以及个体联合之“合”相区别的概念。正如甲斐素直所言：“团体概念和法人概念有差异：团体的概念需要强调全体社会与中间团体的关系，以及中间团体与其构成成员个体的关系；而法人的概念则无须作此强调。”[50]

“社群”有两个基本属性：其一，每一“社群”人无论人数是否确定，都具有共同的归属和利益关联。它不仅仅是一群个人的简单集合体，而且，是由人们组成的某种形式的共同体。经营者、消费者、雇佣者、劳动者、教师、学生、医生、患者、妇女、残疾人、老年人、未成年人等，都是一群群人，都具有共同的归属和利益关联。这意味着，他们之间有某种超越个人利益之上的纽带，即共同利益、共同信仰、共同道德。也就是说，只有实现了他们共同的利益诉求，才可能实现他们每一个“社群之成员”的价值和人生幸福。其二，“社群之成员”的共同归属和利益关联不是每个人自主选择的结果。“社群之成员”的共同归属和利益关联是由成员之间的社会关系——某种身份决定的，也即是社会安排给他们的，或者是法律对他们的身份加以识别所确定出来的，而不是他们每个人自主选择的结果，一切与他们作为“社群”内成员的个体意愿无关。“在新自由主义看来，个人先天地拥有一个超验的自我，个人的属性不为其所处的社群决定，相反，个人的自由选择最终决定社群的状态。社群主义者坚决反对新自由主义的上述个人——社群关系观，他们认为，社会关系决定着个人，因此个人组成社群，是社群的一个部分。个人主义者也没有看到，社群未必是自愿的，社会关系决定自我也未必是可以选择的。”[51]就此而言，社会法中人的“社群”性与私法中人根据自主意愿、自我选择，产生利益关联的“合”性有本质属性之不同。正如格夫·邓奇所言：“共同体的价值”围绕理论上无可逃避的集团成员身份而转……集团成员身份被强大的集体所归附，而弱者身份很少被考虑，这种指定的身份认同是否有一个主观的基础。[52] 政治学家俞可平也认为：“社会的归

---

[49] 史尚宽：《劳动法原论》，台北，正大书局 1982 年版，第 3 页。

[50] ［日］甲斐素直：《团体的人权享有主体》，载《日本法学》2001 年第 264 期。

[51] 参见俞可平：《社群主义》，中国社会科学出版社 1998 年版，第 22 ~ 23、45、55、57 页。

[52] Geoff Dench, *Minorities in the Open Society*：*Prisoners of Ambivalence*, London：Routledge and Kegan Paul, 1986, pp. 23 – 26、156、184.

属经常是不依人的主观意志为转移的,理性的选择几乎不起什么作用。”[53]

五、对两种人像的比较、阐释与运用

私法是个人(自由)主义者的法,“个人主义的本质就在于严格区分自己利益和他人利益,选择实施增进自己利益的行为,并认为这是天经地义的”。[54] 私法关系正如伊曼努尔康德所说,是一种“外在的‘我的和你的’的概念”。[55] 私法的功能是强化社会个体的正当利益,所要保护的是“我的利益”。在私法的范式中,每一个独立的个体,都是大难临头各自飞的同林鸟。“基于个人主义的行为以自力更生(self – reliance)为特征,在选择并实现自己的目的时不要求他人的协助和牺牲,作为自己行为的结果,无论是利益,还是损失均拒绝与他人分担。”[56]在私法学看来,私法为权利人设立了自我依靠式的权利主张机制(私法的基本实施机制),权利人完全可以就自己所遭受的利益损害要求相对人承担私法上的责任。若权利人惰于行使权利,没有人会主动帮助他,即使国家对此也不理会——法院不告不理。此可谓“任何情况下法院都不能自动开启民事诉讼程序”。[57] 正如卡尔·J.弗里德里希所说:“除非受害人提出控告且坚持不懈,执法当局不大会自己去招惹是非。”[58]

社会法是集体(反自由)主义者的法,而集体主义的本质就在于连带依存、团结协作。社会法的功能是强化社会共同体的正当利益,所要保护的是“我们的利益”以及蕴含于“我们的利益”之中的“我的利益”。社会法的实施机制为强制义务履行、集体利公行为。社会法所保护的集体及其成员利益的实现应主要依靠法律为行为者所设定的义务得到真正落实,而不是利益受保护集体成员个体自我依靠式的权利主张。在社会法的范式中,每一个集体中的个体,都是巨险迫身、同舟共济的同船客。在“社群”中,集体行动对于实现与维护集体公益的重要性大于集体中个体的行动。集体行动维护了集体公益,也普遍地维护了集体中个体的利益。丹尼尔·贝尔指出:“随着非市场性的公众决策方式变得日益不可缺少——因为有些事情个人是无法凭借着自己的力量做到的;这种新的方式扩大了社会冲突和群体摩擦的潜力。我所说的群体权利,是指向社会提出要求的权利已开始奠定在群体

---

[53] 参见俞可平:《社群主义》,中国社会科学出版社1998年版,第22~23、45、55、57页。

[54] [日]内田贵:《契约的再生》,胡宝海译,中国法制出版社2005年版,第160页。

[55] 参见[德]伊曼努尔·康德:《法的形而上学原理——权利的科学》,沈叔平译,商务印书馆1991年版,第57页。

[56] [日]内田贵:《契约的再生》,胡宝海译,中国法制出版社2005年版,第160页。

[57] [德]奥特马·尧厄尼希:《民事诉讼法》,周翠译,法律出版社2003年版,第120页。

[58] [美]卡尔·J.弗里德里希:《超验正义——宪政的宗教之维》,周勇、王丽芝译,生活·读书·新知三联书店1997年版,第101页。

全体成员的基础上，而不再奠定在个人属性的基础上。”[59]

就私法与社会法的关系而言，每一个个体都具有多重身份：作为独立自我的个体和与他人合作的个体以及作为集体成员的个体，在现实生活中人经常变换着身份角色以这几面示人。对多面之人，既可以作为个体之人像加以识别，也可以作为集体之人像加以识别，两种识别都具有理论与实践意义。私法学强调个体具有“独”与“合”性之一面，认为个体具有独立性，未经个体让渡权利的个体不受制于集体，个体利益经由个体自我依靠实现；社会法学强调个体具有“社群”性之一面，认为个体是集体之一员，个体利益的实现蕴含于集体行动之中，反之亦然。

在私法学看来，一个劳动者或消费者应该当然成为私法中的“自然人”——独立的个体之人，因为每一个“我”都有不同的愿望和诉求；在社会法学看来，即使是一个劳动者或消费者这样的单个人，也带有社会法“集体之人”的属性，因为“我”是每一群“我们”的组成部分，每一群“我们”都有共同的愿望和诉求，“我们”同时还是更大的社会有机体的组成部分。诺贝特·埃利亚斯关于“自我—认同”与“我们—认同”的区分理论非常有助于加深我们对这一问题的理解。他认为，“个体”的概念在今天的首要功能是表达以下内容：“在整个世界里，任何个人都是或理应是某种自主、某种自行自我规范的人；同时，这个概念也表达出：每个个人在一定的方面都是有别于所有他人的……那个使人们得以相互区别的东西，也即自我认同，被赋予了某种更高的价值，相比之下，人们却不太看重那个为他们相互共有的东西，即不太看重我们认同。人们的这种明显的倾向性，完全是不言自明的……然而，实际情形却并非这样。”[60]

有学者习惯于将经济法、劳动法等社会法称为“特别私法”[61]或“特别民法”[62]，实际是将社会法定位于法律为解决私人，如单个消费者与经营者、单个劳动者与雇佣者之间的利益纷争提供的一些新的方便机制，这是从私法学的角度观察所得出的结论。如果从社会法学的角度观察，就会获得不同的认识：社会法定位于对社会共同体利益加以整体性保护，即使是一个劳动者或一个消费者其利益诉求也可以具有代表特定社会共同体利益的性质，法律是利用其作为集体公益代表的诉求机

---

[59] [美]丹尼尔·贝尔：《资本主义文化矛盾》，赵一凡等译，生活·读书·新知三联书店 1989 年版，第 251 页。

[60] [德]诺贝特·埃利亚斯：《个体的社会》，翟三江、陆兴华译，凤凰出版传媒集团、译林出版社 2008 年版，第 160 ~ 161 页。

[61] 参见[德]迪特尔·梅迪库斯：《德国民法总论》，邵建东译，法律出版社 2005 年版，第 15 页。

[62] 参见苏永钦：《走入新世纪的私法自治》，中国政法大学出版社 2002 年版，第 9、12、242 页。

制达到平衡利益甚至制止行为者实施违法行为,进而直接保护集体公益的目的。在此,个体的诉请仅为实现这种利益的手段,“其功能只在借助私人的执行,来实现管制的目的”。[63]

美国式的集体诉讼首先有这样一个基础前提,即在诉讼程序上拟制出一个具有临时性诉讼主体性质的“集体”,这一“集体”在非诉状态下实际也是存在的,只不过集体诉讼要求它在技术上进一步确定范围,以精确计算被告的责任限度。[64] 在提起集体诉讼时对所有可能受到拘束的人都应以适当的方式进行通知,以保障他们有选择不进入诉讼集体的权利。[65] 但是,对那些通常占绝大多数的选择进入诉讼集体的“原告”们来说,“集体”还是先验地存在的。在维护消费者、劳动者等集体权益方面,美国式集体诉讼确定原告资格的退出制与大陆法系代表人诉讼确定原告资格的加入制,绝对不仅是法律技术上的细微差异,而是法律理念的根本不同。由此,两者实施的效果也大相径庭。两相比较,美国式的集体诉讼在形成集体成员间的有机团结、产生维护集体公益的实际效果并对违法者产生强大威慑力方面,确实具有明显优势;[66]而大陆法系的代表人共同诉讼则明显处于劣势。由前述甘肃省兰州市的劳动者群体性讨要加班工资维权诉讼案可见:代表人共同诉讼确定原告资格的加入制,无法消除被拖欠加班工资的劳动者普遍存有的因参与讨要加班工资的诉讼而遭用人单位报复失去工作机会的恐惧心理,最终导致群体维权行动失败的概率很高。与此形成鲜明对照的是:类似前述3名IBM职员代表所有被IBM公司拖欠加班费的雇员追讨加班费的案例那样的美国式的集体诉讼所确定的原告资格退出制,对于解决雇主拖欠雇员加班工资问题颇为有效:普通雇员既可以领得加班工资,又无因参与讨要加班工资遭雇主报复而失去工作机会之虞;因追讨的普遍,对违法者又产生强大的威慑力,还不受部分雇员中途退出诉讼削弱集体维权力量的消极影响。而代表全体雇员讨要加班工资的原告因提起该诉讼会得到奖励(分享法院对被告判处的巨额赔偿金的一部分),足以抵消失业风险给其带来的任何不利影响。当然,工会无须在经职工授权委托的情形下直接代表职工讨薪是可替代的社会法实施方案,若工会必须在经职工授权委托的情形下才可代表职工讨

---

[63] 参见苏永钦:《走入新世纪的私法自治》,中国政法大学出版社2002年版,第9、12、242页。

[64] 参见[日]谷口安平:《程序的正义与诉讼》,王亚新、刘荣军译,中国政法大学出版社1996年版,第191页。

[65] 参见[日]谷口安平:《程序的正义与诉讼》,王亚新、刘荣军译,中国政法大学出版社1996年版,第191页。

[66] See Peter Cashman, *Class Action Law and Practice*, Federation Press, 2007, pp. 22 - 24.

薪则属于私法实施方案。

在前述刘某娟诉乐金公司、苏宁购物中心消费者权益纠纷案中，刘某娟提出的诉讼请求是非常单纯的集体公益诉求：要求法院判令两一审被告在海皙蓝 O^2 时光嫩肤液的外包装上标明开瓶使用期限和正确使用方法并提供相应的检测报告，她没有提出任何诸如赔偿自己损失这样的个体私益诉求。很显然，她是以全体购买该化妆品消费者集体代表的身份提起诉讼的，该案件性质为典型的集体公益诉讼。但是，非常遗憾，从二审法院最终的判决结果——"责令两一审被告于判决生效之日起三个月内以书面形式告知刘某娟其购买的海皙蓝 O^2 时光嫩肤液的开瓶使用期限，并驳回刘某娟要求两一审被告在与其购买的海皙蓝 O^2 时光嫩肤液同样产品上标明开瓶使用期限的诉讼请求"——来看，却依然将刘某娟的身份认定为以自利为目的而起诉的民事主体——"个体之人"，进而将该案件按普通民事诉讼案件处理。当然，这也表明法院审理、裁判此类案件时的某种无奈：目前在我国，由于缺乏公益诉讼制度，法院很难以"法官造法"的方式满足消费者个体提出的集体公益诉求。[67]

就前述三聚氢胺毒奶粉事件而言，在私法学看来，每一名三聚氢胺毒奶粉受害婴幼儿及其家长都是一个个个体，即"独"；在律师的组织下，为获偿以"加入制"由几十、几百、几千甚至几万名三聚氢胺毒奶粉受害婴幼儿及其家长组成的诉讼共同体，都是一个个个体联合，即"合"。因此，主张采取民事诉讼的方式解决受害者获赔问题的思路依循的是一套私法理论范式。在社会法学看来，官方最终通过诊疗记录统计确定的由全国各地近 30 万名三聚氢胺毒奶粉受害婴幼儿及其家长组成的共同体，就是社会法意义上的一个集体，即"社群"，而每一名受害者则皆为"社群之成员"。近 30 万名三聚氢胺毒奶粉受害者不可能组成一个统一的代表人共同诉讼集团，毕竟有许多受害者不会加入这些诉讼，加入这些诉讼的受害者组成的代表人共同诉讼也一定会被分割；若允许部分受害消费者针对不同的责任企业联合提起若干独立的代表人共同诉讼，面对濒临破产或已经进入破产程序的责任企业，这些不同的诉讼"集团"势必"奔波于法院"竭力竞争，先到达者必将耗损可供赔偿

---

[67] 正如江苏省南京市中级人民法院经审理认为的那样：刘某娟购买的海皙蓝 O^2 时光嫩肤液包装上标明的限用期限不包括开瓶后的使用期限，乐金公司对本案化妆品使用期限的标注误导了消费者，侵害了刘某娟及其他消费者的知情权。刘某娟要求两被告在海皙蓝 O^2 时光嫩肤液的外包装上标明开瓶后的使用期限，该主张的权利是指向刘某娟本人和不特定的社会公众，其诉讼请求虽然合理，但已超出本案能够处理的范围，故不予支持。参见《刘某娟诉杭州乐金化妆品有限公司、南京苏宁环球购物中心消费者权益纠纷案》，载《中华人民共和国最高人民法院公报》2005 年第 6 期。

所有受害人的被告的资产,[68]从而保全自己“小集团”成员受害消费者的利益及实现律师的利益。因此,近30万名受害者即将获得由中国乳制品工业协会组织协调三鹿集团股份有限公司等22家责任企业通过建立基金而给予的主动性赔偿,依循的是一套社会法理论范式(遗憾的是,有学者仅认知到这是一套政府主导的行政救济解决方案[69]),是运用社会法“集体之人”理论解决大众侵权纠纷的经典实例。如此方案虽不完全符合法治原则——在制度的预先设计上存在缺陷且仅为一系列政策性的应急措施,[70]但在尚未建立或不准备建立美国式集体诉讼的情况下,是一个充满政治智慧且符合社会法集体主义实质正义理念的方案。

---

[68] 参见陈聪富:《侵权归责原则与损害赔偿》,北京大学出版社2005年版,第260页。

[69] 参见张新宝:《从公共危机事件到产品责任案件》,载《法学》2008年第11期。

[70] 当然,应依从法治理念,在今后的社会立法中,为解决类似的大众侵权纠纷应着重预先建立更多的常规性公益基金,拓宽基金的来源渠道并对其收支依法严格规制。

论公共管制权

——构成社会法核心范畴的新型国家权力

钱叶芳*

【摘　要】 现代国家干预从立法权干预开始，随后发展为管制权干预，并从微观规制演化至宏观调节。公共管制权具有历史的动态的正当性，并获得了多学科的理论支撑。公共管制权的演变打破了传统公法与私法的二元法律结构，构成第三法域社会法的核心范畴，并使私法社会化、公法社会化与社会法之间的界分成为可能。国家经济社会职能不能以政治职能的方式去执行，这是中外历史给出的经验和教训。我国将管制经济社会的法律一并交与政治行政系统执行，行政管理权与公共管制权不分，或许是迄今体制改革效果不彰的根本原因。法学界应当抛弃地盘意识，深入三元法律结构理论的研究，推动国家的职能分离从而真正实现国家活动的法治化。

【关键词】 公共管制权　新型国家权力　第三法域　独立管制机构　国家职能分离

一、理解公共管制权需厘清的一些基本认知和概念

一切都在累积、持续地擅变，包括本土资源及其上的权力形态，拒绝或阻挡终归徒劳。我国经济法学者对"国家经济调节权"曾有过一场争论，肯定方认为："国家调节权①与行政权有明显的区别，是一种独立于传统的立法权、行政权、司法权之

---

* 浙江财经大学法学院教授，中国社会法学研究会常务理事。原文刊载于《法学》2018 年第 4 期。

① 学界对经济法的定义有不同的学说，如国家调节说、国家协调说、国家调制说、需要国家干预说等，与之相应的国家权力分别被称为国家调节权、国家协调权、国家调制权、国家干预权等。此处国家调节权与本文所论述的公共管制权中的经济管制权同指。

外的第四种权力形态、"[②]反对方认为:"国家调节经济的权力在人类进入社会化市场经济以前就已存在,它不可能是与立法权、行政权、司法权并列的'第四种权力形态',相反,它是蕴含于其中的。"[③]笔者虽认同国家经济调节权是一种新型权力,但不认为它构成新型权力的全部,而且与国家基本的立法权、司法权和行政权亦无并列之资格,包括经济管制权和社会管制权在内的新型公共管制权(经济社会管制权,以下简称管制权)由立法权创制,独立于行政权,并接受司法权审查,是三权制衡技术的新发展。反对方以我国目前"不存在集立法权、行政权和司法权于一体的权力形态"为由否认经济调节权的新型性,体现了在涉及体制改革时,学界"不存在即不需要"的逻辑通病。

当人们谈到管制与自治这对范畴时,当然地将"管制"理解为与"自治"这一私法性方式相对应的公法性调控手段,这使得管制这种权力性行为与第三法域之间的联系首先便遇到思维习惯上的障碍,在第三法域的意义上来使用"管制"一词易给人们造成语境的混淆感,特别是长期以来我国"消灭市场"型而非"完善市场"型的政府管制行为,给人们造成了条件反射般的反感。然而,为正确解读现代法学的发展和规律,我们仍需要用一个词语来区分公法权力和第三法域权力。笔者认为,选用"管制"一词来区分公法的"行政管理权"与社会法的"公共管制权"是对我国现代社会关系进行精准法律调整的需要。英语国家的人们传统上用"administer"来表达命令服从式的国家行政管理活动;自19世纪末开始,人们使用"regulate"来表达新兴的监督—引导式的国家活动,"government regulation"的法律实践和理论研究由此展开。《朗文当代高级英语词典》对"regulate"的含义解释有二:(1)"to control an activity or process, especially by rules",意为控制一项活动或过程(尤指通过规则);(2)"to make a machine or your body work at a particular speed, temperature etc",意为调整机器的速度,或调节体温。[④] 而英汉词典对"regulation"的翻译则有"规则、法规、调整、管理、管制"等。[⑤] 可见,该词既有监管之意,又有调整之意,特别强调通过法律手段而非命令手段来进行国家管理,可以准确地传达国家对

② 陈云良:《国家调节权:第四种权力形态》,载《现代法学》2007年第6期。

③ 王新红:《论国家调节权——兼与陈云良先生商榷》,载《经济法论丛》2011年第1期。

④ 参见英国培生教育出版有限公司:《朗文当代高级英语词典(英英·英汉双解)》(第4版),外语教学与研究出版社2009年版,第1925页。

⑤ 参见[英]Martin H. Manser:《精选英汉汉英词典》(第3版),朱原、王良碧、任永长编译,商务印书馆、牛津大学出版社2004年版,第461页;《英汉汉英词典》编委会编:《英汉汉英词典》,商务印书馆国际有限公司2004年版,第452页。

市场失灵导致的问题进行监管、调节、控制的目标和手段。

近年来，“regulation”一词以“监管”“规制”“管制”三种译法频现于国内的文献中，并常常被交叉使用。在相关文献中，“监管”强调对市场的监督管理，“规制”强调通过法律规则来限制市场，均是从微观上理解国家干预，而“管制”在多数情况下被认为与“规制”同义。使用“规制”的原因多数时候是对日本学者植草益所著《微观规制经济学》一书的书名和内容的误读。有学者引用植草益关于公的规制“是指依据一定的规则对构成特定社会的个人和构成特定经济的经济主体的活动进行限制的行为”⑥的定义，认为规制较之管制更强调其中立性，即强调一种政府、行政机关对于某种重要活动的控制，尤其是经济活动和市场。⑦ 实际上，植草益“想首先把规制作为更广意义上的国家干预去研究”⑧，但鉴于该书一般不以宏观经济学和劳动经济学为对象，故而将财政、税收、金融、劳动等政策从分析对象中剔除，⑨只研究“对微观经济的公的规制”“把规制限定在限制行为”上。⑩ 那么，如何传达出对经济和社会进行宏观调控和转移支付之意？笔者认为，“管制”作为法学、经济学和政治学等领域使用的专业术语，可以兼容对市场进行监管和对社会经济进行调节之意（容后详述），以完成传统行政机关不能有效完成的国家干预任务。故可将微观市场规制和宏观调节合称为公共管制。

公共管制源自英美的“政府管制”（government regulation），笔者曾从法系差异的角度主张我国宜以“公共管制”（public regulation）指称政府管制。⑪ 本文是从政府概念的角度对之进行的补充。洛克、卢梭、边沁、孟德斯鸠、孙中山、邓初民等中西思想家和政治学家均从一般意义上将政府界定为国家的载体，是行使立法、行政和司法等国家权力的政治组织。根据美国宪法，联邦政府由立法部门、行政部门和司法部门组成，⑫欲用“政府管制”一词合乎其政府理论和体制。相比之下，我国宪法上的政府采狭义解释，仅指行使行政权的国务院系统。而我国有着几千年的专制传统，并且数十年来“政企分开、政资分开、政事分开、政社分开”改革难以突破，都特别需要将政府的决策行为与经济社会管制行为相分离。特别是只有在经济社

---

⑥ 参见［日］植草益：《微观规制经济学》，朱绍文、胡欣欣等译校，中国发展出版社1992年版，第1页。

⑦ 参见胡敏洁：《规制理论是否足以解释社会政策?》，载《清华法学》2016年第3期。

⑧ 同前注⑥，植草益书，第2页。

⑨ 同前注⑥，植草益书，第20页。

⑩ 同上注，第25页。

⑪ 参见钱叶芳：《“社会法法域说”证成——大陆法系和英美法系融合的一个例证》，载《法学》2017年第4期。

⑫ 参见王名扬：《美国行政法》，中国法制出版社2005年版，第121页。

会领域才可能授权一些非政府机构、社会组织和个人进行微观规制，比如，通过法律准许企业内部的安全和卫生委员会或安全代表陪同劳动监察员进行巡视，[13]故而公共管制的概念具有兼容性。基于此，本文以公共管制代称政府管制。[14]

二、公共管制权的起源及演进

“对于管制的强烈要求是在累积与持续的”，[15]从管制法赋予管制机构权力与功能、管制理论的成熟到管制权控制和效果评价，皆是累积与持续的过程。现代国家干预从立法权干预开始，随后发展为管制权干预。在世界立法史上，通过制定成文法对契约自由进行国家干预的实践可追溯至1802年英国的《学徒道德与健康法》，该法要求限定棉纺织业学徒的工作时间。1802年至1833年，英国议会虽颁布了5个劳动法，但未设置监察机构，法律的实施由当地名人组成的志愿委员会负责监督，[16]致法律有名无实。1833年，英国议会通过了适用于纺织厂的《工厂法》，使该部法律具有实质意义的是配套建立了监察员制度。根据该法，国王有权任命4个监察员开展对工厂的常规检查。监察员有权制定为执行该法所需之规则，有权随时进入雇用了童工的工厂，有权对童工的在校学习时间进行考勤。[17] 在早期阶段，因监察员的规模不大，不足以在4000个工厂中执行该法，以至于该法被广泛规避。即便如此其已超越了纯粹的立法权干预，开启了对政府控制而言非常必要的机制，是管制权干预的雏形。1844年英国《工厂法》赋予了监察员以公务员身份并扩大了他们的权限，可调查所有工厂和学校、可就工人在工厂遭受伤害的事件提起诉讼等。[18] 1860年英国《矿山监察法》规定矿山要受专门任命的国家官员的检查，同样的，因任命的监察员少得可怜且职权又小，该法最终沦为具文。[19] 1867年8月，英国国王先后批准了《工厂法扩充条例》(以下简称《扩充条例》)和《工场管理条例》，其中《扩充条例》第7条规定，凡违反该法规定而雇用儿童、少年工人和妇

---

[13] 参见[德]沃尔夫根·冯·李希霍芬:《劳动监察:监察职业指南》，劳动和社会保障部国际劳工与信息研究所译，中国劳动社会保障出版社2004年版，第118页。

[14] 为保证引文的准确，文中尊重译者或作者对“gelation”的译法(“监管”“管制”“管理”“规制”)或观点。

[15] [美]劳伦斯·傅利曼:《美国法律史》，刘宏恩、王敏分译，台北，联经出版事业股份有限公司2016年版，第493页。

[16] ILO:《劳动监察概念和职能:工人指南》，第3页，载 http://www.ilo.org/labadmin/info/inst/WCMS_182977/lang-en/index.htm，最后访问日期:2018年1月2日。

[17] 参见张芝联:《一八一五——一八七O年的英国》，商务印书馆1987年版，第59页。

[18] 参见王觉非:《近代英国史》，南京大学出版社1997年版，第535页。

[19] 参见中共中央马克思、恩格斯、列宁、斯大林著作编译局编译:《马克思恩格斯全集》(第23卷)，人民出版社1972年版，第542、548页。

女者,得处以罚款。[20] 然而,被授权执行该法律的市政当局和执法人员常以保护地方利益和个人私利为名,任意解释法律并纵容违法行为。1871 年英国议会从这些当局手里收回了执行权,交由工厂监察员行使,使工厂监察员的监察范围一举扩大至 10 万多个工场,但对于本来就很缺乏的监察人员,只十分谨慎地增派了 8 名助手。[21] 总之,早期监察员受制于内务部,不但规模小,而且职权有限,即便向法院提出诉讼也是徒劳。[22] 同期出现的还有 1834 年的济贫法委员会、1857 年的默西(Mersey)港口和码头委员会等早期公法人组织,具有独立的法律人格和一些实质的管理权。[23]

公共管制权虽萌发于英国,但成熟在美国。1887 年之前,在美国州与地方政府之下,就有许多管制仓储、铁路、保险、银行、公共健康、学校事务的行政[24]机构。[25] 比如,19 世纪 70 年代中西部地区几个州通过《格兰其法》[26],制定和规范了各州铁路运费标准和铁路公司经营制度,成立了地方铁路委员会,赋予其控制费率和仲裁的权力。作为美国第一次通过立法手段干预国家经济之典范,《格兰其法》开创了管制铁路、维护社会公共利益之先河。在划时代的"格兰其案"(Mann v. Illinois,1877 年)中,最高法院确认了对"涉及公共利益的事务"(如铁路)进行管理的实质性公共权力。[27]《格兰其法》在 1887 年的"沃尔什案"中被判违宪而遭废除,是年 4 月 15 日联邦政府出台了更加全面和正规的《州际商务法》,并据该法成立了第一个联邦独立管制机构——州际商务委员会(ICC),这是美国现代行政机构的原始形

---

⑳ 参见中共中央马克思、恩格斯、列宁、斯大林著作编译局编译:《马克思恩格斯全集》(第 23 卷),人民出版社 1972 年版,第 540 页。

㉑ 参见中共中央马克思、恩格斯、列宁、斯大林著作编译局编译:《马克思恩格斯全集》(第 23 卷),人民出版社 1972 年版,第 5 引页。工厂监察人员包括 2 名监察员,2 名助理监察员,41 名副监察员。新添的 8 名副监察员是 1871 年任命的。1871 年至 1872 年,英格兰、苏格兰和爱尔兰用于执行工厂法的费用总共只有 25 347镑,其中还包括控告违法事件的诉讼费。

㉒ 参见劳动部职业安全卫生监察局:《国内外职业安全卫生法规及监察全制研究资料汇编》,北京科学技术出版社 1989 年版,第 102 页。

㉓ 参见王名扬:《英国行政法》,中国政法大学出版社 1987 年版,第 88 页。

㉔ 参见[日]仁日盐野宏:《行政法》,杨建顺译,法律出版社 1999 年版,第 19 ~ 20 页。英美法上所谓的行政法肇始于对经济和社会的管制,从其原初意义上来说,是经济社会管制法。因此,"并不是大陆法意义上的行政法,即不是相对于私法的、作为自律的法秩序的公法和行政法"。故而,文中提及的英美独立行政机构指的是管制机构。

㉕ 同前注⑮,劳伦斯·傅利曼书,第 489 页。

㉖ "格兰其"是指自密西西比河谷兴起的自称"耕作保护神"的农民组织。该组织的存在目的是为保护农民的利益,反对垄断、反对中间商的盘剥。

㉗ 参见[美]伯纳德·施瓦茨:《美国法律史》,王军等译,法律出版社 2011 年版,第 122 页。

态，[28]标志着现代公共管制的产生。20世纪30年代爆发的经济危机使公共管制权在罗斯福新政时期得到了史无前例的扩张，将对经济的局部干预扩大为对经济与社会的全面干预。罗斯福政府不仅建立了一系列的公共管制机构，如证券交易委员会、联邦存款保险公司、联邦住宅贷款银行局、联邦通讯委员会、国家劳资关系委员会及民用航空委员会，也在美国的法律史上写进了不同寻常的一页，颁布了一系列的成文法案。[29] 这些机构和法案几乎涵盖了所有的产业部门，涉及人们生活的诸个方面。从法律角度观之，最高法院对经济管制下了更宽泛的定义，认为即使在竞争性产业中，政府亦有权采取任何政策以使产业符合公共利益，这为管制彻底撕开了法律上的壁垒。[30] 由此，一个既管理经济又不控制经济机构的"管制资本主义"模式被建立起来。

进入20世纪后，英国政府的观念也发生了深刻变化，"纠正社会和经济的弊病是政府的职责，这种看法反映了人们的情感，现代行政国家[31]正在形成"，[32]英国的劳动关系也从监察员逐步向管制机构调整。进入20世纪六七十年代，英国劳动管制机构进入快速增长和管制司法化时期，根据《1964年劳资培训法》创设了劳资法庭(1996年后改名为雇佣法庭)，《1975年劳资保护法案》创设了劳动咨询调解仲裁委员会(ACAS)，《1975年性别歧视法》创设了机会均等委员会(EOC)，《1976年种族关系法》创设了种族平等委员会(REC)等，以前由政府部门行使的权力被转交到一些独立管制机构手中，但有关的政府部门依然会保留一些对这些机构产生影响的机制。[33]

20世纪80年代以后，随着许多国家的私有化、自由化运动，美国式管制开始向全球蔓延。[34] 欧洲各国普遍建立了此类独立的管理机构，如竞争委员会、金融服务局等。[35] 其中，最为典型的是中央银行，发达国家几无例外地都在强调央行运行货

---

[28] 参见[美]伯纳德·施瓦茨：《美国法律史》，王军等译，法律出版社2011年版，第121页。

[29] 参见张国庆：《行政管理学概论》，北京大学出版社2000年版，第77页。

[30] 参见朱家贤：《反垄断立法与政府管制》，知识产权出版社2007年版，第196页。

[31] 英美国家出现的独立管制机构集立法、司法和行政职能于一身，对三权分立结构予以修正和发展，积聚的权力之大直接导致了"行政国家"理念的诞生，推动了行政国家(administrative state)的形成和发展。

[32] 参见[英]威廉·韦德：《行政法》，徐炳等译，中国大百科全书出版社1997年版，第3页。

[33] 参见[英]琳达·狄更斯、[英]聂尔伦：《英国劳资关系调整机构的变迁》，英中协会译，北京大学出版社2007年版，第12页。

[34] 同前注⑪，钱叶芳文。

[35] See Thatcher, M., Independent Regulatory Agencies in Europe, Journal of European Public Policy, 9(6), 2002, pp. 954 - 972.

币政策调节市场的独立性。[36] 目前,美国联邦政府设有不属于任何内阁部门的56个独立机构,韩国中央政府设有13个直属总理的机构,其他独立机构和更多国家的独立机构被纳入大部制框架之内。[37] 同样是在20世纪80年代以后,放松管制越来越多地成为各国公共管制改革的基本理念,但21世纪初发生在美国的"安然事件"及其随后爆出的系列丑闻又让人们在震惊之余开始重新思考强化管制的问题。或许,放松管制与强化管制永远都是国家在不同时点对"经济事件或市场失灵感应的特殊回应"[38]。

三、公共管制权的第四性

公共管制权的第四性是相对于传统的立法权、行政权和司法权而言的,其在内涵、外延、来源、权能、性质等方面具有独特性。

(一)公共管制权的内涵和外延

权力"可被看成一种不顾阻力而实现人们意志的可能性,或者说是一种对别人行为产生预期影响的能力"[39]"是一个人或一部分人具有强加于他人的一种强制力"[40]"是一个人或许多人的行为使另一个人或者其他许多人的行为发生改变的一种关系"[41]"是一种力量,它使事物从一种位置或状态转向另一种位置或状态"。[42] 无论是能力说、强制说、关系说,还是力量说,反映出的共性是权威(命令与服从)。得到法律授权而具有了正当性的命令与服从关系,即为传统公法上的国家权力。但是,传统国家权力在应对社会经济之急的过程中发生了分化,一部分保持其公法上命令与服从的天性,另一部分则以命令为最后手段,通过设置标准、利益引诱、转移支付的方式使国家的意志得以实现,这就是公共管制权。笔者对公共管制权的法学含义的界定是:独立公共管制机构在法律授权的限度内,凭借其所能控制和支配的公共资源和价值,以经济手段和法律手段为主,规制市场主体行为,调整经济和社会利益失衡状态的职权。据此定义,管制权的外延包括对微观主体的规制权

---

[36] 同前注②,陈云良文。

[37] 参见沈荣华:《大部门制改革:背景、方向和途径》,载《中国改革报》2008年第213期。

[38] [美]丹尼尔·F.史普博:《管制与市场》,余晖等译,上海三联书店1999年版,第15页。

[39] [英]罗杰·科特威尔:《法律社会学导论》,潘大松等译,华夏出版社1989年版,第131页。

[40] [法]莱昂·狄骥:《宪法论》,转引自《西方法律思想资料选编》,北京大学出版社1983年版,第631页。

[41] 《不列颠百科全书》(第14卷),英文第15版,第697~698页。

[42] [美]卢卡斯:《企业权力的学问》,刘永涛译,上海人民出版社2000年版,第9页。

和对宏观经济社会的调节控制权。按照目前的学界通说,公共管制即微观市场规制。[43] 但依照凯恩斯主义的概念,管制是指通过一些反周期的预算或货币干预手段对宏观经济活动进行调节的。[44] 日本学者金泽良雄提出了不能把公共管制简单地看作由公共机构对经济主体活动进行的"限制行为",而应广义地看作"国家干预"的观点,将公共管制界定为"在以市场机制为基础的经济体制条件下,以矫正、改善市场机制内在的问题(广义的'市场失灵')为目的,政府干预和干涉经济主体(特别是对企业)活动的行为"。[45] 在此基础上,植草益把规制作为更广义上的"国家干预"去研究,以明确公共管制所约束的范围和内容。他认为,在现代经济社会中,公共机构并不仅是单纯地限制经济主体的活动,而是以多种多样的形式参与和干预经济生活。也就是说,政府为了实现宏观经济的增长与稳定、充分就业和公正分配,以财政、金融政策为主要手段参与和干预经济。公共规制包含了至今为止已经说明了的全部与广义的市场失灵相关的法律制度以及以法律为基础制定的政策,大体上可分为与宏观经济有关的政策(主要是以保证分配的公平和经济增长、稳定为目的政策——财政、税收、金融政策)和与微观经济有关的政策。[46] 类似的是,美国学者黑夫兰(Heffron)在传统经济性管制和社会性管制之外,提出了辅助性管制的概念,泛指与执行各类社会福利计划(如社会保险、公费医疗、药品、食品标签、老兵福利计划等)有关的管制措施。[47] 我国有学者认为,社会政策的基础在于"需求",由国家/政府来给予公民具体的福利享受和待遇,而规制的基础在于市场,社会性规制通过一种对市场的"控制",进而实现普遍福利,故而规制难以对社会政策问题进行充分阐述,因为其中并非时时存在着市场的规制基础。[48] 这类思维将与宏观经济有关的政策和社会福利计划排除在公共管制范畴之外,是对市场的狭隘理解。其实,所谓社会政策的需求基础仍然建立在市场不能(社会公平)的基础之上。笔者认为,在大陆法系,将管制权的范围从微观规制扩大到宏观调节,有利于保持日益庞杂的法律体系在内部逻辑上的一致性,并适时作出结构调整以满足经济社

㊸ 参见[美]保罗·萨缪尔森、[美]威廉·诺德豪斯:《经济学》(第16版),萧琛等译,华夏出版社1999年版,第246页;[美]布雷那、[美]麦卡沃伊:《管制与放松管制》,载《新帕尔格雷夫经济学大词典》(第4卷),陈岱孙译,经济科学出版社1992年版,第137~143页。

㊹ 参见[美]约翰·伊特韦尔、[美]默里·米尔盖特等:《新帕尔格雷夫经济学大辞典》(第4卷),陈岱孙译,经济科学出版社1992年版,第129页。

㊺ 转引自前注⑥,植草益书,第2、19页。

㊻ 同上注,第2、1920页。

㊼ 转引自[美]丹尼尔·F.史普博:《管制与市场》,余晖等译,格致出版社2008年版,第35页。

㊽ 同前注⑦,胡敏洁文。

会发展之需。

（二）管制权的来源和权能

管制权由法律设定，具有立法权、执法权和司法权三项权能。首先，管制立法权是根据立法机关的授权而立法（委任立法或次级立法），因为管制事务大多具有复杂性、技术性和变更迅速等特点，立法机关不能通过制定法律详加规定，往往只规定一般的政策或目的，故而管制权主体根据授权制定详细的法规，设置具体的标准，对受控制的对象赋予权利和利益，或课加义务和制裁，并就其管辖事务向立法机关提出制定法律或修改法律的建议。其次，管制司法权同样是委任司法，管制权主体对其管制对象的违法行为，不但有追诉的权力，而且有裁决的权力。这种权力同样是基于管制事务具有高度的技术性和专业性而设，一般法官缺乏这种能力。[49]最后，管制执法权主要以法律手段和经济手段进行市场监管和宏观调控，监管方法一般包括申报或说明、执照、批准或禁止、调查、追究违法行为、经济手段（如征收排污费或给予激励等）。管制权主体的追诉权也不同于一般行政机构。例如，依法国《金融安全法》第 2 条之规定，法国金融市场监管局是具有法人资格的独立公共职权机构，是一种独特的公法人，[50]可以自己的名义参与各种类型的司法诉讼。

同一管制机构并非总能行使管制权的三项权能，故权能的配置因管制领域的差异而相机抉择。例如，《日本禁止垄断法》设立的公正交易委员会可以行使规则制定权、调查权和审判权；《英国慈善法》设立的慈善委员会在享有独立的立法权、调查权和监督权的同时，也享有与高等法院共同行使的监督权。劳动法领域则比较特殊，由不同的独立机构行使不同的管制权能。例如，英国职业安全与卫生执行局具有完整的管制权能，英国咨询调解和仲裁局行使劳动争议调解仲裁权，英国雇佣裁判所行使劳动争议管制司法权，英国国家仲裁委员会行使集体争议裁决权。相形之下，社会保障领域的管制主体一般权能完备。比如，美国社会保障署和联邦老龄局、我国台湾地区的“劳工保险局”等。在宏观经济调控领域，管制主体不与市场主体直接发生关系，故而一般行使规则制定权和执法权，其中的中央银行作为制定并执行金融政策的主体是典型的独立管制机构，可对金融政策工具作出决策并予以实施。与中央银行不同，支持财政机关独立化的理由既无规范基础也无实证

[49] 同前注⑫，王名扬书，第 172、176 页。

[50] Senat, Rapport n0 206 de P. Marini, au nom de la commission des finances, dose 1e 12 mars 2003.

基础。[51] 即便如此,还是有越来越多的国家建立起了一些由法律授权、政治中立的财政政策委员会进行政策分析或评估,旨在激励政策制定者选择合理的财政政策。尽管目前建立财政政策委员会的国家主要是发达国家,但在新兴市场和发展中经济体中,建立财政政策委员会的呼声也在不断高涨。[52]

(三)管制权的本质和特点

公共管制权与一般行政权之间存在质的差别,前者的本质是"干预市场",后者的本质是"控制公权"。经济管制机构渐次取得委任立法权、委任司法权和强劲的执法权,并沿三个方向辐射其组织优势:一是蔓延至社会职能领域,社会管制机构层出;二是辐射至政治职能领域,监察机构、审计机构及其他机构独立化;三是蔓延至全球。辐射至政治职能领域的结果是,20世纪70年代之后各国将一些政治性行政机构独立化,比如监察机构、审计机构、情报机构等。大多数国家的宪法都规定了审计机构的独立地位,明确规定监察机构的国家相对较少,但以法律的形式设立的比比皆是。例如,法国预防贪污腐败中心、公共生活透明委员会、中央廉政署等独立监察机构均由议会立法设立。与经济社会管制机构一样,监察机构的独立设计模式呈现多元化特点,有内设于国会者(如瑞士的监察专员),有独立于政府部门而直属最高行政首长者(如韩国的监察院、新加坡的贪污调查局),有直属政府部门而独立运作者(如在各部门中设立的美国监察长、直属总务省的日本行政监察局)。在独立管制机构的辐射下,政治性独立机构和传统行政机关行使的权力具有了立法权(法规规章制定权)、纠纷解决权(行政复议)和执法权(命令服从的手段)等现代复合权能,但仍然恪守控权戒律,不得介入市场裁决私人纠纷。我国《监察法》规定的国家监察委员会吸收了公共管制机构的优点,但要真正实现独立监察还须作出更多的改革,首先应当将其定位为独立公权机构(独立经济社会管制机构与独立统治性行政机构合称独立公权机构)。国家监察体制改革也为经济社会管制体制改革提供了一个借鉴和契机。

需要指出的是,与国外独立公权机构是由经济社会领域延伸至政治领域不同,我国采取了相反的顺序,故管制权呈现出如下两大特征。

一是权力主体的政治中立与垂直管理。国家经济社会职能不能以政治职能的方式去执行,这是中外历史给出的经验和教训。只有政治职能与经济社会职能相

---

[51] 参见国际货币基金组织:《财政政策委员会的职能及影响》(上),马雪等译,载《比较》2015年第4期。

[52] 同上注。

对分离，才能在最大限度上避免政治角逐和利益集团对经济社会的影响，保证经济社会运行的持续性。特别是在转型国家，相较于经济社会的发展，执政者更在乎政治的稳定，人们不愿意看到政治动荡带来巨大的毁灭性的经济社会成本。管制机构在传统的政府官僚制部委框架之外，拥有相对独立的人事、管理和决策权，这些组织不像一般政府机构那样需要回应政治领导人的指令，赋予它们独立性恰恰是为了使之不必具有政治回应性，[53]能够忠于被明确界定了的管制目标，保证法律和政策执行的持续性和公平性。譬如，美国联邦政府中独立的管制机构可分成三类：(1)部内的独立机构（如职业安全和健康局存在于劳动部），不能完全摆脱部长的影响，但独立权力很大，在一定的范围内可以单独决定政策；(2)隶属于总统的独立机构（如环境保护局），对部完全独立；(3)独立的管制委员会（如联邦储备系统），完全独立于总统领导的行政部门，对法律负责，被称为联邦政府中“无头的第四部门”。[54] 在其他国家，管制机构的设立原则也大抵如此。如法国某一种行政职能的执行因为要求一定的独立性，法律把它从国家或地方团体的一般行政职能中分离出来，组成独立的公务法人，具有独立的管理机构和法律人格，以避免一般行政，特别是政治因素的干扰。[55] 我国的管制权一直由行政机关行使，以行政权的方式出现。即便是《反垄断法》（第9条）规定设立反垄断委员会，但由国务院具体设立并规定其职责、组成和工作规则，对国务院负责，“这种混同抵销了将行政权与国家所有权分开的改革效果，使国家对市场的调节权蜕变成政府任意行政干预的正当化理由……主张政府干预市场的经济法也背上‘反市场’的恶名”。[56] 对于管制机构的三权混合实践，美国法院的解释是，只要管制机构的裁决“受法院司法权的监督”，司法权的本质就已经保全。[57] 同理，我国设立直接向法律负责的管制机构，同时接受行政首脑的监督，执政党的执政地位就已经保全。

实行垂直管理的不一定是管制机构，但管制机构去行政化必然要求实行垂直管理。我国人民银行、银行业监督委员会（以下简称银监会）、海关、质量技术监督、食品药品、工商、税务、烟草、盐业、煤矿安全监察局等中央或省级以下机关实行或实行过垂直管理，但在机构设置、人员任命、管制权限等方面远达不到独立管制的

---

[53] 参见谭康林：《独立管制机构的兴起与政府治理转型》，载《汕头大学学报》（人文社会科学版）2012年第3期。

[54] 同前注⑫，王名扬书，第171～172页；同前注㊼，丹尼尔·F. 史普博书，第86～90页。

[55] 参见王名扬：《法国行政法》，中国政法大学出版社1988年版，第46～47页。

[56] 同前注②，陈云良文。

[57] 同前注⑫，王名扬书，第309～311页。

要求。例如,银监会根据国务院《关于机构设置的通知》(国发〔2003〕8号)而设立,对国务院负责而不是对《银行业监督管理法》负责;领导成员直接由国务院任命和罢免,与每届政府共进退,缺少管制事务必需的专业性和连续性。银监会在编制、经费、人事等方面均不受法律约束,司法机构也无法对其的运行展开司法监督。《银行业监督管理法》规定了银监会的规章制定权及许可权、现场检查权、要求申报或说明权、罚款、吊销执照等执法权,但该法既未规定银监会对金融机构之间发生的纠纷进行裁决的权力,也未规定引入司法原则和程序(如依职权的听证)的执法程序。这些都使执法的效率性和公正性难以保证,而这些也是导致国务院停止工商、质监和食品药品监督部门垂直管理实践的诱因。

二是管制权的专业性和积极性。经济社会管制对象一般都具有较为复杂、专业化程度高、变化迅速的特点,这对管制权提出了弥补一般行政官员和法官专业性不足的要求。管制权的积极性可从两个方面来考察,首先是管制机构执法与法院司法(广义执法)的区别。英国学者基于"法律的不完全性"认识,认为当法律不能明白无误地规定某一特定的行为将导致法律责任的时候,仅仅依靠法院执法可能招致吓阻的失败,因为法院是被动的执法者,只有在其他人起诉到庭前时才能采取行动。人们更为需要自身可以主动发起执法活动(甚至在伤害造成之前)的执法机构,于是引进了作为可能的补救措施的管制制度。管制者有能力积极执法,有助于缓解吓阻失败的问题。[58] 法院与管制者之间主要的功能差别正是执法的被动性与主动性之分。其次是管制执法与传统行政执法的关系。无论是大陆法系还是英美法系,在公权与私权的关系框架内,传统上对于国家行政权力均予以严格限制,赋予其守夜功能和执法消极性。管制权的出现则改变了这一切,其三权混合特性与主动执法性标志着国家权力从近代分化走向现代融合。

四、公共管制权的正当性基础和必要性诊释

(一)管制权力正当性基础的动态演进

权力之所以有存在的必要性,是因为人类需要通过权力的方式实现社会管理。"人们只对正当的权力才具有服从的义务",[59]而权力的正当性判断标准是历史的和动态的。

---

[58] See Xu Chenggang, Pistor Katharina, *Law Enforcement Under Incomplete Law: Theory and Evidence from Financial Market Regulation*, Econometric Society 2004 Far Eastern Meeting, 2004, p. 791.

[59] [法]卢梭:《"社会契约论"及其他晚期政治著作》,古热维奇译,中国政法大学出版社2003年版,第44页。

早期哲学家们从权力目的的角度探讨权力的正当性基础，认为理想的、符合正义的政治权力绝不是谋求强者或统治者自身利益的强力。但是，只要为了维护政治组织的整体利益，这种政治权力就可以左右被统治者命运，而且不会受到被统治者的任何挑战。[60] 也就是说，权力的正当性首先表现在政治组织所谋求的不是自身利益，而且政治组织在维护其统治过程中的权威是必须服从而不容反抗的。霍布斯、洛克和孟德斯鸠等近代启蒙思想家围绕权力的社会基础和公益目的，提出了社会契约论、三权分立与制衡论、司法独立论、程序正义论等理念，为政治国家和市民社会的二元划分提供了理论基础和制度安排，在法律上相应地表现为权力和权利的二元划分，开启了“权利制约权力”“权力制约权力”的法治模式。然而，这种以建立在形式平等、契约自由之上的法治模式，所谋求的是对抽象的个人利益的保护，对具体的个人利益以及由抽象平等导致的社会负利益难以顾及。于是，现代权力的正当性基础上添加了社会整体利益的内容，并由此带来了权力性质的改变和内容的扩张，迎来了“权利和权力相互制约”的法治模式，也就是说，权力由近代消极性演进到现代积极性，从传统行政权中分化出新型的管制权。管制权的正当性还可以理解为是对三权分立体制的补充或修正。美国政府内部的三权在分立的同时，一直处于制衡的过程。这种权力的分散和相互制衡使各部门得以延缓或阻止其他部门的行动，使政府不能及时作出决策。虽然这种低效率正是18世纪制宪者的预期，但已不能适应19世纪末以来经济社会的快速变化，政府在管理社会和经济事务时很难把任务交给一个不是兼有制定和执行规章并解决争议的权力机构。于是，权力不能混合的传统观点被冲破，美国国会通过立法的形式产生了许多兼有立法、行政和司法三种职能的管制机构，行使混合型管制权以应对社会关系的复杂性以及效率的要求。除此之外，管制权的正当性还表现为干预社会经济的适度，以及避免管制失灵的诸种努力。

（二）现代管制权必要性的多学科诊释

最初，政府对于经济活动的控制是出于应急之需。对于这种法律现象和权力实践，各学科均给予了高度关注并作出了必要性设释。

“美国行政法第一步决定性的发展出现在十九世纪末期，联邦政府开始控制私人经济活动的时候。”[61]在罗斯福新政时期，被誉为“管制先知”的行政法学家詹姆

---

[60] 参见［古希腊］柏拉图：《理想国》，郭斌和、张竹明译，商务印书馆1986年版；［古希腊］亚里士多德：《政治学》，吴寿彭译，商务印书馆1965年版。

[61] 同前注⑫，王名扬书，第49～50页。

斯·兰迪斯认为,市场本身存在诸多问题,这些问题对于软弱、松散、过去缺乏专门技术知识的传统政府而言,太大也过于复杂了,故此,国家需要政府的第四个分支,即表现为各种独立的管制委员会的行政分支,它将是半立法、半行政和半司法的,创立更多而不是更少的机构有助于提高政府管制过程的效率,而效率正是政府最需要的。[62] 在管制的全盛时期,兰迪斯对于管制的热情颂扬为后来在历史的检验中丰富和成熟起来的管制理论奠定了基础。[63]

自20世纪80年代以来,美国的行政法学者重新开始并真正踏入了这片政府管制新领域,从政府性质这样的基本问题入手,将传统研究法律形式、法律原则和法律规范的方法与经济、政治和社会的方法相结合,探讨了"管制国家"的目的与对象、"健全管制"的基本构成要件、"新公共时代"的含义、"官僚政府"的"公共利益"等对公共生活与公共秩序具有重要价值的问题。[64] 但研究中人们发现,"只要行政法学者试图在传统的行政法原则和规范的法律形式内部讨论这些政府规制的更大的问题,他们不会也没有能力解决构成规制政府基础的实体和规范的问题。这种存在于程序和实体之间的障碍已经促使法律的或其他的分析家创建一门超越法律的必需形式来解决行政国家的内涵与价值的政府规制学"。[65] 政府管制研究范式可对诸如管制国家的目标和目的、完善治理的构成条件、新公共议程的内容、官僚政府公共美德的构成条件等传统行政法不能解答的问题提供清晰而有解释力的答案,新的政府管制法学应运而生。

一批学者从法经济学的角度探讨公共管制对法律(指普通法)的替代或补充作用。在管制与普通法体系效率论中,波斯纳直接采用了效率原则分析管制与法律,提出失灵是市场失灵和普通法所规定的市场规则实施的失灵。因此,政府管制不是对市场失灵的弥补,而是在两种公共控制的方法——私人诉讼的普通法体系与直接控制的行政体制中进行选择,当普通法不能有效激励人们守法时,就需要政府的公共管制;[66]萨维尔等人认为管制与法律各有优劣势,最优的机制是将二者联合

---

[62] [美]丹尼尔·耶金、[美]约瑟夫·斯坦尼斯罗:《制高点重建现代世界的政府与市场之争》,段宏等译,外文出版社2000年版,第71~72页。

[63] 参见王华:《在放松管制与强化管制之间寻求平衡》,载《云南行政学院学报》2003年第3期。

[64] 转引自董炯:《政府管制研究美国行政法学发展新趋势评介》,载《行政法学研究》1998年第4期。

[65] [美]约瑟夫·P. 托梅恩、[美]西德尼·A. 夏皮罗:《分析政府规制》,苏苗罕译,载方流芳主编:《法大评论》(第3卷),中国政法大学出版社2004年版,第230页。

[66] See Posner Richard A., A Theory of Negligence, *Journal of Legal Studies*, I (1), 1972, pp. 29-96; Posner Richard A., *Economic Analysis of Law*, 6th edition, New York: Aspen Publishers, 2002, pp. 383-403.

起来使用。[67] 在控制社会无序的管制和法律理论中，格莱泽等学者认为管制者能够比法庭更容易受到激励而从事违法活动的调查取证工作，可以克服法庭因受强势集团的侵蚀不能公平执法的弊端；[68]拉·波塔等和罗伊以证券市场为例，开创了政府管制与法律作用经验研究的先河，前者认为大陆法系因其管制严厉阻碍了金融市场的发展，普通法系依赖于较少的管制和私人契约促进了金融市场的发展，后者则用事实说明当今大陆法和普通法国家都在实施管制，美国金融市场管制要严于大陆法系国家，现代证券市场的效率差异不能仅从法律起源来解释，不应忽视政府管制的效率。[69] 在管制与法律的不完全性理论中，有学者认为，法律是不完全的，剩余立法权的恰当配置决定了是利用法庭还是管制机构来解决效率难题。[70] 三种理论均揭示出，当法律或侵权法、合同法不能很好地发挥作用时，政府管制得以产生，而为了扬长避短，管制有时也与法律同时使用。它们的相似之处在于，政府管制之所以能够替代或补充法律，是因为其促进了效率。[71]

一批学者从法社会学的角度分析政府控制经济的行为。庞德在“法律社会化”的潮流中提出了通过法律（指管制法）的社会控制理论，“控制这种为了满足个人欲望的个人扩张性自我主张的趋势”。[72] 在庞德的社会学法学思想，特别是法律“社会利益”保障任务论和“社会控制”工具论的指导下，利用法律有限度地调控社会经济生活成为立法和司法界的共识。与庞德的出发点一致，诺内特和塞尔兹尼克将社会中的法律区分为三种类型或基本“状态”：一是作为压制性权力的工具的法律（压制型法）；二是作为能够控制压制并维护自己的完整性的一种特别制度的法律（自治型法）；三是作为回应各种社会需要和愿望的一种便利工具的法律（回应型法），并认为对回应型法的需求源于人们在自治型法的体系中所察觉的局限

---

[67] See Polinsky Mitchell, Shaven Steven, The Economic Theory of Public Enforcement of Law, *Journal of Economic Literature*, 38(1), 2000, pp. 45 – 76.

[68] See Glaeser Edward L., Shleifer Andrei, The Rise of the Regulatory State, *Journal of Economic Literature*, 41(2), 2003, pp. 401 – 425; Djankov Simeon, Glaeser Edward, La Porta Rafael, et al., The New Comparative Economics, *Journal of Comparative Economics*, 31, 2003, pp. 595 – 619.

[69] See La Porta Rafael, Lopez – de – Silanes Florencio, Shleifer Andrei, What Works in Securities Laws, *Journal of Finance*, 61(1), 2006, pp. 1 – 32; Mark J. Roe, Legal Origins, Politics and Modem Stock Markets, *Harvard Law Review*, 120(2), 2006, pp. 460 – 527.

[70] 同前注[58], Xu Chenggang, Pistor Katharina.

[71] 参见吴伟：《政府管制的法经济学解释：一个文献综述》，载《北京航空航天大学学报》（社会科学版）2010年第6期。

[72] ［美］庞德：《通过法律的社会控制法律的任务》，沈宗灵、董世忠译，商务印书馆1984年版，第81页。

性,回应型法标志着法的进化的更高级阶段,是自治型法的继承和发展。[73]

政治学主要关注的是管制决策的政治和行政内容、所涉及的国家与社会关系以及公共利益等。例如,米尼克指出,管制是针对私人行为的公共行政政策,它是从公共利益出发而制定的规则。[74] 行政学提供了政治与行政二分原理,[75]区分了表达国家意志(制定政策)的议会/政务官与执行国家意志(执行政策)的事务官。在此基础上,西方国家开始了将执行性组织与政务官分离的历程,创立了形形色色的独立公权机构并明文规定其职权。最为兴盛并自成学科的是管制经济学。凯恩斯的市场失灵和政府干预理论既是对公共管制必然产生的诠释,又为公共管制的发展奠定了理论基础,并衍生出解释和主张建立公共管制制度的其他重要的积极性理论,典型的如信息不对称理论、外部性理论[76]、公共利益理论[77]。最早的管制理论即是从公共利益的角度来解释管制。随着理论和实践的推进,公共利益理论在其发展过程中进一步在市场失灵理论和福利经济学中找到了它的立论基础,例如,欧文和布劳第根将管制看作服从公共需要而提供的一种减弱市场运作风险的方式。[78]

五、公共管制权与第三法域的形成

公共管制法的出现打破了英美普通法一统天下的传统格局,开拓了公共管制法律的新领域。对大陆法系而言,新型管制权的法律行使导致传统的公法和私法二元法律结构悄然松动,慢慢形成了一片介于公法与私法之间的新法域——第三法域(社会法)。社会法是有关弱势群体生存、宏观经济安全、市场秩序、公序良俗以及生态环境保障,且不属于传统私法和公法所界定的研究范围的法律规范的总和领域。[79]

(一)关于法域划分的标准

代表性观点认为,有关公法与私法划分标准的学说主要有"主体说""意思说"

---

[73] 参见[美]诺内特、[美]塞尔兹尼克:《转变中的法律与社会:迈向回应型法》,张志铭译,中国政法大学出版社1994年版,第16、21、29页。

[74] 转引自前注㊳,丹尼尔·F.史普博书,第37页。

[75] 威尔逊:《行政学研究》,载《国外政治学》1987年第6期;[美]F.J.古德诺:《政治与行政》,王元、杨白朋译,华夏出版社1987年版。

[76] See Hardin, G., The Tragedy of the Commons, *Science*, 162 (13), 1968, pp. 1243-1248.

[77] See Posner, R. A., Theories of Economic Regulation, *Bell Journal of Economics*, 5(2), 1974, pp. 335-358.

[78] See B. M. Owen, R. Braentigam, The Regulation Game: Strategic Uses of the Administrative Process, *Southern Economic Journal*, 46(2), 1978.

[79] 同前注⑪,钱叶芳文。

“利益说”,其中基本标准在于法主体的差异。[80] 然而,“公法和私法的界限,不是原理的而是‘历史’的”“不是先验的所能划定的,只有按照法之发达的史迹才能划定”。[81] 当历史发展至今天,法域边界和划分标准的新发展已经昭然若揭。但是,第三法域的存在仍然是一个极具争议的话题,我国法理学界几乎不予关注,民法学、行政法学界固守二元法律结构传统,经济法学界左右摇摆,社会法学界则分歧巨大,背后的地盘之争现象和照搬国外学说的现象较为严重。第三法域理论发端于德国。第二次世界大战之后,在主要的欧陆国家,第三法域的理论研究或倒退或停滞,但各国均接受了英美法上公共管制的理论和实践,管制机构迄今在国外已经成为非常普遍的制度模式。然而,缺失了第三法域的视角,各国在解释和推进公共管制法律实践时,传统公法、私法二元理论往往捉襟见肘。例如,因为第三类行政主体(独立的公务法人)的存在,法国行政法学者和行政法院在确立作为行政法和私法划分标准的行政法的中心观念时,各种学说均无法自圆其说而陷入困境。[82] 如果说其他大陆法系国家和地区在成熟的市场机制和法治传统之下,管制法律实践对第三法域理论的需要并不强烈,那么我国的情形则正好相反。

笔者所主张的法域划分标准有:(1)法的主体。私法主体为私人或私团体,公法主体一方为执行一般行政职能的公权机关,社会法主体一方为执行经济和社会职能的独立或非独立的公共管制机构。(2)法的本位。私法、公法、社会法的本位分别是私人利益、国家利益、社会利益。(3)法的核心范畴。私法、公法、社会法的核心范畴分别为权利、传统公权和现代管制权。(4)法的实施机制。私法、公法、社会法的标志性实施机制分别为消极的法院执法、命令服从式政府行政执法和监督调节式独立管制执法。上述四项标准紧密结合方可展现法域三分的完整面貌。

(二)关于私法社会化、公法社会化和社会法的界限

管制权不完全等于国家干预权,这使私法社会化与社会法之间的界分成为可能。与经济学中的国家干预不同,法学上的国家干预分成私法和社会法两个领域而论。私法领域的国家干预仅指国家立法权干预,发生私法社会化的效果,如物权法、债权法和婚姻法的社会化。社会法领域的国家干预不仅指国家立法权干预,还是集成立法权、司法权和行政权的管制权干预,发生第三法域形成的效果。在社会法领域每一部干预市场的法都有自己的实施机构,而不是仅仅付诸司法救济。所

---

[80] [日]美浓部达吉:《公法与私法》,黄冯明译,中国政法大学出版社2003年版,第24~37页。

[81] 分别语出祁克(Gierke,1874)和德意志民法第一草案理由书。转引自上注,第19页。

[82] 同前注⑫,王名扬书,第24~31页。

以,私法与社会法之间的界限清晰可辨。德国学者梅迪库斯关于"将私法中决策自由受到约束的那部分内容从整个私法中分离出来,并用'社会法'(Sozialrecht)这个术语来称呼,大概就难以确定私法中是否存在一些可资明确界定的部分,因为在私法中也到处存在对权利滥用行为的监督审查"[83]的疑问,是可以解答的。

管制权不同于一般行政权,这使行政法社会化与社会法之间的界分成为可能。社会法的去指令化和非权力化发展,特别是管制程序的司法化辐射至传统行政法的调整模式,为其涂上了现代化的色彩。行政法现代化和社会法区别的标志是社会法执行机构在独立于政务官控制方面的可能性,裁决私法纠纷的职权,以及其独有的基准设置、经济诱导和转移支付等调整手段。社会法的公法属性决定了在其没有规定时可以适用行政法的控权原则和规则。

(三)关于社会法的核心范畴

范畴及其体系是各门科学成熟的标志,也是法域形成和独立的标志,而这取决于对核心范畴的认识。我国目前研究社会法核心范畴的文献非常之少。持"社会法部门法说"的学者认为,社会法的核心范畴是社会权利,基本指向《经济、社会和文化权利国际公约》意义上的社会权。[84] 持"社会法法域说"的学者认为,社会法学者眼中的社会权利其实质是一个公法中的权利,并不具备作为社会法核心概念的要素;社会权益体现了社会法公法与私法融合的特点,在实践和理论中都比较适宜作为社会法的核心概念出现。[85] 笔者认为,"社会权益"和"社会权利"皆不足以担当社会法的核心范畴。

其一,法的核心范畴首先是在各种具体法律关系的基础上抽象出的基本法律概念,与法的本位不同。法的本位指向法存在的目的,即为何要创造法?对此,西方学者的观点是"为了利益""目的是法的创造者,而目的就是利益"。[86] 这也是当下我国学界的主流观点。故可认为,社会权益中的社会利益是法的本位,而非法的

---

[83] [德]梅迪库斯:《德国民法总论》,邵建东译,法律出版社2005年版,第10~11页。

[84] 参见李炳安:《社会法范畴初论》,载冯彦君主编:《和谐社会建设与社会法保障》,中国劳动与社会保障出版社2008年版,第84、85页;冯彦君:《中国特色社会主义社会法学理论研究》,载《当代法学》2013年第3期;谢增毅:《社会法的概念、本质和定位:域外经验与本土资源》,载《学习与探索》2006年第6期;陈趁:《社会法学的新发展》,中国社会科学出版社2009年版,第20页。

[85] 参见黄玲:《社会法核心概念的界定——基于对社会权利核心地位的质疑》,华东政法大学2014年硕士学位论文。另有学者持类似观点,认为"公共利益"这一概念在法学、政治学以及社会学中都有使用,在法学领域,它与公共权力或私人权利有着密切联系,是一个重要的概念范畴。公共利益构成了公共权力行使的道德基础和伦理基础。参见王景斌:《论公共利益之界定——一个公法学墓石性范畴的法理学分析》,载《法制与社会发展》2005年第1期。

[86] 转引自张文显:《二十世纪西方法哲学思潮研究》,法律出版社2011年版,第129页。

核心范畴。其二,社会法的核心范畴是对全部社会法域内法律现象的普遍联系、普遍本质、一般规律的高度抽象,而社会权利并不能囊括社会法保护的所有权利和利益(如宏观经济安全和消费者权益),我们也找不到可以囊括社会法域权益的一个权利。另外,虽然社会权利的保护主要由社会法承担,但也可能以私法的形式(如《经济、社会和文化权利国际公约》第11条第1款保护家庭和婚姻的规定),这不符合核心范畴的专属性。

综上所述,笔者认为,社会法的核心范畴应为管制权。私法权利与社会法权利对国家的要求不同,对于前者,"国家的作用仅限于提供一套法院体系",[87]而对后者,国家还必须提供一套新的管制体系。在社会法领域,被私权抑制的国家权力的积极性被重新激活,并与私权之间形成双向制约关系。通过对私权的抑制,实现管制权对社会法权利的保护。简言之,同为公权力,将消极保护私权的行政权力视为公法的核心范畴,将积极保护私权和社会利益的管制权力视为社会法的核心范畴,符合法理、法律逻辑和法律实效性的要求。作为劳动关系学的基本理论,劳动关系系统论阐释了劳动关系"三方"主体及其相互关系。[88]"政府是创设市场的各种制度、实现法治社会的机构。最低工资法的确立、劳动保护立法制度、社会保障的实现等等,这些在企业层级不能解决的课题,就作为政府的责任而被问责。"[89]此可谓管制权核心地位的一个佐证(见表1)。

表1　行政管理权和公共管制权特点对比

	行政管理权	公共管制权
性质	秩序性、上下级隶属性、消极性	经济性和社会性、独立性、积板性
产生的经济和思想背景	自由市场、自由主义	市场失灵、国家干预主义
权力关系	与立法权、司法权构成国家基本权力	集立法权、司法权和行政权于一体
权利关系	受权利的制约	与权利形成双向制约,权利权力互动
调整手段	命令与服从	基准控制、利益诱导、转移支付
保护的权利	平等、自由的私法权利	公平、正义的经济权利和社会权利
法域中的地位	公法的核心范畴	社会法的核心范畴

[87] 转引自前注㊼,丹尼尔·F.史普博书,第32页。

[88] 即劳方(劳动者及其组织)、资方(经营者及其组织)和与职场及劳动相关联的政府机构。See Dunlop, John T., *Industrial Relations Systems*, Boston, Mass: Harvard Business School Press, 1993.

[89] [日]白井泰四郎:《劳使关系论》,日本劳动研究机构1996年版,第93页。

本文提出的新型管制权和第三法域理论或许民法和行政法学界并不认同。对此,笔者认为,法学研究的重心在于解决中国的法治问题,各界应当抛弃地盘意识,致力于寻找法治之道。对于社会法的核心范畴是管制权的观点,社会法学界亦可能难以接受,这主要是基于对国家权力的警惕和防范。然而,应当看到,没有国家管制权的主动干预,无论社会法权利如何重要,皆为空中楼阁。故此,社会法学界同样应该摆脱只有强调并争取社会法上权利才能实现社会法价值的传统思维,正视管制权对社会法的意义,关注管制权的授予和控制,推动我国经济社会的管制和发展冲破行政权禁锢与侵蚀的进程。

六、余论

作为转轨经济国家,我国新的市场机制仍带有浓厚的旧体制色彩,尚不能充分发挥其资源配置的基础性作用。在数十年的改革开放之后,我国目前仍然处于因私有产权和自由契约原则缺失所造成的“制度荒原”或“制度混乱”[90]状态,市场失灵问题更多地是由政府失灵所致,于是,人们提出了社会治理的概念和诉求。然而,社会治理对法律体系的要求更高,二元法律结构不敷使用,三元法律结构才能容纳社会治理各方主体的权利(力)和义务,其中包括对管制机构体系(如专业管制机构、综合管制机构和社会管制机构)的构建,对利益集团、政治压力集团及公共舆论俘获或监督管制机构的法律控制。至此,公共管制的法律化问题凸显,理论界和立法者的私法自治、公法管理和社会法管制的区分意识亟待建立。只有这项新型的管制权力才足以将社会法从私法社会化、公法社会化现象中分离出来,它足以担当社会法的核心范畴。

---

[90] [匈]雅诺什·科尔奈:《后社会主义转轨的思索》,肖梦译,吉林人民出版社2011年版,第14页。

劳动关系法律调整的伦理要求与法治内涵

秦国荣*

【摘　要】 随着社会经济关系的历史变迁,劳资伦理有其回应时代要求的特定内涵。当代中国劳动立法应充分反映劳资伦理的内在要求,以社会主义核心价值观为指引,以保护劳资双方利益,维护劳动关系和谐稳定为基本目标。劳动法治运行应以劳资伦理维护为内核,弘扬现代企业伦理文化,强化劳资双方尤其是资方的伦理责任,以此形成公平合理的、能够为劳资双方共同接受的并心悦诚服自觉履行的法定权利义务关系,为社会稳定、文明进步、产业发展和新型劳资关系建构提供可靠的法治保障。

【关键词】 劳资伦理　权利义务　劳动法治

劳资关系乃是市场经济运行的基本社会关系。随着市场经济、社会文明的发展以及科技的不断进步,资本与劳动的关系已成为"现代全部社会体系所赖以旋转的轴心"(恩格斯语)。而随着知识经济、信息化时代的来临,资本与劳动相互融合的态势日趋增强,这就需要我们认真思考和把握劳资关系的伦理本质和要求,揭示劳资伦理关系及其法治化的基本内涵和逻辑,从而为劳资关系法律调整及和谐劳动关系建立寻求科学合理的理论依据与发展之道。

一、劳动立法的伦理回归:劳动关系法律调整的认知变迁

劳资关系作为兼具隶属性、经济性与组织性的社会关系,有其特有的伦理内涵与法律调整逻辑。这种伦理关系并不是一种善恶道德判断或价值观念宣示,①而是

---

* 南京审计大学法学院教授,中国社会法学研究会常务理事。原文刊载于《东南大学学报》(哲学社会科学版)2018 年第 4 期。

① 正如有学者所指出的,有些习以为常的说法如"伦理就是道德""伦理就是调节人的行为的道德观念""伦理就是道德规范"等并不确切。参见宋希仁:《论伦理关系》,载《中国人民大学学报》2000 年第 3 期。

因其具有特定身份、人格等属性而内在地要求劳资双方应遵循的彼此相处的基本准则、道理与规范责任。②

伦理作为现实社会关系的内在应然之理,对于社会关系有着独特的调整功能。这种调整"依照他律性和自律性程度的差别,我们可以把社会的规则体系分成三种:一种是他律性的社会规则,即社会政治和法律的规则;另一种是自律性的规则,即道德的规则;还有一种是介于他律性规则和自律性规则之间的规则,即亚他律性和亚自律性的规则,这就是伦理的规则"。③ 从本源角度来看,伦理构成了法律与道德的社会关系及其规范观念形成的基础。不同社会伦理关系以及在此基础上形成的价值判断与规范要求构成了法律规则与道德判断的源生内容。伦理是社会关系的内生性规范,法律与道德则是反映社会伦理关系要求的外发性规则,因为"无论是法的东西和道德的东西都不能自为地实存,而必须以伦理的东西为其承担者和基础"。④ 而"从具体的实体性来看,伦理关系就是生活的全部,它就是现实的家庭、社会和国家等复杂的组织系统,体现为超出个人主观意见和偏好的规章制度与礼俗伦常,表现为维系和治理社会秩序和个人行为的现实力量"。⑤

与婚姻家庭关系一样,劳动关系与婚姻家庭关系有着极为类似的人身性社会关系属性,这种人身性社会关系具有较为强烈的社会伦理特质。与父母子女等血缘性"天然伦理"关系略显不同的是,婚姻关系与劳动关系都属于为法律所确认的非天然"拟制"伦理关系,两者都具有契约性、经济性、人身隶属性等伦理性特征,都是人们为谋求生存、发展、实现个体价值等人生目标而形成的特定社会关系。如果说婚姻伦理具有相对的个性化、封闭性、紧密型等特点,劳资伦理则具有社会性、开放性、松散型等表征。而与婚姻伦理不同之处在于,劳资伦理还有组织性、协作性等突出特点,这与劳动关系产生于工业化协作大生产有着密切的联系。

---

② 道德虽然与伦理有着紧密的联系,却并不是同一个概念。伦理的英文概念为"ethics","ethics"一词源自拉丁文的"ethica",而拉丁文的"ethica"又源出于希腊文的"ethos"。在希腊文中,"ethos"一词表示的是驻地、驻所,即一群人共居的地方,也有风俗习惯的意思。正如有学者考察词源后所指出的那样,英文的"moral""morality",源于拉丁文"moralis",该词的复数 mores,指风俗习惯,单数 mos 指个人性格、品性,就是说,"Morality"虽然有时可以和伦理一样表示传统、习惯以及人们接受的人际行为标准,但是,更多是与主体的行为和品质相联系的,即"'ethos'这个词是一个客观性较强的词,表示人共居之所及其共同的生活风俗、惯例、规则。换句话说,它原本表达的是一群人长期的共居之所以及在此共居之所中是如何共居的,这后者即是共居之所内所存在的包括生活风俗、惯例、礼仪、规则在内的习以为常的生活模式"。参见焦国成:《论伦理——伦理概念与伦理学》,载《江西师范大学学报》2011 年第 1 期。

③ 焦国成:《试论会伦理关系的特质》,载《哲学研究》2009 年第 7 期。

④ [德]黑格尔:《法哲学原理》,范扬、张企泰译,商务印书馆 1961 年版,第 162 页。

⑤ 宋希仁:《论伦理秩序》,载《伦理学研究》2007 年第 5 期。

任何一种社会伦理都是人类现实生活的衍生品与必然产物，总是伴随人类政治、经济、文化等生活的变迁而不断演变，有着一个从低级到高级、从蒙昧到开智、从野蛮到文明的“进化”过程。婚姻家庭伦理关系是如此，劳动关系伦理也是如此。从历史看，西方劳动关系经历过从资本对劳动的压迫、剥削、长期冲突、斗争、反抗到调适、谈判、协商、妥协、磨合，再到合作、协作、伙伴等紧密型关系形成的演变过程。脱胎于欧洲封建社会的西方老牌发达国家，在其资本主义制度发展前期，曾历经过重资本、轻劳动的伦理丧失时期。资方在立法与政权体制的护佑下，将劳工视为剥削对象进行疯狂压榨，资本主义国家政权与制度安排则对资本残酷剥削劳动给予恣意纵容与明确支持。马克思曾经指出：“资本在它的萌芽时期，由于刚刚出世，不能单纯依靠经济关系的力量，还要依靠国家政权的帮助才能确保吮吸足够数量的剩余劳动的权利。”⑥这使资本主义前期的“工业部门”成为“在剥削下不受法律限制”的地方。⑦

对于资本主义前期丧失基本社会伦理残酷剥削劳工的恶行，正如马克思所说，“资本来到世间，从头到脚，每个毛孔都滴着血和肮脏的东西”。⑧ 面对这种冷酷无情的资本剥削，工人阶级通过不断的反抗与斗争，尤其是通过联合起来的抗争，迫使资产阶级及其政府不得不做出让步和政策调整。而随着资本主义社会人本主义、人文主义思潮的兴起，尤其是随着马克思主义思想的广泛传播、世界范围内工人运动的风起云涌，以及包括巴黎公社等在内的社会主义实践的展开等，资方对劳方不得不采取温和、妥协、让步的政策，劳动立法也开始加强对劳动者的保护。而随着西方福利国家政策的推行，劳资关系更呈现出缓和态势。

劳资关系新伦理的形成，乃是在社会主义从理论到制度实践的确立，工人阶级及其政党在世界范围内走上政治舞台后，逐步发生实质性演化与变迁的。社会主义国家对工人阶级领导地位的确认，以及与资本主义国家之间的意识形态对峙，也迫使后者不得不重新思考和调整劳资关系政策。而随着冷战结束，尤其是随着区域经贸合作和经济全球化进程的加快，资本在全球范围内的流动以及日趋激烈的国际竞争，推动着世界各国不断调整其对内对外政策，由此也带来了各国对本国劳动法律制度运行的现实反思与改革冲动，对劳资伦理关系的理解逐步呈现出“趋同化”现象。这种“趋同”不仅表现在合作型和谐共赢劳资伦理观念或理念的确立，

---

⑥ 马克思：《资本论》（第1卷），载《马克思恩格斯文集》（第5卷），人民出版社2009年版，第312页。
⑦ 马克思：《资本论》（第1卷），载《马克思恩格斯文集》（第5卷），人民出版社2009年版，第282页。
⑧ 马克思：《资本论》（第1卷），载《马克思恩格斯文集》（第5卷），人民出版社2009年版，第871页。

而且各国劳动立法也在不断的相互借鉴与吸收过程中,价值取向与制度设计逐步趋于接近。

从我国劳资伦理的当代变迁历程来看,自中国共产党产生以来,我国的劳资伦理是随着时代的不同需要而不断发生变化的。而不同时期我党对劳资伦理认识的不同,以及所采取的不同劳资关系政策,对社会发展产生的影响也迥乎不同,大致经过了以下几个阶段:

第一个阶段是中国共产党成立至第一次国内革命战争时期。为了争取工农大众和革命斗争的需要,我党在苏区采取了相对较“左”的扶助、依赖与保护劳工,打压资本的政策,劳资双方成为斗争与对立的两极,其结果导致资本关门歇业和外逃,劳工失业,最终严重损害了苏区经济和劳工的根本利益。

第二个阶段是在抗战时期。我党开始吸取历史教训,对资本采取相对宽容和保护的态度,维护劳资双方利益和劳资关系稳定,资方成为抗战联合与统战对象,从而对于爱国统一战线以及边区经济发展起到了明显的推动作用。

第三个阶段是解放战争时期直至中华人民共和国成立后第一个五年计划的顺利完成。我党制定了“发展生产、繁荣经济、公私兼顾、劳资两利的工运政策和工业政策”,非常符合新民主主义革命时期的中国国情,极大地激发和调动了民族资本的积极性,为中华人民共和国经济发展和医治战争创伤提供了良好条件。⑨

第四个阶段是自第二个五年计划开始直到改革开放开始。这个时期我党不断加强“一大二公”,消灭非公经济,逐步形成了中央高度集权的计划经济模式,企业成为政府的附属机构,劳动关系成为行政人事管理关系,导致了窒息企业和职工活力与积极性的“两个大锅饭”,阻滞了国民经济的健康发展。

第五个阶段是自改革开放以来直至今天的劳动关系市场化不断扩展深化。当代中国劳动关系与西方有着截然不同的历史发展起点和任务,它是在破除计划经济坚冰,引入商品与市场竞争机制,将企业和劳动者推向市场过程中逐步建立起来的。我国经济体制改革乃是社会主义制度的自我完善与发展,其中心环节在于国有企业改革,而劳动关系的市场化、契约化等则成为改革极为重要的内容。这同时也就决定了我国的劳动关系伦理在社会转型与变迁时期有着自己独特的内涵与法治要求。

---

⑨ 秦国荣:《建国前我党劳动立法政策的演变及其启示》,载《江海学刊》2008 年第 4 期。

二、契约型劳动立法伦理:劳资权利义务关系的法律内涵

在计划经济时代,基于企业投资与财产公有的前提,作为投资人与所有者的政府自然成为企业的管理者、领导者与经营者。计划经济时代并没有契约化的劳动关系,只有行政化的劳动行政与人事管理关系,企业及其内部管理关系实质上是按照行政伦理关系运行的。

我国的劳动关系法治建设,是伴随经济体制改革而逐步展开的。在打破国有企业无所不包、无所不在的高度行政化经营垄断的同时,国家逐步放开和降低市场准入条件,允许个体、私营、民营、集体等各种所有制形式的企业进入市场,形成多种所有制经济并存的市场竞争格局和态势。

我国劳动立法的初衷是以推进企业市场化竞争、改革企业内部人力资源管理方式和分配模式为抓手,以激发企业尤其是国有企业的市场竞争活力、激发劳动者的创造性和积极性为目的。市场化改革乃是劳动立法的基本方向,这就决定了我国劳动立法与西方劳动法的发展有着截然不同的历史背景与法律逻辑。尽管我国劳动立法同样要保护劳动者的正当合法权益,但这完全不同于西方发达国家在其发展过程中,尤其是在资本主义前期因残酷剥削、压迫劳动者而造成劳动者基本权益受到严重损害,导致劳动者反抗和出现严重社会危机而不得不以劳动立法保护劳动者的生命健康、安全、工资保障等基本权益,限制资本的剥削程度,以缓和劳资矛盾与社会危机的情况。我国劳动立法在保护劳动者基本权益的同时,是以立法先导、法制变革的方式推进国有企业,尤其是大中型企业改革,以立法推进劳动关系契约化、市场化,力图切断政企不分的行政化“脐带”,切断“两个大锅饭”的不公平利益分配链。

经过近30年的经济体制改革,我国已形成了以公有制为主体、多种所有制形式并存的基本格局。在所有制多元、企业多样的现实形势下,不同用人单位与劳动者之间事实上已形成多样分层的客观局面。而随着对行政垄断企业、事业单位及国家机关改革力度的逐步加大,劳动立法调整范围将逐步扩大,对社会关系及利益分配的影响也将逐步深化。

但同样不可否认的是,无论是在观念、理念上,还是在体制机制建构及其实际运行上,中国特色市场经济体系尚未最终形成,推进资本与劳动力等市场要素与资源配置市场化仍然是我国劳动关系建设的重要任务。而这个确认市场在对包括劳动力在内的资源配置中“起决定性作用”的过程中,劳动立法不可避免地承担着既要保护劳动关系双方当事人合法权益,又要助推劳动法制变革的历史重任,这就使我国的劳动关系伦理有着特定的价值判断与责任内涵。

现代劳动关系乃是有着特定伦理内涵的社会生产关系。我国劳动法治建设应以劳资伦理的内在要求为立法判断,以法律运行引导平权主体的用人单位与劳动者之间建立起市场化、契约化、法治化的劳动关系。劳资伦理建构及其立法除了确认和保障劳动关系双方当事人的权利以外,更重要的应是设定劳资双方彼此应承担的相对应的伦理责任。因为如果劳资双方只注重各自的权利实现而"忽略"责任承担,则这种平权主体之间必然会产生"权利对权利的对抗",使劳资双方作为私利主体只考虑各自的"私人利益",从而陷入"私利"或"私益"相互对抗与冲突的"自然状态"。实际上,劳资双方之所以能够形成特定契约关系,在于双方以企业为载体和平台,通过相互为对方承担责任的方式进行协作与合作,在实现企业共同体利益的基础上实现彼此的私人利益。

企业作为承载劳动关系双方利益实现的社会经济组织,其能够得以顺利运行的前提在于劳资双方各自适当让渡一定的权利,以权利相互交换的方式对对方承担相应的义务,从而形成特定的企业内部伦理关系。比如,劳动者需要让渡一定的行为自由权,与用人单位形成人身隶属关系,接受用人单位纪律约束和工作安排与考核;用人单位需要让渡一定的财产权,为劳动者提供生产工具和安全卫生的生产条件,支付劳动者工资报酬及其他各项福利。因此,劳资伦理实质上是劳资双方按照契约约定,在朝夕相处的工作过程中,依据人身隶属特点为对方所应承担的伦理责任,即资方承担资方伦理责任,劳方承担劳方伦理责任,彼此形成相互对应的伦理责任方式变项。

所谓企业,乃是由资本与劳动力相结合,由劳资双方共同组合而成的"资合"与"人合"的社会组织体与经济体,劳资双方在企业内部形成分工明晰、协作有序的组织体系架构和科层结构。尽管劳资双方在劳动合同缔约阶段为相互平等的民事主体,但劳动者一旦进入履约阶段,进入资方生产领域,即获得了资方"组织体成员"的"内部人"身份,双方建立起了特定的契约、组织、身份、协作、分配等伦理关系。劳动者应遵守劳动纪律,与资方形成管理与被管理、指挥与被指挥的人身隶属关系,按照契约约定和资方管理指令从事相应的协作劳动;资方则应对劳动者承担关怀、照顾及雇主替代等责任。劳资双方均应按照这种伦理关系要求恪守各自的伦理准则,承担伦理责任。

具体而言,资方为劳动者承担的伦理责任或义务至少包括以下几个不可或缺的方面:

其一,支付薪酬义务。资方必须按照劳动契约约定和法律法规规定,及时足额支付劳动者工资报酬等。

其二,课税义务。资方"必须承担雇员的社会保险和医疗保险税的强制缴纳部分",还必须另外负责代为扣除国家和地方的"所得税及社会保险和医疗保险税中雇员的所占份额",同时"对此作详细记录"及将相关记录向政府报告,并如实告知雇员收入及所得税代扣代缴情况。[⑩] 另外,"必须为雇员支付工伤保险费(在美国称作劳工赔偿)和失业保险"。此外,还必须承担雇员所在地方的失业保险基金中的强制缴纳部分,支付失业税。[⑪]

其三,照顾义务。资方通常要向雇员提供工作福利,比如带薪假期、病假及休假、健康保险和退休金计划等。[⑫] 此外,资方应保证"雇员可以享受稳定的定期薪水、带薪休假、医疗保健和其他雇主负担的工作福利,并且不用担忧存在自己经营企业时所被要求的文书工作和保持资料的责任。此外,雇员通常不需要购买工具和设备,如果雇员支付了业务费用,其通常将会从雇主处得到偿还"。[⑬]

其四,保护义务。资方"必须遵守大量的以保护雇员为目的的政府规章。比如涉及工资和工作时间的法规、雇员利益的法规、家庭和医疗休假的法规、工作场所健康和安全法规和违法歧视的法规"等[⑭]。同时,资方"通常要为雇员的疏忽承担责任"[⑮],即所谓的雇主替代赔偿责任。这意味着"雇员在工作时受伤,雇主有责任支付医疗费用,并给付一定数额的补偿金以弥补其损失的薪水。这通常通过工伤赔偿程序来处理。无论雇主是否对该雇员的受伤存在过错,这些支付均是强制性的"。[⑯]

其五,工作条件保障义务。资方"须为雇员提供工作场所和设备,这就意味着雇主需要支付租金、养护费、财产保险和日常文具用品,并根据本企业的性质类型提供劳动工具、设备及交通工具"。[⑰]

劳动者对资方应承担的伦理责任或义务至少包括以下几个方面:

其一,劳动给付义务。劳动者应当要按照劳动契约约定的工作岗位和工作内

---

⑩ 林晓云等:《美国劳动雇佣法》,法律出版社2007年版,第26页。

⑪ 林晓云等:《美国劳动雇佣法》,法律出版社2007年版,第26页。

⑫ 林晓云等:《美国劳动雇佣法》,法律出版社2007年版,第27页。

⑬ 林晓云等:《美国劳动雇佣法》,法律出版社2007年版,第29页。

⑭ 林晓云等:《美国劳动雇佣法》,法律出版社2007年版,第28页。

⑮ 林晓云等:《美国劳动雇佣法》,法律出版社2007年版,第28页。

⑯ 林晓云等:《美国劳动雇佣法》,法律出版社2007年版,第28页。

⑰ 林晓云等:《美国劳动雇佣法》,法律出版社2007年版,第27页。

容完成本职工作,这是劳动者履行契约约定的基本义务。

其二,服从义务。劳动者与资方订立劳动契约后,在“取得工资,享受工资权利的情况下,应当要承担按照约定接受资方管理,以及按照契约和资方的要求履行劳动的义务”⑱。劳动合同作为具有人身隶属属性的身份合同,要求劳动者应按照亲自、全面、协作履行的方式进行,劳动者在履行劳动合同过程中,应当遵守劳动纪律,服从资方管理和工作安排,接受并完成资方指令或指派的劳动任务。

其三,忠实义务。劳动者与资方缔结和履行劳动合同之后,即获得了资方企业员工身份,成为资方企业一员。劳动者不但与资方形成了身份伦理关系,而且实际上与资方形成合作共赢的利益共同体关系,这就要求劳动者应恪守员工职业道德,对雇主企业履行忠实忠诚义务。比如保守企业商业秘密,维护企业形象和利益,爱护企业公物与生产工具,爱岗敬业,为本单位尽职勤勉工作,自觉履行竞业限制义务等。忠实义务构成了企业员工必须要切实遵守的核心伦理责任。⑲

其四,协作义务。企业乃是由内部精细化分工和相互协作所形成的严密的生产经营单位,为了确保企业生产的正常有序,企业各部门、各个不同劳动者之间需要相互配合与协作。对于每个劳动者而言,尽管其完成分内工作是独立的、亲自履行的,但每个劳动者所完成的工作都是企业整体劳动的一部分,是保证企业得以正常运行的组成部分。这就需要劳动者具备良好的团队协作合作精神,与其他同事保持良好的工作衔接与沟通。正如美国学者罗伯特·C.所罗门所指出的,企业实质上就是“社会公民或者利益共同体”,这种“‘利益共同体’的概念中还包括决定着企业是否有效运转的因素。这些因素绝不是什么精良的机械装置,而是内在贯通的人际关系,是融为一体的竞争与合作,是团队精神和人们优秀的道德品质。正是这一切构成了我们的企业”。⑳

三、强化劳资伦理责任:和谐劳动关系法治化的内在要求

毫无疑问,劳动法的诞生乃是以法律规则确立了对劳动者权利给予保护的基本态度,即“劳动法具有重要属性(公共秩序方面的),其主要目的在于保护劳资关

---

⑱ 秦国荣:《法律上的劳动概念:法理逻辑与内涵界定》,载《江苏社会科学》2008年第3期。

⑲ 有学者指出,所谓劳动者忠实义务,就是指为了维护和实现用人单位的利益,基于诚实信用原则以及劳动关系、劳动合同的人身和继续性特征,劳动者应对用人单位履行的以服从、注意、保密、增进利益等为主要内容的各项不作为义务和作为义务的总称。参见许建宇:《劳动者忠实义务论》,载《清华法学》2014年第6期。

⑳ [美]罗伯特·C.所罗门:《商道别裁——从成员正直到组织成功》,周笑译,中国劳动社会保障出版社2004年版,第65页。

系中处于弱势地位的工人权利”。[21] 正因如此，用人单位要承担比劳动者更多更广泛的义务，而其对劳动者所享有的权利，其实只是根据劳动者的身份从属性“获得雇员完全的忠诚，并且可以更好地控制雇员的工作时间和完成工作的方法”。

问题恰恰在于，劳动关系是具有人身隶属属性的社会关系，而劳动法乃是按照劳资伦理责任的内在要求，在立法上设定了劳资双方的权利义务关系，即按照劳资伦理属性的要求，劳资双方均应承担各自的伦理义务。企业应对劳动者承担照顾、关怀、保障等组织体内部伦理责任，而劳动者则相应地承担忠实、勤勉、敬业等组织成员伦理责任。劳动立法实质上是将劳资双方按照组织共同体所应承担的伦理责任转化为法律上的强制规则，转化为指引双方行为的法律规范。但我们要清醒地认识到，正因为劳动关系乃是具有社会伦理属性的社会关系，在现实生活中调整双方行为和关系的最重要规则，其实并不是“冷冰冰”的法律，而是企业内部规范（劳动纪律）与劳动契约。而真正能够实现劳资双方人际关系和谐稳定的，乃是充满人情温暖的伦理规则、具有道德情怀的为人处世准则和充满人文关怀的企业伦理文化。

就每个具体的劳动关系而言，与其他任何市场主体的交易一样，大致可分为“缔约”和“履约”两个不同的阶段。缔约阶段发生于市场流通领域，劳资双方按照平等、自由、自主、诚实信用等民事交易准则订立劳动契约，既约定劳动给付与劳动力使用权的对价，也约定劳动合同履行期间的权利义务内容。尽管从劳资双方实际力量对比来看，似乎存在以下两个不可否认的事实：一是资方相对于劳方而言，在资源占有、社会力量对比等方面均处于相对“强势”地位；二是资方作为劳动力需求方，在劳动力市场供过于求的客观情况下，处于可以对作为劳动力供给方的劳方进行择优遴选的“优势地位”。但这并不意味着劳动立法因此而必须对资方进行限制，或因此而对劳方给予特殊保护。因为缔约阶段发生于劳动力市场交易领域，法律对于劳资双方基于自主自愿进行“双向选择”的市场行为不应也不能干预，同时因为法律正义乃在于基于公道中立立场，对市场交易双方合法权益给予一视同仁的平等保护，约束和遏制损害他方当事人合法权益的行为。

对于劳资双方客观存在的力量不均衡情势，劳动立法既不可能也不应该进行介入与调整。因为劳资双方的这种对比差异现实原本就是客观社会存在，这既是劳动力市场得以形成的原因，也恰恰是劳方愿意选择资方的理由。试想，在实际生

---

[21] ［意］T. 特雷乌：《意大利劳动法与劳资关系》，刘艺工、刘吉明译，商务印书馆 2012 年版，第 72 页。

活中,哪一个劳动者愿意选择“弱势”资方,又有哪一个劳动者在求职时不愿意选择“强势”资方,或不愿意被“强势”资方所录用? 劳动者选择并能够如愿地为“强势”资方所录用,不但表明了自己的能力、品行、技能等为理想的强势单位(资方)所认可和接受,而且意味可以获得更好的薪酬待遇、发展空间和人生前景。

与劳动者本身存在求职能力、学识技能、经验水平等方面的分层差别一样,资方同样存在资本规模、经营管理水平、市场生存与竞争能力等方面的差异。如果说从社会性力量对比角度看“资强劳弱”确实是一种客观存在的社会现象,那么,在劳动力市场交易领域,尤其是个别劳动者与特定资方的缔约交易阶段,所谓劳资双方“强弱对比”完全是一种观念上假设或理论上抽象,在实践中根本难以成立的“伪命题”。因为在劳动力市场上,岗位竞争乃是在劳动者之间,而不是在劳资之间进行的,这就决定了只有“强势劳动者”才能为“强势资方”所录用。对于不能或没有获得“强势”资方工作岗位的劳动者而言,再“强势”的资方对其而言其实并没有什么实际意义。也就是说,对于大多数劳动者而言,岗位竞争的关键并不在于资方强势不强势,而在于自身能否“强势”,能否达到“强资方”的设职设岗要求。

从劳资双方缔结劳动合同的过程来看,双方实质上是按照“双向选择”规则进行的。资方通过对外公开发布招工招聘信息,明确岗位需求、薪资待遇和进入条件,希望在劳动力市场挑选到符合自己事业发展和工作岗位需要的劳动者。劳动者则根据资方提供的招录条件,通过应聘竞争,希望能够进入自己心仪和理想的工作单位。在劳动力市场竞争过程中,对于那些难以达到资方招人用工条件的劳动者,尤其是选择“强势”资方的劳动者,并不会也不可能感受到资方的所谓“强势”,而是会切实感受到那些选择“强势”资方进行同岗位竞争的其他劳动者的对比“强势”,感受到劳动者求职大军的“高手如云”,以及岗位竞争的激烈残酷。反而言之,对于那些能够达到资方招录条件的高素质、高技能和高水平劳动者而言,资方“强势”与否恰恰是其是否考虑选择该用人单位的前提,此真所谓“良禽择木而栖”也。

因此,在劳动力市场交易领域,或者说在劳动力招工用工问题上,其实根本就不存在那种观念上想象与主体概念意义上抽象的“资强劳弱”问题,而在于双方能否达成一致,能否彼此愿意和能够缔结劳动契约。那种认为劳方在劳动力市场竞争中因资方提供的岗位有限而致劳动者之间竞争激烈,即“一职难求”,从而很难取得与资方真正平等的缔约地位或博弈权利的观点,完全是一种违背市场竞争法则的主观臆断,既不符合劳动力市场公平竞争与劳资双方平等自由进行市场“双向选择”的现实,也不符合市场供求关系规律的内在要求。这种观点的片面之处在于只看到了劳动力市场中劳动力供过于求的部分行业与产业的特点,没有看到劳动力供不应求的行业与产业的特点;只看到了劳动力供给丰沛时期劳动者求职的困难,没有看到劳动力紧缺时期用人单位招人招工的困难;只看到了低层次求职者求职高层次用人单位的艰难,没有看到低层次企业招聘高层次劳动者的艰难……一句话,这种观点与现代劳动力市场的运行特点和要求是完全不相吻合的。

正如马克思所指出的那样,“劳动力占有者和货币占有者在市场上相遇,彼此作为身份平等的商品占有者发生关系,所不同的只是一个是买者,一个是卖者,因此双方是在法律上平等的人”。[22] 应该说,劳资双方在市场交易领域,总会根据自己的实际情况和需要挑选到适合自己的对方当事人。劳资双方在劳动力市场上经过“双向选择”,不同层次的劳动者可以通过市场公平竞争配置到不同层次的资方用人单位,实现劳动与资本相结合的“动态平衡”。在现代市场经济中,尤其是在劳动者从业多元化的时代背景下,资本与劳动的市场交换或劳资双方的“双向选择”其实是符合彼此真实的意思表示和市场等价交换原则的。在劳动力市场交易的民事领域,劳动法相对于民法、合同法而言,在保护交易双方当事人利益问题上并无什么特殊之处。

真正能够反映劳资伦理关系本质与本来面目的,不是在市场交易流通领域,而是在生产领域。因为劳资双方在流通领域与其他市场主体一样,作为各自所有权的平等主体,双方只是按照市场交易规则与契约伦理进行“双向选择”,而这种市场选择与契约订立对于双方而言,只是建立劳动关系的主观意向形式。对于劳资双方而言,最为关键、最具实质性意义、最能反映双方真实意图与目的,乃是工作与生产领域(职场)的内容,只有在这一领域,资方才能真正考验劳动者能否融入其内部分工协作团队,真正考验劳动者的技能、水平、智识和品行。也只有在这一领域,劳动者才能真正感知实际工作、人际环境与团队协作情况,感受自己在单位是否能够享有公平对待、受尊重与被重视、真正施展才能、实现人生价值等。

与市场交易领域的偶然性、或然性不同的是,劳资双方在工作与生产领域存在固定、紧密的内部管理与协作分工关系,这要求劳动者应按照全面、协作、亲自等原则履行劳动契约,从而使劳动契约与一般民事契约履行有着截然不同的特点和要求。换言之,从本质上看,如果说劳动契约订立乃是劳资双方初步了解、相互考察

---

[22] 中共中央马克思恩格斯列宁斯大林著作编译局编译:《资本论》(第1卷),载《马克思恩格斯文集》(第5卷),人民出版社2009年版,第195页。

与洽谈的过程,那么劳动契约履行则是双方朝夕相处、彼此共同协作的合作过程。借用婚姻关系的类似比喻,如果说劳资双方在市场交易缔结劳动契约阶段属于“谈恋爱”性质的话,那么劳动契约履行则表明双方已正式进入婚姻关系的“过日子”阶段。与婚姻关系履行一样,由于劳动关系同样需要劳动者之间、劳资之间形成特定的人际协作与同事关系,即以工作岗位与协作分工为纽带形成人与人之间相处的关系。维系这种人际关系的最关键要素,除了物质利益分配等因素之外,还有公平、尊重、和谐共处、内部协调等“软环境”因素,而这些“软环境”因素的构建,正是劳资伦理关系的核心内容。

值得注意的是,在理解劳资关系问题时,有一种近乎“定势化”的传统思维,即主张通过扩大劳动者权利范围严格限制资方权利,甚至主张政府介入劳动关系之中,通过单方保护劳动者、挤压资方的方法来达到对劳动者的有效保护。其实,我党在中华人民共和国成立前处理劳动关系的历史经验以及近年来劳动立法及其实施的社会实践都已反复证明,这种观点与做法是违背劳动关系本质与发展要求的,除了加剧劳资关系的紧张与冲突外,对社会稳定和生产力的破坏作用也是显而易见的。

上述违背法学基本“常识”以及劳资关系基本逻辑的观点之所以能够在现实生活中大行其道,除了是受劳资冲突与对立的“左倾”思想影响外,相当一部分人是以“资强劳弱”“资恶劳善”等为理论前提假设的,他们以“保护弱势方”劳动者为立论的“道德高地”,自觉不自觉地将“抑资扶劳”看作解决劳资矛盾、实现劳动者权益保障的不二法门。其实,这种观点不仅不符合当今劳资关系的基本特点和要求,也不符合平权主体立法的基本逻辑。因为随着信息化时代的到来,尤其是随着劳动力素质的普遍提升,劳资关系已从工业化大生产时期的工厂管理模式,逐步转型为“资合”与“人合”相统一的协作合作模式,企业则成为劳资双方实现各自私人利益与共同利益的载体。从劳动立法角度说,人们如果站在理性中立的客观角度,而不是基于错误理解甚至人为曲解劳动关系本质的角度,不难发现,劳资双方作为“互为手段与目的”的市场自利主体,有着平权性的权利义务关系与利益分配模式。从权利设定角度说,劳资双方作为平等民事主体,天然要求立法应按照权利与义务相对等、对应或平衡的原则来对劳资关系调整进行制度设计;从利益分配角度说,劳资双方作为各自所有权的主体,有着同样的自私利益追求与私人利益实现愿望,双方作为有着同样趋利本性的市场主体,只有权利平衡与利益分配相对公平才能真正维系双方关系的和谐稳定。

从劳资双方权利本源及其结构设计的角度说,那种主张扩大劳动者权利而严格限制资方权利的观点是完全无法成立的。因为劳资双方作为通过市场平等交易而达成协作契约的民事主体,遵守契约约定、恪守契约精神乃是双方履约的前提。这种契约约定乃是确定双方权利关系及其具体内容的法律依据,也是双方契约权利产生的来源。但很显然,双方在劳动契约约定过程中,根本就不可能按照扩大一方权利、限制另一方权利的不平等、不公平方式进行。而如果双方在契约订立时按照权利义务相对平衡或对等的原则进行,在履约过程中也不可能出现扩大一方权利而限制另一方权利的情形。也就是说,对于平权性民事关系,立法只能承认和保护双方缔约与履约权利的对等公平性,而不能也不应该置劳动契约于不顾,以"拉偏架"方式授权一方当事人超越契约约定去"挤占""掠夺""侵占"另一方的权利,或者迫使一方当事人以不平等地放弃自己权利的方式让另一方当事人享有"超额"权利。如果那样的话,这种关系就不再是平等主体之间的关系,而是不平等主体之间的关系,这种契约就不再是权利义务相对平衡和公平的契约,而是一种不公平、不平等的契约。

这里最关键的问题还在于:从权利的法律属性来看,尽管权利设定有利于当事人明确自己享有的利益,但权利本身是具有对抗性的,即权利享有者不但可以向特定或不特定当事人主张权利,而且可以按照自己认为合适的时机与方式行使权利,这使权利主体之间本身就存在着利益诉求的相互冲突与对抗。因此,尽管民事权利的确定对于当事人利益维护有着极为重要的意义,但对于具有身份伦理特质的社会关系如婚姻关系、劳动关系等,淡化而不是强化权利意识,对于维系当事人之间的和谐稳定却有着更为特殊的功能。劳动关系作为具有社会伦理属性的社会关系,其最显著的特点是在于双方当事人在日常工作中朝夕相处与合作共事,而不是简单纯粹的权利确定与分配。也就是说,身份伦理性社会关系的确立及其维系,原本就属于那种"相爱总是简单,相处太难"的人际关系,需要的恰恰不是彼此权利主张,而应是相互包容、责任、义务以及和衷共济。一如维系稳定和谐的婚姻关系并不是靠强调一方或双方当事人权利,而应该强化双方应承担对对方的责任一样,劳资关系同样不应将当事人权利置于敏感而突出的地位,而恰恰应该淡化这种权利意识,注重感情培育与身份伦理责任的承担。

劳资关系作为一种特定的身份伦理关系,劳资双方尽管有着各自不同的私人利益追求和权利主张,但他们之所以能够走到一起,正在于双方存在相互依存、互为手段与目的的内在关系。双方以双务性劳动合同为依据,建立起了以劳动给付为标的的契约关系,形成了以资本与劳动交易为表象的合作关系,并以此为基础形成了双方各自不同的权利主张与利益诉求。从表面看,劳方主张工资、休息休假等权利,与资方要求劳动给付的权利主张之间似乎存在相互冲突的一面,劳方要求工资福利收入最大化与资方追求利润最大化之间似乎也存在利益的冲突,但如果我们认真思考与分析这种权利与利益的本质与本源,不难发现,双方之间的所谓权利冲突不过是契约伦理责任的划分与承担问题,而所谓的利益冲突则不过是双方履约过程中的公平确定与具体利益分配问题。

所谓劳资双方的权利冲突,究其实质,乃是双方通过劳动契约方式进行权利让渡与交换后产生的契约义务与伦理责任的承担问题。双方通过契约将资本与劳动的市场交易与融合,转化为法律上的权利义务设定及彼此义务承担的相对平衡。从劳动契约角度说,“资方通过给付劳动者工资的方式获得了劳动者的劳动力使用权,同时将劳动设定为劳动者订立与履行劳动契约的前提和义务”。[23] 换言之,劳资双方的这种权利让渡与义务对应的关系内容就是,“资方与劳动者事先通过劳动契约,在履行支付劳动者工资义务的前提下,获得了劳动者劳动力的使用权和支配权,获得了对劳动者进行管理和指挥,要求劳动者按照约定履行劳动义务的权利。而劳动者在取得工资,享受工资权利的情况下,则应当要承担按照约定接受资方管理,以及按照契约和资方的要求履行劳动的义务”。[24] 可见,基于劳动契约的劳资双方权利主张,是以一方履行相应的义务为前提的,因而其实并不存在法理上权利冲突问题。

当然,这里需要特别指出的是,资方与劳动者的权利让渡与交换只能基于私益性要求而进行,对于劳动安全卫生、生命健康、人格尊重等关涉劳动者基本权利,关涉社会公共利益范围内的权利事项,劳资双方均不能以此为标的进行让渡与交换。而资方在该领域只承担强制性法定义务与伦理责任,不享有任何权利,因而在该领域也就同样不应存在法理上的“权利冲突”问题。

从劳资双方利益本质的私益性、外向性与扩张性来看,确实存在利益追求的“对立性”问题。即资方追求利润最大化,而劳方追求收入最大化。从经济学角度来看,企业利润最大化就必须要压缩或降低包括工资在内的成本支出;从资本对利益追求的趋利扩张性来看,劳动契约也确实并不能绝对有效地防范资方纯粹追求利润的道德风险。但这里的问题恰恰在于,由于现代企业乃是由资方与劳方共同

---

[23] 秦国荣:《法律上的劳动概念:法理逻辑与内涵界定》,载《江苏社会科学》2008 年第 3 期。

[24] 秦国荣:《法律上的劳动概念:法理逻辑与内涵界定》,载《江苏社会科学》2008 年第 3 期。

组成的组织与经济共同体，劳资双方不仅在企业生产经营中形成了密不可分的内部分工协作关系，而且在面对激烈的市场竞争中形成了和衷共济的利益相连关系。

在公司章程、财务、税收、人力资源管理等各种企业制度约束与规范下，现代企业已逐步成为按照法律和契约规则运行的经济组织体，企业内部的利益分配与切割需要受到各种公开、透明、稳定的规则制约。每个企业内部其实都形成有薪酬及晋级、绩效考核、福利、股权分配、分红等运行机制，按契约和按章办事成为企业人力资源、财务管理等机制运行的基本方式。那种认为劳资双方利益追求相互冲突的观点，其实不过是对双方主观意愿和利益动机追求的理论或理念的主观判断。在企业运行的现实生活中，对于劳资双方的利益分配，劳资任何一方其实均无法根据自己的主观需要和愿望随性为之，而要受到各种主客观因素的制约与影响。具体而言：

其一，从劳资双方利益收入来源看，企业所获收益乃是劳资双方共同协作的成果，没有劳资双方的共同应对和赢得市场竞争，也就不可能获得市场回报与收益。而如果双方将全部收益分配完毕，没有利润盈余，则企业也就只能进行简单再生产而不能扩大再生产，这将导致企业市场竞争力弱化，无法有效应对以后的市场竞争，最终也会使企业生存难以为继。因此，企业保持适当利润其实乃是事关企业能否生存与发展，最终关乎劳资双方根本利益的事情。在事关企业生存与发展这个问题上，劳资双方的利益其实是一致的。而企业利润与员工工资收入的关系问题，实质上乃是企业如何处理内部的效率与公平关系问题。效率涉及企业发展即“蛋糕如何做大”的问题，而公平则涉及盈余分配即“如何切分蛋糕”的问题。

其二，从劳资双方利益获得的本质来看，无论是资方的资本分红，还是劳动者的工资福利收入等，均是基于企业可支配收入情况所进行的内部分配。这种分配作为国民收入的初次分配，会受到各种内外部因素的影响与制约，即外部要受到政府税收、工资等政策影响，内部则要受到企业内部绩效考核及分配等制度影响。如果企业内部分配制度设计过于有违公平原则，则不仅不利于企业内部管理，不利于激发员工积极性，而且会动摇企业内部合作与信任的根基，最终损害企业利益及其发展。因此，从企业内部利益分配机制设计来看，尽管企业拥有高度自治与自主的决定权，但很显然，这种自治自主并不意味着企业可以随意随性而为，相反应按照公平、公开、民主等原则进行，否则，资方不但难以真正建立起有效的内部管理制度，难以凝聚人心形成向心力，而且难以保证企业的正常运营。

其三，从劳动者收入获得的契约约定来看，无论是按照工资支付和工资债权的法律属性,还是按照约定必须遵守的基本原则,劳资双方一旦约定了劳动者收入报酬,资方并不能随意违规违约予以扣减,而只能按照约定与法律强制性规定按时足额支付。因此,资方只要严格按照契约约定和法律规定给付劳动者工资报酬及其他福利待遇,实质上就是按照诚实信用与公平原则对待劳动者,双方就不会因此产生利益诉求的冲突与矛盾。

事实上,劳资双方产生权利与利益冲突的根源,并不是劳资之间天然存在对立或矛盾,而是一方或双方当事人违背了契约约定或劳资伦理精神,以违反规则、伦理、契约与法律的行为破坏了劳资间的信任与合作关系。在市场经济条件下,劳资双方以契约形式形成了特定的权利义务相对平衡关系。在遵守约定与法律规定的基础上,通过企业这种经济组织体形成了特定的协作与合作关系。劳资双方实质上是以企业为双方各自权利与利益实现的共同体,在求得企业生存与发展的同时实现了各自的私人利益。在这种合作共事过程中,双方实际上建立起了彼此信赖、相互协作、和衷共济的伙伴关系。

简言之,从劳资关系的缔结、形成及履行来看,尽管劳资双方各有不同的私利目的与人生追求,但面对残酷激烈的市场竞争,劳资双方只有相互协作、共同应对才能确保企业能够在市场竞争中获得生存。对于双方而言,企业既是维系双方关系的社会组织体,也是双方利益得以实现的经济共同体。这就表明劳资双方作为彼此利益相互攸关的紧密协作主体,要能够应对外在市场竞争压力,就需要在建立起内部良好利益分配机制的同时建立起团结和谐、共谋企业生存与发展的内部人际环境。而这一切的取得均有赖于企业伦理责任的确立,即劳资双方除了明确各自享有的权利外,更应清晰了解相互间应承担的伦理责任。

淡化权利观念,强化伦理责任意识,乃是身份伦理关系所共同具有的基本特点,这是此类特殊社会关系得以维系的内在要求。试想,如果婚姻关系当事人双方只有权利意识,均从自我出发,只知道一味强调向对方主张权利,那么这种婚姻关系如何能够维持劳资关系也是如此,劳资双方只有树立起企业共同体观念,彼此照顾和考虑对方利益,各尽本分承担自己的伦理责任,才能在取得企业共同事业成功的同时最终实现各自的私人利益。对此,《中共中央关于经济体制改革的决定》[25]在对企业与劳动者之间的内在关系进行阐述时,曾经非常朴实而深刻地指出:“城市经济体制改革中,必须正确解决职工和企业的关系,真正做到职工当家做主,做

㉕ 《中共中央关于经济体制改革的决定》,中国共产党第十二届中央委员会第二次全体会议1984年10月20日通过。

到每一个劳动者在各自的岗位上,以主人翁的姿态进行工作,人人关注企业的经营,人人重视企业的效益,人人的工作成果同他的社会荣誉和物质利益密切相通”“因为我们的现代企业是社会主义的,在实行这种集中领导和严格纪律的时候,又必须坚决保证广大职工和他们选出的代表参加企业民主管理的权利。在社会主义条件下,企业领导者的权威同劳动者的主人翁地位是统一的,同劳动者的主动性创造性是统一的。这种统一,是劳动者的积极性能够正确地有效地发挥的必要前提”。

中国特色的劳动立法毫无疑问应以劳资伦理责任确立作为出发点,将劳动关系内蕴的劳资伦理要求转化为劳资双方权利义务关系的立法内容。毋庸置疑,尽管劳动立法应以保护劳动者基本权益为价值取向,但这种保护并不是无视用人单位的正当合法利益,更不是无原则地对劳动者给予偏袒保护;相反,“要使事物合乎正义(公平),须有毫无偏私的权衡,法律恰恰正是这样一个中道的权衡”。[26] 劳动法作为调整劳动关系当事人利益的法律规则,与其他立法一样,应基于“公道”“中立”“理性”等原则维护双方当事人的正当合法权益。劳动法对劳动者的保护,并不是也不可能通过限制或剥夺用人单位权利,或者用损害用人单位利益的方式来加以实现。如果那样做的话,除了挑起与激化劳资矛盾外,并不能真正起到保护劳动者利益的目的。

正如婚姻法是通过保障当事人双方而不是单方的权利与利益,才能真正实现维护婚姻关系健康稳定发展的立法目的一样,劳动立法只有对劳资双方当事人合法权益给予一体同仁的有效保护,才能真正达到维护劳资和谐格局的立法追求。尽管从劳动立法的历史发展来看,对劳动者利益的保护乃是劳动立法的基本价值追求与立法目的所在,但是,随着劳动关系,尤其是随着科技发展与信息化时代的到来,以及随着新业态、企业形态与各种新型就业、劳动用工方式等不断兴起与发展,劳动法已开始逐步回归“劳资关系调整法”的轨道,不但注重对劳资双方合法权益给予同等保护,而且开始注重确立责任型劳资伦理关系。

当代中国的劳动立法应以社会主义核心价值观为指引,认识和把握劳资伦理责任内涵,以法律形式界分劳资双方的权利义务关系,以立法先导、法治先行的方式,培育与推动劳资双方建立起互为对方承担法律责任与伦理责任的基本观念。即对于资方而言,既要严格按照劳动立法要求,对劳动者承担相应的法律义务与责

---

[26] [古希腊]亚里士多德:《政治学》,吴寿彭译,商务印书馆1965年版,第199页。

任,同时也要按照劳资伦理要求,对劳动者承担起"关怀、保护、照顾、倾听、服务、公平、民主"等伦理责任。同样,劳动者既要按照劳动立法与劳动契约约定,对资方承担相应法律义务,也要按照劳资伦理要求,以勤勉、忠实、敬业、遵纪、守法、诚信、协作等为行为指引对资方承担伦理责任。[27] 正如习近平总书记在党的十九大报告中指出的那样,我们要激发和保护企业家精神,鼓励更多社会主体投身创新创业。建设知识型、技能型、创新型劳动者大军,弘扬劳模精神和工匠精神,营造劳动光荣的社会风尚和精益求精的敬业风气。

我们要深刻地认识到,强化劳资伦理责任意识与对劳资双方权利保障之间不仅毫不矛盾,而且恰恰是保证劳资和谐的前提。从法律角度说,权利与义务作为法律上相互对应的关系,责任方只有恪守与履行义务才能真正确保权利他方的权利实现;从劳资契约角度说,任何一方只有履行契约义务,才能主张自己的契约权利;从伦理角度说,双方只有遵循劳资伦理责任要求,才能真正建立起相互信赖、协作、共存的"内部人"社会伦理关系,劳资和谐才能建立在彼此认同的价值判断与利益共同体体认基础之上。概言之,我们只有以社会主义核心价值观为指引,才能建立以法律与伦理准则为内容的劳资伦理责任意识与规则体系,淡化双方的权利意识,强化彼此应对对方承担的法律、伦理责任,以法律规则与伦理准则约束双方行为,才能使劳资关系运行能够获得强大而坚实的伦理信念支持与法治保障。

㉗ 秦国荣:《劳资伦理:劳动法治运行的价值判断与秩序维护》,载《社会科学战线》2015年第7期。

世界视阈下的和谐劳动关系调整机制

程延园*

【摘　要】 劳动关系是现代经济社会中最重要的关系之一。从总体上讲，西方各国劳动关系的发展是从对立向对话、从冲突向合作、从无序向法制化方向逐渐推进的。国家主导的立法干预机制、劳资双方集体协商机制、及时公正的劳动争议处理机制是保持劳动关系长期和谐稳定的重要制度条件。我国已经进入经济结构加速调整时期，建立健全顺畅、高效的劳动关系调整机制，维护社会稳定，是实现经济社会协调发展的重要制度保障。

【关键词】 调整机制　劳动关系　和谐

2010年是我国社会主义市场经济劳动关系体制形成过程中，集体劳动关系体制得到高度重视的一年。在经历了以南海本田事件为代表的停工、罢工等集体行动事件后，人力资源和社会保障部、中华全国总工会、中国企业联合会/中国企业家协会于2010年5月联合下发了《关于深入推进集体合同制度实施彩虹计划的通知》，要求深入推进集体合同制度，实施“彩虹”计划，更好地搭建企业与职工沟通协调的虹桥。2011年1月，中华全国总工会下发了关于《2011～2013年深入推进工资集体协商工作规划》，提出将从2011年起，用三年时间，全面推进企业建立工资集体协商制度。全国总工会出台的《中华全国总工会关于推动世界500强在华企业建立工资集体协商制度的意见》也提出，要建立总部工资集体协商制度，签订覆盖全部在华企业的总部工资集体合同。2010年罢工事件的一个直接后果是推进了集体协商制度建设，显示出我国的劳动关系正在由个别劳动关系向集体劳动

* 中国人民大学劳动人事学院教授，中国社会法学研究会常务理事。原文刊载于《中国人民大学学报》2011年第5期。

关系转变。我国已经进入经济结构加速调整时期,经济转型常常会影响到劳动关系的和谐发展,使劳动者对能否保住工作感到焦虑,害怕自己的技能不再适用,担心工作强度会更高或者需要工作更长的时间,而保证劳动者在工作中的基本权利,对于解决转型时期必然出现的劳资冲突问题,是成本最低且非常有效的方式。构建和谐劳动关系,建立通过妥协化解潜在冲突的有效机制,对于我国社会和经济的协调发展具有重要意义。

一、西方各国劳动关系的发展演变

劳动关系问题是随着资本主义生产方式的产生而出现的。劳动关系的历史可以追溯到工业革命时期。从工业革命开始到19世纪中叶,生产方式发生了根本的变化,机器取代了手工工具,大机器生产取代了手工作坊。在早期工业化时代,劳动关系的表现形式是激烈的对抗,劳动关系处于不稳定和直接对立状态。雇主或资方通过压低工资、延长工时、威胁压迫工人以及对恶劣工作条件的漠不关心来获得更多的利润;工人或劳动者则在争取工资、减少工时、就业和劳动条件的改善等方面进行了不懈的斗争。在这一时期的劳动关系中,资方占据绝对的优势地位。政府在表面上采取自由放任的态度,对于劳资纠纷采取不干预的方式,但实际上,政府的立法和政策倾向于雇主一方。从19世纪中期到20世纪初期,资本主义经济开始从自由竞争向垄断过渡。随着技术革命和以流水线作业为基础的现代化生产的发展,产生了新的劳动组织和现代管理体系,这就是泰勒制。以弗雷德里克·泰勒为主要代表人物的科学管理理论以提高生产率为目标,用科学管理方法代替传统的经验管理,通过建立各种明确的规定、条例、标准,使企业管理科学化、制度化;但同时,流水线式的生产和泰勒制也使工人进一步附着在工作岗位上,成为资本家提高劳动生产率、强化对工人的剥削的重要手段。在这一时期,工人运动有了进一步的发展。各国政府改变了工业化早期对工人运动和工会或放任或压制的政策,采取了所谓的"建设性"干预政策,开始对改善工人状况进行国家干预,力图建立稳定的劳资关系。建设性干预政策首先体现在立法上。各国相继通过了有关保护妇女和儿童就业、减少工时以及以社会援助的形式发放各种津贴和失业补助的一些法律和条例。到19世纪末20世纪初,各国的工厂法、劳动保护法、劳动保险法、工会法、劳动争议处理法等法律大量出台,相应的劳动行政管理机构也开始出现。这一时期劳动关系的特点主要表现为:工人运动继续发展,工会组织广泛建立;资方或雇主开始让步,从早期对工人的直接的剥削和压迫变为通过改进管理、增加在工作中科学的分析和对工人实行激励来追求利润最大化的目标;劳资矛盾的目标没有变化，仍然是争取更好的工作和生活条件，但是其激烈程度有所弱化，表现形式趋向多元化，集体协商制度得到确认；政府的政策发生了变化，从不干预到出台大量的法律、建立相应的机构干预劳资关系，劳动关系向更加稳定、有序的方向发展。

20 世纪二三十年代，西方资本主义国家发生了空前严重的经济危机，大量的企业破产和工人失业，使劳资关系重新紧张起来。面对劳资关系的再度紧张，各国政府加快了干预劳动关系的步伐，从初期的国家干预向制度化、法制化过渡。这一方面表现在劳动部门的就业管理职能得到了扩大和加强，政府开始对劳动力市场进行宏观干预，这种干预以美国的“罗斯福新政”为主要代表。同时，政府在制定产业政策时主动征求劳资双方的意见，积极协调双方关系，使双方的矛盾能够被控制在一定范围内。另一方面，各国都进一步健全社会保障制度，提高了社会保障水平。这一时期劳动关系的特点主要表现为：大萧条使劳资矛盾在缓解和激化之间反复振荡；政府放弃了原来的不干预政策，不但加强了劳动保障方面的立法，而且对产业发展和劳动力市场等诸多领域进行了宏观调控；企业的管理方更加关注员工的社会性特征，如士气、满意度等，客观上缓和了劳动关系的紧张状态；劳动关系逐步制度化，产业民主化和三方性原则首次被提出，集体协商的范围进一步扩大，调整劳动关系的渠道更多，选择余地更大。

从第二次世界大战结束后直至 20 世纪八九十年代，劳动关系的发展进入成熟期。在科技快速发展的背景下，世界各国经历了一个经济快速增长的时期，出现了像英国、瑞典这样的福利国家。福利国家以社会保障制度完善、社会保障水平高而著称。在其他西方国家，社会保障制度也得到不同程度的完善。社会保障制度的发展对于改善劳动关系具有相当重要的意义。经济发展的新要求和持续不断的工人运动，使政府采取了更多的产业民主化政策，其中最重要的是工人参与企业管理，主要体现在三方原则的广泛推广上，即国家(政府)、企业和员工三方合作，共同制定产业政策和劳动政策。[①] 集体协商制度进一步完善，雇主与工会或工人代表通过相对公平的谈判来决定工资和工作条件等内容，所有员工都可以享受谈判带来的福利的增加。集体协商逐渐成为处理管理方与员工之间日常问题的主要手段。政府对劳动关系的影响方式也从不干涉、直接干预转变为通过立法规范间接干预。在这一时期，西方国家形成了一整套规范化、制度化的法律体系和调整机制。虽然

---

① Christopher L. Erickson and Sarosh Kuruvilla, “Industrial Relations System Transformation”, *Industrial and Labor Relations Review*, 1998, Vol. 52, No. 1.

员工中工会会员的比例有所上升,但是劳资冲突的形式却并不剧烈,劳动关系表现得更加稳定,因为双方找到了解决冲突的更有效的办法,这就是法律规范下的由劳资协议制度、集体协商制度等组成的制度体系。这一时期劳动关系的特征主要表现为:政府不但认识到了调整劳动关系的重要性,而且调整手段也相当完备,立法体系完善,社会保障制度健全,保障水平随着经济的发展不断提高,为劳资双方有效沟通提供的各种服务也比较完备;在政府立法、服务体系的干预下,管理方与员工双方都更愿意通过相对缓和的形式来解决冲突,使双方都得到好处,从总体上看,冲突的激烈程度在不断下降,合作成为劳动关系的主流;三方格局形成,员工参与管理的产业民主制度、集体协商制度等都已相当完善,解决劳资矛盾、劳资争端的途径趋于法制化。

20世纪80年代以来,工作和雇佣关系领域发生了重大的变革,产品和劳务的全球化是影响和促成变革的主要因素,彻底形成了一种新型的劳动分工。无论是公营部门还是私营机构和组织,都开始采取新形态的雇用措施,劳动者的质与量都发生了变化,而资方的管理措施也在持续推陈出新。在发达市场经济国家,工会与雇主之间以集体协商为主要形式的传统性社会对话,逐渐被个别的劳动契约或雇佣关系所取代,而其他类别的社会对话形式也在不断调整和发展之中,这些都是为了适应新的就业和雇用形势。许多新兴工业化的国家也正逐渐发展出一些不同形式的员工代表制度,劳动力市场的规范机制也在改变。新技术的采用以及由此带来的新的组织制度的发展,全球经济一体化的影响,使劳动关系发生了明显的变化。劳动关系的发展从总体上讲,是从对立向对话、从冲突向合作、从无序向制度化法制化的方向逐渐推进。

二、立法调整:国家主导的干预机制

对劳动关系进行调整和规范,是各国劳动法的重要任务。各国均通过立法来调整劳动关系。劳动关系是以劳动换取报酬的经济关系,劳资双方在经济上虽有相互依赖性,但在实践中,劳动者对雇主的依存度较高,而雇主对劳动者的依存度则较低。劳动者需要一个工作岗位以便能维持基本生活需要。而在任何情况下雇主都拥有较大的选择权,能挑选到合适的员工为其工作。即使雇主提供较差的工作条件,但由于劳动者没有更好的选择,基于"差的工作总比没有工作好"的求职格言,劳动者往往不得不接受如此的工作条件。同样,由于劳动关系的隶属性,劳动关系一经确立,劳动者不但要服从雇主的指挥和安排,完成一定的工作,而且要遵从已经由雇主所确定的组织体系的规则。比如,劳动者应该何时工作,必须穿什么衣服，对员工要实行哪些监督，这一切都是一种预先性的规定和既存事实，劳动者无法与雇主进行协商。如果听任这样一种劳动就业关系自由发展的话，将会导致不良的后果。各国普遍认识到，维护就业合同内容妥当性的重要机制之一，就是通过国家干预，尤其是以立法形式对工资、工时、休息等劳动条件和劳动基准作出明确规定。

对雇主优势加以限制的最古老的一种手段就是关于工作场所健康保护的规定。为了改善劳动条件，保护劳动者在生产过程中的安全和健康，我国先后颁布了《职业病防治法》《安全生产法》《女职工劳动保护规定》《职工带薪年休假条例》等重要法律法规，通过规范工资、工时、最低就业年龄、安全与卫生等基本劳动标准，着眼于保障劳动者的基本权利。我国法律规定，用人单位必须建立、健全劳动安全卫生制度，严格执行国家劳动安全卫生规程和标准，对劳动者进行劳动安全卫生教育，防止劳动过程中的事故，减少职业危害。建立职业安全卫生标准与认证制度、安全卫生检查与监察制度、职业卫生与职业病防治制度以及伤亡事故和职业病调查处理制度。同时，对女职工和未成年工实施特殊劳动保护。明确了法定最长工作时间、加班工资待遇以及带薪年休假制度。这些劳动保护立法的目标是尽可能减少对劳动者健康的损害。因为劳动常常会随着一定的危险，随着工作场所机械化程度的提高，劳动灾害的危险性也增大了。劳动保护法具有极大的强制性，它是根据国家法律建立起来的，不是任意性规范，劳动关系双方必须照此执行，没有协商通融的余地。国家通过专门的行政监察手段，保证劳动保护法的执行，对违反劳动保护规范的当事人，有权追究其责任。目前，我国在劳动标准立法方面存在的主要问题，主要不在于没有法律规定，而是在于一些强制性的劳动标准没有得到切实执行。劳动标准之所以难以执行，部分原因是一些标准超出了许多中小企业可承受的劳动力成本、管理成本范围，部分原因是一些法律规定与中国情景下的企业管理实践脱节。劳动标准过于"理想"，可能使劳动者的一些法定权利，比如带薪休假权变成了一种"写在纸上的权利"。

国家干预的第二种形式是通过社会保险来保障劳动者在丧失劳动能力或劳动机会时的基本生活需求。改革开放以来，我国大力推动社会保障制度建设，经过多年努力，实现了从传统的家庭保障和计划经济时期的单位保障到社会保障的历史性跨越，以 2010 年 10 月通过的《中华人民共和国社会保险法》为标志，我国的社会保险从实验性阶段进入规范发展的新阶段。社会保险法以立法形式确认了劳动者的社会保险权利，赋予劳动者享有基本养老、基本医疗、失业、工伤、生育保险的权利。明确了基本养老、基本医疗、失业保险由劳资双方分担缴费,工伤、生育保险则由企业缴纳。劳动者在工作过程中遭受工伤事故时,全部治疗及康复费用以及相关后续费用将由社会保险机构承担。劳动者在患疾病的情况下,医疗保险的费用部分由社会保险机构承担,被保险人自己也承担一定费用。养老金的高低取决于所缴纳保费的多少以及缴费年限等因素。社会保险在一定程度上将其所涵盖的风险从劳动关系中脱离出来。这样,在缔结劳动合同时,发生工伤事故等社会保险所覆盖的危险性就不再被谈及。劳动合同中可能出现的排除社会保险的约定是无效的。在法律方面,有关社会保险所涉及的法律法规是"社会法"的特殊领域,尽管与劳动法有许多契合点,但是依照劳动法的传统,它被划归在劳动法范畴之外。目前,我国的社会保险制度还不完善,社会保险法只是一个基本法,更多的是原则性、原理性的框架,各项具体社会保险制度的建立健全,还需要由国务院制定行政法规来进一步完善。

国家干预的第三种形式是对劳动关系预先设置强制性的规定,而劳资双方签订的劳动合同不得偏离这些强制性规定,而且不得作出对劳动者不利的约定。我国2008年实施的《劳动合同法》就是有关劳动力市场雇佣和解雇的管理规定,尤其是关于不公平解雇、经济性裁员、解除终止合同经济补偿、最短的预先通知期、解雇限制和与工会代表的事先磋商等管理制度,都是政府规制劳动力市场的制度性安排。劳动合同法主要是规定个别劳动关系标准的法律,包括劳动合同的订立、履行、变更标准,解除终止标准以及劳动者和用人单位在这一过程中的权利义务安排和设定。例如,对解除劳动合同的提前通知期,无论是用人单位还是劳动者,这一期限都是30天,但劳动者在试用期解除合同只需提前3天,如果用人单位出现违法情形的,劳动者解除合同无须提前通知。同时,劳动合同法对于解雇保护更加重要的规定是,用人单位只能依照劳动合同法规定的条件、程序,如劳动者严重违反规章制度、不胜任工作、患病不能工作或者企业处于经济危机等情形下,才能解除劳动合同。另外,劳动合同法的一个突出特点就是鼓励和引导用人单位签订无固定期限劳动合同。从法律规定签订无固定期限合同和解除的条件看,签订无固定期限合同对劳动者的保障程度更高。通常,对签订无固定期限合同的劳动者,企业的解雇权要受到限制,即没有正当理由不得解雇员工,其目的是维持持续稳定的就业关系,使劳动者能长期规划其生活、工作和职业。从总体上看,劳动合同法对劳动者和企业之间劳动合同的订立、履行、变更、解除、终止和续订呈现出直接干预、严格规制的特点,合同双方自由协商的空间和余地已经不多。由于特定劳动者和企业所面对的市场稀缺程度、竞争能力差异很大,如果所有的劳动者和企业都适用同一套规则,势必造成不同劳动者、不同企业对法律具体规定的激烈争论、褒贬不一以及困惑和不满。

在构建和谐劳动关系的过程中,政府制定的劳动标准的作用变得越来越重要。随着竞争的日益激烈和集体协商的弱化,人们期望政府能够制定强制标准来防止企业压低劳动条件。有关最低工资标准、最长工作时间、带薪休假权利、产假保障等法律强制性规定,对于逐渐扩大劳动者的工作权利保障非常重要,因为它是企业提供体面工作条件进而构建和谐劳动关系的基础。强制性的法定劳动标准是否有效取决于两个因素:一是这些权利的构成,如最低工资标准,是不是通过与劳动力市场进行比较后得出的切实可行的标准;二是这些权利是不是得到切实的贯彻执行,即政府是否能够有效监督检查企业遵守法定最低标准。尽管法律对管理者的权利给予了很多限制,但劳动者获得的权利与法理上应该具有的权利之间仍有很大的距离,只能通过集体协商等产业民主制度来弥补。

三、协商沟通:集体利益代表的调整机制

通过劳资双方协商沟通实现和谐劳动关系的重要性不亚于直接的国家干预。在基于合作、信任而形成的和谐劳动关系中,劳动者能更积极地回应管理方的紧急需求,管理方也能更好地预防和改善那些可能导致劳动者不满的行为。相反,由于权益被忽视、没有表达权引发的劳动者不合作、不服从行为,如工作松懈或低效率工作、不认真、浪费甚至罢工等,则会给企业带来损失。和谐劳动关系的建立依赖于劳资双方的充分信任,遵守承诺。劳资双方彼此越信任,就越能更好地应对挑战。

合作和信任需要建立在制度的基础之上。对于小企业来说,管理者与劳动者能够通过日常互动交流来构建良好的关系。但对于大企业来说,建立合作关系是非常困难的。那么,大企业该怎样建立合作关系呢?

(一)通过工会实现利益代表

集体协商是企业与劳动者利益的代表者——工会一起对劳动条件和待遇进行磋商的制度安排。我国的集体协商制度自1994年《劳动法》颁布以来,就得到了自上而下的高度重视。我国法律规定,企业职工可以就劳动报酬、工作时间、休息休假、劳动安全卫生、保险福利等事项,由工会代表或直接推荐职工代表与企业开展平等协商,签订集体合同。2010年的集体合同协商制度更具有现实性和针对性,工资增长成为最直接的内容。2010年7月,全国总工会下发的《关于进一步加强

企业工会工作,充分发挥企业工会作用的决定》提出,要重点抓好以非公企业和中小企业为重点的工资集体协商,以劳动定额、工时工价的制定为突破口,推动建立工资共决机制;强调要形成工资正常增长机制,建立支付保障机制,科学合理地确定工资水平。2011年1月,全国总工会下发的《2011~2013年深入推进工资集体协商工作规划》强调,将着重抓好区域性、行业性工资集体协商、非公有制企业工资集体协商建制、世界500强在华企业建制工作,用三年时间全面推进企业建立工资集体协商制度,努力实现2011年年底全国已建工会组织的企业工资集体协商建制率达到60%,2012年年底建制率达到70%,2013年年底建制率达到80%,其中世界500强在华企业全部建立工资集体协商制度。为了普遍推行集体协商制度,相关政策文件强调,上级工会、地方政府对企业拒绝集体协商要约的违法行为应当干预和依法处理。同时强调,要尊重职工在集体协商制度中的主体地位,集体协商要赢得职工的信任、参与和认可。据全国总工会统计,至2010年9月,已有243.9万家企业签订了集体合同,有111.6万家企业签订了工资专项集体合同。签订工资集体合同的企业连续四年实现两位数增长。② 集体协商制度的推进,对维护劳动者权益、发展和谐劳动关系起到了一定作用,但其中存在的问题也很多,突出表现在:集体协商谈判对劳动条件的改善作用不明显,没有能够成为推动工资价格决定的有效机制;职工的协商意愿在集体合同中反映不清晰,参与度低,对集体合同制度的认同度不高;工会的代表性不强,难以凝聚员工,职工对集体合同的满意度不高,一些企业职工在已有的集体合同之外重新提出集体协商要求。尽管这些以自发的集体行动为特征的体制外的集体协商也在一些行业形成连续的工资增长效应,但自发的罢工和集体协商对劳动关系的和谐运行造成的冲击也是显而易见的。

完善集体协商制度,畅通沟通表达渠道,是实现我国劳动关系转型的必由之路。集体协商可能会随着一系列冲突和罢工事件,但这种情况并不常见。对于大多数工作场所和大部分时间来说,集体协商为信任和合作奠定了基础。集体协商制度作为市场经济条件下劳动关系协调运行的基本制度模式,其核心功能在于:一是作为劳动力市场上劳动力价格的决定机制;二是作为劳动关系运行中的沟通表达机制。③ 集体协商制度的构建和完善必须围绕这两个核心功能展开,既要强调集体协商的覆盖率,更要强调其功能的实现。工资集体协商的实质是通过集体协商

---

② 潘跃:《工资集体协商如何突破?》,载《人民日报》2011年3月21日。

③ Freeman, Richard B., "Union Wage Practices and Wage Dispersion within Establishments", *Industrial and Labor Relations Review*, 1982, Vol. 36, No. 1.

和法定程序将企业工资决定纳入规范化的契约轨道,从而使劳动关系双方为实现不同的经济利益要求找到彼此兼顾的结合点。虽然很多重要的工资水平确实是由集体协商达成的,但是经济因素仍然起决定作用。有效的集体协商能够确定特定行业、区域的标杆职位的工资水平,从而推动标杆职位劳动力市场工资价格的形成。只有保证集体协商的有效性,才会形成集体合同的辐射效应,从而形成事实上的覆盖。而对企业来说,集体协商制度的目的也不只是单纯的工资福利增长,在更广泛的意义上,它所形成的是一个企业劳动关系的沟通协调平台,是增进劳资双方理解、信任、合作的重要管理工具,也是双方求同存异、逐步达成共识、解决矛盾和分歧的制度。④ 引导、规范劳动者通过合法渠道表达利益诉求,关键是要尊重职工的表达权,增强工会对职工的代表性,充分赢得职工对工会的信任,真正体现工会作为劳动者利益代表者和维护者的社会地位和社会功能。

在集体协商制度的推行过程中,依然要强调劳资之间的共同利益,在强调工会对职工的代表性的同时,强调劳资之间的协商与合作。长期以来,困扰我国集体协商制度推行的主要问题之一是工会的代表性问题。在实践中,近年来,"地方工会行政化"和"企业工会老板化"的现象日益突出⑤,工会与劳动者脱离的问题日趋严重。出于对主体身份不清晰的反思与矫正,人们可能更多地期待建立一个真正能够代表工人利益的工会。但需要指出的是,强调工会对职工利益的代表性,并不意味着劳资之间利益的对抗,并不影响劳动关系本质上的合作特征,也不可能改变劳资双方利益的相互依存性。这从西方国家集体协商制度的发展中可以得到清楚说明。在过去二三十年间,在经济全球化背景下,西方国家所有私营企业都面临着严峻的竞争压力,集体协商已经受到很大威胁,工会成员数量大幅度下降,受到集体协议保护的工人数量也明显下降。工会衰弱造成的一个结果就是工会的行为发生了改变:过去那种持续性的罢工数量在不断减少,工会变得不那么具有对抗性了,管理层和工会之间的讨论越来越少地引入集体行动的威胁,双方形成了一种针对大量问题进行协商的习惯,很多曾经拥有不良对峙劳动关系的企业都通过例行的、建设性的协商而发生了转变。中国传统劳动关系调整模式中有许多和谐、合作的元素,处理纠纷的传统就是以和为贵、以和为先,目前的劳动关系调整模式设计是否一定要像西方国家那样"通过对抗来最终寻求合作"值得研究。在实行集体协商

---

④ Delaney, John T., "Workplace Cooperation: Current Problems, New Approaches": *Journal of Labor Research*, 1996, Vol. 17, No. 1.

⑤ 李泽民:《政府不能在劳资纠纷中替老板埋单》,载《每日经济新闻》2010 年 6 月 24 日。

制度的过程中,依然要强调劳资之间的共同利益,需要建立一种融洽的劳资关系,主张双方通过对话和沟通协商的形式来解决问题,而不是通过罢工解决。

(二)通过职工代表实现利益代表

在很多没有工会代表机制的企业里,通过选举产生职工代表组成的协商委员会,同样发展出了类似的沟通机制。企业管理层与来自各部门的职工代表定期举行会议,就共同关心的问题进行沟通或者解决。这些协商和信息共享对于劳资合作关系的建立同样关键。工会虽然可以通过集体协商为员工争得利益,但在没有工会的企业,管理者也要对劳动者的共同意见保持关注。那些经常在一起工作的员工可能在无意识情况下就形成了有关公平、工资水平、工作方法、努力程度的共同看法,如果进行变革,管理者就需要与员工进行沟通,获得员工的认同。即使没有工会,多数大企业也都设置了专门的渠道与员工进行商讨,通常表现为咨询委员会的形式。因此,工会并不是获得与员工合作的唯一途径。我国一些企业建立的工厂管理委员会、工厂职工代表会议、民主议事制度等,都是类似制度化的沟通表达机制。劳资双方通过定期和不定期召开会议,就共同关注的问题进行讨论、表决,这种沟通方式运作灵活且成本低。通过这些方式,使企业决策在职工中能够获得认同。在实践中,浙江温岭的民营企业还发展出了民主恳谈会,即随机从企业员工中抽选一定比例的代表,就某一主题与企业管理方进行协商恳谈,达成共识,形成决策。⑥

此外,近年来,管理者在劳动关系运行中扮演了比以前更加重要的角色,通过管理创新改善劳动关系正在成为一种趋势。管理者认识到,有效的劳资管理策略是影响企业发展的重要因素,能否形成企业和员工共创双赢的局面,是企业劳资关系和谐与否的重要标志。然而,企业能否创造良好的劳动关系氛围,发展和谐的劳动关系,取决于管理方的角色定位以及管理模式的选择。通常,企业努力改善劳资关系的做法有:与工会签订伙伴协议,劳资共同提升企业竞争力并保障就业机会;增进工会员工参与经营管理及制订策略计划等事务;鼓励工会员工积极主动改善劳资关系;定期与工会员工沟通;征求工会员工对流程和产品改善的意见;建立申诉机制解决员工问题等。在具体管理方式上,采用先进的、高绩效的人力资源管理策略,重视员工与岗位的合理配置,采用灵活的工作方式,通过团队合作使工作变

---

⑥ 谢玉华、何包钢:《工业民主和员工参与:一个永恒的话题——中国工业民主和员工参与研究述评》,载《社会主义研究》2008年第3期。

得有意思,加强员工入职培训和建议奖励计划等。⑦ 另外,薪酬体系的选择也会影响劳资之间的合作关系。在20世纪八九十年代,随着工会力量的削弱,浮动工资作为一种激励手段被广泛应用,多数工人的工资水平取决于其绩效表现。然而,这种潮流目前在西方国家正在逐渐消退,雇主们认识到,与单个工人绩效挂钩的高浮动工资可能引发的强烈不公平感问题正在显现。近年来,基于团队绩效且浮动较为平缓的薪酬支付方式正在成为一种趋势。

四、冲突解决:劳动争议处理机制

完善冲突解决机制对于构建和谐劳动关系非常重要。为了公正及时地解决劳动争议,我国于2007年颁布了《劳动争议调解仲裁法》,针对原有劳动争议处理周期冗长、受案范围不统一、申请仲裁时效过短等突出问题,在制度设计上进行了改革和创新:部分劳动争议案件实行有条件的"一裁终局";延长了申请仲裁时效;缩短了仲裁机构审理案件的时限;实行争议仲裁不收费;从法律体系上对劳动、人事争议调解仲裁两大系统进行资源整合。⑧ 这部法律作为劳动争议处理的第一部专门性法律,在探索新时期调解仲裁制度上具有重要意义。

劳动关系原则上是一种不受国家权力直接干预的自治关系,但如果不能及时预防和有效解决劳资双方发生的各种纠纷,则可能给经济发展和社会稳定带来不利的后果。因此,事先预防和事后公正处理劳动纠纷具有重要的意义。这就需要建立解决纠纷的相应机构,通过法定程序解决纠纷,使劳动关系在协调、稳定、有序的轨道上发展,以促进劳动关系双方的合作与共同发展。劳动争议调解仲裁法的突出特点,就是强调劳动争议调解功能,鼓励劳动关系双方在工作场所通过和解、协商、调解等可控方法解决纠纷,将矛盾化解在基层、化解在萌芽状态,并将以和为先的理念贯穿于纠纷处理的全过程。2010年,我国约有40%的劳动争议案件和70%的人事争议案件通过调解方式解决。⑨

劳动纠纷是劳动关系双方因为对薪酬、工作时间、福利、解雇及其他工作条件的主张不一致而产生的纠纷。它可能源于某个员工对管理行为的不满或者对管理方的处理决定不服。劳动纠纷也可能是一种集体争议事件,比如工会代表工人要

---

⑦ Michael J. Piore and Sean Safford, "Changing Regimes of Workplace Governance, Shifting Axes of Social Mobilization, and the Challenge to Industrial Relations Theory", *Industrial Relations*, 2006, Vol. 45, No. 3 – 4.

⑧ 参见杨志明:《面对新形势站在新起点开创劳动人事争议调解仲裁工作新局面——在全国劳动人事争议调解仲裁工作座谈会上的讲话》,载《中国劳动保障报》2011年5月10日。

⑨ 参见杨志明:《面对新形势站在新起点开创劳动人事争议调解仲裁工作新局面——在全国劳动人事争议调解仲裁工作座谈会上的讲话》,载《中国劳动保障报》2011年5月10日。

求更多的报酬。无论具体争议是什么,成功解决纠纷的基础是要有明晰的纠纷处理程序。法律明确规定了个别劳动争议处理的程序,即“一调一裁二审”。发生争议后,双方可以采取协商形式达成和解协议,也可以向争议调解组织申请调解;调解不成或不愿意调解的,当事人可以向劳动人事争议仲裁委员会申请仲裁;当事人对劳动人事争议仲裁裁决不服的,可以向人民法院提起诉讼。

以工会为主体的集体冲突的解决程序更加复杂。我国法律规定,因履行集体合同而发生的劳动争议可以向劳动争议仲裁委员会提起申诉,对仲裁裁决不服的,可以向法院起诉,也就是说,按个别劳动争议处理程序解决。但对于因为签订集体合同而发生的争议,法律规定由劳动保障行政部门会同同级工会代表、企业代表共同进行协调。也就是说,对集体协商过程中的争议,由政府主导、依托协调劳动关系三方机制及时介入和协调处理。至于政府应当如何积极有效介入,如何协调集体协商中的矛盾,避免罢工,目前还没有成熟的做法和明确的法律规定。如果协商不成,能否进行威胁罢工?罢工是否合法?法律则没有明确规定。及时、公正解决争议对于和谐劳动关系的维持非常重要。如果争议不能迅速解决,就可能发展成不信任和不满的主要来源。要使集体争议得到有效解决,要注意两点:一是管理层和工会双方应有明确的内部决策机制;二是双方进行协商的人员之间应有高度信任的、良好的谈判关系。

综上所述,政府立法调整、劳资双方集体协商、及时公正的纠纷处理制度,是构建和发展和谐劳动关系、保障劳动关系双方权益的重要机制。不断发展和完善劳动关系调整机制,是实现劳动关系双方合作共赢、经济社会协调发展的有力制度保证。

转型时期的劳动关系：趋势与思维嬗变

谢德成*

【摘　要】 我国劳动关系发展经过了计划经济时期、市场经济初期及市场经济完善时期等几个重要阶段，每一种运行模式无不与经济体制及社会形态相适应。进入21世纪，经济全球化及劳动关系主体的多元，使劳动关系呈现出若干新的发展趋势。劳动力的流动性不断催生非标准就业，集体劳动关系快速发展成为带有普遍性的劳动关系样态，劳动者生存权层面与发展权层面的权利需求共生，利益差别引起主体分层，都给劳动法的传统立法理念带来挑战。劳动法研究应快速改变单一的标准劳动关系研究思路，寻求适应和契合劳动关系发展趋势和规律的理念和方法，通过劳动力结构研究、内外部劳动力市场良性转换研究、多元协调模式研究以及非标准劳动关系规制方法研究等，推进和提升劳动法研究的视野。

【关键词】 劳动关系　社会转型　劳动力市场结构性　劳动法

随着经济新常态的逐步形成，我国经济社会转型逐渐深入。这是一种非常复杂的社会关系的嬗变，其在劳动关系领域的突出表现是劳动者的不同角色及其转化。就业二元体制的终结与一元市场的建立，使大量劳动者居于这种时代的洪流中，由此也决定了在一个较长时期里我国就业市场流动性与传统就业市场的重大区别。因此，当代劳动法似乎必须在两难中选择突破口：如果按传统的立法进路，则应当固化劳动关系形态，从而全面实现劳动者权利，快速完成农民向产业劳动者的过渡；要么是顺应这种流动性的需要，认可和鼓励大量的非标准就业，逐步实现流动性的缩小，最终在城市化实现后，使正规就业达到较大的比例。经济新常态的

---

* 西北政法大学经济法学院教授、社会法研究所所长。中国社会法学研究会常务理事。原文刊载于《四川大学学报》（哲学社会科学版）2016年第6期。

形成也不断催生摩擦性失业者,同时带来一系列社会矛盾,由此形成了新劳动者与用人单位、传统劳动者与用人单位等大量个体和群体纠纷。研究和分析这些现象,有助于我们认识中国当代劳动关系的趋势,并进一步通过修法与立法,矫正和调整各种劳动关系形态,营造和谐的劳动关系,最大限度地保护劳动者。

一、我国劳动关系运行的模式

我国劳动关系经历了计划经济时期、市场经济体制初期以及市场经济完善时期等几个阶段,与此相适应,我国的劳动关系运行模式也与经济体制的发展紧密相关,主要经历了以下几种模式:

(一)以城乡二元经济社会结构为背景与基础的"统包统配"的劳动关系模式

二元经济结构对劳动力的配置,是一种就业分割下的高度就业模式:农村劳动者被制度性地固化在农业劳动上,非因极其特殊的情形(参军或上大学等),不能到城市就业。久而久之,农业与工业劳动的分工就变成了身份的表象,并承载了诸多的地位不同。城市的劳动力配置采取的是"统包统配"的就业政策,劳动者达到就业年龄,有一定的劳动能力,就可以按照计划的安排,逐步进入工厂就业。这种就业及劳动关系的特点有:其一,城市劳动者享有完全的"就业权",①这种劳动权是由国家保障其实现的,不存在就业障碍,当然,也不会享有"就业自主",国家既是保证人也是代表人,劳动者的权义结构属于公法范畴;其二,该模式属于终身的就业方式,不会失业,在年老、疾病、伤残、家庭成员疾病甚至住房等方面,可以获得国家的物质帮助;其三,这种就业是非契约性的就业,由于企业的国家所有制和劳动者的国家主人地位,国家与劳动者之间不存在利益对立,契约因此缺乏基本的法理基础,统包统配包括了岗位、工资以及其他劳动条件;其四,劳动的基本组织形式是"工厂",②一切的指挥命令与劳动条件均在这种组织形式中实现,工作时间、劳动过程的高度统一性使这种劳动关系的典型性越发明显,从这个意义上看,似乎也无建立劳动法制的必要。也有论者研究指出,这个时期劳动关系的主要特征表现为劳动关系类型的单一化、劳动关系归属国家化、劳动关系内容的泛政治化、劳动关

---

① 常凯教授指出,这种就业制度即所谓"完全劳动权"的就业制度。我国台湾地区黄越钦教授也指出:"完全劳动权,指一国之内,凡其人民具有劳动意思及能力,得对国家主张劳动机会,并获取适当报酬之权。系站在共产主义之立场而出发,其权利之内容为工作以及报酬,其权利人为人民,主张对象为国家。"分别参见常凯:《劳动权——当代中国劳动关系的法律调整研究》,中国劳动社会保障出版社2005年版,第153页;黄越钦:《劳动法新论》,中国政法大学出版社2003年版,第57页。

② 所谓的"工厂"构成了劳动条件国家确定的核心要素和范围,一个在法律上、形式上完全平等的而不是从属性的劳动关系以此建立。

系三方利益的一体化以及劳动关系运行的行政化。③

(二)市场经济初期的标准型劳动关系模式

我国具有契约意义的劳动关系与市场经济体制的构建基本上是同步的。《劳动法》的划时代意义就在于建立与市场体制相适应的新型劳动关系。这种劳动关系具备了打破二元劳动体制、以市场为纽带、以权利为内容的雏形。劳动者也从传统意义上的"国家人"转变到了"社会人",④现代劳动权的理念由此产生。但是,市场经济初期的劳动关系呈现极强的过渡性特征,表现在以下若干方面:其一,劳动关系的样态是调整模式作用的产物。尽管在劳动关系发展史上,可以常常观测到法律模式自觉地影响劳动关系的发展,但是,对法律起决定作用的毋庸置疑是劳动关系现状本身。"在法的阶级性与社会物质生活条件制约性的关系上,我们强调社会物质生活条件是法的更深层次的本质,统治阶级的意志是较浅层次的'初级本质',不是要把两者截然对立起来,更不是要用社会物质生活的制约性去否定阶级性。"⑤劳动法以标准化的模式对劳动关系的产生和运行作了规范。立法者仍然把调整对象放置于一个封闭的劳动力市场中。我们今天所讲的标准劳动关系,其标准就是市场经济初期劳动法律中的权利义务规范,在工作时间上表现为全日制与标准工作时间为主导,在雇佣层次上表现为单一用人单位与劳动者,在雇佣与使用上表现为主体统一性,在权义结构上表现为整齐划一。其二,劳动关系的内容依附着许多身份法时代的特征。这些身份法时代要素包括户籍、编制、体制等,如对固定工向合同制用工的劳动合同期限的倾斜、社会保险的覆盖范围先由国有企业开始登记建账并逐步向集体企业扩展以及普遍存在的农民工与城市劳动者劳动条件的差别对待等。

标准劳动关系模式的另一个特点是,个别劳动关系是法律调整的核心和重点。这点不仅仅反映在《劳动法》上,我国的工会法、劳动争议处理法规等均是以个别劳动关系为核心而展开的,以调整具体的劳动者与用人单位的权利义务为重点。与个别契约相适应的是劳动基准,从而形成了以劳动基准为基础的个别劳动关系法律调整机制。究其原因,这与市场经济初期企业所有制形式有关,也与劳动者主体

③ 参见常凯主编:《劳动关系学》,中国劳动社会保障出版社 2005 年版,第 128 ~ 129 页。

④ 在"国家人"与"社会人"层面,劳动者在劳动领域的最大不同,在于"国家人"的主体地位强调的是无差别的虚拟的主人翁地位,国家的意志(政府的意志)基本上代替了个体的意志,是国家—政府—个人的统一体;而"社会人"承认个体的利益独立性,国家利益、社会利益与个人利益既相互独立又紧密关联。从此意义上看,"社会人"的确立是个别劳动关系、集体劳动关系、政府干预关系划分的基础。

⑤ 张文显:《法哲学范畴研究》,中国政法大学出版社 2001 年版,第 39 页。

的角色构成不无关系。⑥ 法律强调个别权利救济,集体劳动关系更多表现为一种工会对劳动者的个别帮助与维权支持,而这种支持也通过法律规定的程序进行,多元的、非诉的调节模式并未建立。就此意义而言,中国适应市场经济的劳动关系模式并未全面建立。

自20世纪末开始,我国劳动关系产生了诸多变化,这种变化既是经济社会转型的内容之一,也在不断地影响着经济社会的转型,表现为主体利益多元、调整模式多元、救济渠道多元的特征,劳动关系深刻地反映和影响着经济社会的发展。

从学科层面看,至21世纪初期,劳动关系的法学研究基本上是以阐释制度为主,研究线索也以劳动法制的立法逻辑而展开。冯彦君教授在总结社会法学的贡献时,分别从劳动关系契约化理论、劳动者弱者理论、劳动权范畴论、劳动合同立法论以及社会保障制度建构论、劳动争议处理制度改革论、非标准劳动关系规制论七个方面予以说明。⑦ 而劳动力市场研究、集体劳动关系研究、劳动基准研究、反就业歧视研究等仍需要继续深化。

二、经济社会转型时期劳动关系的发展趋势与法律规定

自21世纪初期开始,随着城市化进程的快速推进,非标准就业者数量不断增加,产业结构调整要求劳动者职业素质提升,不断发生的罢工等群体性事件表明集体劳动关系越来越成为一种社会关系形态,生存权语境下与发展权语境下的劳动关系内涵并举,是当代社会转型时期劳动关系的发展趋势。

劳动力的流动性继续催生非标准就业。劳动合同制为劳动力流动性提供了源泉和法律保障。在合同语境下,流动性是常态,但是在经济转型时期,这种流动性无论在速率还是规模上都超越了一般意义上的理解。这是因为,第一,中国私营经济的快速崛起与外商投资企业的比重提高,极大地吸引了一大批农业劳动者改变生存方式进入城市就业,农民工成为社会学、制度经济学领域的新角色和新主体进入政策制定者甚至立法者视野。据统计,至2015年年底,农民工总量2.77亿多人,在第二产业就业的比例为55.1%,在第三产业就业的比例为44.5%;受雇就业所占的比重为83.4%,自营就业所占的比重为16.6%;流入地级以上城市就业者

---

⑥ 我国市场经济初期,在企业形式上仍然是以国有企业为主导,外商投资企业和私营企业刚刚兴起,劳资之间并没有多发的群体性事件;在劳动者构成上,尽管已经出现农民工群体(第一代农民工群体),但主要集中在私营、外商投资企业,劳动者之间缺乏利益差异比较渠道。城市化中的若干问题如社会保险、商品房购买、子女教育等利益冲突也还没有显现出来。这从一定程度上反证了个别劳动关系为核心的法律规定的合理性。

⑦ 参见冯彦君:《改革开放30年中国社会法学的理论贡献》,载《当代法学》2009年第1期。

占农民工总量66%；签订无固定期限劳动合同的比重为12.9%，1年以下劳动合同比重为3.4%，1年以上劳动合同为19.9%，63.8%的农民工没有签订劳动合同。[⑧]这些数字说明，农民工群体在城市就业总量中所占的比重不断提高，以城镇劳动者总量4亿计算，[⑨]除去在县城、乡镇企业就业的少数农民工，农民工在城市就业（受雇者）中所占比重高达40%左右。以上农民工的就业去向和合同签订情况说明，城市劳动力市场的流动性仍然很强。第二，《劳动合同法》的颁布一定程度上推动了用工的灵活性与市场的流动性。由于法律法规对无固定期限合同的刚性和机械性的规定，以及经济补偿支付范围的扩大与强化解雇保护制度，与《劳动法》相比，立法价值更加趋向以无固定期限为主导，这与雇主的长期短期用工理念形成巨大反差，大量的买断工龄、逆向派遣等现象就是用人单位应对长期雇佣法律规定的做法。“无固定期限合同的推行以及伴随这种合同而进行的一系列改造大大强化了劳动合同的福利色彩并以国家责任向企业转移为基本特征，这种特点也会使企业以各种方式来进行抵制，从而使劳动关系变得更容易激化。”[⑩]从一定程度上看，立法所追求的稳定劳动关系的目的并没有实现，反而推动了市场流动性的提高。国家统计局的最新报告中所揭示的大部分农民工未签劳动合同以及大量存在的短期劳动合同，也基本上佐证了这一结论。因此，强流动性是非标准就业的主要原因，非标准就业是法律顺应劳动关系发展的必然选择。

集体劳动关系逐渐成为社会关系的新形态。集体劳动关系应该是以市场自由为基础，以团结权为核心，以劳动者集体性权利为内容的社会关系，与计划经济时期的集体性劳动有本质的区别。从价值论角度分析，不能将集体劳动关系的规制目标仅仅理解为提高劳动条件，还应包含更高的消除冲突、和谐社会关系、利益共享之目的。集体劳动关系的确立与发展，与个别劳动关系的从属性所导致的弱势性是分不开的，其构建的法治思路应该是在个体自由与公权力失灵基础上的团体自治，是更高级的自治模式。我国台湾学者研究认为：“未来之劳动法发展方向应为：集体保障形式下之个人私法自治的实践，此再造导向以符合法律体系之程序化的发展趋势，以因应国家调控能力之危机。国家法律的发展方向，应有利于全球化权力结构下处于不利地位的劳动者，必须在国内的法律体系中，在最低保障的基础

⑧ 参见国家统计局：《2015年农民工监测调查报告》，国家统计局网站2016年4月28日发布。

⑨ 参见国家统计局：《2015年国民经济和社会发展统计公报》，国家统计局网站2016年2月29日发布。

⑩ 董保华：《劳动合同立法的争鸣与思考》，上海人民出版社2011年版，第532页。

上,提供其形成对抗力量以改变社会权力关系的条件。”⑪进入21世纪,一个越来越明显的社会问题例证,就是经济的下行与劳工问题相伴而生:传统理论所认知的经济发展与就业指数的关联性已推进到经济社会发展与劳动关系和谐共生,这为经济增长方式转变与经济新常态下的企业改制既带来诸多压力,也明确了劳动关系的改革目标。当前,个别种类劳动争议数量一直居高不下,特殊行业如建筑、餐饮服务业的劳动争议具有极高的连带性;劳动者群体性事件增多,而且不少案件社会反响较大。⑫《劳动合同法》实施后所发生的一系列集体劳动争议和劳工集体行动,特别是2010年夏季所发生的以“南海本田事件”为代表的外企工人的“停工潮”,成为中国劳动关系集体化转型的标志性事件。常凯教授在对中国集体劳动关系研究后指出,《劳动合同法》颁布至今所发生的集体争议与集体行动,呈现出争议性质的经济性、工人组织形式的自发性以及行为上的理性特征。因此,对劳动关系的集体化转型,既要通过政府主导的自上而下的构建,也要通过劳动者自下而上的促进过程。⑬ 笔者认为,我国集体劳动关系生成的客观基础已经产生,劳动者主体意识与权利意识不断提高,但劳动关系集体化转型仍需要在有关制度上特别是集体合同法的立法上加快速度。

生存权语境下与发展权语境下的劳动关系内涵并举。劳动关系的初期理念主要蕴含的是个人的自由与抽象的权利,强调了以雇佣契约确定主体权利义务模式。到了魏玛法⑭时代,以生存权保障的劳动权理念开始形成,“《魏玛宪法》一方面规定了劳动者的各项权利,其实现方法是国家设立不因劳动者疾病老弱而影响生活的保障制度”。⑮ 在生存权语境下,劳动者首先是作为一种特殊主体——具有普遍意义的具体的而非抽象的弱势群体出现的,这是作为第二代人权之劳动权的显著特征。其次,与民事关系不同,劳动关系既体现着自由层面的意思自治,也体现着国家干预的抽象行为与积极作为,特别是对弱势劳动者的立法赋权。我国几十年

---

⑪ 林佳和:《劳动与法论文集Ⅰ》,台北,元照出版有限公司2014年版,第270页。

⑫ 比如2007年的深圳盐田港停运事件、2008年海南三亚出租车停工事件、2010年的本田停工事件。特别是本田停工经过了2010年5月与2011年2~3月两次,职工方自觉组织起来要求资方加薪,此事件引起了劳动法学界对于罢工权及其利益争议解决机制的大讨论。以上参见董保华:《中国劳动关系的十字路口——管制与自治:富士康、本田案件提出的法制命题》,载《探索与争鸣》2011年第3期;侯玲玲:《比较法视野下的劳动者集体行动之法律规制》,载《法律科学》2013年第4期。

⑬ 参见常凯:《劳动关系的集体化转型与政府劳工政策的完善》,载《中国社会科学》2013年第6期。

⑭ 《魏玛宪法》第2编第5章《经济生活》开头就明确规定对生存权实施保障:“经济生活之组织,应与公平之原则及人类生存维持之目的相适应。”[英]约翰·密尔:《论自由》,许宝骙译,商务印书馆1996年版,第3页。

⑮ 徐显明主编:《人权研究》(第2卷),山东人民出版社2002年版,第169页。

来现代劳动关系的确立与发展，也离不开此发展轨迹与权利内涵，与此同时，还表现出如下特征：第一，成熟的市场经济国家，当经济全球化与用工弹性不断增加时，国家立法也在不断顺应这种潮流，逐步放松市场管制，培育市场主体自治行为。"自八十年代以来，'去管制化'便是主宰先进资本主义国家经济及社会政策的最重要发展趋势，或至少是一项无一避免的挑战。在这样的理念下，'劳动法或劳动关系的去管制化'遂变为当代劳动法所面临的最大挑战。"[16]而我国对劳动者生存权的保护，则基本上与上述市场经济国家相反，采取强管制的立法路径，导致权利刚性特征较浓，权利差异化小，法的激励功能大幅弱化，法的公平性似有滑向平均主义之嫌。第二，在生存权的保障上，劳动者的基本权利内容，更多具有分配性质。这个问题与严管制相适应，由于劳动者群体弱势化的判断，立法淡化了通过契约方式实现生存权的主要路径。这个特征在工作时间与休息休假、最低工资等方面表现得尤为突出。其后果是劳动关系的内在凝聚力下降，外在依靠性增多。

如果说生存权语境下的劳动关系在改革开放早期占主导地位，进入 21 世纪以来，发展权语境下的劳动关系则更具有人权发展意义。塞内加尔法学家卡巴·穆巴依(Keba M'Baye)指出："发展，是所有人的权利，每个人都有生存的权利，并且，每个人都有生活得更好的权利，这项权利就是发展权，发展权是一项人权"[17]"发展权的内涵显然不同于第一、第二代人权，他所关注的并不是与传统的公民权利、政治权利、经济权利、社会权利、文化权利并行的一种人权，而是关注人权在质与量上的全面提升"。[18] 所谓发展权语境下的劳动关系，笔者认为应是指伴随着劳动者平等意识的提高，对劳动者身份的尊重、体面劳动及社会发展成果共享等开始成为劳动关系的重要内涵。劳动者发展权的逐渐生成，与世界人权轨迹相吻合，也是我国促进与保障生存权的结果。这种积极的变化表现在劳动关系的以下领域：第一，要求身份平等对待。随着我国《就业促进法》将就业歧视纳入司法救济，国家公务员考试以及用人单位录用中的一些不合理的歧视条件得以取消。在劳动报酬方面，要求同工同酬的呼声终于在劳务派遣的相关立法中得到体现。第二，在共享社会发展成果方面，第二代农民工的权利意识已经超越他们的父辈，他们要求以平等身份融入城市，在住房、社会保障、教育等方面享有与城市居民共同的待遇。第三，体面劳动的请求不断增强，法律不应仅仅是守住底线，应涵盖对劳动者的尊重

---

[16] 林佳和：《劳动与法论文集 I》，台北，元照出版有限公司 2014 年版，第 33 页。

[17] 徐显明主编：《法理学教程》，中国政法大学出版社 1994 年版，第 377 页。

[18] 徐显明主编：《人权研究》(第 2 卷)，山东人民出版社 2002 年版，第 172 ~ 173 页。

与人文关怀。第四,对职业培训的法律定位,应由最初的职员义务提升到劳动者的权利,并不断强化个人兴趣、特长、创造力在职场中的作用,提升到发展权的高层次。依笔者之愚见,我国劳动者对集体力量的认识提高,是其迈向发展权的重要阶梯,因为他们试图通过集体利益的连带逐步实现社会利益的共享。以上这些表现凸显出我国劳动者阶层的职业化与新的产业大军的逐步成熟。与劳动者主体意识提高相比,我国的立法对之因应明显不够,研究也缺乏深入。

劳动关系主体的分层化趋势开始显现。著名学者陆学艺对社会阶层结构的分析指出,当代社会阶层呈现出向多元化现代化发展的趋势,已经不再是原来的"两个阶级一个阶层"的结构,而出现了十个阶层。[19] 董保华教授对其中的四个涉及劳动关系的阶层(经理、专业技术人员、产业工人及无业、失业和半失业人员)进行了分析,提出应针对不同的劳动者地位,注重劳动者抽象人格向具体人格的转变,通过不同的制度设计,对劳动者实行分层保护。[20] 我国《劳动合同法》的个别条款已经开始出现端倪,比如,对高薪劳动者补偿金的限高规定,对高级管理人员与高级技术人员的特殊合同约定和违约金制度等。但总体而言尚存差距:第一,从主体上看,高管人员(包括部分参与经营的董事、监事)在适用公司法与劳动法方面仍缺乏明确的界线划定,以至于当前大量的高管劳动争议在裁决文书中呈现依据不一的现象,有的法院依据公司法,有的法院依据劳动法,有的法院既适用公司法又适用劳动法。第二,从调整方法上看,非标准劳动关系劳动者的保护模式仍然沿用了标准劳动关系的模式,限制了非标准劳动关系的用工弹性和吸引力,也影响了促进就业功能发挥。比如对兼职、借调、劳务派遣的规定,未很好地解决工作时间、加班加点、社会保险缴费责任、岗位短期性等问题。

劳动关系主体的另一个重大变化,是雇主在现代企业制度改革与全球化过程中所表现出的分层现象,这些现象有的已经在域外与国内的相关立法中体现。主要表现为:第一,雇主的多种法律角色表现。比如,日本的《劳动基准法》第10条规定:本法所称雇主,系指企业主、企业经理人或代表企业主处理企业中有关劳动者事宜的行为人。我国台湾地区"劳动基准法"也有相似的规定。而我国《劳动法》《劳动合同法》则只以单一用人单位确定法律地位。雇主多重角色的确立,既有利

---

[19] 这十个阶层是:(1)国家与社会管理阶层;(2)经理阶层;(3)私营企业主阶层;(4)专业技术人员阶层;(5)办事人员阶层;(6)个体工商户阶层;(7)商业服务人员阶层;(8)产业工人阶层;(9)农业劳动者阶层;(10)城市无业、失业和半失业人员阶层。参见陆学艺:《当代中国社会阶层的分化与流动》,载《北京日报》2006年6月19日。

[20] 参见董保华:《劳动合同立法的争鸣与思考》,上海人民出版社2011年版,第42~47页。

于判断劳动关系,确定雇主责任,也便于解决当不同决定同时发生在不同的雇主代表身上时的效力。第二,公司与其分支机构在劳动关系中的责任划分。现代企业制度与经济全球化是推升分支机构不断增多的主因。公司的资本与规模越来越大,以传统单一的雇主责任模式已经难以驾驭和管理中下层劳动者,需要在公司与分支机构之间以法律或者以协约分配对劳动者承担的责任。在这点上,《劳动合同法实施条例》已经开始有所突破:有营业执照的分支机构可以以自己的名义与劳动者签订劳动合同。但是尚未明确发生争议时的当事人地位及其实体责任承担,也未明确公司对有营业执照的分支机构的兜底责任。第三,母公司与子公司的人员外派与互兼。这既是一个雇员分层的问题(在母公司是中层雇员,外派到子公司成为高级雇员),也是一个雇主分层问题。需要将这两个主体分层统一起来研究和规制。

三、劳动关系研究的思维嬗变

中国劳动关系的运行模式反映着劳动法思维的变化轨迹:从单一的计划经济劳动关系思维演变到权利平等的契约模式思维。这一思维变化,有着复杂的认识过程,既有对劳资权利平衡途径的认识分歧,也有对管制与自治的激烈讨论,并大致形成若干研究线索和理论。[21] “劳动者在变革,企业也在变革,传统劳动法的基本理论和制度安排遇到前所未有的挑战。”[22]21 世纪初期的十多年来,面对经济全球化和弹性就业方式的不断增强,对劳动关系领域研究特别是劳动合同的管制与自治争论愈加热烈。[23] 笔者在慎读了各大家的主要研究成果后,尝试以另一角度研究劳动法的思维变化,希望以多元化思路抛砖引玉。

(一)劳动力市场的结构性分析思路

我国劳动力市场表现为多方面的结构性特征:从劳动力供给渠道来看,一元为从农村走向城市的农民工群体,一元为城市新成长与摩擦性失业转移群体;从市场就业方式来看,标准就业与非标准就业并存;从劳动力就业的市场性质来看,有内外部劳动力市场之分;从企业形态看,有公部门就业与私部门就业。无论哪种划分,各自之间都存在结构性矛盾,表现出就业类型与形式的差异。前文通过权威数字列举了我国新成长劳动力的规模与特征,说明中国的劳动关系与当代市场经济

---

[21] 参见冯彦君:《改革开放 30 年中国社会法学的理论贡献》,载《当代法学》2009 年第 1 期。

[22] 杨燕绥:《新劳动法概论》,清华大学出版社 2004 年版,序言。

[23] 此问题参见林嘉:《劳动法的原理体系与问题》,法律出版社 2016 年版,第 24 ~ 33 页;林佳和:《劳动与法论文集Ⅲ》,台湾,元照出版有限公司 2014 年版,第 161 ~ 208 页。

国家甚至与其他发展中国家相比,具有极大的特殊性。这就影响甚至决定着劳动关系的结构,在劳动基准、劳动合同的力量平衡、职业培训等方面,应着重注意“保底”与“限高”的平衡,扩大劳动法对农民工等底层劳动者的适用范围。农村劳动力的转移是一个较长期的过程,以农民工为主体的劳动密集型企业与以大中专院校毕业生为主体的技术密集型企业,在集体协商的目标上有所区别:劳动密集型的企业应以推进和落实劳动基准为核心,技术型企业应以提升劳动待遇,共享企业发展成果为核心。体制在劳动关系中发挥着重要的作用,但往往表现出阻碍劳动公平的副作用。国家机关、事业单位的编制内外用工,造成普遍的同工不同酬,要解决这一问题,应首先解决体制所蕴含的不平等因素。国有企业与私营企业在用工理念上存在很大差异,体制是影响其人力规划的重要因素。中国目前的劳资关系紧张状况,既反映着以上的结构性矛盾,又是这种结构性矛盾导致的结果。“我国正处于经济社会转型时期,劳动关系的主体及其利益诉求越来越多元化,劳动关系矛盾已进入凸显期和多发期,劳动争议案件居高不下,一些地方拖欠农民工工资等损害职工利益的现象仍较突出,集体停工和群体性事件时有发生,构建和谐劳动关系的任务艰巨繁重。”㉔在转型的大背景下,尝试深入劳动力市场的结构性矛盾中去分析和解决问题,应是劳动法研究的一种全新思路。

(二)内外部劳动力市场互动的研究视角

内部劳动力市场是指存在于企业内部的劳动力市场,是企业内部的各种劳动契约与就业安排的制度总和。内部劳动力市场与通常意义上的劳动市场不同,它本身属于一种管理单位,其运作是基于管理程序而非市场调节,因而其最显著的特征便是刚性,诸如管理规则与惯例的刚性、雇佣关系的稳定性、工资决定以及内部设岗或晋升方面的资历原则等。外部劳动力市场是指在存在劳动关系的前提下,工资水平、雇佣稳定性等由市场供求水平直接决定的具有弹性的人力资源体系。内外部劳动力市场分割与共存是所有市场经济国家的普遍现象,㉕这一研究视角会为我们揭示影响中国劳动者工资、福利待遇以及不同人群在适用解雇政策方面的显著差异。学界周知,受计划经济劳动关系构成的影响,在市场经济体制初期,身

㉔ 中共中央国务院《关于构建和谐劳动关系的意见》(2015年3月21日)。

㉕ 西方劳动力市场分割理论,也被称为双重劳动力市场模型,是美国经济学家多林格尔和皮奥里于20世纪60年代提出的。劳动力市场分割是指,由于社会和制度性因素的作用,形成劳动力市场的部门差异;不同人群获得劳动力市场信息以及进入劳动力市场渠道的差别,导致不同人群在就业部门、职位以及收入模式上的明显差异。该理论认为导致市场分割的原因是产品市场的稳定性比重和歧视。但我国的劳动力市场有更复杂的制度和社会原因。

份仍是内外部劳动力市场劳动者群体固化的隐形标准和特征。表现在:第一,合同类型固化。绝大部分农民工的劳动合同是固定期限合同,而且合同期限较短,用人单位普遍不是以岗位性质,而是以身份确定合同期限。第二,解雇对象固化。一旦企业出现经营困难或者经营方式调整,主要解雇或裁员的对象为农民工或没有履历的大中专学生,[26]而无论其工作能力与勤奋程度。第三,劳动待遇固化。特别是工资水平,与用人单位的效益很少挂钩或者不挂钩。决定工资水平的基本上是劳动力市场供求价格和最低工资水平。而与之相反,内部劳动力市场主要沉淀的是计划经济时期过渡而来的所谓"劳动合同制"(我国 1995 年普遍实行劳动合同制度。但至今计划经济时期参加工作而通过合同改制的职工仍普遍存在合同期限形式化的倾向)的正式工。这部分职工工作稳定性高、享受内部劳动力市场的阶梯式晋级和工资增长,劳动条件保障程度高。据调查,我国石油系统在劳动法实施初期就将劳动者划分成不同的人群:合同化员工、合同制员工、社会化员工,由此形成了与劳动法精神背道而驰的人力资源管理制度。由此可以看出,我国内外部劳动力市场仍与完全的、成熟的劳动力市场存在较大差距,而这些差距并不具有当代西方市场经济国家的共性。在工资分配上,权益悬殊并非都是基于经验与勤奋努力的结果。尽管劳动法及以后的劳动合同法、就业促进法、社会保险法、工会法、安全生产法等在实现劳动权平等方面进行了不懈的努力,但内外部劳动力市场的非基于经验、履历以及勤奋努力的影响因素仍占一定的比重。外部市场与内部市场劳动者相比,最典型的表现是劳动者同工不同酬,法定休假、带薪年休假立法缺失及社会保险的拖欠等。而与之相反的是,内部劳动力市场工资的分配却一定程度上背离按劳分配原则,不同层次的劳动者工资水平差异过大,特别是部分高管与普通员工工资相差悬殊。在非工资性收入的薪酬体系上,由于职工代表大会的作用发挥有限,一般呈现出雇主单方决定机制:职业年金、补充医保、企业福利、职业培训、职工持股激励机制等,对内部劳动者覆盖并渗透着极强的非职业因素水分。这种状况带来的副作用是:第一,在企业内部形成不公平的分配机制,非经营性因素损耗企业的长远发展动力,并对我国不断扩大的基尼系数产生推动力,增加实现和谐社会的难度和成本。第二,使企业外部劳动者与企业内部劳动者形成一定的对立情绪,工作积极性和创造性得不到有效发挥,企业劳动争议数量激增。第三,产生更

---

[26] 20 世纪末 21 世纪初期,我国对一部分国有企业改制,改制后上市,但为了解决劳动力成本过高问题,将大部分较长时间从事工作的农民工买断工龄。但买断工龄后,企业效益大增,而被买断工龄者不能找到稳定工作,由此出现了大量的群体性劳动争议案件和信访事件。

多的就业歧视类型。就业歧视的法律救济与劳动争议有很大的不同,就业歧视属于特殊侵权,在构成要件、举证责任、法律责任方式上与劳动争议差别很大,我国立法实践还有很多空白。而且除了就业促进法对歧视种类作了列举式的规定外,尚无其他法律甚至司法解释都没有作出进一步规定,使部分不被公平对待的劳动者缺乏实务、司法上的系统救济,形成整体性的权利虚无。劳务派遣与非全日制劳动者权利保护过低,从而使外部劳动力市场(外部劳动者数量激增,基本上都是被增的结果,既有立法的原因,也有雇主的规避)数量激增,劳动力市场转换更加困难,长期相互独立。养老保险制度对劳动力市场内外转换也有许多影响,表现在:第一,我国法律对灵活就业人员的社保除工伤保险外,采取了自愿缴纳原则。但灵活就业人员特别是非全日制劳动者的缴费意愿并不高,其中,影响缴费的一个重要因素是企业为其核定的小时工资水平明显偏低,基本守住小时最低工资标准。第二,劳动者断保现象较为突出,其原因包括多方面,但跨省接转不畅及新的用人单位不为其缴费是重要原因。第三,用人单位违反法律规定,以人力资源管理节约成本为由,将劳动者分为多层,对处于外部劳动力市场的劳动者不缴费或者规避法律少缴费,而对单位内部市场劳动者,不但依法缴费,而且为数不少的企业还建立了年金制度。第四,跨省劳动者就业的养老保险转移不畅,实质的原因是发达省份与落后省份的利益平衡问题,而这个问题在没有中央协调下将很难解决。这样,需要劳动力的省份可能会出现"民工荒",而农民工流出省份有可能会大量富余,政府促进就业压力大增。

(三)劳资关系的多元化协调研究思路

多元化协调研究的原因在于当前劳动关系主体的多元,"我国正处于经济社会转型时期,劳动关系的主体及其利益诉求越来越多元化,劳动关系矛盾已进入凸显期和多发期"。[27] 从国际视野来看,灵活性、全球化、私有化形成了对全球劳动法的挑战:灵活性是雇主降低成本的结果,雇主往往将传统的内部市场解体,改变成为一种短期的、可交叉使用的新型的劳动关系模式,劳动标准适应力下降。这种模式也为工会的介入带来许多障碍。全球化恰恰是资本流向劳动者保护力度小的结果。"全球化的传播将意味着西方历尽艰辛所争取来的劳动标准和工作场所权利的消亡。"[28]私有化实质上是公共资源向私人所有的发展趋势,将不断削弱国家干

---

[27] 中共中央国务院《关于构建和谐劳动关系的意见》(2015年3月21日)。

[28] Katherine V. W. Stone,"Labor and the Global Economy: Four Approaches to Transnational Labor Regulation", *Mich. J. Int' l Law*, Vol. 16, 1995, p. 987.

预并导致新自由主义的蔓延。在这样的背景下,固守于典型劳动关系的调整模式,固守于本国的劳动标准而不去考虑区域组织、国际组织的劳动新标准制定,固守于公共就业机构的劳动法立法范式,将会导致现实与法律的脱节。我国目前供给侧改革、降成本的政策导向以及资本的外移现象,均与以上三大经济趋势紧密联系。多元化协调进路,首先应该尊重以上经济发展趋势,并考虑以下研究角度:第一,标准劳动关系的传统法律协调与非标准劳动关系的劳动基准协调分类研究,各自侧重。传统劳动关系的法律协调主要依个别契约、集体契约、劳动基准的有机系统,并随情势调适;非标准劳动关系应减少合同干预,增大弹性空间,坚守劳动基准。第二,法学与社会学、伦理学、人力资源管理学、制度经济学对劳动关系综合研究。劳动关系是以上学科的研究对象,劳动关系的和谐评估因子也绝不是只有法学一个标准。长期单一评价劳动合同法对劳动关系的作用,已是劳动法研究之殇。第三,制定法与政策对劳动关系的互动研究。检索近30年来的劳动法研究成果,关注劳动政策与劳动法相互推动,共同发挥作用的论文少之又少。从中国劳动关系发展现状看,市场经济的初期性决定了我国将会在较长时期离不开劳动政策的作用,特别是在促进就业、体面劳动、社会保险等方面。尽管党的政策研究不是法学研究者的任务,但在中国情势下,劳动政策对劳动关系和谐起着不可估量的作用。目前的集体协商从一定意义上是党的政策推动的结果。第四,法学多学科协调劳动关系的研究进路。目前正在讨论的民法法典化与劳动合同法的关系,既是法律部门划分的大讨论,也是法律工具主义在劳动关系研究上的体现。劳动契约作为一种债的表现形式,离不开民法的原则与精神,离不开合同自由。但检阅我国的劳动法与劳动合同法,几乎只有雇员的权利范式,很少规定雇员的义务内容。公序良俗、忠诚义务等这些和谐劳动关系的最重要的原则和法律精神少之又少。劳动行政法从性质上说应该是行政权力规范法和行政程序法,但在劳动法的研究中,似乎只是一种劳动者权利保护法。这样的单学科研究,既忽略了劳动关系的本质规律,也形成学科的保守主义,挤压学科空间。

(四)非标准劳动关系的规制方法应为研究之重

劳动关系的非标准化是一种全球的趋势,在我国更是以史无前例的规模展开的。“标准劳动关系的人格从属性、经济从属性主要通过组织从属性体现,非标准劳动关系是人格从属性、经济从属性与组织从属性相分离而产生的。劳动关系与工作场所分离,劳动关系与持续性工作分离,劳动关系中雇佣与使用分离,劳动关系在空间上、时间上、内容上的‘三分’使组织从属性弱化,雇佣者与劳动者的联系纽带松懈。”[29]以法律的标准衡量,我国的非标准劳动者数量是庞大的。[30] 非标准就业能够促就业虽是不争的事实,但对这类就业的功能评价却分歧较大。[31] 理论界及立法者对此认识上的不统一,影响了我国非标准劳动关系的立法进程。笔者研究发现,无论是劳务派遣抑或非全日制用工,立法上均出现多处价值完全对立的规定,从而造成司法机关的无所适从和民间的任意理解。这可能既与我国长期实行的标准劳动关系有关,也与这类劳动者低保护的现状相连。但正如上文所论,经济领域的灵活性、全球化、私有制不断地倒逼这类就业形式的出现,当今的经济新常态,也要求在不断规范中发展非标准就业。非标准劳动关系规制方法的研究中,应该至少正视以下几个问题:第一,管制与自治之辩照样适用于非标准劳动关系。非标准劳动关系实际上是一种劳动关系的形态扩张,具体形态应该是不断增加、很难固化的。管制放松会促进新的具体类型产生。如果立足于撬动市场灵活性,就要不断放松管制,从而扩大就业面。第二,非标准劳动关系虽然具有“三分”特征,但具体到法律关系结构上,却是各不相同,因此,规制方法与单一的标准劳动关系有很大的差异,需要对不同的就业形式采取不同的研究方法和规制方法。第三,非标准劳动关系的劳动者的工业风险照样存在,甚至比标准劳动关系的劳动者还要高。因此,对其社会保险权保护与对契约的放松恰恰相反,而不应是当前立法的几乎完全自由化。反歧视立法的保护也照样如此。第四,非标准劳动关系最重要的研究,应该是确定这类用工的共性,从而成为划定并实施特别规定的标准。除以上学者论述的“三分”特征外,比如工作岗位的临时性、短期性;主体权利义务的交叉性;集体力量的松散性等也是其重要特征。

总之,劳动关系的调整模式发展到今天,其形态正在与发达国家接轨,但中国劳动力的供求渠道、产业结构的特征以及一个重外部劳动力市场规制轻内部劳动力市场的劳动法体系,形成了一个独特的中国法治背景。面临经济新常态和中央确立的创新、协调、绿色、开放、共享的发展理念,研究者应坚持探求经济社会转型中劳动法研究的新理念、新方法、新思路,积极推进和提升劳动法研究的广阔视野。

---

[29] 董保华:《劳动合同法立法的争鸣与思考》,上海人民出版社2011年版,第724页。

[30] 我国劳动统计年鉴并未将非标准劳动用工数量分类统计,所以,见诸报端的只是一些民间统计,缺乏权威性。但劳务派遣有关规定将派遣数量限制在企业用工的10%以内。由此推算,我国劳务派遣与非全日制用工数量两项合计至少在4000万人以上,是一个庞大的数字。

[31] 董保华:《劳动合同法立法的争鸣与思考》,上海人民出版社2011年版,第719~726页。

“走出去”中国企业在全球化过程中的劳工法律风险统筹管理

姜俊禄*

自2000年以来，在全球化的大背景下，中国企业纷纷响应国家“走出去”战略的号召，开始进行海外并购。十几年来，中国企业跨国并购的案例数量大幅度增加，但并购结果却往往并不尽如人意，甚至有不少失败的典型。在跨国并购风险中，除了传统的政治风险、财务风险、经营风险等，目标国劳工问题给并购的成败所带来的影响已经日益凸显。本文从“触礁”的中国海外并购案例出发，警示“走出去”的中国企业应当充分重视全球化过程中的劳工法律风险统筹管理问题。

一、典型案例

1992年，首钢集团以1.18亿美元收购了濒临倒闭的秘鲁国有铁矿公司98.4%的股权。自此，首钢便陷入了秘鲁员工罢工的梦魇中。每年三四月，首钢秘鲁铁矿公司都要集中精力应对秘鲁矿业强势的工会。首钢人员称“每次费尽心力解决完问题后，又面临下一波威胁，而每次罢工的目的几乎都是涨工资、加福利”。频繁的劳资纠纷给首钢秘鲁铁矿公司带来巨额的经济损失。

无独有偶，上汽集团在接手了韩国双龙汽车后，也是麻烦重重。自上汽入主双龙开始，双龙工会与上汽的斗争就没有停止过。频繁的罢工以及与工会的分歧使上汽集团筋疲力尽，也使双龙的正常运营受到严重影响。最终上汽集团因双龙汽车的资产减值损失超过30亿元人民币，可谓损失惨重。

这些企业的曲折经历提醒着即将走出国门、迈向国际合作的中国企业，做好功课，充分了解和掌握对方国家的劳动用工法律制度，为顺利实现并购和并购后的企

---

* 北京市金杜律师事务所合伙人、律师，中国社会法学研究会副会长。原文刊载于《中国律师》2015年第2期。

业运作铺平道路。

二、海外并购劳工问题的主要关注点

各国境外投资准入的法律规定具有相似性,但是各地的劳动法律制度却往往与当地历史文化环境结合相关、差异极大。如何避开当地劳动法律制度的“泥潭”并取得预期收益,企业应额外关注当地的劳动法律风险控制和管理。以下将对投资东道国劳工风险的几个主要方面进行分析。

(一)工会组织和员工的罢工权

一些国家的法律允许存在多个组织体系互不相同的独立工会,并且法律赋予工会许多权利,工会可在境外绿地投资或并购、企业经营,甚至企业搬迁、裁员和撤出投资的过程中发挥重大影响。

首先,一些国家目标公司有意接受境外投资或进行并购之前,需要征求工会的意见。而在征求工会意见时,工会往往要求目标公司(卖方)承诺在相当时间内不得裁员或降低现有雇佣条件,则投资方在并购后需遵守当时卖方的承诺。

其次,在投资完成后的企业经营中,大多数国家的法律允许工会代表员工与企业进行集体谈判,并且赋予了工会领导工人为争取劳动权益合法罢工的权利。

再次,某些国家同一企业的员工可参加不同的工会,其与多个工会的关系则需企业在经营中同时处理。实践中,企业可在法律允许的范围内选择与代表绝大多数员工的一家工会进行谈判,并通过协商,将该谈判形成的条款条件适用于其他工会的员工。

最后,如企业准备搬迁、裁员或关闭,也需衡量具体情况处理好与工会的关系,以免发生大规模纠纷、抗议或罢工。因为一些国家允许工会以自己的名义起诉或被诉,如工会认为企业在搬迁、裁员或关闭过程中存在任何不当行为,可能对企业提起诉讼以寻求司法解决。

(二)解雇及裁员

并购之后,中方投资者应注意投资东道国劳动法律规定中关于解除或裁员的条件、程序和经济补偿的内容。各国秉承的劳工保护的理念有很大不同,劳工解除及裁员的法律规范也差异较大。某些国家的法律对于解雇的要求很宽松,一些国家法律对解除的条件和程序却规定得极为严格。在某些特殊情况下,雇主甚至须在裁员之前取得相关政府机构的批准。

另外,一些国家对解除员工的补偿标准要求很高,往往给中国投资者造成高额的裁员成本。中国企业一旦投资于对解除员工限制较高的国家,须熟悉该国关于解雇或裁员的法律规范,以免出现随意解除员工而导致高额的诉讼索赔以及行政处罚的可能性。

（三）用工制度

如何高效、充分地利用和整合被并购企业的人力资源,以便日后顺利开拓海外业务是中国企业在进行海外投资时需要考虑的又一重要问题。

如雇佣当地员工,应遵守当地法律对于就业保护、雇佣方式(如临时雇佣、固定期限雇佣和无固定期限雇佣)的法律要求,并在法律允许的范围内选择经济有效的方式。

此外,目标国劳动法律的其他重要方面也不容忽视。比如,企业在测算人力资源运营成本时,应额外关注当地劳动法律规定的企业应为员工提供的保险和福利,员工加班费标准和法定假期的长短。这些因素可能直接影响到人力成本的控制和投资收益。

在派遣中方管理者到境外目标公司的情况下,应事先了解目标国的移民和签证政策是否对入境及从事劳务活动有限制。所以,在中国企业制定海外并购方案时必须对东道国的外来劳工政策熟悉和了解。

（四）企业人力管理的整合

由于各国历史、政治、人文等方面的不同,中国企业在海外并购过程中,还会面临企业文化理念、管理方式的差异。这种差异可能会体现在员工管理的方方面面,如工作方式、工作时间、着装要求、薪酬结构、福利待遇等。这些都能直接影响到被并购企业员工对中方投资者的认可度和信任感。如果管理者不能适时适当地发现并解决这类企业管理文化差异,实现与员工的有效沟通,则很可能导致员工出现抵触不满的情绪,甚至流失大量人才,使海外并购的成效和收益大打折扣。中国企业走出国门之前,必须考察目标公司员工管理、企业文化、薪酬福利等“软环境”,选择适当的方式将自身的企业管理和文化优势与目标公司相融合,避免并购之后引发人事震荡,这也是中国企业海外并购中的重头戏。

三、结语

中共中央《关于全面推进依法治国若干重大问题的决定》(以下简称《决定》)提出,我国要加强涉外法律工作,其中包括强化涉外法律服务,维护我国公民、法人在海外的正当权益,依法维护海外侨胞权益。同时,《决定》还提出要发展涉外法律服务业,建设通晓国际法律规则、善于处理涉外法律事务的涉外法治人才队伍。由此可见,在新形势下做好涉外法律工作对企业来说是十分重要的。

在企业“走出去”战略中,如果说目标企业的技术和业务是一次投资收购的核心,则并购中对劳动法律风险的正确评估和有效管理能够为一次顺利的投资或并购保驾护航。只有事先调查评估目标国的劳动法律风险,并建立风险管理体系和应对策略,中国企业才能在并购时以及并购后的经营中“稳中取胜”。

综上所述,在全球化的大背景下,根据《决定》确定的加强涉外法律工作的精神,对目标国劳工状况和劳动法律环境进行充分调研并完善劳工法律风险统筹管理,是中国企业成功“走出去”所要进行的必修课。因此,在这一过程中寻求劳动法专业人士的帮助和建议是必不可少的。

合意在劳动法中的命运

曹 燕*

【摘　要】 劳资私法自治根植于“劳动关系的善良风俗”，并因符合劳动法秩序而获得合法性。劳动关系善良风俗的形成有赖于劳资力量的“对等”与国家理性的“回归”。如果要使劳资私法自治具有真实不虚的意义，需要一种能够维护劳动关系善良风俗的制度基础并将其转化为私法自治内容的巧妙的制度安排，即建立在集体劳动关系法与劳动基准法之上的劳资私法自治。在自成一体又动态发展的劳动法制度框架内，化解善良风俗与私法自治的冲突，形成内化于劳动法秩序，既“相克相生”又相辅相成的劳资合意制度。只有得到劳动关系道德基础的支撑，劳动法中的合意才有广阔的发展空间。在缺乏劳动关系善良风俗制度保障背景下，过早实施劳动法规制缓和是违背劳动关系治理规律的不明智举措。

【关键词】 合意　劳动关系的善良风俗　私法自治　劳动法　民法

引　言

继受于罗马法的“合意”是缔约当事人就涉及法律关系的规则通过意思表示达成一致的“意思联合”①。“合意作为意思自治的体现，是缔约当事人对自己利益和义务的衡量和肯定。”②以“合意”为基础的私法自治一直被奉为“自由经济”的制度圭臬中共中央《关于全面推进依法治国若干重大问题的决定》(2014 年 10 月 23 日发布)将民法典的编纂摆在“依法治国”的突出位置。未来，通过“合意”的“私法自

* 西北政法大学教授，中国社会法学研究会常务理事。原文刊载于《政法论坛》2016 年第 3 期。

① [德]维尔纳·弗卢梅：《法律行为论》，迟颖译，法律出版社 2012 年版，第 739 页。

② 冉克平：《论私法上的合意及其判定》，载《现代法学》2014 年第 5 期。

治”在我国法律领域内大举扩张似乎势不可当。[③] 在这样的情势下,对于“私法自治”的干预显得如此地“不合时宜”!《中华人民共和国劳动合同法》(2008年1月1日颁行,以下简称《劳动合同法》)自其实施之日起就引来无数非议,至今仍纷扰不休。争议的焦点是:我国劳动关系的规制模式应当选择建立在“劳资双方个体合意”基础上的“私法自治”模式,还是选择建立在劳动基准的国家强制与劳资集体协商干预劳动条件形成的所谓“管制”模式?这一争议隐含了一个前提:劳资个体合意与劳动标准之间是“此消彼长”的对立关系。一些合同法理论,例如“关系契约理论”(斯图尔特·麦考尼尔 Stewart Macaulay)、“事实合同理论”(京特·豪普特 Gunther Haupt)、“继续性合同理论”(基尔克 Gierke),“公共政策理论”(Jessel M. R.)以及“基本权利的第三人效力理论”(施密特 Schmid)等,都无法为化解私法自治与外力干预之间冲突提供充分的理据。与众不同的是,德国民法学家维尔纳·弗卢梅认为:私法自治与合同自由只能基于法律秩序而存在。[④] 他将前述诸理论所阐述的干预合同自由、限制私法自治的因素统统归入“善良风俗”,将“外力干预”内化于善良风俗的法律秩序,使其成为私法自治的效力源泉。如果说劳动法的存在与发展是一种事实,在制定民法典的宏伟蓝图下,基于私法自治的合意被奉为制度楷模和社会治理之“神器”,那么,劳动法面临的迫切问题便是:基于私法自治的合意在失去“善良风俗”的劳动关系秩序中何以自处?该问题的所有情形以及与此相关的各种问题之分析,将在下文如此顺乎逻辑地展开:首先,回顾私法自治与法律秩序的经典论述,梳理限制私法自治的理论源流,凭借弗卢梅教授的论点,反思“私法自治干预论”的缺陷,结合劳动关系历史的、自然的非正义秩序特征,提出:劳动关系的“善良风俗”与劳资个体的合意自治共同构成劳动法的整体框架,与民法合意基础不同的是,雇佣劳动关系“非正义”秩序导致善良风俗需要制度性的建构与矫正,这是“私法自治”在劳动关系中获得法律效力的基础(第一部分)。其次,通过回顾分析雇佣劳动关系历史的、自然的非正义秩序形成的理念与制度基础的代表性文献和国际劳工政策,论证包括劳动基准法和集体劳动关系法在内的劳动立法与劳工政策如何可能祛除劳动关系的封建性,揭示现代劳动关系“善良风

---

③ 近年来,我国民商事法学对合意问题的研究更加深入,行政法学和诉讼法学都纷纷引入这一概念,期望以此建构一种建立在社会各主体合意基础上的新型社会治理模式。具有代表性的观点可见于下列文献;张泽想:《论行政法的自由意志理念》,载《中国法学》2003年第2期;陈保中、蔡爱平:《从“强制”到“合意”:行政执法方式改进的路径选择》,载《上海大学学报》(社会科学版)2007年第5期。康九:《在“强制”与“合意”之间:我国诉讼调解制度的困境与出路》,载《现代法学》2012年第3期。

④ [德]维尔纳·弗卢梅:《法律行为论》,迟颖译,法律出版社2012年版。

俗”有别于民事关系善良风俗形成的特殊路径，阐明劳动关系的“善良风俗”是以劳动基准法所体现的国家理性与建立在集体劳动关系法所形塑的“劳资力量对等”基础上的劳资理性之上的劳动关系的“良善秩序”，这是劳资私法自治合法性的基础（第二部分）。再次，在劳动关系具备善良风俗道德基础的前提下，进一步解释如何将国家理性与劳资集体理性转化为劳资个体合意的理论解释与制度安排，针对劳动合同书面形式的强制、禁止滥用解雇权利和劳动合同违约金规制等一些在我国《劳动合同法》实施中极具争议的限制劳资个体合意的立法问题，通过对比分析先进工业国家相关立法、判例与法学理论，揭示如何在劳动法制框架内，化解该等强制性条款与劳资私法自治的矛盾与冲突，从正反两个层面证明：只有在劳动关系善良风俗之下“私法自治”才能“安身立命”。只有当“劳动关系的善良风俗”得到制度化保障，民法的合意规则才可能被运用到劳资合意之中，据此，劳动法中的合意既具有特殊性也具有普遍性（第三部分）。最后，通过分析我国劳工政策从劳动关系私法自治的治理模式向重塑劳动关系“善良风俗”治理模式的转型过程，反思我国劳动法框架体系在重建劳动关系道德基础中的制度缺陷，提出我国劳资合意面临的首要问题是，如何重建劳动关系善良风俗并化解或者缓解劳动关系中私法自治与善良风俗之间可能存在的冲突问题，制度构建应着力于将劳动关系善良风俗的社会理念“自然”转化为劳资私法自治的内容（第四部分）。

一、私法自治、法律秩序与劳动关系

（一）私法自治及其限制性理论

一般情况下，包括合同自由在内，通过法律行为来形成法律关系的自由被称作“私法自治”⑤。合同属于法律行为的下位概念，⑥是私法自治设权行为的主要形式。《学说汇纂》将合同定义为“二人或多人针对同一标的所达成的一致或合意”。⑦ 合意体现了私法自治的本质特“自主决定”。自19世纪以来，私法自治在发展自由经济，推动社会现代化进程中的重要价值获得普遍肯认，然而进入20世纪，私法自治在劳动法等领域被大大削弱。⑧ 一些深富洞见的论断为限制私法自治的正当性提供了颇具说服力的说明。

德国学者基尔克首次提出“继续性合同理论”⑨。注意到当时德国处于社会转

⑤ [德]迪特尔·梅迪库斯：《德国民法总论》，邵建东译，法律出版社2013年版，第142页。
⑥ [德]维尔纳·弗卢梅：《法律行为论》，迟颖译，法律出版社2012年版，第719页。
⑦ [德]维尔纳·弗卢梅：《法律行为论》，迟颖译，法律出版社2012年版，第720页。
⑧ [德]维尔纳·弗卢梅：《法律行为论》，迟颖译，法律出版社2012年版，第17页。
⑨ 王文军：《关系合同与继续性合同——一个比较分析框架》，载《法学论坛》2013年第4期。

型时期,私法自治遭遇到个体与集体、私人与国家的利益冲突而面临社会问题的重重压力,基于限制合同自由使其与社会法的思想相协调,他主张:实践中债务履行的时间虽然多数是集中在特定时间的一次性给付,但也存在需要一段时间内持续进行债务履行的情形,前者可被称为"一时性合同",后者可称作"继续性合同"。劳动合同属于典型的继续性合同。与一时性合同不同的是,继续性合同的给付具有反复不断的持续性,需要当事双方保持持续的信赖关系。由于当事人无法完全预见未来的变化,因此,合同内容具有不完备性,需要当事人之后继续协商确定。⑩对包括劳动合同在内的继续性合同的自由进行限制,是为了防止针对不完备合同的欺诈,保障当事人之间的诚信与信赖,维持长期合作关系,这是立法限制合同自由的社会道德理据。

1941年,德国民法学家京特·豪普特提出"事实合同理论"。他将直接依据法律,基于特定"行为"而非"合意"形成法律关系的情形纳入事实合同范畴:公共交通中的给付关系和基于不生效的合伙或者雇佣关系产生的长期之债。⑪ 该理论认为,对于那些虽然无效但已经被履行的合同,如果认定其无效将有损于社会交往的信赖关系。豪普特力图通过"事实合同"赋予那些似乎不存在"合意"但却维持着长期合作关系的行为以法律效力,以维护信赖与社会合作。事实合同理论意在防止因欠缺合意而伤害长期合作形成的事实上的交易关系。

"关系契约理论",由美国学者斯图尔特·麦考尼尔于20世纪60年代提出。⑫该理论基于人的有限理性和人的社会性,提出对意思自治绝对自由的限制。与继续性契约相似,麦考尼克认为,人的有限理性使契约应当给当事人规划将来的交易关系留有余地。⑬ 美国学者格兰特·吉尔莫反思了自由契约理论的道义局限,认为古典契约理论将个人承担社会责任的义务降到最低,削弱了基于信赖的社会联系,自由放任的制度模式最终导致了"契约的死亡"。⑭ 日本学者内田贵认为,契约不过是社会交往的形式,很多契约内容并非由合意来确定,而是自然确定的事实,关系契约制度为契约行为随着社会交往的发展变化提供了"弹性装置"⑮。关系契约

⑩ 屈茂辉、张红:《继续性合同:基于合同法理与立法技术的多重考量》,载《中国法学》2010年第4期。
⑪ [德]维尔纳·弗卢梅:《法律行为论》,迟颖译,法律出版社2012年版,第111页。
⑫ 王文军:《关系合同与继续性合同——一个比较分析框架》,载《法学论坛》2013年第4期。
⑬ 王文军:《关系合同与继续性合同——一个比较分析框架》,载《法学论坛》2013年第4期。
⑭ [美]格兰特·吉尔莫:《契约的死亡》,曹士兵、姚建宗、吴巍译,中国法制出版社2005年版。
⑮ [日]内田贵:《契约的再生》,胡宝海译,中国政法大学出版社2005年版。

理论在合同法和劳动法领域都产生积极影响⑯。

1875 年,美国法官 Jessel M. R. 在 Printing and Numerical Registering Co. *v.* Sampson 案的判词中的经典表述,阐明了以公共政策限制合同自由的依据:“合同自由原则的基础是,如果赋予私人以通过在法律上具有强制执行效力的协议来安排自己的事务的广泛权利,公共利益可以因此而获得促进。”⑰但是,当某种公共利益超越了合同自由给当事人带来的利益时,法院倾向于拒绝强制执行合同。Stemamen v. Metropolitan Life Ins. Co. 案的判词则清楚地表达出“公共政策”理论的核心观点:“订立合同的权限并非不受限制,作为一般原则,当事人在这一点上享有最大限度的行为自由,但是立法、公共政策以及事物的本质都会对该权利有所限制。当事人订立的违反法律或者公共政策的合同没有约束力。”⑱

上述理论具有一种隐含的思维倾向:合同自由受到的限制来自私法体系之外,相对于合同自由与私法自治而言,该等限制皆为“外力”,这些理论虽然解释了“外力”干预的正当性,却无法回答“干预”与私法自治之间如何协调的问题,从而导致了相关理论在处理带有强烈“外力”干预色彩的法律领域,比如劳动法与私法协调的问题时,其解释力被大大地削弱了。在定位劳动法与私法的关系时,这种理论缺陷不仅导致劳动法独立地位的动摇,同时,也使私法自治处于尴尬境地。

(二)私法自治与法律秩序

对于私法自治的基础,维尔纳·弗卢梅正确地认为:私法自治虽然使当事人得以自由意志为自己设定权利,但是它本身不构成造法行为。私法自治必须获得它所依托的法律秩序的认可才能获得法律效力,法律秩序基于“人类应享有自决权”这一基本原则而承认私法自治的效力。私法自治形成的法律关系与法律秩序一同构成了私法自治行为的原因。⑲ 既然私法自治的核心是设权行为(法律行为),它的效力源于法律秩序的认可,那么可以说:私法自治以法律秩序为基础并与其一同构成了“人类自主决定原则”所形成的私法体系。这种理论进路的优越性在于:化解了限制合同自由理论难以协调私法自治与“外力干预”的冲突问题,提供了使“外力”干预与私法自治和谐共存于法律框架内的理据。该法律框架具有开放性:

---

⑯ 参见张艳:《关系契约理论对意思自治的价值超越》,载《现代法学》2014 年第 2 期。

⑰ [美]E. 艾伦·范斯沃思:《美国合同法》,葛云松、丁春艳译,中国政法大学出版社 2004 年版,第 320 页。

⑱ [美]E. 艾伦·范斯沃思:《美国合同法》,葛云松、丁春艳译,中国政法大学出版社 2004 年版,第 321 页。

⑲ 参见[德]维尔纳·弗卢梅:《法律行为论》,迟颖译,法律出版社 2012 年版,第 1 页。

它不否定私法自治在法律秩序中的核心地位,但强调包括立法、司法、公共政策乃至社会道德伦理所共同构建的法律秩序是私法自治获得法律效力的基础,法律秩序对私法自治的“限制”并非是对自主决定的压制,而是为了保障私法自治的合法性并使其与社会价值观念协调一致,使私法自治适应社会发展的价值变迁,与时俱进。

(三)劳动法的秩序:劳动关系中的“善良风俗”与“私法自治”

相较私法,劳动法具有较为广泛的强制性规范,私法自治在劳动关系中的空间被认为“所剩无几”。如何处置受到强制规范限制的私法自治与合同自由素有争论。德国学者帕夫洛夫斯基(Pawlowski)认为,应当将这一部分的私人关系从整个私法体系中剔除出去,而由“社会法”调整,从而保障私法上的决策自由,但遭到其他民法学者的反对。德国学者一般认为劳动法是特别私法,并认为要在二者之间划出一条清晰的界限是十分困难的。[20] 面对这样的冲突,有识之士一般认为:“任何一个法律制度都只能在其政治制度的框架内提供通过法律行为实施的私法自治。”[21]立法、政策与社会道德共同建构其价值基础并形成具备“一切公平和正义的思想者之礼仪感”的“善良风俗”之秩序。有悖于善良风俗的私法自治行为,法律不会强制执行。由于存在法律与道德的冲突,法律强制执行“崇高”的道德规范将可能背离“自主决定”的基本原则。[22] 因此,只有那些背离社会道德且违反公共秩序的私法自治行为,才因违反善良风俗的事实构成而无效。弗卢梅教授深刻洞见:善良风俗体现出一个特定时期内,对于法律秩序道德性的社会共识,即道德感。由于道德感会随着社会发展和人类智识的进步而不断提高,因此,善良风俗的秩序框架是开放的:立法、司法和公共政策不断丰富其内涵并拓展其外延,相应地,身处其中的私法自治也将受到越来越多的规范和矫正。因此“善良风俗”的秩序基础与私法自治之间是体系内的“协调”并相辅相成,而非体系外的“干预”而此消彼长。[23]

与民商事交易关系相比,劳动关系的秩序肇始显得相当“不幸”。由于身份依附的特质,资本主义生产方式下的劳资主体具有结构性力量不对等的特征。雇主在“私有财产神圣不可侵犯”的私法原则之下,将“劳动者”当作商品性的“劳动力”纳入其私权统治之下,“私法自治”与“合同自由”在相当长的历史时期纵容了雇主

[20] [德]迪特尔·梅迪库斯:《德国民法总论》,邵建东译,法律出版社2013年版,第10页。
[21] [德]迪特尔·梅迪库斯:《德国民法总论》,邵建东译,法律出版社2013年版,第368页。
[22] [德]迪特尔·梅迪库斯:《德国民法总论》,邵建东译,法律出版社2013年版,第510页。
[23] [德]维尔纳·弗卢梅:《法律行为论》,迟颖译,法律出版社2012年版,第430页。

滥用权力，私法自治的前提——“自主决定”对劳动者来说被“他主决定”所代替。一些经典文献都详尽地描述了这一历史时期，人类社会一般“善良风俗”在劳动关系中消失殆尽的事实，并警醒后世：在背离了善良风俗的劳动关系秩序中贯彻私法自治将引发灾难性的后果。[24] 作为规制非自主性劳动的规范体系，劳动法的历史发展、当代形象与未来发展都围绕着如何在力量不对等的劳动关系中重建“善良风俗”，使劳动关系中的“私法自治”与社会秩序的道德基础相一致，从而推动而非阻碍社会进步。劳动法体系在利益对立而又相互依存的社会力量相互竞争而又相辅相成的作用下不断发展完善，因此，劳动法在相当程度上指引人类社会前进的方向。[25]

二、合意的劳动法秩序基础：劳动关系“善良风俗”的重建

亚里士多德以来的西方政治哲学，对处于依附地位的劳动者存在普遍而久远的偏见。亚里士多德及其追随者认为，人应当运用自己全部的智力与才干去追求体面的生活，而他必须具备用以判定其行为是否有助于实现体面生活的理性。[26] 这是“自由人”的标志，使其有资格享有自主决定权，“私法自治”的合理性亦因此不证自明。然而，劳动者却被长期排除在体面生活之外。汉娜(阿伦特为这些被她尖酸地形容为“劳动动物”的人被不公正对待的正当性进行辩解：劳动者一般为别人的生活消费而工作，他们从未创造过永恒于世的价值，也没有对公共秩序产生过积极影响，更何况，他们一直处于他人权力控制之下，从未被允许在社会公共空间表达他们的意志，无论从其生活目的还是生活状态来看，劳动者被隔离在“为追求良好的社会秩序与道德”的体面生活之外。[27] 因此，处于依附性地位的劳动者被认为缺乏理性。私法自治与其从不相关。这种哲学传统在西方思想史上根深蒂固，虽经后世之扬弃，但仍深刻影响了资本主义的伦理道德。

19 世纪得到自由企业制度支撑的合同自由与私法自治的发展“登峰造极”，自由主义此时与私法自治自然结合，形成合同自由的观念，它与由小企业主、个体商人或独立手工业者构成的流动性社会中的正义观念紧密相连。功利主义的正义观

---

[24] 关于雇佣劳动关系发展的早期，劳工生活境况的分析可见于下列经典文献：[美]E. P. 汤普森《英国工人阶级的形成》，钱乘旦等译，译林出版社 2001 年版。[俄]恩·弗列罗夫斯基：《俄国工人阶级的现状》，陈瑞铭译，商务印书馆 1984 年版，以及[英]约翰·勃雷：《对劳动的迫害及其救治方案》，袁贤能译，商务印书馆 1959 年版。

[25] [德]雷德·瓦尔特曼：《德国劳动法》，沈建峰译，法律出版社 2014 年版，第 36 页。

[26] [美]詹姆斯·戈德雷：《私法基础——财产、侵权、合同和不当得利》，张家勇译，法律出版社 2007 年版，第 7 页。

[27] [美]汉娜·阿伦特：《人的境况》，王寅丽译，上海人民出版社 2009 年版，第 5 页。

为合同自由的正当性提供了理据:正因为合同自由使当事人的福利最大化,所以,社会整体利益也随之最大化。[28]“自由主义”和“功利主义”、“完美结合”成为那个时代“善良风俗”的道德基础。这就不难理解,早期资本主义政府坚持以合同自由和私法自治为由,放任雇主滥用合同权利,任意压低劳动条件,罔顾劳动者陷入“水深火热”的境地。然而,面对自由放任经济带来的层出不穷且日益严重的社会问题,资本主义的政治精英们逐渐认识到:任由雇主滥用合同权利将加剧自主决定与社会公正之间的矛盾,不利于政府对社会的有效管制。罗尔斯在反思功利主义和传统分配正义基础上提出了“矫正正义”理论,为20世纪以来对劳动关系领域合同自由规制模式的修正提供了道德观的说明。罗尔斯将正义视为社会制度的首要价值,为了保障社会交往中因非自然的、偶发的原因处于不利地位的人的利益不受社会更大利益的威胁,他提出了自由原则与差别原则来弥补传统正义观的不足,主张只有当社会分配最大限度地增加处于社会中最不利益者的利益时,正义的道德观才会容忍分配的不平等。[29]这就为国家通过劳动基准立法,强制雇主不断维持和提升劳动条件,增加处于依附地位的劳动者的人权利益,从而维持劳动关系安定并维护雇主统制的正当性提供了道德基础。

与劳动基准立法相比,资本主义国家承认劳动者集体行动的合法性则是更为晚近的事情。涛慕斯·博格教授进一步拓展了罗尔斯的正义理论,提出“关系正义论”,为劳动者集体行动维持和提高劳动条件的权利基础提供了有力说明:他质疑罗尔斯公平正义论通过对处于不利境遇者的利益补偿机制来处理分配不公可能导致的非正义秩序的有效性,提出“关系正义”理论:正义必须落实到人类交往关系中,只有改革社会结构历史地与自然地不平等,使社会中处于不利境遇的人不受不公正的对待,正义秩序才有真实不虚的意义。[30]具体到劳动关系“关系正义”要求处于依附地位的劳动者在劳动关系中应被当作和雇主一样的人来对待。劳动者虽然应当服从雇主的管理,但并不因此丧失自主决定提高劳动条件的权利,如此,集体劳动关系法的发展便有了道德理据。随着劳动关系秩序道德性不断提升,公正对待依附地位的劳动者逐渐成为现代劳动关系治理的社会共识,劳动者作为社会平等主体的公民权利在劳动关系中获得制度化的拓展,国际劳工组织在过去百多

---

[28] [美]E.艾伦·范斯沃思:《美国合同法》,葛云松、丁春艳译,中国政法大学出版社2004年版,第20页。

[29] [美]约翰·罗尔斯:《正义论》,何怀宏等译,中国社会科学出版社2001年版。

[30] [美]涛幕斯·博格:《康德、罗尔斯与全球正义》,刘政莘、徐向东等译,译文出版社2010年版,第13页。

年的时间里致力于拓展劳工权力并完善其制度体系，建构了劳动法的现代形象，并通过“体面劳动”政策主导了未来劳动法的制度发展：致力于促进工作中的权利、就业、社会保护和社会对话。“体面劳动”政策为现代劳动法秩序提供了新的道德共识：劳动领域的制度构建应促进劳动者在自由、公正、安全和具备人格尊严的条件下，获得体面的、生产性的工作机会。[31] 日本学者营野和夫提出了将体面劳动理念运用于制度建构的劳动法基本原则：对等决定劳动条件原则和保护劳动者人权原则，使其成为重建现代劳动关系善良风俗的制度基石。对等决定劳动条件原则指引集体劳动关系法的发展并保障其合法性，保障处于依附地位的劳动者最大限度地享有自主决定权。保障劳动者人权原则意在通过国家强制性基准立法，防止雇主滥用权利，保障劳动者获得体面生活的劳动条件，确保劳动者在依附性关系中被公正对待。[32] 该等原则将劳动法体系中两大支柱性制度——集体劳动关系法和劳动基准法整合起来：劳动基准法体现的是国家维护劳动者为“人”之尊严，维持私人（雇主）对私人（劳动“统治”的正当性与合法性，从而体现国家维护经济发展与一般社会公平理念相适应的治国“理性”（也称“国家理性”）；另外，通过集体行动，维持和提高劳动条件，改善劳工之生活境况，使曾经为“富”而狂的雇佣劳动关系中的人们逐步认识到良好的合作以相互尊重而非强制服从为前提时，真正的劳动法律秩序随之形成。

综上所述，劳动关系中的“善良风俗”不是自始就有，而是在长期的劳资博弈中，通过劳动基准法和集体劳动关系法使国家理性与劳资理性回归到劳动关系之后逐步形成的价值共识和行为习惯。

三、劳动关系“善良风俗”与私法合意的冲突与协调

（一）劳动关系的“善良风俗”转化为私法合意的制度机理

在集体劳动关系法与劳动基准法共同再造了劳动关系善良风俗之后，劳资之间通过意思自治形成劳动条件的合意才获得劳动法秩序的认可，从而获得合法性。但是，在劳动法制度框架中基于劳动基准法和集体协议形成的强制性规范如何转化为劳资私法合意的内容，需要进一步的理论解释。对此问题有代表性的理论解释有二：“反射效力”理论和“间接第三人效力”理论。

我国台湾地区学者陈继盛提出“反射效力理论”：劳动基准法是公法性质的规范，应自然构成雇主依诚信原则产生对劳动者照顾与保护的法定义务，形成劳资合

---

[31] ［日内瓦］国际劳工大会第 87 届会议：《体面的劳动》，国际劳工局 1999 年版。

[32] ［日］营野和夫：《劳动法》，日文原文，弘文堂书房 2005 年版。

意的当然内容。雇主违约,劳动者可借由民法请求雇主给付合乎劳动基准法的劳动条件,否则,可以拒绝提供劳务、解除劳动合同以及请求损害赔偿。该理论将强制性规范看作劳资私法合意的效力来源,雇主违反该义务则被推定过错,应当承担损害赔偿责任。[33] 日本学者营野和夫进一步明确区分劳动法与民法中的合意:只有当劳动契约的内容符合劳动基准法、集体协议和就业规则的基本原则并对劳动者有利的前提下,劳资个别合意才具有优先性。[34]

"间接第三人效力理论"是德国法律界发展出的理论进路:基于私法冲突中由于力量不对等,使其中一方实际丧失了意思自治的可能时,国家应承担保护其基本权利的义务,基本权利对劳动法的适用使得私人得以通过宪法权利保障获得对私权强权的防卫权。[35] 基本权利使雇主所负之公法上的义务同时直接转化为雇主对劳动者所负之劳动契约义务,雇主违约应承担债务不履行的法律责任。这使劳动者在雇主违反劳动保护义务时,不仅可依基本权利保护,主张损害赔偿,也可依债务不履行向雇主主张私法权利。[36]

(二)化解劳动关系善良风俗与私法自治冲突的制度安排

当善良风俗的法秩序与劳动关系的私法合意产生冲突时,应如何在劳动法制度框架内妥善化解冲突?以下就从我国《劳动合同法》实施中涉及"强制"与"自治"而备受争议的三个制度问题入手,通过制度与理论的东西镜鉴与中外比较,解释如何可能化解劳动关系的善良风俗与私法自治之间的矛盾,从而使其"自然"转化为劳资合意内容的制度安排。

1. 劳动合同书面形式的强制规范:合同自由与保护诚信的协调

由于17世纪之前,"general assumpsit"之诉的发展使非正式合同普遍具有了强制执行力,为了阻止那些"通常力图通过伪证或者收买作伪证的方法进行的欺诈行为",英国国会于1677年制定了《防止欺诈法》,将"自订立之日起一年内不能履行完毕的合同(一年合同,其中包括不能在一年内履行完毕的雇佣合同)"纳入合同形式强制范围内,要求其必须采取书面形式并由当事人签字,否则不得就该协议提

---

[33] 黄程贯:《劳动基准法之公法性质与私法转化》,载政治大学法学院、劳动法与社会中心编:《劳动、社会与法》,台北,元照出版有限公司2011年版,第3页。

[34] 营野先生是在论证民法中新型契约理论与劳动契约之分野时,将上述观点作为分析劳动契约不同于"关系的契约""组织的契约"以及"制度的契约"之独特趣旨的基础。参见[日]营野和夫:《劳动法》(第10版),日文原文,东京弘文堂株式会社2012年12月15日版,第85页。

[35] [德]雷蒙德·瓦尔特曼:《德国劳动法》,沈建峰译,法律出版社2014年版,第67页。

[36] 黄程贯:《劳动基准法之公法性质与私法转化》,载政治大学法学院、劳动法与社会法中心编:《劳动、社会与法》,台北,元照出版有限公司2011年版,第28页。

起诉讼。尽管该法在1954年被英国国会基本废止，但是，仍然在美国合同法中保留下来。[37] 然而，该法在司法适用中却不断被侵蚀，法院对于强制执行书面雇佣合同一直抱有审慎的态度，他们质疑书面合同的理由是：其不能很好地发挥证据功能，不能把重要的长期继续性合同与那些短期合同区分开来以及很难判断此类合同是否能在一年内履行完毕。因此，法院在判断雇佣合同是否应采取书面形式时，将裁量的尺度从“一年内不能履行完毕的雇佣合同”放宽到“一年内不可能履行完毕的雇佣合同”，即如能证明该合同不具备一年内履行完毕的客观可能性，那么就不强制要求以书面形式订立。[38]

尽管书面合同对维护交易诚信，尤其是在关系契约中防止欺诈具有一定作用，但是，合同形式自由已成共识。基于合同自由原则，我国台湾地区学者黄越钦主张劳动合同成立的“二阶段论”，认为劳动合同成立虽不以书面为要件，但只有当劳动者被纳入雇主的劳动组织，建立从属关系时才告完成。[39] 这就使劳动合同是以行为为允诺的合同，只要合理证明该行为（无论是提供劳务的行为，还是给付工资的行为）存在，那么对雇主滥用强势地位进行欺诈的担心就是多余的。例如，德国劳动法一般通过集体合同对劳动合同的形式作出规定，同时《联邦职业教育法》和《劳务派遣规制法》都赋予劳动者请求将某些实质性劳动合同条款书面化的权利，如果雇主违反这些规定，劳动者有权要求侵权损害赔偿。[40] 这种制度安排在权衡合同自由与合同诚信之间张弛有度，进退得宜。

反观我国《劳动合同法》第10条、第14条和第82条的规定：以双倍工资和强制订立无固定期限劳动合同来强制劳资双方订立书面合同，以立法排除当事人双方通过合意寻求救济，不但提高了维护诚信的成本，而且可能造成权利滥用。[41]

2. 滥用解雇权的禁止：雇佣自由与劳动者利益的权衡

依照解雇保护法的基本原理，雇主如果缺乏客观上合理之理由解雇劳动者，将因有悖于社会一般通行理念，构成权利滥用而无效。然而，实践中不少雇主利用过

---

[37] ［美］E. 艾伦·范斯沃思：《美国合同法》，葛云松、丁春艳译，中国政法大学出版社2004年版，第362页。

[38] ［美］E. 艾伦·范斯沃思：《美国合同法》，葛云松、丁春艳译，中国政法大学出版社2004年版，第124、380页。

[39] 黄越钦：《劳动法新论》，中国政法大学出版社2003年版，第140页。

[40] ［德］雷蒙德·瓦尔特曼：《德国劳动法》，沈建峰译，法律出版社2014年版。

[41] 《中华人民共和国劳动合同法实施条例》（2008年9月18日颁行）第5条和第6条中规定，如果劳动者在规定期限内不与用人单位签订书面劳动合同的，用人单位应书面通知劳动者终止劳动关系。该条有意防范劳动者滥用权利，故意不订书面劳动合同谋取不当利益。

苛之内部劳动规则,恶意解雇劳动者,侵害劳动者的权益。具体化解雇事由的立法概念,必须在劳动者人权利益和雇主解雇权之间进行合理权衡,使其既不危害劳动关系的善良风俗,又不会不当干涉雇佣自由。

美国法院凭借1877年"伍德规则"认定劳动合同可以任意终止,据此,雇主可以基于任何理由,甚至毫无理由地解雇劳动者,自由雇佣传统由此建立。[42] 然而,时至20世纪70年代,司法发展大大扩张了劳动者的权力并有力限制了雇佣自由,司法变革体现出的共识是:"完全的机会主义解雇是可诉的。"艾伦·彼得斯法官的判词清楚表达了这一共识的内涵:"如果前受雇人能够证明确实因为不合理的原因而遭到解雇,并且这种不合理的程度构成了对公共政策的严重违反,那么雇主应承担损害赔偿责任。"然而,很少有法官将该原则绝对化,从而使雇主仅仅因为无正当理由解雇就要承担责任,因此,美国法院一般不会将"恶意违约"规则延伸到劳动关系中。[43] 据此,美国法院发展出的限制自由解雇的审判规则只要求解雇不严重违反公共政策,以维护诚实信用的善良风俗,以此缓解解雇自由与善良风俗之间的冲突。德国《解雇保护法》以解雇的"社会正当性"概念作为规范解雇事由的基础,要求解雇员工必须基于其人身(如疾病等)、行为或者其他在企业中继续雇佣有悖重大经营需要。这是一个不确定的法律概念,概因实践中之解雇情形千差万别,立法漏洞需要通过判例来填补,德国最高法院大量判例发展出来的司法标准以"最后手段原则"、"预测原则"和"利益权衡原则"将"社会正当性"概念具体化为以下审判规则:雇主只有在穷尽继续雇佣的所有可能性后,判断该雇佣关系在未来无法继续,法官得在权衡解雇或者继续雇佣对劳资双方利益影响的正当性后,裁决解雇是否有效。[44] 与该等发达国家相比,我国相关立法也存在概念界定的法律漏洞,然而,我国司法实践没有形成维护劳动关系善良风俗与劳资自治之间合理权衡、理念一致的司法标准。

对于劳动者提供劳务之品质所引发的解雇,我国《劳动合同法》第26条第2款规定必须达到"不能胜任工作"的程度,立法本意是将其限定在劳动者客观上"学

---

[42] 刘志鹏:《论"劳工确不能胜任工作"》,载《劳动法理论与判决研究》,台北,元照出版有限公司2002年版,第139页。

[43] [美]E.艾伦·范斯沃思:《美国合同法》,葛云松、丁春艳译,中国政法大学出版社2004年版,第514页。

[44] [德]雷蒙德·瓦尔特曼:《德国劳动法》,沈建峰译,法律出版社2014年版,第264页。

识能力”不足并不是因为主观上“疏忽懈怠”，或者违反忠诚义务所致之事由。[45] 然而，实践中却常常存在滥用此项权利，以过于严苛的内部规则来达到恶意解雇劳动者的目的，如今在企业管理中盛行的“末位淘汰”即是典型事例。被“末位淘汰”的员工主观上并无疏忽懈怠，客观上也并非不能胜任工作，只是在与其他员工的业务竞争中“落败”，最多只能说明该员工的能力逊色于那些比他业绩好的员工，并不足以证明其不能胜任工作。被末位淘汰的劳动者需要技能提升和培训，但依照解雇保护制度一般通念，解雇一个合格但不优秀的员工是不合理的。以“劳动竞赛”方式提高劳动效率的企业管理模式由来已久，但是以此为由，解雇劳动者有滥用雇佣权利之嫌。幸运的是，最高人民法院发布的《全国民事审判工作会议纪要》(2015年4月征求意见稿)(以下简称《纪要》)第60条规定，用人单位不得以“竞争上岗”或“末位淘汰”为由解雇劳动者，否则将构成违法解雇，劳动者有权请求继续履行合同或支付赔偿金，但是，如果劳动者同意签署具有该等条款的劳动合同，则视为其放弃本条之救济。该规定既防止了雇主滥用解雇权，又为劳资自治留有余地，设计相当精巧，妥当处理了善良风俗与劳资自治之间的权衡问题，但这并不表示在同类型案件中业已形成理念一致的司法标准。

对于劳动者私生活以及业务外行为的惩戒权限制问题，我国法律并无明文规定，实践中不乏雇主不当干涉劳动者之私生活而解雇的事例。以深圳市罗湖区人民法院判决的“何某某与深圳市实业有限公司劳动争议案”为例，该案中何某某因违反计划生育政策被公司解雇，法院以何某的行为违反公共政策为由，认定解雇合法。[46] 此判决涉及雇主是否可以“超生”这种涉及劳动者私生活的行为为由，行使惩戒权的问题。国际劳工组织所推行的体面劳动政策，将工作与家庭的平衡作为促进就业和劳动保护的重要目标。对于劳动者私生活与惩戒权的关系问题的代表性观点认为：应当在保障劳动者优厚之私生活前提下，以劳动者应圆满遂行企业活动之义务为必要限度，不能以劳动合同来支配劳动者之私生活(菅野和夫)，只有当劳动者之行为相当程度地侵害了雇主业务上的利益、名誉与信用时，解雇才具有合

---

[45] 刘志鹏：《论“劳工确不能胜任工作”》，载《劳动法理论与判决研究》，台北，元照出版有限公司2002年版，第151页。

[46] 法院对该案的审判意见如下“计划生育是我国一项基本国策，任何人均有遵守的义务，原告在不符合计划生育政策的情况下生育二胎，其行为违反了法律规定，被告据此解除与原告之间劳动合同，符合法律规定，不构成违法解除劳动合同”，参见深圳市罗湖区人民法院民事判决书第(2014)深罗法民四(劳)初字第885号，载中国裁判文书网：http://www.court.gov.cn/zgcpwsw/gd/gdsszszjrxnfy/szsl_hqrmfy/ms/201412/t20141216_894524.htm，最后访问日期：2015年6月25日。

理性(下井隆史)。足以解雇的行为应当达到违反公共政策以致于影响企业之社会评价、信用评级或者工作秩序之维持等严重程度(荻尺青彦)。[47] 据此,该案中劳动者虽然违反了计划生育的公共政策,但此行为并没有严重到不解雇劳动者,将会危及用人单位的工作秩序或者其业务上的利益、名誉与信用。该判决权衡劳动者私生活与雇主惩戒权之间的合理性实有检讨空间。

上述两种司法意见在处理企业滥用解雇权的问题上态度迥异,体现出法院处理此类案件时,缺乏基于"善良风俗"之司法标准,当法律漏洞遇上"依法办事",常常出现违背劳动关系善良风俗的司法裁判。同样,那些在解雇权与劳动者权利之间妥当权衡的判决,由于缺乏善良风俗社会通念的支持,很难具体化为一般审判标准。

3. 劳动合同违约金的规制:择业自由与公平竞争的权衡

择业自由是劳动者的基本权利,由于劳动合同具有强烈的人身属性,强制执行劳务给付义务因有强迫劳动之嫌,违背劳动关系的善良风俗,而被原则性的禁止,因此,禁止要求劳动者支付辞职、离职违约金已经成为通例。然而,我国《劳动合同法》仍承认诸如竞业禁止、服务期违约金的合法性,但并未明确规定违约金的支付标准,致使实践中用人单位以高昂的违约金限制劳动者自由择业的现象层出不穷,有悖于劳动关系的善良风俗。

以成都市武侯区人民法院审理的"四川西蝉整形美容医院有限公司诉董某某劳动争议案"为例,法院针对原告请求被告依照劳动合同竞业禁止补充协议约定的违约责任,即上一年度平均工资的150倍计算违约金,共计5 430 950元人民币,作出裁决:由于董某某是低端的助理咨询师职务和较短的工作时间及原告未举证证明被告违约行为造成的实际损害等因素,参照双方约定的标准,酌定由被告按照其户籍所在地上一年度最低工资标准计算1年的违约金,共计10 560元人民币。[48] 此案中,法院不支持堪称"天价"的违约金诉求,改按劳动者居住地最低工资标准计算赔偿金,固然有效维护劳动者择业自由,但引发另一种风险:以最低工资标准排除竞业禁止违约金的合意,可能因大大降低劳动者的违约成本而使其有滥用权利,造成新的不公平竞争。法院之所以会陷入这种困境,是因为法官在处理具体案件时并不愿意对限制竞争的合同进行实质公平的审查,这一方面是因为现代对价理

[47] 刘志鹏:《雇主之人事管理权与劳工私生活之分际》,载《劳动法理论与判决研究》,台北,元照出版有限公司2002年版,第108页。

[48] 成都市武侯区人民法院第(2013)武侯民初字第5089号民事判决书。

论并不要求实质上的等价,另一方面限制离职后竞争所涉及的劳动者利益与雇主利益权衡缺乏行业内一致性标准,法官"造法",风险很大。[49] 由于我国行业性、地区性行业集体协商制度不全、机制不畅且效果不彰,很难形成违约金、补偿金等一般行业和地区标准,法官审理此类案件由于"无标准可依",选择适用法定的劳动标准恐怕也是一种无奈的"依法裁判"。

然而,当法院通过判决认可行业内的自治规范并将其作为判决依据时,便缓解了上述矛盾。海南省高级人民法院判决的"海南航空股份有限公司与张某劳动合同纠纷上诉案"(以下简称张某诉海南航空案)就是典型判例。与近些年多数民航飞行员跳槽的遭遇相同,张某作为海南航空付费培养的飞行员,由于合同约定服务期几乎是终身制,加之昂贵的培训费致使服务期违约金形同"天价"而跳槽无望。在此之前,多数类似案例中,法院均依据《劳动合同法》第 22 条的规定,以费用返还为原则支付违约金为由判令劳动者败诉。然而"张某诉海南航空案"的判决中,海南省高级人民法院没有援引《劳动合同法》第 22 条,转而援引经国务院同意并由最高人民法院转发的"五部委 104 号文件"以及民航总局民航发〔2006〕109 号文件的规定精神:原航空公司为培养飞行员所发生的费用,应由日后招用飞行员的航空公司与原航空公司主动协商支付,从而判令张某无须支付培养费,此问题由日后招用他的航空公司与海航公司协商解决。[50] 这是飞行员跳槽"零赔付"的典型判例。通过司法认可航空行业规范的法律效力来缓解《劳动合同法》服务期法定违约金与劳动者择业自由之间冲突的做法,突破了我国法定服务期违约金的限制,体现了司法判例在劳动法制度框架内协调善良风俗与私法自治之间良性互动的"桥梁"功能。

从以上三个问题的分析可见,与民法领域相同,劳动法制度框架内也存在"私法自治"与"善良风俗"之间的冲突现象。化解此等冲突,需要基于劳动关系善良风俗的社会共识,它有赖于劳动基准法、集体合同、司法判决以及行业性规范等多元法律机制予以协调。这就说明:我们需要一种灵活而开放的劳动法制框架,能够将劳动关系善良风俗的秩序道德内化于劳资私法自治的制度安排。在这样的劳动法框架内,基于私法自治的合意必须依赖劳动基准法与集体劳动关系法对劳动关系秩序的"矫正",基于私法自治的合意建立的劳动契约法与劳动基准法、集体劳动关系法以及劳动行政法等各种强制性规范一起构成了劳动法制度框架的"全体

[49] [美]E. 艾伦·范斯沃思:《美国合同法》,葛云松、丁春艳译,中国政法大学出版社 2004 年版,第 222 页。

[50] 海南省高级人民法院(2008)琼民一终字第 22 号民事判决书。

像”,并因符合该框架所建构的“劳动关系善良风俗”的法秩序而获得合法性。换言之,劳动法制度框架加之于劳资合意的强制性规范,不是压制劳资自由,而是保障劳资私法自治与劳动关系秩序相协调,从而实现劳动关系安定的规制目的。劳动法从不否认劳资之间的合意自由,但强调必须保证这种合意是在劳资力量对等前提下达成的,否则它不仅在劳动法秩序内无法获得法律效力,即使是在民法领域,也将因为违背“自主决定”的基本原则而无效。劳动法律体系框架不仅可为基于私法自治的合意提供合法性保障,又能提供协调其与善良风俗之间冲突的制度解决方案,因此,合意在劳动法制度框架内足以安身立命,只不过其所依据的制度基础与效力来源与民事关系中的合意不同,这体现了劳动法与民法的制度分野,但并不妨碍合意的一般规则在劳动法秩序许可的范围内得以适用,从这个角度考察,劳动法中的合意既有独特性,也具有普遍性。

从合意的角度分野劳动法与民法的立法例可见于日本。日本的劳动契约受到《劳动基准法》的长期规制,但是,2007 年日本颁布《劳动契约法》(2012 年修订),成为劳动关系规制缓和的转点。日本学者一般认为两部法律中劳动契约的概念并无不同,但是,仍然强调劳动契约是在劳资对等的前提下形成的合意。[51] 众所周知,日本劳动法体系中劳动基准法和集体劳动关系法占据主要地位,一直以来,对劳动标准的强制维护以祛除劳动关系的封建性为其宗旨并已经成为日本雇佣习惯。近年来,为经济发展之需有放松管制之趋纵,《劳动契约法》应运而生,但日本《劳动基准法》同时并行。在处理二者关系时,学者主张区分劳动契约法上的劳动契约规则与劳动基准法上的劳动契约规则。劳动契约法并没有推翻劳资对等决定劳动条件的前提,只是在此基础上,放宽了劳动合同成立时劳资个体合意的空间,准予在不违反劳资对等决定劳动条件原则的前提下适用民法规则。[52] 对于缓解劳动法强制性规范和劳动关系私法自治的冲突,除了前述各项途径之外,另一种更为简洁的路径是“豁免”,也称劳动法的适用除外,它是将某些主体排除在劳动法适用范围之外,或者在某些特殊情形下免除雇主承担劳动法责任和义务的规则。恰当地运用适用除外规则也可缓解私法自治与劳动标准之间的冲突,适用除外的劳动关系可由民法等其他法律规制。

然而,必须注意的是,日本劳动关系规制放松是建立在相当成熟的雇佣习惯,

---

[51] [日]菅野和夫:《劳动法》(第 10 版),弘文堂株式会社 2012 年版,第 85 页。

[52] [日]荒木尚志、[日]菅野和夫、[日]山川隆一:《详说劳动契约法》(第 2 版),弘文堂株式会社 2014 年版,第 82 页。

即具有现代意义的“劳动关系善良风俗”基础之上的，放松管制并不是否定既有的劳动法秩序，恰恰相反，正因为“善良风俗”已经成为习惯，放松管制不会引发劳资理性的丧失，反而能够平衡劳资利益。同样，在劳动关系“善良风俗”有完备制度保障的德国，劳动法才会被看作民法之特别法，但是，对于劳动关系善良风俗尚未形成或者缺乏制度性保障的转型国家，过早地实施劳动关系规制缓和是不明智的，也是不符合劳动法制发展的一般规律的。

四、合意在我国劳动法中的困境与前景

我国劳动法制体系在计划经济向社会主义市场经济转型中不断完善，并在相当长的历史时期内服务于企业改革劳动部《关于建立社会主义市场经济体制时期劳动体制改革总体设想》(1993 年 12 月 21 日发布，以下简称《总体设想》)，全面概括了当时劳动关系治理的基本思路——倡导发挥市场机制在劳动力资源开发利用和配置中的基础性作用，以劳动合同为基本方式建立劳动关系，通过劳动关系双方自我调节和政府适当干预来保持劳动关系稳定。它确立了合同自由与私法自治在我国劳动法制度体系中的核心地位，对劳动立法、司法与执法都影响深远并流传至今。该政策对当时打破计划经济桎梏，赋予雇佣劳动关系合法性功勋卓著，由此形成我国劳动关系“私法自治”的治理模式，其特点是：由劳资个体自由合意为基本驱动力，以合同自治作为规范劳资合意的法理基础，意图通过私法自治保障劳资信赖，从而形成稳定的劳动关系。[53] 然而，这种私法自治理念主导的劳动关系治理模式存在系统性的风险，因为其赖以生存的劳动秩序——“劳动关系的善良风俗”缺乏制度保障。劳动关系的善良风俗是劳动基准立法、集体劳动合同、司法裁判以劳动政策等多种制度共同构建的，在失去善良风俗的劳动关系秩序中贯彻私法自治对社会治理所带来的灾难性后果已为历史一再验证，但是，我国劳动立法体系中劳动基准、劳动监察和集体劳动关系立法都相当不完善。在缺乏“劳动关系善良风俗”制度基础的背景下出台的《劳动合同法》，杂糅了劳动政策一贯的私法自治理念以及应对长期缺乏善良风俗保障的劳动关系趋于不稳的实用性考量等，相互矛盾又未充分澄清的价值目标，为围绕《劳动合同法》展开的长期争议埋下隐患。

当前，我国劳动法学界形成两种代表性意见：一方面，有学者认为《劳动合同法》建立了以劳动基准和国家管制为特点的劳动关系规制模式，对通过合意的“劳

---

[53] 曹燕：《和谐劳动关系法律保障机制研究——对我国劳动法律制度功能的反思》，中国法制出版社 2008 年版，第 223 页。

资自治”,过度干预,不利于经济健康发展。[54] 这一观点与当今经济学界的主流观点高度契合。[55] 另一方面,亦有学者充分肯定《劳动合同法》中的强制性基准条款对劳动关系和谐稳定的价值和意义,并极力鼓吹在此基础上加大集体谈判和集体协商的力度,从而不断提升劳动条件,并认为这对提升中国经济品质意义深远。[56] 该等论争的理论出发点是一致的:将劳资私法自治与劳动法秩序相互对立,导致“管制”与“自治”之间孰优孰劣、孰是孰非的纷争不断。然而,从劳动法律制度整体框架和秩序特征考察,此类论争的理论出发点是错误的。

令人欣慰的是中共中央、国务院《关于构建和谐劳动关系的意见》(2015 年 3 月 21 日发布,以下简称《意见》)为重塑我国“劳动关系的善良风俗”提供了政策支持。《意见》强调:完善保障职工工资报酬、休息休假、劳动安全卫生等劳动条件保护立法,要求全面推进劳动保障监察网格化、网络化管理,实现监察执法向主动预防和统筹城乡转变。该等政策直面我国劳动法制框架的薄弱环节——劳动基准和劳动监察,将完善相关立法和制度建设,保障劳动者基本权益纳入政府责任范畴,将维护劳动关系和谐稳定的国家理性重新注入劳动法制框架,明确了公共政策和劳动立法在塑造劳动关系善良风俗中应当发挥的积极作用及其作为方式。同时,《意见》也强调,着力推进中小企业劳资双方就提高和维护劳动条件进行集体协商,推动在中小企业集中的地方建立区域性、行业性职工代表大会,完善企业职工民主管理制度,明确了加强集体协商等制度的实效性建设,不断改善职工工作条件对推进和谐劳动关系以及社会经济发展的促进作用。由此可见,与 20 世纪 90 年代《总体设想》不同的是《意见》正确把握劳动法的道德基础与劳资自治在劳动法律制度框架中的地位与功能,突出强调劳动关系道德基础的制度重塑,体现出对于重塑劳动关系“善良风俗”的政策远见和制度自信。这是在转型升级新常态下我国劳动关系治理的重大政策转型。尽管,实现该《意见》所勾勒的制度发展蓝图在未来相当长的时间内仍任重道远,但明确了劳动关系制度框架的道德基础之于劳动法治的重要性。《意见》所表达出的政策导向对我国劳动关系中的合意制度发展指明了方向:失去了善良风俗,劳资自治将无法自处。

---

[54] 董保华:《中国劳动关系的十字路口》,载《探索与争鸣》2011 年第 3 期。

[55] 《劳动合同法》颁行之初,张五常先生即在自己的博客上发文质疑《劳动合同法》,提出“劳动合同法养懒人”“中国劳动合同法中无固定期限劳动合同将搞垮中国经济”等观点。这集中表达了国内企业界对该法的基本看法。参见郑尚元:《〈劳动合同法〉的功能与制度价值分析》,载《深圳大学学报》(人文社会科学版)2008 年第 3 期。

[56] 常凯:《劳权保障与劳资双赢——劳动合同法论》,中国劳动社会保障出版社 2009 年版。

五、结论

劳动关系的“善良风俗”与劳资合意共同构成劳动法的整体框架，与民法合意基础不同的是，雇佣劳动关系“非正义”秩序导致善良风俗需要制度性的建构与矫正，这是“私法自治”在劳动关系中获得法律效力的基础。重塑劳动关系的“善良风俗”，实现体面劳动，需要完善的劳动保护制度，强有力的劳动监察，有效率的集体协议以及广泛而及时的社会对话与合作，实现这些目标，通常需要劳动基准制度、集体合同制度、司法裁判乃至劳工政策等多重制度不拘一格而又错落有致的搭配，如果要使私法自治在劳动关系治理中具有真实不虚的意义，需要构建一种能够将善良风俗转化为私法自治内容的巧妙的制度安排，在自成一体又动态发展的劳动法制度框架内，化解善良风俗与私法自治的冲突，形成内化于劳动法秩序，既“相克相生”又相辅相成的劳资合意制度。

当前，我国劳资合意面临的首要问题，不是应不应该“强制”，或者说“强制”的多与少的问题，而是如何通过制度重塑并落实劳动关系的善良风俗，这需要建立一种包括劳动立法、司法、执法乃至集体协议、劳动争议处理体系在内的动态开放的劳动法律制度框架，化解或者缓解劳动关系中私法自治与善良风俗之间可能存在的冲突，从而将劳动关系善良风俗的社会理念“自然”转化为劳资私法自治的内容。在尚未具备形成劳动关系善良风俗的制度基础之前，过早地放松对劳动关系的规制是违反劳动法发展一般规律的不明智举措。只有得到劳动关系道德基础的支撑，劳动法中的合意才有广阔的发展空间，由此既显现出劳动法与民法之重要分野，也使二者之间建立妥当联系成为可能。

意大利准从属性劳动制度剖析及其启示

王全兴[*]　粟　瑜

【摘　要】　在我国现阶段，灵活就业规模快速扩大，但归类于劳务关系亦即自治性劳动的灵活就业者，却不在劳动法保护范围内，且民法因固守于平等保护而不予倾斜保护。意大利劳动法中的准从属性劳动制度，是创设和完善于20世纪70年代以来、以自治性劳动中的准从属性劳动者为保护对象的特别法制度。它从未受到传统民法倾斜保护。基于因劳务提供者的契约弱势而需要人格保护和实质公平保障的价值取向，以“持续与协同的合作关系”为一般要件，筛选出自治性劳动的若干类型作为准从属性劳动给予分类倾斜保护。这是意大利劳动法适应后福特制社会和全球化浪潮的制度创新，即打破了对从属性劳动保护而对自治性劳动不保护的传统二元体系，劳动法转型为“那些劳动的法”，并推进私法的进一步社会化。受此启示，我国劳动法整体架构的发展方向应当是，适度拓宽劳动者保护的范围，细化并增多劳动者保护的分类，注重与民法社会化的同步协调；至于其中准从属性劳动者的保护，则可以将其定位于民法社会化的特别法制度，并将“确定保护理由→界定保护范围→配置保护措施→选择立法模式”作为准从属性劳动制度构建的重点。

【关键词】　意大利劳动法　准从属性劳动　自治性劳动　劳动法多元化

近年来，我国灵活就业规模快速扩大，成为经济社会发展中的新景观。从2006年起，每年灵活就业人员占城镇新增就业人数的比例都达到80%以上，至2013年年末，灵活就业总人数约2.2亿人，占城镇就业总人口的63.2%。[①]　尤其是“互联

---

* 上海财经大学法学院教授，中国社会法学研究会副会长。原文刊载于《法学杂志》2016年第10期。

① 薛惠元、仙蜜花：《灵活就业人员参加养老保险的制度选择》，载《保险研究》2015年第2期；李丽萍：《改革开放以来我国城镇非正规就业分析》，载《经济体制改革》2014年第6期。

网 +”时代的到来,“大众创业、万众创新”热潮的涌动,更成为加速灵活就业规模扩大的动力源。2014 年 2 月,我国就业促进会发布的《网络创业就业统计和社保研究项目报告》显示,全国仅网络创业带动的直接就业规模就接近 1000 万人,其中个人网店带动网络创业就业人数达 600 万。[②] 随着中共中央《关于制定国民经济和社会发展第十三个五年规划的建议》将“增强劳动力市场灵活性”列为要点,灵活就业的前景会更为广阔。

与灵活就业规模不断扩大且其劳动贡献不断增长相伴但不相称的是,我国劳动权益保护状况令人担忧。众所周知,传统产业和业态的灵活就业群体是农民工群体中的更弱群体。即使新兴产业和业态的灵活就业群体也不容乐观。有报告披露,42% 的个人网店店主、32.7% 的企业网店店主、75.6% 的个人网店员工、50% 以上的企业网店员工,没有参加任何社会保险。[③] 并且,“互联网 +”业态下的灵活就业者虽然有较高的工作自主性,但其整体工作时间却延长了,高强度工作压力、睡眠不足、日晒不足、饮食不规律、生物钟紊乱等都成为健康杀手,从业者猝死的消息近年来屡见报端。[④] 究其原因,固然是多方面的,而法律保护不足或缺失,肯定是关键原因。依现行立法和法理通说,灵活就业者归类于非典型劳动关系的,虽然应当由劳动法保护而立法却少有保护;归类于民事雇佣关系的,虽然应当由民法保护而立法却极少保护;归类于劳务关系亦即自治性劳动的,民法则因固守于平等保护传统而未给予倾斜保护。于是,劳务关系成为许多雇主首选的规避劳动法的避风港。那么,需要追问的是,对归类于劳务关系的灵活就业者,法律究竟应否保护,应当如何保护?

在作为西方先进工业国之一且被誉为“中小企业的王国”[⑤]的意大利,其劳动法恰恰在平衡劳动力市场的灵活性与安全性上积累了丰富的规制经验,“20 世纪 70 年代以来,倾向于铁板一块的劳动法逐步进化为新的、内部错综复杂的劳动法”。[⑥]尤其是其中的准从属性劳动制度,保护对象正相当于我国有保护需求而立法未予保护的劳务关系领域那类灵活就业者群体。因此,笔者对意大利的准从属

---

② 转引自欧志葵:《中国就业促进会报告:网店带动就业 600 万人》,载《南方日报》2014 年 2 月 24 日,第 A9 版。

③ 转引自欧志葵:《中国就业促进会报告:网店带动就业 600 万人》,载《南方日报》2014 年 2 月 24 日,第 A9 版。

④ 曾湘泉:《“互联网 +”对就业的“创造”和“毁灭”并存》,载《第一财经日报》2015 年 10 月 25 日,第 A3 版。

⑤ 袁锦林:《意大利中小企业的王国》,载《瞭望新闻周刊》1996 年第 45 期。

⑥ Riccardo Del Punta, Diritto del lavoro2, Milano, Giuffrè, 2008, p. 343.

性劳动制度展开分析,试图发掘对我国的启示。

一、意大利准从属性劳动制度的开端、规范渊源与学说争鸣

(一)准从属性劳动的开端与规范渊源

1942年《意大利民法典》为形式多样的劳务活动[⑦]确立了“从属性劳动(il lavoro subordinato)与自治性劳动(il lavoro autonomo)”二元体系。从属性劳动给付者是指,“基于报酬,通过依从于企业主并在其领导下给付自身体力或脑力劳动,而有义务在企业中合作的人”(第2094条);自治性劳动则涵盖了劳务合同、承揽合同、委任、代理合同等。这种二元体系决定了劳动法保护规范的设计与适用,[⑧]使从属性劳动成为“一扇掌管受保护世界入口的门”,[⑨]而自治性劳动则基本站在门外。

不过,1973年533号法律出台后,格局发生了变化。经由该项立法修改的《意大利民事诉讼法典》在第409条第3项将原为从属性劳动特别创设的“劳动诉讼”扩大适用于“代理关系、商业代表关系以及其他合作关系,这里的‘合作’具体表现为一种即便不具有从属性,但主要由本人完成的、持续与协同的工作给付”。[⑩] 故被统称为“持续与协同的合作关系”(la collaborazione coordinata e continuativa,Co. co. co,以下简称持续协同合作)。随后,在一系列法律法令中,都频频使用且不断细化这类特殊的合作关系,其意图是借鉴从属性劳动的保护措施与经验为合作劳务的提供者配置适当的倾斜保护。由此,劳动法保护规范在从属性劳动与自治性劳动之间“要么全有、要么全无”(tutto o niente)[⑪]的传统逻辑出现了明显松动。

20世纪70年代中期以后,正是在解读这类规范现象的过程中,意大利劳动法学提出了所谓“准从属性劳动”(il lavoro c. d. parasubordinato)范畴。

---

⑦ 即我国当下语境中的“劳动交换活动”。在现代汉语中,“劳务”是指不以实物形式而以劳动形式为他人提供某种效用的活动。参见中国社会科学院语言研究所编:《现代汉语词典》(第5版),商务印书馆2005年版,第816页。我国劳动法学界和实务界所使用的“劳务关系”概念和“劳动关系”概念,前者仅指自治性劳动,后者仅指从属性劳动。而在境外专业文献中,“劳务活动”一词均在劳动关系场合和劳务关系场合使用,相当于我国当下语境中的“劳动交换”概念,其中包括劳动活动和劳动结果的交换,也包括自治性劳动和从属性劳动的交换。

⑧ 在意大利法中,从属性劳动不只是一个学理概念,而是一个具有规范效力的法律概念;不只是民法典的规定,而是整个法律秩序的接纳。即便放眼整个西方劳动法,“在法律共振峰(Sacco)中,意大利法也是最先使用从属性术语的”(Luca Nogler,The concept of“subordination”in european and comparative law,University of Trento – Italy,2009,p. 26)。

⑨ M. Pedrazzoli,Democrazia industriale e subordinazione,Milano,Giuffré,1985,p. 35.

⑩ L. Ciafardini F. del Giudice F. lzzo,Codice del lavoro,X edizione,2009,p. 1000.

⑪ Riccardo Del Punta,Diritto del lavoro2,Milano,Giuffrè,2008,p. 307.

(二)准从属性劳动的学说争鸣

1. 整合理由的学说论争。作为准从属性劳动研究的先锋,Giuseppe Santoro Passarelli 教授通过反思20世纪60年代的社会与经济从属论(la subordinazione socio-economica),进而主张准从属性劳动的整合理由是合作中劳务提供者的契约弱势(la debolezza contrattuale),立法筛选出那些合作关系是因为当事人契约力量的不平衡。[12] "不平衡既是承认准从属性劳动者受保护身份的理由,又服务于是否将某一特定关系归入《意大利民事诉讼法典》第409条第3项界定的领域。"[13]即契约弱势既用于说明"法律为何也倾斜保护那些合作关系(准从属性劳动)",还用于操作"法律如何认定那些合作关系(准从属性劳动)"。

大部分的学说[14]并不赞同将准从属性劳动归结为契约弱势,而认为,既然以那些合作关系作为制定法参照的样本,法律法令规定的要件,即没有从属性约束,持续性、协同性和给付大多由本人实施,才是立法创设新实例的概念基础。Marcello Pedrazzoli 教授曾言,"没有不平等或屈从,新的程序规范(《意大利民事诉讼法典》第409条第3项)就不能适用,这种推论在统计学上或许是成立的,但在类型学上则是不成立的"。[15] 所以,那些自由职业者或者公司管理者,虽然很难归入弱势缔约者群体,但他们建立的合作关系只要符合以上要件,仍然可以适用劳动诉讼的保护。[16]

2. 概念定位的学说论争。关于准从属性劳动的概念定位,Passarelli 教授认为是对二元体系的超越。因为划分从属性劳动与自治性劳动,其仍然固守于他人指挥命令、组织纳入等法律形式分析,而认定准从属性则必须证明契约弱势,本质上这是对合作关系前法律的社会与经济前提的证明。基于这种构成要件上的新视角,准从属性劳动是超越从属性劳动与自治性劳动的新类型。

就像反对契约弱势理论一样,大部分学说也不接受 Passarelli 教授的体系超越

---

⑫ Giuseppe Santoro Passarelli 教授有关准从属性劳动的理论阐述,参见 Santoro—Passarelli, Il lavoro《parasubordinato》, Milano, 1979; Id., Chiose sulla parasubordinazione, in Pedrazzoli(a cura di), Lavoro subordinato e dintorni, Bologna, 1989。

⑬ P. Tesauro, La nozione di parasubordinazione, in dottrina e giurisprudenza di diritto del lavoro, a cura di Gino Giugni, Torino, UTET, 1993, p. 146.

⑭ 代表性论文参见 Pedrazzoli, Prestazione d' opera e parasubordinazione, Riv. it. dir. lav., 1984, I; Ghezzi, I rapporti di diritto privato soggetti al nuovo rito del lavoro, Riv. giur. lav., 1974, I。

⑮ Pedrazzoli, Prestazione d' opera e parasubordinazione, Riv. it. dir. lav., 1984, I, p. 509.

⑯ P. Tesauro, La nozione di parasubordinazione, in dottrina e giurisprudenza di diritto del lavoro, a cura di Gino Giugni, Torino, UTET, 1993, p. 147.

论。基于立法已明示“没有从属性约束”以及列举的代理关系和商业代表等实例,这些学说将准从属性劳动归入自治性劳动。不过,与民法典中“那种没有其他阐述的自治性劳动(il lavoro autonomo senza altre specificazioni)”[17]所不同的是,准从属劳动还必须具有持续性、协同性以及给付大多由本人实施的特征,这种与从属性劳动的相似性支撑了保护措施的配置。

3. 理论共识的总结。经过激烈的论争,最终的理论共识可概括如下内容:第一,较之从属性劳动与自治性劳动,准从属性劳动不是制定法上的概念,而是劳动法学者通过解读一系列法律法令规定,以高度的理论共识为基础建构的学说法范畴。第二,契约弱势虽然不作为准从属性劳动的整合理由与构成要件,却是倾斜保护的价值依据。“无论如何,劳动诉讼改革的政治意图在于平衡那些合作关系中一方当事人的不利地位,而‘不利’本身并不是新的法律范畴的构成性指征……契约弱势表示的是法律植根的基质,但不能将其作为辨识准从属性的要素。”[18]由此就出现了一种解构:在司法中,准从属性劳动的构成要件并不要求契约弱势,而只需法律法令规定的技术要件;但就立法意图而言,对准从属性劳动的倾斜保护,则以平衡契约弱势、追求实质平等为依归。第三,准从属性劳动与从属性劳动有近似点,但在法律上属于自治性劳动,“准从属性的自治劳动”(il lavoro autonomo parasubordinato)[19]是谓通说。第四,准从属性劳动在自治性劳动中是一种“类合同”意义上的概念。代理合同虽然是其典型,但事实上,所有的自治性劳动(劳务合同、承揽合同、委任等)只要符合法定要件,均可归入准从属性劳动范畴。

二、意大利准从属性劳动制度的构成与演变

意大利准从属性劳动制度以533号法律为开端、一系列立法实践为后续,有一个逐渐丰富、完善、修正的过程,而根据法定类型与保护规范的变动,该制度化过程可大致分为两个阶段。

(一)统一构成要件并单一归类阶段:持续协同合作

如前所述,准从属性劳动的首个法定类型(规范原型)是《意大利民事诉讼法典》第409条第3项规定的持续协同合作,以不拥有企业组织的代理人为典型,且自由职业者或专业人士基于劳务合同、承揽合同等其他自治性劳动给付(如企业的

---

[17] Riccardo Del Punta, Diritto del lavoro2, Milano, Giuffrè, 2008, p. 327.

[18] P. Tesauro, La nozione di parasubordinazione, in dottrina e giurisprudenza di diritto del lavoro, a cura di Gino Giugni, Torino, UTET, 1993, p. 148.

[19] Antonio Vallebona, Istituzioni di diritto del lavoro(II il rapporto di lavoro) 6, Cedam, 2008, p. 15.

法律顾问),只要具备以下要件,也可认定为准从属性劳动,适用相关保护。

1. 构成要件:持续性 + 协同性 + 给付的高度人格性。在持续协同合作中,"持续性"(la continuità)是其背离一般自治性劳动、接近从属性劳动的首个行为特征。民法典对代理合同的定义(第 1742 条第 1 款)就明确要求:代理人"稳定地"在特定区域内为被代理人推动那些合同的订立,被代理人向其支付报酬。"根据大部分的司法裁判,当工作给付不是完全偶然与即时的,而是在不定期的或非常长的时间内延续,含有重复给付,持续性要件即成立。"[20]问题是"稳定地""非偶然的""不定期的或非常长的时间内"这些术语仍然比较模糊。事实上,判断的关键点在于对劳务受领方利益的分析,即该利益是取决于合作劳务的延续性,还是在劳务成果达成时便宣告完全满足。例如,一般的委任,委托人的利益实现在于受托人为其完成一个或多个法律行为;而代理合同中,被代理人的利益不仅在于代理人推动单笔合同缔结的成功率,而且受制于关系(合作)的延续性。

至于协同性要件(la coordinazione),似乎是性质认定的难点。因为"在从属性中,合作是他人领导式的;在准从属性中,合作是协同式的"。[21] "协同性要件指的是合作者与委托人的经济活动之间的功能关联(un collegamento funzionale)。……为了成为与他人活动相协同的劳务,合作者的给付应当指向他人生产目标的达成。即是说,合作者的劳务活动必须工具性地和功能性地与委托人开展的活动相关,以致该劳务活动与委托人的生产组织相关,使其几乎代表了生产过程的某个环节或工具。"[22]例如,销售代理人推动被代理人产品或服务销售合同订立的活动,于被代理人而言,具有工具性,是其自身生产经营活动的一个环节。但是,与从属性劳动的领导式合作不同,在准从属性劳动的协同式合作中,合作者能够自主地决定履行的方式、时间与地点,或者当委托人要求履行给付时,能够协商确定自己的安排。[23]法律上,销售代理人有权自主决定如何推动被代理人产品与服务的销售;而从属性劳动中则相反,被代理人所雇用的销售人员必须服从被代理人统一的安排。

持续性与协同性一般存在互动关系,"持续"往往基于"协同","协同"也需要

---

[20] P. Tesauro, La nozione di parasubordinazione, in dottrina e giurisprudenza di diritto del lavoro, a cura di Gino Giugni, Torino, UTET, 1993, p. 150.

[21] Riccardo Del Punta, Diritto del lavoro2, Milano, Giuffrè, 2008, p. 329.

[22] P. Tesauro, La nozione di parasubordinazione, in dottrina e giurisprudenza di diritto del lavoro, a cura di Gino Giugni, Torino, UTET, 1993, pp. 155 – 156.

[23] P. Tesauro, La nozione di parasubordinazione, in dottrina e giurisprudenza di diritto del lavoro, a cura di Gino Giugni, Torino, UTET, 1993, p. 155.

"持续",所以"在学说中,给付的高度人格性(la preva－lente personalità)被视为决定要素,但在司法实践中需要作辨别性解释。……从属性劳动给付的人格性在于劳动者的人格牵连卷入劳动给付中,即给付主体的不可替换性;而准从属性劳动的高度人格性只强调合作者的活动比其他要素更为重要"。[24] 起初,最高法院提出两条标准,一是比较"合作者的劳务与财产因素(资本)",例如,代理人在其自有场所给付工作,这被视为资本占优,认为不构成给付的高度人格性,否定其准从属性劳动者身份。[25] 二是比较"合作者的劳务与其可能有的雇员的劳动活动",如代理人与12名再代理人合作,被排除了给付的高度人格性。[26] "现在,资本投资在企业主的活动中发挥的作用越来越重要,加之劳动的高度机械化,特定活动所要求的设备的高技术性,若还是完全从量的角度理解合作者给付的高度人格性,将限制劳动诉讼程序的适用。"[27]于是,给付的高度人格性应考虑合作者劳务在生产组织管理中发挥的作用,例如,某公立医院与一名自有妇产诊所的医生订立了一份长期的劳务合同,由该诊所为医院转诊的病人提供医疗服务,若根据早期的标准,基于医生自有工作诊所,该劳务合同只能认定为一般的自治性劳动;而基于现行的标准,则进一步考察医生本人在协调、监督以及控制诊所运转中的重要程度,只要转诊活动离不开医生的组织管理,该劳务合同就可以被认定为持续协同合作;反之,则仍然是一般的自治性劳动。[28]

值得强调的是,与劳动合同(从属性劳动)的性质认定一样,判断持续协同合作(准从属性劳动)并不取决于合同形式约定,而是合作关系的具体展开方式。[29] 委托人是不是合作者唯一的服务对象,这或许反映契约弱势,但不是认定持续协同合作的构成要件。[30]

2. 保护规范。就持续协同合作而言,保护规范的设计经历了一个不断丰富的过程,但中心思想都在于借鉴从属性劳动的保护措施与经验为合作劳务的提供者配置适当的倾斜保护。

---

[24] P. Tesauro, La nozione di parasubordinazione, in dottrina e giurisprudenza di diritto del lavoro, a cura di Gino Giugni, Torino, UTET, 1993, p. 158.

[25] Cass., 19－5－1976, n. 1795, Foro. It., 1976, I, 1466.

[26] Cass., 24－6－1976, n. 2370, Rep. Foro. It., 1976, 77.

[27] Menchini, Rapporti di parasubordinazione di cui all' art. 409 n. 3 c. p. c, Riv. trim. dir. proc. civ., 1983, p. 556.

[28] P. Roma, 27－1－1975. Riv. giur. lav., 1975, Ⅱ, 849.

[29] Cass., 26－10－1990, n. 10382, MGL, 1991, suppl., 3.

[30] Antonio Vallebona, Istituzioni di diritto del lavoro(II il rapporto di lavoro) 6, Cedam, 2008, p. 17.

如前所述,533 号法律修改了《意大利民事诉讼法典》第 409 条,使持续协同合作者(准从属性劳动)与从属性劳动者享有相同的程序保障。同时,它还修改了 1942 年《意大利民法典》第 2113 条,明确规定:在持续协同合作中,如果法律与集体协定对合作劳务给付者的权利作出了相对不可违背性的规定(disposizioni inderogabili),合作双方就不能解除这些规定,合作劳务者也不得单方放弃这些权利。事实上,作为持续协同合作的典型代表,意大利的商业代理人与被代理人在行业内长期保持着集体谈判的传统,也缔结了大量的集体协定。修改后的第 2113 条将这类准从属性劳动者的集体协定与从属性劳动者的集体合同赋予了相同的法律效力,其意义不亚于诉讼程序的改革。

不过,533 号法律颁布以后的 20 余年里,似乎丧失了进一步设计保护规范的热情。直到 20 世纪 90 年代,经由 1991 年 303 号法令以及 1999 年 65 号法令,民法典中有关代理合同的规定出现了大幅修改,加大了对代理人的保护,措施则极为接近对从属性劳动者的保护。例如,第 1751 条规定了代理关系解除时的补偿费;第 1750 条规定了除非有正当理由,否则解除某一期限未定的代理合同,双方都要按照法律规定的期限预先通知对方;第 1751 条还规定了竞业禁止的问题,期限不得超两年,代理人有权获得非佣金性质的赔偿金;第 2751 条规定就最后一年的佣金以及关系解除的补偿费,代理人对被代理人的动产享有先取特权。值得注意的是,20 世纪 90 年代这批保护规范仅适用于代理合同。

此外,在持续协同合作与从属性劳动之间,不断增长的平等诉求还出现在社会保障法层面。第一,建立了针对代理人和商业代表人的养老与工伤事故保险。意大利设有商业代表和代理人国家互助机构即全国社会保障局商人特别管理处,代理人必须在此登记,委托人则要为代理人在此互助机构的社会保障基金处登记,并缴纳社会保障基金,委托人与代理人各负担一半。该互助机构负责代理人的退休金、工龄补贴、工伤事故保险金的支付。第二,对于其他一般的持续协同合作者,建立了由全国社会保障局管理的强制养老保险、职业病与意外事故强制保险。以养老保险为例,这种强制性的缴纳额度为合作者总报酬的 25%,2/3 由委托人负担,1/3 由合作者负担。

(二)增加构成要件(项目)并进一步类型化阶段:项目劳动 + 特定非项目式持续协同合作

1. 持续协同合作制度的改革。原持续协同合作制度的保护规范,基本集中在代理关系与商业代表关系,而对以其他自治性劳动为基础的持续协同合作(如长期与同一定作人合作的家庭代工),其保护措施则相当有限。例如,合作者不享有假期、疾病救助、关系终止待遇,完全的解除自由也缺乏就业稳定之保障。由此,很多企业主为逃避从属性劳动的保护而选择通过持续协同合作将生产组织大量地外部化,准从属性劳动的数量有持续增长的趋势。为应对持续协同合作的泛滥,2003年276号法令建立了项目劳动(il lavoro a progetto)制度,立法者试图将持续协同合作进一步类型化,进而更有针对性地提高保护水平。自此,准从属性劳动出现了子类型、保护措施、保护力度的内部分化。依276号法令,改革后准从属性劳动制度的基本体系如表1所示。

表1　改革后准从属性劳动制度的基本体系

<table>
<tr><td>类型</td><td colspan="2">项目劳动(项目式持续协同合作)</td><td>特定非项目式持续协同合作</td></tr>
<tr><td>构成要件</td><td colspan="2">持续性+协同性+
给付的高度人格性+项目</td><td>持续性+协同性+
给付的高度人格性</td></tr>
<tr><td rowspan="2">适用范围</td><td>私人部门</td><td>除右侧单元罗列的四类人可建立非项目式持续协同合作外,其余任何人都只能以项目劳动的方式建立持续协同合作</td><td>1. 代理人与商业代表人;2. 列入特殊名册从事脑力劳动的专业人士;3. 公司监事与管理人员;4. 享受养老金待遇的老年人</td></tr>
<tr><td>公共部门</td><td>除右侧单元罗列的三类岗位可建立非项目式的持续协同合作外,公共部门在其余任何岗位都只能以项目劳动的方式建立持续协同合作</td><td>1. 季节性的岗位;2. 期限不超过3个月的临时性岗位;3. 因本机构女性工作人员生育而替代性用工</td></tr>
</table>

由表1可知,为进一步细化制度边界以提高整体保护水平,立法者一方面增设了项目要件,在原持续协同合作中划分出项目劳动以备保护水平的提高;另一方面,将非项目式的持续协同合作作为例外,仅允许在特定情形下存在并维持原有的保护水平。例如,代理人与商业代表人作为准从属性劳动的规范原型,已单独享有一套比较全面的保障;至于特定的专业人士、公司监事与管理人员以及享受养老待遇的老年人,要么具有相对较强的议价能力,要么已经享有基本保障,其以劳务合同、委任合同进入持续协同合作,保障最为基本的诉讼、集体协定以及部分社会保险也就够了。

2. 构成要件。与原持续协同合作一样,项目劳动也是一种"类合同"意义上的概念,只要构成要件齐备,劳务合同、承揽合同、委任合同等自治性劳动皆可成立项目劳动。

作为一类特别的持续协同合作,项目劳动在构成要件上除了持续性、协同性和给付的高度人格性,还必须具备“项目”要件,即它应当指向“一个或多个由委托人确定的,而由合作者自主管理的劳动项目或者方案,或者该项目、方案的某一阶段”。“项目”(progetti)可以与“企业的主要或辅助性活动”相关,[31]例如,企业(委托人)决定将某种产品的市场调研与咨询委托给某位专业人士(合作者),又或者企业决定将办公场所的保洁维护委托给他人,这些都属于所谓的劳动项目;“方案(programmi)或阶段(fase)”则在于“生产一种仅仅是部分性的成果,从最终成果的角度看,该成果将由其他部分性的成果和加工来补充”,[32]例如,企业(委托人)决定将某一产品的零部件生产委托给某位技术人士(合作者),又或者企业决定将某一产品的装配环节委托给他人。项目也好,方案与阶段也罢,始终保持着概念的开放性,并不一定是具有独创性、构思性的专业活动,即使专业程度不高也并不妨碍。事实上,立法最重要的要求是:委托人与合作者必须以书面方式明确项目、方案或阶段所指的活动内容及其给付期限(276 号法令第 62 条第 1 款)。

3. 保护规范。不仅之前为持续协同合作所规定的保护仍然适用于项目劳动,还增加了如下保护措施:其一,自 276 号法令颁布后,除符合前文所述之特殊情形,任何自治性劳动一旦具有持续性、协同性和给付的高度人格性,就必须采用项目劳动的方式,以书面形式明确项目及其期限,否则该自治性劳动将转化为无固定期限从属性劳动(276 号法令第 69 条第 1 款)。其二,与从属性劳动者的报酬权类似,项目劳动者有权获得与其劳动的质量与数量相符的报酬。对此,法官享有评估权,但要考虑类似自治性劳动的正常报酬以及相关的集体合同规定(276 号法令第 63 条)。其三,项目劳动者出现疾病和意外事故,关系中止(而非终止),但没有报酬且期限不予延长,当中止超过合同期限的 1/6,委托人有权解除合同(276 号法令第 66 条第 1、2 款);项目劳动者如果怀孕,关系同样中止,虽没有报酬,但合同期限延长 180 日(276 号法令第 66 条第 1、3 款)。其四,如果项目劳动者在委托人的场地给付工作,其有权享有那些为从属性劳动者设立的健康与安全保护(276 号法令第 66 条第 4 款)。其五,项目劳动提前解除必须像解除定期从属性劳动关系一样基于正当理由,或者按照合同约定的预先期限通知之后,才能解除。

三、意大利准从属性劳动制度的评析与启示

(一)准从属性劳动制度的评析:劳动者保护的扩张与劳动法的多元化

时至今日,准从属性劳动制度在意大利劳动法中已走过 40 余年的历史,整个

---

[31] Antonio Vallebona, Istituzioni di diritto del lavoro(Ⅱ il rapporto di lavoro) 6, Cedam, 2008, p. 29.

[32] Antonio Vallebona, Istituzioni di diritto del lavoro(Ⅱ il rapporto di lavoro) 6, Cedam, 2008, p. 29.

制度化进程可资评析的内容是丰富且厚重的,这里主要从准从属性劳动与劳动法的整体互动中评析其历史意义。

在准从属性劳动范畴产生之前,所谓"就传统而言,劳动法不是全部劳动者的法,而是从属性劳动者的法"。[33] 不过,面对极富弹性的立法定义(1942 年《意大利民法典》第 2094 条),大部分的学说和司法裁判始终秉持传统的解释立场,排斥社会与经济从属论,接纳技术与组织从属论,概念指征被相对一致地归结为"受他人领导和纳入他人的经营组织"两项要素。这种"狭义的法律从属性概念"[34]坚持内涵的归纳与指征的提炼都必须源于对交换中当事人行为本身的分析,而不考虑那些个案差异极大的、前法律的社会与经济因素。意大利于 20 世纪 50 年代正式进入工业社会,其福特资本主义的社会现实也基本支撑了"所有的从属性劳动者且仅仅从属性劳动者才需要保护"的理论。[35]

至于保护措施的配置,意大利法从一开始就考虑了从属性劳动的多样性。1942 年民法典明确区分"企业中的从属性劳动"(企业雇主)与"特殊关系中的从属性劳动"(非企业雇主)。随后,经过 20 世纪 60 年代劳动立法的高速发展,企业中的从属性劳动基本形成了一套刚性的、内部结构单一的保护模式,即以成年男性为规范原型,全日制无固定期限劳动合同,且配有解雇保护以及完备的社会保障。企业中适用这套保护规范的从属性劳动也被称为"从属性劳动的标准模式"(modello standard);[36]相反,企业中不完全适用这套保护规范的从属性劳动(如固定期限劳动合同)以及家政劳动等非企业雇主的从属性劳动则属于"非典型形式"(forme atipiche)。[37] 标准模式不仅在数量上占优,而且一直是劳动立法关注的重点。

不过,从 20 世纪 70 年代开始,随着经济全球化的不断加深和信息网络技术的广泛应用,企业的外部经营环境出现了重大而深刻的变化,传统的高度一体化的生产组织方式难以适应市场的变化与发展,为了抓住快速变化的市场机会,企业往往通过战略联盟、供应链管理、分包制和虚拟制造等网络化合作组织以提高资源的外部整合能力。与福特制相比较,"持续创新 + 柔性制造"和"专业化 + 网络化"是后

---

[33] Riccardo Del Punta, Diritto del lavoro2, Milano, Giuffrè, 2008, p. 307.

[34] Lorenzo Gaeta, Teorie e metodologie della subordinazione, in dottrina e giurisprudenza di diritto del lavoro, a cura di Gino Giugni, Torino, UTET, 1993, p. 6.

[35] Antonio Vallebona, Istituzioni di diritto del lavoro(Ⅱ il rapporto di lavoro) 6, Cedam, 2008, pp. 23 – 24.

[36] Riccardo Del Punta, Diritto del lavoro2, Milano, Giuffrè, 2008, p. 342.

[37] Riccardo Del Punta, Diritto del lavoro2, Milano, Giuffrè, 2008, p. 343.

福特制的两个基本特征。[38] 为了应对后福特制的到来，意大利劳动法遵循如下两条路径开始了多元化转型：

一是非典型的从属性劳动或者复兴（如固定期限劳动合同），或者被创造出来（如非全日制劳动合同）。所谓“在企业的全日制、无固定期限的从属性劳动旁边，一系列立法者认为应予以规范的灵活性（但同样属于从属性）的合同形式得以推广”。[39]但这种规范分层并未打破仅从属性劳动者才需要保护的劳动法基本逻辑，只不过不再“一刀切”式地保护。

二是准从属性劳动制度的建立。在此，立法者对后福特制下劳动力市场的权力变化作出了更为细致的观察。在企业组织外部，各种所谓的合作者虽然自有生产资料，但基于各种原因较之委托人、定作人等劳动债权人却处于议价能力缺乏的契约弱势地位，尤其当合作者只有一家服务对象时。由此，并不是“只有”从属性劳动者才需要保护，部分自治性劳动者在一定条件下也具有相当强烈的保护诉求。准从属性劳动制度的产生恰恰顺应了保护措施的重新分配，客观上还能缓和个案中关系性质认定的压力。当从属性在个案中不是那么确定时，法官不再顾虑“要么全部保护、要么没有保护”的艰难选择，将其归于准从属性这一中间地带，就可根据立法者以及集体自治的评估给予恰当保护。[40]

自此，意大利劳动法出现了明显的多元化趋势，“我们的学科不再将企业中的、全日制的、无固定期限的从属性劳动作为唯一的参考。相反，所参考的是劳动的那些关系的多样化，既包括从属性的，也包括非从属性的”。[41] 正如 Passarelli 教授所言，今日的意大利劳动法应当从“劳动法”（diritto del lavoro）更名为“那些劳动的法”（diritto dei lavori）。[42] 此变化可归纳如图 1 所示：

---

[38] 刘刚等：《后福特制：当代资本主义经济新的发展阶段》，中国财政经济出版社 2010 年版，第 2～3 页。

[39] Giuseppe Santoro—pasarelli, Diritto dei lavori3, Torino, G. Giappichelli editore, 2009, p. 3.

[40] Antonio Vallebona, Istituzioni di diritto del lavoro（ II il rapporto di lavoro） 6, Cedam, 2008, p. 24.

[41] Giuseppe Santoro—pasarelli, Diritto dei lavori3, Torino, G. Giappichelli editore, 2009, p. 3.

[42] Giuseppe Santoro—pasarelli, Diritto dei lavori3, Torino, G. Giappichelli editore, 2009, p. 15.

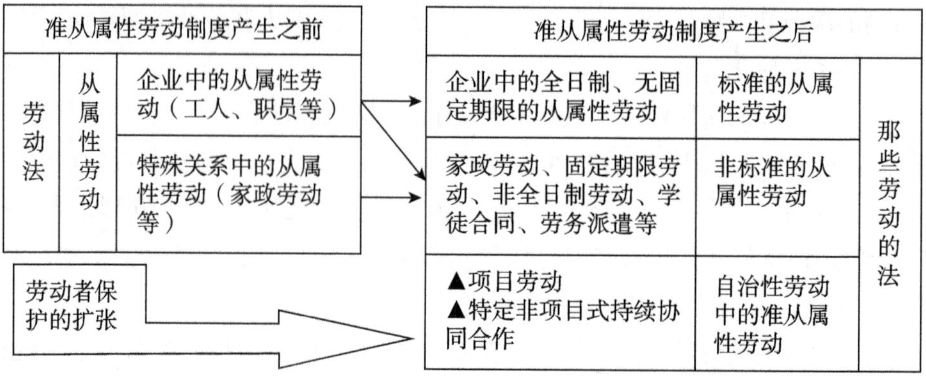

图1

对劳动者保护的扩张与劳动法的多元化转型,还可作另一种视角的理解,即私法社会化。前文所述533号法律和303号、65号法令对民法典的修改,其一再表明,伴随着后福特制的到来,面对经营和生产组织的演变以及服务业的崛起,民法通过吸收劳动法学的研究成果,补充、完善部分自治性劳动的具体规则,从而实现准从属性劳动的法律化,这一度被视为劳动法对民法及其教义学演变的重要贡献之一。[43]

(二)准从属性劳动制度的启示

回到我国劳动法的现实语境,从准从属性劳动所透视的意大利劳动法的历史演变中,可以反思我国劳动法基本架构存在的问题及其解决方向;从准从属性劳动的制度设计中,可以探索我国对灵活就业中部分自营和独立就业者的保护问题。

1. 我国劳动法基本架构的问题及其解决方向。如前所述,意大利劳动法通过创设并完善准从属性劳动制度,实现了劳动者保护的扩张与劳动法的多元化,以应对后福特制下生产组织方式、生产力体系、劳动力市场结构等因素的变化与挑战。

反观我国,虽然自改革开放以来劳动法领域发生了根本性转型,即由计划经济体制下具有公法属性的劳动法(政策)转变为市场经济体制下具有社会法属性的劳动法,但作为工业化、城镇化、市场化进程中的劳动法,其基本架构还是定位于传统劳动法。如表2所示。

[43] Luigi Mengoni, L' influenza del diritto del lavoro sul diritto civile, in il contratto di lavoro, a cura di Mario Napoli, Milano, Vita e Pensiero, 2004, p. 68.

表 2

<table>
<tr><td></td><td colspan="4">劳动类型</td><td colspan="2">法律调整</td></tr>
<tr><td rowspan="5">劳动交换</td><td rowspan="3">从属性劳动</td><td rowspan="2">用人单位劳动关系</td><td>一般形态</td><td>▲无固定期限劳动合同
▲固定期限劳动合同
▲以完成一定工作为期限劳动合同</td><td>由一般法调整,且为立法主要内容</td><td rowspan="2">劳动法</td></tr>
<tr><td>特殊形态</td><td>▲非全日制用工
▲劳动派遣
▲其他特殊形态</td><td>由特别法调整,但立法重视不够</td></tr>
<tr><td>民事雇用关系</td><td colspan="2">▲自然人雇主雇用关系
▲超退休年龄劳动者雇用关系
▲其他民事雇用关系</td><td colspan="2">民法调整,
但立法缺失</td></tr>
<tr><td rowspan="2">自治性劳动</td><td rowspan="2">劳务关系</td><td colspan="2">准从属性劳动</td><td colspan="2" rowspan="2">民法调整,且有相关立法,但对准从属性劳动无劳动者保护立法</td></tr>
<tr><td colspan="2">一般自治性劳动</td></tr>
</table>

表 2 表明,我国劳动法虽然定位于传统劳动法,但较之以工业社会和成熟市场经济为背景的西方国家传统劳动法(如意大利准从属性劳动制度产生之前的劳动法),尚有欠缺。第一,劳动法保护的范围只限于以用人单位为雇主的劳动关系,未包括其他从属性劳动(如民事雇佣关系),更不可能扩及自治性劳动中的准从属性劳动。第二,劳动法主要着力于规范劳动关系一般形态,甚至将无固定期限劳动合同、固定期限劳动合同、以完成一定工作为期限劳动合同都作为标准劳动关系统一规范,对劳动关系特殊形态仅有非全日制用工、劳务派遣的规范,而对其他特殊形态的承认与规范则明显不够。

表 2 还表明,我国劳动法较之以后工业社会和全球化为背景的西方国家现代劳动法(如意大利准从属性劳动制度产生之后的"那些劳动的法"),欠缺主要在于:对劳动法未予顾及的劳动者,本应由民法社会化弥补,但民事雇佣关系和准从属性劳动的保护问题迄今未纳入现行民事立法的视野。

于是我国现行劳动法,一方面未能满足因工业化和城镇化未完成、市场经济体制未成熟而带来的农民工保护的需要,例如,非典型劳动关系和劳务关系成了一些用人单位规避劳动法的惯用手段;另一方面未能对信息化、全球化进程中与新经济伴生的劳动领域新形态、新现象有足够的关照,例如,对新技术、新产业、新业态所带来的灵活用工(就业)现象,立法中少有反映。

我国处于工业化、城镇化加速,且与市场化、信息化、全球化重叠的发展阶段,劳动领域既面临着因工业化、城镇化和市场化未完全到位而出现的带有农民工歧视性质的灵活用工滥用问题;又面临着信息化进程中新技术、新产业、新业态所引发的就业形式多元化、灵活就业规模持续扩大的问题;同时全球化对这两类问题有放大和催化的作用。在此背景下,我国可从意大利劳动法的历史演变中得到的方向性启示是:

第一,拓宽劳动者保护的范围。现行劳动法只是部分从属性劳动的保护法,保护范围过窄。借鉴意大利劳动法保护范围不断扩宽的经验,基于我国就业形式的多元化趋势,劳动者的保护范围不但应当扩展到全部从属性劳动,而且应当扩展到自治性劳动中的准从属性劳动,尤其是将劳动者保护的阳光普照到新技术、新产业、新业态中的准从属性劳动者身上。

第二,细化并增多劳动者保护的分类。随着劳动者保护范围的拓宽,保护对象的类型必然增多,保护手段与保护对象的匹配必然多元,这在意大利劳动法的发展史中已有体现。鉴于我国现行劳动法多"一刀切式"保护、少分类保护的教训,在标准劳动关系的保护手段之外,针对非典型劳动关系、准从属性劳动,分别创设保护力度与其各自特殊需求对称的保护措施,实行量身定做式的特别保护。这也是拓宽劳动者保护范围的可行性条件。

第三,注重民法社会化的同步配套。意大利"那些劳动的法",在一定意义上也是劳动法推动民法社会化的产物。对劳动者的劳动法保护与民法特别法保护,在理念和价值取向上是一致的。在我国,对于民事雇用关系和准从属性劳动,加快民法社会化的进程,将劳动者保护的理念融入相关的民事制度和民法规范,使之与劳动法相互衔接和渗透,更利于对劳动者的全面保护、分类保护和适度保护。

2. 我国准从属性劳动制度的建构思路。主要体现在以下方面:

(1)保护理由。为什么要在自治性劳动中筛选出需要倾斜保护的劳动者群体,修正劳动关系(保护)与劳务关系(不保护)二元体系,形成准从属性劳动制度。意大利法的价值依据是准从属性劳动者的契约弱势。

很显然,契约弱势也应当作为我国构建准从属性劳动制度的首要理由。从我国当下部分劳务关系的现实状况来看,尽管形式上它们属于平等关系,但很多时候已明显兼有事实上的不平等属性。例如,企业生产方式由内部组织扩展到外部网络,导致业务或项目委托或外包给个人,这类劳务关系本质上是企业通过网络化整合外部资源的手段,不但缔约中主要的交易条件由劳务受领方即企业决定,而且通过订单控制,它还能高度影响劳务给付过程。以家庭作坊的代工为例,珠三角地区的出口代工企业长期以承揽方式将服装、玩具、电子产品的生产交由家庭作坊(一般由农民工在工厂附近的出租屋中建立,以下简称租户赶货)。较之代工企业(定作人),这类家庭作坊就业者的契约弱势十分明显;“赶货工的劳动强度要比厂内工人高,同时还可以动员家庭劳动力从事一些辅助性工作。然而,赶货工完全依靠订单,一旦没有订单或者生病、回家都没有任何收入,没有任何福利和保障。”[44]可见,在这类劳务关系中,虽然劳务提供者形式上是独立主体,实质上仍依附于资本,或者说形式上的契约自治难以掩盖实质上的契约独裁。对此现象,传统的承揽合同规范仅集中解决产品的风险分配问题,基本没有涉及承揽人(代工者)的保护问题。因此,在依其平等属性予以民法调整的同时,还需要依其不平等属性给劳务提供者以倾斜保护。

给劳务关系中的准从属性劳动者以倾斜保护,将相对缩小准从属性劳动与从属性劳动(尤其是非典型劳动关系)之间的保护水平(用工成本)差距。这既可以抑制雇主利用劳务关系规避劳动法的冲动,也可以减少劳动者对灵活就业形式自由选择时的担心;对裁判者而言,在疑难案件处理中,也可以减轻劳动关系与劳务关系难以辨别时的压力,有利于引导当事人达成和解或调解。值得指出的是,对准从属性劳动者的倾斜保护,契约弱势固然是重要理由,但仍不充分。从我国灵活就业形式日益增多、灵活就业群体不断扩大的经济社会背景看,倾斜保护的正当性理由更在于公共利益维度,或者说更在于经济社会发展的需要。无论是缘于工业化、城镇化、市场化进程中农民工问题的灵活就业,还是基于信息化、后工业社会因素的灵活就业,都需要通过保护灵活就业者的合法权益来促进和支撑传统经济和新经济的健康和持续发展,维护社会的和谐稳定。然而,在灵活就业中,准从属性劳动者群体呈现规模日益扩大、占比不断提高的趋势,仅靠劳动法调整非典型劳动关系,显然作用范围越来越小。在此意义上,建立准从属劳动制度,保护处于劳务关系中的灵活就业者,其必要性日益强烈与急迫。

(2)保护范围和构成要件。劳务关系中的灵活就业者既有自营就业者,如家庭作坊代工;也有独立就业者,如保洁钟点工、法律顾问。基于上述保护理由,纳入准从属性劳动制度的应当限于处于契约弱势的自营或独立就业者。意大利法的经验是,契约弱势虽然是准从属性劳动的本质属性,却不是构成要件,还需选择足以承载契约弱势的客观指征作为构成要件,并以构成要件的差异作为准从属性劳动类

---

[44] 黄岩:《工厂外的赶工游戏:以珠三角地区的赶货生产为例》,载《社会学研究》2012 年第 4 期。

型化的标准。由此,我国也应当设定若干可客观把握的构成要件,以界定准从属性劳动制度所保护的范围。

第一,必须是自治性劳动,或者说不构成从属性劳动。这里有两个层次的区分:其一,不同于灵活就业中的从属性劳动。鉴于我国立法对劳动关系认定设有主体的身份限制,如完全排除自然人雇主、部分排除双重雇主、限制超过法定退休年龄劳动者资格等,导致部分灵活就业,如受雇于居民的家庭保姆、受雇于个体工匠的学徒、全日制劳动者的兼职就业、退休人员的返聘劳动等,虽然从行为特征上完全具有从属性劳动的实质标志,即"劳动力由他人使用→人身关系→劳动组织关系→组织从属性",[45]但无法纳入劳动关系及其保护体系。对于这类灵活就业者,应恢复其劳动法上的劳动者身份,作为非典型或特殊劳动关系予以保护;或者作为民事雇佣关系,由民法专设特别法予以保护,但不应当归入准从属性劳动。其二,不同于隐蔽的劳动关系中的从属性劳动者。在实践中,某些用人单位为逃避劳动法义务,形式上建立劳务关系,实际上却是以劳动关系运作,例如,挂靠经营模式下的出租车司机,虽然与出租车公司建立承包经营关系,但司机必须遵守公司的管理制度和纪律,公司则对司机负有管理监督的职责,并负责对其进行交通法规和安全等方面的培训,车辆外观也必须显示公司的名称、标志符号等。这就不宜归入准从属性劳动。

第二,必须是持续和协同的劳务合作关系。对劳务市场上的劳务关系而言,契约弱势一般难以避免。准从属性劳动者的契约弱势之所以值得特别重视,是因为这种劳务合作具有持续性和协同性。相对而言,一时性或一次性劳务关系中的契约弱势一般无须立法者特别关注,对持续性的契约弱势法律才有必要特别关照。协同性即劳务提供者虽然处于劳务受领者组织之外,但其提供的劳务构成劳务受领者生产经营体系的一个部分或目标实现过程的一个环节,从而具有其外部生产经营网络单元的功能。而在协同性条件下的契约弱势,才具有相对固定性和稳定性,较之零散的不稳定的契约弱势才值得法律特别关照。再从劳务受领者的利益目标而言,其利益的满足不完全在于所给付的劳务成果本身,而在于劳务给付的持续性和协同性。因此,不具有持续性和协同性的劳务关系,不应纳入准从属性劳动。

第三,必须具有职业性。与从属性劳动一样,准从属性劳动也必须是作为谋生手段的职业劳动。强调此要件的意义在于确立倾斜保护的伦理价值基础。"在给

---

[45] 王全兴:《劳动法》(第3版),法律出版社2008年版,第30页。

付劳务时，从行为的最初起，一直到最后止，劳务构成劳动者生活的一部分。劳动者的义务涉及的是他的人（being），而非他的财产（having）。”[46]“这种涉及人之存在的合同义务较之财产义务有一种更高的道德境界。”[47]也就是说，这种劳务关系与劳动关系一样，一旦议价能力严重失衡，将直接损害劳动者的生存基础和人格发展，对其法律调整需要以分配正义与实质平等为价值追求。综上所述，基于准从属性劳动者的契约弱势，为保障其生存基础和人格发展，应当以劳务活动的自治性、持续性、协同性和职业性作为准从属性劳动的构成要件。

（3）保护措施。基于准从属性劳动的多样性，其保护措施的配置尤为复杂。意大利法对准从属性劳动的保护规范的设计保持着高度的谨慎。借鉴其经验，我国在立法中应当重视下述要点：

第一，虽然可以仿效从属性劳动的保护方法，但不宜将从属性劳动尤其是标准劳动关系的保护措施复制于准从属性劳动。准从属性劳动毕竟属于自治性劳动，考虑其灵活性和契约性强于从属性劳动，就保护的力度而言，对准从属性劳动的保护可以适当低于从属性劳动；就保护规则的刚性而言，对准从属性劳动的保护可以弱于从属性劳动。当然，从属性劳动中的灵活就业与准从属性劳动比较而言，保护水平可以大致相当或相同，以便于劳动者对诸多灵活就业形式、雇主对诸多灵活用工形式的自由选择。

第二，准从属性劳动的保护应当突出重点，不宜面面俱到。前已述及，意大利法对准从属性劳动的保护措施，包括集体协定、稳定代理关系、劳动报酬、劳动安全健康、社会保险、特别诉讼规则等要点，内容较多，这是长期立法积累的结果。而我国准从属性劳动制度尚待起步，应当从现实中准从属性劳动者群体突出的问题、急迫的需求开始，着手设置保护措施，待条件逐步成熟再相继增加保护内容。例如，家庭作坊代工的安全健康、社会保险、劳动报酬基准、权利救济渠道等问题，应当列为起步阶段的立法重点。

第三，针对准从属性劳动的不同类型实行分类保护。意大利法的经验是，准从属性劳动的类型化呈现开放性，并且，对不同类型的准从属性劳动，既设置通用的保护措施，又设置专门的保护措施。我国正处在改革和转型期，灵活就业形式日新

---

[46] Lotmar, Der Arbeitsvertrag nach dem Privatrecht des deutschen Reiches, I, Leipzig, 1902, 7. 转引自 Luca Nogler, The concept of“subordination”in european and comparative law, University of Trento—Italy, 2009, p. 27。

[47] Lotmar, Der Arbeitsvertrag nach dem Privatrecht des deutschen Reiches, I, Leipzig, 1902, 8. 转引自 Luca Nogler, The concept of“subordination”in european and comparative law, University of Trento—Italy, 2009, p. 36。

月异,对准从属性劳动的分类保护,除了项目式与非项目式的准从属性劳动分类外,还应当特别重视传统产业和业态与新兴产业和业态、低中端劳动者与高端劳动者这两种准从属性劳动分类。对于这些不同的准从属性劳动类型,其政策目标和保护措施的选择应当有所差异。例如,近年来流行于许多劳动密集型行业的家庭作坊代工,如果代工的产业化程度高、区域集中、单个代工者间互动程度高,就可以鼓励代工者与企业就承揽关系的各个关键环节展开集体协商,缔结集体协议,既满足了企业的灵活用工需求,也有利于生产组织的稳定,还有利于区域产业竞争力的提升。

(4)立法模式。意大利准从属性劳动制度,作为以问题为导向的长期动态立法积累的产物,作为劳动法与民法交叉的特别法制度,其立法模式上尤其值得我国借鉴的特点:一是准从属性劳动范畴本身并未作为制定法术语出现,立法只是具体规定其类型。二是分散立法与综合立法结合,即既有劳动立法,也有民事立法;既有法典规定,也有单项立法规定。此外,我国的特殊问题还在于,准从属性劳动制度的部门法归属决定着立法模式的选择。尽管关于其是归属于劳动法还是归属于民法的问题尚待讨论,不过笔者认为,鉴于劳动法的调整范围连本属于从属性劳动的民事雇佣关系也未纳入、民法对民事雇佣关系又处于立法缺失的现状,若主张将准从属性劳动制度归属于劳动法,显然过于超前;若将其定位于民法社会化的特别法制度,则较为妥当。

基于上述认识,我国立法应当走动态、灵活的民法社会化道路,尤其要注重下述要点:一是分散立法,并逐步立法,即选择实践中保护需求强烈且条件相对成熟的特定准从属性劳动类型,于相关单项立法中规定;且随着经济社会发展和立法进程,逐步增加新的法定类型并配置相应的保护措施。二是民事立法为主,劳动立法辅助,即在相关民事立法就特定准从属劳动类型的构成要件和保护措施作出规定的同时,相关劳动立法也作出配套规定。例如,劳动报酬基准、劳动安全健康基准如何有条件地扩展适用于特定准从属性劳动的问题;准从属性劳动作为灵活就业形式如何纳入人力资源市场管理和公共就业服务范围的问题。三是在将要制定的《民法典》和未来修改的《劳动法》中,就准从属性劳动的保护问题作出原则性规定,或者留有余地或切口的规定,以便与单项立法衔接。

网络信息化对劳动者权益的影响及其应对

——基于美国的立法与实践考察

喻术红*

【摘　要】 当今社会已经步入电子化时代,计算机网络信息系统影响到我们生活的方方面面,在劳动关系领域也不例外。在互联网带来便捷的同时,也引发了不少的劳动问题,如员工隐私保护问题,员工言论自由问题,员工劳动报酬权实现的方式问题,等等。通过对美国相关实践的考察,针对我国现实中或者将来可能存在的问题进行剖析,未雨绸缪,期望给有关部门提供有益的建议。

【关键词】 信息化　劳动问题　劳动者保护

当今社会计算机网络信息系统已经深刻影响到我们生活的方方面面。在劳动关系领域也不例外,人们只要动动鼠标,就可以找到大量的信息。一些雇主发现计算机网络给他们的用工管理带来了便捷。通过网络,他们可以招聘员工,监督雇员;当雇主通过电子工资单(支付)系统,将工资直接存入雇员的银行账户时,那个在发薪日将工资发到雇员手上的时代在不久的将来会成为遥远的记忆。[①] 信息技术的广泛运用,已经影响劳动关系领域,特别是给实现劳动者权益带来便捷的同时,也会造成不利影响。劳动法必须跟上时代发展脉络,应对信息技术发展引发的劳动问题。

---

* 武汉大学法学院教授,中国社会法学研究会常务理事。原文刊载于《四川大学学报》(哲学社会科学版)2016 年第 6 期。

① Diane L. Prucino and Katherine S. Birmingham, "Direct Deposit: May Employers Require Electronic Wage Payment?" *Employment Relations Today*, Vol. 32, No. 1, spring 2005, p. 75.

一、工资支付方式的改变—Direct deposit

目前,通过电子支付方式支付员工工资已经是一种普遍的做法。在美国,随着越来越多的州允许雇主使用电子支付存根,工资单可能在不久的将来完全变成无纸化,其中,最典型的形式是 Direct deposit,即将工资直接存入雇员的银行账户(以下叙述为方便起见,直接在文中使用 Direct deposit)。统计数据显示美国超过 80% 员工规模在 100 人以上的公司向他们的员工支付工资时采用 Direct deposit。在接受将工资直接存入雇员的银行账户服务的员工中,97% 的人表示非常满意。② 这种支付方式快捷、便利、节约成本,但同时也会引发一些问题:雇主能否单方面要求员工接受通过 Direct deposit 发放工资?采取 Direct deposit 方式,是否需要征得员工同意?员工不同意时,雇主能否以此为由解雇员工?使用 Direct deposit 产生的额外费用是否由员工负担?

在美国,联邦调整 Direct deposit 的法律主要有两部:《电子资金划拨法》(Electronic Funds Transfer Act)和《联邦储备委员会条例》(Federal Reserve Board Regulation)。其中,《电子资金划拨法》第 1693e 条规定:"雇主从雇员账户划拨资金之前,必须确保事先得到雇员书面的授权。"与将工资直接存入雇员的银行账户做法相关的是,如果雇主在发工资时无意中多支付了一些数额到雇员账户中,而雇主想把多支出给雇员的钱从雇员账户中找回时,前款规定适用于工资 Direct Deposit。雇主得到雇员的书面授权从雇员的账户划拨资金时,必须给雇员提供转账凭证的复印件。联邦《电子资金划拨法》第 1693k 条规定:"雇主不得把要求雇员在某个特殊的金融机构开设账户作为就业的条件。"值得注意的是,第 1693k 条并不阻止雇主要求员工使用 Direct deposit,它只是阻止雇主要求员工使用某一个特殊的银行或者信用机构来接受那些资金。③

在美国州层面上,大多数州允许通过 Direct deposit 来支付工资,并没有哪一个州明确禁止使用 Direct deposit。然而,那些强调将工资直接存入雇员的银行账户的大多数州,要求雇主需得到雇员关于同意通过 Direct deposit 支付工资的书面同意。不少州进一步限制 Direct deposit 的使用,限定只有雇员接受电子划拨工资不会承担额外费用时雇主才可以使用 Direct deposit 。

此外,一些州还设立了旨在保护不愿意通过 Direct deposit 将工资直接存入其银行账户的雇员和求职者的法律。这些法律防止雇主解雇某一个雇员或者拒绝雇

---

② Prucino and Birmingham,"Direct Deposit :May Employers require Electronic Wage Payment?",p. 75.

③ Prucino and Birmingham,"Direct Deposit :May Employers require Electronic Wage Payment?",p. 76.

佣某个求职者,原因仅仅在于他们拒绝接受通过 Direct deposit 发放工资。如佛罗里达州规定,雇员如果因拒绝接受雇主把工资直接打入其银行账户的做法而被解雇,可以将此行为作为其提起民事诉讼的理由。一个在亚利桑那州的雇主,如果他拒绝雇佣一个求职者或者解雇某个雇员,仅仅因为他们不愿意使用 Direct deposit,那么这种行为将构成轻微的刑事犯罪,并面临罚款。

尽管绝大多数州没有规定因为拒绝参加雇主的直接将工资打进雇员银行账户的项目而被解雇,雇员可以以此为由提起诉讼,但是不少要求得到雇员个人对 Direct deposit 同意的州警告说,这种同意必须是出自个人真实意愿而不是因为强制或担心报复。④

总之,美国联邦法律并不禁止雇主使用 Direct deposit 来支付工资,但是禁止雇主要求雇员在特殊的金融机构开设账户作为就业的条件。

如今 Direct deposit 已经非常广泛地成为工资支付的手段。大多数州法律允许雇主使用 Direct deposit,但是支付之前需征得雇员的书面授权;不少州限定使用 Direct deposit 时,不得让雇员承担额外的费用;不得将拒绝使用 Direct deposit 作为解雇员工或者拒绝雇佣某个求职者的理由。有些州还规定:除得到雇员书面授权外,存入员工工资的金融机构也必须由雇员选定(如亚利桑那、加利福尼亚、科罗拉多、威斯康星等州)。在亚利桑那州,对于违反 Direct deposit 法律规定的会处以罚款,个别情况下可能招致轻微刑事犯罪的指控。⑤

在我国,《劳动法》确立了工资基本制度。其中,第 47 条规定:“用人单位根据本单位的生产经营特点和经济效益,依法自主确定本单位的工资分配方式和工资水平。”这是用人单位工资分配自主权的确立。当然用人单位工资分配自主权的行使,不得违反法律的规定,如必须以法定货币支付,不得低于当地最低工资标准,不得克扣或者无故拖欠劳动者工资等。除此之外,用人单位可以决定工资分配方式,如采取劳动者直接领取还是委托银行代发的方式。如果采取委托银行代发方式,是符合《工资支付暂行规定》第 6 条第 2 款规定的。这就是我国采取 Direct deposit 的合法依据。那么问题就在于:(1)劳动者是否可以选择银行?(2)劳动者是否可以拒绝银行代发工资方式?(3)如果劳动者拒绝银行代发工资,用人单位能否作为解雇劳动者的理由?

既然我国现有法律并不禁止通过银行代发工资,那么用人单位选择通过银行

---

④ Prucino and Birmingham,“Direct Deposit :May Employers require Electronic Wage Payment?”,p.77.

⑤ Prucino and Birmingham,“Direct Deposit :May Employers require Electronic Wage Payment?”,p.76.

发放工资的行为并不违反法律规定。只是可能涉及用人单位选择的银行与劳动者希望的银行不一致的问题,用人单位选择的某家银行,可能对部分劳动者带来不方便。那么,在这种情况下应当允许劳动者选择某家银行作为代发其工资的银行。因为工资问题,涉及劳动者的劳动报酬权的实现,属于涉及劳动者切身利益的事项。具体办法是,既可以通过集体谈判来就工资发放问题达成一致,也可以在用人单位制定规章制度时征求劳动者的意见。对于愿意通过银行发放但是希望由自己选择的银行代为发放的,应该支持。主要理由在于以便利劳动者为原则。这样一来,用人单位如果仅仅因为某一个劳动者拒绝通过银行来发放工资而将其解雇,那么解雇是无效的。

还需指出的是,通过银行代发工资,是否需要征得劳动者同意?美国不少州要求得到雇员的授权。我国《工资支付暂行规定》第6条第2款只是规定,“用人单位可以委托银行代发工资”,这种规定只是授权性规定,并非强行性规定。对于不愿意通过银行代发工资或者不接受用人单位指定银行的如何处理?解决办法如下:第一,在签订劳动合同时规定工资支付条款(包括支付方式),劳动者无异议的,劳动合同就是授权的书面凭证。第二,集体就工资发放方式充分协商,规定用人单位可以选择银行,也可以由劳动者自行提供其选择的银行账户。但是,如果是由用人单位指定某家银行作为工资发放银行,由此引发的额外费用,不得由劳动者承担。第三,在制定用人单位规章制度时,就工资发放问题征求劳动者的意见,如果有少部分劳动者持有异议的,可以不采取银行代发的方式或者改由他们提供其自行选择的银行账户。对于不愿意通过银行发放工资的个别劳动者,可以保留他们的意见,采取由劳动者直接领取方式。理由有三:其一,虽说银行代发工资是大势所趋,但我国幅员辽阔,用人单位形态复杂,有大企业,也有中小企业、微小企业甚至个体工商户,特别是部分落后地区,用人单位管理方式落后,规模小的用人单位特别是个体老板往往选择直接支付的方式,劳动者也愿意采取这种方式。强制采取银行代发,不符合我国国情。其二,《工资支付暂行规定》虽然规定用人单位可以通过银行代发工资,但是同时第6条第3款也规定:“用人单位必须书面记录支付劳动者工资的数额、时间、领取者的姓名以及签字,并保存两年以上备查。用人单位在支付工资时应向劳动者提供一份其个人的工资清单。”这种规定显然是针对用人单位直接发放工资的情形。因为如果通过银行代发工资,领取者的签字是留在发工资的银行而不是用人单位。其三,即使在经济发达地区,仍然有不少劳动者(包括部分农民工、年龄大的劳动者)由于个人偏好,愿意接受直接发放工资方式,要改变这种习惯,使之适应信息社会发展还需要一个过程。因此,对待这部分劳动者,不宜操之过急。要尊重他们选择工资发放的形式,不得仅仅因为他们不愿意接受银行代发工资而将其解雇,否则,解雇无效。

二、雇主通过社交网站监督管理员工问题

(一)问题的提出

2012 年 3 月,美联社报道的涉及雇主进入求职者或者在职员工的非公开的 Facebook 账号事件,在美国引起不小的轰动。尽管这次事件影响的广泛程度到底多大仍不清楚,但是人们对它的反应是毫无疑问的。雇员、求职者、民权组织、社交网站和立法者都已表达了对此行为的集体愤怒。作为对此行为的回应,马里兰州已经颁布了限制雇主此类行为的立法;在加利福尼亚州和伊利诺伊州,议会已经关注该行为,而且,该种行为可能还违反了当地关于网络隐私的法律。媒体已经向受到各种不利影响的个人进行了核实。例如,在马里兰州,一个狱警休假后进行复职面试,中介告诉他需要他的 Facebook 登录信息,以便能够监视帮派关系。他勉强答应了,但是随后把这件事报告给了美国民权自由联盟组织。另外一个例子是,纽约的一个统计员寻找新工作,面试时被问及品性问题,面试官随后试图进入被面试者的 Facebook 界面时发现界面设定为私密空间而无法进入,就要求该求职者提供进入的信息,遭到他的拒绝,面试者随后撤回了求职申请。⑥

在美国,一个由 CareerBuilder 安排的调查显示,有 37% 的雇主通过 Facebook 预筛选申请人。员工们经常被警告说如果他们想要保护隐私,就不要在公共社交网站上发表言论。然而,有些雇主想得到一些信息,他们挖掘公共信息,希望进入那些个人严格限制进入的领域。这些雇主通常采取的策略是:采集个人登录信息或者让雇员登录以便雇主查看账户;其他雇主则要求员工个人加入朋友圈成为那些从事人事管理工作人员的“好友”,等等。不管雇主采取何种手段进入求职者的社交网站账户,在美国现有法律体制下,已建构了实质性的隐私保护制度,能够追究雇主的有关法律责任。⑦

(二)美国法律对该问题的态度

前文所提到的狱警曾经为马里兰公共安全和矫正服务部工作,复职面试后,他

---

⑥ William C. Martucci and Russell J. Sharkland, “New Laws Prohibiting Employers from Requiring Employees to Provide Access to Social - networking Sites”, *Employment relations Today*, Vol. 39, No. 2, 2012, p. 79.

⑦ Martucci and Sharkland, “New Laws Prohibiting Employers from Requiring Employees to Provide Access to Social - networking Sites”, p. 80.

联系了ACLU,一个专门抵制该类事件的组织。尽管马里兰州公共安全和矫正部暂停了Facebook登录信息收集政策,但是大量的公众情绪被唤醒,推动了马里兰州关于这个问题的964号众议院法案的通过。[⑧] 有意思的是,该法案并没有专门使用"社会媒体"或"社交网站"这个术语。取而代之的是,它规定雇主不可以要求雇员或者求职者公开任何用户名、密码,或者通过电子交流设备方式进入个人账户或者服务器。它禁止雇主解雇或者惩罚某个雇员仅仅因为该雇员拒绝公开上述信息。同样,它还禁止雇主拒绝雇佣某个申请者,原因仅在于该申请者拒绝公开其登录信息。马里兰州4号众议院法案最终于2012年5月2日被州长签署,成为法律。

在加利福尼亚州,1844号法案于2012年5月10日在州议会获得通过,并于同年9月27日由州长签署生效。相关规定是,雇主不应要求或者请求雇员或者求职者从事下列行为:(1)基于登录个人社交媒体的目的,要求雇员公开用户名和密码;(2)要求雇员在雇主面前登录个人社交媒体账户;(3)泄露任何个人的社交媒体信息。

该法案将社交网站的定义扩大到不但包括特定的服务如Facebook,My Space或者Linked In,而且包含了"任何用户可以创设、分享和评论用户创立的内容的电子媒介,包括上传或下载视频、照片、博客、视频博客、播客、实时讯息或者在线社交网站内容"。该定义可以解释为包括许多其他在线服务,诸如Flickr、Google Chat和YouTube。

类似立法还有伊利诺伊州的议会3782号法案。该法案规定:雇主要求任何雇员或者求职者提供密码或者相关账户信息以便进入该雇员或者求职者的社交网站上的账户或者档案;或者以任何方式要求进入雇员或者求职者的社交网站上的账户或者档案的行为都是非法的。该法案将社交网站定义为:允许个人创立文档以及与他们分享信息的用户名单,评论与他们保持联系的人的信息,建立在网络基础上的服务。该法案特地将E-mail从社交网站的定义中排除。该法案也有一些在前面提及的立法中没有出现过的表述,它明确雇主可保有管理工厂电子设备的政策。这意味着雇主可以限制雇员进入(工厂电子设备)网络、E-mail和社交网站,

---

⑧ Martucci and Sharkland,"New Laws Prohibiting Employers from requiring Employees to Provide Access to Social-networking Sites",p.80.

雇主可以监控他们的电子设备和 E – mail 系统的使用。[9]

在美国联邦层面,2012 年 5 月 9 日美国参议院已提议制定《密码保护法案》。该联邦法案设定了一种不同的方法控制雇主的行为。它不是纠缠在诸如“社交网络”这种短语上,而是采用禁止的方式来保护计算机,包括私人用户信息存储的在线服务器。除了社交网络,该法案的定义还包括电子邮件账户、在线游戏服务、云计算以及在线数据存储等。[10] 该法案将不禁止雇主要求雇员提供相关信息。然而,它将禁止雇主以做出有关雇佣、晋升或者终止就业为目的的决定而强迫个人授权其接近那些信息。同样的,该法案将那些因为拒绝授权雇主接触这些信息而解雇、惩罚或者歧视雇员的行为视为违法。与伊利诺伊州法令一样,2012 年的密码保护法案也打算为雇主提供一些保护,为雇主保留一些权利,诸如限制在办公室使用社交网络,为雇主拥有的设备设置政策、采取行动来保护知识产权、商业秘密和属于机密的商业信息等。

(三)可能引发的雇主责任

在美国,对于雇主强行要求雇员或者求职者提供个人登录信息,以便雇主进入社交网站的行为,可能违反联邦法律,产生法律责任。《存储信息通讯法》(*the Stored Communication Act*)或者《计算机欺诈和滥用法》(*the Computer Fraud and Abuse Act*)对此类行为都有涉及。规制该种行为的关键在于是否“授权”? 雇主往往争辩说他们接受雇员或者求职者/申请人的登录信息,是出于雇员或者求职者的自愿;相反,反对意见则认为雇员提供自己的登录信息不是自愿而是出于雇主的压力,雇主的压力就是强制、胁迫。最后,联邦法庭支持了强制理论(Coercion theory)。[11] 在 Pietryloet al. v. Hillstone restaurant Group d/b/a/ Houstons 案中,饭店雇员创建了一个有密码保护的、“非请莫入”的 My Space 群。在这个群里,员工们发表了一些涉及顾客和管理人员的不好评论。一个管理人员听说了这个群,便要求其中一名员工提供了用户名和密码,然后该管理员和另外一个区域监管员多次进出该群,最后解雇了两名员工。这两名被解雇的员工依据《存储信息通讯法》提起了诉讼。在简易审判中,法庭拒绝了被告关于管理员登录该群是获得了授权、登录

---

⑨ Martucci and Sharkland, “New Laws Prohibiting Employers from requiring Employees to Provide Access to Social – networking Sites”, p. 81.

⑩ Martucci and Sharkland, “New Laws Prohibiting Employers from requiring Employees to Provide Access to Social – networking Sites”, p. 82.

⑪ Martucci and Sharkland, “New Laws Prohibiting Employers from requiring Employees to Provide Access to Social – networking Sites”, p. 82.

信息是雇员自愿提供的抗辩。相反,法庭裁决:陪审团可以发现雇员给管理者提供信息是出于强迫,因此是无效的。通过此案可以看出,雇主强行索要 Facebook 等社交网站密码的行为在《存储信息通讯法》下可能导致潜在的法律责任。[12]

总之,雇主如果因为雇员拒绝提供用户名和密码而遭受雇主报复,如解雇、惩罚或者受到歧视,此类行为都属违法,应该承担相应责任。除了违反联邦和各州相关法律可能引发的法律责任之外,还可能因为违反 Facebook 等网站服务条款而导致的民事责任。

(四)我国对于该类行为的法律态度

我国对互联网的管理有一些法律规定,如《互联网上网服务营业场所管理条例》,但是其内容主要针对互联网经营者的行为,也涉及一些消费者使用行为的规定,但并不涉及用户特别是个人用户的信息密码保护问题,更缺乏对雇主通过网络监督员工行为的约束。随着网络技术的普及,很多用人单位把网络技术应用到日常的工作管理中,包括对员工进行监控。这种做法,很可能触及员工的隐私,危害到员工的言论自由。如何在保护员工正当的言论自由和隐私的情况下,满足雇主管理工作的需要,是立法时不得不慎重考虑的问题。一般来说,对于员工个人自愿组建的社交网站/群,雇主不得强行干预,强制进入,否则视为侵权,需要承担民事责任。对于那些因工作需要,便于交流管理,由雇主提供的社交网站/平台,雇主(通过管理人员)可以进入。但是,雇主有义务通过规章制度来设立一些网站管理规则,规范网上聊天行为。

鉴于今日中国个人信息泄露严重之现状,我们有必要对电子信息特别是个人信息加强保护,制定电子信息保护法律,对个人的电子账户、密码等加强保护,对盗取、故意泄露他人电子信息或者强制索要员工电子信息的行为从严规制,追究相应的民事责任,甚至刑事责任。如果雇主因为员工拒绝提供密码和用户名而将其解雇,解雇无效。

三、劳动关系领域重要文书的电子化问题

(一)劳动关系管理文书的电子化

这类文书主要表现为劳动合同电子化、规章制度网上公示、劳动关系解除或者终止证明书的电子化等问题。

按照我国劳动法规定,建立劳动关系,必须签订书面劳动合同。这里涉及关于

---

[12] Martucci and Sharkland, "New Laws Prohibiting Employers from requiring Employees to Provide Access to Social - networking Sites", p. 83.

“书面合同”的理解。根据《合同法》第 11 条规定:“书面形式是指合同书、信件和数据电文(包括电报、电传、传真、电子数据交换和电子邮件)等可以有形地表现所载内容的形式。”据此,劳动合同书既应当包括纸质书面劳动合同以及电子邮件、电传、传真形式的劳动合同等,也应当包括通过电子数据形成的劳动合同,如通过微信、QQ 聊天记录、Facebook 等形式形成的劳动合同,即书面劳动合同的多样化,而不能仅仅局限于纸质形式的劳动合同。

今天,许多用人单位招聘通过网上进行,网上公布招聘条件,应聘者通过电子邮件与招聘单位联系,甚至通过视频面试求职者。这些先进的招聘手段,快捷方便,节约成本。可能引发的问题是劳动合同成立的时间、地点,以及一旦发生纠纷后管辖权的确立问题。因此,我们的立法面对这些新问题必须做出回应。

其次,关于用人单位的规章制度。这里主要涉及规章制度的形式、公示与告知问题。规章制度是用人单位进行劳动管理的重要手段,依据《劳动法》和《劳动合同法》规定,用人单位有义务制定规章制度,但并没有明确必须形成书面文字。然而,根据《劳动合同法》第 4 条“用人单位应当将直接涉及劳动者切身利益的规章制度和重大决定公示,或者告知劳动者”,我们可以推导出规章制度通常情况下应该以书面形式记载,当然,也不排除少数雇主(如个体工商户)采取“约法三章”,存在口头约定的情形。“告知”可以口头,亦可以书面;但公示,是否一定得是书面形式?根据《现代汉语词典》(第 5 版)的解释,“公示”有公开宣示,让公众了解并征求意见之意。公示的目的是为了让受众知道了解公示的内容,一般应采取书面形式。这里需要注意的是,[13]通过网络平台或者说通过电子数据形式公示规章制度的效力问题。司法实践中曾经有过用人单位把规章制度挂在单位的局域网上公示,劳动者以不经常上网,并不知悉规章制度的内容为抗辩,质疑规章制度的合法性,并得到法院支持的情况。这种情况主要发生在底层劳动者,特别是农民工身上。因为上网条件有限或者不会操作,他们一般不会留意用人单位的网站。在此情况下,规章制度公示的效力受到一定的限制。也就是说,采取网上公示是一种手段,但要看公示的实际影响范围,要考虑劳动者知悉的可能性,因为规章制度毕竟涉及劳动者的切身利益,必须采取广而告之的公示方式。

最后,关于劳动关系解除或者终止证明的出具形式问题,《劳动合同法》规定用人单位应当在解除或者终止劳动合同时出具解除或者终止劳动合同的证明。出具

---

⑬ 中国社会科学院语言研究所编:《现代汉语词典》(第 5 版),商务印书馆 2005 年版,第 473 页。

的证明当然是采取书面形式，既然是书面形式，一般指纸质的证明，按照合同法的规定采取信件、电子数据(电报、电传、传真、电子数据交换和电子邮件)应该是不成问题的。但无论何种书面形式，必须以能够规范证明劳动关系解除或者终止的事实为宜。

(二)对员工奖惩结果网上公布问题

雇主对员工进行管理，奖惩手段必不可少。奖励是一种褒奖性的、荣誉性的、具有激励作用的措施，一般情况下被奖励者不担心被人知道，有时候反而希望被更多人知道。另外，用人单位希望通过奖励来弘扬正气，激励更多员工。但是，处罚措施则不同，它是对被处罚者的一种否定，是对其名誉或者财产的一种减损，因而受处罚者特别不希望外界知道或者被更多人知晓。于用人单位而言，公布处罚结果，可以达到罚一儆百，警示教育他人的效果。这就决定了奖罚的结果是否应该公开以及如何公开的问题，也会涉及劳动者隐私保护问题，必须慎重。

我们认为，对于奖励结果，以公开公示为原则(包括用人单位局域网上公示)，以被奖励者不愿意公开为例外。对处罚结果的公布，应当视违纪情节而定。对于违纪情节轻微的，口头或者内部批评警告即可，不可将违纪情况在用人单位网上公布。只有严重违反用人单位规章制度的，才有可能将处理结果在用人单位内部(包括网上)公布。

(三)人事档案和社会保险关系的转移问题

这个问题，在将来电子技术更加发达和普及的情形下，通过网络转移人事档案和社会保险关系不是问题，但现在依然存在一些技术障碍。目前，人事档案主要表现为纸质文件，装入档案袋，密封后由劳动者带入新的工作单位，网上无法转移。但是，将来随着网络管理技术的进一步提高，个人信息库的建立，所有个人信息输入数据库以后，网上调入或者调出个人信息成为可能。劳动者一旦与所在单位解除或者终止劳动关系，劳动者的档案可以由用人单位在规定时间内转出。用人单位无正当理由拒不转出的，或者不及时转移而造成劳动者损失的，应当承担赔偿责任。

劳动关系终止后，帮助劳动者办理社会保险关系转移手续，是用人单位的后合同义务。在社会保险关系转移过程中，用人单位需提供缴费凭证，并帮助劳动者提出社保关系转移申请。用人单位的义务是及时转移，协助办理转移手续。如果因为用人单位的原因致使劳动者的社保关系不能及时转移而遭受损害的，用人单位要承担赔偿责任。随着网络技术的发达和普及，社会保险管理可以实现全国互联互通、网上申报登记、缴费、待遇发放，社保关系转移网上完成也就不是神话。

网络主播劳动者地位认定的困境、反思和出路

王立明[*]　邵　辉

【摘　要】 探讨网络主播的劳动主体地位，旨在为人工智能时代平台经济中新型劳动形态的法律定位提供些许立法建议。通过对网络主播劳动者地位认定的裁判困境解构、传统标准反思及创新出路建构，并结合网络主播的工作类型与签约模式分析可知，《关于确立劳动关系有关事项的通知》中传统劳动关系的认定标准容易受平台经济发展和主播权益保护利益衡量约束，不能全面反映平台经济的用工变化、不能完全调整主播和平台运营人之间的用工关系。网络主播劳动者地位认定在考虑人工智能时代变迁、网络平台经济发展及网络主播权益保障因素的同时，尚需立足于我国直播平台发展现实和主播权益保护现状，借鉴域外国家立法经验，构建非标准劳动者概念模型，适度扩充传统劳动关系标准，实现主播权益和平台效益的和谐共生。

【关键词】 劳动者　非标准劳动者　网络主播　网络直播平台　人工智能

一、引言

基于人工智能和大数据支持运行的网络平台不仅“是一种新型商业模式、网络技术或社会基础设施，更是新兴信息经济的核心组织形式”[①]，正在不断重塑着人类生活的方方面面，从而影响人类生活的每个角落。就劳动关系而言，网络平台并未进入传统劳动关系范畴或延展其范围；相反，基于网络平台提供劳务变为现实之后，直接“催生了诸多新型劳动形态”[②]。尽管这些因网络平台产生的新型劳动形

---

* 青海民族大学法学院教授，中国社会法学研究会常务理事。原文刊载于《时代法学》2018 年第 5 期。

① Julie E. Cohen, Law for the Platform Economy, *UC Davis Law Review*, 2017(51), pp. 133 - 136.

② 孙飞、周琳、杨绍功等：《共享经济催生新就业形态，完善就业保障成共享经济发展新课题》，载《经济参考报》2018 年 1 月 18 日，第 A05 版。

态只是“弱人工智能”在社会生产力领域的简单应用,与“强人工智能”③下的“自我意识、自然语言处理、深度学习、模糊推理”等还有相当距离,但随着“弱人工智能”时代网络平台作为劳动工具的广泛使用,出现了一些介于劳动者和劳务提供者之间的非标准劳动者或类似劳动者,并对传统劳动关系从属性认定标准构成了挑战,打破了以往劳动关系和劳务关系“二元对立”的格局。本文尝试以借助网络直播平台提供劳务的网络主播劳动者地位认定为视角,试图解构非标准劳动者或类似劳动者地位认定的困境,反思传统劳动关系认定标准如何应对人工智能时代下迅猛发展的网络平台经济,从而为人工智能和大数据新时代下劳动者地位认定标准的重构和完善提供些许立法建议。

二、网络主播劳动者地位认定的困境解构

(一)网络主播劳动者地位认定的裁判困境

网络平台与传统经济的密切结合倒逼立法跟进。进而言之,人工智能时代下互联网共有的分享特质和平台功能,不断激励分享经济、粉丝经济、大数字经济等新型经济模式迅速崛起,不断呼唤企业组织、社会组织进行颠覆式创新,不断改变传统商业模式的交易形态和社会资源的组合分配机制,有力推动“以‘物’为标的的常规网络交易向以‘劳务’为标的的新型交易形态转变”④。借助互联网人工智能和大数据的东风,加之国家文化产业政策支持、网络基础设施和移动宽带的迅速普及、视频技术日趋成熟、资本助推等诸多利好因素叠加,网络直播行业从 UGC 直播、秀场直播到游戏直播、生活直播再到 VR 直播,直播业务一路风生水起、风靡全球,仅2016年我国互联网直播平台数量即达250多家,⑤网络主播超过350万,用户规模3.44亿,整体营收218.5亿元⑥。

网络直播行业的“爆发式”增长直接催生了网络主播职业,网络平台的技术支持使得网络主播基于网络平台提供劳动成为可能。网络主播作为网络直播平台的

---

③ “强人工智能”和“弱人工智能”代表了人工智能领域两种截然不同的立场和发展阶段。“强人工智能”认为,人工智能不仅仅是实现人类智能的工具,等同于人类智能;“弱人工智能”认为,人工智能仅仅是实现人类智能的工具,不应越出这一范围。参见[英]玛格丽特·博登:《人工智能哲学》,刘西瑞译,上海译文出版社2001年版。

④ 王天玉:《基于互联网平台提供劳务的劳动关系认定》,载《法学》2016年第6期。

⑤ 根据国家互联网信息办公室于2016年11月4日发布的《互联网直播服务管理规定》第2条之规定:“互联网直播,是指基于互联网,以视频、音频、图文等形式向公众持续发布实时信息的活动;互联网直播服务提供者,是指提供互联网直播平台服务的主体。”

⑥ 腾讯研究院:《网络表演(直播)社会价值报告》,载 http://www.tisi.org/4897,最后访问日期:2017年7月1日。

关键要素和核心资产，一方面通过网络直播平台提供劳动获取报酬，另一方面需要接受网络直播平台运营人相应的管理和指示。由于网络主播的工作地点、工作内容、工作方式等均需要通过网络平台进行，"即在传统劳务需求方和劳务提供方相对应的关系中加入了网络平台"，⑦因此与传统用工方式存在显著差异。网络直播平台运营人的督管权能否凌驾于网络主播所享有的劳动自主决定权之上，并因此形成从属性劳动关系，不免存在些许"灰色地带"和模糊不清之处，从而影响到网络主播与网络直播平台运营人之间究竟是民法上的劳务关系还是劳动法上的劳动关系的认定。

从我们检索到的网络主播与网络直播平台之间的纠纷来看，劳动者地位认定是解决此类纠纷的首要任务，而认定劳动者地位的关键在于网络直播平台运营人和网络主播之间是否为劳动关系的判断，此亦是法院裁判的症结所在。故有必要以法院不同判决为切入点，结合网络直播平台的运营模式和网络主播的工作方式，对网络主播与网络直播平台运营人之间是否存在劳动关系进行分析。

目前，网络主播作为基于网络直播平台的劳动给付方，对网络直播平台运营人提起诉讼，请求法院确认劳动关系存在的典型案件主要有以下四起：

表1　网络主播起诉网络直播平台运营人的案件

案件名称	案件号	主要争议	裁判法院	判决结果
刘某与西安星秀网络科技有限公司劳动争议案	(2015)陕01民特172号	请求确认劳动关系存在	陕西省西安市中级人民法院	存在劳动关系，认定刘某的劳动者地位
杜某与北京睿银大通经营有限公司劳动争议案	(2016)京03民终13270号	请求确认劳动关系存在	北京市第三中级人民法院	存在劳动关系，认定杜某的劳动者地位
阿娇与上海某网络科技公司劳动争议案	(2016)沪01民终13759号	请求确认劳动关系不存在	上海市第一中级人民法院	不存在劳动关系，不认定阿娇的劳动者地位
邬某与广东云联惠网络科技有限公司劳动争议案	(2017)粤01民终836号	请求确认劳动关系不存在	广东省广州市中级人民法院	存在劳动关系，认定邬某的劳动者地位

⑦ 王天玉：《基于互联网平台提供劳务的劳动关系认定》，载《法学》2016年第6期。

表1中列举的4起网络主播起诉网络直播平台运营人的案情基本相似。进而言之,原告方均向法院提交《签约主播协议书》《主播合作协议》《直播室员工相关规定》《主播考核相关规定》《网上工资结算记录》以及银行卡工资明细清单等相关证据,主张与被告方存在劳动关系;作为被告方的网络直播平台运营人则主张原告的工作内容具有较大的自主性和随意性,工作地点也不固定,工作时间自由决定并不受公司制度的约束,领取的报酬数额也无明确计算依据,属于奖励性质而非工资,且未对原告实施监督管理,与原告不存在劳动关系。对于此类纠纷,法院通常援引《关于确立劳动关系有关事项的通知》(劳社部发〔2005〕12号,以下简称《通知》)第1条规定作出裁判,但裁判结果截然不同。[⑧] 法院认定网络主播和平台运营人之间不存在劳动关系的理由是:网络主播无须到网络直播平台运营人公司所在地的办公场所上班,亦无须遵守公司规章制度,因而不受用人单位管理的约束,不符合劳动关系从属性要件。与此同时,法院认定讼争双方存在劳动关系的理由是:原告主张证据占优,使法官无法采信被告不存在劳动关系的主张,或被告既未有新的事实与理由,也未提交新的证据予以佐证自己的主张,但均未对认定网络主播与网络直播平台运营人之间存在劳动关系作进一步论证说明。[⑨]

从上述列举的判决摘要来看,尽管陕、京、沪、粤四地法院的裁判路径各不相同,且与传统认定劳动者地位案件相比,[⑩]虽未直接写明以《通知》构成要件为认定依据,但仔细分析四份判决要点不难看出,四地法院在处理此类案件中,肯定或否定劳动关系存在,是依据《通知》第1条的规定。详言之,陕西法院认可,劳动人事争议仲裁委员会作出的裁决合法有效,确认刘某受星秀公司管理,认定刘某与星秀公司之间存在劳动关系;北京法院认定,睿银公司工作人员逐月、按时向杜某支付费用,该情形符合劳动关系特征,且结合《分析师考核相关规定》《直播室员工相关规定》所载对分析师的出勤情况、工作纪律、报酬方案等劳动关系要素之内容判断,足以体现用人单位的管理命令,因此杜某与睿银公司存在劳动关系;上海法院认为,上海某网络科技公司未对阿娇进行过指挥、管理,阿娇也无须遵守该公司的规

---

⑧ 《通知》第1条规定,用人单位招用劳动者未订立书面劳动合同,须同时具备以下三种情形,方可认定劳动关系成立:"(一)用人单位和劳动者符合法律、法规规定的主体资格;(二)用人单位依法制定的各项劳动规章制度适用于劳动者,劳动者受用人单位的劳动管理,从事用人单位安排的有报酬的劳动;(三)劳动者提供的劳动是用人单位业务的组成部分。"

⑨ 本案详细案情,请参见(2016)京03民终13270号民事判决书;本案详细案情,请参见(2017)粤01民终836号民事判决书。

⑩ 传统认定劳动关系案件,判决书通常会直接写明是以《通知》第1条为根据认定劳动关系存在。详细案例,可参见(2016)吉0402行初12号民事判决书和(2015)桦民一初字第215号民事判决书。

章制度，双方之间并不存在人身依附关系，从而否定阿娇与该网络科技公司之间存在劳动关系；广东法院认为，尽管云联惠公司主张与邬某没有劳动关系，但邬某提交了云联惠公司为其发放的工作证，虽云联惠公司对此予以否认，但邬某提交的工作证与之前五起案件劳动者提交的工作证一致（云联惠公司在之前的案件中已予以承认）。同时，云联惠公司已确认向邬某发放工资，云联惠公司的股东也以个人账户向邬某发放工资，邬某从事的工作内容亦是云联惠公司的项目，云联惠公司并无证据推翻上述事实，同时亦无提交证据证实邬某不属于其项目团队成员。根据《通知》第 2 条规定："用人单位未与劳动者签订劳动合同，认定双方存在劳动关系时可参照下列凭证：（一）工资支付凭证或记录（职工工资花名册）、缴纳各项社会保险费的记录；（二）用人单位向劳动者发放的'工作证''服务证'等能够证明身份的证件；……"广东法院对云联惠公司的主张不予采信，认定云联惠公司与邬某之间存在劳动关系⑪。

由此可见，陕、京、沪、粤四地法院均有意识地将《通知》第 1 条蕴含的从属性，作为处理此类案件的逻辑前提，但对是否存在劳动关系尚未达成共识，且对经由网络直播平台给付劳动的新型用工形态亦未加以分析，仅由各地法院根据工资支付凭证、缴纳社会保险记录、工作证、服务证、登记表、报名表以及考勤记录等证据行使自由裁量权。由于《通知》第 1 条对劳动关系内涵规定失之粗略，导致同为靠"打赏收益"的网络主播即兴发挥，法律适用远未形成统一的裁判路径，产生了相左的裁判结果，揭示出互联网平台语境下传统劳动关系认定标准在面对层出不穷的新型用工形态时捉襟见肘的裁判困境。

当下，互联网平台下的新型用工形态对劳动者地位认定的冲击，一方面，需要通过个案分析，厘清诸如网络主播与网络直播平台间的关系种类；另一方面，需要把握人工智能时代互联网大数据平台产生的商业模式不断创新趋势以及与之相关的人工智能思维给劳动关系认定带来的新课题。为此，我们不能"穿新鞋走老路"，而要主动适应新经济形态和用工形式，积极探索网络平台环境下新型用工的制度"供给"和劳动关系认定的新标准，"及时更新劳动法的立法理念，在坚持劳动者是弱势群体的前提下，根据具体场景，考察不同类型雇员的差异，进行相应的规则设计"。⑫

---

⑪ 本案详细案情，请参见（2017）粤 01 民终 836 号民事判决书。

⑫ 谢增毅：《我国劳动关系法律调整模式的转变》，载《中国社会科学》2017 年第 4 期。

(二)网络主播劳动者地位认定的裁判困境解构

陕、京、沪、粤四地法院适用同一裁判标准,对网络主播起诉网络直播平台运营人案件裁判的结果却相去甚远,形式上是各地法官行使自由裁量权的结果,而实质上反映了网络主播劳动者地位认定的司法困境。对裁判困境之原因进行解构后不难发现,裁判困境背后折射出法官面对平台经济下新型用工形态的迷惘和徘徊。尽管《通知》第1条蕴含的从属性标准赋予了法官自由裁量权,但法官在裁判过程中既不能过多地套用传统劳动关系标准对网络主播劳动者地位进行认定,也不能轻易确认网络直播平台运营人的用人单位义务。因为,若管束过紧容易导致平台承担过多压力,不利于平台经济的长远发展;若管束过松又容易忽视劳动者的正当权益。所以,"度"的把握对法官而言举足轻重。

1. 网络主播劳动者地位认定与平台经济发展权衡

平台经济长远发展对法官认定网络主播劳动者地位至关重要。2016年11月4日,国家网信办发布了《互联网直播服务管理规定》(以下简称《规定》),其中第13条第1款规定,⑬网络直播平台应当与网络主播签订服务协议,明确双方权利义务,网络主播应当承诺遵守直播业法律法规和直播平台公约。此外,第7条、第8条规定,网络直播平台应积极落实企业主体责任,建立健全各项管理制度,配备与服务规模相适应的专业人员,具备即时阻断互联网直播的技术能力;对直播实施分级分类管理,建立互联网直播发布者信用等级管理体系,建立"黑名单"管理制度。综观《规定》的上述三条内容,似乎并未对网络直播平台赋予过多义务,而是仅要求网络直播平台和网络主播签订服务协议,至于该协议是否属于劳动合同在所不问。因为一旦要求网络直播平台与网络主播签订劳动合同,则意味着劳动法基于保护弱者权益而建立的劳动基准制度、社会保险福利制度、女职工特殊保护制度以及违约金、经济补偿金等规范必须同步适用,而适用这些规范无疑会给网络主播提供充分、有效的劳动保护,因为"社会福利在个体之间的公平分配将有利于导向其他方面的公平"。⑭ 但与此同时,也会使网络直播平台背负沉重的负担,"徒增大量的管理人员的监控成本、集体决策的成本和风险承担的成本等企业所有权成本",⑮无异于让其戴上枷锁前行。权衡利弊,《规定》仅宣誓性地要求网络直播平台落实其

---

⑬ 《规定》第13条规定:"互联网直播服务提供者应当与互联网直播服务使用者签订服务协议,明确双方权利义务,要求其承诺遵守法律法规和平台公约。"

⑭ [美]斯蒂文·萨维尔:《法律的经济分析》,柯华庆译,中国政法大学出版社2009年版,第150页。

⑮ [美]亨利·汉斯曼:《企业所有权论》,于静译,中国政法大学出版社2001年版,第33页。

企业主体责任，积极履行对网络主播的管理义务，将网络主播与网络直播平台间的关系认定包袱甩给了法院，由法院依个案对服务协议内容进行判断。但通过上述裁判结果可知，各地法院法官由依据自由裁量权对网络直播平台运营人和网络主播间的关系进行权衡，却给出了大相径庭的裁判结果，无疑给此类案件未来的审判带来了裁判标准上的混乱和困境。此情形有如下商榷之处：其一，在网络主播劳动者地位认定中，权衡网络平台经济发展是否为法官之责；其二，在网络主播劳动者地位认定中，法官行使自由裁量权并不能有效应对新型劳动关系，裁判结果的灵活性使网络主播劳动者地位变得更加扑朔迷离。这进一步说明“留给法官自由裁量余地越少的法律越好，这样就可以带来法律确定性的好处”。[16]

2. 网络主播劳动者地位认定与劳动者权益保护权衡

在网络主播劳动者地位认定中，法官对网络主播劳动者权益进行保护，是差异化裁判的另一重要权衡。随着我国经济社会的不断发展，劳动者权利呈现出内容丰富多样的“权利群”或“权利体系”[17]，至于“我们为什么要尊重新型劳动者权利以及如何尊重新型劳动者权利，可以从哲学和历史学的视角至少在道德主义、功能主义、客观主义、法治主义、群策主义、社群主义以及实用主义七大方面总结出一大堆互相冲突的理由”[18]，这些理由佐证了平台经济和大数据信息环境下给新型劳动者提供合理权益保护的正当性与合法性。

我们认为，尽管法官在裁判案件时需要权衡保护新型用工关系下主播的权益与促进网络直播业健康发展的利益，但更应着力防范网络直播平台否认劳动关系的存在、借劳务关系的“外壳”掩盖劳动关系“内核”的做法[19]，防止网络直播平台将自己应履行的强制性义务推卸给网络主播、推卸给监管部门、推卸给社会来承担。当然，短时间内针对网络主播基于网络直播平台提供特定劳动进行专门立法并不现实可行，但劳动法对人工智能时代网络平台的出现并广泛使用应当给予及时回应，对因使用平台产生的大量新型劳动给付者的正当权益给予合理保护，通过实现劳动关系认定模式由综合立法向分类调整和区别对待模式转变，[20]以致给予网络主

---

⑯ 孙笑侠：《西方法谚精选：法、权利和司法》，法律出版社2005年版，第68页。

⑰ 谢增毅：《我国劳动关系法律调整模式的转变》，载《中国社会科学》2017年第2期。

⑱ Hugh Breakey, It's Right, It Fits, We Debated, We Decided, I Agree, It's Ours, and It Works: The Gathering Confluence of Human, Rights Legitimacy, *Law and Philosophy*, 2018(37), pp. 27 – 28.

⑲ 李长健：《论劳动关系的异化——兼论事实劳动关系与劳务关系的区别》，载《华中农业大学学报》(哲学社会科学版)2004年第4期。

⑳ 谢增毅：《我国劳动关系法律调整模式的转变》，载《中国社会科学》2017年第2期。

播应有的权利救济,体现劳动法对网络主播在受拘束下提供劳动的倾斜保护,必然是网络平台经济下劳动关系大讨论中亟须面对的现实问题。

三、网络主播劳动者地位认定标准的理性反思

(一)传统用工形态下劳动者地位认定标准的实证梳理

劳动关系从属性的本质,是用人单位基于劳动者对其产生的经济、组织、人格从属性而享有的指挥监督权,故劳动者地位的认定应紧扣劳动者的从属性和用人单位的指挥监督权展开。在传统劳动争议案件中,法院时而从劳动者是否遵守用人单位的考勤考核等规章制度,是否从事用人单位分配的工作和服从用人单位的人事安排等方面入手[21],据以判断劳动者是否接受用人单位的指挥管理,双方是否存在管理与被管理、支配与被支配的隶属关系;时而认为劳动者对工作时间和工作内容具有相对的独立性和自主性,劳动者提供的劳动非用人单位的业务组成部分,用人单位为了维护第三方利益、维持单位的正常秩序收取的一定管理费,明显不同于用人单位对劳动者的劳动管理[22],故双方之间不具备劳动关系成立的实质要件;时而判决劳动者自主决定工作方式,自行与第三方达成交易,所从事的工作并非用人单位安排的劳动。用人单位向劳动者发放的职工管理手册,与劳动者签订的管理责任状,只是规范职工的经营行为,规范职工与第三方的行为,与用人单位的经济效益无关。用人单位向劳动者发放工作证,只是表明同意该劳动者在用人单位的营业范围内从事其业务,不能证明双方存在人身隶属关系,[23]故用人单位对劳动者的指挥管理不属于劳动关系中用人单位所进行的指挥管理,不符合《通知》第1条规定,不能认定双方存在劳动关系。概言之,传统劳动关系之认定,只要劳动者受用人单位的劳动管理,从事用人单位安排的有报酬的劳动即可认定存在劳动合同关系,用人单位即应当履行相关义务。[24] 此种认定逻辑清楚、论证充分,有利于保护劳动者的合法权益。

上述法院判决说明,传统劳动关系认定,法院会直接根据《通知》第1条规定,结合用人单位是否对劳动者安排工作、进行考勤考核管理、要求遵守规章制度,以及劳动者是否接受指挥监督于固定时间、地点完成分配任务,是否享有独立性和自主性和双方是否具有人身从属性等劳动关系的本质属性进行综合评判,从而确定

---

[21] 本案详细案情,参见重庆市高级人民法院(2015)渝高法民申字第00225号民事裁定书。

[22] 本案详细案情,参见云南省高级人民法院(2015)云高民申字第157号民事裁定书。

[23] 本案详细案情,参见福建省高级人民法院(2014)闽民申字第1132号民事裁定书。

[24] 本案详细案情,参见江苏省南京市中级人民法院(2016)苏01民终8737号民事判决书。

用人单位与劳动者是否存在劳动关系。这种对劳动关系进行体系化解读的裁判路径,在一定程度上符合认定劳动关系的逻辑顺序。因为,对劳动者的工作任务、工作范围、工作权限、工作程序、失范奖惩以及必须遵守的行业管理规则等所作出的明确规定,是劳动者从属性的外在表现,无疑是对用人单位指挥管理指令的表述,也是判断劳动关系的重要依据,这种判断劳动关系是否存在的裁判路径和认定标准在传统劳动形态下并未受到过度的挑战和质疑。

(二)平台经济形态下传统劳动者认定标准的反思

平台经济时代网络主播基于网络直播平台远程提供劳动,在削弱组织从属性特征的同时对传统劳动立法也提出了极大的挑战,如何适用现有劳动法,并在现行劳动法框架内推进远程工作,是未来所面对的重要课题,同时也考验着劳动法对经济社会市场竞争的适应力。㉕ 揭开网络平台的面纱,我们可以清楚地看到,网络主播通过网络直播平台向平台运营人给付自己的智力、体力和大脑中的知识要素,仍然是劳动者生产力的具体使用。根据马克思主义经典著作关于劳动对象、劳动力、劳动工具的生产力要素构成理论,不难发现,网络主播基于网络直播平台向平台运营人给付劳动的劳动结构中,作为劳动对象的平台运营人明显处于劳动资本的优势支配地位,与传统用人单位在本质上无甚区别;作为劳动力生成来源的劳动者的主体地位也未发生变化;只有作为劳动工具的网络平台与以往有所不同,且网络平台作为劳动工具的广泛使用,使传统的工作时间、工作地点、工作方式等要素更具灵活性,传统的劳动者地位认定标准面对网络平台作为劳动工具以及由此产生的诸多新型劳动形态显得力不从心,因为依照传统劳动法应对路径,就业主体要么被赋予劳动者身份,赋予全面的劳动法保护,要么被定位劳务提供者身份,完全排除在劳动法的保护范围之外。㉖ 此种劳动关系和劳务关系二元对立的"两分法"格局透露出深层次的劳动关系认定危机。

1. 传统劳动者地位认定标准不能完整反映人工智能时代平台经济用工变化

在人工智能时代背景下的网络虚拟时空中,受互联网技术、服务模式、就业理念等诸多因素影响,劳动者给付劳动的工作时间、工作地点、工作内容、工作方式、工作条件以及工作环境等,与传统用工形态不可同日而语,用人单位的劳动管理也开始采用信息化指示的开放式授权管理,以优化资源配置,从而达到降低交易成本

㉕ 张颖慧:《远程工作形态下新型劳动关系的法律保护》,载《法商研究》2017 年第 6 期。

㉖ 班小辉:《论"分享经济"下我国劳动法保护对象的扩张——以互联网专车为视角》,载《四川大学学报》(哲学社会科学版)2017 年第 2 期。

之目的。随着用人单位和劳动者的外部环境发生变化,双方之间的人身依附关系也开始“松动”。劳动者可以自由决定工作地点和工作时间,自主安排工作方式和工作内容,受用人单位的拘束程度、被指挥命令程度明显降低,双方之间的隶属管理关系式微;用人单位的规章制度对劳动者而言在管理效力上减弱。为此,不得不结合网络用工运作方式重新审视劳动关系的认定标准,因为仅就网络直播平台与网络主播之间的给付劳动关系而言,若继续以传统的经济、组织、人格从属性标准作为认定劳动关系的依据,既无法反映网络直播平台的用工实际,也无法满足网络主播的权利救济,更难以实现保护新型用工关系和促进经济新业态健康发展两者之间的价值平衡。

网络直播平台是人工智能时代典型的分享经济的产物,为了吸引足够多的观众以提升平台的知名度和经济效益,平台会主动将自己的指挥管理权让渡给网络主播,对主播充分授权,使主播获得一定范围内的劳动自主决定权。这种权利交易将网络平台的单边管理转化为与劳动者共同的多元治理,㉗借助这种新型合作式治理,一方面,可以降低平台管理成本,避免因过度管理窒息网络主播的内容创造积极性;另一方面,会激发网络主播的创新活力,提升主播对平台的认可度和忠诚度。

但是,网络直播平台的权利让渡既不是无条件的,也不是意味着平台对主播放任自流。从《规定》第7条、第8条规定内容来看,国家对网络直播平台的监管是非常严格的。所以,网络直播平台对网络主播进行授权,是因为网络虚拟时空中平台基于技术优势有能力对主播进行控制。换言之,即使网络直播平台授权允许网络主播享有一定的劳动自主权,其可以灵活选择工作时间、工作地点、工作方式,但网络主播仍须服从平台的指挥管理,且网络直播平台也具备进行劳动管理的技术能力,至于这种管理是否能够达到人格从属性的标准要求,则需要法院依个案认定。从上述网络主播作为劳动者地位认定的裁判困境可以看出,传统劳动者地位认定标准并不能完全反映出人工智能和平台经济的用工变化。为此,我们需要对传统的劳动者地位认定标准进行重新解释,毕竟“人类用不同的方式创造历史和社会,也可以用不同的方式解释它;有多少种创造历史和社会的方式,就有多少种解释它的方式。我们既可以经由法律解释之门,经过历史的狭长通道,进入社会的广阔空间和文化的迷人世界”,㉘也可以经由法律解释继承社会法以往的知识谱系、理论

㉗ 参见杨瑞龙、卢恩来:《对劳动管理企业的经济学研究:一个方法论的述评》,载《中国社会科学》2005年第2期。

㉘ 尹伊君:《社会变迁的法律解释》,商务印书馆2003年版,第11页。

框架以及概念表述，以解决现有劳动者地位认定标准的司法困境，若法律解释亦不能包容新型劳动形态，则可以适时创设适应新型劳动形态的特定概念体系。

2. 传统劳动者地位认定标准不能完全调整主播和平台运营人间关系模式

网络主播作为新兴的网络职业，“门槛低、风险低、回报高、名气高”的两低两高职业特点，吸引了众多年轻大众群体加入进行创新创业，主播职业内部逐渐分化为以娱乐社交为目的的自娱型兼职主播和以创业增收为主要目的的创业型全职主播两类，囿于篇幅限制，本文重点探讨后者。两者的差异主要集中在以下几点（见表2）。

表2　两类网络主播的主要差异㉙

	自娱型兼职主播	创业型全职主播
工作状态	兼职	全职
从业目的	娱乐社交	创业增收
组织形式	一成签约	1/4 签约
职业规划	继续兼职	继续全职
受拘束程度	较低	较高

创业型全职主播接受网络直播平台管理的意愿较强，受平台拘束指示的程度较高，产生这种人格从属性的原因既有来自主播的全职工作状态，也有来自网络主播的实际收入状况所产生的经济压力。因为网络主播并不全是网红主播，创业型全职主播中只有少数头部主播能够实现“月入数万，年薪数百万”的高收入传奇，浮夸的背后真相是大部分普通全职主播的直播收入都处于中低收入水平，如图1所示。

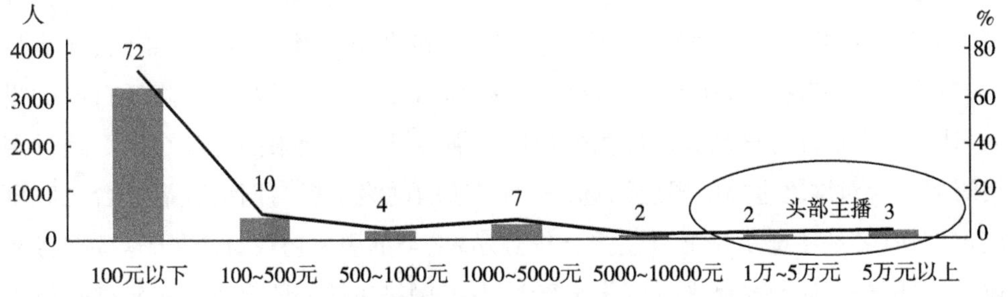

图1　创业型全职主播的月收入分布

㉙ 腾讯研究院：《2017 网络主播新风尚》，载 http://www.tisi.org/4894，最后访问日期：2017 年 6 月 16 日。

从全职主播“L型”收入分布图(见图1)可以清晰地看出,头部主播的比例仅占5%,而且这些头部主播往往具有高知识技能和高区位资源,粉丝数量众多,直播的差异性优势和受众认可度明显,其收入来源除粉丝打赏和签约费之外,广告费、电商和活动收入也是其重要的变现渠道。高收入的头部主播基于上述自身优势,相对于普通主播而言,流动性较高,对网络直播平台的忠诚度较低。网络直播平台为了降低头部主播的不确定性,倾向于和头部直播直接签约,以提高头部主播对平台的粘性和忠诚度,头部主播基于天价收入驱动和资源引荐诱惑两大核心诉求的满足,也会尝试与平台签订固定期限的劳动合同,发生劳动争议时,由于书面劳动合同的存在,法院可以根据合同内容判断双方是否存在劳动关系,劳动关系的认定难度较小。

表3 创业型全职主播与网络直播平台运营人间的关系模式

	是否存在书面协议	是否接受平台管理	是否领取平台薪资
书面签约模式	是	是	是
合作分成模式	是	否	是
独立操作模式	否	否	否

然而,真正使劳动关系和其他法律关系区别开来的是劳动者给付的劳动,而非用人单位给予的报酬。[30] 从创业型全职主播与网络直播平台运营人之间的关系模式可以明显看出(见表3),只有在书面签约模式中平台经营人才会选择与主播签订书面工作协议或劳动合同,作为平台经营人给付薪酬的对价,网络主播需要接受平台的管理约束。而对于普通的创业型全职主播而言,大多采用合作分成或独立操作模式,此时,网络直播平台经营人对主播的维系力度明显减弱,只有为了弥补匮乏的优质主播存量资源时,才对一些有潜力的普通主播提供平台签约、导流曝光、专业培训、变现渠道拓展等多方位的资源倾斜。当然,平台为了降低自己的投入风险,也会选择与该部分被孵化的普通主播签订一定期限的劳动合同。经过网络直播平台对网络主播的层层筛选,一些普通的网络主播与网络直播平台之间可能仅存在《签约主播协议书》《主播合作协议》之类的服务协议,而对于这些服务协议,一旦网络主播与直播平台运营人产生纠纷,网络主播一般会提出请求仲裁机关或法院认定劳动关系存在的诉求,网络直播平台基于自身的利益考量往往会主张

---

[30] 侯玲玲、王全兴:《劳动法上劳动者概念之研究》,载《云南大学学报》(社会科学版)2006年第1期。

不存在劳动关系的抗辩，而法院往往会坚持认为只有“劳动者融入了用人单位的组织，在用人单位的指挥管理下工作”[31]才真正具有人格从属性。所以，尽管主播和平台之间双方签订的合作协议确定了收益分成比例而且实际也按此履行，但是这只能说明双方之间存在一定的合作关系，只能是平等主体之间的民事契约关系，与劳动管理的隶属关系存在本质差异。[32] 故基本不会支持合作分成模式和独立操作模式成立劳动关系，即使对于书面签约模式也存在差异化的裁判结果，造成这一僵局的外因是法官时常徘徊于平台经济长远发展效益价值和劳动者正当权益保护公平的价值选择之间，其内因则仍是传统的劳动者地位认定标准不能完全调整网络主播和平台运营人间的关系、不能完美衡平网络主播和平台运营人间的利益局限性所致。

四、网络主播劳动者地位认定的路径建构

（一）网络主播劳动者地位认定路径建构的影响因素

网络主播劳动者地位的认定，既需要通过对传统的劳动关系认定标准进行扩大化的法律解释，也需要积极探寻新的更具包容的概念体系和创新路径，以适应人工智能搭建的互联网大数据平台以更低的成本和更高的效率将个体劳动者直接与市场需求相连接，[33]对非标准劳动关系的拓展和对传统劳动关系的重塑。在探寻和构建网络主播劳动者地位认定的创新路径过程中，我们需要着重把握影响网络主播劳动者地位认定的人工智能时代变迁因素、网络平台经济发展因素、网络主播权益保障因素及其互相交织对劳动法中劳动者地位认定产生的多重冲击和挑战。

第一，人工智能时代变迁是影响网络主播劳动者地位认定路径建构的根本因素。人类一切有意识的活动（特别是创新性活动），都是在人类智能的支配下展开和完成的。人工智能科学技术的研究目标，正是要探索人类智能（自然智能的最佳代表）的工作机理，在此基础上研制各种具有一定智能水平的人工智能机器，为人类的各种活动提供智能服务，[34]由此可见，人工智能的进步和快速发展将必然带动人类科技、经济、社会、文化、军事等各个领域的创新发展。[35] 可以想象，未来人工智

---

[31] 王倩：《德国法中劳动关系的认定》，载《暨南大学学报》（哲学社会科学版）2017 年第 6 期。

[32] 本案详细案情，参见上海市第一中级人民法院（2016）沪 01 民终 13459 号民事判决书。

[33] 纪雯雯、赖德胜：《从创业到就业：新业态对劳动关系的重塑与挑战——以网络预约车为例》，载《中国劳动关系学院学报》2016 年第 2 期。

[34] 钟义信：《人工智能：概念 · 方法 · 机遇》，载《科学通报》2017 年第 22 期。

[35] Mariano - Florentino Cuéllar, A Simpler World? On Pruning Risks and Harvesting Fruits in an Orchard of Whispering Algorithms, *UC Davis Law Review*, 2017 (51), pp. 28 - 46.

能在人类劳动领域的发展会出现如下三个趋势:其一,用人工智能的“劳动者”代替或补充人类劳动者,“以解决未来劳动力稀缺的问题,这在当下的许多大型企业中已成为现实。”[36]其二,用人工智能助力劳动效率的提高,加速劳动力的生产过程。其三,在人工智能的基础上,提高个性化劳动的水平,并通过定制服务最终解决劳动力短缺这一老龄化社会的普遍难题。与此同时,人工智能也会对劳动法造成一定的冲击,给劳动规则、劳动法律乃至劳动伦理带来一系列尖锐问题。因此,人工智能时代背景变迁是影响网络主播劳动者地位认定创新路径构建的根本因素,在构建和完善网络主播劳动者地位的创新路径时须臾不可脱离人工智能的社会时代背景。

第二,网络平台经济发展是影响网络主播劳动者地位认定路径建构的现实因素。网络平台运营人兼具用工单位和市场主体的双重身份,其对于网络主播劳动者地位的认定更多地持有排斥的态度。来自网络平台组织的声音大多认为,网络主播以及其他新型平台经济从业者的劳动者地位的认定或劳动者权利的界定虽然是“劳动力市场交易的基本前提,但是最终结果(产值最大化)与法律判决无关”,[37]因为劳动者权利的界定是一个演进过程,从不界定到清晰界定都是合理的,而且由于信息成本,任何一项权利都不是完全界定的。[38] 此外,认定劳动者地位和界定劳动者权利本身也需要制度成本。单纯地认定网络主播劳动者地位并赋予其劳动者权利,并不能彻底解决传统的劳动者认定标准的司法裁判困境,相反,“它完全可能阻碍或制约网络平台经济朝着强人工智能阶段发展的趋势”,[39]“平台企业或许能在某些领域从法律确定性中受益”,[40]但从长远看,密集的劳动者保护权利群势必会抑制平台经济的进一步发展,这也是网络主播劳动者地位认定创新路径构建过程中不得不慎重对待的现实因素。

第三,网络主播权益保障是影响网络主播劳动者地位认定路径建构的核心因素。如前所述,网络主播基于平台提供劳动,名为新型劳动形态和新兴网络用工,

---

[36] James Smithies, The Digital Humanities and the Digital Modern, London: Palgrave Macmillan, 2017, pp. 79 - 111.

[37] [美]科斯:《生产的制度结构》,盛洪译,上海三联书店1992年版,第72~73页。

[38] [美]巴泽尔:《产权的经济分析》,费方域、段毅才译,上海三联书店1997年版,第160页。

[39] Martin Senftleben, Maximilian Kerk, Miriam Buiten, Klaus Heine. New Rights or New Business Models? An Inquiry into the Future of Publishing in the Digital Era, *International Review of Intellectual Property and Competition Law*, 2017(5), pp. 538 - 561.

[40] Giulio Coraggio. Are you ready for Artificial Intelligence? Cyberspace Lawyer NL, April 2017(3), pp. 22 - 25.

但其本质只不过是劳动工具发生了变化,仍属于非标准劳动关系的范畴,而"非标准劳动关系具有非标准性,其劳动关系构造不同程度地突破了标准劳动关系的内涵,具有不规范性和复杂性,从而对原有的劳动关系法律调整机制提出了挑战"。[41]挑战的重中之重在于网络主播作为非标准劳动者的正当权益保护。换言之,不管网络主播通过何种途径提供劳动,只要其作为"人"、作为"劳务给付者"的劳动力"主体地位尚未发生变化,就应该赋予其适当乃至充分的法律权利和救济",[42]"如果听任劳动市场自由发展,将会对雇员产生严重的后果,因为他们不仅要听从雇主的驱使和统治,而且大多数雇员还得接受越来越糟糕的工作条件"。[43] 这也是必须对不平等竞争关系中处于弱势一方的网络主播进行有效保护的基础所在。

(二)网络主播劳动者地位认定出路建构的理性选择

建构网络主播劳动者地位认定的创新路径,需要充分考量人工智能时代的影响因素、网络平台经济发展的现实因素以及网络主播权益保障的核心因素,立足于我国平台经济的整体发展和新型用工权益保护现状的客观现实,积极借鉴域外国家非标准劳动者的立法经验,构建具有我国特色的新时代非标准劳动者概念体系,实现对网络主播等新型劳动者的分类调整和区别对待,待时机成熟时适度扩充传统的劳动者地位认定标准,主动适应人工智能新时代下平台经济的新型用工形势。

1. 立足我国直播平台经济发展现实,借鉴域外国家相关立法经验

平台是维持网络世界正常运行的重要基础设施,"平台经济是网络经济发展最重要的参与者",[44]给网络用户提供了交流、联系、工作、娱乐的起点,平台组织通过移动网络平台开发了巨大的市场需求,获得了丰厚的利润回报。例如,2016 年我国网络直播平台数量、网络主播数量呈"爆发式"增长,用户规模和整体营收同比翻了一番。但回顾我国平台经济的发展和平台组织用工的现实,劳动主体的频繁流动性和劳动工具的虚拟灵活性产生的劳动争议几乎成为每一个平台组织的致命弱点。在此种情形下,传统的劳动者地位认定标准是继续适用还是及时创新?对此,我们需要借鉴域外国家的立法经验。

---

[41] 杨红梅、马跃如:《非标准劳动关系中劳动者权利保护体系的缺陷与完善》,载《湖南科技大学学报》(哲学社会科学版)2014 年第 1 期。

[42] Amir H. Khoury, Intellectual Property Rights for "Hubots": On the Legal Implications of Human – Like Robots as Innovations and Creators, *Cardozo Arts and Entertainment Law Journal*, 2017(35), pp. 635 – 670.

[43] [德]沃尔夫冈·多伊普勒:《德国雇员权益的维护》,唐伦亿、谢立斌译,中国工人出版社 2009 年版。

[44] Jeffrey Jarosch, Novel "Neutrality" Claims Against Internet Platforms: A Reasonable Framework for Initial Scrutiny, *Cleveland State Law Review*, 2017(59), pp. 537 – 592.

域外国家的立法经验是,对于标准劳动者之外的非标准劳动者存在德国法上的“类似劳动者”和英国法上的“准劳动者”概念,两者均适用于“经济依赖性较强,而人格从属性和组织从属性较弱”[45]的用工关系。在此,我们尝试借鉴德国劳动法上的“类似劳动者”概念分析网络主播作为非标准劳动者的法律地位,据以界定网络主播的身份地位并给予必要救济。“德国劳动法采取雇员、类雇员和自雇者的三分法,人格独立但经济上有从属性的‘类雇员’能够享受部分劳动法律规范的保护。”[46]之所以给“类似劳动者”或“类雇员”以劳动法上的倾斜保护,是因为考虑到“类似劳动者”或“类雇员”所提供的劳务以及在社会经济地位上不但与处于劳动关系中的雇员地位相当,而且用工单位是“类似劳动者”经济来源的主要提供者,其地位明显高于“自雇者”,需要适用某些劳动法律并采取均等原则和差别待遇原则对其进行有效保护。同时,适用均等原则可使“类似劳动者”享受到与劳动者同等的工资报酬、劳动环境、劳动保障等劳动条件待遇,用人单位除非提出合理正当的事由,否则其与“类似劳动者”之间的服务协议不得违反均等原则、不能实施差别待遇。此外,用人单位提出的正当事由,须是基于劳动岗位和劳动者个性的客观事由。也就是说,“一方面,类雇员和他的合同相对方之间的关系根据其具体所属的合同类型由相应的法律规定调整,另一方面,类雇员还能享受部分劳动法律规范的保护”。[47]

2. 构建非标准劳动者概念模型,实现对网络主播的分类调整和区别对待

在网络主播的工作类型中,较之于自娱型兼职主播和位于头部的创业型全职主播,普通的创业型全职主播数量巨大且明显处于弱势地位。此外,普通的创业型全职主播出于生存压力考量,为了获得更多收入,播放低俗色情暴力视频,广受民众诟病。因此,如何合理界定普通的创业型全职主播的法律地位并给予其应有保护,是网络新型用工环境下需要深入研究的社会现实问题。综观上述分析可知,普通创业型全职主播中又有书面签约、合作分成和独立操作三种模式,其中,独立操作模式由于不接受直播平台运营人的管理、不领取运营人按时发放的薪资,可以排除劳动关系范畴。书面签约模式恰恰与之相反,其接受平台运营人管理、领取平台运营人薪资,可以认定为劳动关系。需要特别关注的是合作分成模式,此模式的使用最为广泛,也极易因是否存在劳动关系产生争议。因此,我们在借鉴德国劳动法

---

[45] 谢增毅:《我国劳动关系法律调整模式的转变》,载《中国社会科学》2017年第12期。
[46] 王倩:《德国法中劳动关系的认定》,载《暨南大学学报》(哲学社会科学版)2017年第6期。
[47] 王倩:《德国法中劳动关系的认定》,载《暨南大学学报》(哲学社会科学版)2017年第6期。

上“类似劳动者”概念的基础上，围绕强经济从属性、弱人格从属性的非标准劳动关系核心特质，建构“非标准劳动者”概念模型，与我国劳动法上的标准劳动关系相对应，以界定合作分成模式下普通创业型网络主播的法律地位。

首先，合作分成模式下的普通创业型网络主播对网络直播平台的人格从属性较弱且具有虚幻性，法院裁判通常是否定的。在网络虚拟时空中，抽象平等、自由的法律人格能不能真正改变劳动者受“奴役”的境况，劳动者的虚幻自主权能否掩饰其人格、经济的从属性，需要结合具体用工形态进行识别。在合作分成模式下的普通创业型网络主播和平台运营人之间，网络主播的工作自主度、劳动自由度和脱离约束较强，平台运营人的管理权、指示权和监督权较弱，劳动关系在形式上已发生异化，鉴于“不同工作环境在劳动关系的强度和程度上存在同质和异质的差异”，[48]劳动关系实质上仍是根源于双方服务协议，涉及将来权利义务分配，并呈现于当下的给付劳动关系。因此，即使存在平台运营人向主播让渡管理控制权的事实，平台的权力行使空间因此受到压缩，但平台运营人仍然可以基于自己的经营管理权威行使指挥监督权，即发布关于工作内容的指挥决定，平台的指挥监督权依然存在。虽然网络主播的自主决定权不容忽视，但是其与监督管理权两者孰高孰低，已在陕、京、沪、粤四地法院对同类案件作出的相异裁判中暴露无遗。

其次，合作分成模式下的普通创业型全职主播皆和平台运营人之间存在较强的经济从属性，对此法院裁判通常是肯定的。对普通创业型主播而言，主播在其直播过程中以其主播经验和知识储备提供娱乐休闲服务或知识技能教学，“获得谋生所需要的对价劳动报酬，以维系肉体生命的存在并借以达到自我价值的确证”，[49]对于平台的经济依赖性显而易见。可以肯定地说，平台运营人的工作报酬构成了其主要生活来源，这些工作报酬与普通创业型全职网络主播的基本生活保障密切相关，是主播提供劳动，并为服务协议相对方所使用的合理对价。此外，对于此类主播而言，除了从网络直播平台运营人处获得生活来源之外，并没有其他可靠的稳定收入，从而在主播和平台运营人之间形成了不对等的劳资谈判筹码，决定了创业型全职主播至少在经济层面上需要对平台运营人高度依赖。前述四个案件无论处理结论如何，法院大多对网络主播与平台间的经济从属性给予了认可或肯定。

因此，结合德国法上“类似劳动者”的概念可以看出，平台经济下普通创业型全职主播基于其强经济从属性和弱人身从属性的显著特征，其法律地位与“非标准劳

---

[48] 蔡继明：《劳动异质性与价值决定》，载《经济学动态》2011 年第 4 期。

[49] 侯继迎：《劳动的双重意蕴：谋生目的与自由维度》，载《东岳论坛》2012 年第 10 期。

动者"较为吻合。可以试想,如果我国劳动法在不久的将来能够对不同劳动关系进行分类调整和区别对待,则可以将普通创业型全职主播纳入"非标准劳动者的"保护范畴,从而参照标准劳动者为其提供基本劳动保护。例如,"与合同相对方的争议由劳动法院解决;在年度假期和公共假日的最低标准上享受与雇员相同的待遇;工作条件可以受集体协议的调整;享受基于种族或民族出身、性别、宗教或信仰、残疾、年龄和性取向的非歧视保护"。[50]

3. 适时扩充传统的劳动者地位认定标准,主动适应人工智能时代平台经济用工

为了主动适应人工智能时代平台经济用工的客观变化,我们既需要从劳动法治理念上"以劳动关系灵活化作为制度设计的出发点,在劳动关系认定上抛弃'构成要件'模式,采纳'要素考察'模式,以'指挥监督'、'为他人劳动'等人格从属性、经济从属性要素为核心,以'受拘束下的有偿劳动'为审查目标,借以回应网络时代劳动法边界的模糊与误解",[51]又要从劳动法制现实上认识到"专门针对远程工作设置相关政策以规制此种新型劳务供给关系,推动其发展有其必要性及实际效用,但单独制定与劳动法位阶相同的专门性法律可能导致法律体系完整性的破坏,与现有法律融合困难,易造成法律适用上的矛盾,因此并非我国之首选"。[52]

因此,较为现实可行的方式是在条件成熟时通过颁布劳动规章适度扩充传统劳动者地位认定标准,因为"在共享经济发展大潮下,政策应更加积极地引导就业不足或摩擦性失业的劳动者参与劳动力市场,不断提升劳动力市场的参与率和整体的就业质量,并创新完善相应社会保障制度,为劳动者提供必要的保险和福利",[53]而非一味地"把社会关系的'契约化'预设为指导劳动法制建设的方针和现代劳动法制的伦理基础,因为人和人之间的平等固然是一个值得奋斗的美好理想,但在平等作为一种规范的前提下,我们不能无视现实中人与人之间的差异以及由差异所导致的不平等",[54]只有将"非标准劳动者"及时纳入,形成标准劳动者、非标准劳动者平行,标准劳动者、非标准劳动者、劳务者三足鼎立的完整劳动者地位认定标准,针对具体劳动形态分而治之,才能真正增强"劳动法作为私法社会化引擎

---

[50] 谢增毅:《我国劳动关系法律调整模式的转变》,载《中国社会科学》2017年第2期。

[51] 王天玉:《基于互联网平台提供劳务的劳动关系认定》,载《法学》2016年第6期。

[52] 张颖慧:《远程工作形态下新型劳动关系的法律保护》,载《法商研究》2017年第6期。

[53] 孙飞、周琳、杨绍功等:《共享经济催生新就业形态,完善就业保障成共享经济发展新课题》,载《经济参考报》2018年1月18日,第A05版。

[54] 田雷:《契约抑或身份?——劳动法在20世纪美国的兴起与衰落》,载《开放时代》2017年第6期。

的确定性、包容性和可预测性”,[55]以“平等保障所有劳动者的劳动人权,体现所有劳动者的应有劳动价值”。[56]

五、结语

“凡权利必有救济”是对正义的最朴素回应。劳动法的正义性恰恰在于通过对弱势劳动者以倾斜保护,才能矫正失衡的劳动法律关系。在网络虚拟时空中,劳动者的虚幻自主权掩饰不了其从属性的本质,“抽象平等自由的法律人格并没有真正改变劳动者备受奴役的境况”,[57]这也是劳动法得以适用的正当性根基。网络新兴职业的集中爆发,对劳动关系的精确认定提出了更高要求,倒逼劳动关系的认定标准从统一向分立、从抽象向具体演进,催生了非标准劳动关系的产生,非标准劳动关系的积极适用,将有助于拨开劳动关系的认定迷雾,有助于构建和谐劳动关系。

---

[55] James J. Brudney, The Internationalization of Sources of Labor Law, *University of Pennsylvania Journal of International Law*, 2017(1), p. 70.

[56] 王贵勤:《劳动人权与法律规范下的劳动自治》,载《中国劳动关系学院学报》2017 年第 2 期。

[57] 曹燕:《“劳动者”的法律重释:境况、身份与权利》,载《法学家》2013 年第 2 期。

中国分享经济平台典型劳资争议司法案例研究

陆敬波* 史 庆

【摘 要】 分享经济的一大特征在于通过平台企业对消费者需求的大数据挖掘,调动和匹配服务提供者。过往劳动关系意义上的工作时空条件因此被淡化,大量的服务提供者难以寻求其项下的对待和救济。对此,社会学、劳动关系学以及网络法学开始展开较为深入的研究,劳动法学亦应展开理性地"技术"研究。以具有代表性的案例为样本,对不同行业的平台企业中劳资双方的权力结构进行细微分析,发现虽然双方的合同关系区别于过往劳动关系的法律关系模式,平台企业的管理却在事实上被强化。这一强化具体反映在押金/保证金、培训与考勤、报酬支付、服务提供、考核与惩戒、奖励与补贴、个人信息的收集与适用、知识产权的归属、排除竞争及风险外包十个方面。风险控制端、劳资博弈端及制度设计端中各类社会主体的各就其位是解决系统性风险的可能方法。互联网经济正于全球范围内对各国既有法律体系造成冲击,随着我国互联网企业"走出去"步伐的加速,国家对相应全社会系统性风险的管控,以及企业对相应社会责任的担当,亦应走在世界的前列。

【关键词】 分享经济 数字劳动 劳资争议 劳动关系

一、研究背景

(一)分享经济这四年:势头迅猛,劳资争议显现

自2012年起,随着"滴滴打车"的出现,分享经济逐步登上中国经济史的舞台。自此,除了电子商务外,移动支例、音频分享、网上租房、共享单车接踵而来。2015

---

* 上海江三角律师事务所主任律师,中国社会法学研究会常务理事。原文刊载于《中国劳动》2018年第11期。

年被称为“分享经济元年”，分享经济开始覆盖社会生活的方方面面，驾驶、家政、美容、美发、厨艺、日用品维修等服务纷纷互联网化。分享经济运作模式的大特点是在应用层面，由平台企业通过“信息平台”的大数据挖掘，调动和匹配服务提供者。这种新型用工模式实现了业务信息、工作指令、资金结算及市场评价的数据化、信息化，过往意义上的工作时空条件被淡化。正因如此，服务提供者的权益保障等问题也逐渐涌现，相关纠纷开始产生。这些纠纷不仅包括直播平台主播、家政服务人员的个体性纠纷，也包括诸如网约货运司机、外卖骑手的群体性纠纷。2018 年 4 月，北京市朝阳法院对 2015～2018 年第一季度审理的 188 件互联网平台企业劳动争议案件进行了分析。此外，上海和江苏的法院也分别通过官方媒体公布了相关案例的判决要旨。中国对平台企业用工法律问题的探讨正不断深入。

（二）数字劳动中的劳动关系：从“主义”到“问题”

有关分享经济平台（互联网平台）下劳动关系认定问题的争议由来已久，包括政府官员、法官、律师在内的实务界几乎一边倒地认为，在国家大力发展“互联网＋”的背景下，分享经济中的外部雇佣应适用较为宽松的劳动关系认定标准。仅有部分劳动法学者提出应借鉴德、意、日的经验，避免互联网服务提供者进入“无底薪、无必要费用报销、无社保、高流动率但又无经济补偿的‘边缘人’境遇”（粟瑜、王全兴，2016 年）。随着争议范围的扩大，实务及理论调研逐步深入。社会学学者开始采用田野调查的方法，对服务提供者从业心理进行研究（杜鹃等，2018 年），劳动关系学学者亦开始进行对资本通过互联网技术控制劳动过程的定量研究（吴清军、李贞，2018 年），而一些网络法学者则更早地注意到了分享经济“非法兴起”的实质，从数字劳动和平台经济两个维度，持续关注分享经济平台在整合社会资源中的产权界定与责任规避问题（胡凌，2015 年）。这些研究标志着对分享经济平台雇佣关系的理解，正逐步从一种“主义”之争进入细致而理性的“技术”研究。本文选取了若干分享经济平台典型案例，并通过对案例背后劳资双方权力结构的细微分析，揭示法院判决的背后逻辑，并提出扩大视域以关注各类参与者权利义务配置的治理建议。

二、典型案例及法律关系的表征

（一）分享经济平台劳资争议典型案例

案例一：张某与上海乐快信息技术有限公司劳动争议纠纷案（厨师案）。[①] 本

---

① 参见北京市第三中级人民法院（2017）京 03 民终 11768 号民事判决书。

案中,被告公司运营一款名为“好厨师”的APP,可在线预约厨师上门提供烹饪服务。原告是名“网约厨师”,因不满公司“停发工资”而诉至仲裁,要求确认双方为劳动关系而并非合同约定的“合作关系”,并由公司支付未签劳动合同的2倍工资、加班费、违法解除劳动赔偿金等。本案经仲裁、一审和二审,二审法院最终确认了双方的劳动关系,并支持了其经济补偿金的诉求。

案例二:刘某诉天津58到家生活服务有限公司劳动争议案(美甲师案)。[②] 本案中,原告签约入驻了被告运营的美美哒APP平台,并签订有《58到家服务协议》,后原告因以被告不缴纳社会保险、未足额支付劳动报酬等为由单方解除劳动合同,并提起劳动仲裁,要求确认劳动关系并支付相应补偿。本案中,由于原告为证明被告对其进行管理所提交的证明力不足,未被确认劳动关系。

案例三:薛某等诉上海神州华东汽车租赁有限公司等机动车交通事故责任纠纷案(专车司机案)。[③] 本案同时牵涉网约车司机、网约车平台公司(神州公司)、外包公司以及被侵权人。薛某被肇事司机施某撞伤,而施某肇事时系外包公司的正式员工,正在履行网约车平台公司派发的运营业务。此外,肇事车辆系注册于网约车平台公司名下的非运营车辆。随后,薛某将施某、平台公司及外包公司诉至法院。一审法院仅认定施某与外包公司存在劳动关系,因而判决外包公司承担交通强制险以外的赔偿责任,而网约车平台公司无须承担雇主责任。薛某上诉要求网约车平台公司与外包公司承担连带责任,二审法院支持了其主张。

案例四:贺某与上海熊猫互娱文化有限公司确认劳动关系纠纷上诉案(主播案)。[④] 本案原告系入驻被告直播网络平台公司名游戏主播,与被告签订有《熊猫直播主播独家合作协议》。由于原告认为双方系劳动关系,故提起劳动仲裁,要求确认劳动关系,并由被告支付未签订劳动合同2倍工资。经仲裁、一审、二审,法院最终未能支持原告请求。

案例五:李某与北京同城必应科技有限公司确认劳动关系争议案(闪送快递员案)。[⑤] 本案中,闪送员李某在从事闪送业务时发生交通事故,为享受工伤保险待遇,其将“闪送”平台经营者诉至法院,要求确认双方存在劳动关系。本案的关键在于法院突破平台公司的经营范围,认定其实际提供了货物运输业务,进而通过劳动

---

② 北京市朝阳区人民法院(2016)京0105民初2962号民事判决书。

③ 上海市第一中级人民法院(2017)沪01民终8230号民事判决书。

④ 上海市第二中级人民法院(2017)沪02民终11631号民事判决书。

⑤ 北京市海淀区人民法院:《称闪送途中发生事故,闪送员起诉平台经营者要求确认劳动关系获支持》,载https://mp. weixin. as. nom/s/ot9rdDmrvsSZ9igRW3GIPQ,最后访问日期:2018年8月15日。

关系的判断要素，确认了双方的劳动关系。

（二）表征：区别于过往劳动关系的法律关系模式

值得注意的是，厨师案、闪送快递员案等虽然确认了双方的劳动关系，但在所有类似案例中仍是较少数。在目前出现的分享经济平台劳资争议案例中，分享经济平台几乎无一例外地拒绝承认与服务提供者之间的劳动关系。法院主要是依据2005年劳动和社会保障部《关于确立劳动关系有关事项的通知》就主体性质、管理行为、报酬支付和业务从属四个方面进行审查。据此，分享经济平台的法律关系模式呈现出不同于过往劳动关系特征的四大特点：一是“自带干粮”的从业者。“自带干粮”是指服务提供者有可能以自身工作资料和工作能力完成工作任务，互联网平台只提供业务信息和结算支持，服务的提供亦无其他从业者的配合。而劳动关系的结合形式则是从业者必须依附于用人单位，在用人单位的组织下与其他劳动者的协作下完成工作。二是“包干”的业务性质。在过往劳动关系认定中，从业者的雇主或所在组织往往掌握了所生产产品的内部标准和外部定价，并对行业准入和行业标准的实施进行监管。但是，至少在成立初期，分享经济平台往往不会对从业者准入、服务标准及定价进行规范，有的平台甚至允许从业者直接从客户处取得报酬，从业者近乎于“包干”的自雇工，当然，所造成的内外责任也由从业者自负。三是营业范围与经营目的不符的平台企业。从业者从互联网平台获取服务信息，但互联网平台并不承认劳动成果的享有。平台企业往往声称实际从事应用软件的开发运营和服务信息的整合推送，并不直接经营实体业务。因此，从业者的劳动与互联网平台的业务范畴在认定上存在较大距离。四是减弱的从属性。这里的从属性表现在三个层次：(1)工作时空上从属性的减弱，即指从业者可能具有决定是否工作以及工作时间甚至工作形式的自主性，不再处于全日制的待命和工作状态。“只需要一部手机，就可以在世界各地工作”。(2)任务管理上从属性的减弱，即所谓的抢单而非派单，客户将消费信息输入互联网平台，或互联网平台收集消费信息后，将信息在从业者终端中共享，由从业者选择进行服务或按照时间先后、距离远近等标准进行竞争，由竞争优胜者完成消费服务。(3)核心利益上从属性的减弱，具体表现见第(2)点。

三、平台企业：协议上排除认定，事实上强化管理

如果你是一名待业人员，想通过平台找到服务机会，登录平台的APP或者网页后，你会发现平台往往设置有“商家入口”。但在具体注册时，当你点击（虽然大部分情况下都不会去点击）小小的一行《用户服务协议》，却发现你被定义为了“服务者”,并且协议中的“服务者”仅指“个人用户”,还写有平台与你“不存在任何法律上的劳务关系或劳动关系”等免责条款。

分享经济平台对服务提供者的管理是加强还是减弱?然协议上的概括排除认定不代表实践中的排除管理。恰恰相反,不同于外界对平台经济的美好想象,在经历过一轮轮市场洗礼后,平台企业对服务提供者的管理正不断强化。且在代码即法律的世界里,法律关系变动可能仅仅发生在一次APP升级之中,而法律关系的终止也可能化作屏幕上冷冰冰的“禁止接入”。由于篇幅限制,笔者将省去理论分析,聚焦于互联网平台与服务提供者在十个权利义务配置方面的实践现状及背后的演变过程。

(一)押金/保证金

平台企业往往向服务提供者收取押金。押金的作用很明显,即生产资料的使用费。例如在厨师案中,平台企业称押金是“提供厨师服、做饭用具的租赁费用,退还物品时,则予以返还”。此外,部分平台还对交易收取保证金,如在某美甲师服务平台案中,平台企业约定由美甲师使用平台获得服务订单信息时,应向平台支付保证金。

但是,这一押金保证金的使用往往与其他平台企业的功能交织。平台企业提供的生产资料本身附带有平台的标志,押金/保证金的缴纳义务事实上构成了服务提供者的宣传义务,构成平台对服务提供者的平台化包装。押金/保证金还抵扣用于平台企业从服务费中抽取的分成,平台企业亦可反之将服务提供者使用生产资料的费用在其收取的报酬中扣除。此外,有些平台企业在改制时,还会对将押金作为留用服务提供者的砝码,如规定“半年内离职不予退还,半年到一年内离职退还半,干满年全额退还”。

(二)培训与考勤

同样基于标准化服务的要求及平台包装的考量,平台企业往往会进行到岗前培。如在美甲师案中,平台企业要求服务提供者在试用期内应根据其制定的订单服务标准,参加针对服务的标准化培训。据美甲师称,培训内容包括美甲技术、服务流程、如何使用美美哒APP平台以及怎样服务客户等,培训期间有收入。

此外,平台企业也并非没有考勤要求。厨师案中,厨师称其早晨10点必须到公司管理职工的办公室和派工站报到,晚上18:30也必须到此报到,报到形式为打卡,迟到要扣减工资。美甲师案中,美甲师亦表示平台企业在APP平台中规定美甲师的休息时间,一个月有4天休息,请假须通过平台,且须向由平台企业任命的组长打电话,组长申请批准后方能休息。

(三)报酬的支付

报酬支付作为双方法律关系认定的核心要点需要格外关注。在收益共享的背景下,平台企业往往掌握定价、控制分配并按月发放固定的"奖励金",却在法律关系上排除按月报酬作为工资的定性。

收益分享模式。平台企业与服务提供者的报酬分配模式可按照平台企业是否从中抽成分为两种,在平台企业不抽成的情况下,对供需双方的信息采集为其主要经营目的,盈利点多在于广告费;而在平台企业抽成的情况下,则盈利点有所转移。厨师案中,平台企业提供给厨师上述两种收益分享方式,厨师选择第二种,即不仅接受客户通过平台点名预约的上门烹饪服务,且愿意接受甲方指派、调度的平台预约上门烹饪服务。此时,客户的服务费由双方各自分配50%,同时平台支付厨师因调度所产生的费用。美甲师案中,双方约定有平台抽取的信息服务费,为平台每月代收服务款的20%。

服务的定价权。表面上看,自雇者应享有对其所提供服务的定价权,包括初始价格的决定权以及在实际服务过程中根据客观情况或客户要求的价格调整权。但在实践中,平台企业往往倾向于牢牢地控制双方在平台上约定的价格,以防止违约或欺诈损害平台利益。如厨师案中,平台企业约定厨师的服务价位一经发布即不得擅自修改,如违反规定擅自向预约客户变更服务价格的,平台企业有权立即解除与其合作关系并要求赔偿相应损失。

结算对象。客户支付的费用直接支付给服务提供者抑或通过平台支付。美甲师案中,平台主张美甲师的收入源于美甲客户通过现金(线下方式)或线上方式向其支付的劳务费,但在其与美甲师的约定中,却写有如美甲师使用平台提供的信息服务,在试行期满后,应全权委托平台企业代为收取和管理订单服务款。在平台企业结算时,有权优先扣除服务提供者应支付给平台的信息服务费。厨师案中,平台企业亦认可服务提供者收到的款项系平台企业作为中介平台代收消费者的服务款后向其支付的合作费用。

报酬的性质、标准和结算周期。平台企业往往不承认该报酬为工资,而将发放的报酬认定为以"激励奖金"为主的"一揽子收入"。如美甲师案中,平台企业虽然主张服务提供者在平台的劳动报酬源于接受美甲服务的客户支付的服务费,却又约定在服务提供者遵守相关约定的前提下,根据平台企业业务政策,服务提供者每月可获得的收入不低于10 000元(含餐补、订单激励奖金及其他根据平台激励政策可获得的奖励)。厨师案中,平台企业主张所发放的报酬为包括超单奖励在内的合作费用。主播案中,双方协议约定若主播每达到最低的月直播天数、月日均直播人次以及月直播时长的基础上,将获得人民币7000元。然尽管平台企业约定了一系列报酬发放的条件,但在实际支付时仍按月固定发放。如美甲师案中,美甲师提供的短信证据显示"本月实际保底是9000元,实际出勤26天,本月流水0元,总订单数6269单,补贴总计52元,奖金总计780元,惩罚总计0元,本月扣除押金0元,已收现金0元,本月实发工资1035元"。

(四)服务的提供

与报酬支付相对应的是服务提供,在服务提供的过程中,平台企业往往对服务提供者、服务的时间地点、选择权与拒绝权等方面进行严格的把控。

人身专属。与出版、演出、技术开发等协议一致,服务提供者必须是本人提供服务,展现出较强的人身专属性。例如,某直播平台的入驻协议规定:"未经平台的书面同意,不得直接或间接或以任何方式自行或者委托第三方代为完成本协议约定的直播内容",且"经违反,平台有权立即解除合同,并将尚未支付的网络直播费用作为违约金",若违约金金额仍不足以补偿平台损失的,服务提供者还应补充赔偿。

服务的时间和地点。对客户提出的上门服务要求,平台企业往往要求服务提供者按时抵达服务地点。厨师案中,平台企业约定由客户通过平台向服务提供者提出上门烹饪预约的,则服务提供者应当于客户议定的时间内抵达服务地点。美甲师案中,如服务提供者未能按时抵达客厂要求的服务地点,则平台有权进行惩戒直至解除合作关系。

服务的选择权和拒绝权。服务提供者是否有权选择客户?抢单模式下,服务提供者当然有权选择客户,虽然选择的结果处于不确定中。但在派单模式下,客户通过APP软件在线下单,平台企业会根据服务提供者的地理位置等信息,优先推送名服务提供者,此时服务提供者将丧失选择权。那么在此情况下,服务提供者是否有权拒绝?这成了平台企业劳动关系认定中法官及双方的主要关注点。如在厨师案中,法院当庭询问这一问题,平台企业回答可以拒绝,但是会影响好评奖。如果服务提供者没有时间,平台企业可以安排其他人,但需要事先征询客户是否接受或撤单。厨师则主张不能拒绝接单,如果拒绝会扣除工资。在美甲师案中也存在类似的对立观点。

(五)监督、考核与惩戒

基于平台企业与服务提供者全面的利益捆绑,其往往对服务提供者进行监督和考核,并会给予相应的惩戒措施。如在某平台直播入驻的格式协议上,约定平台企业有权制定平台运营制度及对主播的管理规则,有权对主播进行管理和监督,有权根据运营情况对相应规则做出调整或变更,主播对此表示理解和同意。此外,平台亦有权对主播进行考察、评判,以确立(取消)对主播的奖励或处罚,具体考察项目及标准由平台另行制定,无须额外征得主播同意。在美甲师案中,平台企业不仅有考核,亦有不定期的惩戒制度。即在协议有效期内,平台有权不定期对服务提供者进行考核,并有权根据考核结果划分订单信息服务的享有等级和制定考核期内的信息服务政策和相关制度。如服务不能令客户满意而遭到客户投诉的,则平台有权对美甲师进行计分式惩戒制度,客户差评或投诉计分到达规定数量的,则平台有权解除与美甲师的合作关系并要求乙方赔偿相应损失。

(六)奖励和补贴

平台企业的奖励与补贴制度,亦成为吸引服务提供者注册的重要诱因。如美甲师案中,平台企业会根据成单量、成单金额以及客户评价等发放补贴。但同时,平台企业也规定:"为适应市场政策及形势的不断变化,平台有权不定期推出一定的交通补贴及激励奖金等激励政策,但服务提供者不具有要求补偿、赔偿或者以任何方式主张该等补贴、奖金等激励款项的权利。"限制了服务提供者将其作为工资追索的权利。而在礼品经济(gift economy)应用最广泛的在线直播行业,服务提供者则通过获取用户赠送的虚拟道具,按照平台制定的兑换规则和分成比例获得收益,奖励与客户评价(礼品)直接挂钩。

(七)信息的收集与使用

服务提供者个人信息的让渡同样值得关注。事实上,作为平台企业的重要资产,服务提供者个人信息的取得是平台品牌宣传的必然要求。在直播平台的入驻协议中往往约定平台有权使用主播的名称(包括但不限于对方真实姓名、笔名、网名、曾用名及任何代表对方身份的文字符号)、肖像(包括但不限于真人肖像及卡通肖像等)进行各类宣传。厨师案中,双方协议明确厨师"知晓并同意将自身的身份信息、联系方式等部分隐私信息提供给平台并发布",同时"知晓并同意自身提供的烹饪服务对应的价位由平台公开并发布"。另外,有的平台也将对服务提供者自身的宣传和推广作为对其的一项服务,如美甲师案中,平台将为美甲师进行个人信息和订单服务信息的管理、展示,并将推送、宣传推广作为"增值服务"。

(八)知识产权的归属

在服务提供将产生知识产权的情况下,平台企业往往通过协议确定他们的所有权。例如,某直播平台入驻协议中规定:"服务提供者在平台进行网络直播期间产生的所有成果(包括但不限于解说视频、音频,及与本协议事项相关的任何文字、视频、音频等)的全部知识产权(包括但不限于著作权、商标权等知识产权以及相关的切衍生权利)、所有权及相关权益由平台企业享有,这一所有权免费且无期限。且未经平台书面同意,主播不得自行或提供、授权给任何第三方以任何方式使用及获得任何收益。"

(九)排除竞争

在确定权利的基础上,平台企业则会要求排除服务提供者任何竞争的可能性。如主播案中,双方的直播协议中约定,主播同意将直播平台作为独家互联网直播分享的平台,承诺在合作期内未经平台书面同意,不得在平台以外的任何第三方互联网平台上进行直播分享……主播不得为平台指定或者认可的范围以外的游戏进行直播,不得以非平台认可名义进行直播;非经平台事先书面同意不得出现任何非平台的产品介绍等;不得在协议期内承接任何竞争平台的任何商业活动,也不得将上传至平台上的视频直接或者通过第三方上传到竞争平台。

值得注意的是,尽管在可监督性上略显不足,一些以体力劳动为主的分享经济平台仍会与服务提供者约定"排除竞争"条款。在闪送快递员一案中,双方约定有"快递员不得同时为其他平台提供服务",从某种程度上最终导致了法院作出确认劳动关系的判决。

(十)风险外包

即便有上述种种行为,平台企业往往认为服务提供者是自担风险的自雇劳动者,应对其服务进行瑕疵担保。美甲师案与厨师案中,平台均以"服务提供者是以自身技能为客厂提供服务、自担风险的自由职业者"为由抗辩。直播平台亦规定有"避风港"(safe habour)式的免责,即如果主播成果中含有他人知识产权、肖像权、姓名权或其他合法权益的,则应保证已经取得相关权利人的合法授权,且有权授权平台永久免费无地域限制的使用;违反规定的,平台有权要求主播支付平台自行或委托第三方先行向他方支付相关费用,并从主播的网络直播费用中等额扣除,不足部分主播应予以补足;平台因此遭受任何经济、名誉上损失的,主播应予以全额赔偿并负责消除不良影响。

转移风险的另一典型方法是外包,在专车司机交通事故案中,平台企业即通过让专车司机与外包公司签订劳动合同的方法，试图规避因专车司机的职务行为而由其承担雇主责任的可能。平台企业认为，根据《道路交通事故责任认定书》，事故原因为驾驶员操作不当，并非因涉案车辆自身原因导致，平台企业仅为车辆所有人且不存在过错，因此不应该承担任何责任；而外包公司亦是平台企业的全资子公司，则自愿承担了保险范围以外的责任，对于互联网餐饮平台，将送餐员劳动关系外包至其他公司已经成为常态。

需要注意的是，基于分享经济平台的商业逻辑，虽然其大部分的管理措施可归于以上十个方面，但并非都全部适用于某一平台。例如，有的平台未必要求服务提供者提供担保，有的平台也未必限制服务提供者的竞争或强调知识产权的归属。尽管如此，我们仍须考虑在平台企业实现商业目的的过程中，控制住一点或几点是否能够在事实上导致管理上的全局控制。例如，即便对该名主播获得报酬的条件有诸如月直播最低天数（15 天）、月日均人次（3000 人）及时长（80 小时）的要求，但这样的限制无疑排除了该名主播用其专业在服务期内进行相同或相似工作的任何可能。并不是只需要一部手机，就可以随时在世界各地工作，而是即便只需要一部手机，也必须每天在这个平台上工作。这种对服务提供者控制上的杠杆效应，在目前各行业寡头格局趋势显著的背景下，格外值得关注。

四、法院的转向：权衡权益保护与分享经济发展

在确认劳动关系的案件中，法官首先考量的是个人有无人身和组织上的从属性，也即平台企业有多少“管理特权”。例如，美甲师案中，法院认定双方不属于劳动关系的理由包括：（1）双方约定美甲师可自主选择工作时间和工作地点，不需要坐班，没有专门、固定的办公场所；（2）双方均认可服务费的结算方式包括客户线上支付，由平台扣除信息服务费后按月支付给美甲师，或由客户直接向美甲师支付现金，故美甲师收入由客户服务费构成而非从事了平台企业安排的有报酬的劳动；（3）平台企业的营业范围为业务供给信息的收集发布，不包括经营美甲业务，因而，美甲师提供的美甲服务并非平台企业的组成部门。但是，在 2018 年的案例中，我们看到部分地方法院，尤其是北京法院的转向。其转向主要考虑了所涉权利保护的公平性、权利义务的一致性以及系争主体的抗风险能力。

（一）公平性

公平性的背后事实上隐含着对值得国家保护的价值的位阶排序。例如，在涉及公民基本权利，如劳动安全卫生、公民健康权等方面时，法院会倾向于保护争议中的弱势一方。但是，如果涉及未签劳动合同 2 倍工资等诉求时，法院则会慎重对

待。例如,在厨师案中,法院虽然认定双方的从属关系符合劳动关系的本质特征,但同时基于所签的《合作协议》对厨师的相关劳动权益给予了法定保障,故而未予以支持服务提供者主张的未签订书面劳动合同2倍工资差额的诉讼请求。

(二)权利义务一致性

除公平性外,法院有时还会考虑到平台企业权利义务的一致性。例如,在专车司机案中,法院认为肇事车辆属于平台公司所有,平台公司亦进行了投保。事发后,保险公司承担了理赔责任,而原审判决认定平台公司不承担理赔责任于法于理都不符。且专车司机系根据平台公司指令并驾驶平台公司的车辆对外营运,而相关专车的叫车服务以及车资的支付都是通过平台公司来操作的,所得款项也是属于平台公司。平台公司既然享受了权利,理应承担相应的赔偿责任。

在闪送快递员一案中,法官更是指出,平台企业不能因其采用了新的技术手段与新的经营方式而不承担本应由其承担的法律责任和社会责任。

(三)抗风险能力

抗风险能力的适用首先出现在举证责任的分配上。如在厨师案中,法院认为平台公司作为网络公司,在以移动互联网为背景的经营模式下,有能力也有义务对其公司与厨师的具体"合作"细节进行举证,以证明双方的"合作"过程完全符合其合作协议中规定的各项条款。而平台公司虽主张每月15日发放给厨师的报酬为超单奖励等合作费用,并非工资,但作为报酬发放方,未举证证明支付厨师报酬的计算明细及具体依据,亦未举证证明"好厨师"平台奖励政策已向厨师送达或与其协商一致,故应当认为该笔费用即为工资性质。

此外,抗风险能力的判断标准还直接体现在劳动用工管理的制度设计上。在闪送快递员一案中,法官认为,作为运用新技术手段进行经营的公司,其完全可以运用信息技术优势实现合法的经营、管理,法院不能因为相关配套制度尚不完善而拒绝向劳动者提供基本权利之救济。因此,将降低用工风险的责任直接分配给了分享经济平台企业。

五、长江三角洲观点:分享经济劳资争议治理需要社会主体的"各就其位"

以上法院的转向在目前整体司法裁判中只是极少数。基于地方法官对当地政治经济环境的考虑以及诸多其他的主客观原因,制度实施端尚难以做出诸如闪送快递员案中的长远考量。因此我们认为,在分享经济劳资争议治理中,应扩大视域以关注各类参与者的权利义务分配,主要体现在风险控制、劳资博弈以及制度设计三个层面。

（一）风险控制端

企业内部的争议防范是控制风险的主要屏障，但时下的平台企业普遍存在主观或客观上未能完全用尽现有劳工制度的现状。正面案例如某互联网电子设备维修平台，其于2015年设立时也遇到许多初创互联网企业常遇到的人事管理混乱问题。后经过体系化的用工设计，通过外包关系、劳务关系、劳务派遣关系，以及标准劳动关系项下申请特殊工时等方式，完成了互联网平台企业劳动用工的风险管控（无讼，2018年）。用工模式的体系化设计不仅给以服务提供者归属感，也遏制了服务提供者“接私活”的现状，从而实现了劳资双赢，使该企业成为为数不多的行业“独角兽”。

（二）劳资博弈端

平台企业劳资争议频发的另一原因在于集体组织与集体谈判缺失。正面案例如在2018年年初的上海，全国首家网约送餐行业工会——普陀区网约送餐行业工会联合会成立。普陀区成立的网约送餐员联合工会有5家，共吸纳400余名网约送餐员加入工会（申工社，2018年）。此外，互联网经济的优势即在于完善的评价制度，而无处不在的数字劳动正为民间监督提供渠道。例如，上海市食药监局已试点外卖送餐员内部举报制度，鼓励上海3万多名外卖送餐员第一时间发现并举报网络订餐平台上的问题商户（陈玺撼，2018年）。这一制度，从某种程度上分担了平台企业的监管责任。

（三）制度设计端

制度设计的典型案例如2016年由工信部、交通部等共同发布的《网络预约出租汽车经营服务管理暂行办法》，该办法对网约车平台公司、网约车车辆与驾驶员、网约车经营行为进行了较为详细的规定，从很大程度上规制了网约车行业的利益分配，并影响了其发展格局。但在其他行业，分享经济的价值分配环节被严重忽略，相应的制度设计极为欠缺。要理解分享经济的价值分配状态，一是需要全面分析数字劳动的时空谱系，二是需要分析分享经济平台的形成和发展模式。

近几年，全球互联网经济发展迅猛，并不断冲击一国的竞争法、版权法、隐私法、劳动与雇用法等现有制度。平台经济内在于互联网企业的发展模式中，其风险与巨大收益时常相伴。另外，中国互联网企业不断走出国门，部分企业甚至已成为一个国家学习的典范。因此，中国对于互联网平台企业所可能引发的全社会系统性风险的管控以及中国互联网企业对相应社会责任的担当，亦应走在世界的前列。

劳动合同法论

从雇佣契约到劳动契约的法理和制度变迁

黎建飞*

【摘　要】 从雇佣契约到劳动契约的社会化变迁，劳动法对民法中的两大基本原则“平等”与“诚信”进行了理念上的更新，矫正了形式平等并升华了一般诚信，转向了劳动法中的实质平等和最大诚信。从合同的订立、履行、解除到变更，雇佣契约与劳动契约的法律调整呈现出不同的价值评判及处理手段。通过退休年龄的实例分析，可以发现劳动契约被注入了社会保险、岗位资源等雇佣契约所不具备的社会化因素。从社会化的角度出发，劳动者就是弱者，劳动法必须突破民法视域下雇佣契约平等保护的做法，进而实现单方面倾斜性保护劳动者的神圣使命。

【关键词】 劳动法　雇佣契约　劳动契约

一、理念阐述——平等与诚信两大基本原则的历史嬗变

雇佣契约到劳动契约的演进过程，经历了法律理念的变迁，进而折射到法律制度的基本原则中。具体而言，民法中的两大基本原则“平等”与“诚实信用”，在从雇佣契约到劳动契约的转化中，在民法对劳动法的传承中呈现出重大变化：前者从形式平等发展到实质平等，后者从一般诚信发展到最大诚信。

（一）平等原则：从形式平等到实质平等

1804 年颁布的《法国民法典》承袭了罗马法的内容，将雇佣契约置于租赁契约的体系中予以规定，这是一种典型的对平等主体之间契约的法律保障。直至 1896 年公布的《德国民法典》将雇佣契约从租赁契约中独立出来，专节规定“雇佣合同”，来处理不具有从属性的雇佣关系即以双方主体之间的关系平等作为预设的前提进行的相关制度设计。然而，德国在 1896 年时已然开启了工业化时代，出卖劳

* 中国人民大学法学院教授，中国社会法学研究会常务理事。原文刊载于《中国法学》2012 年第 3 期。

动力的一方不仅在机器面前是弱小的,更基于维护自身及家人生活需要而依附于接受劳动力的一方,以致德国学者批评德国民法典关于雇佣契约的内容并“没有体现已有认识的影响”,①其不应是亦不再是农业时代那种给付与对等给付的债权合同关系。即体现在债法背后的平等精神:将所有人一视同仁的形式平等在“雇佣”的问题上,已经显示出调整力不从心的状态。原因就在于,民法包括其中的债法在内,以形式平等为根基,然而在市场自由竞争中,形式平等下的自由缔约最终导致了优胜劣汰的结果,这种结果明显呈现出一种强弱分化的态势,破坏了民法形式平等的根基,极端者甚至认为由于民法的根基不存在,民法已经濒临死亡。而劳动法中的劳动合同制度则关注到了这种由形式平等发展成了不平等的现象,为扭转不平等的负面影响,对弱者进行强于强者的关怀、保护,区别对待弱者与强者,以达到优胜劣存的实质平等,让弱者与强者重回同一起跑线上,使丧失平等根基而濒临死亡的民法重新复生。

具体反映到立法目的上,民法的立法目的就在于(形式)平等地保护民事关系中双方当事人的人身和财产权益,并不存在偏袒一方或倾斜保护某一方权益的情况。而《劳动法》在第1条就明确指出“为了保护劳动者的合法权益……制定本法”。《劳动合同法》草案前三稿的表述基本与《劳动法》保持一致,但后来雇主不同意仅仅明确表示“保护劳动者的合法权益”的表述。雇主的意见是“从劳动法到劳动合同法,都只规定保护劳动者的利益,那我的利益谁来保护呢?”民法强调的是主体平等、等价有偿这些基本原则,因此在民法的视角下,不应仅仅保护单方的合法权益,而是对双方的利益进行同等对待与保护。这在民事雇佣关系中可以实现,但在劳动关系中就另当别论了。黑格尔就曾有过这样的论述:“如果我把在劳动中获得个体化的全部时间以及我的全部作品都转让了,那就等于我把这些东西中实体性的东西、我的普遍活动和现实性、我的人格,都让给他人所有了……雅典的奴隶恐怕比今日一般佣仆担任着更轻的工作和更多的脑力劳动,但他们毕竟还是奴隶,因为他们的全部活动范围都已让给主人了。”②

不但人与人之间的使用与所有关系不同于人与物之间的作用与所有关系,而且劳动关系中的所有者与使用者也不是地位平等的。在雇主面前,劳动者是弱者。

---

① [德]W.杜茨:《劳动法》,张国文译,法律出版社2005年版,第4页。

② 参见[德]黑格尔:《法哲学原理》,范扬、张企泰译,商务印书馆1961年版,第75页。

这甚至是民法大家与劳动法学者的共识。[③] 劳动法的产生是从民法中分离出来的，其劳动合同的原型就是民法所调整的雇佣契约，之所以分离的原因既是地位强弱之势不同所致，也由劳动力的特性使然。

劳动法是工业革命的产物。当土地被原来的庄园主拿去建造工厂，农民丧失了可以耕种交租的土地，剩下的便只有劳动力，只能靠出卖劳动获得报酬来维持生计。不谋而合的是资本家建立工厂也需要农民出卖劳动力。对此，马克思在《资本论》中演绎了接下来的过程：在劳动力未出卖之前，双方都是平等的。但这种平等也只在于你出不出卖劳动力和你出卖给谁（在这些方面劳动者的确是自由的）[④]。不过，一旦双方达成一个合意，确立了雇佣关系，情况便急转直下："原来的货币占有者，现在摇身一变成了资本家，在前面趾高气扬地走着，而劳动力占有者作为他的工人其后跟随。一个是目空一切，得意洋洋，一心琢磨着发财；一个是战战兢兢，畏畏缩缩，就像到集市上出卖自己的皮一样，除了遭受蹂躏外没有任何指望。"[⑤]劳动关系的这种不平衡性在现代理论中客气地表述为劳动者对用人单位的"依附关系"，这种依附关系是在形式和内容上都表现为用人单位对劳动者的约束或者说管理，即劳动者必须服从用人单位的监督、指挥、管理和调配。这一理论客观且真实地描述了劳动关系的特性，也明示了劳动关系双方的强弱之势。

雪上加霜的是，自工业革命以来，劳动岗位的稀缺，劳动力的供大于求成为一种社会共生现象，没有一个政府有能力保证它的公民充分就业。失业不仅长期存在，还与时俱进。在现代社会，甚至出现 GDP 越增长就业岗位越减少的怪相——因为高科技导致原有的岗位不再需要原来那么多的劳动者，或者干脆连原有的岗位都淘汰掉了。形式上看，就业是一个人对岗位的占有，而实质上，就业是对社会财富的占有，是社会财富分配的初始方式。因为任何岗位都需要相应的社会财富在背后作为支撑，因为任何劳动都是生活资料与劳动力相结合。二者不但缺一不可，而且后者以前者为前提。比如要当一名出租车司机，首先至少得有一辆出租车；要当教师首先得有学校、教室和学生。在一定时期，社会资源总是一定的和有限的，是不会随着就业者的增加而增加的。由于岗位的紧俏，找不到工作的劳动者就成为社会上"多余"的人，就从一个社会人退化为一个"生物"。更加麻烦的还在于劳

---

③ 王利明教授曾运用历史解释的方法来论证《劳动合同法》第 1 条"立法目的"，得出的结论亦是劳动者是弱者，有必要对劳动者进行倾斜性保护。参见王利明：《法律解释学导论——以民法为视角》，法律出版社 2009 年版，第 357 ~ 358 页。

④ 参见［德］马克思：《资本论》（第 1 卷），人民出版社 2004 年版，第 197、204、821 ~ 822 页。

⑤ 前引④，第 205 页。

动是不能储备的，即今天不劳动，劳动者明天不可能加倍地劳动，导致劳动力的闲置和丧失是一种不可逆的绝对丧失。

法律在对社会关系进行调整时，对于处于弱势的一方，法律的天平需要适当地倾斜，原因在于如果势均力敌，双方都不需要法律；如果强弱之势明显，强者不需要法律。在社会中，只有那些通过自身力量正义得不到伸张、公平不能够实现的弱者才是真正需要法律的人，才是必须得到法律帮助的人。这便是黑格尔所描述的——不法是对法的否定，法是对不法的否定，通过否定之否定来达到一个肯定。⑥法律说到底是弱者的法律，体现在劳动法里面是保护弱势的劳动者一方。当然，这并不意味着用人单位的权利不受保护，因为在整个法律体系中，用人单位的权利可以通过《公司法》《物权法》等其他法律来保护。劳动法从产生开始就是维护劳动者利益的，雇主的利益则在此前就得到了诸多其他法律的保护，目前亟须对弱者利益施以更加倾斜的实质平等保障。因此，在劳动法领域内，没有必要把雇主权益与劳动者权益相提并论，也没有必要实行所谓的“双保护”，没有必要纠缠于究竟应该是平等保护劳资双方利益的“平等法”，还是侧重保护劳动者权益的“倾斜法”这类伪命题。⑦ 否则，在《妇女权益保障法》中，每规定妇女的一项权利就要规定男人也有这项权利；在《野生动物保护法》中也要规定与动物相对应的人的权利。当然，这样立法就没有意义了。尽管如此，在《劳动合同法》从草案到通过的立法过程中，从一审稿对立法宗旨“保护劳动者的合法权益，促进劳动关系的和谐稳定”的表述到通过时“明确劳动合同双方当事人的权利和义务，构建和发展和谐稳定的劳动关系，保护劳动者的合法权益”的表述还是实证了在这场立法博弈中，《劳动合同法》由最初起草时向劳动者倾斜的立法理念向来自相对方做出让步的轨迹和后果。立法宗旨上的让步，还实实在在体现在法律条文中，比如说劳动者在试用期间解除合同要提前三天通知，比如用人单位的直接涉及劳动者切身利益的规章制度由经工会、职工大会或者职工代表大会讨论通过变成与工会或者职工代表平等协商确定等，尽管权威人士强调指出《劳动合同法》“让步是有限度的”。但是，“作为社会法，劳动合同法的一个宗旨就是要矫正这个问题(劳动者的权益被侵犯——本文作者)”⑧的立法初衷却没有得到很好的坚持，实质平等并没有得到很好的贯彻。

---

⑥ 前引②，第91～109页。

⑦ 参见王娇萍：《〈劳动合同法〉立法的背后》，载《工人日报》2009年11月17日。

⑧ 转引自前引⑦。

（二）诚信原则：从一般诚信到最大诚信

《劳动合同法》第8条引入了“双方告知”，实际上源于《保险法》上的“如实告知”规则。《保险法》将民法的“诚实信用”变成了“最大诚信”原则。所谓最大诚信，最大的特点就是要求本人必须在投保时清楚告知，因为只有本人才知道自己的身体状况或者货物船舶情况。在劳动立法中引入《保险法》的规则成就了《劳动合同法》第8条，由此可知，立法者要求劳动者应当如实告知，做到最大诚信，而不是一般的诚实信用。民法中的诚信原则是仅仅将“最低限度的道德要求上升为法律要求”[⑨]，而在劳动法中，“雇佣契约，即按限定时间或其他限制让与我的生产操作或服务作业……其给付是以品性、信任或高等才能为根据的”。[⑩] 作为雇佣契约的后生形态的劳动契约，一般诚信已无法满足劳动者与用工者之间的相互要求。黑格尔的这段话，将旧日的雇佣契约发展成现代劳动契约的合理内核，由一般诚信推至最大诚信。

在这方面，困扰用人单位的劳动者假文凭问题最为突出。劳动者主动造假的行为已经认定，假文凭已经是无法否定的事实，劳动者应当承担不利的法律后果。虽然造假者本人及提供的文凭已经通过用人单位面试，但事实上，人的工作能力和文凭的真假是难以一眼看穿的，[⑪]所以当用人单位识别出来后，一旦认定为文凭造假就应当允许用人单位解雇造假劳动者，而且完全可以按照劳动者过错的相关条款来解雇。

违反了最大诚信原则，已经不像违反一般诚信仅带来合同当事人的损害，劳动者的文凭造假行为不但破坏了用人单位招聘人才的心理预期，即实际上不单单用人单位的利益受到损害，此种造假行为更是对社会公共利益产生负面影响。首先，从法律所保护的秩序上看，假文凭破坏了劳动力市场自由竞争的秩序，造假者与其他未造假者处于不公平的起跑线上。追求自身利益的最大化无可厚非，但是需要以符合法律及道德要求的手段去追求，每个劳动者都应该凭着自己的真本事去寻找工作岗位追求自身利益。其次，从法律被破坏的结果上看，一旦造假者基于造假行为被用人单位所聘用，势必会对其他未造假者产生负面的示范效应，激励造假。当这种造假成为一种风气，则道德将沦丧至低谷，社会不再需要具有真才实学的劳

⑨ 王轶：《略论民法诸基本原则及其关系》，载《首都法学论坛》（第1辑），北京大学出版社2005年版，第216页。

⑩ 前引②，第88页。

⑪ 这些假证件做工精美，有编号、有印章，光凭直观和经验很难分辨真伪，必须通过权威的鉴定认证方能分辨。余晓玲：《东莞一年收缴上千假文凭》，载《羊城晚报》2010年3月3日。

动者,而是看谁造假造得好。这是对未造假者的否定,辛苦多年的学习拼搏过程被造假者花几十、几百元钱用几分钟就能取代。⑫ 培根早就指出“一种普遍的作伪的习惯就是一种恶德”。⑬

从雇佣契约的社会化开始,品性、信任或高等才能就被逐渐注入作为雇佣契约后生形态的劳动契约中,以及违反最大诚信不仅影响合同当事人利益,更会损害社会公共利益。雇佣契约到劳动契约的演进过程,彰显了由一般诚信上升到最大诚信的合理性与正当性。因此,在这方面应当坚持“最大诚信”,对劳动者本人提出具有法律后果的实质性要求。只有这样,法院才能通过判例引导这个社会往前走。劳动者的劳动能力与他受教育程度即表现为文凭的标识是有关联的,一个受过专业教育的人,一般在关键时刻能够表现出不同于未经培训者的能力。如果允许文凭造假,关键时候就可能表现出损害公共利益的危害性。⑭ 社会不应等着出现了重大危害才来解决相关的问题。

二、制度分析——调整雇佣契约与劳动契约的法律文本差异

在两大理念的渗透和制约下,从雇佣契约到劳动契约背后反映出了从民事合同法到劳动合同法的契约制度差异。

(一)合同的订立:违约金的约定与禁止

民法调整雇佣合同时,只要不违反法律,或者不违反社会道德,约定的违约金基本上会得到法院的支持。但是,在《劳动法》里面,尤其是《劳动合同法》明确规定了除该法第22条、第23条以外,不得约定由劳动者承担的违约金。梁慧星教授曾指出“意思自治并非不受限制,国家出于对保护劳动者利益的需要,有必要制定特别法对意思自治予以适度限制”。⑮ 具体说来,除了劳动合同法设定的两种情况以外,劳动者没有违约的情况。这两种情况分别是:其一,专项培训条款。专项培训还必须限定支付了费用的,即在司法实践中需要拿出第三方发票,才可能产生第22条的违约金问题,而且数额还被限定在培训实际支付的培训费里。其二,竞业禁止条款。只有这两种情况下,劳动者才可能承担违约金的不利后果。就民法而言,违约金可以适用于更广泛的领域。

---

⑫ 当然,用人单位也有一定的责任,要破除高学历崇拜,对于相应的工作岗位要设置合理的学历要求,比如招洗碗工要求本科学历甚至要达到英语四、六级的水平就显得有点过了。

⑬ 参见[英]培根:《培根论说文集》,水天同译,商务印书馆1983年版,第22页。

⑭ 《伊春空难机师资历涉造假,全国至少200名》,载http://bbs.news.sohu.com/20100907/n274769883.shtml,最后访问日期:2010年9月7日。

⑮ 参见梁慧星:《生活在民法中》,法律出版社2007年版,第63页。

《劳动合同法》关于违约金禁止条款的立法本意,就是针对《劳动法》实施以来,违约金对劳动者过多过滥而设置的。河北某地区规定劳动者承担的违约金120万元,还有的地区规定200万元的。当然2万元、10万元的违约金也不是见不到。如果违约是用于劳动合同履行,或者直接地说是承担解除劳动合同的责任的话,结合《劳动法》第31条,劳动者是没有违约问题的,因为劳动者是可以无理由解除劳动合同的,劳动者所要做的无非就是提前30天书面通知雇主。所以,《劳动合同法》相关条文的立法本意是要限制雇主,目的就在于不让劳动者承担违约金;而民事关系中的违约金却是一种违约责任形式。进而言之,如果法律鼓励雇主向劳动者索取违约金,劳动者的违约金只能来源于他本人的工资,来源于其劳动所得。因为劳动者除了劳动所得之外,没有另外的收入。劳动者不是雇主,没有利润可得。在这个意义上,要求劳动者支付违约金与降低或者扣减劳动者的工资并无二致。所以,在劳动法领域,世界各国的劳动立法中,对劳动者违约金普遍持否定态度,"法律禁止实行任何恶"。[16] 这也是作为劳动契约原生形态的雇佣契约为什么在现代社会经由社会化演变成劳动契约,进而使劳动契约法从民法中脱离出来的重要原因。

我国的《劳动合同法》在劳动者承担违约金上开了两个口子,其中一个是培训费用。按照马克思的观点来说,"为改变一般人的本性,使他获得一定劳动部门的技能和技巧,成为发达的和专门的劳动力,就要有一定的教育和训练"。[17] 就社会需求和社会进步而言,将培训问题归结为劳动者自身是不公平的;甚至规定在用人单位身上也是不公平的。因为任何培训或教育都是有利于社会的,美国有一句著名的谚语叫作"没有没有用的教育",教育的最后受益者是整个社会,所以社会应当承担教育培训的责任。在国外,这个培训通常是法律规定对雇主实行减税免税的方式由政府来承担的。我国法律将培训费加在了用人单位身上,但是用人单位提供了培训就会要求劳动者服务,实际上是为政府做了解脱,让劳动者和用人单位在培训费和服务期上纠结。竞业禁止更是如此。中国在劳动法里面规定竞业禁止是错误的。虽然竞业禁止在国外立法中是可以规定的,但是不能规定在劳动法里面,因为劳动法是保护劳动者权益的法,而竞业禁止是限制劳动者权益的。所以,就法律的规范体系而言,不应当将竞业禁止规定在劳动法中,尤其不应当规定在劳动合

---

⑯ 参见[古希腊]亚里士多德:《尼各马可伦理学》,廖申白译,商务印书馆2003年版,第133页。

⑰ [德]马克思:《资本论》(第1卷),中共中央马克思、恩格斯、列宁、斯大林著作编译局译,人民出版社2004年版,第200页。

同法中。除了这两个条文之外,《劳动合同法》还专门用第25条来明确规定不得再有劳动者承担违约金的情形了。劳动合同法剔除了民法所调整的作为劳动契约原生形态的雇佣契约的不合理因素,彰显了文明发展前进的进化论思想。

(二)合同的履行:代物清偿与现金支付

2010年9月14日,最高人民法院就《关于审理劳动争议案件适用法律若干问题的解释(三)》举办新闻发布会,针对武汉一些建筑工地出现用饭票抵扣工资的事件表示,如果劳动者通过平等协商,自愿用饭票、甚至货物来抵押工资,且与工资报酬数量相等,最高人民法院对此不持反对意见。⑱ 这个说法如果限定在民事雇佣合同领域是没有问题的,因为民法中存在代物清偿制度,⑲即在原定给付为货币的情况下,允许当事人约定以他种给付,如物品、产品等给付来代替原定给付,从而发生清偿的效果。然而,事关劳动合同必备条款内容之一的工资时就有问题了。

工资的支付形式叫作劳动报酬的客体。由于事涉劳动者的基本权利和从事劳动的根本追求,⑳早在劳动法产生之初就受到重视并且逐步形成了一整套明确的工资法律规则。国际劳工公约和世界各国立法都明确规定工资的支付方式为法定货币,劳动关系双方均不得自行约定。1952年9月24日生效的《保护工资公约》第1条的工资定义便是:"在本公约中,'工资'一词系指不论名称或计算方式如何,由一位雇主对一位受雇者,为其已完成和将要完成的工作或已提供或将要提供的服务,可以货币结算并由共同协议或国家法律或条约予以确定而凭据书面或口头雇用合同支付的报酬或收入。"第3条更强调:"应用货币支付的工资,应一律发给法定货币,用记名期票、付款凭证、息票或以其他据称是可以代表法定货币的形式来支付工资,应予禁止。"㉑史尚宽1934年出版的《劳动法原论》中草拟的《劳动契约法草案》第53条也写明:"劳动报酬须以现行国币给付之。违反前项规定之约,作为无效。"㉒我国《劳动法》第50条明示了"工资应当以货币形式按月支付给劳动者

---

⑱ 张蔚然:《最高法:劳动者追索加班费需承担举证责任》,载中国新闻网,2010年9月14日。

⑲ 关于代物清偿的具体论述,参见王利明:《合同法研究》(第2卷),中国人民大学出版社2003年版,第324~329页。

⑳ "给付义务谓雇用人劳动契约上给付报酬之义务。此义务与受雇人之劳动义务相对立为雇用人之主要义务。"史尚宽:《劳动法原论》,台北,正大印书馆1978年版,第27页。"再没有比工资更重要的问题了,因为这个国家的大多数人都是靠工资生活的。他们的生活的提高——即他们的工资增长率——决定着这个国家的繁荣。"[美]亨利·福特:《我的生活与工作》,梓浪、莫丽芸译,北京邮电大学出版社2005年版,第102页。

㉑ 中华全国总工会法律工作部编:《外国劳动法与国际劳工公约和建议书选编》,中国工人出版社1994年版,第733~734页。

㉒ 史尚宽:《劳动法原论》,台北,正大印书馆1978年版,第71页。

本人”。之所以立法对此如此纠结，就在于工资是劳动者本人或全家的生计，法律要保障劳动者的工资能够不受任何制约和干扰地用于劳动者本人及其家庭。所以，不允许以非货币形式发放工资，也不允许以约定的方式改变法律的明确规定。在实际生活中，用人单位以实物代替工资的做法通常演化为给员工发放产品。这些用人单位自己都卖不出去的产品，到了劳动者手中就只能以更低价的方式变现，这在实质上是克扣或者降低了劳动者的工资。所以，许多国家都禁止以实物代替工资。由此看来，雇佣契约置于民法中予以规定，甚至法国还将其置于租赁契约章节中调整，就是没有考虑契约中劳动提供者及其全家的生计，尤其民事租赁契约根本就不关注租赁契约之外的生计问题。

在武汉这些建筑工地上，雇主有的只给劳动者发放月工资10% ~20%的现金，有的发放给劳动者1000元（月工资的50%）的代金券。这100元代金券只能在工地上用，而工地的食堂、供应日常生活用品的小卖部都是雇主开设的。且不说雇主所出售的商品在性价比上对劳动者权益造成损害，仅就强制劳动者在雇主所设范围内消费这点而言就违反了劳动立法的基本原则。许多国家的劳动立法中，都禁止雇主以任何方式限制工人支配自己工资的自由，都明确禁止雇主为下列行为：第一，不允许以自己的债权来抵销工资。第二，不允许强制雇员在其酒店、旅店中去消费。史尚宽把前者阐述为“抵销禁止之保护”，[23]《工资保护公约》则在第7条对后者作了明确的排除和不厌其烦的限制：“1. 当企业内设有向工人出售商品的小卖部，或开办与企业有关的服务设施时，不得向有关工人施加任何压力以迫使他们去利用这些小卖部或服务部。2. 当有关工人不可能去其他商店或服务设施消费时，主管当局应采取恰当措施，以期保证小卖部出售的商品和服务设施提供的服务的价格是公平合理的，或保证雇主设立的小卖部或服务设施的目的不为营利而为有益于有关工人。”[24]规定了雇佣合同章节的《德国民法典》并没有必须以法定货币支付报酬、禁止雇主不适当的报酬支付行为等内容。由雇佣契约向劳动契约的转变，反映了生存权价值被劳动法最大限度地注入劳动契约中，这是民事法所不及的。

（三）合同的解除：解约与解雇

《劳动法》第31条即是劳动者解除劳动合同的法律条文，规定了劳动者提前

---

[23] “抵销禁止亦为保护报酬之一重要手段。此所谓禁止抵销者，谓雇用人不得以自己对于受雇人之债权，与受雇人之不得扣押部分之报酬相抵销也。”史尚宽：《劳动法原论》，台北，正大印书馆1978年版，第43页。

[24] 前注[21]，第735页。

30天,以书面形式通知用人单位,可以解除劳动合同。这个条文现在变成了《劳动合同法》的第37条,只不过是增加了劳动者解除劳动合同即便在试用期也要提前3日通知的内容。其他条件照旧,即劳动者解除劳动合同要比用人单位解除劳动合同容易得多,劳动法一以贯之地对用人单位解除劳动合同进行了大量而且严格的限制。如果按照民法的原理和规定,雇佣合同双方当事人解约的权利是一样的,无论是适用前提还是限制条件,都不会出现劳动关系中双方当事人解约权利难易有别的情形。

关于劳动者解除劳动合同的权利,自《劳动法》从1995年1月1日实施到现在,实践中遇到很大的挑战,贯彻得非常不好。相关部门和专业人员有意无意地把它解读为:劳动者可以提出解除劳动合同,但用人单位可以不批准。这就使劳动合同与民事雇佣合同解约难易程度相等或者说在两个法律部门实行了同等解约的做法。[25]

20世纪90年代发生过北京琉璃河水泥厂卢某厂长辞职案,当时就因适用《劳动法》第31条而起。[26] 在这个案子里面,卢某是完全按照提前30日以书面形式通知用人单位的,但是最后判决他不能解除劳动合同。民庭的法官曾专门写文章探讨这类案件,认为《劳动法》第31条是极不公平的。[27] 它的不公平表现在我们对雇主或用人单位解除劳动合同设置了更多的限制,《劳动法》里从第25条到第27条,一直到第29条、第32条,都是限制用人单位的;而劳动者走人,却不需要任何理由。不过,“劳动者要走人,不需要任何理由”是全世界通用的劳动法准则,这也是劳动合同不同于民事雇佣合同的准则。至少有三条理由为此提供支撑:一是人身

㉕ 《劳动法》第31条规定:“劳动者解除劳动合同,应当提前三十日以书面形式通知用人单位。”从合同法理上讲,此条实际上是赋予劳动者以劳动合同的单方解除权。《劳动法》作此规定的目的,我国学者多认为主要是保护劳动者在劳动关系中的弱者地位,维护劳动自主的权利。但从民法理论和审判实践来看,这一规定有悖于法理。”参见马强:《劳动合同若干问题研究》,载 http://www.xianwang.net/mb/ht/10677_4.html,最后访问日期:2011年6月26日。

㉖ 卢某是北京市琉璃河水泥厂厂长,1995年11月13日卢某向该厂递交辞职报告,又在《劳动法》第31条规定30天届满的12月14日再次递交辞职报告,并于当日下午到中外合资企业北京兴发水泥有限公司担任厂长。北京市琉璃河水泥厂提请仲裁,北京市房山区劳动争议仲裁委员会裁决卢某和兴发水泥有限公司共同赔偿琉璃河水泥厂162万元。后经北京市第一中级人民法院调解赔偿80万元(兴发水泥有限公司赔偿76万元,卢某回琉璃河水泥厂工作并赔偿4万元)。参见《新华文摘》。

㉗ “《劳动法》不附加任何条件地赋予劳动者单方合同解除权,这无疑是认同了劳动者在劳动合同的有效存续期间内任意单方解除合同行为的合法性(只需提前30日书面通知用人单位即可),这便造成了法律规定与合同约定之间的矛盾。”参见马强:《劳动合同若干问题研究》,载 http://www.xianwang.net/mb/ht/10677_4.html,最后访问日期:2011年6月26日。在严格意义上,这一规定的确造成了与民事合同约定之间的矛盾,但劳动合同除外。

自由,行为人的劳动与行为人的人身密不可分,限制劳动就等于是限制人身;二是劳动是自由的、是基本权利,强制劳动只能用来承担刑事法律责任;三是如果法律规定劳动者解除劳动合同的理由或者规定其需要理由,当劳动者的理由不成立时,必然会得到一个败诉的裁决,但这样的裁决是不可能强制执行的,因为不可能使用强制措施逼迫劳动者上班。然而,用民法的观念来看,这的确是不公平的。从解释论的角度出发,《合同法》第93条和第94条规定了约定解除和法定解除民事合同的情形,最为关键的是,这些情形对双方当事人都同等适用,不存在厚此薄彼的状况。民事雇佣契约主体双方之间解约的难易程度相等。但劳动法的基本原则就是"招聘容易解雇难",这是劳动法学原理,也是劳动立法准则。劳动法要维护劳动者的利益,甚至唯一能够做的就是设置解雇障碍,要求雇主只要找不到法律的明确规定或者劳动合同的明确规定,就不能解雇劳动者。法律不允许将劳动者招之即来挥之即去,但法律却并不以此限制劳动者,因为劳动力市场供大于求的现实决定了劳动者是"一职难求、一职难保",用人单位则恰好相反。民事雇佣关系双方与劳动关系双方解约难易程度不同的原因就在于:首先,劳动法是着眼于普通劳动者的,它实际上并不关心诸如白领之类的高层职员。因为劳动法起源于工厂法,19世纪初产业工人的"领"都不会是"白"的。所以,劳动法始终还是着眼于流水线上的工人、建筑工地的工人、矿山或井下的工人、纺织厂的女工等这些普通劳动者,他们很少能够去炒雇主的鱿鱼。民法中的雇佣合同缔结主体之间是平等的,相互之间可互相解约,但普通劳动者的劳动却与其本人和家人的生计息息相关,其附属于用工者而不会轻易解约。其次,在我国劳动法实施的初期,法院、仲裁机构还确实出现过判决和裁决要求劳动者必须继续去履行这个劳动合同。这样的判决在发达国家是不可能出现的,因为这样的判决没法执行。富勒曾将法官沃恩的话引到他的著作中,即"一部人们不可能服从或无法依循的法律是无效的,而且不是法律,因为人们不可能……依其行事"。[28] 劳动者当然可以选择不劳动,只不过不劳动的结果是不劳动者不得食。所以,世界上没有任何法律规定劳动者由雇主强迫其劳动。

各国劳动法没有规定劳动者解约理由的,从而成就不对等的解约保护,这与民法中对等的解约保护形成鲜明的对比。我国《劳动法》第31条,如果按照民法来理解,真的就是不公平的。劳动法限制雇主、限制用人单位那么多,所以这个区别是非常明显的。这种明显就在于它是劳动法,它不是民法,它不是等价有偿的,不是

㉘ [美]富勒:《法律的道德性》,郑戈译,商务印书馆2005年版,第40页。

完全对价的,双方的权利义务也不是完全对应的,“恰恰因为事物的力量总是倾向于摧毁平等的,所以立法的力量就应该总是倾向于维持平等”。[29] 民法的解约,就需要始终坚持公平原则。而在劳动法上,双方的解雇是不对称的,所以才会产生《劳动法》第31条,也就是现在《劳动合同法》第37条。从理论上讲,我们经常说劳动者是弱者,弱者和强者之间,它是一个不等式。对于一个不等式,所谓的平等保护只能维持等式的不平等;要使不等式回归平等、寻求一种公平和公正的话,只能倾斜性保护,只能给一端的二加以三、另一端的三却只能得到二。卡尔·拉伦茨就曾言“如果不存在这种均势,法律制度就必须采取措施,为维护典型的弱方的利益而创造某种平衡态势”。[30] 因为作为不等式,给双方同等的加重或减轻,它依然是一个不等式,所以需要加重弱势一方,然后使它成为一个等式。由此可见,由雇佣契约向劳动契约的进化,彰显了保护弱者的思想,实践着维护实质平等的法律理念。

(四)合同的变异:居间行为与劳务派遣

居间行为的类型之一就是居间人向委托人提供订立合同的媒介服务,并由委托人支付报酬。居间行为是民事交往中的一种正常行为,由此产生的居间合同法律制度也是一项重要的民事法律制度。出于鼓励交易、促进流通等原因,民事立法并不限制亦不禁止居间行为。雇佣人为寻求受雇人,可以委托居间人向其提供订立雇佣合同的媒介服务。居间人找到符合雇佣人要求的受雇人时,提供给雇佣人,最终可能会促成需要人手的雇佣人与居间人找到的受雇人之间缔结雇佣合同,建立雇佣关系。但居间人与受雇人之间是不会因此而签订雇佣合同,更不会建立雇佣关系的。

居间行为之于雇佣契约具有正面的作用,然而劳务派遣之于劳动契约则不是如此。在劳动法律制度中,劳务派遣是一种非主流,甚至是一种不正常的用工方式。在制定《劳动合同法》的过程中,劳务派遣是要给予限制并且尽可能予以取缔的制度。但是,法律实施的后果却是使劳务派遣如雨后春笋般地生长。《劳动合同法》制定前,我们国家的劳务派遣已经占到用工比例30%,这是世界各国都没有的高比例现象。《劳动合同法》实施后,我国的劳务派遣已经超过用工比例的60%,

---

[29] [法]卢梭:《社会契约论》,何兆武译,商务印书馆2003年版,第67页。

[30] [德]卡尔·拉伦茨:《德国民法通论》(上册),王晓晔、邵建东、程建英、徐国建、谢怀栻译,法律出版社2003年版,第70页。

而且普遍盛行于大中型国有企业。[31] 劳务派遣使劳动者缺乏职业荣誉感、丧失职业归属感。当"爱岗敬业"成为历史,当"以厂为家"成为妄语,当钻研技术、精通业务成为多余,职工们都是做一天和尚撞一天钟,劳动者没有也不可能投入全部精力来搞好本职工作。从制度角度看,劳务派遣如果能够盛行,《劳动法》和《劳动合同法》将成为多余的法律。也就是说,一个具体的法律规定可以摧毁法律本身。

居间行为的法律关系较为清晰,经过居间的中介活动使作为委托人的雇佣人与作为第三人的受雇人建立雇佣合同关系后,居间人就已经完成任务,并不介入到雇佣人与受雇人的雇佣关系中去,作为第三人的受雇人亦清楚知悉自己是与作为委托人的雇佣人基于雇佣合同关系为雇佣人从事相应的行为。劳务派遣则将劳动关系割裂开来,劳务派遣单位将符合实际用工单位要求的劳动者派遣到实际用工单位中,本应是实际用工单位与派遣劳动者缔结劳动合同并建立劳动关系,现如今却变异成劳务派遣单位与派遣劳动者缔结劳动合同并建立劳动关系。劳务派遣最大的特点在于劳动者被雇佣,但不知雇主是谁,当然这是针对劳动者而言。作为用人单位,是雇人者不用人,用人者不雇人。用比较规范的学术用语来说,就是"有劳动无关系,有关系无劳动"。劳务派遣将一个关系割裂为三方过后,唯一受到损害的只有劳动者。而从劳动者损害中获益的,则是实际用人单位和劳务派遣单位。[32]

劳务派遣除了使建立劳动合同的主体变异之外,更对作为"人"的劳动者进行了变异,即与现代社会格格不入的是劳务派遣单位获得经营收入的客体是劳动者本身,即劳务派遣是以"人"为经营对象并从经营对象身上获取收益的。而"人"不能拿来经营、是现代社会的一项基本准则,更不允许任何单位或者个人通过经营人本身来获取利润。即便是职业介绍,国际劳工组织从1919年起就只支持国家垄断的公共职业介绍所,限制甚至禁止收费的私营职业介绍。[33] 1919年的《失业公约》和建议书都明确规定为工人提供免费的、平等的职业介绍服务是公共部门的职责。1948年的《职业介绍设施公约》也规定成员国应拥有公共的、无偿的职业介绍设施。即便是1997年制定的《私营就业机构公约》也明文规定私营就业机构不得直接或间接地、全部或部分地向工人收取任何酬金或是让其承担费用。

---

[31] 全国总工会一份报告称,全国劳务派遣人员总数已经达到6000多万人,主要集中在公有制企业和机关事业单位,部分央企甚至有超过2/3的员工都属于劳务派遣。参见惠铭生:《"打捞"〈工资条例〉中的劳动者声音》,载《半月谈》2011年8月24日。

[32] 参见黎建飞:《"派遣劳动"应当缓行》,载《法学家》2005年第5期。

[33] "既然劳动力不是商品,就不应将为工人介绍工作作为商业行为从中牟利。"参见刘旭:《国际劳工标准概述》,中国劳动社会保障出版社2003年版,第52页。

居间行为在民事雇佣领域中广泛存在和适用,但该制度鼓励交易、促进流通,对市场经济具有积极意义。相比之下,劳务派遣则带来更多消极负面的影响,不仅使建立劳动合同的主体变异,还对作为"人"的劳动者进行了变异。所以,在劳动法律制度中,尤其是在劳动合同法的范畴内重点要解决的就是劳务派遣的问题。这基本可以作为大家的共识,但在现有框架内却缺少解决的良方。比如,关于劳务派遣只用于"临时性、辅助性或者替代性的工作岗位"的所谓"三性"问题,目前都没办法解决。[34] 以"临时性"为例,曾经设想过将其限定为6个月、3个月甚至1个月,但如此一来,就可能产生劳动者本来还能工作到6个月、3个月或者1个月以上,却由于法律的硬性规定让劳动者到时就丢掉了工作。这便是法谚中的所谓"规定即否定"吧!也难怪卢梭会感慨"为人类制定法律,简直是需要神明"。[35] 单从这一点而言,为促使雇佣契约的缔结而使用居间行为,演变到为促使劳动合同的缔结而使用劳务派遣,已然不符合进化论的观点,而应当属于退化论的结果。无奈,矫正劳务派遣之过的最好办法只剩下在劳动法律制度中剔除劳务派遣。

三、实例评说——社会化使雇佣契约向劳动契约转化

2010年9月10日,国务院新闻办公室发布《中国的人力资源状况》白皮书称,到2035年,我国2名纳税人将供养1名养老金领取者。当天,人力资源与社会保障部副部长王晓初在一个新闻发布会上表示,对退休年龄的问题还在进行研究,这个问题需要综合考虑中国人口结构变化的情况、就业的情况来进行考量,并注意到国外有一些国家在研究、讨论或者已经决定要提高退休的年龄,同时也注意到这个问题在国外也存在一定的争议。但随后人力资源和社会保障部有关负责人于2010年9月15日表示,我国暂时不会调整退休年龄,有关部门目前只是在研究一些"延迟退休"的建议,并不代表现行退休年龄规定即将更改。[36] 接下来,上海则于2010年10月1日开始实行弹性退休年龄制度,延迟退休的男性一般不超过65周岁,女性一般不超过60周岁。[37]

从雇佣契约到劳动契约,经历了社会化的过程,从简单的两方债权债务关系的相对性阶段,过渡到衔接社会保险、岗位资源等涉他性的阶段。这产生了民法与劳

---

[34] 志灵:《工资条例需要有实质性突破》,载《半月谈》2011年8月24日。

[35] 前引[29],第50页。

[36] 赵鹏等:《人保部副部长:延长退休年龄问题尚在研究中》,载《京华时报》2010年9月11日;白天亮:《人保部:暂时不会调整退休年龄,称有关部门目前只是在研究一些"延迟退休"的建议,不代表即将更改现行政策》,载《南方都市报》2010年9月16日。

[37] 《上海柔性延迟退休年龄:男性上限65岁女性60岁》,载《新京报》2010年9月28日。

动法中相同年龄却获取不同权利的状况。从实例报道来看,诸多网站上都有上万条跟帖回应对此问题的看法,同时对上海的试行做法也是褒贬不一,表明社会上已经对年龄与权利的关系给予了高度的关注。

就年龄与权利的关系而言,在民事雇佣中表现为行为人在不同年龄或者说不同年龄段都享有民事权利,或者说都享有不同的民事权利。但在劳动法中,行为人的劳动年龄与劳动权利的关系却呈现出另外的形态,其存在劳动年龄的上下限的制约问题,主要涉及劳动年龄的下限。就笔者所收集到的法律文件规定(见表1)可知,实务操作的认识并不统一。

表1　离退休人员返聘的法律文件整理

类别	文件名称	发布日期(上) 实施日期(下)	核心内容	说明
中央规定	最高人民法院行政审判庭《关于离退休人员与现工作单位之间是否构成劳动关系以及工作时间内受伤是否适用〈工伤保险条例〉问题的答复》	2007年7月5日 2007年7月5日	已经为其缴纳了工伤保险费,其在受聘期间因工作受到事故伤害的,应当适用《工伤保险条例》的有关规定处理	可适用于劳动法
	国务院《关于严格执行工人退休、退职暂行办法的通知》	1981年11月7日 1981年11月7日	没有经过批准,超过退休年龄继续工作的时间不计算"连续工龄"。对于应当退休、退职的工人,经过多次动员,仍然坚持不退的,可以停发其工资,改发退休费或退职生活费	原则上不适用于劳动法
	对外贸易经济合作部《关于我部退(离)休干部返聘问题的通知》	1997年9月10日 1997年9月10日	已办理退(离)休手续的干部,原则上各单位不再返聘,确因工作需要返聘的,应按干部管理权限上报批准同意后,方可办理返聘手续。在返聘期间,不得担保实职(有关学会、协会等单位除外)	不明确,有适用公务员法的可能,进而不适用劳动法

续表

类别	文件名称	发布日期(上) 实施日期(下)	核心内容	说明
中央规定	《国家环保局离退休干部返聘(聘用)暂行办法》	1994年6月17日 1994年7月1日	各司(办)返聘的离退休干部,在受聘期间除享受正常的离退休干部待遇外,可享受适当的返聘费,返聘费由用人部门从项目经费或业务费中开支	原则上不适用于劳动法
	审计署《关于对审计事务所返聘的离退休专业技术人员试行专业技术职务聘任制度若干问题的通知》	1988年1月6日 1988年1月6日	其离退休工资、福利待遇和其他的生活待遇仍在原单位继续享受	不明确
地方规定	《哈尔滨市留用聘用企事业单位退休职工的若干规定》(1998年修改)	1998年1月4日 1989年6月1日	职工退休后,原工作单位需要时,可优先留用。被原工作单位留用或外单位聘用后的报酬和因工负伤或死亡的待遇,按有关规定执行	不明确
	《广州市聘用企业退休职工若干规定》	1992年12月26日 1993年1月1日	退休职工受聘再工作期间,其退休费(包括各项补贴)、医药费、非因工死亡丧葬费和救济费以及其他保险福利待遇,均由原工作单位负责发给。退休职工在受聘期间因工伤残、死亡的,其医疗费、护理费、补助费、丧葬费、抚恤费等项劳动保险待遇,由聘用单位按现行职工因工伤亡的有关规定负担全部费用	原则上不适用于劳动法
行业规定	《建设银行总行机关退(离)休干部返聘暂行办法》	1990年8月4日 1990年7月1日	凡被返聘的退(离)休干部,应给予适当的补贴报酬	原则上不适用于劳动法

在司法实践中(见表1最高人民法院行政审判庭的批复)存在另外一种观念,即劳动是宪法赋予劳动者的权利,所以劳动者在任何时候都有权劳动。[38] 从理论上来说,此种观念是有问题的,因为劳动年龄是法定的,具有法律属性;而不是自定的,只具有自然属性。所谓劳动年龄的法定性,既包括了劳动年龄的下限,也包括了劳动年龄的上限。在法律上明确劳动年龄的上限和下限意味着如果超越了这个界限,法律就认定相关主体是没有劳动能力的(但实际上该主体可能具有相当的劳动能力),不能缔结劳动合同。我国公民劳动年龄的下限规定在《劳动法》第15条中,即必须年满16周岁。可实际上,我国公民并不是16周岁才具有劳动能力,即便是国际劳工公约也承认发展中国家的最低劳动年龄为14周岁。之所以我们不能将劳动年龄降低,其一是因为我国的就业压力太大,其二是使劳动年龄和九年制义务教育相衔接。我国规定的16周岁为全世界最高的劳动年龄,所以社会上会产生使用童工的现象。既然法律作出了16周岁的规定,我们就必须理解并执行,无论行为人早在16周岁之前就具备了多么充沛的劳动能力。

劳动年龄的上限也是如此。我国劳动年龄上限的法律渊源只能追溯至1951年的《劳动保险条例》,还仍然沿用男60周岁,女55周岁、50周岁。虽然笔者也同许多人一样对这样的年龄规定持异议,但既然法律作出了这样的规定,我们就必须理解并执行,无论行为人在这个年龄之后还具备多么丰厚的劳动能力。在实践中,不理解或者不遵守劳动年龄上限的直接后果就是导致退休人员出去工作,并且再次与用人单位建立劳动关系,从而产生法律上的困惑。比如,劳动者在工作期间需要社会保险,但退休人员是不能参加任何社会保险的。又如,劳动者在工作中受到伤害应当得到工伤保险,但退休人员与工伤保险是无缘的,那么伤害责任由谁承担?从法律上讲,超过劳动年龄上限的人是已经退出劳动领域的人,不再是劳动者,用人单位也不能再雇佣他们。理由是:第一,一个正常的劳动岗位,应当满足一位在法定劳动年龄内劳动者的就业需求。第二,这个劳动岗位和这位劳动者应当为社会保险提供正常的供给。就是说,它必须缴费各项社会保险费用并将其融入社会保险基金里面。只有这样,才能维持劳动关系和社会保险体制的良性循环。

---

[38] 63岁的夏某祥被所在公司解聘,索要加班工资和经济补偿金,劳动仲裁部门因其超过法定退休年龄60岁,作出不予受理的裁定,夏某祥无奈之下诉诸法律。新津县法院作出一审判决,认定夏某祥和其所在物流公司的劳动关系成立,判决物流公司给夏某祥的法定休假日的工资报酬2000元、经济补偿2100元。新津法院行政庭庭长蔡静莉说,按照现行《劳动合同法》的相关规定,16周岁以上有劳动能力的公民都有劳动权,并未禁止用人单位聘用超过法定退休年龄的人员工作,也没有禁止超过法定退休年龄的人享有劳动权。参见蔡小莉:《解聘63岁守车人,被判经济赔偿》,载《成都商报》2008年6月21日。

如果我们允许离退休返聘人员去占有这个岗位,这个岗位和这个人员不仅不产生社会保险费的供给,还从社会保险基金中领取社会保险金,享受着社会保险的各项待遇。长此以往,社会保险基金将成为无水之源,社会保险制度也会形同虚设。如是,全体社会成员都将成为受害者。[39] 相比之下,雇佣契约并没有年龄上限的问题,其社会化程度远不及劳动契约,诸如专章规定雇佣合同的《德国民法典》就完全没有此种限定。

我国的退休年龄是1951年规定的,当时的人均寿命只有40多岁,而现在城市人均寿命已达76周岁,女性平均还高于男性5~6周岁,就是说女性一般都会活到80岁。世界各国退休年龄通常也都在65周岁以上。过早地离开工作岗位的确不是人们所愿意的,尤其是女性,这已经是多年提及的老话题了,也多次成为我国这些年的热点话题。但诚如人力资源和社会保障部负责人所言:"设计退休年龄必须统筹考虑社会保险与就业。"[40]并且,也并不是所有的劳动者都能够或者愿意延迟退休。在制定《劳动法》时,笔者曾进行过退休年龄专项调研,发现真正在生产第一线的女工连50岁都干不了。也就是说,真正第一线的工人根本就不可能在延长退休年龄后继续工作,他们也并不希望延长退休年龄。至于所谓的弹性或者柔性退休年龄,同样在制订《劳动法》的过程中就做过尝试。但是,如果规定为弹性、柔性或者可选择性退休年龄,可能就会在工厂中凸显社会上的不公正甚至是腐败现象:对于普通工人,轻松的岗位想留留不下来;苦脏累岗位想退却不让退,或者想不退都不可能不退。所以,这种在一定时间内劳动者可以自由选择退休与否的方式表面上是劳动者的权利,实际上会变成劳动者的麻烦和用人单位的单方选择权。社会保险、岗位资源等社会性的因素并没有被纳入雇佣契约内进行考量,经历了社会化的过程演变成的劳动契约则关注到了这些社会性因素。

对于从雇佣契约到劳动契约的变迁,之所以这样不厌其烦,还是缘于劳动法之存在和劳动法的目的:劳动者是弱者,劳动法必须单方面保护劳动者。

---

[39] 1990年5月,笔者旁听了德国纽伦堡社会法院的一次庭审,一位被停发失业金者诉劳动局要求其补发,劳动局以该人在失业期间另有一份工作为由抗辩,最后劳动局因证据不足败诉。庭审后咨询主审法官,如果能够证明该人在失业期间另有工作将会是怎样的结果?主审法官简单的回答是:将会追究该人的违法甚至犯罪责任。

[40] 白天亮:《人保部:暂时不会调整退休年龄,称有关部门目前只是在研究一些"延迟退休"的建议,不代表即将更改现行政策》,载《南方都市报》2010年9月17日。

劳动力市场灵活性与劳动合同法的修改

谢增毅*

【摘　要】 劳动力市场的灵活性主要涉及解雇保护、合同变更、工作时间、工资等规则。从我国劳动合同法等法律文本以及国别横向对比看,我国劳动力市场的灵活性不够,尤其是解雇保护较为严格。但我国劳动力市场十分复杂,部分劳动合同规则较为灵活,现实中的农民工劳动力市场极为灵活,而且我国的失业保险等社会保障机制仍不完善,劳动行政执法水平和工会作用依然薄弱,因此,我国劳动力市场也存在安全性不足的问题。为此,一方面应修改劳动合同法,适度提高劳动力市场的灵活性;另一方面又不宜过度提高灵活性,应平衡好灵活性和安全性的关系。修改劳动合同法应坚持该法已确立的立法理念和基本原则,既对劳动者实行倾斜保护,也要兼顾企业合理诉求,使规则更具弹性。劳动合同法应重点修订有关固定期限合同和无固定期限合同、劳动合同解除的条件和程序、经济补偿、劳动合同变更等规则,并对小微企业和特殊雇员实行差别对待。

【关键词】 劳动力市场　灵活性　劳动合同法　劳动法

随着经济下行压力的增大,2016 年以来,劳动合同法再次成为经济学界、法学界以及政界讨论的热点问题。一些经济学家,如张五常,批评劳动合同法限制了契约自由,影响了经济的发展。① 时任财政部长楼继伟在多个场合指出了劳动合同法存在的不足。2016 年 2 月 19 日,在中国经济 50 人论坛 2016 年年会上,楼继伟表

---

* 中国社会科学院法学研究所科研处处长、研究员,中国社会法学研究会副会长。原文刊载于《法学研究》2017 年第 2 期。

① 参见 2016 年 7 月 23 日,天则经济研究所中国企业家研究中心和人文经济学会共同举办"劳动合同法与供给侧改革"学术研讨会,经济学家张五常教授的视频连线演讲,载凤凰网:http://finance.ifeng.com/a/20160727/14646466_0.shtml,最后访问日期:2016 年 9 月 25 日。

示,现行劳动合同法"降低了劳动力市场的流动性和灵活性"。[②] 值得关注的是,人力资源和社会保障部部长尹蔚民在2016年2月29日举行的新闻发布会也提及,劳动合同法"在实施的过程中,也反映出一些问题,主要集中在两个方面:第一,劳动力市场的灵活性不够。第二,企业用工成本比较高"。[③] 从有关文件看,研究修改劳动合同法已列入人社部的议程。[④] 劳动力市场的灵活性以及相关政策立法也得到了中央层面的关注。中共中央政治局2016年7月26日召开的会议强调,"降成本的重点是增加劳动力市场灵活性、抑制资产泡沫和降低宏观税负"。[⑤] 因此,劳动力市场的灵活性已成为当前国家政策和修法的热门话题。

总体上看,目前关于劳动合同法的争论主要集中在两个方面,一是劳动合同法是否提高了企业用工成本,二是劳动合同法是否导致劳动力市场的灵活性不够。这两个方面虽然有关联,但并不相同。前者主要是制度实施的效果问题,后者主要是制度本身的设计问题。前者主要涉及对企业用工成本及其构成和原因的判断,需要更多从实证数据寻找答案;后者则需要对劳动合同法的立法理念和具体规则进行深入分析,也是更为本质的问题。本文拟主要从劳动力市场灵活性的角度分析劳动合同法的修改。

一、我国劳动力市场灵活性的判断:文本与现实

(一)劳动力市场灵活性和安全性的含义

劳动力市场的灵活性和安全性是一组相对应的概念。根据经济合作与发展组织(OECD)的研究,劳动力市场的灵活性包括五个维度:(1)外部数值灵活性,又称就业灵活性,指企业针对当前需要调整雇佣数量的能力,该维度对企业而言表明其

---

② 2015年4月,楼继伟在清华经管学院演讲中也曾表示,"劳动合同法的弊端主要在于降低了劳动力市场的流动性和灵活性"。参见 http://finance. sina. com. cn/stock/t/2016 - 02 - 19/doc - ifxprupc9490003. shtml,最后访问日期:2016年12月7日。另外,在2016年3月第十二届全国人大第四次会议期间,楼继伟在"财政工作和财税改革"的相关问题记者招待会上指出,劳动合同法"在企业方面和雇员方面,保护的程度是不平衡的,它所构建的用工的基本模式,是那些标准工时的模式,也不太适合于灵活用工的模式",劳动合同法"本意是保护劳动者,但可能最终损害了一些劳动者的利益,还可能导致了薪酬的过快上涨"。参见新华网:http://news. xinhuanet. com/legal/2016 - 03/07/c_128779543. htm,最后访问日期:2016年11月13日。

③ 《国新办就就业和社会保障有关情况举行发布会》,2016年2月29日,人力资源社会保障部部长尹蔚民介绍就业和社会保障有关情况,载 http://www. china. com. cn/zhibo/2016 - 02/29/content_37880605. htm,最后访问日期:2016年11月13日。

④ 中共人社部党组《关于专项巡视整改情况的通报》(2016年8月27日)指出,"关于增强劳动力市场灵活性问题……目前正在前期工作基础上,研究适时提出修改劳动合同法的意见建议"。参见中央纪委监察部网站:http://www. ccdi. gov. cn/yw/201608/t20160825_85817. html,最后访问日期:2016年9月25日。

⑤ 《中共中央政治局召开会议》,新华社消息,参见 http://news. xinhuanet. com/politics/2016 - 07/26/c_1119285168. htm,最后访问日期:2016年11月13日。

雇佣和解雇工人的难易程度。(2)内部数值灵活性,指在不改变雇员数量的前提下企业调整和分配工作时间的能力。(3)功能灵活性,又称工作结构灵活性,指企业调动员工工作或改变其工作内容的自由程度。该维度反映工人在企业内流动的情况。(4)工资灵活性,该维度反映企业随劳动力市场或竞争条件调整工资的自由度。(5)外部化灵活性,指企业通过各类商业合同,从而在不签订劳动合同的情况下获得外部劳动者或企业服务的自由程度。⑥ 也有学者将灵活性概括为前四个方面,即外部数量灵活性、内部数量灵活性、功能灵活性和工资灵活性四类,内容和含义也基本一致。⑦ 与此相对应,劳动力市场的安全性主要包括四个维度:(1)工作安全性。该维度确保雇员在被解雇和工作条件改变时,可以获得必要保护,是就业保护立法的主要目标。(2)就业或就业能力安全性。该维度意味着企业的冗余人员或失业者的任职资格以及就业经历符合一定要求的,就能及时获得工作岗位。(3)收入或社会安全性,即在失业时可以获得收入保护。(4)组合安全性,即能够协调好工作和其他社会责任间的关系,包括工作和生活的平衡或工作和家庭的平衡。⑧ 亦有学者将安全性分为工作安全、就业安全、收入安全和综合安全四类,内涵也大致相同。⑨

可见,灵活性和安全性有时体现于同一制度当中,主要涉及灵活性和安全性的兼顾和平衡。例如,就业灵活性和工作安全性主要体现于解雇保护制度以及该制度对雇主和雇员利益的衡量。同时,灵活性和安全性也可通过不同制度加以体现和保障。灵活性主要体现于劳动法(最典型的是解雇保护制度)当中;安全性尤其是就业安全、收入安全和综合安全,不仅体现于劳动法,也体现在失业保险等社会保障(社会保护)制度中。而且,劳动力市场的政策或法律也往往通过不同的制度实现灵活性和安全性的配合协调。相应地,从国际上看,劳动力市场保护主要有两类,一类是对就业的保护,另一类是对失业的保护或社会保护。就业保护通常使用法律制度限制企业裁员,因而对劳动力市场灵活性的影响较大,就业保护程度越高,劳动力市场的灵活性就越低;而社会保护对劳动力市场灵活性的影响较小。目前,世界各国的劳动力市场上都是两类保护同时并存,但在不同国家因两类保护程

---

⑥ 参见王阳:《劳动力市场灵活安全性研究述评》,载《经济学动态》2010 年第 11 期。

⑦ 参见杨伟国、唐穗:《欧洲灵活保障模式:起源、实践与绩效》,载《欧洲研究》2008 年第 3 期。

⑧ 同前注⑥。

⑨ 同前注⑦。

度不同而产生了不同的劳动力市场保护模式。⑩ 总体来看,低就业保护、高社会保护的保障模式更能够兼顾到劳动力市场灵活性、保障水平和经济增长之间的关系,⑪低就业保护意味着劳动力市场灵活性高,通过高社会保护可以弥补其不足。因此,全面准确地理解劳动力市场灵活性和安全性的含义,有助于全面审视我国劳动力市场的灵活性和安全性状况以及相应的法律和政策。尤其是,审视我国劳动力市场的灵活性和安全性及其完善不能仅从劳动法角度考虑,还需要考虑社会保障法等法律确立的社会保护规则。

(二)我国劳动力市场灵活性和安全性的变迁

计划经济时代,我国实行国家统包统分的就业政策和能进不能出的固定工制度,企业和劳动者没有自主性,劳动力市场缺乏灵活性。改革开放之初,我国着力解决计划经济时期采取的就业政策和制度。20世纪80年代,我国开始在国有企业引入劳动合同制,打破传统的僵化用工机制。中央提出建立“国家宏观调控、企业自主用工、多种形式并存、全员劳动合同”的新型劳动用工制度。1992年,党的十四大明确了建立社会主义市场经济体制的目标,为劳动力的市场化改革进一步明确了方向。劳动合同制的推行,鼓励用人单位和劳动者自主选择,增强了劳动力市场的灵活性。1994年《劳动法》确立了劳动合同制的改革方向,建立了劳动合同制度。总体来看,改革开放以来,我国劳动力市场的改革方向是引入市场机制和劳动合同制度,让市场在劳动力资源配置中发挥主导作用,这对于优化劳动力资源配置,激发劳动者积极性,提高劳动生产率是十分必要的。

然而,由于劳动法制定当时主要是为了建立和完善劳动合同制度,保障劳动力市场化改革的成果,比较注重提高灵活性;加上我国长期以来劳动力市场处于供大于求的状态,导致劳动法通过后的一段时期我国劳动力市场灵活性有余、安全性不足。实践中,劳动合同签订率低,出现劳动争议时劳动者的合法权益得不到有效保护。2005年全国人大常委会在劳动法执法检查中发现,中小型企业和非公有制企业的劳动合同签订率不到20%,个体经济组织的签订率更低。实践中还存在的突出问题是劳动合同短期化,劳动关系不稳定。全国人大常委会劳动法执法检查显

---

⑩ 概括来看,世界各国主要采取四类劳动力市场保护模式:第一是采取就业保护程度高、社会保护程度也高的模式,如法国和德国;第二是采取就业保护程度高、社会保护低的模式,如日本、葡萄牙、希腊、意大利和西班牙等国;第三是采取就业保护程度低、社会保护程度高的模式,如丹麦、比利时、荷兰、芬兰、爱尔兰等国;第四是采取就业保护程度低、社会保护程度也低的模式,如美国和英国。参见张车伟:《中国30年经济增长与就业:构建灵活安全的劳动力市场》,载《中国工业经济》2009年第1期。

⑪ 同前注⑩。

示,有 60% 以上的用人单位与劳动者签订的劳动合同是短期合同,大多是一年一签,有的甚至一年几签。劳动合同短期化的主要原因是用人单位试图通过短期劳动合同最大限度地自由选择劳动者,并减少因解除劳动合同而应向劳动者支付的经济补偿。[12] 鉴于此,2007 年制定劳动合同法时,我国将劳动关系的和谐稳定作为立法的重要宗旨。该法要求当事人订立书面劳动合同,推行无固定期限劳动合同,确立严格的劳动合同变更规则,扩大经济补偿的适用范围,明确违法解雇的赔偿标准,提高违法行为的惩处力度等,在一定程度上降低了劳动力市场的灵活性,提高了劳动力市场的安全性。

综上所述,我国劳动力市场改革经历了计划经济时期过度的安全性和缺乏灵活性,到逐步提高灵活性,到灵活性有余、安全性不足,又到逐步提高安全性、降低灵活性的波浪式改革历程。这恰好也说明了劳动力市场的灵活性和安全性是一个动态的平衡,需要根据劳动力市场和经济发展状况不断调整,法律也应不断修改完善,不断平衡安全性和灵活性二者的关系。从改革历程也可以看出,劳动力市场的灵活性和安全性是高度辩证统一的关系,灵活性不足、安全性有余的劳动力市场缺乏效率,也难以维护公平;安全性不足、灵活性有余的劳动力市场缺乏公平,最终也将缺乏效率。

(三)劳动合同法等法律与劳动力市场的灵活性:文本的解释

我国劳动力市场灵活性如何,是否需要提高,这是关涉应否以及如何修改劳动合同法的重要问题。如上述,人社部部长尹蔚民 2016 年指出"劳动力市场的灵活性不够"。还有学者认为,劳动合同法"过度强化管制、限制自治,由此产生十大系统性失衡问题",包括存在"劳动力市场灵活性不够"三大问题,即"严格限制用人单位解雇权利与过度放任劳动者辞职自由的失衡""全面静态书面化的法律要求与用人单位动态调整的失衡""标准劳动关系与非标准劳动关系的失衡"。[13] 当然,对劳动力市场的灵活性也有不同看法。有学者指出,劳动合同法的规定并不会导致劳动力市场僵化。[14] 以上主要从定性角度论述我国劳动力市场的灵活性,其中关于我国劳动力市场灵活性不足的观点值得关注,但其论据还有待深入探究。观察中国劳动力市场的灵活性,还可以从横向和定量角度进行对比分析。《经济合作与发

---

⑫ 参见《全国人大法律委员会主任委员杨景宇解读劳动合同法》,载新华网:http://news.xinhuanet.com/legal/2007-07/23/content_6418697.htm,最后访问日期:2016 年 11 月 13 日。

⑬ 董保华:《〈劳动合同法〉的十大失衡问题》,载《探索与争鸣》2016 年第 4 期。

⑭ 同前注⑩,第 28 页。

展组织2013年就业展望》对经合组织34个成员国及9个非成员国(包括中国)的就业保护立法的就业保护程度进行了比较,该报告具有重要的参考价值。⑮ 报告区分无固定期限合同(以下简称不定期合同)、工人(permanent workers)、派遣用工(temporary - work - agency employment)以及临时合同(temporary contracts,包括派遣用工和定期合同)用工,从不同方面对经合组织国家和部分非成员国的就业保护立法进行了比较。在不定期合同工人个别解雇的解雇难度方面,我国略低于印度尼西亚,位列所有国家第二,并大大超出经合组织国家的平均保护水平。在不定期合同工人个别解雇的整体保护方面,我国低于印度尼西亚、印度,位列第三,并超出了所有经合组织成员国的保护水平。在不定期工人个别和集体解雇的总体保护方面,我国位列所有国家之首。在标准固定期限合同(standard fixed - term contracts,以下简称定期合同)的规制方面,我国略高于经合组织国家的平均值,属于中等保护水平。在派遣用工规制方面,我国保护水平略低于经合组织国家平均水平,也属于中等保护水平。⑯ 在临时合同规制方面,我国保护水平略低于经合组织国家平均保护水平。⑰ 此外,根据经合组织在其就业保护数据库中的"就业保护立法的严格度:个别和集体解雇(1985 ~ 2013)",以数据较为齐全的2012年为参考,我国在43个国家中位列第四,仅次于印度尼西亚、葡萄牙和印度。⑱ 从经合组织的数据和排名可以看出,从法律条文看,我国工人尤其是不定期合同工人的解雇保护水平是比较高的。

如何看待经合组织的排名?劳动力市场的灵活性,从法律规则上看,就雇主而

⑮ 参见《经济合作与发展组织2013年就业展望》(OECD Employment Outlook 2013, OECD Publishing, Paris),第78页。这43个国家为:34个经合组织成员国澳大利亚、奥地利、比利时、加拿大、智利、捷克、丹麦、爱沙尼亚、芬兰、法国、德国、希腊、匈牙利、冰岛、爱尔兰、以色列、意大利、日本、韩国、卢森堡、墨西哥、荷兰、新西兰、挪威、波兰、葡萄牙、斯洛伐克、斯洛文尼亚、西班牙、瑞典、瑞士、土耳其、英国、美国,以及9个非成员国巴西、中国、印度、印度尼西亚、俄罗斯、南非、阿根廷、拉脱维亚、沙特阿拉伯。

⑯ 2012年12月28日第十一届全国人民代表大会常务委员会第三十次会议通过了《关于修改〈中华人民共和国劳动合同法〉的决定》,修改的主要内容是加强劳务派遣规制。经合组织2013年的报告中有关中国的数据截至2012年,因此,中国本次修法的内容可能没有体现在该报告中。如果把修法内容考虑进去,我国派遣用工的保护水平将会更高。

⑰ 此外,在不定期合同工人非过失性的个别解雇的通知期和离职补偿保护方面,我国的保护强度在所有国家中位列第一,并且大大超过了经合组织国家的平均保护水平;在不定期合同工人个别解雇的程序规制方面,我国的保护水平略低于经合组织国家的平均保护水平。

⑱ OECD:Strictness of employment protection legislation:individual and collective dismissals,载http://www.oecd - ilibrary.org/employment/data/employment - protection - legislation/strictness - of - employment - protection - legislation - individual - and - collective - dismissals_data - 00658 - en? isPartOf =/content/datacollection/lfs - epl - data - en,最后访问日期:2016年12月7日。

言,意味着雇主单方面决定解雇、工作岗位、工作时间和工资等事项的自由度,以及雇主和雇员自行协商上述事项的空间。法律干预越少,雇主对前述事项享有越大的自主权或者与雇员协商的空间越大,雇主的灵活性或劳动力市场的灵活性就越高。从我国法律文本内容看,经合组织的对比分析具有一定说服力,我国法律条文对解雇的保护的确较为严格。具体而言:(1)在雇员存在不当行为的解雇中,雇主解雇雇员的实质性条件要求较高,雇员的不当行为一般要达到"严重"的程度,雇主才可以解雇雇员,如果雇员只存在轻微的不当行为,雇主不能将其解雇。而且,雇主可否解雇很大程度上依赖于雇主的规章制度,而规章制度需要履行较为严格的程序。⑲ (2)因雇员的健康和工作能力等个人原因而难以完成工作时,雇主应首先通过调整岗位、培训等方式,尽量避免解除合同,雇主只有履行了调岗、培训等义务后才能解雇雇员。(3)"客观情况发生重大变化导致合同无法履行"的解雇中,"客观情况"必须发生"重大"变化,且雇主应首先与劳动者协商变更劳动合同的内容,无法就变更合同达成协议时,雇主才可以解除合同。⑳ (4)经济性裁员的程序较为复杂,需要向工会或全体职工说明情况,听取职工代表的意见,且裁员的方案需要向劳动行政部门报告。㉑ (5)与许多国家相比,我国劳动合同法规定的劳动合同终止和解除的经济补偿适用范围广、补偿金额高,㉒企业解雇雇员的成本较高。由于我国劳动法、劳动合同法对雇主解雇雇员的事由、程序和经济补偿等有较为全面、详细且严格的明文规定,因此,经合组织将我国的就业保护立法排名靠前,不无道理。

中国的就业保护之所以名列前茅,除了我国法律对解雇有较为详细而严格的明文规定,还得益于许多国家在成文法上对解雇保护的规定并不明确和具体,而更多地通过判例确立规则的做法。现实生活中,可能引起解雇的正当事由包括与雇员和雇主有关的事由丰富多样,在立法上难以列举和穷尽,因而许多成文法国家并不在法律上规定具体的规则,仅在成文法中作原则性规定,并通过判例确立相关规则,以应付现实的复杂性,规则较为灵活。例如,法国以就业保护严格著名,但法国法并没有列举在哪些情形下雇主可以合法解雇,甚至也没有像我国劳动合同法那样概括一些情形。法国法提出了一个判断解雇是否具备合法理由的标准——"实

⑲ 参见《中华人民共和国劳动合同法》第 4 条、第 39 条。

⑳ 同前注⑲,第 40 条。

㉑ 同前注⑲,第 41 条。

㉒ 参见谢增毅:《劳动法上经济补偿的适用范围及其性质》,载《中国法学》2011 年第 4 期。

际的和严肃的理由”,但何为“实际的和严肃的理由”,法律并未给出一个定义,其具体含义和要求是通过一系列司法判决确立的。[23] 又如,日本关于解雇的立法并不完善,没有关于解雇限制的完整立法,只有关于解雇理由的个别的限制立法以及解雇预告制度等手续上的规制,所以围绕“解雇自由”,其学说和判例创造和发展了一些相关的法律规制。[24] 在日本,对解雇的规制是通过法院运用其民法第1条第3款的权利滥用原则而发展起来的。日本最高法院在一个案例的判决中指出,“解雇,在欠缺合理的理由,不被社会通常理念所允许时,作为雇主权利的滥用而无效”。[25] 该原则后来被纳入日本《劳动基准法》(第18条之2)以及《劳动契约法》(第16条)。德国虽然制定了专门的解雇保护法,但其主要内容侧重于程序的规定,对解雇事由的规定也是相当概括,而非具体列举。该法第1条第1款规定,如果解雇不是基于雇员本身、雇员的行为以及紧迫的经营需要导致无法继续在企业中雇用雇员的原因,解雇缺乏社会正当性。[26] 如何解释这些原因,主要依靠法院判例提供的规则。综上所述,由于上述国家的成文法对解雇保护的规定较为原则,大量规则留在判例中,因此,其就业保护立法的排名并不靠前,并均位列中国之后,就不足为奇了。

解雇保护是反映劳动力市场灵活性的核心规则。根据上文分析的灵活性的含义,我国除了解雇保护规则较为严格外,其他规则也比较严格。例如,在内部数值或工作时间灵活性方面,我国规定了较为严格的8小时工作制,且加班时间受到严格限制。[27] 在功能灵活性即企业调动员工工作和改变工作内容方面,我国对劳动合同的变更采取严格的书面协商一致规则,[28]雇主单方变更劳动合同包括调整雇员的岗位受到严格限制。从工资灵活性角度看,虽然工资主要由市场决定,但我国劳动法规定了最低工资制度、数额非常高的加班工资补偿制度[29]以及欠薪时雇主比较严

㉓ 参见郑爱青:《法国劳动合同法概要》,光明日报出版社2010年版,第131页。

㉔ 参见田思路、贾秀芬:《日本劳动法研究》,中国社会科学出版社2013年版,第219页。

㉕ Tadashi A. Hanami, Fumito Komiya, Labour Law in Japan, *Kluwer Law International*, 2011, p. 128.

㉖ 见德国不当解雇保护法(Protection Against Unfair Dismissal Act)(英文版,2001年)第1条。See Stefan Lingemann, Robert von Steinau – Seinrück, Anja Mengel, Employment and Labor Law in Germany, *Verlag C. H. Beck*, 2003, p. 128.

㉗ 《中华人民共和国劳动法》第4章。

㉘ 同前注⑲,第35条。

㉙ 我国的加班工资相比大部分国家高。例如,在日本,加班工资是在正常劳动时间或劳动日工资基础上的25% ~50%的范围内计算,在法定劳动时间外的加班工资为正常工资的125%,如果每月加班时间超过60小时,超过部分加班工资为正常工资的150%;休息日劳动加班工资为正常工资的135%。参见前引㉔,田思路等书,第219页。而我国《劳动法》第44条规定,“(一)安排劳动者延长工作时间的,支付不低于工资的百分之一百五十的工资报酬;(二)休息日安排劳动者工作又不能安排补休的,支付不低于工资的百分之二百的工资报酬;(三)法定休假日安排劳动者工作的,支付不低于工资的百分之三百的工资报酬”。

格的责任。[30] 从外部化灵活性看,我国2012年对劳务派遣作了更为严格的限定,雇主使用劳务派遣等劳动合同制之外的用工方式受到了严格限制。[31] 因此,从文本看,用人单位在解雇雇员、工作时间、变更合同、工资决定等方面受到了严格限制,官方关于"劳动力市场的灵活性不够"的基本判断是正确的,我国劳动力市场的灵活性存在提高的空间,相关规则也存在修改完善的必要。同时也应看到,劳动力市场的灵活性尤其是有关工作时间、工资等规则,不仅与劳动合同法有关,也与劳动法等法律有关,不能将劳动力市场灵活性的问题完全归咎于劳动合同法。

(四)劳动合同法等法律与劳动力市场的灵活性:现实的考量

虽然经合组织从文本上将中国的就业保护排名靠前,但中国劳动力市场的灵活性不能仅从文本分析,还需要从现实出发,多角度进行考量,以探究我国劳动力市场灵活性和安全性更加全面、真实的情况。

第一,经合组织在不定期合同工人个别和集体解雇的总体保护方面,将我国排在43个国家之首,也导致了我国在不区分工人类型的解雇保护方面位列43个国家的前列。而现实情况是,在大部分经合组织国家中,不定期合同是劳动合同的主流,而不定期合同在我国并非主流。例如,《经合组织2014年就业展望》中,2011~2012年度的平均数据显示,在33个国家中,不定期合同用工比例最高为97.3%(立陶宛),最低为69.5%(智利)。[32] 而在我国,根据2010年的调查统计,外来劳动力签订定期劳动合同的比例为75.36%,签订不定期合同的比例为19.93%;城市本地劳动力签订定期劳动合同的比例为53.48%,签订不定期合同的比例为44.58%。[33]因此,我国不定期合同的签订率是相当低的,我国大部分劳动者并未得到针对不定期合同的解雇保护。因此,经合组织实际上拉高了我国的排名,如果考虑我国不定期合同工人的比例,我国真实的解雇保护水平排名可能会下降。

第二,尽管我国劳动合同法在劳动合同解除和变更上的规定较为严格,灵活性不足,但也有一些规则灵活性有余而安全性不足。最典型的是有关非全日制工的规定。劳动合同法对非全日制工的规定非常特殊,排除了部分重要的劳动法规则

---

[30] 同前注⑲,第85条。

[31] 同前注⑲,第五章第2节"劳务派遣"。

[32] 这些国家包括31个经合组织成员国澳大利亚、奥地利、比利时、加拿大、智利、捷克、丹麦、爱沙尼亚、芬兰、法国、德国、希腊、匈牙利、冰岛、爱尔兰、意大利、日本、韩国、卢森堡、荷兰、挪威、波兰、葡萄牙、斯洛伐克、斯洛文尼亚、西班牙、瑞典、瑞士、土耳其、英国、美国(无数据),以及2个非经合组织成员国拉脱维亚、立陶宛。See *OECD Employment Outlook 2014*, OECD Publishing, Paris, p. 148.

[33] 参见王美艳:《劳动合同法的实施:问题与对策建议》,载《贵州财经学院学报》2013年第1期。

的适用。其主要规定,一是“非全日制用工双方当事人可以订立口头协议”(第69条);二是排除解雇保护规则的适用,“非全日制用工双方当事人任何一方都可以随时通知对方终止用工。终止用工,用人单位不向劳动者支付经济补偿”(第71条)。解雇保护是保护劳动者的有力措施,也是协调灵活性和安全性的重要内容,但非全日制工的雇主可以随时解雇雇员,将使非全日制工处于非常不利的境地。更重要的是,我国关于非全日制工的立法与应然的立法精神和理念——平等待遇相违背。例如,欧盟早在1998年就通过了保护非全日制工人平等权的97/81号指令。[34] 该指令的首要目的是“消除针对非全日制工人的歧视以及提高非全日制工作的质量”;其基本原则是“非歧视”,即在劳动条件上,非全日制工人和相对应的全日制工人相比,不能仅因其非全日制工作而受到不利待遇,除非差别待遇具有正当和客观的理由。[35] 类似地,日本于1993年制定了非全日制劳动法,并于2007年对该法进行了修订,主要目的是限制雇主对非全日制和全日制工人实行差别待遇,进一步强化平等待遇的原则。[36] 而我国的现实情况是,“现阶段对于非全日制用工的法律规定,仍接近一种放任的状态”。[37] 除了非全日制工的保护不足,我国在定期合同的规制方面也过于简单,给雇主和劳动者留下了过高的灵活性(下文详述)。

第三,我国存在大量农民工,农民工的劳动力市场过于灵活。根据国家统计局抽样调查结果,2015年我国农民工总量为27 747万人,其中,本地农民工10 863万人,外出农民工16 884万人,可见农民工群体数量极为庞大。值得关注的是,由于农民工有返乡过春节的传统习惯,加上其他因素,导致外地农民工年从业时间只有10.1个月,[38]意味着大量农民工必须主动中断劳动关系,甚至可能频繁更换雇主,因此,农民工事实上很难得到法律所提供的解雇保护。数据也表明,农民工在其他方面受保护的程度也很低。例如,2015年,日从业时间超过8小时的农民工占39.1%,周从业时间超过44小时的农民工占85%。2015年与雇主或单位签订了劳动合同的农民工比例为36.2%,其中,签订无固定期限劳动合同的比例为12.9%,1年以下劳动合同的比例为3.4%,1年及以上劳动合同的比例为19.9%;

---

[34] Council Directive No. 97/81concerning the framework agreement on part - time work concluded by UNICE, CEEP and the ETUC (1998).

[35] Clause 1,2,4of Council Directive No. 97/81concerning the framework agreement on part - time work concluded by UNICE, CEEP and the ETUC.

[36] 参见田野:《日本〈部分工时劳动法〉的修正——以均等待遇原则为中心》,载《日本问题研究》2013年第4期。

[37] 林嘉:《审慎对待〈劳动合同法〉的是与非》,载《探索与争鸣》2016年第8期。

[38] 参见国家统计局:《2015年农民工监测调查报告》,2016年4月28日发布。

没有签订劳动合同的比例为63.8%。2015年,被拖欠工资的农民工所占比重为1%。被拖欠工资的农民工人均被拖欠工资为9788元。[39] 此外,农民工的社会保险问题十分突出。以2014年国家统计局抽样调查数据为例,2014年全国农民工总量为27 395万人,但农民工"五险一金"的参保率仅分别为:工伤保险26.2%、医疗保险17.6%、养老保险16.7%、失业保险10.5%、生育保险7.8%、住房公积金5.5%。[40] 农民工的参保率非常低,尤其是失业保险参保率低,意味着农民失业期间的收入难以得到保障。可见,在实践中,农民工在签订劳动合同、订立长期合同或不定期劳动合同、工作时间、工资、社会保险等方面受到的保护是很低的。换言之,农民工的雇主在解雇、工资、工时、参加社会保险等方面享有高度的自由,农民工劳动力市场的灵活性很高,安全性严重不足。甚至有人认为,"农民工所面临的劳动力市场恐怕是世界上最灵活的劳动力市场"。[41] 概言之,农民工劳动力市场的真实灵活性要大大高于法律文本所规定的灵活性,这是中国劳动力市场的一个突出特点。

相反,在实践中,部分国有单位包括国有企业和国有事业单位仍然延续传统的用工制度,基本上是"能进不能出、能上不能下",企业在解雇、调整岗位等方面受到极大限制,劳动力市场灵活性不足、安全性有余,这种体制难以激发劳动者的积极性,不能形成合理的人员流动,也不利于劳动生产率的提高。因此,国有单位劳动力市场呈现出的灵活性和安全性也与法律文本有较大出入。

第四,中国的失业保障和其他社会保护措施还不完善。如上所述,对劳动力的保护可通过就业保护和失业保护(社会保护)两种政策、法律手段相互配合。由于二者可以起到相互补充的效果,如果一方比较薄弱,则需另一方提供较为有利的保障,以保证劳动者的安全性和社会的和谐稳定。在评估我国劳动力市场灵活性和安全性的政策法律时,除了考虑就业保护尤其是解雇保护立法,还需要考虑失业保护和其他社会保护的立法及其实践。现实情况是,我国的失业保障等社会保障制度尽管取得了巨大成就,但目前仍面临不少挑战,保障水平并不高。以2015年为例,年末全国就业人员77 451万人,其中城镇就业人员40 410万人。年末全国参加城镇职工基本养老保险人数为35 361万人,参加职工基本医疗保险人数28 893万人,参加失业保险人数为17 326万人,参加工伤保险人数为21 432万人,参加生

---

[39] 同前注[38]。

[40] 参见国家统计局:《2014年全国农民工监测调查报告》,2015年4月29日发布。

[41] 同前注[10],第28页。

育保险人数为17 771万人。[42] 可见,虽然我国社会保险覆盖面不断扩大,但和我国的就业人口相比,许多人群还没有被社会保险覆盖。除了社会保险覆盖面不高,我国社会保险金水平也不高。以体现失业者收入的安全性的主要指标——失业保险金为例,在相对发达的北京地区,[43]按照2016年的标准,失业保险金月发放标准根据累计缴费时间的长短为1212~1321元,[44]大大低于北京市的月最低工资标准1890元。[45] 由于目前我国失业保障及其他社会保障制度和实践还不完善,保护水平不高,因此,我国就业保护水平不应过低,以避免就业保护水平低和社会保护水平低并存所带来的社会问题。

第五,除了社会保护水平较低的现实,我国劳动法的实施水平和工会因素也是制定劳动力市场灵活性政策和立法需要考虑的重要因素。我国的劳动监察队伍建设和执法水平仍然比较薄弱。截至2013年年底,全国共有劳动保障监察机构3291个,各级人力资源社会保障部门配备专职劳动保障监察员2.5万人。[46] 而根据统计,截至2013年9月底,全国实有企业1469.31万户,实有个体工商户4311.57万户。[47] 因此,相比企业、个体工商户和雇员的数量,劳动监察机构和人员的数量明显不足。由于劳动监察机构和人员数量有限,劳动监察主要通过接受投诉而被动进行,主动进行劳动监察的比例较低,影响了劳动监察的效果。例如,2010年,全国劳动社会保障监察机构查处各类劳动保障违法案件38.4万件,其中,调查处理举报投诉案件33.6万件,占查处违法案件数量的比例为87.5%;2011年的相应比例为91.3%;2012年的相应比例为88.8%。[48] 可见,我国劳动监察等劳动行政执法依然薄弱。此外,除了立法和劳动行政执法,很多国家的工会通过开展有效的集体协商并签订集体合同,为劳动者争取了法律没有明文规定的待遇和福利,这是保护劳动者的重要机制。而我国工会由于各种原因,在开展协商、为劳动者提高待遇方面仍面临诸多挑战。我国劳动行政执法水平不高,加上工会作用有限,也决定了我

---

[42] 参见人力资源和社会保障部:《2015年度人力资源和社会保障事业发展统计公报》。

[43] 根据《社会保险法》第47条的规定,"失业保险金的标准,由省、自治区、直辖市人民政府确定,不得低于城市居民最低生活保障标准"。

[44] 参见《关于调整失业保险金发放标准的通知》(京人社就发〔2016〕146号)。

[45] 参见《关于调整北京市2016年最低工资标准的通知》(京人社劳发〔2016〕128号)。

[46] 参见人力资源和社会保障部:《2013年度人力资源和社会保障事业发展统计公报》。

[47] 国家工商行政管理总局:《2013年第三季度全国市场主体发展报告》,载该机构网站:http://www.saic.gov.cn/zwgk/tjzl/zhtj/bgt/201310/P020131015377705296718.pdf,最后访问日期:2016年12月7日。

[48] 参见人力资源和社会保障部:2010年度、2011年度、2012年度《人力资源和社会保障事业发展统计公报》。

国对劳动者保护必须主要倚靠法律的明文规定,相应地,我国在劳动合同法等法律条文上对劳动者的保护不应过低。

二、劳动合同法修改的原则

以上分析表明,从立法看我国劳动力市场灵活性不足,有必要修改劳动合同法,提高劳动力市场的灵活性。从外部环境看,进入21世纪以来,随着技术特别是互联网技术的发展,新的产业、新的业态、新的用工和就业形式不断出现,加上近年来世界经济复苏乏力,增长动力不足,给各国劳动力市场的政策和法律带来巨大挑战。当前我国也面临经济下行的巨大压力,随着"大众创业、万众创新"政策、"互联网+"计划等的加快推进,我国新的业态和就业形式也不断发展,对灵活就业和劳动力市场灵活性也提出新的要求,也有必要修改劳动合同法。

从国际上看,近年来,许多国家都对劳动法进行改革或大幅修改。例如,法国2016年对劳动法进行较大幅度的修改,赋予企业更多的自主性;[49]近年来日本劳动基准法也频繁修改。[50] 除了发达国家,一些转型国家也已经或者计划对劳动法进行改革或重大修改。例如,匈牙利2012年实施了新的劳动法典,为当事人协商提供更多空间。[51] 虽然各国劳动法改革或修改的背景和目的有所不同,但从总体上看,改革或修改主要是为了应对失业压力的增大以及灵活就业的增长,劳动法改革也呈现出放松管制、提高劳动力市场灵活性的总体趋势。

劳动法作为实践性很强的法律,并非一成不变,应随着实践的发展不断修改完善。修改劳动合同法并非是否定劳动合同法,而是使之更好地适应实践发展的需要。根据上文关于我国劳动力市场灵活性和安全性的分析,在修改劳动合同法时应坚持以下几个原则。

(一)坚持劳动合同法的立法宗旨和价值取向不变

从理论渊源看,劳动法的产生以及制度建构是建立在雇主的强势地位以及劳动者弱势地位的经典理论之上的。19世纪末和20世纪初,在法律上,劳动合同的缔结和内容取决于自由合意,但事实上,雇主相对于劳动者在经济上的优势地位导致劳动条件在很大程度上由雇主单方决定,[52]这一现象导致了劳动法的发展。时至今日,劳动法学者仍然将劳动者的弱势地位作为劳动法存在的理论基础,中外概莫

㊾ 参见刘扬:《法国劳动法改革顶层设计之争》,载《中国劳动》2016年第12期。

㊿ 同前注㉔,第331页。

(51) 参见匈牙利劳动法典(Act Ⅰ of 2012 on the Labor Code,匈牙利国会2011年12月13日通过)。

(52) 参见[德]雷蒙德·瓦尔特曼:《德国劳动法》,沈建峰译,法律出版社2014年版,第43页。

能外。劳动法的“主要目的在于保护劳资关系中处于弱势地位的工人权利”。[53] 因此,劳动者作为一个群体,与用人单位相比处于弱势的地位不应被否认,劳动立法的主要目的在于保护工人(劳动者)权利的基本立法价值也不应被颠覆。虽然劳动合同法自出台以来一直面临争议甚至严厉批评,但也有学者通过翔实的实证调研得出结论认为,劳动合同法的出台和实施是非常合乎时宜的。该法有效地规范了劳动力市场的运行,有利于保障劳动者的正当权益。[54]

劳动合同法发挥的积极作用应当得到充分肯定,尤其是劳动合同法在提高劳动合同签订率、提高长期固定期限合同和无固定期限合同比例、提高社会保险参保率、减少劳动社会保障违法行为、为劳动者提供法律救济等方面发挥了重要作用。例如,2015 年年末,全国企业劳动合同签订率达到 90%。[55] 因此,尽管劳动合同法在规则设计上存在缺陷,灵活性不足,劳动合同法的基本理念和价值追求并没有根本错误,在修改劳动合同法时,还应坚持对劳动者进行适度倾斜的原则,以保护劳动者的权利为其核心要义,不应动摇劳动合同法确立的基本理念和立法原则,不宜进行大刀阔斧的颠覆性修改。

(二)协调好灵活性与安全性的关系,适度提高灵活性

劳动法作为调整用人单位和劳动者之间劳动关系的法律,用人单位用工的灵活性以及劳动者就业的安全性始终是一个核心问题,也是需要科学合理平衡的问题。近年来,随着劳动力市场的发展,许多国家和地区都提出了劳动法应追求灵活与安全的双重目标,且二者不可偏废。在德国,从一开始,在劳动法中就涉及有利于企业的弹性与有利于雇员的安全之间的“恰当”的平衡,在当代人们称为“灵活兼安全”(flexicurity)。2007 年欧盟委员会发布《应对 21 世纪挑战的现代劳动法》,提出将灵活与安全相结合的理念。[56] 我国劳动合同法也应坚持这一原则,既要维护企业的用工灵活,也要保证劳动者的就业安全。

劳动合同法一些条款灵活性不足,主要表现在用人单位解除、变更劳动合同比较难、成本比较高。应修改劳动合同法,适度提高劳动力市场灵活性,并降低企业的用工成本。同时也应看到,我国劳动力市场的灵活性和安全性非常复杂。我国非全日制工劳动力市场的规则、实践中的农民工劳动力市场存在灵活性有余、安全

---

[53] [意]T. 特雷乌:《意大利劳动法与劳资关系》,刘艺工、刘吉明译,商务印书馆 2012 年版,第 12 页。

[54] 同前注㉝,第 31 页。

[55] 同前注㊷。

[56] 同前注㊾,第 40 页。

性不足的问题;我国的失业保障等社会保障制度仍不完善;当前的劳动行政执法力量和工会作用还比较薄弱。在修改劳动合同法时必须充分考虑这些因素,合理平衡好灵活性和安全性的关系,审慎修改劳动合同法。劳动合同法涉及劳动者基本权利以及平衡灵活性和安全性的重要原则和制度不应轻易改变。对中央提出的"降成本的重点是增加劳动力市场灵活性",应有正确理解。贯彻这一精神应在坚持总体平衡的前提下,整体上适度提高劳动合同法规则的灵活性,但并非现行劳动合同法所有条款都要提高灵活性,而是对需要增加灵活性的条款增加灵活性,对维护劳动者安全性不足的条款,则应适当增强安全性。

(三)劳动合同法与劳动法协同修改

我国劳动法和劳动合同法的关系极为密切,二者内容既有交叉,又有所侧重。劳动法是一部综合性法律,全面涉及劳动制度的主要内容,也包括劳动合同的基本制度(第三章)。劳动合同法主要涉及劳动合同的主要制度,但同时也涉及劳动法的其他内容,比如集体合同、劳务派遣等。由于二者的内容有交叉,且都是现行有效的法律,因此修改劳动合同法应该考虑二者的协同修改。具体理由在于:第一,劳动力市场灵活性的规则不仅体现在劳动合同法中,也体现在劳动法中,特别是有关工作时间、工资的规则主要规定于劳动法,只修改劳动合同法难以对劳动力市场的灵活性和安全性作出全面的调整和完善。第二,劳动法颁布于 1994 年,作为劳动制度的基本法律,其大量条款被后续颁布的其他法律取代而成为"僵尸"条款,极大损害了作为劳动基本法的劳动法的权威,修改劳动法可以改变这种局面。第三,劳动合同法、就业促进法、劳动争议调解仲裁法等法律的出台并不能解决所有问题,一些重要问题,比如劳动基准包括工作时间、工资、休息休假以及集体合同、劳动监察等问题,仍然需要通过修改劳动法加以完善。第四,同时修改劳动合同法和劳动法,可以整体协调两部法律交叉的内容,把劳动合同法中有关劳务派遣、集体合同、规章制度等非劳动合同的内容移至劳动法中,纯化劳动合同法的相关内容,使两部法律的结构和内容更加协调和优化。

三、劳动合同法修改的重点

与劳动力市场灵活性相关的规则主要涉及解雇保护、合同变更、工作时间和工资等。根据上述更好协调劳动力市场灵活性和安全性,适度提高劳动力市场灵活性的指导思想和基本原则,着眼于劳动力市场灵活性的含义以及劳动合同法与劳动力市场灵活性密切相关的条款,修法时应重点关注以下内容。

(一)无固定期限(不定期)合同和固定期限(定期)合同规则

劳动合同期限制度是与劳动力市场灵活性密切相关的制度。定期合同到期自然终止,雇主无须受解雇保护制度约束;不定期合同则相反,雇主只有具备正当事由才能解雇雇员,灵活性受到较大限制。因此,定期合同和不定期合同的适用范围及其他规则是劳动合同法的重要内容。从其他国家和地区来看,不定期合同是劳动合同的常态。比如,我国台湾地区"劳动基准法"第9条第1款规定:"劳动契约,分为定期契约及不定期契约。临时性、短期性、季节性及特定性工作得为定期契约;有继续性工作应为不定期契约。"在德国,不定期合同占据合同数量的绝对主导地位,定期合同的比例很低。例如,1999年,只有6.7%的雇员签订了定期合同,经过近年来的变化,目前处于固定期限劳动关系的雇员比例达到10%。[57] 立法之所以将定期合同作为劳动合同的例外情形并加以限制,理由在于,定期合同到期自然终止,如果不对其进行限制,雇主就会使用频繁签订定期合同的做法规避解雇保护的规则,雇员就业安全的权利就会落空。因此,德国、法国等欧陆国家对定期合同有严格的规制。这些国家将定期合同定性为"临时性"合同,严格规制定期合同适用的情形(一般只适用于类似我国劳务派遣的"临时性、辅助性、替代性"岗位)、合同最长期限(通常是18个月到2年)、订立方式(没有书面合同视为不定期合同)、订立次数(严格限定合同续订或延长次数)、合同解除(雇员和雇主解除合同受到严格限制,雇主通常只有在雇员有严重不当行为、不可抗力的情形下才可以解除合同)、定期合同向不定期合同的转换(不符合定期合同订立条件的合同转换为不定期合同,定期合同到期后事实劳动关系继续持续的视为不定期合同)。[58] 可见,定期合同与不定期合同的定位和规则有明显差别。欧陆国家一方面通过严格限制定期合同的适用,使不定期合同有更多的适用余地;另一方面通过限定定期合同双方解除的条件,甚至规定比不定期合同更为严格的解除条件,推广不定期合同。

我国定期合同制度的产生和发展的背景有其自身特点。改革开放以来,尤其是我国实行社会主义市场经济体制后,打破传统的僵化用工体制特别是固定工制度,实行劳动合同制,一直是改革的方向。而定期合同有利于打破终身制和固定工的僵化模式,成为最符合改革精神的一类合同。因此,定期合同成为1994年《劳动法》倡导的一种用工制度,劳动法自然未对其施加限制。但在实践中,因订立定期

---

[57] 参见[德]沃尔夫冈·多伊普勒:《德国劳动法》(第11版),王倩译,上海人民出版社2016年版,第363页。

[58] 同前注[57],第363页;同前注[23],第42页。

合同可以规避合同解除的严格规定，定期合同被广泛使用甚至被滥用，导致了劳动合同的短期化，劳动者处于十分不利的地位。2007 年《劳动合同法》根据以往实践的不足，倡导无固定期限合同，规定了第 14 条。[59] 但劳动合同法并没有充分体现两类合同的不同目的，对两类合同的适用范围、期限、解除规则并不作严格区分，目前两类合同的目的和定位并不清晰，导致推行不定期合同存在诸多障碍。上文统计数据也表明，定期劳动合同仍然是中国劳动合同类型的主流，不定期合同并没有按照劳动合同法的预期，成为主流的合同类型。

完善我国劳动合同期限制度，需要统筹规划、整体安排。目前，我国有关定期合同的立法虽然简单，但独具特色。一方面，我国对定期合同的适用情形不作限制，也没有对定期合同的期限作出限制，定期合同具有广泛的适用性，这体现了我国定期合同灵活性的一面；另一方面，我国劳动合同法规定了劳动者订立两次定期合同后必须订立不定期合同，具有一定的刚性。我国在修法时是否有必要借鉴德国、法国的立法例，对定期合同的适用范围进行严格限制？答案是否定的。理由有二：一是定期合同的本意虽然是“临时性合同”，但究竟哪些岗位属于“临时性”的，在立法和实践上难以界定。不对定期合同适用情形作出限制，可以避免类似我国劳务派遣立法遇到的难题（将劳务派遣限定在“临时性”、“辅助性”或“替代性”岗位上，导致这些模糊概念难以清晰界定以及规则难以执行），比较符合目前我国企业用工的诚信环境和劳动执法的整体水平，避免制度繁杂和难以执行带来的挑战。二是定期合同的适用范围已呈现出扩大和放开的趋势。由于定期合同可以促进就业，满足劳动力市场多样化和灵活性的需求，立法对定期合同适用的限制逐渐缓和。例如，德国 2001 年的立法就在一定程度上放开定期合同。[60] 为了适应提高劳动力市场灵活性的趋势，避免制度繁杂造成实施困难，我国不必重走老路，无须对定期合同的适用情形和范围作出严格限制。

同时，由于解雇保护和就业安定是劳动法的一项核心价值，因此，倡导不定期合同仍应是劳动合同法修改必须坚持的基本方向，不应放弃对不定期合同作为主流合同形式的追求，用人单位订立定期合同必须受到一定的限制。因此，《劳动合

---

[59] 《劳动合同法》第 14 条规定，有下列情形之一，劳动者提出或者同意续订、订立劳动合同的，除劳动者提出订立固定期限劳动合同外，应当订立无固定期限劳动合同：“（一）劳动者在该用人单位连续工作满十年的；（二）用人单位初次实行劳动合同制度或者国有企业改制重新订立劳动合同时，劳动者在该用人单位连续工作满十年且距法定退休年龄不足十年的；（三）连续订立二次固定期限劳动合同，且劳动者没有本法第三十九条和第四十条第一项、第二项规定的情形，续订劳动合同的。”

[60] 参见德国《非全日制用工和固定期限劳动合同法》（2001 年）。

同法》第14条关于两次订立定期合同后需订立不定期合同的规则应当继续保留,不宜轻易改动。我国对定期合同的适用范围没有严格限制,体现了灵活性的一面;而第14条关于强制订立不定期合同的要求则体现了安全性,两方面的规则正可以兼顾灵活性与安全性,并且规则简单易行。同时,虽然修法时不必限定定期合同的适用范围,但可以考虑规定定期合同的最长期限(比如3~5年)、定期合同的解除条件以及定期合同向不定期合同转换的规则。而且,修法应适度放宽不定期合同的解除条件,为企业留有更多的空间,从而鼓励企业签订不定期合同。总之,应充分考虑我国定期合同和不定期合同制度的特殊背景以及我国的劳动执法水平,构建科学合理、切实可行的规则。

(二)劳动合同解除的条件和程序(解雇保护制度)

劳动合同解除规则是劳动法的核心问题,也是体现灵活性和安全性的核心制度。实践中,大量案件也和合同解除有关。例如,2014年我国劳动人事争议仲裁机构当期案件受理数为715 163,其中有关解除、终止劳动合同的案件数为155 870,[61]比例超过20%。一些地区的比例更高。例如,深圳市2015年全市劳动仲裁案件中,以经济补偿(赔偿)为主要诉求的立案案件占立案总量的44.7%。[62]国外也是如此。2012年德国劳动法院系统审理的总共400 998起案件中,有201 232起案件的诉由是劳动合同解除,超过一半。[63] 因此,完善劳动合同解除规则十分重要。

上文分析表明我国劳动合同解除规则或解雇保护规则比较严格,但从条文上看,与大多数欧陆国家的解雇原则是相通的。问题主要是在法律实施中,对解雇的条件和程序要求较高,企业反映解雇比较难。有学者指出,虽然劳动合同法从形式上看似乎给了企业许多解雇的通道,但实际上这些规定在具体实施中有相当难度,再加上仲裁和司法裁判在个案中适用法律的收紧,导致实践中出现企业"解雇难"的问题。[64] 因此,有关劳动合同的解除条件和程序,应通过对现行规则更加公平合理的解释以及对部分规则的完善,来适度降低解雇难度,提高劳动力市场灵活性。

第一,对现行规则的解释和实施应更加公平,合理兼顾劳资双方利益。(1)对

---

[61] 参见《中国统计年鉴2015》,载国家统计局网站:http://www.stats.gov.cn/tjsj/ndsj/2015/indexch.htm,最后访问日期:2016年12月7日。

[62] 参见汤庭芬主编:《深圳劳动关系发展报告(2016)》,社会科学文献出版社2016年版,第56页。

[63] 参见王倩:《德国解雇保护制度》,载梁慧星主编:《民商法论丛》(第57卷),法律出版社2015年版,第627页。

[64] 参见林嘉:《劳动法的原理、体系与问题》,法律出版社2016年版,第23页。

“严重违反用人单位的规章制度的”“严重失职、营私舞弊，给用人单位造成重大损害的”“劳动者患病”“劳动者不能胜任工作”“客观情况发生重大变化”等原则性条款作出适当解释，做到宽严得当，不宜作出对雇主要求过高的严格解释。（2）对于规章制度没有明确规定的劳动者的不当行为，可以通过引用劳动法中有关劳动者遵守劳动纪律和职业道德等原则条款，作为企业解雇雇员的依据。[65] 在认定解雇原因时不宜过分依赖于单位规章制度的内容，因为规章制度不可能穷尽劳动者的各种行为。对用人单位培训或调整工作岗位的义务也不宜要求过高。（3）在解雇案件的司法实践中，裁判机构支持“继续履行合同”的做法应更加谨慎。裁判机构是否支持“继续履行合同”，应视纠纷是否已经损害了双方的信任以及合作的基础而定，如果双方关系严重受损或者继续履行合同存在较大困难，就不宜支持“继续履行合同”的请求，以避免后续更多的纠纷。

第二，完善经济性裁员规则。劳动合同法规定的裁员时优先留用人员的规则过于简单和刚性，[66]没有考虑企业的合理需求。许多国家都明确了经济性裁员时优先留用人员或解雇对象的选择标准。比如，德国解雇保护法要求雇主在经济性裁员时要进行“社会性挑选”，挑选标准限定为“企业工龄”“年龄”“抚养义务”“重度残疾”四者，即在裁员时要优先留用工龄较长、年龄较大、负有抚养义务以及重度残疾的人。[67] 德国法确立的这四个标准具有一定合理性，“企业工龄”反映了雇员对企业的贡献度，优先留用具有一定合理性；通常随着年龄增大，就业能力下降，对年龄较大者进行照顾也具有合理性；负有“抚养义务”的人负担较重，重度残疾者就业能力较弱，对二者的照顾体现了扶弱济贫的社会政策目的，也具有一定合理性。但法律规定需要优先照顾的人员往往是企业希望裁减的对象，因为企业通常倾向于留用年轻、健康、家庭等负担较轻的员工。在这方面，德国法也照顾到了雇主的合理诉求，在规则上体现了相当的灵活性。一方面，对上述挑选标准进行限定。比如，雇主未必要遵循“年龄越大，越值得保护”的原则，而是可以只在雇员的年龄严重影响他在劳动力市场上的机会时，才需要给予关注；只有当雇员是单身母亲或者单身父亲的，才特别强调抚养义务；一般的残疾不能和重度残疾相提并论，等等。换言之，优先留用对象是受到严格限制的。另一方面，法律也给予雇主许多弹性的空间。例如，现行法允许把那些“其继续雇用对经营利益关系重大”的雇员排除在

---

[65] 同前注㉗，第 3 条。
[66] 同前注⑲，第 41 条。
[67] 同前注57，第 265 页。

社会性裁员挑选之外,即雇主可以保留一些“骨干力量”;雇主还可以为了保持企业合理的人员结构而把某些雇员排除在解雇对象挑选范围之外。[68] 相较而言,我国劳动合同法有关裁员时优先留用人员的规则过于照顾特殊对象,没有兼顾企业的合理诉求。修法时可参考德国做法,平衡特殊雇员保护和企业合理需求,使经济性裁员时的优先留用人员规则更富弹性。

第三,完善劳动者辞职的规则(《劳动合同法》第37条)。该规则受到诸多诟病,批评者认为劳动者辞职过于容易,造成劳动者频繁跳槽,影响企业正常运营。理论上,由于劳动者的辞职权涉及劳动者劳动自由(包括劳动以及不劳动)的基本价值,因此,除非定期合同,原则上法律不应限制雇员辞职的权利,雇员只要履行了提前通知的义务,应允许辞职。但我国劳动合同法对于通知期的规定(提前30天)过于单一和僵化,应加以完善。在一些特殊行业,比如学校、医院以及其他重要岗位,30天的通知期过短,雇主难以在如此短暂的时间内找到替代的劳动者或作其他应对。在德国,为了照顾到各行各业的不同需求,民法典允许双方在集体合同或劳动合同中约定长于法律规定的解除合同通知期;而且,雇主解雇雇员的法定通知期也与雇员的工龄挂钩,而不是“一刀切”。[69] 因此,劳动者辞职的通知期规则应更具灵活性,劳动合同法修改时应该允许双方在合同中作适当约定,比如双方可以约定1~3个月或者1~6个月的通知期。对于雇员辞职作一些程序上的限制,可以避免雇员跳槽过于容易和频繁流动而影响企业的合理预期和正常运行,更好地平衡雇员辞职和雇主解雇雇员的难易程度。

(三)经济补偿和赔偿金制度

经济补偿是与劳动合同解除密切相关的制度,也是影响劳动力市场灵活性和企业成本的重要制度。相比许多国家和地区,我国劳动法上经济补偿的适用范围比较宽泛,补偿标准也比较高。从横向对比以及降低企业解雇成本的角度出发,我国修改劳动合同法时可对经济补偿制度作适当调整。第一,考虑到经济补偿和失业保险金具有一定的替代功能,我国可以在完善定期合同制度和失业保险制度的基础上,规定定期合同到期终止不必支付经济补偿,或者降低经济补偿的标准。因为定期合同与不定期合同不同,定期合同到期终止属于双方的约定事项,且是雇员可预见的结果,雇主支付经济补偿的必要性较低。第二,劳动合同解除的经济补偿也可以适当降低标准。为更加合理分配雇主和雇员的风险和责任,适度降低雇主

---

[68] 同前注[57],第265页。

[69] 参见德国《民法典》第622条(陈卫佐译注,法律出版社2015年版)。

的成本,可以考虑区分由于雇员个人的原因、客观情况以及雇主的原因导致的解雇,适用不同的经济补偿标准;因雇员个人的原因导致的解雇的经济补偿标准应当低一些,因雇主的经济原因或客观情况导致的解雇,补偿的标准可以高一些。第三,对经济补偿和赔偿金设置最高额限制,避免过高的经济补偿和赔偿金数额,合理限制雇主的责任。对雇主责任进行限制,既有利于控制雇主的风险和成本,鼓励其积极雇用劳动者,也有利于鼓励离职的雇员尽快寻找工作,避免因补偿或赔偿金过高而怠于继续工作,造成人力资源的浪费。对雇主的责任进行限制也是许多国家的通行做法。例如,德国《不当解雇保护法》第 10 条第 1 款规定,赔偿金一般情况下以 12 个月的工资为上限。但是,考虑到雇员年龄越大在劳动力市场上越没有竞争力,且其工资及其他福利待遇也往往和企业工龄挂钩,所以该条第 2 款规定,雇员年满 50 且劳动关系存续 15 年以上的,赔偿金上限为 15 个月的工资;雇员年满 55 且劳动关系存续 20 年以上的,赔偿金上限为 18 个月的工资。[70]

(四)劳动合同变更

劳动合同变更规则是劳动法的一大难题。关于合同变更规则,法国判例区分劳动合同的变更和劳动条件的变更,前者是合同主要事项的变更,雇主必须得到雇员同意才能变更,后者是非主要内容的变更,不需要雇员的同意。当然,何为劳动合同的变更和劳动条件的变更,判例并没有给出清晰答案,只能具体案件具体分析。[71] 英国的做法和法国类似,对于劳动合同的重要条款,雇主不得单方变更,重要条款之外的条款属于企业经营管理和雇主指挥管理的范畴,雇主可以单方变更。[72] 在日本,原则上雇主变更作为劳动契约内容的劳动条件必须和劳动者达成合意,但雇主可以通过变更就业规则来变更劳动条件。只是法律要求,就业规则的变更要与劳动者受到不利益的程度、劳动条件变更的必要性、变更后就业规则的适当性、与工会等交涉的状况以及其他就业规则变更的有关事项相对照为"合理"时,方可变更。[73] 德国要求劳动合同变更应具有"社会正当性",即劳动法院应审查劳动合同变更是否符合社会正当性,新的劳动合同条件是否对双方的利益作了公平合理的安排。[74]

由于劳动合同的长期性以及内容的不确定性,雇主需要根据市场环境、企业业

---

⑦⓪ 参见德国《不当解雇保护法》第 10 条;同前注㉖,第 133 页。

⑦① 同前注㉓,第 117 页。

⑦② 参见孙国平:《论雇主劳动合同条款变更权之控制》,载《比较法研究》2016 年第 1 期。

⑦③ 见日本《劳动契约法》第 9、10 条。

⑦④ 同前注㊼,第 278 页。

务和人员状况对劳动者的工作岗位和工作内容作适当调整,以适应形势变化和企业经营的需要,而工作岗位等变动往往涉及工作内容、工资、岗位级别、所需技能等的变化,对劳动者影响巨大。因此,在劳动合同变更上,雇主的用工自主权和劳动者的就业安定权形成一定的张力,较难平衡。有关工作岗位变动和劳动合同变更的学说和判例更是五花八门,难以统一。[75] 由于劳动合同变更的复杂性,欧陆国家通常不在成文法中规定劳动合同变更的具体规则,而是交由裁判机构通过判例形成适当的规则,并根据个案进行灵活处理。劳动合同变更的基本法理是,原则上雇主对合同内容尤其是重要或主要事项的变更须经雇员同意,但在符合一定条件时,雇主也可单方变更。这一原则既符合当事人应尊重契约内容的法理,也满足了雇主根据情况变化对期限较长且内容无法事先详细约定的劳动合同作出适当调整的客观需要。我国劳动合同法对劳动合同变更坚持书面协商一致原则,[76]制度较为刚性。但在我国司法实践中,一些地方法院的指导意见给予用人单位更大的自主权,只要调岗合理或者合同变更合理,双方是否达成合意并不是变更的必备条件。[77] 借鉴国外立法例和学说,结合我国地方实践,我国修改劳动合同法时,应总结地方实践,适当增加劳动合同变更规则的弹性,允许用人单位在符合一定条件时,遵循诚实信用、公平合理等原则单方变更劳动合同,适度提高用人单位在调整岗位等用人管理上的灵活性。

(五)小微企业和特殊雇员的特殊规则

总体上看,劳动合同法的规则统一适用于所有用人单位,没有考虑用人单位的特点进行区别对待,这种整齐划一的制度安排缺乏灵活性,造成部分规则难以适用。小微企业的数量占企业总数的绝大多数,是吸纳就业的重要载体。但由于小

---

[75] 参见焦兴铠等:《"劳动基准法"释义——施行二十年之回顾与展望》,台北,新学林出版股份有限公司2009年版,第146页以下。

[76] 同前注⑲,第35条。

[77] 例如浙江省高级人民法院《关于审理劳动争议案件若干问题的意见(试行)》(浙法民一〔2009〕3号)第42条规定:"用人单位调整劳动者工作岗位,一般应经劳动者同意。如没有变更劳动合同主要内容,或虽有变更但确属用人单位生产经营所必需,且对劳动者的报酬及其他劳动条件未作不利变更的,劳动者有服从安排的义务。"广东省高级人民法院、广东省劳动人事争议仲裁委员会《关于审理劳动人事争议案件若干问题的座谈会纪要》(粤高法〔2012〕284号)第22条前半段规定:"用人单位调整劳动者工作岗位,同时符合以下情形的,视为用人单位合法行使用工自主权,劳动者以用人单位擅自调整其工作岗位为由要求解除劳动合同并请求用人单位支付经济补偿的,不予支持:(一)调整劳动者工作岗位是用人单位生产经营的需要;(二)调整工作岗位后劳动者的工资水平与原岗位基本相当;(三)不具有侮辱性和惩罚性;(四)无其他违反法律法规的情形。"

微企业规模小、人员少、资金少等特点，在用工上需要更多的灵活性，[78]在许多方面难以和一般企业适用同样的劳动法规则。一些国家和地区，例如德国、美国、日本、韩国以及我国台湾地区，都在劳动法上对小企业实行一定的优惠待遇，对其豁免劳动法的部分规则，典型代表是德国的《解雇保护法》不适用于雇员 10 人以下的企业。[79] 为了更好地扶持小微企业发展，尤其是促进小微企业吸纳就业，并适应小微企业的实际情况，我国应在劳动合同解除、规章制度、合同订立形式等方面对小微企业（通过设定雇员人数的一定标准）实行一定的优惠待遇，赋予小微企业更多的用工灵活性。

除了应对小微企业实行优惠待遇，在劳动者内部也应考虑不同群体的特点，实行特殊规则。例如，公司高管是非常特殊的群体，劳动法应在工作时间、最低工资、加班补偿、解雇保护以及合同订立形式等方面为高管雇员提供特殊规则。[80] 除了高管雇员，立法还可针对劳动者群体内部其他特定类型雇员，包括网络时代共享经济就业人员的特殊性和特点作出特别规定。总之，传统的劳动法规则一体适用于所有用人单位和所有劳动者，不考虑调整对象差异以及规则适应性的调整模式需要改进，应对特殊主体提供适当的特殊规则。

---

[78] 参见谢增毅：《劳动法与小企业的优惠待遇》，载《法学研究》2010 年第 2 期。

[79] 同前注[57]，第 259 页。

[80] 参见谢增毅：《公司高管的劳动者身份判定及其法律规则》，载《法学》2016 年第 7 期。

劳动合同期限分治的立法意义及其功能性回归

冯彦君*

【摘　要】 基于期限的不同，劳动合同界分为三种法定类型，特别是固定期限和无固定期限的分野，不仅具有类型化的意义，更为重要的是，分别承载着不同的立法效果与制度功能，具有解释论和立法论上的双重意义。劳动合同期限分治的立法安排在理念追求上无可厚非，但是立法技术之运用需要反思和调适。劳动合同期限立法的诸种实践困局昭示了其适度调适的必要性。对劳动者的倾斜性保护不能否定或忽视用人单位合理的利益诉求，劳动合同期限立法的调整应该也必须在充分考量劳资利益衡平的前提下寻求合理可行的路径，以矫正期限立法安排管制过度所导致的功能性变异，实现立法论意义上的功能性回归。

【关键词】 劳动合同期限　分治　立法意义　功能回归　劳动合同法

但凡合同，就其本质而言，皆为意思表示（表意）之合致（合意），表意之充分性、完整性、真实性与合法性，决定着合同的成立与效力状况。期限作为合同义务履行的时间要求与允诺，是表意的有机组成部分，意义昭然，不可或缺。正因如此，无论是一般合同抑或劳动合同，期限条款都是重要的合同内容之一。① 如果表意不充分，期限约定不明确或未加约定，则立法必须提供意思填补或效果认定之方案，② 否则合同因无法履行而陷入困局，合同期待与效能亦无法及时兑现。就劳动合同而言，期限问题更为重要，其作为划分劳动合同类型的重要依据而为立法所明示。

---

* 吉林大学法学院教授，中国社会法学研究会副会长。原文刊载于《法学评论》2017 年第 5 期。

① 二者不同的是，《合同法》的称谓是履行期限，并明确为一般包括的条款；《劳动合同法》的称谓是劳动合同期限，并明确为“应当具备之条款”。

② 例如，《合同法》第 62 条第 4 项规定：“履行期限不明确的，债务人可以随时履行，债权人也可以随时要求履行，但应当给对方必要的准备时间。”《劳动合同法》则明确规定了诸种情形下，应当订立或视为订立无固定期限劳动合同的立法态度。

正是基于期限的不同，劳动合同被立法界分为固定期限劳动合同（定期劳动合同）、无固定期限劳动合同（不定期劳动合同）和以完成一定工作为期限的劳动合同（相对定期劳动合同）三种类型。特别是固定期限和无固定期限两类劳动合同的分野，不仅具有类型化的意义，更为重要的是，分别承载着不同的立法效果与制度功能，确立了一种期限分治的立法模式，具有解释论和立法论上的双重意义。本文重点梳理和研析这种期限分治的立法意义，并在此基础上对现行立法进行功能性反思，寻求其合理调适的必要空间和可能的路径选择，以期因应《劳动合同法》修改在期限规则设计上的立法论考量。

一、劳动合同期限分治：立法根由与意义

期限是时间的延续过程，是时间轨迹的单元化区间。作为合同条款的期限，其法律意义在于，意定一个受法律保护的义务履行约束期间。可见，“契约期限的长短及其所决定的行为预期，将对契约的实施及其稳定性产生重要影响”。③ 劳动合同是持续性合同，持续期间乃为劳动合同之期限，期限的类型与长短决定着劳动者经济收入的稳定性，关乎着劳动者的职业安定性。从另一方面看，亦可表征用人单位用工选择方案和人力资源管理方略，在一定意义上也影响和牵连着员工忠诚度、组织凝聚力与市场竞争力等问题。正因如此，劳动合同较之一般民商事合同，其期限问题就更加为当事人和立法所关注，被施加的管制色彩也往往强于自治的蕴意。在我国，这一特点则更为凸显，由此也形成了一项独具特色的劳动合同制度版块，并为学界和实务界广为热议。④《中华人民共和国劳动法》（以下简称《劳动法》）第 19 条、第 20 条明确了劳动合同期限的必备条款属性和类型。《中华人民共和国劳动合同法》（以下简称《劳动合同法》）第 12 条、第 13 条、第 14 条、第 15 条、第 17 条、第 82 条第 2 款分别明确了劳动合同的类型（期限）及其定义、订立要求、条款必备性、违法之效果等。综观两部立法之规定，其相同之点在于：二者均将期限作为劳动合同之必备条款加以强调并都将期限类型化为三类（固定期限、无固定期限、

③ 参见钟文静、罗必良：《契约期限是怎样确定的？——基于资产专用性维度的实证分析》，载《中国农村观察》2014 年第 4 期。

④ 劳动合同期限问题在《劳动合同法》出台前后就是一个备受争议的立法难点和焦点问题，其在《劳动合同法》实施的近十年间也一直是一个敏感和被诟病较多的制度安排，特别是在当前由于经济不景气导致用工灵活性需求凸显和《劳动合同法》修法在即的背景下，再次成为被检讨、反思和诉求变革的热点问题。

以完成一定工作为期限)。⑤ 两部立法的差异性也较为明显,主要表现在:前者直接划分劳动合同期限,后者则以期限为准据划分劳动合同类型;前者未对期限进行立法界定,后者则间接界定了三种期限之法律内涵;前者只确立了一种应当订立无固定期限劳动合同的情形(连续工作满十年以上),后者则在此基础上增加了另一种情形(连续两次订立固定期限合同);前者并未规定违反无固定期限劳动合同强制订立要求之法律后果,后者则对此予以明确强调并确立了相应的法律后果(支付二倍工资);前者只规定了无固定期限合同的约定生成机制;后者则确立了无固定期限劳动合同"视为"生成规则。⑥ 总体而言,《劳动合同法》对劳动合同期限的规制在《劳动法》的基础上更为细化,也凸显了规则的强行性色彩。这种规制之强化既是《劳动合同法》规则创新的特色之点,同时也成为《劳动合同法》在学界备受争论和评点的制度设计之一。这种所谓的细化和强化是否妥切?以及在当前经济整体不景气导致用工灵活性要求凸显的背景下,是否以及如何进行调适?已经和正在引起理论和实务界的广泛关注,亦是后文需要予以回答的问题。究其立法目的和宗旨,之所以劳动立法较之民事立法(主要是合同法)更为关注和强化合同期限的规制,而没有像一般民事合同那样交由当事人依契约自由原则予以约定,乃在于劳动立法将劳动合同期限以及基于期限而界分的劳动合同类型作为实现其立法理念(保护劳工)的手段和工具。《劳动合同法》较之《劳动法》的规则细化与强化,无疑更是为了追求和践行这一立法目的而在规则设计与制度安排上的努力,是理念追求的延续和强化而不是背离。而且,《劳动合同法》的细化与强化之立法努力也是要解决和应对现实劳动生活中劳动合同定期化和短期化现象泛滥而采取的一种立法之策,蕴含着矫正现实行为选择误区的功利性追求。在立法者看来,劳动合同的定期化和短期化不利于劳动者的职业安定和权益之实现,而用人单位在契约自由的情境下又会萌发追求劳动合同定期化和短期化的动机和倾向。因此,立法适度限制契约自由,实现期限矫治就责无旁贷。应该承认,上述认识及其立法努力是否应该给予肯定性评价,关键是要辨识和确证其是建立在事实基础上还是假设基

⑤ 表面看来是三类期限,但从实质上看,其实就是两大类:固定期限(有期)和无固定期限(无期)。因为以完成一定工作为期限的劳动合同本质上是有期限的,只是相对于固定期限而言,其期限不够确定而已。完全可以将固定期限分为绝对固定期限和相对固定期限两种类型,而以完成一定工作为期限的劳动合同就是一种相对固定期限的劳动合同。

⑥ 这里的法律直接"视为规则",是指《劳动合同法》第14条第3款规定的情形。该条款规定:"用人单位自用工之日起满一年不与劳动者订立书面劳动合同的,视为用人单位与劳动者已订立无固定期限劳动合同。"

础上。如为客观事实，则符合事实逻辑和理论认知；如为假设基础，则需求证假设前提之成立，完成证真之任务。

综上所述，劳动立法对劳动合同期限采取分期治理之策及其立法模式选择。从不同的角度分析，这种治理模式可显现三重立法意义：其一，具有类型化的意义，即为立法类型化劳动合同提供明确的依据和标准。一般合同有多种分类依据和方式，虽然也可以在对劳动合同进行类型化考察时予以套用，但劳动合同皆为持续性合同，虽然其与加工、承揽和传统雇佣几种以劳动给付为内容的合同领域具有较为密切的牵连关系，但与其他合同的区别明显。[⑦] 劳动合同由其基本属性决定，应该也只能采用或凸显其自身独特品质的要素（期限）加以分类。尽管在学理上可以有多种分类和考察方式，[⑧]但在立法的层面，却仅确认了期限分类法。[⑨] 其二，通过确立不同类型劳动合同订立、履行和终止的不同制度规则及其违反的法律后果，体现和贯彻国家对劳动关系稳定性和灵活性的态度追求及其实现的技术和艺术。劳动关系的稳定性与灵活性是劳动关系的两个面向，也是劳资双方对劳动关系的二元期求。对劳资双方而言，此种期求往往都呈现为双重性，无法择一和排他。某一主体在某一时期或身处某一种劳动关系时，此种期求可能会有所侧重，但就其总体和常态而言，劳资双方都需要扩充和拓展来自对方的稳定和己方的灵活。就双方而言，这似乎是无解的利益诉求，难免会陷入悖论和僵局。但立法的功能即在于，考量和适度取舍法律关系双方主体的利益诉求，寻求一个相对稳定的和趋近合理的平衡点，以满足劳资双方对稳定（安全）与灵活（自由）的法益诉求。劳动合同期限分治立法安排的背后，隐含着劳资利益诉求及其博弈的内在力量，其深沉而持久地发挥着对立法的决定作用。一种立法安排就是一种平衡态，就是一种立法对劳动关系稳定与灵活追求的态度之表达。随着客观情境的变化和价值取向的侧重，这种平衡态会被打破，态度之表达也会发生某种变化。其三，期限分治可为其他制度

---

⑦ 劳动合同具有人身和财产双重属性，具有较为浓厚的伦理色彩，其固化和维系着相对稳定的职业安排，关乎劳动者生存权的实现程度和基本态势，比较而言，一般合同则不具有这些属性或这些属性不够明显和突出。

⑧ 如按劳动者的身份、用人方式、合同形式（载体）所做出的分类等。参见郑尚元：《劳动合同法的制度与理念》，中国政法大学出版社 2008 年版，第 28 页。

⑨ 由于我国劳动立法都要求劳动合同采用书面形式，由此，只有书面形式才是为立法所肯认的合同形式。一般而言，与书面劳动合同对应的概念应为口头劳动合同，但我国劳动立法并没有采用这一立法概念，而是将其划归事实劳动关系的范畴予以对待和规制。因此，在劳动立法上，书面劳动合同与口头劳动合同划分的立法根据缺失。这是实然，但未必是应然。对此如何予以检讨？是否需要调适？在考量《劳动合同法》修改时也应一并加以检讨。

(解除和退休等)的有效运行提供制度支持与协助。就应然角度而言,在固定期限和无固定期限分野的格局下,解雇和辞职也应有不同的制度(实体和程序)相对应,应分治而不宜统治,但现实立法对此并未加以严格区分,笼而统之地一味严控(对用人单位)或普遍授权(对劳动者)。此种立法技术妥适与否将在下文加以检讨。就退休而言,固定期限劳动合同之终止不必然衔接和转承退休法律关系(退休权的现实化),但无固定期限合同在通常情况下应该能够直接通达退休。换言之,在一般情况下,无固定期限合同以退休为终止期限。在这个意义上,无固定期限合同也是有期限的,相对于退休而言,其期限也可以说是固定的。"从实际实施看,无固定期限劳动合同虽没有固定的终止期限,却有固定的终止条件——劳动者达到法定退休年龄时合同终止。从这个意义上说,无固定期限劳动合同实际上是有固定期限的,只不过这个固定期限比较特殊,以劳动者达到法定退休年龄的时间为合同终止期限。"⑩

二、劳动合同期限分治:功能性变异的现实困局

如上所述,固定期限和无固定期限的劳动合同都分别承载着不同的制度功能,也分别体现和践行着合同主体不尽相同的就业和用工期求与安排。定期劳动合同确立了一个双方履行义务的约束期间,可以据此形成较为明确的预期,尽管对职业稳定之维系和忠诚度之塑造未必有利,但双方都可以形成较为明确的获取自由之预期,所定期限届满,劳动者获得摆脱人身从属状态和重新选择调适职业安排的自由,用人单位也得到了人力资源更新组合的权利。就一般合同原理而言,在合同有效期内,合同具有法律约束力,在无法定单方解除权的情况下,任何一方也不可擅自毁约,否则应该承担违约责任。但由于我国劳动立法并未将固定期限和无固定期限劳动合同在解除制度上加以适度分野,而是一律授予劳动者无条件辞职权,这就导致在固定期限合同领域,辞职权的行使与劳动合同效力发生不可避免的冲突。不仅使辞职权和合同效力理论不能自圆其说,更为严重的是,导致司法裁判不统一的现象频发。相反,无固定期限合同在现行制度框架下,由于赋予了劳动者无条件辞职权并严格的限制用人单位解雇行为,虽然契合解雇法理和实现了解雇保护的立法目的,但是却使用人单位在无固定期限情况下的用人安排和人力资源管理面临着更大的不确定性。梳理这些困惑和矛盾,分析其成因,是走出实践困局,实现劳动合同期限立法优化的前提和基础。

---

⑩ 吴亚平:《为无固定期限劳动合同正名》,载《中国劳动关系学院学报》2011年第6期。

（一）期限分治精细化考量阙如导致适用效果不佳

现行立法对固定期限和无固定期限的适用范围未加区分，企业规模与行业性质未被立法所考量，立法“一刀切”导致立法目的和追求落空。应该承认，劳动法的适用问题是一个复杂的立法难题，也是立法不可回避必须加以明确的首要问题。由于劳动关系双方主体（劳动者和用人单位）构成极为复杂，对二者不加以区分和细化，笼而统之地适用同样的规则，这虽然在立法技术上便于操作，亦能体现规则平等的法治要求，但是忽视和否定主体差别的客观现实，一体适用的效果往往差强人意或有违初衷。立法的精细化不仅是立法质量的标志之一，也是立法具有可操作性和获取良好实施效果的重要保障。劳动合同立法及其调整的精细化日益成为中国劳动立法质量提升的关键。近几年来，学界发出一种基于劳动者分层之考量而差别适用劳动法调整的呼声。与此相应，笔者也认为，立法应正视用人单位的复杂性和差别性，对其加以类型化区分，以实现包括劳动合同期限立法在内的劳动法适用的有的放矢和对号入座。其实，现行劳动立法对用人单位并非未加任何区分，[11]只不过区分的标准选择和类型化结果只具有判定是否适用劳动法调整的意义而不具有差别适用准据之实质功能。依据用人单位的此种区分，企业用工全部适用劳动法，机关和事业单位中的非国家雇佣人员（不在编制内且非由国家财政负担的工勤人员）也适用劳动法。但是应该看到，作为劳动法中用人单位之主体的企业之构成在中国更为复杂，除却身份和地域差别，仅就行业和规模而言也千差万别。不同行业和规模的企业对用工灵活性和稳定性的要求也不尽相同，现行立法对此未加考量和应对。在现实差异客观存在而立法调整一体化的情境下，期限分治立法的适用效果未能很好地实现预期或展现应有之功能。因为一般而言，行业稳定和规模较大的企业，对劳动用工稳定性需求既必要也强烈；相反，行业稳定性较差和规模较小的企业往往对用工灵活性的需求更为突出。无固定期限劳动合同不加区分地强制适用，对用人单位而言，要么不具实质意义，要么倍感羁绊而徒增抵触。

（二）期限分治立法刚性过度导致实施动力不足

现行立法所确立的无固定期限劳动合同的强制订立和视为规则立法刚性过强，导致用人单位规避立法的冲动萌发，立法实施所需要的内在认同和主动遵行的动力被弱化。正如有学者所言：“由于无固定期限劳动合同在一定程度上使得劳资

---

[11] 现行劳动立法对用人单位的区分是采用常规的三分法即划分为企业、事业单位和国家机关。其中的事业单位又常常被划分为参公（参照公务员）和参企（参照企业）两种类型。在法律适用上，参公的则比照适用公务员法；参企的则可适用劳动法。

契约安排刚性化,由此引发了企业等市场微观主体的若干规避行动。"⑫按照现行立法,连续两次订立固定期限劳动合同,续订劳动合同在排除几种法定情形的前提下需要依法订立无固定期限劳动合同。在此立法框架下,用人单位为了规避无固定期限劳动合同的适用,作为规避措施往往采取减少固定期限劳动合同的订立次数以阻却"连续两次"条件之成就,这样无疑会影响或降低劳动者被定期雇佣的次数和概率,与保护劳动者的职业安定与工作权的立法初衷相悖,这种现象在《劳动合同法》实施前后表现得尤为突出。⑬ "在无固定期限劳动合同条款的约束下,企业或者提高工人的待遇以换取工人继续签署固定期限的劳动合同,或者接受现实而和工人签署无固定期限的劳动合同但却可能要在未来承受更高的代价,又或者违法拒绝和工人签署无固定期限的劳动合同但却可能要为此承担法律责任并支付赔偿金。因此,在无固定期限劳动合同的制约下,无论企业是否签署无固定期限劳动合同,对它而言都意味着更高成本或更大风险,企业的雇佣决策将会受到影响。"⑭在用人单位寻求这种规避的情况下,有些失去工作的劳动者甚至将自己未被再次雇佣的责任直接归咎于劳动合同法的这项规定。如此一来,这种以保护劳动者为宗旨的立法设计竟然难以获得劳动者的认可,陷入了"两不讨好""两不买账"的尴尬境地。"如果意图良好的法律规制导致某类成本上升,同时又没有从整体主义的视角防止这一成本的外部化,防止其对于其他主体的溢出效应和联动效应,那么,精心构设的法律规制安排亦会产生不可欲的利益再分配后果,最终损及本应受保护者的根本利益。《劳动合同法》借助无固定期限劳动合同对于劳资契约关系的刚性设定即为实例。"⑮《劳动合同法》第14条第3款规定:"用人单位自用工之日起满一年不与劳动者订立书面劳动合同的,视为用人单位与劳动者已订立了无固定期限劳动合同。"这一规定确立了无固定期限劳动合同的"视为机制",其为无固定期限劳动合同的生成机制之一,也是劳动合同书面形式违反之强制性的法律后果,具有双重之制度功能。虽然是一种立法技术上的创新之举,但由书面义

---

⑫ 吴元元:《劳动契约安排的制度逻辑——无固定期限劳动合同的法律经济学重读》,载《现代法学》2009年第1期。

⑬ 《劳动合同法》生效前,我国相继发生了诸如"华为门",沃尔玛公司、LG电子等众多大型企业批量辞退职工以规避无固定期限劳动合同制度的事件。《劳动合同法》生效后,规避无固定期限劳动合同制度的事件也时有发生。吴文平、李长有:《从应对无固定期限劳动合同的规避行为看〈劳动合同法〉完善》,载《吉首大学学报》(社会科学版)2013年第5期。

⑭ 刘庆玉:《〈劳动合同法〉对企业雇佣水平的影响——基于无固定期限劳动合同条款的研究》,载《中国经济问题》2016年第5期。

⑮ 同前注⑫,吴元元文。

务之违反直接导入无固定期限劳动合同之生成,其立法逻辑与合理性都值得商榷。在这种立法框架下,虽有警示和督促用人单位积极主动订立书面劳动合同之法律效果,但却使某些劳动者萌生了不订立书面劳动合同的冲动和期求。因为在不订立书面劳动合同的情况下,劳动者似乎更为主动,既可以主张二倍工资,又可以主张视为订立了无固定期限劳动合同。对于这种来自劳动者追求不订立书面劳动合同的主观恶意,应该排除于视为机制的适用范围。同时,立法硬性将两种强行立法机制(订立和视为无固定期限)耦合在一起,虽体现出立法制度之间的相互配合与支撑,但却使立法的管制色彩得以倍增,劳动合同应有的自治空间被大大减缩,立法刚性有余而柔性不足。这些无疑都会导致劳资双方特别是资方对劳动合同期限立法的抵触和规避,形成实践中的困局。

(三)期限分治贯通不畅导致功能尚未充分展现

从制度体系功能的角度分析,不难发现,劳动合同期限分治之运用未能遵循世界立法之通例,未能在劳动合同法重要制度之一的解除(辞职和解雇)制度中予以正视和充分体现,导致固定期限和无固定期限分治之立法功能未能充分发挥出来。不仅如此,"劳动合同法的所有问题都应当在不定期合同和定期合同两种语境下分别探讨,将它们分别与标准劳动关系和非标准劳动关系对应起来,否则解决不了目前我们所争议的任何问题,特别是解雇保护标准高低之争"。[16] 劳动合同单方解除制度于此方面最为典型。我国劳动合同解除制度的重中之重是单方解除(单方行使解除权),包括用人单位的单方解除(解雇)和劳动者的单方解除(辞职)。《劳动法》和《劳动合同法》虽然都奉行二元解除权制度设计,即劳动者的辞职与用人单位的解雇制度并行不悖,但是都没有区分固定期限和无固定期限劳动合同单方解除上的差异,导致解除权泛化适用于两种类型劳动合同。如此一来,一方面使固定期限合同的单方解除与合同确定期限所固化的合同效力和尊严发生矛盾,虽依法有权解除但却需要承担违约责任,这在权利理论和逻辑上是解释不通的现象,司法实践中也往往由于法官认识和立法解释上的差异而导致司法裁判结果的迥然有别,影响司法的统一和权威。另一方面,对于无固定期限劳动合同而言,由于对劳动者辞职的宽松授权没有区分劳动者的不同层级和类型,导致可替代性较小的高级人才与可替代性较大的普通劳动者都可以任意辞职,造成用人单位对人力资源使用安排上的合理预期难于形成,有时不得不承受来自关键人员离职所带来的巨

---

⑯ 钱叶芳:《论我国无固定期限劳动合同研究的教义学偏离和制度调整》,载《浙江学刊》2016 年第 6 期。

大镇痛与损失。为此,应该合理限缩劳动者辞职权特别是无条件辞职权的适用范围,对高级人才(特殊人员)的辞职应该加以限制或令其付出合理的代价与成本。

三、劳动合同期限分治:功能性回归的可能之路

客观地说,我国劳动合同立法努力践行"基于不平等而促进平等"⑰的现代劳动法机理,致力于实现"体面生存与和谐发展"⑱的理念性目标,这既体现了当代中国社会法治发展的主旋律,也顺应了世界立法的时代潮流与文明大势,应该予以充分肯定并加以坚持。但是,机理与理念的先进性,是需要通过立法模式、立法技术乃至于立法艺术加以体现和落实的,没有模式的正确选择和技术的高超运用,再美好、先进的理念与目标也会落空。当然,理念的先进并不代表和决定着技术运用和模式选择的妥适性和先进性,也不必然决定着其合理性与恰当性。理念往往具有较为恒定的意蕴设定和较为深沉的影响力,而实现理念的方式方法(模式与技术)却应该也可以根据主观需要和客观情境加以适度调适。就劳动合同期限立法而言,同样应该在这样的认知基点下予以反思并寻求变革之策。正如有学者所言:"由于对法律规则付诸实施可能引发的诸多后果缺乏一种整体主义的把握,'用心良苦'的无固定期限劳动合同将导致劳动者权益受损的利益再分配效应;由于忽略了司法治理机制的内在规定性和对人力资源管理规律的陌生,无论是《劳动合同法》还是配套的《实施条例》,旨在保护用人单位合理的用人自主权的抗辩事由设计也不具有司法操作意义;由于未能从诸多相关因素中分离出劳动者与用人单位得以建立长期合作博弈关系的构成性变量,无固定期限劳动合同的设立有意无意地遮蔽了对于稳定劳资契约关系具有更强激励效应、更能节省执法成本的替代进路。"⑲总之,理念与技术的辩证关系决定着立法调适的路径选择。

放眼望去,在诘难《劳动合同法》的诸种观点和论断中,劳动合同期限的立法安排往往都备受质疑,成为众矢之的。之所以会出现千夫所指的局面,不仅是因为劳资双方对此制度设计的认可度较低,也在于对无固定期限劳动合同及其性质功能的错误认识,更强化于当前经济不景气所致不断高涨的放松管制之诉求。如何对待劳动合同期限立法,应否以及如何进行调适,这是《劳动合同法》修改不可回避的现实问题。对此问题,宜于区分理念、模式和技术三个层面探析。

首先,应该秉持和恪守《劳动合同法》的立法理念,凸显立法规则适度限缩劳资

---

⑰ 冯彦君:《民法与劳动法:制度的发展与变迁》,载《社会科学战线》2001 年第 1 期。

⑱ 冯彦君:《现代劳动法的理念:体面生存与和谐发展》,载《光明日报》2010 年 11 月 11 日。

⑲ 同前注⑫,吴元元文。

契约自由的制度旨趣,以及遵循殊异于民事合同并与之保持一般与特殊、继承与发展、传承与变迁关系的成长轨迹。这是决定劳动法发展空间和存在价值的问题,也是现代法治发展的基本格调,不应怀疑和动摇。期限立法乃至其他立法安排的反思与调适,应该也必须在这样的大前提下展开和推进,否则就会在经济自由主义思潮、用工灵活性要求以及放松管制之诉求下以修法为借口,滑向或陷入劳动经济自由主义及其作为其表征的契约自由的泥潭和误区,造成人权立法的削足适履或矫枉过正。倘若如此,我国劳动立法乃至社会立法努力探索和追求的社会实质公正和人本主义立法的基调与品格就会被淡化甚至被抹杀。这是我们必须加以警醒和避免的立法回流现象。

其次,劳动合同期限分治的立法模式应该予以坚持和完善。但为达此目的,对期限分治应该实现什么样的功能以及其不能承受之重,应该有基本的认识和评估。应该看到,固定期限和无固定期限各有利弊,固定并非就灵活,不固定未必就稳定;灵活未必就不好,稳定也未必就可取。"正因为劳动关系本身内涵着稳定与灵活的双重要求,所以我们无法在一般意义上断言劳动关系是稳定一些更好,还是灵活一些更好,只能做出劳动关系过度稳定和过度灵活都不可取的判断。"[20]据此可以说,立法通过抑制固定期限而强制订立无固定期限以求劳动者职业安定和劳动关系稳定之立法目标值得反思和检讨,其效果也常常难以顺畅达致或尽如人意。所以就期限分治的立法模式而言,其本身并没有抛弃和变革的必要,而是应该使其分类治理的功能得以正本清源和回归应然。正是在这个意义上,劳动合同期限分治立法模式所欲达致的目标才能借助于立法技术的支撑与调适得以实现。

最后,实现立法技术上的适度调适。这种调适最为艰巨也最为关键,虽然不是整体上的变革,但也应该进行系统之考量,甚至需要在期限规则内外寻求考量之策。如上所述,正因为劳资双方都具有对劳动关系稳定性与灵活性的双重需求,所以不考虑行业差异以及企业性质与规模之不同,一律强制要求订立无固定期限劳动合同对双方而言未必契合本意。就劳动合同期限构造来看,其可以分解为生成机制、功能机制和后果机制。就生成机制而言,有任意约定生成机制、法定可约定机制和法定视为机制。其中,任意约定机制的正当性自不待言,法定可约定和法律视为两种机制体现出立法对劳动合同期限生成与设定的较强的干预色彩,劳动合同期限选择的自由度被极大地限缩。对此,各界特别是实务界往往基于成本提升

---

[20] 冯彦君:《我国劳动合同立法应正确处理三大关系》,载《当代法学》2006年第6期。

和用工灵活性缺失而发出批评之声。所谓期限立法提升用工成本和阻滞用工灵活性的论断,尽管未必符合事实,也难以提供令人信服的实证支持,但是这种刚性的立法机制本身是否一定能够带来保护劳动者职业安定的立法效果也是值得甄别和省思的。立法必须追求其自身的目标效果,如果立法设计本身导致目标效果难于实现却带来了其他负面效果的时候,该立法就应该检讨和调适。就功能机制而言,主要是在两个层面上发挥功能:一是解除上的区分功能;二是直通退休的连接功能。如前所述,就现行立法而言,前一个功能由于解除立法对单方解除(解雇和辞职)采取了"一刀切"的立法技术,没有针对固定期限和无固定期限分别设计有所差异的实体和程序机制,导致期限分治立法本身区分解除的功能没有充分展现出来。

基于上述分析,在立法技术层面上,作为一种可能的立法优化之路径,可考虑按照"两区分""两隔断"的思路予以把控和调适。所谓"两区分",是指固定期限和无固定期限的适用在两个层面上实现区分:一是强制性适用应该区分用人单位经营业务的行业性质与规模。对于那些较为固定的行业和较大规模的企业可以适度强制无固定期限的适用;而对于那些不太稳定的行业和规模较小的企业则适宜放开期限管制,以全自由的期限生成机制为其常态。如此,不仅使无固定期限的适用更加细化从而实现立法的初衷和本意,也可以赋予中小型企业特别是小微型企业较大的用工自主权和灵活性,这在一定意义上也是促进小微企业发展战略的一种立法响应与因应。当然,究竟何为稳定的行业和规模较大的企业,其判定标准的确立是一个较大的立法难题。相对而言,依规模而划分企业类型,国家有相应的标准(划型标准),可以加以采用。行业的稳定性相对而言是一个不宜判断又难以把握的技术性难题,如何设计甄别依据和认定标准,需要加以通盘考量。二是基于固定期限和无固定期限之界分调整劳动合同单方解除规则,形成差别解除的制度格局。就此,郑尚元教授也表达了同样的学理态度:"固定期限劳动合同与无固定期限劳动合同除明确实施的范围,即适用的条件外,还应设置不同的劳动合同解除制度。目前,我国上述两类劳动合同几乎没有解除条件的区别,也就是说,对于固定期限与无固定期限劳动合同而言,解除条件几乎一致。在劳动合同解除条件一样的条件下,就不可能有实质上的两类不同期限劳动合同的界限。"[21]依世界之通例,基于解雇保护的法理,无论是固定期限还是无固定期限劳动合同,雇主解雇劳动者都会

㉑ 同前注⑧,郑尚元书,第41页。

受到实体和程序上的限制。为保护雇主的利益,劳动者的辞职也不能随心所欲,也应恪守一定的规则。当然,劳动者的无条件辞职权(预告解除权)赋予了劳动者以较大的自由和主动性。一般而言,这种无条件的辞职权只应适用于无固定期限劳动合同,固定期限劳动合同应该恪守合同期限及其效力,应该否定无条件辞职。基于此,在修改《劳动合同法》时,可一并对此加以调适。倘若如此,既优化了劳动合同解除制度,消解了其与合同效力规则的冲突,也使劳动合同期限分治的立法功能通过相关制度的分野得以充分展现和强化。如此调适之后,无固定期限劳动合同就获得了劳动者辞职的特权。基于利益平衡和赋予用人单位合理的用工灵活和自由,也应该考虑赋予用人单位在解除无固定期限劳动合同方面较大的选择空间。限于解雇保护之目的,不宜完全解禁实体和程序上之限制,可考虑将用人单位单方解除劳动合同的通常情形(大概率事件)之一的"不能胜任工作"的认定标准适度放宽。正如有学者所言:"在引导实行无固定期限合同的同时,还应适当放宽无固定期限合同的解除条件,使其与有固定期限合同的解除有所区别,这样既能保证公平又能兼顾效率,使劳动关系保持活力。"[22]如此这般,无固定期限合同在单方解除方面获得了较之于固定期限合同较大的自由,对劳资双方而言,都可以满足一定的灵活性之需求。

所谓"两隔断",是指打破和阻断固定期限与无固定期限的人为联结和硬性导入机制;分离劳动合同书面形式与无固定期限劳动合同的人为联结,阻断书面形式义务违反导致无固定期限合同生成(立法视为)的机制。就前者而言,是将两种硬性要求订立无固定期限劳动合同的情形保留其中之一,即只保留距退休年龄不满十年而需要订立无固定期限合同的情形,而将两次订立固定期限合同在某种情境下就硬性要求订立无固定期限劳动合同的情形从制度规则体系中加以移除,从而使两种期限相对独立运行,破解用人单位出于规避法律义务(订立无固定期限劳动合同)而减少固定期限合同订立次数和两次届满时不再留用的影响劳动者职业安定和工作权实现的现实困局和负面效果。就后者而言,是将两个原本不相干的制度内容(合同形式与合同期限)之间的联结各自回归独立,不发生联动或连带的关系。具体而言,书面形式要求的违反不再作为劳动合同期限类型的影响因素,没有订立书面劳动合同满 1 年以上也不再作为无固定期限劳动合同的视为条件。如此这般,不但是为无固定期限劳动合同的生成保留了较大的自由选择空间,而且也涉

---

[22] 姜颖:《劳动合同期限的立法探讨》,载《法学杂志》2006 年第 5 期。

及如何评价和调适劳动合同形式立法的问题。一般而言,劳动关系有劳动合同关系和事实劳动关系两种。劳动合同依据形式载体可分为书面合同和口头合同。但我国劳动立法基于口头合同权利义务不够明晰,难以查之与证明,从而不利于劳动者权益保护的判断,否定劳动合同的口头形式,一律要求劳动合同应当采用书面形式,将客观存在的口头劳动合同划入事实劳动关系范畴。其实,这样的立法态度与格局本身也需要检讨。且不必说,口头劳动合同在现实生活中之不可避免,其是否就一定不可证明并不利于劳动者,需要具体问题具体分析。立法强制要求劳动合同一律采用书面形式,立法初衷无可厚非,但其立法技术过于刚性。比如,虽然是口头劳动合同,但双方并未发生纠纷,履行也顺利圆满,那么适用强制性的无固定期限之后果就欠缺充足的理由;即便是发生了纠纷,但是双方就权利义务事实没有发生争议,只是就其履行状况有分歧,或者双方补签了书面劳动合同,那么,没有必要硬性导入无固定期限劳动合同的生成。现行立法的逻辑是,既然书面形式有助于减少纠纷的发生和保护劳动者的利益,立法就应该一律要求双方采用书面形式,并且以不采用书面形式的原因多出自用人单位为判断前提,确立了两个书面形式义务违反的法律后果,即二倍工资支付和视为无固定期限劳动合同,这种立法逻辑本身实难自圆其说,再将无固定期限合同订立作为其强制性的后果机制就更加令人费解。这种立法技术看似目标明确,技术高超,思路也较为开阔,但难以经得起逻辑的检阅和效果之检验。基于劳动合同期限分治的功能性检讨与回归之追求,一并附带思考合同形式及其强制机制的得失取舍,是一个有意义又不可回避的问题。

四、结束语

劳动合同期限立法作为劳动合同制度的重要组成部分,牵扯面甚广,利益再分配功能较为突出,其制度规则之调适是一项较为复杂而艰巨的修法任务,同时其完善程度又在一定意义上影响和制约着整个劳动合同制度的功能之发挥,所以必须展开充分的论证。劳动合同期限分治是我国劳动合同立法的现实模式选择,其承载着劳动法的立法理念,也践行着劳动法的立法宗旨和立法旨趣,构成了我国劳动合同立法的一个特色。但是,由于某些基本判断的不尽正确甚至极端化,导致某些看似较为高超和颇具创意的立法设计在客观效果上并不理想,有的甚至引发了强烈的规避或抵触。“不得不承认,我国劳动合同期限制度没有符合‘打铁需要自身硬’的要求,制度本身存在着巨大的漏洞与缺憾。”[23]而且,现行立法人为将一些立

㉓ 同前注⑧,郑尚元书,第40页。

法机制硬性联结或互动在一起,也并非可取。我国劳动合同立法期限分治的制度规则需要在新形势下进行功能性检讨与调适。在肯认基本理念和完善立法模式的前提下,寻求立法技术上的调适与优化,不但必要而且可能。作为一种修法建议和主张,本文大胆提出了“两区分”和“两隔断”的立法调适思路。这是笔者的一种思考和建言,相关论证也只是一个初步的展开,其合理性与可行性尚需要不断加以完善和论证,也欢迎学界对此加以评点。我们希望并坚信,中国立法者拥有足够的勇气和智慧推进包括期限立法在内的劳动合同立法在新的历史时期实现优化,走向成熟。

我国无固定期限劳动合同制度实施困境的成因与出路

沈同仙*

【摘　要】 无固定期限劳动合同具有用工稳定和留住人才的市场功能。但由于我国严格的解雇保护制度和不合理的强制缔结无固定期限劳动合同的规定，用人单位因担忧解雇难而排斥选择无固定期限劳动合同，使我国的无固定期限劳动合同制度的实施陷入困境。破解我国无固定期限劳动合同制度的实施困境路径在于适当放宽解雇条件和取消无固定期限劳动合同强制缔结中不合理的规定，在劳动关系的和谐中谋求劳动关系的稳定。

【关键词】 无固定期限劳动合同　实施困境　解雇保护　强制缔约

无固定期限劳动合同及其强制缔约制度在1995年1月1日生效实施的《中华人民共和国劳动法》(以下简称《劳动法》)中首次作了规定。根据《劳动法》第20条规定，"劳动者在同一用人单位连续工作满十年以上，当事人双方同意续延劳动合同的，如果劳动者提出订立无固定期限的劳动合同，应当订立无固定期限的劳动合同"。以"构建和发展和谐稳定的劳动关系"为立法宗旨[①]并于2008年1月1日生效的《中华人民共和国劳动合同法》(以下简称《劳动合同法》)，强化了无固定期限劳动合同及其强制缔约制度。主要体现在《劳动合同法》第14条和第82条规定。

然而，这些条文并没有使这一制度得到完全的落实和贯彻；相反，却引发了社会各界的强烈争议和企业界规避签订无固定期限劳动合同的应对浪潮，使我国无

---

* 苏州大学王健法学院教授，中国社会法学研究会常务理事。原文刊载于《学术界》2017年第1期。

① 参见我国《劳动合同法》第1条规定。

固定期限劳动合同制度的实施陷入了现实困境中。在我国即将开启《劳动合同法》修订之际，笔者欲就我国无固定期限劳动合同制度实施困境的成因和出路谈谈自己的看法，以期起抛砖引玉的作用。

一、无固定期限劳动合同的功能

我国的劳动合同与国际上许多国家一样，由固定期限的劳动合同、无固定期限的劳动合同和以完成一定工作任务为期限的劳动合同三种构成。根据我国《劳动合同法》的规定，“无固定期限劳动合同，是指用人单位与劳动者约定无确定终止时间的劳动合同”[②]“固定期限劳动合同是指用人单位与劳动者约定合同终止时间的劳动合同”。[③] 从上述法律对固定期限劳动合同和无固定期限劳动合同的概念界定中可以看出，固定期限劳动合同和无固定期限劳动合同的主要区别在于是否有明确的合同终止的时间，有明确终止时间的是固定期限劳动合同；反之，则为无固定期限劳动合同。有明确终止时间的固定期限劳动合同意味着合同期满当事人可以选择终止，合同双方当事人可以就劳动关系的期限届满有正常的预期，以便期限届满时处分安排合同项下的权利和义务。虽然无固定期限劳动合同与固定期限劳动合同一样，可以依法解除，但除法定的终止条件外，[④]当事人双方没有终止合同的选择权。换言之，无固定期限劳动合同是一个长期合同。

毫无疑问，就劳动关系稳定性而言，无固定期限劳动合同更有利于用人单位用工的稳定，维护职业安定并留住人才。正如有学者指出的那样，“从保障劳动者就业权的角度看，无固定期限劳动合同比固定期限劳动合同更有利于劳动者，有利于防止用人单位在劳动者的黄金期用尽之后抛弃劳动者。对于用人单位而言，无固定期限劳动合同并非意味着企业用工成本的增加，因为无固定期限劳动合同有利于增强劳动者对于用人单位的归属感，培养对用人单位的忠诚度和责任心，这同样会促进企业经济效率的提高”。[⑤] 亦即，固定期限劳动合同和无固定期限劳动合同不同的特性决定其具有不同的优势，在市场配置社会生产要素的经济体制下，劳动关系双方当事人可以根据各自的需要就缔结劳动合同的类型通过协商做出选择。

综观当今世界主要市场经济国家的劳动用工实践，无固定期限劳动合同作为

---

② 我国《劳动合同法》第 14 条第 1 款规定。

③ 我国《劳动合同法》第 13 条规定。

④ 我国《劳动合同法》第 44 条规定。

⑤ 董文军：《无固定期限劳动合同的规范功能分析》，载《华东政法大学学报》2008 年第 6 期。

用工常态的较为普遍。[⑥] 为此，国内许多学者认为，无固定期限劳动合同也应该成为我国劳动用工的常态。[⑦] 确实，我国《劳动合同法》也为此作了相应的制度设计，从无固定期限劳动合同的强制缔约规定中可以窥见一斑。那么，时至今日，为什么在我国无固定期限劳动合同仍未成为企业用工的常态，相反还在实施中遭遇用人单位排斥或者规避的困境呢？

二、我国无固定期限劳动合同制度实施困境的成因

（一）严格的解雇保护规定抑制了用人单位选择无固定期限劳动合同的愿景

根据《雇主提出终止雇用公约》（Termination of Employment Convention，国际劳工组织于1982年通过的第158号公约）对解雇概念的界定，解雇被理解为是雇主主动解除或者终止劳动关系的行为。基于劳动关系中个体雇员与雇主之间存在的结构性不平等，各国劳动法律均会对雇主行使解雇权作出一定的限制，内容包括规定雇主解雇的正当事由、解雇应该履行的程序以及解雇的经济补偿等，学界称为解雇保护。劳动合同期限届满终止是合同内在特性使然，除从保护人权或者社会公共利益出发作一定的限制外（如合同期限届满时劳动者在医疗期中、女职工在孕期、产期或者哺乳期内等），一般不作限制，即劳动合同期限届满，合同自然终止，雇主此时行使解雇权不再续订与合同期限届满劳动者的劳动合同是无条件限制的。各国法律对雇主解雇条件的限制主要体现在雇主解除劳动合同上。而无固定期限劳动合同因为没有明确合同终止的时间，使雇主如果要解雇一个无固定期限劳动合同的劳动者，只能选择合同的解除，这一方面带来解除需要受到法律规定条件的限制，另一方面还可能因为雇员的异议而将解雇拖入漫长的司法审查程序中。由此产生解雇保护的宽严与用人单位选择劳动合同期限偏好之间的内在逻辑关系：法律对解雇条件限制越少，雇主对合同解除效力不确定性的顾虑就越少，选择无固定期限劳动合同的偏好就越明显，反之亦然。

综观世界主要市场经济国家的解雇保护立法，主要有三种观点，一是以美国为代表的“解雇自由”说，二是以日本和英国为代表的“解雇权滥用”说，三是以德国和法国为代表的“正当事由”说。雇佣自由说源自民法契约自由原则，认为雇佣与解雇均系雇主经营自由之基本内容，除法律有禁止规定或者合同约定不得解雇外

---

⑥ 钱叶芳：《论我国无固定期限劳动合同研究的教义学偏离和制度调整》，载《浙江学刊》2016年第6期。

⑦ 董文军：《无固定期限劳动合同的规范功能分析》，载《华东政法大学学报》2008年第6期；许浩：《〈劳动合同法〉草案二审　常凯、董保华再争锋》，载《中国经济周刊》2007年第3期；王全兴、黄昆：《无固定期限劳动合同的是与非》，载《法学家》2008年第2期。

应不受任何干预。禁止解雇权滥用说认为，雇主拥有解雇权，但雇主行使解雇权不能超越权利本身的正当界限，不得损害他人、集体或者社会公共利益，否则就构成解雇权滥用。这种学说仍肯定解雇自由权，但以滥用之禁止作为解雇自由权的一种抑制。正当事由说认为，非正当事由不得解雇，解雇被要求具有某种社会合理性，德国发展出“社会正当性”的规范，法国提出“实际和严肃的理由”。

我国的《劳动合同法》与上述三种解雇事由立法例不同的是，对用人单位可以解雇的事由仅采用了单一的列举式规定，即只有在劳动者符合《劳动合同法》第39条列举的6种情形之一的情况下，用人单位才可以即时解雇劳动者，除此以外不得解雇。换言之，“法无明文规定不得解雇”，只要不具备所列举的解除条件，哪怕根据常识判断属于严重违反管理秩序的行为，也不得解除。这与“解雇自由”说实行的“法无禁止即可解除”形成的解雇事由范围构成宽严的两个极端，与德国、法国概括式正当事由解雇说相比也显得更加严格。

也许有人认为，《劳动合同法》第39条第2项赋予了用人单位宽泛的解雇权，用人单位只要在规章制度中将严重违反规章制度的行为罗列清楚，即可以解雇。诚然，从理论上讲也许成立，但常识告诉我们，没有一个公司具有将未来员工可能发生的令人无法接受的违纪行为全部描述出来的能力。不难理解，当法律的规定不恰当地限制企业作为市场竞争主体所适配的解雇权时，企业就会因为对法律过严的解雇保护顾虑而不愿选择无终止选择权的无固定期限劳动合同，希望无固定期限劳动合同成为我国用工常态的立法预期也难以实现。

2008年实施的《劳动合同法》对劳务派遣实施岗位较为原则和模糊的规定，为企业大量使用劳务派遣以规避签订无固定期限劳动合同及满足用工灵活性的需求提供了可能。自2008年《劳动合同法》实施以后，劳务派遣得到非正常繁荣发展不能不说与我国解雇的严格保护和企业规避签订无固定期限劳动合同的强烈冲动有一定的逻辑关系。

（二）强制用人单位在连续二次签订固定期限劳动合同后缔结无固定期限劳动合同的规定不符合合同法基本理论及企业生产管理的内生性需求

鉴于我国《劳动法》实施中出现的劳动合同短期化的现象，《劳动合同法》创设了连续签订二次固定期限劳动合同，用人单位必须根据劳动者单方意愿，签订无固定期限劳动合同，即将连续二次订立固定期限劳动合同纳入强制订立无固定期限的劳动合同的范围。[⑧] 我国一些人大代表、法学界和经济学界的知名学者对《劳动合同法》有许多的质疑和负面评价,其中连续二次签订固定期限劳动合同强制缔结无固定期限劳动合同的规定是其诟病的焦点之一。[⑨] 诚然,这样的立法利益考量有值得商榷和检视之处。

劳动关系作为合同关系,应当遵循合同法的基本原则。合同本应体现自愿,"劳动契约亦为私法契约,其系民法第482条雇佣契约下的一个分支,因此,原则上亦有契约自由原则之适用"。[⑩] 固定期限劳动合同期满续订无固定期限劳动合同的,是新合同的订立,原劳动合同约定的权利义务已经履行完毕,效力自然应该终止。事实上,《劳动合同法》也作了这样的规定,劳动合同期满的合同终止。[⑪] 订立新的合同应当按照平等自愿的订立原则,进行协商。强制缔约,一般认为"是指依照法律规范,法律对民事主体施加的与他人订立契约的义务,非有正当理由,义务人不得拒绝订立该契约"。[⑫] 由于在强制缔约制度中,受要约人负有了强制缔约的义务,即在合同相对人提出要约后,受要约人不具有拒绝要约的意思表示自由,其必须做出承诺,接受要约人的要约,与要约人订约。因此,受要约人选择合同相对人的自由也受到了限制。

由此可见,法律规定的强制缔约在本质上是国家公权对私法关系的直接干预,"强制缔约制度实际上是国家意志在契约法(合同法)领域中的体现和干预的结果"[⑬]。正因为强制缔约可谓是对合同法的契约自由原则的釜底抽薪,甚至是完全的否定自由,"所以,它只有在具备特别理由的情况下才应被法律所承认"。[⑭] 现代合同法理论研究表明,这样的特别理由一般与基本人权保障、社会公共利益、公平

---

⑧ 参见我国《劳动合同法》第14条第2款的规定。

⑨ 2008年3月14日《华夏时报》报道《38位代表建议修改新〈劳动合同法〉》,载 http://news. hexun-com/2008/laodonfa/index. html,最后访问日期:2016年11月20日;2008年3月18日《中国经济时报》报道《两会关注:劳动合同法过度向劳动者倾斜?》,载 http://yantai. dzwww. com/rencai/rcxw/200803/t20080318_3276476. htm,最后访问日期:2016年11月20日;2009年3月10日中国新闻网报道:《人大代表梁慧星:现行劳动合同法忽视了企业利益》,载 http://finance. ifeng. com/topic/lianghui2009/news/20090310 /432291. shtml,最后访问日期:2016年11月20日;2012年11月18日《法制日报》报道《代表建议修改劳动合同法,人社部表示适时提出修法建议》,载 http://xj. people. com. cn/n/2015 /1118/c188521 - 27124771. html1,最后访问日期:2016年11月20日。经济学界香港大学张五常教授、北京大学张维迎教授、耶鲁大学陈志武教授等和法学界梁慧星教授、董保华教授等都在不同场合发表过对《劳动合同法》的批评意见。

⑩ 杨通轩:《个别劳工法(理论与实务)》,台北,五南图书出版股份有限公司2011年版,第19~20页。

⑪ 参见我国《劳动合同法》第44条第1项规定。

⑫ 冉克平:《论强制缔约制度》,载《政治与法律》2009年第11期。

⑬ 翟艳:《强制缔约制度与经济法的契合性解读》,载《政治与法律》2013年第7期。

⑭ 崔建远:《强制缔约及其中国化》,载《社会科学战线》2006年第5期。

竞争秩序和社会公德等直接关联。即强制缔约,一般在克服意思自治的流弊时应用。在意思自治可能损害到公共利益或明显使另一方利益损害时,法律对意思自治进行干预,要求一方不得拒绝签约。《劳动合同法》之所以作如此的强制缔约规定,主要是基于"克服合同短期化"的法益考量,[15]以合同法和现代强制缔约基本理论重新检视我国对连续签订二次固定期限劳动合同的用人单位实行强制缔结无固定期限劳动合同的相关规定,明显地超出了应该实行的强制缔约的法益考量范围。

1. 企业作为市场经济主体有多次签订固定期限劳动合同的内生性需求

劳动合同承载的劳动关系本质上体现的是市场配置劳动力和生产资料两大生产要素的方式,劳动力从外部市场通过劳动合同的订立进入劳动关系,通过劳动合同的终止、解除退出劳动关系,重回外部市场,实现劳动力正常流动。企业作为用人单位根据生产经营需要确定用工规模和用工期限,并随企业在市场竞争中所处地位的变化而做出相应的调整。因此,企业的市场主体特性决定了其有重复选择有明确终止时间的固定期限劳动合同的内在需求。例如,在现实经济发展中,存在大量的小微企业、处在起步阶段的创新型企业、生产任务不饱满或者不稳定的外向型代工企业等各种客观因素导致用人单位需要选择与企业生产发展状况相适应的较短固定期限劳动合同的情况。尤其在世界经济普遍下行和我国经济进入"新常态"下,灵活用工随着企业的"创新""转型升级"而大受企业青睐。我国《劳动合同法》将连续二次订立固定期限劳动合同的用人单位纳入了强制订立无固定期限劳动合同的范畴,疏略了用人单位对固定期限劳动合同的内在需求,过度干预了企业的生产经营自主权。

2. 二次或者二次以上签订固定期限劳动合同后没有签无固定期限劳动合同并没有明显的损害劳动者的合法利益

根据《劳动合同法》第 14 条第 2 款第 3 项的规定,用人单位在第二次固定期限劳动合同期满时,如果劳动者提出或者同意续订劳动合同,用人单位必须根据劳动者的单方面意愿,与劳动者订立无固定期限劳动合同。这意味着在连续二次履行完固定期限的劳动合同后,即使用人单位发现有新的求职者比已经连续二次签订固定期限劳动合同的劳动者更符合劳动岗位要求,用人单位也不能录用新的求职

---

[15] "全国人大常委会办公厅就在北京人民大会堂举行了劳动合同法新闻发布会,称劳动合同法有四大亮点,针对劳动合同短期化那种'只用劳动者青春期,严重影响了劳动者权益,致使劳动者缺乏安全感和稳定感'的问题,其中特别强调了通过无固定期限劳动合同来实现稳定劳动关系的目标。"转引自董保华:《劳动合同法的争鸣与思考》,上海人民出版社 2011 年版,第 574 页。

者替代合同到期的劳动者,还必须继续招用原来的劳动者,并且要与原劳动者订立无固定期限的劳动合同。这一方面与企业作为市场竞争主体,优化配置生产要素的内在需求相悖"虽然用人单位在选择劳动者时负有一定的社会责任,但其同样享有最大限度地增加企业和其他组织获益的权利。所以宪法中的平等就业基本权利在间接作用于合同法下而产生的强制缔约义务的情况下,此种义务应当是相对的"。⑯ 另一方面,在就业岗位数相对稀缺的情况下,法律过度保护了已经就业的劳动者的就业稳定性,就会增加尚未就业的其他求职者就业的难度。

以劳动力市场和宏观经济之间的交互作用而创设著名的搜寻——匹配理论,并获得2010年诺贝尔经济学奖的伦敦政治经济学院克里斯托弗·皮萨里德斯(Christopher A. Pissarides)教授,在接受我国记者采访回答如何看待"就业不仅是一个经济问题,同时也是政治问题"时指出:"一些国家会制定政策来增加企业解雇员工的难度,希望给工人以更多的安全感,这样的政策只是让已经受雇的人得益,因为企业因此更不愿意提供较多的工作岗位了。"⑰

更重要的是,已经订立两次固定期限劳动合同的劳动者的就业权与没有就业的求职者的就业权在理论上是同质的,前者并不具有优先或者特殊保护的法理基础。亦即,如果用人单位在与劳动者连续二次缔结固定期限劳动合同后仍然选择继续签订固定期限劳动合同,或者另行选择与其他劳动者签订劳动合同,这并没有明显损害原劳动者的合法权益。至于立法者担忧的用人单位只使用劳动者的青春期的现象,我国《劳动合同法》第14条第2款第1项已作了相应的规定,即规定,"劳动者在该用人单位连续工作满十年的",强制用人单位与劳动者签订无固定期限劳动合同。如果说《劳动合同法》第14条第2款前两项的强制缔约规定出于企业对较长服务年限员工保护的社会责任以及用工体制改革公共政策需要的考量,强制缔约具有一定的合理性,那么其第3项的规定缺乏足够的理论和现实支撑。

三、破解我国无固定期限劳动合同制度实施困境的思考

基于上述我国无固定期限劳动合同制度实施困境的成因,笔者认为,可以从以下两个方面在立法上寻求破解困境的出路。

---

⑯ 朱岩:《强制缔约制度研究》,载《清华法学》2011年第1期。

⑰ 田晓玲:《全球化加剧了劳动力市场的不平等》,载《文汇学人》2011年5月16日。转引自沈同仙:《论完善我国不当解雇的法律救济措施》,载《中国法学》2012年第6期。

（一）适当放宽用人单位解雇的条件，由单一的列举式规定向列举和概括式并举规定转变[18]

从上文的分析中可以看出，我国现行《劳动合同法》采用列举式立法体例，将用人单位可以即时解雇的事由框定为6种，既没有概括式规定，也没有“其他具有合理、正当事由”字样的兜底性条款，这种列举式的刚性立法使法律对用人单位可以即时解雇范围规定过于狭窄，无法满足现实中用人单位正当解雇的需求，也成为用人单位使用没有终止选择权的无固定期限劳动合同的主要顾虑以及规避无固定期限劳动合同法律规定的重要内在因素。“我们认为争议并不意味着个人的德行，它也并不意味着人们之间的理想关系。我们认为它意味着一种制度。我们认为它意味着那样一种关系的调整和行为安排，它能使生活物资和满足人类对享有某些东西和做某些事情的各种要求的手段，能在最少阻碍和浪费的条件下尽可能多地给以满足。”[19]建立以最小限度的阻碍和浪费调整各种相互竞争和冲突的利益，使其在最少的阻碍下给予整个利益方案以最大的效果，也是现代法经济学追求的立法价值目标。[20] 由此建议，我国在规定用人单位可以解雇的事由时，在列举的同时增加“其他合理的和正当的解雇事由”这种概括式的条款规定，即由单一列举式立法向列举式与概括式并举的立法转变。这种概括式的规定可以为用人单位预留解雇事由正当性的自我预判和合理解雇权受法律保障期待的空间，这将大大降低用人单位对无固定期限劳动合同的心理担忧或者抵触。

（二）取消强制用人单位连续订立二次固定期限劳动合同后必须根据劳动者的单方意愿缔结无固定期限劳动合同的规定

众所周知，契约自由和意思自治历来都是构建合同法框架的两大基石，劳动合同虽然具有区别于其他民事合同的特性，但其本质属性仍为合同，意思自愿和自由仍然是劳动合同订立应该遵循的基本原则。关于无固定期限劳动合同强制缔约规定，涉及劳资利益的平衡及市场经济客观发展需求，法律对合同自由原则和微观经济的干预应该秉承“必要”和“谨慎”的原则。以此重新检视《劳动合同法》第14条第2款的规定，不宜将连续订立二次固定期限的劳动合同作为强制订立无固定期限劳动合同的情形之一。无固定期限劳动合同的缔结，应当通过劳动力市场的调

---

[18] 沈同仙：《论完善我国不当解雇的法律救济措施》，载《中国法学》2012年第6期。

[19] ［美］罗斯科·庞德：《通过法律的社会控制》，沈宗灵译，商务印书馆2010年版，第39页。

[20] 田晓玲：《全球化加剧了劳动力市场的不平等》，载《文汇学人》2011年5月16日。转引自沈同仙：《论完善我国不当解雇的法律救济措施》，载《中国法学》2012年第6期。

节来实现,当劳动者订立无固定期限劳动合同的要求与用人单位留住人才或人力需要相契合时,劳动者的订立无固定期限劳动合同的要求一定会被满足。无固定期限劳动合同的强制缔约规定,如果没有考虑用人单位在选择无固定期限劳动合同上的主观意愿和劳动力市场的客观需求,容易造成劳动力市场弹性的削弱和用人单位对无固定期限劳动合同的排斥。正如有学者指出的那样:"从《劳动法》到《劳动合同法》无固定期限劳动合同的价值选择偏向更强调对劳动者的保护。然而,立法方式的武断,带来了劳资双方之间的新矛盾和劳动力市场持续动荡的消极后果。在解雇自由和解雇保护之间,不应在无固定期限劳动合同上强加太多的雇主责任。没有立足现实基础的倾斜保护,即使加大执法力度,规避的冲动仍是难以避免,因势利导或是明智之选。比如,考虑在立法上给当事人签订无固定期限劳动合同或签订长期合同的选择,缓解用人单位的对抗心理,同时又能维护就业稳定、保护劳动者合法权益。"㉑

四、余论

在劳动关系维系期间,如果企业因为生产经营的客观需要多次(二次或者二次以上)缔结固定期限劳动合同,那是市场选择的结果,也是固定期限劳动合同类型存在的价值所在,我们的制度设计应该回应市场的客观需求,而不应通过法律强制缔结无固定期限劳动合同,扭曲或者掩盖市场的选择。事实上,市场的这一客观需求也不会因法律的强制缔约规定而消失,我国无固定期限劳动合同实施的现实困境就是例证。除此之外,劳动关系是否能长期维系,主要取决于劳资双方关系是否和谐,和谐的劳动关系才可能是稳定的劳动关系。俗话说,强扭的瓜不甜,仅靠外力强制缔结的劳动关系,难以长久维系,即使勉强维系,也容易产生摩擦或者不和谐的因素。

㉑ 蔡健晖:《解雇自由抑或解雇保护——试析无固定期限劳动合同的制度困境》,载《福建师范大学学报》(哲学社会科学版)2011年第1期。

论劳动合同法中的性别平等保障缺失与补救

蒋　月*

【摘　要】 现行《劳动合同法》未明定男女平等，未提及同工同酬原则，这种缺失不能等闲视之！男女平等是我国法律的基本原则，是基本国策之一。劳动合同强调用人单位与劳动者之间双向的权利与义务，但是，男女平等不应是劳动合同立法可以“绕开”或者不涉及的问题。相反，劳动合同立法有义务回应宪法保障男女平等的要求，针对我国劳动领域普遍存在的性别歧视现象作出相应规制。男女平等、同工同酬应成为《劳动合同法》坚守的底线。建议尽快修改《劳动合同法》，增设性别平等条款，补充防治职场性骚扰条款；规定公立用人单位履行性别平等义务应高于私立用人单位；对用人单位课加纠正性别歧视行为的义务；设立监督、保障性别平等的专门执行机构，规定对违规行为的经济制裁和法律责任。

【关键词】 劳动合同法　性别平等　性别歧视　立法缺失　立法补救　对策措施

《劳动合同法》，无论是2007年原法案还是2012年第一修正案，[①]均只字不提男女平等，甚至未提及同工同酬原则，这着实令人匪夷所思！男女平等是我国基本国策，是公认的法律基本原则。劳动合同当事人双方的确享有契约自由，但是，该自由不得违反男女平等原则。基于性别歧视传统影响尚未消除，国际人权公约和各国国内法在规制劳动问题时，都会强调反对性别歧视、防治性骚扰，禁止在劳动合同订立之前、劳动合同履行过程中以及劳动合同终止时基于性别而实行差别待

---

* 厦门大学法学院教授，中国社会法学研究会常务理事。原文刊载于《妇女/性别研究》2014年第1辑。

① 《中华人民共和国劳动合同法》于2007年6月29日第十届全国人民代表大会常务委员会第二十八次会议通过，自2008年1月1日起施行。2012年12月28日，第十一届全国人民代表大会常务委员会第三十次会议通过修改决定，于2013年7月1日起施行。

遇。遗憾的是,在我国,劳动者遭受性别歧视的情况较普遍,性骚扰事件近年来时有发生。根据北京市海淀区法院劳动争议庭对近年审理的涉及女职工权益案件的统计分析,发现职场女性最易遭受到隐形就业歧视、孕期产期或哺乳期的工资、休假等受到不公正待遇、用人单位未缴纳生育保险等。其中,女职工受到隐形就业歧视而引起的平等就业权纠纷排在首位。[②] 这些既源于执法不力,又源于立法干预不足。因此,《劳动合同法》应当尽快修正,增设保障性别平等条款,旗帜鲜明地反对性别歧视。

一、《劳动合同法》嵌入性别平等保障条款的必要性

男女平等是我国法律基本原则,受到宪法保护。现行《宪法》第48条前半段规定:"中华人民共和国妇女在政治的、经济的、文化的、社会的和家庭的生活等各方面享有同男子平等的权利。"相关法律法规就应当贯彻宪法要求,使男女平等原则得以落实,更不得抵触。《劳动合同法》未涉及性别平等,难有令人信服的理由。

(一)我国相关法案均明文保障妇女享有与男子平等的劳动权

凡劳动关系的所有方面,无论是劳动合同的订立、履行、变更、终止,还是工作任务分配确定、职位升职、教育训练培训或者劳动福利待遇,国家相关法律均明文保障男女平权。

1.《妇女权益保障法》保障妇女享有与男子平等的劳动权利和社会保障权利。该法规定,"国家保障妇女享有与男子平等的劳动权利和社会保障权利"(第22条);"实行男女同工同酬。妇女在享受福利待遇方面享有与男子平等的权利"(第24条);"禁止对妇女实施性骚扰。受害妇女有权向单位和有关机关投诉"(第40条)。

2.《劳动法》对贯彻男女平等原则也有所规定。1994年《劳动法》第12条、第13条规定妇女享有与男子平等的就业权利;第46条规定,"……实行同工同酬"。还规定实行对女职工特殊劳动保护制度。不过,该法案作为基本劳动法典,既没有在总则中规定男女平等、禁止或反对性别歧视,除了就业权男女平等外,又没有在分别赋予各项劳动权利时强调男女平等,对于违反男女平等原则的行为,更无处罚规则。其保障性别平等是不充分的或者说不周全的。

3.《就业促进法》[③]保障妇女享有与男子平等的劳动权利。该法案在多个条款

---

② 《职场女性六权益易受侵隐形就业歧视居首》,载《中国妇女报》2011年6月2日。转引自中国妇女网:http://www.women.org.cn/allnews/1302/2846.html,最后访问日期:2012年12月12日。

③ 该法案于2007年8月30日第十届全国人民代表大会常务委员会第二十九次会议通过。

中反复强调保障性别平等。明定“劳动者就业,不因民族、种族、性别、宗教信仰等不同而受歧视”(第3条);“用人单位招用人员、职业中介机构从事职业中介活动,应当向劳动者提供平等的就业机会和公平的就业条件,不得实施就业歧视”(第26条);“……用人单位招用人员,除国家规定的不适合妇女的工种或者岗位外,不得以性别为由拒绝录用妇女或者提高对妇女的录用标准。用人单位录用女职工,不得在劳动合同中规定限制女职工结婚、生育的内容”(第27条)。该法本法建立举报制度,受理对违反本法行为的举报,并及时予以核实处理。该法案主要调整就业,非全面规范劳动合同关系之法。

(二)唯《劳动合同法》是例外:未提及男女平等价值观

《劳动合同法》本应将保障性别平等纳入其中,贯彻男女平等原则,针对劳动合同领域可能发生的性别歧视现象或行为,“查漏防堵”式地作出相应规定,为消除对妇女一切形式的歧视尽其责任。

事实却是,现行《劳动合同法》未明定或涉及性别平等。《劳动合同法》“总则”完全未涉及男女平等。其第3条关于“订立劳动合同”的原则,规定“应当遵循合法、公平、平等自愿、协商一致、诚实信用”,虽然可以牵强地将“合法、公平”理解为包含了男女平等保护,但是,从该法案定位于“明确劳动合同双方当事人的权利和义务”看,结合整部法案的内容,看不出其在哪些条款上强调男女平等原则或性别平等价值观。

《劳动合同法》仅有两处提及对女职工的特殊劳动保护。该法第42条第4项规定,“女职工在孕期、产期、哺乳期的”,用人单位不得依照第40条、第41条规定解除劳动合同;[④]第52条规定,企业职工一方与用人单位可以订立“女职工权益保护”等专项集体合同。很显然,仅有这些条款是不够的。

特别奇怪的是,《劳动合同法》和《就业促进法》通过时间仅相差两个月,在性别平等保障上,却有着天壤之别。如前所述,前者竟然没有一个条款表达男女平等或者禁止性别歧视,后者则既规定了男女平权原则,又设定了若干保障性的具体条款。《劳动合同法》欠缺性别平等条款的原因,部分是源于立法者缺乏性别意识,部分则是源于劳动合同法研究对性别平等问题重视不足。该法案制定前后争论的重大问题集中于“单保护”(仅仅保护劳动者)或“双保护”(同时保护劳动者和用人单位)等问题上,几乎没有讨论该法案应如何体现男女平等原则。

---

④ 第40条规定用人单位提前30日以书面形式通知劳动者本人或者额外支付劳动者1个月工资后,可以解除劳动合同。第41条规定用人单位裁员性解除劳动合同。

(三)现行保障劳动领域男女平等的国家法尚存若干明显不足

我国现行劳动法律保障男女平等的条款,至少尚存在下列四方面明显不足。

1. 现行劳动立法尚未明文干预性骚扰。若职场发生性骚扰,欲追究雇主失责或疏于管理之责,似无国家法律依据,尽管福建等地方立法已明定用人单位应当采取措施预防工作场所的性骚扰,有性骚扰情形发生时,应当及时处理。⑤

2. 法律救济途径不畅而致威慑力不足。保障条款往往十分原则,可操作性不强。例如,性骚扰受害人不敢利用法律寻求保护,一方面,受制于传统观念影响,因为依照传统观念来思维,发生性骚扰,受害妇女不但得不到同情,相反易被指责为"苍蝇不叮无缝的蛋",受害妇女容易被第二次伤害;另一方面,则受制于法律救济途径不畅,现行国家法没有界定性骚扰概念、没有明定解决性骚扰的途径和法律责任。

3. 法律规定相互之间不协调而似给了违规者以可乘之机。例如,《妇女权益保障法》第27条规定,"任何单位不得因结婚、怀孕、产假、哺乳等情形,降低女职工的工资……"而《女职工劳动保护特别规定》⑥第6条第1款规定,"女职工在孕期不能适应原劳动的,用人单位应当根据医疗机构的证明,予以减轻劳动量或者安排其他能够适应的劳动"。有些用人单位正是利用特殊保护规定,将怀孕的女性劳动者的岗位调整,由重要劳动岗位调整到非重要劳动岗位,由高薪资劳动岗位下调到非高薪劳动岗位等。

4. 欠缺制裁性别歧视行为或实践的法律措施。实践中,用人单位公开实施性别歧视的情形并不少见,但是,真正被纠正或被处罚的极为罕见。这既源于立法欠缺对违法行为的制裁性规定,又因为受害人寻求救济时举证责任太重而几乎不可能完成。如此一来,性别歧视行为的违法成本低甚至无成本。

为使劳动合同全过程符合男女平等原则,《劳动合同法》就有必要包含性别平等条款,应该让性别平等、同工同酬成为劳动合同的底线。

二、劳动合同领域较普遍存在性别歧视

在我国劳动领域,性别歧视现象常见。贯彻实施男女平等原则,必然要求禁止性别歧视。所谓性别歧视,包括直接歧视和间接歧视两类。直接歧视是指用人单位基于性别而对妇女采取与男性待遇相比较而不利或少利之对待。⑦ 间接歧视是

---

⑤ 参见《福建省实施〈中华人民共和国妇女权益保障法〉办法》(2008年修正案)第25条第3款。

⑥ 中华人民共和国国务院令第619号公布《女职工劳动保护规定》,2012年4月28日。

⑦ See section 1(1)(a) of the Sex Discrimination Act 1975, UK, 载歧视法律资源网:http://www.fanqishi.com/detail.asp?ID=291,最后访问日期:2014年4月26日。

指用人单位提出的要求或者所适用的条件，虽同样适用于男性，但女性被适用的机会将少于或小于男性，该差异对女性而言是不可期待具有正当性的，并且因女性不能遵照执行而被抱怨或受到损害。[8] 间接歧视虽未明确提到性别或婚姻状况，却通过规则、政策、标准或实际行动等形式事实上使性别或婚姻状况成为不利因素而使相关人员处于不利地位或者获得较小份额。[9] 劳动合同法规范用人单位与劳动者之间的权利与义务，当然有积极保障性别平等之职责。

（一）招聘中的性别歧视

部分用人单位设立苛刻的招聘条件，使女性劳动者特别是受过大学教育的女性劳动者在招聘、录用上受到隐形性别歧视。例如，有些招聘广告公开标明某个岗位"仅限男性"或者"男性优先"，这是就业中典型的性别歧视。这种歧视观认为，女性在体力、思考能力、情绪控制能力、知识成熟度上弱于男性，故意排斥女性。殊不知，男女之间虽生理差异明显，不过，由于教育普及、科技发达，妇女从事各种行业的能力与男性几无区别了。

（二）任职、升迁中的性别歧视

有些用人单位对女性任职、升迁实施歧视。大多数情形下，这是基于大男子主义意识的男上司或男同事不能接受女性与他们平起平坐，甚至个别男同事"患红眼病"，认为妇女已有好丈夫或者好家庭，不应与男性在事业上相互竞争了，因此阻碍妇女升迁的机会。也有些情形，则是用人单位或掌握决定权的人员不合理地认定妇女不能担当重任而不给女性升迁机会。

（三）薪资待遇歧视

基于契约自由原则，用人单位与劳动者经自愿协商可以约定薪资标准，这本不得违反男女同工同酬原则。可是，在有些用人单位，在相同的工作岗位，男女劳动者的薪资水平并不等同，存在性别歧视之嫌。当然，若是基于绩效、年资或其他正当理由而实行不同薪资的，不构成歧视。

（四）培训或类似活动中的歧视

在职业活动过程中，接受教育或培训，是劳动者提高素质、保持竞争力的重要法宝。不过，有些用人单位在确定受训人选时，有一定的性别歧视。例如，单位因

---

⑧ See section 1(1)(b) of the Sex Discrimination Act 1975, UK，载反歧视法律资源网：http://www.fanqishi.com/detail.asp? ID=291，最后访问日期：2014 年 4 月 26 日。

⑨ IT Smith & Gareth Thomas, Industrial Law, 7th edition, Butterworths, London Edinburgh & Dublin, 2000, p. 244.

顾虑女员工独自出差不方便、已婚女工生育期会中断工作、平衡工作与家庭时偏向家庭等，更有意向男员工提供更多的培训机会，而使女工培训机会不平等。

（五）怀孕、结婚、生育歧视

结婚生育是公民的基本权利。任何人、任何单位不得以任何理由，剥夺或者变相剥夺妇女享有和行使这些基本权利。但是，有些用人单位尤其是女员工集中的企业，出于自身利益最大化考虑，招聘、录用女员工时，要求女员工承诺在一定期间内不怀孕、不结婚或者不生育，甚至与女职工订立劳动合同中，专门约定不许或者限制结婚、生育内容的条款，若有违反，用人单位将有权单方终止劳动合同。例如，约定被录用者有结婚、怀孕、分娩或育儿的情形之一的，应自行离职。用人单位的前述行为、条款或要求，是劳动合同领域中的典型的性别歧视，严重侵害了妇女的权利。当然，这类条款或要求依法应当无效。

女职工因孕期、产期或哺乳期也易遭受到工资、休假等待遇歧视。也有些用人单位借口女性劳动者怀孕、产假、哺乳等情形，调整当事女性劳动者的工作岗位。在“三期”，多数女职工往往无法为用人单位提供正常的劳动，在经济利益的驱使下，部分用人单位会采取降低女职工劳动报酬的措施。也有些用人单位采取扣除女职工孕期工资的做法，要求女职工自行负担怀孕生育的各项费用。这些做法明显侵犯女职工的合法权利。女职工因用人单位不当处理其在孕期、产期、哺乳期内的劳动待遇而引发纠纷的，比较常见。

（六）用人单位未缴纳生育保险

用人单位未缴纳生育保险，导致女职工无法报销生育费用。以往，受到政策因素限制，用人单位不为外地户籍女职工缴纳生育保险，引发女职工因生育产生费用无法报销之后，与用人单位产生此类争议。

（七）女职工遭受到职场性骚扰

职场性骚扰，因侵犯他人尊严而受到法律禁止。职场性骚扰是一种与性有关的行为或者其他基于性别而影响正在工作中的男性或女性尊严的，且不可接受的行为。职场性骚扰具有下列特点：(1)对承受者而言，这类行为是其不需要的、对其不合理的，并具有攻击性的。(2)对于劳动者或雇主而言，一个人对该行为的拒绝或顺从，被公开或暗示地将影响关于该人就业、晋升、工资、获得职业培训或其他方面作出决定，被骚扰者有合理理由相信，只要其拒绝或抵抗，将有可能导致其在录用、升职、工资、受训、工作合作或其他方面履职过程中遭受不利后果或敌意环境。

(3)这种行为使受众置身于不友好的、受胁迫的或者耻辱的工作环境。[10] 职场性骚扰的受害者中,女性占绝大多数。

现实中,职场性骚扰相当普遍,困扰着职业妇女,成为她们心中的"隐痛"。据北京众泽妇女法律咨询服务中心"妇女观察"对北京、广东等四地共计2000份问卷调查结果,有19.8%受访者承认本人遭受过性骚扰;23.9%的受访者表示曾目睹或听说本单位同事遭受过性骚扰。发生性骚扰后,只有45.6%的受害人会明确警告骚扰者,34.3%的受害人会向单位人事部门、工会或者管理者投诉;仅有不足1/5的受害人会选择报警和司法诉讼;高达54.4%的受害人选择屈从和睁一只眼闭一只眼。该调查显示,受到性骚扰的群体中,20~29岁年轻人占最大比例,达57.5%。[11]而据中国职场性别歧视调查结果,大约每25名妇女中有一名女性遭遇过强行性行为。自从我国立法防治性骚扰以来,迄今最受社会关注的职场性骚扰案件应是2011年宋山木强奸案,上司利用强权和优势控制女下属,性侵女员工的严重犯罪。[12] 该案例说明,职场存在的性别歧视和对女性员工的压迫,纵容性骚扰的企业文化应该被追责。如杨大文教授所言,是否违背妇女意志,不应以是否反抗为必要条件;不能像古人要求烈妇烈女那样去要求当代女性以死相拼甚至宁死不从,

---

⑩ See The Counxil' s Resolution on the Dignity of Women and Men at Work(1990)OJ C157/6,第1条。转引自[英]凯瑟琳·巴纳德:《欧盟劳动法》(第2版),付欣译,郭捷校,中国法制出版社2005年版,第301页。

⑪ 骆倩雯:《性骚扰困扰六成职场女性》,载《中国妇女报》2011年5月17日,第B3版。

⑫ 2010年10月18日,广东省深圳市罗湖区人民法院不公开开庭审理山木集团总裁宋山木涉嫌强奸案。12月24日,罗湖区人民法院作出一审判决。法院查明,案发前,宋山木除了知道罗某(时年22岁)叫"黄金艾伦"外,不知道罗某的真实姓名,他没有储存罗云的手机号码,两人从未约会过,也无私交,双方不存在感情基础。5月3日,宋山木即以打扫卫生为借口,将罗某带到地理位置偏僻的松泉公寓3栋809房间。案发后,罗某回到宿舍,整夜不得安睡。5月4日早上6时,罗某前往福田区南园派出所报案。法院认为,宋山木违背罗某的意志,采用胁迫手段,强行与罗某发生性关系的事实,足以认定;被告人宋山木犯强奸罪,判决有期徒刑4年,并赔偿附带民事诉讼原告人罗某经济损失4205.87元。宋山木提出上诉。2011年10月14日,深圳市中级人民法院对该案二审宣判,认定上诉人宋山木违背被害人罗某意志,以打扫卫生为名将罗某带到案发现场,并利用罗某对现场的陌生、偏僻环境,采用假意打电话叫人来对罗某不利的方式恐吓罗某,使其不敢反抗,后又逼罗云脱衣服被其拍摄裸照,并以将裸照放到网上进一步威胁罗某,最终达到奸淫罗某的目的,宋山木的行为已构成强奸罪。上诉人宋山木的强奸行为造成被害人经济损失,应当承担相应的民事赔偿责任。终审判决:驳回上诉,维持原判。引自蔡双喜:《纵容性骚扰的企业文化该追责了》,载《中国妇女报》2011年1月18日,第A3版。刘晓燕、肖友若:《宋山木案二审仍面临四年徒刑》,载《南方都市报》2011年11月15日,转引自南都网:http://gcontent.oeeee.com/f/7c/f7cade80b7cc92b9/Blog/5fe/fa7f9d.html,最后访问日期:2011年12月20日。毕琳、王亦君:《专家研讨宋山木强奸案:集团的企业文化令人震惊》,载中国网:http://www.china.com.cn/news/txt/2011-02/01/content_21855881.htm,最后访问日期:2011年12月20日。

否则,不符合妇女人身权利保护要求。[13] 当复杂的权力关系、隶属关系发生作用时,骚扰或强奸的受害人因恐惧而被迫屈服,不敢反抗或不敢激烈抗拒,这不意味着其受伤害较轻;相反,受害人的精神创伤可能更大。

三、《劳动合同法》增设性别平等保障条款的措施建议

《劳动合同法》作为劳动法领域的重要法案,必须尽快补上性别平等这一课。建议尽快修改《劳动合同法》,增设保障性别平等的相关条款。除具有正当理由外,用人单位不应将性别作为主要考虑因素,而使求职者或受雇者免受不公平待遇;若有违反,应当承担相应法律责任。

(一)《劳动合同法》应当增设性别平等条款

1.《劳动合同法》应当有条款明定男女平等、同工同酬原则。为此,应禁止所有用人单位基于性别而在招聘、录用、薪酬、晋升、培训、工作岗位安排、劳动条件、处罚、解雇、退休及其他劳动待遇上对劳动者实施分等、区隔或歧视。

2.劳动合同必须包含性别平等条款。用人单位应对所有求职者或劳动者一视同仁,不因性别不同而对任何求职者、劳动者的资格、要求、行为等实施差别或歧视。同时,应在劳动合同中规定纠正性别歧视行为的条款。即告知劳动者投诉性别歧视的途径或权利,用人单位违反性别平等要求的,应当承担矫正、赔偿等相应法律责任。

凡对特定劳动岗位的劳动者设立性别要求的,须具备充分的工作职责适应性。

(二)《劳动合同法》应增设防治职场性骚扰条款

鉴定我国劳动法领域尚无防治职场性骚扰立法,《劳动合同法》有必要增设防职场性骚扰条款。用人单位应当建立防治性骚扰的机制,在规章制度中明确规定,性骚扰行为不受欢迎、不可接受。编写和发放防治工作场所性骚扰指导手册,为受到性骚扰投诉的劳动者指定一名经特别培训的专业人士为其提供建议和帮助,并告知受害人应当通过何种程序寻求救济。在发生性骚扰投诉时,支持受害人。通过谴责性骚扰等形式,明确表示一切性骚扰行为都将不被接受。为性骚扰调查提供支持和配合。

(三)公立用人单位应课加高于私立用人单位的性别平等保障义务

用人单位可以划分为两大类:公立用人单位和私立用人单位。公立用人单位包括政府机关、事业单位、国有企业、国资控股企业及其他公共财产设立的用人单

---

[13] 转引自蔡双喜:《纵容性骚扰的企业文化该追责了》,载《中国妇女报》2011年1月18日,第A3版。

位,以及接受公共财政资助的单位。私立用人单位则指私人资本设立的企业或其他单位。凡以公立用人单位为当事人一方的劳动合同中,用人单位必须履行性别平等义务。凡是承包或分包公共资金投资兴建的项目,承包商或分包商同样应当履行性别平等义务。

凡在此类合同或活动中基于性别而歧视某类劳动者的,此类机构负责人应当承担相应法律责任,同时必须纠正歧视行为,以保障性别公平。

(四)赋予用人单位纠正性别歧视行为的义务

凡有劳动者或者求职者向用人单位投诉遭受到性别歧视的,相关用人单位应当查核该投诉是否合理或有依据,并将查核结果回复投诉人。一旦查证属实的,必须及时纠正。

(五)设立监督、保障性别平等的专门执行机构

有必要设立专门机构负责推动、监督平等劳动权和处理就业歧视争议。一方面,用人单位实施性别歧视的行为普遍,说明仅依靠用人单位内部管理,并不足以堵住性别歧视。故需要有来自外部的强有力监管。另一方面,单个劳动者寻求司法救济的成本高昂。劳动者遭遇性别歧视,有权诉诸司法,只是诉讼成本高昂,常常是单个劳动者难以承受的。这是劳动者不得不忍气吞声或选择默默离开的主要原因。可以考虑在政府部门中设立"性别平等保障部"或者"性别平等委会员",或者在劳动与人力资源部门之下设立相应部(处、室),负责监督、实施性别平等原则,纠正性别歧视行为。

(六)对违规行为实施行政处罚

对劳动合同领域的性别歧视现象,除了教育,还应发挥其他调节机制作用。对于违反性别平等义务的行为,立法应当规定相应的制裁措施。

1. 实施经济制裁。在市场经济环境中,对用人单位的违规行为实施经济制裁,是通行的有效机制。我国少数地方立法已对实施性别歧视的行为开出罚单。《重庆市就业促进条例》(2010 年)第 51 条第 2 款和第 3 款规定,"用人单位、广告经营者、广告发布者、公共就业服务机构、经营性人力资源服务机构发布包含就业歧视性内容招用人员简章的,由人力资源和社会保障行政部门责令限期改正,并可处五千元以上一万元以下罚款。用人单位、广告经营者、广告发布者、公共就业服务机构、经营性人力资源服务机构发布包含就业歧视性内容招聘广告的,由工商行政管理部门依法查处"。内地首部促进性别平等的地方法《深圳经济特区性别平等促进条例》于 2013 年 1 月 1 日起开始实施。依据该条例,"用人单位在招聘、录用人员

时,除国家法律另有规定外,不得设置性别要求,不得以性别、婚姻、生育为由拒绝招录某一性别或提高某一性别的招录标准。但是,根据性别比例平等指导意见以及有关法律、法规的规定对某一性别采取优先、优惠措施的除外。违反前款规定的,由人力资源和社会保障部门责令限期改正,逾期拒不改正的,处以三千元以上三万元以下的罚款”。国家法可以借鉴这些地方法实践经验。

2. 不得参评先进或撤销荣誉称号。如果用人单位实施性别歧视行为的,一经查证属实,不仅给予纠正,而且不得参评当年各类先进。情节严重的,以往已获得的先进荣誉,可以给予撤销。《深圳经济特区性别平等促进条例》规定,对于申请获得或者已经获得市、区政府财政性资金资助的单位,以及获得政府部门授予荣誉称号的单位,违反本条例规定情节严重的,性别平等促进工作机构可以提请主管部门驳回申请、撤销其荣誉称号,进一步从法律上保护了女性合法权益。这一经验可资国家立法借鉴。

(七)规定法律责任

《劳动合同法》应当具体规定实施性别歧视行为的法律责任,既能威慑用人单位谨守法律,又便于法院追究违法行为。

1. 限期改正。受害劳动者或者原劳动者遭受性别歧视的指控查证属实的,最重要的是尽快纠正错误、消除影响。故立法应赋权法院下达命令,责令用人单位在指定期限内改正,消除歧视。例如责令恢复原职、续聘、任用、晋升等。期限长短,应由法院根据条件酌情确定。如果过错方未履行法庭命令,且无正当理由的,则应当承担赔偿责任。甚至可以增加其应付赔偿金金额。

2. 赔偿受害人损失。劳动者因遭受歧视或性骚扰而产生损失的,用人单位应当承担相应赔偿责任。

(八)除斥期间以90天为宜

求职者或劳动者知悉遭受性别歧视的,有权自知悉之日起90日内向有关机构投诉或提起申请,或提起诉讼。

简言之,劳动合同法作为调整劳动关系发生、变更、终止的基本法律准则,是劳动法律制度中的基本制度之一,保障性别平等应当成为劳动合同法的应有之义。现行《劳动合同法》欠缺性别平等保障条款,未明文规定男女平等,未提及同工同酬原则,以男女平等观衡量,这是个大是大非问题!应当尽快通过修法等途径作出修正,以亮明其贯彻男女平等的立场,设定相应制度措施,为劳动合同领域的性别平等提供法律保障。

论经济补偿制度的法律定位与规范功能

薛长礼*

【摘　要】 经济补偿是劳动法上解除终止劳动合同时的重要制度。从经济补偿与失业保险的关系性框架分析，可以发现经济补偿以雇员的就业安全受到影响为基本前提，以“非自愿结束劳动关系”为核心，以社会责任为基础，以补充社会保障为目的。经济补偿制度的法律定位是社会责任。依凭于此，经济补偿制度至少发挥着规范解雇行为、劳动合同期限、企业社会责任的功能。

【关键词】 经济补偿　社会责任　解雇行为

我国《劳动法》与《劳动合同法》确立的经济补偿制度，是法律移植并本土化的结果。尽管很难确切界定这一制度的本源，但大陆法系和英美法系的一些国家在劳动法中规定了类似制度却是事实。[1] 在我国，大陆的经济补偿制度是劳动合同解除和终止制度的重要内容，[2]“劳动合同解除之制度价值体现在经济补偿金之制度设计之上”，[3]我国台湾地区和香港地区的相关规范也都分别确立了经济补偿制度，不过法律表述不同。台湾地区“劳动基准法”称为“资遣费”，香港地区《雇佣条例》称为“遣散费”，香港地区还有独具特色的“长期服务金”制度。我国大陆（内

---

* 北京化工大学法律系主任、教授，中国社会法学研究会常务理事。原文刊载于《政法论丛》2014 年第 3 期。收入本书时文字略有改动。

① See Roger Blanplain, Susan Bisom - Rapp, William R. Corbett, Hilary K. Josephs, and Mich Zimmer, *The Global Workplace: International and Comparative Employment Law: Cases and Materials*, Second Edition, Aspen Publishers, 2012. Chapter 3.

② 亦称为经济补偿金制度。关于解除或终止劳动关系时的补偿问题，我国的法律法规和规章使用了不同的表述。1986 年《国营企业实行劳动合同制暂行规定》中使用的术语是“生活补助费”，1994 年《劳动法》使用的术语是“经济补偿”，1994 年原劳动部《违反和解除劳动合同经济补偿办法》中称为“经济补偿金”，2008 年《劳动合同法》称为“经济补偿”。

③ 郑尚元：《劳动合同法的制度与理念》，中国政法大学出版社 2008 年版，第 243 页。

地)自2008年施行《劳动合同法》以来,一直被指责提升了用人单位经济成本,但认真分析之下,所谓用人成本的提高,大多是以用人单位的违法行为为前提,诸如没有签订书面劳动合同、没有签订无固定劳动期限合同等引起的惩罚性补偿等。与1995年《劳动法》比较,唯有经济补偿制度是在用人单位行为合法的前提下,真实地提高了用人单位的用工成本,即增设劳动合同终止支付经济补偿的规定,扩大了经济补偿的适用范围。为什么要做这样的立法选择?这一制度之于用人单位、劳动者乃至社会经济发展具有什么作用?是否需要进一步改革完善?这一系列问题虽有学者予以讨论,但缺乏立足历史与现实、比较与综合视角的法律实证主义研究。本文的旨趣在于比较我国大陆(内地)与台湾地区、香港地区的经济补偿制度,以经济补偿与失业保险的关系性分析框架为切入和研究方法,分析相关法律文本与制度实践,厘清经济补偿制度的价值依归和法律定位。立基于此,探讨我国《劳动合同法》经济补偿制度的作用、可能存在的问题,提出完善这一制度的思路,进而促进其法律规范功能。

一、我国大陆(内地)与台湾地区、香港地区经济补偿制度比较分析

哈贝马斯认为,理论既研究社会实践,又研究政治实践。④ 解除和终止劳动合同经济补偿制度的理论,源自对各国和地区立法规范与实践的抽象,同时又在指导各国和地区的法律制度选择、变迁乃至法律实施中扮演了催生和导向的作用,其中不乏政治实践的影响。在这个意义上,经济补偿制度的理论"作为工业发展的一种生产力,它改变着人的生活基础"。⑤ 经济补偿制度理论的核心问题是解释"为什么雇主向雇员支付经济补偿",所谓经济补偿的性质问题,在此基础之上才产生经济补偿的支付范围与支付水平问题。为了从理论和制度双重角度揭示经济补偿制度的法律定位,比较妥当的论述路径和逻辑是:首先,初步整理经济补偿制度的法律规范及其运行情况,追问其蕴含的立法精神和理论意义。其次,在理论与实践的互动之中,结合新的立法,展开经济补偿制度之理论反思与批判,尤其是变革、重构现行制度时所遵循的理论之反思,通过理论论证,建构符合社会需要的制度安排。鉴于国际劳工组织关于经济补偿的公约和建议书为各国和地区劳动立法提供了参考标准,实有必要对公约与建议书确立的经济补偿制度进行解构,从中剖析经济补偿的理论内核和本质特征。1963年国际劳工组织通过《雇主提出终止雇用建议

---

④ [德]尤尔根·哈贝马斯:《理论与实践》,郭官义、李黎译,社会科学文献出版社2004年版,第2页。

⑤ [德]尤尔根·哈贝马斯:《理论与实践》,郭官义、李黎译,社会科学文献出版社2004年版,第330页。

书》(第119号),1982年国际劳工组织通过《雇主提出终止雇用公约》(第158号)和《雇主提出终止雇用建议书》(第166号),《雇主提出终止雇用公约》第12条和《雇主提出终止雇用建议书》第18条对"离职补贴和其他收入保护"进行了规定,主要内容为:被终止雇用的雇员有权得到合理时间的事先通知和足够的经济补偿。按照法律和实践,被解雇的工人应有权享有:(1)离职补贴或其他单独离职福利,其数额应特别根据工作年限和工资水平而定,并由雇主或由雇主交纳费用的基金直接支付;(2)失业保险、救助或其他形式的社会保障福利,诸如老年或残疾津贴,这些津贴是在正常情况下领取的;(3)这些补贴和福利合并实施。⑥ 该公约的基本理念是被解雇的工人有权从雇主和社会得到单一(离职补贴或失业保险)或合并(离职补贴和失业保险)的补偿。虽然没有明确离职补贴的性质,但从其与失业保险的关系分析,可以看出其与失业具有内在联系,是一种就业安全补偿。更为重要的是,国际劳工组织的公约和建议书提供了一条清晰的关系性分析架构:以离职补贴与失业保险的关系反观、剖析经济补偿的法律性质问题。

立基于经济补偿与失业保险关系性分析框架,审视我国大陆(内地)、台湾地区与香港地区的经济补偿制度,可以更好厘清、还原经济补偿制度的本源面相。我国经济补偿制度最早可以追溯至1986年国务院《国营企业实行劳动合同制暂行规定》设立的"生活补助费",1994年《劳动法》及配套的规章规定用人单位与劳动者解除劳动合同时,应向劳动者按一定标准一次性支付经济补偿。我国《劳动合同法》立法过程中,经济补偿制度成为争论焦点之一,争论围绕是否应扩大经济补偿制度的适用范围展开,即劳动合同终止是否应支付经济补偿问题,四次审议之后,最终颁行的《劳动合同法》对《劳动法》框架下的经济补偿制度予以承继与突破,重构了以"劳动关系结束"为核心的经济补偿制度。为了揭示经济补偿制度的法律定位,在笔者看来,应从支付经济补偿的适用情形与不支付经济补偿的适用情形两个角度探讨同一主题,这样的论证方式有助于把握问题的理论内核。我国《劳动合同法》与《劳动合同法实施条例》规定的经济补偿适用情形可概括为八种:(1)劳动者基于用人单位违法行为解除劳动合同的;(2)用人单位提议,并与劳动者协商一致解除劳动合同的;(3)用人单位基于劳动者健康原因、不胜任工作原因解除劳动合同的;(4)用人单位基于"客观原因导致劳动合同无法履行"而解除劳动合同的;(5)用人单位基于经济原因进行经济性裁员而解除劳动合同的;(6)固定期限劳动

---

⑥ Termination of Employment Convention,1982,载 http://www.Ilo.org/ilolex/english/convdisp2.htm,最后访问日期:2013年12月12日。

合同期满,续订不成而终止劳动合同的;(7)用人单位被依法宣告破产、被吊销营业执照、责令关闭、撤销或用人单位决定提前解散而解除劳动合同的;(8)完成一定工作任务期限劳动合同因任务完成而终止的。虽然我国《劳动合同法》和《劳动合同法实施条例》规定经济补偿适用情形的同时,没有规定不支付经济补偿的情形,但经济补偿具有法定性和强制性,不能通过当事人的约定而排除适用,因而可以逻辑地推定不支付经济补偿的情形。这些情形包括六类:(1)劳动者提出解除劳动合同的;(2)用人单位基于劳动者过错解除劳动合同的;(3)劳动者依法享受基本养老保险待遇而终止劳动合同的;(4)劳动者死亡,或者被人民法院宣告死亡或者宣告失踪而终止劳动合同的;(5)劳动合同期满劳动者不续订而终止劳动合同的;(6)劳动者达到法定退休年龄而终止劳动合同的。一如后文分析,不支付经济补偿的要害不仅在于缩小适用范围,更在于蕴含为什么不支付的共同理由,在论证意义上,对不支付经济补偿情形的分析有助于证实或证伪经济补偿的正当性基础。

如前所述,失业保险制度与经济补偿制度具有内在的密切联系,讨论二者关系是洞见经济补偿制度的有效分析路径。1986年国务院颁布《国营企业实行劳动合同制暂行规定》的同时,颁布了《国营企业职工待业保险暂行规定》,建立待业保险制度,并将待业保险制度的目标确定为保障国营企业职工在待业期间的基本生活需要;1999年国务院颁行的《失业保险条例》将失业保险的制度定位于"失业人员失业期间的基本生活,促进其再就业"。领取失业保险金的失业人员必须同时具备三个条件:按照规定参加失业保险,所在单位和本人已按照规定履行缴费义务满1年的;非因本人意愿中断就业的;已办理失业登记,并有求职要求的。可以看出,领取失业保险金与领取经济补偿具有一脉相承的关系,其共同之处或者说是交叉重合之处在于受益主体必须是"非因本人意愿中断就业"的劳动者。

我国台湾地区1984年制定"劳动基准法",至2009年,先后历经八次修订。2002年颁布、2003年施行"就业保险法",其就业保险立法,与大陆的失业保险立法相同。与大陆相比较,台湾地区资遣费"立法"较早,就业保险"立法"(失业保险"立法")较晚,但相同之处在于,台湾地区实行资遣费与失业给付并行支付制度。台湾地区"劳动基准法"明确规定了资遣费的适用情形和程序、待遇水平。按照该法第11条至第18条的规定,资遣费发放情形可以划分为三类:一是雇主、雇员均无过错,基于经济原因、不可抗力解雇雇员,劳动合同终止的情形:(1)歇业或转让时;(2)亏损或业务紧缩时;(3)不可抗力暂停工作在1个月以上时;(4)业务性质变更,有减少劳工之必要,又无适当工作可供安置时。二是雇主与雇员均无过错,基于雇员个人能力不能胜任工作而终止劳动合同的情形：劳工对于所担任之工作确不能胜任时。三是雇主有过错，导致雇员被迫离职而终止劳动合同的情形：(1)雇主于订立劳动契约时为虚伪之意思表示，使劳工误信而有受损害之虞者；(2)雇主、雇主家属、雇主代理人对于劳工，实施暴行或有重大侮辱之行为者；(3)契约所订之工作，对于劳工健康有危害之虞，经通知雇主改善而无效果者；(4)雇主、雇主代理人或其他劳工患有恶性传染病，有传染之虞者；(5)雇主不依劳动契约给付工作报酬，或对于按件计酬之劳工不供给充分之工作者；(6)雇主违反劳动契约或劳工法令，致有损害劳工权益之虞者。需要强调指出的是，台湾地区有终止劳动合同不支付资遣费的情形。不支付资遣费的情形有助于从另一角度理解经济补偿的法律内涵。不支付资遣费的情形包括三类：一是雇员存在过错导致劳动合同因"惩戒解雇"而终止；二是雇员基于个人自愿主动终止劳动合同；三是定期劳动合同期满离职。

在"立法"规定资遣费制度18年之后，为"提升劳工就业技能，促进就业，保障劳工职业训练及失业一定期间之基本生活"，2002年我国台湾地区发布"就业保险法"，构建了全面的就业保险制度。按照2009年修订的"就业保险法"，台湾地区就业保险给付分为五种：(1)失业给付；(2)提早就业奖助津贴；(3)职业训练生活津贴；(4)育婴留职停薪津贴；(5)失业之被保险人及随同被保险人办理加保之眷属全民健康保险保险费补助。其中，失业给付的法定申领条件包括三个方面：一是离职原因，被保险人必须属于非自愿离职；二是具有工作能力与意愿，被保险人具有工作能力及继续工作意愿，向公立就业服务机构办理求职登记；三是时间因素，被保险人办理离职退保当日前三年内，保险年资合计满1年以上，自求职登记之日起14日内仍无法推介就业或安排职业训练。值得注意的是，"就业保险法"所规定的失业支付制度与"劳动基准法"所规定的资遣费制度的衔接之处在于"非自愿离职"。"劳动基准法"第11条和第14条规定的遣费发放情形，恰是"非自愿离职"的法定形态。可以看出，台湾地区实行资遣费与失业给付并行制度。只要雇员没有过错，并且是非自愿离职，都可领取资遣费。在领取资遣费之后，如果仍处于失业状态，符合法定条件，可以领取失业给付。资遣费与失业给付不存在替代关系。另一个值得注意的是定期劳动合同。雇员在期满离职的情况下丧失资遣费领取资格。如果期满雇员不离职，则有两种可能，一种可能是形成不定期劳动合同，对此"劳动基准法"作出规定；另一种可能，雇主不欲续签劳动合同，雇员不愿离职，此种情况雇主是否需要支付资遣费没有明确规定，似是立法漏洞。

与大陆(内地)和台湾地区不同,香港地区没有失业保险,符合条件的经济困难失业人员,可以接受综合社会保障援助(综援)计划的帮助。[⑦] 劳动立法方面,香港承继英国法的传统,于1968年制定《雇佣条例》,历经多次修订,最近一次修订为2010年10月29日施行的《2010年雇佣(修订)条例》。雇佣条例规定的解雇补偿制度很有特色,包括遣散费与长期服务金,但这两项制度均为1985年修订而增设。遣散费是雇员根据连续性合约受雇不少于24个月,雇员因裁员而遭解雇或雇员遭停工的条件下,雇主需按标准支付遣散费。因裁员而遭解雇分为三种情形:(1)雇主已停止或拟停止经营雇用该雇员所从事的业务;(2)雇主已停止或拟停止经营在雇员受雇工作地点从事的业务;(3)雇主对雇员所担任的工作,或对雇员在其受雇地点所担任的工作需求量缩减,已告停止或预期会停止或缩减。停工分为两种情形:(1)任何连续4个星期内,不获雇主分配工作并且不获支付工资的日数超过正常工作日总数的一半;(2)在连续26个星期内,不获分配工作并且不获支付工资的日数超过正常工作日总数的1/3。长期服务金是雇员根据连续性合约受雇不少于5年的条件,符合下列条件之一,雇主即应支付:(1)雇员遭解雇,但并非基于因犯严重过失而遭即时解雇,或因裁员而遭解雇;(2)由注册医生或注册中医发出指定证明书,证明永久不适合担任现时的工作并辞职;(3)雇员在职期间死亡;(4)65岁或以上的雇员因年老而辞职。长期服务金与遣散费不可兼得,雇主如因裁员而遣散受雇不少于5年的雇员,不需要同时支付遣散费及长期服务金。雇员因裁员而遭解雇,可获得遣散费,但不可同时获得长期服务金。

从上述经济补偿制度的初步整理可以看出,我国大陆与台湾地区的制度有诸多相似之处,香港地区的制度与判例则呈现较多差异之处。第一,大陆(内地)支付经济补偿的范围最为广泛,台湾地区次之,香港地区最为狭窄,只限于裁员或遭停工两种情况。因停工而支付经济补偿是香港之特殊之处,大陆(内地)和台湾地区均无因停工而支付经济补偿的规定。第二,经济补偿所依凭之劳动合同的时限起点。台湾地区无限制性规定,大陆规定用工之日起1个月以内终止劳动关系,不支付经济补偿。香港地区的劳动合同时限要求最高,遣散费的支付时限起点是连续性合约受雇不少于24个月,长期服务金的支付时限起点是连续性合约受雇不少于5年,时限要求高从另一角度说明香港地区经济补偿范围之狭窄。第三,经济补偿

---

⑦ 2013年11月失业类个案受领21 447宗。参见香港特别行政区政府社会福利署2013年12月新闻稿,载http://sc.lsd.gov.hk/gb/www.info.gov.hk/gia/general/201312/17/P201312170340.htm,最后访问日期:2013年12月20日。

与其他社会福利保障的关系。大陆和台湾地区在构建经济补偿制度的同时，立法规定了失业保险制度（台湾地区称为就业保险），经济补偿与失业保险不是替代关系，而是并行关系。只要符合条件，可在领取经济补偿之后继续领取失业保险金，不存在扣减问题。需要强调的是，经济补偿与失业保险的共同前提是“非自愿失业”，这为剖析、揭示经济补偿的法律性质提供了重要的理论资源。相比而言，香港地区没有失业保险，只有符合经济困难条件的失业人员才可申领综援计划的失业救助，对被解雇的雇员来说，限缩了社会保障的范围。另一与大陆（内地）、台湾不同之处在于，香港地区规定了遣散费和长期服务金扣减制度。第四，经济补偿的数额。台湾地区按照在同一雇主之事业单位继续工作，每满 1 年发给相当于 1 个月平均工资之资遣费。工作未满 1 年者，以比例计算。未满 1 个月者以 1 个月计。可以看出，计算比较精细，没有数额限制。大陆（内地）按劳动者在本单位工作年限，每满 1 年支付 1 个月工资的标准向劳动者支付经济补偿。6 个月以上不满 1 年的，按 1 年计算；不满 6 个月的，向劳动者支付半个月工资的经济补偿。但大陆（内地）对于高收入劳动者设有数额限制，月工资高于本地区上年度职工月平均工资 3 倍的劳动者，经济补偿的标准按职工月平均工资 3 倍的数额支付，经济补偿的年限最高不超过 12 年。香港地区经济补偿数额限制较多，遣散费与长期服务金的计算相同，如果是月薪雇员，根据连续性合约为雇主工作每满 1 年（不足一年者按比例计算），可获其最后 1 个月全月工资的 2/3，或 $ 22 500 的 2/3，两者以较小款额为准；如果是日薪、件薪雇员，根据连续性合约为雇主工作每满 1 年（不足 1 年者按比例计算），可获从其最后工作的 30 个正常工作日中由雇员选任何 18 天为依据的 18 天工资，或 $ 22 500 的2/3，两者以较小款额为准。虽然三地经济发展水平不同，不能从数额总量上比较经济补偿，但计算方法的差异也可洞见经济补偿政策的价值取向。第五，经济补偿的支付。香港地区遣散费和长期服务金虽然限制较多，但支付的法律保护最为严格。雇主不依法定程序和条件支付遣散费和长期服务金，如无合理辩解，即属犯罪，可处罚款。而在内地，逾期不支付经济补偿，按应付金额 50% 以上 100% 以下的标准向劳动者加付赔偿金，属于较重的民事责任。综合来看（见表 1），大陆（内地）和台湾地区的经济补偿制度在适用范围、支付水平和其他社会保障制度之衔接等方面少有差异，多有相似之处，在立法理念上体现了倾斜保护劳动者利益之伦理追求，是解雇保护的重要措施，而香港地区的经济补偿制度限制颇多，体现了雇员与雇主并重保护的立法思想，尤其是连续性合约不少于 24 个月的条件，是对雇主的极大保护，为大陆和台湾地区所不取。

表1 我国大陆(内地)、台湾地区和香港地区经济补偿制度比较

地区	经济补偿名称	支付经济补偿的情形	不支付经济补偿的情形	备注
大陆	经济补偿金	(1)劳动者基于用人单位违法行为解除劳动合同的; (2)用人单位提议,并与劳动者协商一致解除劳动合同的; (3)用人单位基于劳动者健康原因、不胜任工作原因解除劳动合同的; (4)用人单位基于"客观原因导致劳动合同无法履行"而解除劳动合同的; (5)用人单位基于经济原因进行经济性裁员而解除劳动合同的; (6)固定期限劳动合同期满,不获合理续订而终止劳动合同的; (7)用人单位被依法宣告破产、被吊销营业执照、责令关闭、撤销或用人单位决定提前解散而解除劳动合同的; (8)完成一定工作任务期限劳动合同因任务完成而终止的	(1)劳动者提出解除劳动合同的; (2)用人单位基于劳动者过错解除劳动合同的; (3)劳动者依法享受基本养老保险待遇而终止劳动合同的; (4)劳动者死亡,或者被人民法院宣告死亡或者宣告失踪而终止劳动合同的; (5)劳动合同期满劳动者不续订而终止劳动合同的; (6)劳动者达到法定退休年龄而终止劳动合同的	领取经济补偿后,符合法定条件,可以申领失业险金
台湾地区	资遣费	(1)雇主、雇员均无过错,基于经济原因、不可抗力解雇雇员,劳动合同终止; (2)雇主与雇员均无过错,基于雇员个人能力不能胜任工作而终止劳动合同; (3)雇主有过错,导致雇员被迫离职而终止劳动合同	(1)雇员存在过错导致劳动合同因"惩戒解雇"而终止; (2)雇员基于个人自愿主动终止劳动合同; (3)定期劳动合同期满离职	领取资费后,符合法条件,以申领就业保险金
香港地区	遣散费、长期服务金	(1)雇员根据连续性合约受雇不少于24个月,雇员因裁员而遭解雇,或雇员遭停工的条件下,雇主需支付遣散费。 (2)雇员根据连续性合约受雇不少于5年;雇员并非因犯严重过失或因裁员而遭解雇;雇员有固定期限的雇佣合约,在合约期满后不获续约;雇员在职期间死亡;雇员因健康理由而辞职;雇员年满65岁或以上并辞职,雇主需支付长期服务金	(1)故意不服从合法而又合理的命令; (2)行为不当,与正当及忠诚履行职责的原则不相符; (3)犯有欺诈或不忠实行为; (4)惯常疏忽职责; (5)定期雇佣合约到期,雇员不合理地拒绝续签; (6)雇主给予雇员终止雇佣合约的通知后,雇员未经雇主同意在通知期限届满前离职	(1)资遣费与长期服务金不可兼得; (2)香港地区没有失业保险制度,实行综援计划

二、经济补偿制度法律定位的理论阐释

诚如上文所述，大陆（内地）、台湾地区和香港地区经济补偿制度的比较，只是一种法律实证主义的分析，从中可以看到规范层面之经济补偿制度的本色和立法逻辑，但这种分析具有法条主义的先天不足，即无法回答为什么会出现制度差异、为什么对经济补偿制度做当下的法律定位？实质上这是对经济补偿法律性质的法哲学追问。正是这种法哲学解构，可以撩开经济补偿制度的面纱，洞见不同立法选择背后所遵循的支配性的法律思想。

近年来，台湾地区和大陆学者已对此问题做出了颇为重要的知识贡献，这就是关于经济补偿性质的理论探究。大陆学者主要以《劳动法》为制度背景，构建了代表性的五种观点：劳动贡献补偿说、[⑧]法定违约金说、[⑨]劳动损失补偿说、[⑩]经营风险转移说[⑪]和用人单位帮助义务说。[⑫] 这些理论既有一定的说服力，也存在某些方面不足，无以全面解释劳动合同立法过程中经济补偿制度应遵循的设计理念与精神追求，[⑬]以至于有学者认为难于总结出经济补偿的一般性质与功能。[⑭] 我国台湾地区学者的代表性观点为黄越钦先生以“劳动基准法”为背景提出的双重性质说：资遣费的性质乃不可归责于劳雇双方当事人的“雇主保护照顾义务说”和可归责于雇主之事由的“民事违约责任说”，[⑮]这一观点也为大陆学者所借鉴。[⑯] 但以此检视劳动合同法经济补偿制度，仍存在不足，比如“雇主保护照顾义务”无法解释“达到法定退休年龄，劳动合同终止”条件下雇主为什么不向雇员支付经济补偿等问题。综合看来，这些理论观点在做出积极贡献，力争解释劳动合同立法中经济补偿制度之立法选择的理由的同时，各自存在某些方面的解释盲点，正是这些解释盲点的存在，引起理论界和实务界对其产生质疑和批判。深入考量这些理论观点，其共同之

---

⑧ 贾占荣：《经济补偿金：无固定期限劳动合同的法律问题》，载《广西青年干部学院学报》2001 年第 6 期。

⑨ 傅静坤：《劳动合同解约金问题研究》，载《现代法学》2000 年第 5 期。

⑩ 林嘉、杨飞：《劳动合同解除中的经济补偿金、违约金和赔偿金问题研究》，载林嘉主编：《劳动法评论》（第 1 卷），中国人民大学出版社 2005 年版，第 18 页。

⑪ 冯彦君：《劳动合同解除的“三金”适用与〈劳动法〉的修改》，载叶静漪、周长征主编：《社会正义的十年探索》，北京大学出版社 2007 年版，第 203 页。

⑫ 董保华、于海红：《劳动合同经济补偿金研究》，载董保华主编：《劳动合同研究》，中国劳动社会保障出版社 2005 年版，第 271 页。

⑬ 董保华：《劳动合同法中经济补偿金的定性及其制度构建》，载《河北法学》2008 年第 5 期。

⑭ 谢增毅：《劳动法上经济补偿的适用范围与及其性质》，载《中国法学》2011 年第 4 期。

⑮ 黄越钦：《劳动法新论》，中国政法大学出版社 2003 年版，第 158 页。

⑯ 郑尚元：《劳动合同法的制度与理念》，中国政法大学出版社 2008 年版，第 307 页。

处在于,忽略了某些可能影响对经济补偿性质做理论判断的因素,而这些因素对于构建经济补偿制度的法理基础可能具有重要作用。

第一,经济补偿制度的历史因素。经济补偿制度的兴起是20世纪下半叶的事情。这一时期随着劳资争议的发展,公司的社会责任逐渐受到关注,并被越来越多的国家所接受。公司的社会责任发轫于20世纪初期,是对传统公司法理论的修正,强调公司在追求股东利益的同时,还应维护和增进非股东利益相关者的利益,非股东利益相关者包括"公司员工、公司顾客、公司债权人、公司供应商及公司所在地之社区"。[17] 虽然反对意见不断,但公司社会责任在20世纪后半期得到全球性发展,并有日益增多的公司社会责任国际规范和国家(地区)立法,将公司的道德义务转化为法律义务。正是在这样的背景之下,1984年、1985年和1987年,台湾地区、香港和大陆(内地)分别规定了资遣费、遣散费和生活补助等经济补偿制度,并在20世纪90年代逐步完善相关制度。

第二,经济补偿制度的精神因素。各种理论观点关注了经济补偿制度的经济因素,强调补偿是针对某种利益损失的弥补。这不可谓不正确,却忽视了就业与职业中所蕴含的精神利益因素。诚如国际劳工组织所指出,体面而有尊严的劳动,是人类的基本追求。现代社会以雇佣劳动为基本劳动组织形式,职业稳定与就业安全是劳动权的重要内容,其制度表达就是劳动者享有就业保护权。"就业保护权是依法保护公民免于失业,以及在就业状态下免于无理解雇,维持和保护稳定劳动关系的权利。"[18]就业保护权表现为免于失业权和就业保障权。就业保障权意在保障已就业之公民的对抗雇主的无理解雇,促进其就业安定、提升其就业品质。这一权利是就业安全利益需求的权利体现。[19] 就业安全蕴含财产利益,也包括精神利益,"如果一个人因雇主反复无常的专断性情而经常为自己可能失业而感到担忧,那么这就有可能使他产生对身心有害的紧张",[20]甚至对家庭和社会产生不利影响。[21]

---

[17] 刘连煜:《公司治理与公司社会责任》,中国政法大学出版社2001年版,第160页。

[18] 薛长礼:《劳动权论》,科学出版社2010年版,第63页。

[19] 薛长礼:《劳动权论》,科学出版社2010年版,第63页。

[20] [美]博登海默:《法理学——法律哲学与法律方法》,邓正来译,中国政法大学出版社1999年版,第295页。

[21] 2010年富士康集团员工连续发生13起跳楼自杀事件、2010年8月美国发生恶性枪杀案,这些事件的原因是多元的,但不可否认的是,其共同特点在于与工作有关,尤其是工作条件变化、失业等给当事人心理带来的巨大波动。事实证明,与就业有关的精神利益日益成为劳动者生活中的重要部分。参见 Nine dead in Connecticut workplace gun rampage,载 http://www.bbc.co.uk/news/world-us-canada-10858000,最后访问日期:2013年12月20日。

因此,免于失业的恐惧一定意义上不仅仅是个体的安全利益,还是社会利益的重要维度。保障职业稳定和就业安全,从而保证社会稳定,建构良好社会秩序,日益成为劳动法的追求目标和制度选择。

第三,经济补偿制度的综合性因素。一如前述,考量经济补偿制度需要运用关系性分析框架,实是因为经济补偿制度与一国和地区的社会政策、文化传统相关,尤其与失业保险制度关系密切,二者具有替代或互补关系。因此,如果仅从某一方面切入,试图全面解释经济补偿制度,不免产生无法自圆其说的困境,乃至于立法机关无以从其理论观点中得到贯彻始终的支持。只有全面把握一国和地区的劳动法律制度,并借鉴参考其他国家和地区劳动立法以及国际劳动立法,才能准确定位经济补偿制度,为经济补偿制度的变革提供方向和指导。

在全面考虑经济补偿制度的历史、精神和综合性因素的前提下,综合分析经济补偿制度的社会、经济和文化基础,结合大陆(内地)、台湾地区和香港地区的法律规定,借鉴学者已有的知识贡献,笔者认为,经济补偿的法律定位应以社会责任为基础,以非自愿结束劳动关系为核心,以就业安全为目的、以补充社会保障为伦理。经济补偿所承担的是双重补偿:一是雇主原因给雇员就业安全带来影响而产生的财产利益、精神利益损失的补偿,二是对社会保障不足而产生的保障补偿。归根结底,经济补偿是一种企业社会责任法制化的表现和结果。

第一,经济补偿以雇员的就业安全受到影响为基本前提。这可以区分为以下几种情况:一是雇员的就业安全没有受到影响,比如达到退休年龄不予支付经济补偿,其原因在于雇员退出就业领域。日本劳动基准法没有经济补偿制度,原因在于终生雇佣制为雇员就业安全提供了较好的保障。德国没有实行经济补偿制度,原因是德国解雇保护十分严格,雇员受到合法解雇的风险很小,就业安全同样可以到保证。二是推定雇员的就业安全没有受到影响。我国大陆和台湾地区都规定,雇员个人主动辞职,自愿终止劳动合同,不予支付经济补偿。自愿主动辞职,或者是另外谋得更理想的职位,或者是不想继续工作,都可以推定就业安全没有受到影响。同样,定期劳动合同期满情况下,雇主提供合理的续约条件,发出续约要约,雇员拒绝续约,不予支付经济补偿。这也是推定雇员就业安全没有受到影响的立法范例。三是雇员放弃就业安全利益。雇员存在过错,出现严重违纪、违法行为,雇主进行“惩戒解雇”时,不予支付经济补偿。在违反法律法规、雇主的工作规则与就业安全之间,当雇员选择前者时,意味其对后者——就业安全利益的放弃。主体放弃权利,其他主体自无补偿、救济之必要。

第二,经济补偿以“非自愿结束劳动关系”为核心。无论是定期合同还是无固定期合同,雇主解雇雇员支付经济补偿取决于结束劳动关系的“意愿”。以“意愿”——自愿还是非自愿为判断标准,比“动态”——主动还是被动为判断标准,更能反映经济补偿制度的实质要求。一是雇员基于雇主违法行为而辞职,都规定应支付经济补偿。可以看出,“被迫辞职”虽是雇员主动辞职,但雇员辞职的意愿却是“非自愿”状态,不得已之下做出的选择。结束劳动关系的“非自愿”状态决定了雇主应支付经济补偿。二是雇主主体资格灭失导致雇员失业。大陆(内地)规定,用人单位被依法宣告破产、被吊销营业执照、责令关闭、撤销或用人单位决定提前解散而解除劳动合同的,应向劳动者支付经济补偿。这种情形的实质是“一体化裁员”,劳动者的就业安全自是受到影响,结束劳动关系亦是“非自愿”状态,而且是由于雇主原因所引起,理应支付经济补偿。

第三,经济补偿以补充社会保障为目的。诚如有学者指出,将经济补偿归结为社会保障,有混淆企业保障与社会保障之虞。[22] 事实上,雇主缴纳失业保险费,已是对全社会失业人员的失业问题承担责任,在缴纳失业保险费之外支付经济补偿,无疑增加雇主负担。因此,如何处理经济补偿和失业保险的关系,共同解决失业对就业安全的影响,是各国、地区都面临的政策性选择,结果往往是在制度替代还是制度并行做出选择。大陆(内地)和台湾地区采取经济补偿和失业保险并行制度,香港地区虽无失业保险,但符合条件的经济困难失业人员可以申领综援计划的失业给付。选择的理由大多是基于失业保险政策是否健全以及失业保险水平。鉴于失业保险的目的之一是激励失业人员尽快就业,失业保险水平不宜过高,这种制度选择带来问题的问题是,失业人员及其家庭的生活受到影响。因此,经济补偿与失业保险之间,究竟选择制度替代还是制度并行,不宜一概而论,甚至同一国家、地区的不同时期,也可根据不同情况做出不同选择。

第四,经济补偿以社会责任为基础。从目前学者解释经济补偿的观点来看,差异虽大,根本上却都可归结为以社会责任为基础。为什么雇主在支付劳动报酬的情况下,还要依据劳动贡献给予雇员经济补偿?为什么雇主缴纳失业保险的前提下,还要承担失业保障责任?为什么雇主对雇员要负担照顾保护义务?为什么法律规定雇主负有帮助雇员的义务?实是公司的社会责任使然。现代社会已然成为“公司的世界”,以公司为代表的雇主,仅仅承担传统的股东责任,无以支撑社会的

---

[22] 董保华:《劳动合同法中经济补偿金的定性及其制度构建》,载《河北法学》2008年第5期。

结构化发展，最终也将导致自身成为无源之水。在风险社会，公司的社会责任将成为经济、社会可持续发展、克服各种风险的支配性力量。“保护劳动权是公司社会责任的首要内容、公司社会责任是劳动权实现的保障和推动力量”，[23]正是以社会责任为基础，经济补偿的正当性与合法性才可得到证明。需要强调指出两点，一是公司社会责任逐渐演化为雇主社会责任，雇主社会责任并不意味对每一个雇员的平均分配，也不意味无视雇主能力、不区分解雇情形，一概由雇主承担责任，诸如雇员存在过错和雇员自愿离职等情形，雇员都因此而丧失了要求雇主社会责任的基础。二是公司社会责任正由道德义务向道德义务与法律义务并行转化，随着社会的发展，一些曾被视为公司的道德义务，逐渐通过国家立法转化为法律义务。

三、经济补偿制度的规范功能

依凭上述经济补偿制度法律定位的构建，可以审视经济补偿制度的规范功能。当然，这些功能之发挥作用，并不是经济补偿制度孤立运行的结果，而是需要众多制度的合力。经济补偿制度在其中担当了重要角色。

（一）规范解雇行为，实现解雇保护

劳动法是调整“合法利益冲突”之法，经济补偿制度的首要功能是通过经济手段，平衡雇主用人自主权与雇员职业稳定、就业安全的利益。总体而言，经济补偿制度意在规范解雇行为，激励限制解雇，实现解雇保护。一是经济补偿只限于规范正当解雇。对于违法解雇，基于雇主解雇行为的违法性，需承担相应的赔偿责任。因此，因解雇而发生的经济补偿与经济赔偿不应并用，一个解雇行为不可能既是正当解雇又是违法解雇。以此考量被迫离职规定，可以发现我国《劳动合同法》立法尚有不足之处。我国《劳动合同法》规定，用人单位存在第 38 条情形之一，劳动者离职的，应支付经济补偿。该条第 1 款的前两项：用人单位未按照劳动合同约定提供劳动保护或者劳动条件的和未及时足额支付劳动报酬，首先是违约行为，其次在未达到劳动基准时才构成违法行为。基于用人单位违约而被迫离职，获得经济补偿正当合理。如果用人单位的行为违法，包括该条第 1 款的“3、4、5”项和第 2 款，劳动者被迫离职，这时的解雇属于违法解雇范畴而不是正当解雇范畴，劳动者应获得经济赔偿而不是经济补偿。二是激励限制解雇。解雇成本的存在使雇主在做解雇选择时首先进行必要的经济学计算，只有收益大于成本时雇主才会选择解雇。考虑解雇行为带来的社会责任形象、招聘新人的各项费用支出等因素，在收支相抵

[23] 扈春海、郑尚元：《公司社会责任与劳动权保障》，载林嘉主编：《劳动法评论》（第 1 卷），中国人民大学出版社 2005 年版，第 150～154 页。

或者收益略大于成本时,雇主仍会选择继续雇用现有劳动者。三是解雇保护不得滥用。就业安全固然重要,但不是没有边界。Christian Bay 认为“安全所指的乃是享受其他价值在时间上的真实的或被认知的延伸的可能性”。[24] 就业安全之“安全”价值实是“就业”价值之派生,不能无限放大其范围。毫无限制的工作保障不仅可能导致工作低效率,还会制约全社会劳动力市场的有效运行。“安全具有一张两面神似的面容。一种合理的稳定生活状况是必要的,否则杂乱无序会使社会四分五裂;然而稳定性必须常常为调整留出空间。”[25]解雇保护不得滥用是对就业安全的全面维护。

(二)规范劳动合同期限制度

自实行劳动合同制度以来,我国的主导模式是固定期限劳动合同制度。这与我国《劳动法》的引导是分不开的。在《劳动法》颁布之际,即区分了劳动合同的解除与终止两个概念,并以此为基础构建了经济补偿制度。解除劳动合同,符合法定情形的,用人单位支付经济补偿;劳动合同期满终止,用人单位可以不支付经济补偿。这一制度是具有前设性要求的,一是劳动合同主要是固定期限,这样区分“解除”和“终止”的区分才具有可能性并承载各自不同的意义。二是立法初衷是引导用人单位履行劳动合同直至期满,不解除或者少解除劳动合同,但这一制度的重大漏洞很快暴露无遗:劳动合同短期化。用人单位通过把劳动合同分解为多个短期,达到回避经济补偿的目的。台湾和香港地区的经济补偿制度均未区分“解除”和“终止”,而是统一于“劳动关系结束”意义上“终止”这对大陆地区是很好的借鉴。世界范围内,发达国家的劳动合同期限制度,也以无固定期限为主流。我国《劳动合同法》予以经济补偿制度新的制度设计,以法律鼓励长期雇用,引导用人单位签订无固定期限劳动合同,对于规范劳动合同期限制度,构建和谐劳动关系具有深远意义。

(三)规范雇主的社会责任

雇主的社会责任首先以道德义务的面貌出现,继而以道德义务和法律义务并存。经济补偿制度对于规范雇主的社会责任而言,具有以下作用:一是将社会责任法制化。通过立法方式明确雇主支付经济补偿,既可以解决经济补偿可有可无问

---

[24] [美]博登海默:《法理学——法律哲学与法律方法》,邓正来译,中国政法大学出版社1999年版,第314页。

[25] [美]博登海默:《法理学——法律哲学与法律方法》,邓正来译,中国政法大学出版社1999年版,第296页。

题,也可以解决经济补偿的范围和标准问题,限制雇主责任的道德虚化。随着劳工政策的变化,经济补偿可以依法做出调整,引导雇主社会责任的良性运行。二是雇主的就业促进功能。经济补偿的目的在于维护就业安全,雇员离职获得经济补偿,不仅弥补自己可能失业带来的财产损失,而且为其参加职业培训、提高就业技能提供经济支持,这于全社会劳动力市场而言,可谓是雇主就业促进社会责任的表现。三是雇主社会责任与失业保险的关系。经济补偿与失业保险的共同前提是雇员"非自愿结束劳动关系",只有将二者的作用机制和衔接机制做出科学合理的界定,才能为二者并存的必要性与可行性做出说明。在这一点上,香港地区的立法值得思考。如果有完善的经济补偿机制,是否可以取消失业保险制度?或者通过完善失业保险立法,是否可以逐渐缩小经济补偿的范围和标准?

四、结语

大陆(内地)、台湾地区和香港地区的经济补偿制度是我国劳动法的重要制度,通过对法律规范的梳理和阐释,可以发现,经济补偿的法律定位应以社会责任为基础,以非自愿结束劳动关系为核心,以就业安全为目的,以补充社会保障为伦理。同时,经济补偿制度具有较强的政策性。立足于我国的当下社会现实,我国《劳动合同法》扩大了经济补偿制度的适用范围,对于建构我国的劳动合同制度与和谐稳定的劳动关系具有重要意义。立足长远来看,随着社会保险制度的完善、解雇法律的调整和社会法律的体系化建设,缩小劳动合同经济补偿范围将是立法趋势。

我国劳务派遣法律规制的再思考

李坤刚*

【摘　要】　我国劳务派遣产生于我国独特的劳动市场背景，其近年来的畸形发展引发了《劳动合同法》的修改。但我国目前涉及劳务派遣的法律规范，包括全国人大常委会2012年12月通过的《关于修改〈中华人民共和国劳动合同法〉的决定》均未能对我国劳务派遣中的问题进行准确定位，在规范的方式和重点上仍存在偏差。现实中不当劳务派遣的目的大致有：逃避社会保险欠账；降低社会保险支出；逃避签订无固定期限劳动合同义务、同工同酬义务等。为了规范劳务派遣，必须进一步完善相关法律制度，如规定逆向派遣为非法，对异地派遣作一般性禁止；将劳务派遣期限限制在两年以内；取消对违法派遣的劳动仲裁的时效限制；完善关于劳动法主体资格和业务外包的规定。

【关键词】　劳务派遣　背景　类型　合理规制

劳务派遣又称人才派遣、劳动力租赁，是指由劳务派遣机构与劳动者订立劳动合同，由实际用工单位向劳动者给付劳务报酬，劳动合同关系存在于劳务派遣机构与劳动者之间，劳动者却是在用工单位的指挥命令下进行劳动的一种用工形式。对于我国的劳务派遣，有学者主张严格规制，有学者主张大力发展。主张严格规制者站在遵守《劳动合同法》的立法原则、保障劳动者的合法权益、促进劳动关系和谐的立场，认为从制度角度看，劳务派遣如果盛行，《劳动法》和《劳动合同法》就将成为多余的法律。① 主张大力发展者认为，劳务派遣可以降低经营成本，使企业更好地根据市场需求灵活地组织生产，增强劳动用工的弹性和灵活性，科学地配置人力

---

* 安徽大学法学院教授，中国社会法学研究会常务理事。原文刊载于《中州学刊》2013年第2期。

① 黎建飞：《从雇用契约到劳动契约的法理和制度变迁》，载《中国法学》2012年第3期。

资源。[②] 经过长期观察和思考,笔者认为,与发达国家相比,我国劳务派遣有其明显的特性:其产生与发展是在我国特殊的社会、经济和法制背景下,由特殊的市场需求决定的。我国劳务派遣中的诸多问题,既有市场背景方面的原因,又有规制制度方面的原因。只有对劳务派遣的各类需求进行合法性与合理性分析,在明察用工单位使用劳务派遣工的动机、细考其原委、研判其影响的基础上,才能提出正确的劳务派遣规制办法。我国目前涉及劳务派遣的法律规范,包括全国人大常委会2012年12月通过的《关于修改〈中华人民共和国劳动合同法〉的决定》(以下简称《修改决定》),均未能对我国劳务派遣中存在的问题进行准确定位,在规范的方式和重点上仍存在偏差。本文拟从我国劳务派遣产生的背景和市场需求的角度,在对各类劳务派遣进行分析的基础上,提出完善我国劳务派遣法律制度的建议。

一、我国劳务派遣产生与发展的背景

(一)我国劳务派遣是在灵活就业的背景下产生与发展的

在很多发达国家,劳动关系的主流是稳定的终身雇用。如在英国,2009年74.6%的雇员签订的是无固定期限劳动合同。[③] 德国2008年有74.4%的雇员是全日制劳动者,在所有受雇劳动者中,85.4%签订的是无固定期限劳动合同。在西班牙、波兰和葡萄牙,签订无固定期限劳动合同的劳动者占所有受雇劳动者的比例分别是70.6%、73%和76.7%。[④] 在发达国家,由于无固定期限雇用无法满足市场用工的灵活性需求,才产生了劳务派遣这种灵活的就业形式。我国的情况则与此不同。虽然我国《劳动合同法》倡导建立稳定的劳动关系,但目前我国大多数劳动者与用人单位签订的仍是固定期限劳动合同,在未来相当长的时间内仍会如此。据调查,我国签订无固定期限劳动合同的劳动者仅占劳动者总数的20%,非国有用人单位中只有3%的劳动者签订了无固定期限劳动合同。[⑤]

此外在我国,签订无固定期限劳动合同的劳动者多为用人单位的核心雇员和高端雇员,这些人是依靠其本人的市场竞争力(而非劳动法的力量)而获得了签订无固定期限劳动合同的机会。在固定期限劳动合同条件下,劳动者没有职业上的稳定感,难以在同一用人单位做长期职业规划,于是转而追求短期利益最大化。为

---

② 北京劳务派遣企业协会:《加快发展劳务派遣　促进人力资源开发》,载《职业》2003年第3期。

③ Aristea Koukiadaki, The Regulation of Fixed - Term Work in Britain, Regulation of FixedTerm Employment Contracts: A Comparative Overview, Bulletin of Comparative Labour Relations76, Editor: Roger Blanpain, Guest Editors: Hiroya Nakakubo and Takashi Araki, *Kluwer Law International*, 2010, p. 29.

④ Bernd Waas, Labour Policy and Fixed - Term Employment Contracts in Germany, Id. pp. 86 - 87.

⑤ 姜颖:《〈劳动合同法〉无固定期限合同的不足与完善》,载《法治论坛》2009年第1期。

了实现短期劳动价值的最大化,劳动者很容易从一家单位转到另一家单位,由此造成了我国劳动者流动率较高的局面。有关调查显示,我国员工平均流动率为15.9%,在全球处于高位。[⑥] 综上,与国外劳务派遣产生于稳定的劳动关系,通过劳务派遣来提高就业灵活度不同,我国劳务派遣是在灵活就业的背景下产生的,这是研究我国劳务派遣法律规制时必须注意的一个问题。

(二)我国劳务派遣是在工会集体力量制约缺失的背景下发展的

在一些国家劳务派遣的发展过程中,工会对劳动者权益的保护起到了重要作用。如2005年德国74%的劳动者是受到集体协议保护的,[⑦]在德国,很难想象一个劳动者加入企业工会后会被要求再与派遣单位签订劳动合同,这在我国劳务派遣中却是常有的现象。在美国,有的工会甚至通过集体谈判的方式,控制了特定行业的劳务派遣市场,掌控了劳务派遣主动权,为保护劳动者的利益发挥了重要作用。[⑧] 与国外不同,我国工会"上层力量强、下层力量弱"。"上层力量强"突出表现在:中华全国总工会(以下简称全总)一直积极倡导通过立法解决劳务派遣问题,特别是2008年《劳动合同法》实施后,全总更加强调加强对劳务派遣的法律规制,切实维护劳动者合法权益;在2012年12月《修改决定》的出台过程中,全总也发挥了积极作用。"下层力量弱"的主要表现是:基层工会力量薄弱,难以通过协调集体劳动关系的方式解决劳务派遣中存在的问题。在这样的背景下,我国劳务派遣市场的良性发展将更加依赖立法规制和行政管理。

此外,在许多国家劳务派遣的发展过程中,政府主管部门始终以管理者的身份出现,并不参与劳务派遣的市场运作,这对于保证政府劳务管理的中立性和公允性显然是非常重要的。如果政府特别是劳动行政主管部门参与劳务派遣的市场运作,与其主体一起从劳务派遣市场中获取利润,就会导致其管理立场发生偏移,从而不利于劳务派遣市场的良性发展。然而根据全总调查,我国的劳务派遣机构主要有四类,其中之一是各级政府劳动行政部门依托公共就业服务机构或人才交流服务机构成立的劳务派遣机构[⑨],这实际上是有行政背景的劳务派遣机构。事实上,在我国劳务派遣的发展中,一直有公共就业服务机构的参与,这在一定程度上

---

⑥ 《我国员工平均流动率全球高位就业现结构性通胀》,载《中国经济周刊》2012年10月23日。

⑦ Manfred Antoni, Elke J. Jahn, Do Changes in Regulation Affect Employment Duration in Temporary Help Agencies? Industrial & Labor Relations Review, January, 2009, p. 2.

⑧ Michael C. Harper, Samuel Estreicher, Joan Flynn. Labor Law: Cases and Materials, sixth Edition, Wolters Kluwer, 2007, pp. 918 - 922.

⑨ 全总劳务派遣问题课题组:《当前我国劳务派遣用工现状调查》,载《中国劳动》2012年第5期。

影响了劳务派遣主管部门对劳务派遣市场的管理,也与公共就业服务机构的地位和职能不相符合。

（三）我国劳务派遣是随着劳动市场法律规制的强化而逐渐加速发展的

从国际背景来看,劳务派遣的产生与发展由诸多因素所导致,如经济全球化带来的竞争压力,第二产业向第三产业转移带来的用工结构变化,技术发展带来的工作性质、劳动模式变化,等等。[10] 但国外劳务派遣人员在整体上数量并不多,劳务派遣并不是迅速地、爆发式地发展的。据美国劳工部公布的调查数据,截至2005年2月,美国的临时中介劳工有120万人,只占总就业人数的0.9%。在德国,据联邦劳动局统计,20世纪70年代以来外借雇员人数以每年10%的速度持续增长,但到了2010年也只占总劳动人口的3%。从1986年7月《劳动派遣法》颁布伊始,劳务派遣在日本就取得了合法地位,但受终身雇用的用工习惯影响,日本劳务派遣工的数量并不大,2005年只有106万名劳务派遣工,约占日本就业总人数的2.1%。[11] 总体来看,发达国家的劳务派遣工占用工总人数的比例是比较低的。

我国正式的劳务派遣产生于20世纪80年代。1980年10月国务院颁布实施《关于管理外国企业常驻代表机构的暂行规定》,该规定第11条要求外国企业常驻代表机构租用房屋、聘请工作人员,应当委托当地外事服务单位或者中国政府指定的其他单位办理,基于此规定产生了特殊就业领域的劳务派遣。后来,在我国国有企业劳动制度改革中,出现了为安置下岗职工而产生的劳务派遣和国内关联企业之间的劳务派遣等。这些劳务派遣或因涉及领域有限、人数不多,或因具有过渡性、阶段性特点而并未引起劳动法研究者的关注。1995年《劳动法》实施后,随着法律对劳动关系规制的加强,劳务派遣的发展速度逐渐加快。2008年《劳动合同法》实施后,关于劳动市场的法律规制更加严格,劳务派遣以更快的速度发展起来。2006年前后全总曾做过一个粗略估算,指出当时全国大约有劳务派遣工2500万人。全总研究室2011年调查测算,2011年全国企业劳务派遣工增加到约3700万人,占企业职工总数的13.1%（该数据不涉及劳务外包、职业中介、人事代理等劳务经济形式）,其中经济发达地区劳务派遣的增速更为明显。[12] 由此可见,与其他国家不同,我国劳务派遣发展的特征之一是,劳务派遣的发展与法律对劳动市场的

---

[10] Takashi Araki, Changing Employment Practices, Corporate Governance and the Role of Labor Law in Japan, *28 Comparative Labor Law & Policy Journal*, 2006 - 2007.

[11] 周长征:《劳务派遣的超常发展与法律再规制》,载《中国劳动》2012年第5期。

[12] 全总劳务派遣问题课题组:《当前我国劳务派遣用工现状调查》,载《中国劳动》2012年第5期。

规制成正比,劳动法规制越严、劳动司法越完善,劳务派遣就发展得越快。

二、我国劳务派遣的类型:法制与市场需求的角度

(一)因用人单位主体资格限制而产生的劳务派遣

我国《劳动法》和《劳动合同法》均规定,只有在用人单位和劳动者之间才能形成劳动关系⑬。用人单位有四类:企业单位、事业单位、国家机关和社会团体。此主体范围明显过窄,导致现实中不少用工主体无法被涵盖在内。在这种情形下,用工者如果要与雇员建立劳动关系,使雇员适用劳动法的规制,就必须采取劳务派遣的方式,让雇员与劳务派遣单位签订劳动合同,再由劳务派遣机构将雇员派给自己使用。现实中基于此种情况产生的劳务派遣大致有三类:外国公司驻华代表处和办事处的劳务派遣用工(如前文所述,外国公司驻华代表处和办事处没有用人单位资格);农村经济组织和农村社会组织的劳务派遣用工(目前劳动法对农村的用工尚未关注,采取劳务派遣形式有助于将这些用工纳入劳动法的保护之下);个人或家庭的劳务派遣用工(不少家庭希望雇用员工制的家政服务员,但在现有法律制度下,其无法和雇员直接建立劳动关系)。根据我国《劳动法》,外国公司驻华代表处或办事处、自然村村委会、行政村村委会、农村承包经营户、农村专业户、家庭、个人等,均不是劳动法意义上的用人单位,其雇工不能纳入劳动法的规制范畴。然而,从劳动关系的实质性标准的角度考察,这些主体派出的劳动者均是在雇主的指挥命令下从事从属性劳动,其在本质上属于劳动关系性质的用工。我国目前采取的列举式劳动关系确定标准,造成了劳动法适用范围的局限性⑭,使一些本质上具有劳动关系性质的雇用被确定为民事性质的劳务关系,这对劳动者权益的保护是不利的。

(二)因社会保险地方化而产生的劳务派遣

我国的社会保险有两大特点:一是社会保险与劳动关系密切挂钩,有劳动关系才有社会保险;二是社会保险是国家立法、地方运作。目前除养老保险在27个省(直辖市)已基本实现省级统筹外⑮,其他社会保险大多在省级以下主要是县级层面运作。即使已经大部分实现省级统筹的养老保险,对于可以在全国劳动力市场上流动就业的劳动者来说,其仍属于地方化的社会保险。由于我国未限制异地劳务派遣,也未规定跨地区派遣的社会保险缴费原则,所以很多用人单位利用不同地

---

⑬ 参见我国《劳动法》第2条和《劳动合同法》第2条。

⑭ 李坤刚:《论劳动关系中雇主之界定——以英国劳动法为视角》,载《云南大学学报》2007年第3期。

⑮ 尹为民:《养老保险省级统筹已基本实现》,载《京江晚报》2012年3月8日。

区的社会保险缴费比例差异，通过虚假的异地劳务派遣[16]来降低保险费的支出。有学者指出，就基本养老保险缴费费率而言，深圳市为10%，南京市为20%，则对在南京市工作的劳动者，采取由注册在深圳的劳务派遣单位派遣到南京的办法，用人单位承担的基本养老保险费就可以降低一半。[17] 多数异地派遣不仅侵犯了劳动者的合法权益，而且给劳动者主张权益带来了诸多不便。董保华教授指出，要求一个在上海工作的员工去青海认定工伤或者实际就医，是不现实的。一旦发生这类风险，由于用人单位已经在异地完成了缴费义务，而当地劳动部门无权对异地社保进行监管，所以就会使员工在当地求偿无门。[18] 异地派遣这种既合法又能大幅度降低用工成本的形式一经流行，便会对员工的实际利益构成真正的威胁。[19]

（三）因用人单位逃避社会保险历史欠账而产生的劳务派遣

在2008年《劳动合同法》实施之前，我国有不少用人单位不与劳动者签订劳动合同，长期拖欠社会保险费。当时劳动者维权存在三道障碍：一是维权成本高，需要支付不小的劳动仲裁和民事诉讼成本。二是诉讼制度方面的制约。劳动者需要证明劳动关系的存在，在争议发生后60天内提出权利主张，还要面对不少法院不受理社会保险争议案件的风险。[20] 三是劳动者要承受心理压力和失去工作的风险。劳动争议案件要经过漫长的一裁两审，一般情况下一年以上才会有最终判决。在短期合同条件下，劳动者提出维权要求，就意味着会因此而被辞退。《劳动合同法》和《劳动争议调解仲裁法》实施后，劳动者的维权局面有所改善：劳动者提出的劳动仲裁不收费，劳动争议案件的法律援助力度加大；劳动仲裁时效延长为一年，证明劳动关系变得容易，仲裁期限缩短，劳动者维权受到司法保障；用人单位的违法成本加大，无固定期限劳动合同的规定制约着用人单位的不当解雇，劳动者不仅可以

---

[16] 真正的劳务派遣是用工单位因用工需要而向劳务派遣机构要求派遣劳动者，劳务派遣机构招聘人员并签订劳动合同后，将劳动者派遣至用工单位。而实践中大多数异地派遣是逆向派遣，即用人单位让自己正在使用的劳动者或者自己招聘好准备使用的劳动者在劳动合同上签字，然后将劳动合同拿到异地劳务派遣单位盖章，由此将自己转化为用工单位。这实际上是利用法律制度的缺陷来逃避法定义务，这种“异地派遣”不是真正的劳务派遣，而是虚假派遣、逆向派遣。（参见董保华：《劳务派遣的题中应有之义——论劳务派遣超常发展的“堵”与“疏”》，载《探索与争鸣》2012年第8期。）这种现象迫切需要立法规制。

[17] 周国良：《治标还是治本：劳务派遣规制的政策选择——兼论为什么劳务派遣用工比直接用工成本低》，载《中国劳动》2012年第10期。

[18] 董保华：《劳务派遣的题中应有之义——论劳务派遣超常发展的“堵”与“疏”》，载《探索与争鸣》2012年第8期。

[19] 董保华：《劳务派遣的题中应有之义——论劳务派遣超常发展的“堵”与“疏”》，载《探索与争鸣》2012年第8期。

[20] 参见陈默：《对法院不受理社会保险争议等问题的一些看法》，载《中国劳动》2004年第10期。

诉请其补缴社会保险费,而且可以要求其给付经济补偿金。

在这种情势下,用人单位面临着补缴巨额社会保险费的压力。于是,一些用人单位就变相地利用劳务派遣和劳动争议仲裁时效为一年的规定,采取"金蝉脱壳"的办法来逃避社会保险历史欠账,即让劳务派遣机构与劳动者签订书面劳动合同、缴纳社会保险费,劳动者岗位不变、待遇不变;一年后,如果劳动者再追索原用人单位所欠社会保险费,就会因超过仲裁时效而被驳回请求,或者其本人被"退回"劳务派遣机构,遭到解雇。《劳动合同法》实施后,用这种方式逃避社会保险欠账成了一种普遍现象,由此带来了劳务派遣的畸形、迅速发展。实际上,从历史的角度看,这种逃避方式也有其无奈的合理性。其无奈在于,企业社会保险欠账的形成与一些地方社会保险费率较高、政府部门社会保险费征缴不力等有很大关系,新法实施后一些用人单位无力补缴巨额社会保险费,补缴就意味着破产;其合理性在于,以前未缴纳社会保险费的用人单位经营成本低,产品或服务价格也低,用人单位并未赚取到超额利润。但无论如何,用人单位利用劳务派遣的方式来逃避对劳动者的社会保险义务,打破了市场的平等竞争,已经陷守法者于困境,必须予以规制。

(四)因规避签订无固定期限劳动合同义务而产生的劳务派遣

无固定期限劳动合同是一种既为当事人双方提供一定程度的保障,又为他们保留一定行动空间的一种合理的劳动合同形式,它使单位和职工都有了相对的稳定感,从而有利于建立企业的凝聚力机制,有利于职工职业发展和降低企业替换成本。[21] 从劳动关系的自然需求来看,用人单位需要稳定的职工队伍,劳动者需要稳定的工作,二者相辅相成。在我国《劳动合同法》实施之前,虽然很多企业都和劳动者一年一签劳动合同,但实际上是"劳动合同短期化,劳动关系长期化",[22]绝大部分劳动者的工作比较稳定。然而,在短期劳动合同制度下,劳动者很难在一个用人单位中做长远打算,由此带来了企业人员的高流动率。此外,短期化的劳动合同还给劳动者维权带来了很大压力,如在一年一签合同的条件下,劳动者主张权利就意味着会失去工作。为此,《劳动合同法》开始加大对稳定劳动关系的法律规制,规定连续两次签订固定期限劳动合同后,劳动者有权要求签订无固定期限劳动合同;在同一用人单位连续工作满10年后,劳动者有权要求签订无固定期限劳动合同。全国人大法工委副主任信春鹰在谈到劳动合同立法时说,国家的义务就是要建立一

㉑ 郑爱青:《法国劳动合同立法的启示》,载《法学杂志》2002年第5期;赵增耀:《内部劳动市场的经济理性及其在我国的适用性》,载《经济研究》2002年第3期。

㉒ 董保华:《〈劳动合同法〉应起到制度矫正功能》,载《中国劳动》2005年第12期。

个公正的制度,让每个人只要有工作,就应该有一个稳定的可预期生活。[23] 然而,实践中一些用人单位认为法律规定的无固定期限劳动合同就是用工终身制,加上一些用人单位有特殊的用工习惯,如航空运输业有雇用年轻空乘人员的习惯,这些单位为了避免与劳动者签订无固定期限劳动合同,多采取劳务派遣(实质上多是虚假派遣)的方式。

(五)因用工计划限制和企业劳动关系分层而产生的劳务派遣

目前受到用工计划限制的单位是国家机关、事业单位和大型企业,这里主要讨论企业的用工限制问题。国有大型中央企业的用工权基本上归总部,总部核定用工计划指标,对用工总量加以限制,对分支机构实行计划用工管理。对于超出计划的用工需求,地方分支机构多采取劳务派遣的办法解决(只与核心员工签订劳动合同,对非核心员工采取劳务派遣方式雇用)。实践中有的大型企业甚至以内部文件的形式要求分支机构使用劳务派遣工,一些企业以人均利润率作为考核指标,其分支机构因而会尽可能压低直接用工的数量,将大量人员纳入劳务派遣用工的范畴。这种劳务派遣局面的形成,与企业(特别是规模较大的企业)内部的劳动关系分层紧密相关。从劳动关系理论上讲,劳动者按其收入和地位可以分为高中低三个层次:掌管用人单位决策权的高层管理人员;决策执行层和核心雇员层;大量收入少、地位低的低层雇员。不同层级的雇员均有自己的利益需求。在劳动关系调整机制比较健全的国家,主要靠集体谈判机制对各层利益进行协调。我国目前缺失对集体劳动关系的调整机制,导致一些用人单位特别是一些垄断性国有企业,通过使用劳务派遣工来保护高层、中层和资深雇员的利益。根据全总的调查,在我国,劳务派遣工占国有企业职工总数的16.2%,垄断企业的比例更高。中国移动劳务派遣工占职工总数的71.2%。[24] 这种过度派遣本质上是由企业内部劳动关系的分层决定的。

(六)因专业化服务需求而产生的劳务派遣

发展专业化劳务服务有利于提高劳动效率和就业率,目前我国劳动市场中就存在许多顺应这种需求而产生的专业化劳务服务机构,它们对促进我国劳务派遣的发展发挥着积极作用。需要指出的是,我国《劳动合同法》没有对劳务派遣的内涵作专门界定,实践中通常把与用人单位签订劳动合同、却不为用人单位劳动,而

---

[23] 王婧、朱雨晨:《信春鹰谈劳动合同法立法背景》,载人民网:http://acftu. people. com. cn/GB/6661675. html,最后访问日期:2012 年 12 月 17 日。

[24] 全总劳务派遣问题课题组:《当前我国劳务派遣用工现状调查》,载《中国劳动》2012 年第 5 期。

是受用人单位指派为其他雇主劳动的情况,统称为劳务派遣。按照这种理解,我国一些专业化的劳务服务机构如保安公司、清洁公司、家政公司等向雇主派遣劳动者的行为都属于劳务派遣。但是,如果对劳务派遣和业务外包进行区分的话,有些专业化服务可能要归属业务外包的范畴。所谓业务外包,是指企业把内部业务的一部分承包给外部专门机构,以将资源集中于最能反映企业相对优势的领域和企业独特的、难以被其他企业模仿或替代的核心业务,提高企业的核心竞争力。据此,上述劳务服务机构的一些"劳务派遣"行为如家政公司完成所承包的特殊企业清洁服务应归类为业务外包。我国立法没有对业务外包作出规定,实践中对业务外包和劳务派遣不作区分,实际上是将一些业务外包按劳务派遣对待,这虽然有利于对劳动者的暂时保护,但从长期规范地发展业务外包和劳务派遣的需要来看,应当对业务外包作专门规范。

三、完善我国劳务派遣法律制度的建议

(一)严格规制逆向派遣和异地派遣

综上所述,在我国劳务派遣运行过程中的关键问题,不是劳务派遣的规模扩张与发展速度问题,而是劳务派遣这种用工形式被用于非法目的,侵犯劳动者合法权益的问题。利用虚假的劳务派遣逃避签订无固定期限劳动合同义务、逃避同工同酬义务,采取逆向派遣的方式逃避社会保险历史欠账等莫不如此。遗憾的是,《修改决定》未能针对这些问题提出具体有效的解决方案。根据《修改决定》,还不能认定逆向派遣和一些虚假的异地派遣为非法;《修改决定》规定劳务派遣用工"只能在临时性、辅助性或者替代性的工作岗位上实施",这会在一定程度上限制劳务派遣,但是,不规定逆向派遣为非法,不禁止利用异地派遣逃避社会保险义务的行为,则即使对"临时性""辅助性""替代性"(简称"三性")工作岗位作了明确界定,也难以遏止借劳务派遣之名侵害劳动者合法权益的现象。笔者认为,立法应严格规制逆向派遣和异地派遣:第一,明确规定逆向派遣为非法。[25] 用人单位逆向派遣劳动者的,仍视为其与被派遣劳动者存在劳动关系;劳动者向用人单位索要其在2008年《劳动合同法》实施后新拖欠的社会保险费的,不受劳动争议仲裁时效的约束;如果被逆向派遣的劳动者的合法权益受到侵害,与其签订劳动合同的劳务派遣

---

[25] 逆向派遣以逃避法定义务为目的,本应是无效的,考虑到历史因素及企业的生存需求,我国立法暂时认可了其合法性,但这种情况不应持续下去。如果长期承认逆向劳务派遣的合法性,会导致大量劳动者特别是农民工难以真正享受到社会保险待遇。《修改决定》尚未关注这个问题。目前,我国地方政府之间存在吸引投资的竞争,而地方性的劳动政策与竞争环境密切相关,在这样的情形下,要解决逆向派遣问题,必须构建全国统一的法律规范。

机构应承担连带责任。第二,对异地派遣作一般性禁止[26](仅允许劳动者户籍所在地进行异地劳务派遣),同时规定进行异地派遣者,应按照用人单位所在地或用工单位所在地的较高标准缴纳社会保险费。第三,规定利用逆向派遣和异地派遣侵犯劳动者合法权益的,劳动者主张权利时不受劳动争议仲裁时效的约束。[27]

(二)限制劳务派遣的最长期限

主张限制劳务派遣的学者多认为,应通过对“三性”作出明确解释来限制劳务派遣,《修改决定》也是采用这种方式。但笔者认为,造成劳务派遣泛滥的原因,主要不是对“三性”界定不明,而是我国《劳动合同法》第58条第2款“劳务派遣单位应当与被派遣劳动者订立二年以上的固定期限劳动合同”的规定。该规定的不妥之处在于:第一,该规定与我国《劳动合同法》稳定劳动关系的价值取向相背离。如果将《劳动合同法》中无固定期限劳动合同的规定比做一堵围墙,该规定就像是在这堵围墙上开了一扇门。第二,该规定不符合国际上关于劳务派遣的规制趋势。从各国对劳务派遣的规制来看,均是通过限制最长派遣期限来达到限制劳务派遣的目的,[28]该规定却反其道而行之——限制最短期限、不限制最长期限。第三,该规定与《修改决定》存在冲突。该规定与《修改决定》对劳务派遣的定位(劳务派遣是补充用工形式)相矛盾,会导致辅助性岗位的劳动者被终生派遣,使补充用工形式成为终生用工形式。并且,该规定与《修改决定》所明确的“临时性工作岗位是指存续时间不超过6个月的岗位”相矛盾:既然劳务派遣机构只能将某个劳动者派遣最长6个月时间,法律又为何要求其与被派遣劳动者签订二年以上的劳动合同?即使劳务派遣机构与受派遣劳动者签订了二年的劳动合同,在其无法将劳动者派出的情形下,其也可以依法定理由解除劳动合同,则签订二年合同又有何用?——唯一的作用就是使终身派遣合法化,从而导致劳务派遣泛滥。因此,该规定对劳动者而言有害无益。笔者认为,在我国这样一个劳动关系具有较强流动性的国家,应更加严格地限制劳务派遣的期限,应当废除《劳动合同法》关于签订2年以上劳动合同的规定。《修改决定》显然已注意到了这一问题,但其仅通过明确界定实施劳

---

[26] 作此建议是考虑到实践中异地派遣虽经常被作为侵害劳动者社会保险权益的手段,但其在我国目前地方化的社会保险制度下有其有益的一面。

[27] 此建议是为了防范用人单位或用工单位利用劳动者的弱势地位和法律关于劳动争议仲裁时效为一年的规定,而采用逆向派遣和异地派遣的方式侵害劳动者的合法权益。

[28] 如德国2004年《雇员转让法》规定,出借方不得将某一雇员转让给同一借用方超过24个月,此规定即为了防范在长期性劳动岗位上长期使用外借雇员的行为。参见谢德成:《我国劳务派遣立法的模糊性及其改进路径》,载《法学》2011年第8期。

务派遣的“临时性、替代性和辅助性”岗位,提高劳务派遣机构的注册资本要求等手段,尚难以达到抑制劳务派遣泛滥的目的。况且,关于“辅助性”岗位,“主营业务”与“非主营业务”的认定在实践中还存在一定的困难。《修改决定》关于“用工单位应当严格控制劳务派遣用工数量”的规定更是舍本逐末。如前文所述,劳务派遣主要是应灵活性用工需求而产生的,要从根本上解决劳务派遣问题,靠硬性的比例规定是难以做到的。最好的办法是通过限制劳务派遣的最长期限来限制不当劳务派遣,立法可明确规定劳务派遣不得超过两年,超过两年的,视为正式雇用。

(三)秉持劳务派遣中的平等待遇原则

对不当的劳务派遣进行规范,让劳动者与用人单位建立直接的劳动关系,这些并不能彻底改善被派遣劳动者的待遇。建立和谐稳定劳动关系的更为深层的需求是建立一个公平合理的分配机制,因此,应将规制劳务派遣的重点放在保障平等待遇方面。德国早在2002年就确立了劳务派遣中的平等待遇原则,欧盟2008年第104指令指出,只有在平等对待派遣工的基础上使用派遣工才是正义的。[29] 从平等待遇的角度看,我国劳务派遣中存在两大问题:一是同工不同酬的问题;二是年龄歧视的问题。《修改决定》已注意到了“被派遣劳动者与用工单位的劳动者同工同酬”的问题,并提出了“同类岗位”的概念,对于无同类岗位的,“参照用工单位所在地相同或者相近岗位”确定被派遣劳动者的劳动报酬,这些规定对指导实践有非常重要的意义。笔者认为,立法还应进一步对“报酬”的含义作出明确界定。目前我国劳动者的收入差距不但表现在工资上,而且表现在福利上。据河南省总工会调查,对于相同或相似的工作岗位和工作业绩,劳务派遣工与正式工的收入差距少则30%,多则达四五倍甚至更多,正式工享有年终奖、住房补贴等福利津贴,劳务派遣工则没有。[30] 鉴于此,我国立法还应立足于现实中劳动者的实际收入结构来界定“报酬”,以真正实现“同工”者“同酬”。立法应采取积极措施,规范国有企业特别是国有垄断企业人员的薪酬结构。如前文所述,目前国有垄断企业的劳务派遣系劳动关系分层所致,在目前我国劳动关系的调整还处于单个劳动关系层面、集体劳动关系的调整迟迟得不到推进的条件下,不能等待国有企业内部产生相关调控机制,国家应当以公权力调节劳动关系分层,通过完善立法和严格执法来对国有垄断

㉙ Bernd Waas, A Quid Pro Quo in Temporary Agency Work: Abolishing Restrictions and Establishing Equal Treatment Lessons to be Learned from European and German Labor Law? *Comparative Labor Law and Policy Journal*, Fall, 2012.

㉚ 全总劳务派遣问题课题组:《当前我国劳务派遣用工现状调查》,载《中国劳动》2012年第5期。

企业的薪酬结构进行有效规制。此外,我国《劳动法》和《就业促进法》仅禁止因民族、种族、性别和宗教信仰不同而歧视劳动者,未将年龄歧视纳入禁止范畴,关于歧视性解雇的救济措施严重不足,相关规范亟待完善。

(四)加强对劳务派遣市场的监管

我国劳务派遣的泛滥与劳务派遣市场监管不力有直接关系。虽然用工监察由劳动行政部门进行,但工商部门审批了多少、哪些劳务派遣机构,劳动行政部门并不掌握,致使劳动监察无从下手,监督存在难度,再加上劳动监察部门本身力量有限,我国劳务派遣机构实际上处在行政监管的"真空"地带。[31] 要保障劳务派遣合法运行,需要进一步加强对劳务派遣用工的管理和监督。《修改决定》已经注意到了劳务派遣的行政监管问题,强调"经营劳务派遣业务应当向劳动行政部门依法申请行政许可",笔者认为在确立审批制度的同时,还应强调行政力量作为中立的裁判者来管理劳务市场,明确规定人力资源和社会保障等劳动行政部门及其下属单位不能参与经营劳务派遣业务。

(五)完善关于用人单位主体资格和业务外包的规定

如前文所述,我国劳动法规定的用人单位主体范围过于狭窄,但要彻底废除这一限定,确立实质性劳动关系的从属性标准,在目前尚不现实。因为确立了劳动关系,雇主就要承担相关义务,这会对我国整体就业形势产生不利影响。笔者认为,目前宜将有条件的主体如国外机构在中国的代表处和办事处纳入劳动法中用人单位的范畴,对于其他一些主体如家政公司,可根据其成为用人单位的事实条件的成熟情况逐渐予以认可。另外,为了保障劳务派遣的有序发展,还应对与劳务派遣密切相关的业务外包进行立法规制。目前国内对劳务派遣与业务外包的区别还只是处于理论层面,有研究者认为,劳务派遣用工,单位购买的是劳动力的投入,并通过对劳动力拥有者——劳动者实施管理控制来实现企业经营管理目标;业务外包,单位购买的是劳动力的产出。[32] 笔者认为,仅有此理论上的区分是不够的。在劳务派遣已受到立法限制的情况下,一些用人单位会利用业务外包相关法律规范的缺失,将劳务派遣变相为业务外包,达到逃避劳动法律责任义务的目的。由于缺乏立法的明确指引,司法面对此类争议就会处理混乱。因此,立法必须对业务外包作出专门规定,其内容之一是明确区分劳务派遣与业务外包。笔者认为可以参考日本《职业安定法施行规则》第4条,规定提供劳动者供他人使用之人,即便采取了承包这

---

[31] 翟玉娟:《劳务派遣行政监管立法探讨》,载《中国劳动》2012年第6期。

[32] 周国良:《论劳务派遣难以转成业务外包》,载《中国劳动》2012年第11期。

一合同形式,如果不满足下述四个必要条件,也应被视为进行了劳务派遣。这四个必要条件是:(1)承担完成作业方面的、财政上和法律上的全部责任;(2)指挥监督从事作业的劳动者;(3)对于从事作业的劳动者,作为使用者负有法律规定的全部义务;(4)使用自己的机械、设备、器材或作业所必需的材料、资材,或是进行需要企划或专门的技术、经验的作业,而不是单纯提供肉体劳动力。[33]

---

[33] [日]菅野和夫:《劳动法》,有斐阁2010年版,第208页。

劳动基准法与集体劳动法论

工资制度的市场化改革问题

刘　俊[*]　徐志强

【摘　要】 我国工资收入分配差距扩大的重要原因在于没有形成符合市场经济要求的工资形成机制,工资的分配体系和分配结构也没有随用工模式的市场化而与之相匹配。工资制度改革的基本目标在于:通过制度和机制确立工资价格的基本形成机制,来推动工资价格合理反映劳动力的市场价值,从而推动劳动力市场的形成,促进劳动关系的市场转型。应当以工资集体协商为核心,构建契合市场机制的工资制度框架,优化工资分配理念,执行发展型的工资政策,并跟进配套机制的体系建设。

【关键词】 工资　集体协商　市场机制　发展型政策

工资①,作为社会分配关系的核心,一直是社会矛盾利益聚焦的对象。现代社会"以工资为主要收入来源的雇佣劳动者,在工业化和后工业化的国家已占到国民收入的60% ~70%"。② 中国传统的工资制度于1956年形成,在计划经济用工模式下,确立了以"统包统配"为特征的就业形式和"从摇篮到坟墓"的单位式的社障

---

* 西南政法大学原党委副书记、教授,中国社会法学研究会副会长。原文刊载于《东南学术》2014年第2期。

① 本文的工资内涵,已经超越了狭义工资的范畴,在应然层面等同于"因劳动所得的一切利益"。不过与更加泛化的"劳动报酬"及其不同层级含义相较,似乎"工资"的泛华也有一定边界。在特定的语境关系中,也只能以法律规定和契约约定的内容为限,才能体现出劳动对价的"明确的相关性",也才能对工资或劳动报酬的外围做出可行的限制,进而体现不同制度对于"劳动报酬"范畴的治理边界。且限于"最低工资制度"、"工资协商"、世界工资立法的用语以及实践中已经约定俗成的习惯表述,文章仍用"工资"来作行文表述。同时,文章讨论的工资市场化改革问题将公务用工关系排除在外,参见后文论述。

② 曾湘泉:《劳动经济学》,复旦大学出版社2012年版。

体制,以及中央集权式的工资分配体系。③ 通过推行“低工资、多福利、高就业”的经济政策,“单位”集经济、政治、社会功能于一体,由国家对劳动力市场与分配体制④进行全面支配。改革开放后,我国先后进行了三次工资制度改革,⑤十多次工资调整,逐步确立了与现代企业制度相适应的收入分配制度,将收入分配改革的目标定位为“市场机制决定、企业自主分配、职工民主参与、国家监控指导”。但是,30年来,我国“三大差距”持续扩大,基尼系数已远超国际警戒线,这说明:我国经济发展中,劳动生产率与劳动力成本、劳动力价值、劳动力的价格形式之间的关联机制被不合理地切断,社会发展的成果难以扩散到劳动力价值上。从劳动关系角度,可以论证:我国劳动关系的用工模式虽然已经逐步市场化,但符合市场经济要求的工资决定机制⑥和分配体系并没有与之相匹配。文章拟就这种“不匹配”的基本事实进行分析,并提出我国工资制度市场化改革的应然方向。

一、我国工资制度的非市场化表征

(一)工资水平长期被压低⑦

总体上看,改革开放以来扶持资本的经济发展模式已经将劳动力成本挤压到了一个较为低下的水平。普华永道律师事务所对全球主要国家企业工资福利与企业用工成本的占比进行调查显示:中国为7.8%,欧洲为22.8%,美国为34%左右,我国的劳动力成本仅仅相当于欧美国家的1/4~1/3。⑧ “中国最低工资是人均

---

③ 当时国有企业的工资体系,按照1956年国务院制定的《关于工资改革的决定》,国企内最典型的是工人的“八级工作制”和“干部技术人员等级工作制”上,工资的分配数额、分配时间、分配比例都由国家统一决定。

④ 计划经济时代的工资制度,有学者将其归纳为四个字“低:工资长期处于低水平;平:平均主义;乱:工资按劳动者划分的标准多而乱;死:中央集权而用人单位无收入分配自主权”,参见刘艾玉:《劳动社会学教程》,北京大学出版社2004年版,第274~275页。

⑤ 笼统划分,包括:(1)1978~1983年,主要是恢复物质激励制度、恢复奖金和计件工资制度,实行浮动工资制;(2)1984~1994年,主要是推行工资总额与经济效益挂钩的政策、扩大企业分配自主权,推行结构工资制(由基础工资、职务工资、工龄津贴和奖金组成);(3)1994年至今,主要是实行按劳分配与按要素分配并行,推行工资集体协商制度,政府以工资指导性等进行宏观调控。参见刘艾玉:《劳动社会学教程》,北京大学出版社2004年版,第275~276页。

⑥ 市场经济中的工资决定机制,一般指市场竞争中工资变动和劳动力供求变动之间的相互制约与相互联系的过程。

⑦ 虽然近年随着刘易斯拐点出现,我国一线工人工资呈现出上升趋势,但从工资水平确定的历史脉络角度,我国的劳动力价格总体上仍然没有在充分的市场机制下反映劳动力价值,进而工资的基本水平在应然层面反随我国劳动力市场发展呈下降趋势,反观目前的工资上涨,事实上属于“补偿性上涨”,而非“发展性上涨”,参见后述。

⑧ 参见常凯:《靠压低工资发展的企业是没有前途的》,载http://opinion.people.com.cn/GB/11473971.htm,最后访问日期:2013年12月4日。

GDP的25%,人均工资的21%,世界平均值分别为58%、50%。”“从劳动报酬占GDP的比重来看,中国的平均水平不仅远低于发达国家的60% ~80%,而且低于很多东南亚国家的50% ~60%。”[⑨]“我国财政收入每年都以20%以上的过快速度增长,不仅超过了平均8%左右的GDP平均增速,更超过了人们的收入水平的增速,已经出现了所谓的‘税收挤压工资’的情况。”[⑩]而此种局面的原因可以归咎为:在“扶持资本”的发展观指引下,“雇主追求低用工成本、政府放任雇主低用工成本、社会容忍雇主低用工成本,劳动者无可奈何而被迫接受雇主低用工成本”。[⑪]质言之,工资水平难以反映劳动力的合理价值,背后充斥着政府行动逻辑与资本经济逻辑的合作:“政府为了税收与GDP政绩形象,企业为了利润,两者合谋形成了长期挤压劳动者劳动报酬的统一联盟。”[⑫]

(二)工资分配体系及结构存在诸多失衡

一是整个社会基于工资所获利益形成的总体格局越来越呈现一种“马太效应”。其反映出劳动与工资分配之间关系的扭曲:即在知识经济和信息社会浪潮之下,越来越多的工资收益依靠虚拟、衍生领域的“非基础劳动”所获得,而那些传统的依靠自身基础劳动,勤勤恳恳的体力劳动者的工资性收入越来越被“贬低”,其对应的工资确定规则也被逐渐边缘化、特殊化。工资收益的获取本身有其相对应的财富获取能力作为支撑,但如果二者无限扩展、差距无限扩大,就是一种典型的社会排斥现象,这需要我们引起重视和反思。

二是工资分配中存在所有制分割。我国的劳动力市场改革从20世纪70年代末开始,在公有经济中独立开展,国有企业虽历经多次工资改革,按市场机制推出了技能工资、岗位工资、浮动工资等多种分配形式,但仍然延续了较为浓厚的行政调控色彩和计划经济思维:虽然内部分配上有相当的自主权,但工资分配的总额依旧被政府职能部门通过工资总额包干或工效挂钩的方式控制;在内部工资分配上仍然延续着资方单方确定制,劳动者的参与机制和自治理念十分缺乏;且延续着诸多等级工资制的分配方式,工资分配的机构难以体现资本、技术、劳动力、管理等生产要素的绩效差别;国企虽然推动分流下岗来应对市场竞争,但其员工流动性差和“能进不能出”的退出机制缺失目前仍然是事实。而私营企业是在确立了市场经济

---

⑨ 安增科:《国际劳工标准问题与中国劳资关系调节机制创新研究》,中国社会科学出版社2010年版。

⑩ 蒋含明、李非:《经济发展、企业家精神与劳动报酬份额下降》,载《财经问题研究》2012年第7期。

⑪ 王全兴:《当前我国社会法若干问题的思考》,载《阅江学刊》2011年第2期。

⑫ 李兰芬:《从交换到分配:一种大劳动报酬观的民生逻辑》,载《道德与文明》2011年第3期。

体制之后,作为经济“解禁”之后公有经济的有益补充,才按照市场轨道和机制运行并出现的,其工资价值完全在竞争和流动市场中确定,工资结构也能够体现不同生产要素的差异。这种工资分配在所有制形式上的差异,是与劳动关系的市场化改革不相符的。

三是工资分配中存在垄断利益侵蚀。垄断行业能够占据高利润优势,很多时候凭借的是资源、市场和权力垄断等有违市场资源合理配置规律的手段,在占据高额公共资源所获垄断利益的同时,获取了诸多非贡献收益,在收入分配体系中呈现鲜明的身份和制度歧视。垄断行业对于垄断资源的控制权与其对于国家财富的分配权配置是失衡的,加之国有产权本身界定上的困难,“国有财产虽然名义上规定为国有,实际上却成了‘公地的悲剧’,企业经理侵吞国有资产和‘工资侵蚀利润’都是例证”。[13] 另外,垄断企业为固化自身的垄断利益和迟滞竞争状态,又往往排斥外来主体的进入,致使形成了与外部劳动力市场相对分离的内部劳动力市场即工资决定体系,进而扭曲了统一、竞争市场下的工资决定效果。

四是国企中企业负责人与员工的收益差距悬殊。以重庆市为例,2009年国有企业负责人年平均工资28.7万元,是中层管理人员14万元的2倍多,是普通职工2.52万元的11.36倍。金融行业个别负责人年薪高达390万元,是同一单位最低年工资收入10 600元的368倍。

(三)工资集体协商机制的制度性乏力

我国工资水平即使现在处于补偿性上涨阶段,但从长远看仍缺失一个稳固的动态性的工资增长机制。我国劳动力供求市场长期为买方主导的事实,导致市场所决定的劳动力要素价格远远低于其合理价值,在与其他生产要素的结合中会受到惯性的排斥,亟须通过一种稳定的机制来均衡劳资间的力量关系而彰显动态的劳动力的市场真实价格。工资集体协商制度是经过市场经济国家充分证明的劳动报酬权权利机制化实现的基本形式,在欧美国家雇员工资的80%都是通过集体谈判的方式获得。我国早在2000年就制定了《工资集体协商试行办法》,但整体看,我国工资集体协商制度推行缓慢,目前并未真正确立。尤其是制度本身在承受实现工资利益民主化、合理化配置这种制度功能和“期望”的同时,在推进中又受到诸如协商主体、协商范畴、协商程序不明确、协商救济难获保障、协商空间较低、协商配套机制缺失等问题,在急躁的推进过程中往往演变为政府制造政绩的标榜。

---

⑬ 黎煦:《中国劳动力市场变迁的产权经济分析》,浙江大学出版社2006年版。

（四）工资增长何以承载制度之重负

我国工资增长之所以那么难，很大程度在于工资本身承受了过重的制度负担，压缩了其功能发挥的正常空间。工资制度与其他制度紧密联动，工资本身是个人所得税、社会保险金、住房公积金、经济补偿金、赔偿金、退休金、补助金（伤残、丧葬等）等诸多制度设计中的计算基准。对于雇主而言，上述制度中的价值量占据了较大的用工成本，若工资这个基数有所提高，整体的用工成本也随之被推高。相关数据显示，企业每向工人增加100元工资，附加在这100元工资中的其他负担会高达107元；我国中小企业通常承受着6种税费[14]或“隐形”负担，1元的税往往随着5～7角的费；归纳目前与初次分配紧密相关目前的各种税费比重：企业所得税占25%，个人所得税占45%，增值税或销售税占17%，雇主社会保险占49%，雇员社会保险占23%，全部总的税负比重高达159%[15]。有学者也研究指出，我国社会保险费的比重在181个国家中排名第一，比重是金砖国家平均水平的2倍，是G7国家的2.8倍，是北欧国家的3倍，是我国港台地区的4.8倍。有学者进一步指出：“我国目前税收制度的功能，主要表现为政府筹措资本（税收增长率连年超过GDP增长率），而其调节贫富差距的功能没有很好发挥。”[16]在制度设计导致企业承担如此的税费重负下，企业经济人理性以及传统的政府发展理性令政企双方都有压低工资议价基础的利益冲动。

（五）工资法律制度式微

市场经济体制下的劳动关系和工资制度，意味着政府干预的基本形式要从直接的行政型转变到间接的法律型调控为主。我国目前工资法律制度[17]的式微，也反映了这种不匹配。尤其缺乏统一调整初次分配关系的法律，譬如《工资法》，将工资

---

⑭ 税，包括增值税、营业税、所得税等；费，包括教育费附加、水资源费、社会保险费等。参见《人民日报：中小企业税费有多重？》，载http://www.cnstock.com/index/gdxw/201111/1669732.htm，最后访问日期：2013年12月4日。

⑮ 人民网标题为“人民日报调查中小企业税费负担”的文章说道：李京生是一家民营小包装制品公司的总经理，一年下来，公司能赚120万元左右，但各种税费却数量不菲：“17%的增值税，每年本应交50万～60万元，由于安排了13名残疾人就业，享受退税后，只需交20万元左右；25%的企业所得税，每年12.5万元；城建税、教育费附加、车船税，每年5万～8万元；养老、医疗、失业、工伤、生育等社会保险费每年30万元。算下来，每年得交70万元税费，大约58%的利润缴了税费！”李说，“我们是做梦都在盼减税”。载http://finance.people.com.cn/stock/GB/222942/16257758.html，最后访问日期：2013年12月4日。

⑯ 丽华：《收入分配改革难在哪里》（上），载《中国工人》2011年第3期。

⑰ 我国历次颁布的工资、福利方面的法律规范主要有：《企业最低工资规定》（1993年）、《劳动法》（1994年）、《工资支付暂行规定》（1994年）、《对〈工资支付暂行规定〉有关问题的补充规定》（1995年）、《住房公积金管理条例》（1999年）、《工资集体协商试行办法》（2000年）、《最低工资规定》（2004年）、《集体合同规定》（2004年）等。

范畴、劳动定额、工资等级、工资调整、工资支付、奖金制度、最低工资制度以及法律监督保障机制等进行规范统合。《劳动法》中工资制度规范以及《集体合同规定》大多形式化、可操作性不强,缺乏保障义务和责任履行的救济条款。而《企业最低工资规定》《最低工资规定》属于部门规章,立法层次较低,法院裁判时仅作参照而非依据。目前制定的《工资条例》因垄断企业的利益纠葛、工资集体协商制度难以实质破解而迟迟未果。实践中因用工"双轨制"而大量存在的正式工与合同工、合同工与派遣工因实行不同的法律调整模式,在收入分配上差距明显、同工不同酬、同工不同权现象十分突出,亦亟须立法上的规制和完备。

(六)工资统计、核算制度混乱

决策者只有掌握了真实准确的收入数据,才能对整个社会财富的分配结构进行有针对性的改革。目前的收入统计数据,一是计算口径不统一。对于工资的定义、工资总额的范畴在实践中存在不同理解,工资本身名目繁杂、标准多样,在企业间存在多样的工资分配方式,致使对"工资"的统计产生了诸多误差和错误。二是统计方法不恰当。"目前低工资测算方法中,劳动生产率、城镇就业状况、经济发展水平等因素未加以考虑。"⑱三是统计数据不完整。各种人(各地区、各职业、各性别、各年龄段、各教育水平等)的各种收入(尤其工资外收入、隐形收入混乱且大量存在)没有建立起完整的数据库,导致制度规制要么有所疏漏、要么不具有针对性。譬如,最低工资标准未能细化到反映不同地域、不同行业、不同工种之间的最低工资量。中国经济体制改革基金会王小鲁就直言:"躺在虚假数据上作分析,收入分配状况恶化的问题就永远无从谈起。"⑲

二、工资市场化改革的重大意义

从根本上讲,市场化的劳动用工关系,核心是围绕着以劳动力市场和劳动力价格为基础作用下的规则体系,工资利益作为劳动关系最为集中的利益关系,工资制度市场化改革的成败直接决定着劳动力价格和劳动力市场的形成,也直接影响着劳动关系市场化的真正转型。我国工资"非市场化"的基本事实证明,工资制度本身存在一系列亟待优化完善的地方,尤其集中在工资水平合理提升和工资结构优化方面。笔者认为,我国工资制度目前改革的基本目标在于:通过制度和机制确立

---

⑱ 李昌麒:《中国改革发展成果分享法律机制研究》,人民出版社2011年版。

⑲ 参见王小鲁:《虚假数据解决不了收入分配问题》,载 http://finance.jrj.com.cn/people/2010/09/0613248106712.shtml,最后访问日期:2013年12月4日。

工资价格的基本形成机制，来推动工资价格“合理”[20]反映劳动力的市场价值，从而推动劳动力市场的形成，促进劳动关系的市场转型。具体而言：

（一）改革的必要性

其一，矫正工资的利益结构。用工成本的长期过低不但损害了劳动者的社会财富分享权，而且在企业用工成本受到总量控制的前提下，也扭曲了劳动报酬的基本分配结构：高收入者通过固化利益，低收入者收入增长的空间已经被大大压制。这种结果等于变相挤占了大量的低收益者的劳动权益和社会不完全就业者的就业和生存权利，长此下去，整个社会结构将因利益分割和固化而出现断层。

其二，推动劳权的非均衡设置。劳动者最核心的利益在于工资报酬利益，在劳动法律关系中，对于处于“弱者”的劳动者的基本权利实现，可以在工资制度改革中进行“权利的非均衡设置”[21]而对工资利益关系进行调整，进而实现劳动者的工资权。这主要体现在最低工资制度和工资协商制度的保障上，前者通过政府的公共干预来实现劳动权的“兜底”保护，避免工资权因市场机制调整造成的不均衡；后者则是经济民主在劳动关系中的集中体现。它表现为一种决定劳动力价格的过程，一种利益的平衡机制，它“实现了在不改变自身从属性身份的前提下获得与雇主相当的意志自由，使劳动者对工资增长的利益诉求不再局限于依靠债权意义上的请求权来实现，更可以通过改变其‘弱势地位’，赋予其公平分配社会财富的法律能力实现之”。[22] “劳动报酬分配中引入集体协商机制，由劳动者‘用手投票’，发掘程序中的‘参与’与‘对话’价值，在哈贝马斯看来，这种沟通机制的正当性就体现在：人们只要“按照理性程序性规则在‘理想的辩论情境’之中参与对话和辩论，由此达成的共识就可以被视为符合正义标准的结果”。[23]

其三，推动市场化劳动关系的真正转型。在避免劳动关系的工资调整单纯依赖国家干预所产生的制度惯性、干预失灵，以及个别劳动关系制度对于工资调控乏力的背景下，工资集体协商制度对于形成劳动关系调整多元化，优化工资调整效果上发挥着重大作用。而且，作为一种激励机制，能使“劳资双方形成相对公平感、避

---

[20] 关键在于：如何界定“合理”的范畴，本文认为，我国工资制度改革不仅要矫正工资水平长期过低的事实，并通过工资提升来推动中国经济和劳动关系的转型，也要注意工资提升对于企业用本的影响，即在工资利益保护和产业经济发展之间形成一种互动关系，执行一种“发展型的工资政策”，参见后文。

[21] 笔者认为，劳动法律关系中的“权利非均衡设置”，有且制有在两种情形下来界定其“限度”：一是为实现劳资双方能够具备平等的意思主体地位而对弱势一方的主体地位进行矫正；二是基于劳权与资权背后的法权价值，在具体的法律关系中进行位阶衡量，而做出的利益选择。

[22] 曹燕：《劳动法基本概念的法哲学研究》，中国法制出版社 2012 年版。

[23] 桑本谦：《法律论证：一个关于司法过程的理论神话》，载《中国法学》2007 年第 3 期。

免被剥夺感”,[24]能充分调动双方工作积极性,进而将劳动关系引入一种“定期博弈、短期震荡、长久和谐”的状态。

(二)改革的重要性

第一,拉动内需,促进消费型经济的扩展。凯恩斯在认识到市场配置资源所导致的收入分化失衡的问题时指出,“节约不是美德”“经济的发展必须同时改善劳工的生活来刺激他们的消费”。近70年来,美国通过工会组织实施,采取集体协商、仲裁的方式并最终以立法形式将最低工资、工资协商制度确立起来,通过合理提高工资水平,增强了居民的消费能力,进一步刺激了国内的消费市场。可以说,正是美国的《公平最低工资法》(Fair Minimu Wage Act)和《公平劳动标准法》(the Fair Labor Standards Act)的推动,才形成了美国庞大的中产阶级队伍,使美国国民的消费能力和国家的生产能力相匹配,造就了美国数十年的经济繁荣。劳动者工资水平的合理提升,将有助于促进我国经济发展模式从外需驱动到内需驱动、从投资驱动向消费驱动的重大转变,带动经济可持续发展。

第二,优化产业结构。提高工资成本,能改变经济发展长期依赖于低劳动力成本寻求利润所形成的产业依赖,迫使企业通过提升技术、人力资本的方式来增进劳动生产率,进而改变我国长期存在的劳动密集式的产业结构和粗放式的发展方式,带动产业的空间转移和重新布局。事实上,如果继续压低劳动力成本,“意味着全球制造业所产生的污染会继续往中国集中,同时原材料和终端产品‘两头在外’的世界工厂模式,仍无法改变,令我国多数行业处于国际分工中的低端”。[25]长期的低劳动成本依赖,也放纵了企业竞争的层次和优化产业竞争能力的动力,最终也将在知识经济、信息经济的大潮中遭到淘汰。

第三,提升整个社会的人力资本。合理提高劳动者收入,是劳动者分享改革发展成果的基础而直接的方式,形成从“劳动谋生存”到“劳动谋发展”的时代跨越,促进工资增长从目前的“补偿性上涨”向“发展性上涨”的转变,真正体现劳有所得、劳有所值。同时,工资的增长,必将促进人作为第一生产要素和企业竞争能力核心的提高,“将使中国步入人力资本投资的加速时期,人力资本的加速积累将使中国经济增长步入人力资本偏向型发展期”。[26]因此,劳动者收入的合理增加,获得的是获取收入能力的同步提高,且能与推行积极的就业政策形成互动促进关系。

---

[24] 陈步雷:《以劳权看待发展》,载《中国劳动关系学院学报》2009年第4期。

[25] 杨灵爽:《收入分配改革之于中小企业影响浅谈》,载《管理人》2010年第8期。

[26] 杨瑞龙:《工资形成机制变革下的经济结构调整》,中国人民大学出版社2012年版。

第四,均衡劳动力资源的合理配置。通过工资结构的调整,可以改变已经固化的我国劳动力市场在城乡、行业、地区间长期分隔的局面,均衡劳动力的价值实现,让劳动力在全国市场内获得最佳配置。

三、构建与劳动力市场相适应的工资体系

(一)明晰工资[27]的范畴

一般认为,广义的工资是指劳动者基于劳动而获得的所有报酬收入,包括基本工资、奖金、津贴以及其他货币或者非货币的福利性收入。国际劳工组织《1949 年保护工资公约》以"劳动的对价"为内核,试图将所有因劳动给付所获收入纳入工资范畴。不过,"劳动的对价"在各国理解中存在宽窄的差异。从理论上看,工资理论已经从最初的"生存工资""边际生产率工资""集体谈判工资"发展到了现代的"分享工资"理论阶段,让劳动者分享经济、分享利润是工资制度改革和发展的趋势。目前,世界多数国家在工资制度设计中也已经超越了单纯的"劳动等价"范畴,对于"劳动的对价"以及构建劳动对价的基础关系——劳动关系、劳动契约都作了宽泛、多重的理解。譬如,不仅将奖金视为是与劳动紧密相关的对优秀劳动给付行为的奖励和补偿,甚至将退休金、离职经济补偿金也视为劳动的补偿。[28] 笔者认为:首先,应当明确,工资的内涵与一个国家的分配制度、分配结构紧密相关,具有鲜明的历史性。从整个国家的分配体系看,工资绝非单纯的劳动力债权债务,而是纳入社会总价值分配体制中,体现劳动者对社会利益、社会要求、社会发展的社会分配关系。在此意义上,"工资的法律概念可以被解释为能够被劳动法正当化的社会主体(主要包括劳、资、政三方)'同意'的,可由劳动者支配的劳动所创造的价值"。[29]

其次,工资对于劳动者的最大价值,在于确立了其权利形式——劳动报酬权。劳动报酬权是劳动者的第一性的、目的性的基本权利,体现出与人密切相关的生

---

[27] 概括起来,各国理论上对于工资内涵的理解主要有三种:第一种认为是"劳动的对价";第二种认为是"劳动使用处分对价",即使未发生实际劳动但属于雇主处分范畴而所获得的"劳动收益"也属工资;第三种认为是"因雇佣而获得的一切收益",与劳动无直接相关的报酬,只要与受雇关系关联,亦属工资。总体上三种工资内涵都做了较为宽泛的理解。参见侯玲玲:《劳动法上工资概念之研究》,载《现代交际》2009 年第 6 期。另外,目前国内对于工资结构和内容的理解主要有以下四种:"(1)W1 = 基本工资等级表部分;(2)W2 = W1 + 奖金 + 津贴;(3)W3 = W2 + 福利(医疗、住房、培训等);(4)W4 = W3 + 延期支付(养老金、员工持股计划、股票期权)。"参见曾湘泉:《劳动经济学》,复旦大学出版社 2012 年版,第 253 页。

[28] "从事实出发,劳动者退休、去职之前已给付劳动、劳动关系终止后的社会性给付、补偿性给付都根源于从前的劳动给付,是对其劳动的一种补偿。"参见曹燕:《劳动法基本概念的法哲学研究》,中国法制出版社 2012 年版。

[29] 同前注㉒。

存、发展、尊严、幸福的基本价值,是一种处于第一位阶的人权。[30] 同权利与人权本身的萌生、发展历程一样,劳动报酬权对于劳动者的重大意义体现在:(1)通过权利的非均衡设置,矫正特定关系中相对处于弱势的劳动者,改变"资强劳弱"局面,来实现对劳动者给予人格尊严和基本生存的最低底线的道德要求;(2)通过追求对劳动者体面劳动,实现人的全面发展。人是一切发展的终极目标和手段,马斯洛的"需求层次论"鲜明地说明了人的理性与权利发展的动态关联。劳动权理论的发展指示着,工资概念"应从'工资劳动应该值多少钱'转变为'工资劳动应使劳动者过上怎样的生活才是正义的?'"[31]工资的制度设计中不仅应关注改变劳动者的'弱势地位',也更加关注雇主是否尊重劳动者的基本权利。工资不仅是劳动力价值对价,也是具有社会意义的"社会主体"的基本权利,越来越包含了诸多的福利性要素。在劳动者身份从"单位人—契约人—社会人"转变中,劳动报酬权对于劳动者而言,意味着其获取劳动报酬的主动性、自主性、发展性,意味着工资范畴的多元性。工资的范畴演进应当改变过去工资受资本雇佣而被动分享利润的状态,而向工资分享资本的方向前进,鼓励职工合理参与发展利润并分享利润的过程之中,使劳动者真正成为经济发展中劳动报酬权分享的主体。总之,工资体现的是具有债权与社会权因素的发展性的劳动对价。

最后,从初次分配来看,社会总收益总是作为一个整体在劳资政三方进行分配,三方也总是把"工资"支出作为一个整体纳入各自的成本与收益关系中进行考量。因此,"将工资与其他部分内容进行严格区分,显得意义不大,故使用广义的概念更有意义"。[32] 这样便于用人单位核算用工成本,也便于对比真实核算"工资"的实际差距。

在以上认识的推动下,工资概念已经泛化,在满足劳动者基于劳动而获得和应当获得的范畴内,工资的内容都应进行涵摄。反观工资、津贴、福利的多层次划分,也正反映了用工的不同层次和状态,事实上只有采取宽泛的工资概念,才能统摄劳动关系发展的多元化要求。[33] 在此意义下,工资与劳动报酬发生了重合。问题的关键在于,工资作为劳动报酬的涵摄,只要对劳动者的福祉有利,同时又有利于资方利益的拓展,在整个分配关系中形成社会保护与社会促进的有机互动,良性发展,

---

[30] 同前注㉔。

[31] 同前注㉒。

[32] 同前注②。

[33] 在统摄多元化的劳动关系面前,工资的称谓准确讲应当以"劳动报酬"来代替,但鉴于理论上和实践中的约定俗成,文章仍以工资的称谓展开论述。

工资内涵为何不可以指示"因劳动所获得的所有收入"呢？我们要做的，只是在不同语境和制度设计中对工资内容进行宽与窄的理解时进行规范化的统一设计。反过来，工资范畴的宽泛化也绝对不是无限延展的，正如上述，工资的内涵首先具有历史性，应当根据劳动者基于工资而实现的生存要求与社会发展要求对工资结构、工资比例做出合理界定，对主体借工资范畴泛化而违反劳动者权益保护的"意思表示"作出法律干预，同时对工资内涵的外延作出一定标准的规定，就能够保障劳动的交换价值得以合理充分的实现。在具体的制度设计和应用中，也只能以法律规定和契约约定的内容为限，才能体现出劳动对价的"明确相关性"，也才能对工资边界作出可行的限制。

（二）确立工资分配的理念

首先，应当优化社会总产值中投资与消费的比例结构。目前，我国固定资产投资几乎占到 GDP 比重的一半，涉及民生领域的财政支持尽管在近几年有所增长，但仍有相当的提升空间。改革开放以来，中国经济高积累、低消费的基本事实没有改变，积累率在一直处于 30% 左右波动，"1978～2010 年波动幅度在 10% 之内，但是积累率仍呈现不断上升的趋势"。[34] 在跨越"刘易斯拐点"的特别时期，关键在于：政府应当在合理调整三大产业发展中积累与消费的比例以及整个社会总产值的投资结构和规模方面有所作为，在生产领域最先对国民收入的整体结构作出改革和调整。

其次，分配体制改革中充分尊重基础劳动的价值。我国工资分配中较低的劳动力成本与较高的非劳动要素回报率长期并存的现象，已近严重挫伤了基础劳动者的积极性。在网络信息社会，越需要彰显和尊重基础劳动的价值，其意义在于：在宏观层面对于分配制度的顶层设计中，应当更加注重劳动创造财富的基础作用，遏制虚拟经济中不合法、不合理地推高或扩展诸如衍生产品价值的暴利行为、暴利领域、暴利环节，扭转因社会分配结构失衡使兢兢业业、勤奋诚实劳动的人越来越少，投机获利的人越来越多的反社会现象，平衡劳动、资本和知识产权在社会分配中的合理结构，真正实现"劳动创造价值，多劳多得，少劳少得，不劳不得"的分配原则，充分发掘和尊重劳动力产权的基本价值以及其对于人之生存权与发展权的基础性意义。

---

[34] 武平平：《积累与消费比例关系探析》，载《黑龙江社会科学》2013 年第 2 期。

(三)最低工资制度的优化

最低工资的优化表现在:(1)确定程序上,要充分考量物价水平、就业状况、居民最低生活费用、社会平均工资、社会保险标准等因素,要体现经济民主原则,充分保证劳资双方的参与权,标准的确定不仅要保证劳动者生存的基础值,也要适时体现对改革成果分享的体面值。(2)确定内容上,参考域外实践,要对最低工资标准进行全国性、地区性,也包括行业性、工种性及其混合性区分,以增强其施行效力。要通过合理确定计件工资对应的劳动定额,消除雇主对计件工资最低工资标准适用上的规避行为。(3)要加大最低工资标准的制度刚性,通过人大审议、行政执法、审计、会计和舆论监督、征信制度以及明晰和强化雇主法律责任等方面共同保障标准的贯彻实施。同时加强执法行为本身的监督,实行严格的奖惩机制。

(四)工资集体协商的机制化完善

正如前述,中国劳动力市场工资决定机制从政府统配到企业自定,从"生存工资定价"向"劳资协商定价"的转变,是市场经济背景下我国工资制度改革的核心。工资集体协商制度,其目的在于保障劳动者的意思自治的主体地位,从而在一种平等的交易关系中实现劳动报酬与劳动生产率的有机联动,建立与市场机制相适应的工资决定机制。总体上看,我国工资协商制度中存在着四重阻力:"企业不愿谈,担心工资协商会损害企业利益;职工不敢谈,担心提出协商要求会被企业解雇;职工对相关工资法律法规不熟悉,不会谈;职工组织不健全,不能谈。"㉟对应应当做到以下几方面。

1. 消除雇主不愿谈的疑惑

"工资谈判的目标是实现'经济上适当的'工资,而非'公平'的工资。"㊱正如协商的发起并非全由劳方主导一样,工资协商的权利主体是双方的,协商过程本身体现出较强的自治性。协商制度的目标也绝非单纯的工资增长,而是重在通过这种沟通平台,实现企业发展与劳动者收益之间的动态平衡,使经济发展与社会发展共同联动。因此,协商的内容可能是涨工资,也包括停止上涨或降低工资的内容。欧洲多数国家在集体谈判中都建立了"工资节制"(Wage moderation)制度,劳动者的实际工资增长可以低于劳动率的增长;也可以在集体协议中设置"开放性条款"(open clauses)或"困难条款"(hardship clauses)。以德国为例,劳资双方可以事先

㉟ 同前注⑱。

㊱ [荷]Maarten Keune、[匈]Bela Galgoczi:《欧洲:工资和工资集体协商》,崔钰雪译,中国工人出版社2013年版。

在集体协议中约定：在经济萎靡、企业经营困难时，可以减少或取消雇员的年度奖金、休假奖金，降低协议达成的基本工资，暂停协议达成的工资增长等。[37] 随着欧洲经济危机的扩展，其劳动关系的调整上还出现了明显的去管制化(deregulation)倾向。对此，我国也于2008年经济困难时期实行了“五缓四减三补两协商”的应对措施，为平缓企业经济负担降低了工资协商的力度。就劳动者而言，以接受一个较低的工资率而换来避免停工所造成的更大损失也是值得的，这就是协商制度存在的最大合理性。

2. 保障劳动者“敢谈”

劳动力供大于求，劳动者担心的是被雇主“用脚投票”。在谈判期间，要保证劳动者的各项合法权益，不得变相解雇劳动者。同时，要赋予集体协商权的可诉性，在权益减损时能够获得法律救济。当然对于资方而言，劳方在谈判期间也不能发生不利于谈判和解的产业行动，这也能够消除雇主的某些顾虑。

3. 支持劳动者“会谈”

要改变劳动者因不具有专业的谈判知识和能力同时又无力聘请专业人士代表其谈判的局面。政府应当主动干预，通过鼓励律师、会计师和其他社会主体自愿无偿代表劳方进行谈判，加强社会力量的无偿援助机制建设，为劳方提供专业的谈判辅导培训，建立工资集体协商指导员等方式进行政策支持。

4. 推进工会“能谈”

要探索推进区域性、行业性工资集体协商。一方面，可以通过“上带下”的方法，由上级工会指导与区域性经营雇主进行协商并签订集体合同，对中小企业中的工资协商进行支持；另一方面，对具有相同和相邻生产经营特征的行业，统一本行业的工资指导线，并以此来确定行业的劳动定额、工资标准以及调整的基本幅度，这样在推进该本行业集体协商中将更具针对性、协商成功率也会更高，履行效果也会更好。

5. 体系化机制的跟进

第一，保障协商空间的机制。工资的集体协商只有在正向的谈判关系(劳方或资方谈判的最高与最低限度存在交汇部分而具有谈判空间)中，才存在成功的可能。要避免不合理的制度设计加重企业用工成本，进而压制工资集体协商的空间。要通过对税费制度的改良和优化，分流工资制度的制度负担，回归其基本的制度功

---

[37] 同前注[36]。

能范畴。

第二,参与机制。协商机制主体利益博弈的平台,谁能代表双方在对抗和妥协中表达利益、实现利益,关系着谈判程序的正当性和谈判结果的执行力。我国职工民主参与机制以及工会本身的角色扮演很大程度上制约了谈判中的自治性。在劳方参与主体的选举、资格确认,权利义务内容、代表与工会的关系,工人了解谈判过程、工人批准集体合同草案等问题上均需要制度创新。

第三,善意[38]与理性协商的实现机制。国外非常注重协商的诚意、追求善意(good faith)谈判。协商诚意体现在:谈判代表准时参加谈判、及时、准确;全面披露有关谈判的信息;对对方的谈判意见及时做出回应;严格罢工的条件(在罢工前必须经过强制调解和强制仲裁程序、且罢工前有提前通知雇主的义务)等。如果不遵循上述规则,对过错方可以通过减损名誉、降低资质、征信记录、负责人行政问责以及相应的法律责任等方式进行惩处。确立谈判的善意机制,直接关系着谈判的成功率和有效性,可以改变目前谈判中存在的搁置要约、拖延谈判、谈判主体不对等、谈判过程形式化、谈判结果内容空洞化等现象。

另外,谈判过程中必须始终保持理性,应当尽量避免双方的过激行为,尽可能在和谐的氛围中友好沟通以保持劳动关系的稳定。加拿大对于劳方发起罢工的条件设置上同样体现了这种理性精神:如果谈判破裂要进行罢工行为,必须先有劳动部任命调解员,开展为期14天的强制调解;如果调解失败,由调解员出具报告并要求工会方保持2~3周的冷静期;再由工会成员就是否罢工进行秘密投票。如果决定罢工的,还要对雇主履行提前告知义务。

第四,压力机制。"没有罢工权的集体谈判无异于集体行乞",[39]在中国语境下,紧迫的问题在于寻找罢工的替代形式来形成协商中的压力机制。如果将来能够真正推进罢工权机制化,至少也要在通过建立理性的运作程序的前提下,严苛罢工的先决条件。目前,可以参考的经验是,借鉴加拿大在公共部门推行的强制仲裁制度,[40]其对公共部门直接否定了罢工权,规定在集体谈判破裂时必须经过调停和仲裁程序,且仲裁是必经的最后手段。对于私营部门尽管赋予了选择罢工的权利,但一旦选择了仲裁就不能罢工。由于仲裁的结果对劳资双方都以控制、都有可能

---

[38] 参见白羽:《澳大利亚劳动法律制度研究》,法律出版社2011年版,第45页。以及西南政法大学"中加政策选择项目:推进工资集体协商地方性立法项目"赴加考察团报告的内容(未公开)。

[39] 黄越钦:《劳动法新论》,中国政法大学出版社2003年版。

[40] 参见西南政法大学"中加政策选择项目:推进工资集体协商地方性立法项目"赴加考察团报告的内容(未公开)。

不利,与其坐等不确定性的仲裁,不如双方再做妥协签订集体协议而保持劳动关系的稳定。因此,强制仲裁制度对于劳资双方都具有一定的震慑性。我们可以借鉴该制度的有益经验,扩大适用范围,公私营部门均予以适用,在寻找罢工替代机制时建立符合国情的协商压力机制(如有学者提出的“多层次警示性停工”),并以此为基础建立一套可以容纳罢工权实现的具有严密逻辑的运行规则(可称为设置多重“防火墙”),为决策部门提供足够的理论和实践经验支持,以促进我国罢工权立法的良性实现。

第五,激励机制。在国外,不乏企业主动提出为雇员加薪的案例,其动力很大程度在于相关税收奖励措施的跟进。要制定对小微企业开展工资集体协商的激励政策,对能够吸引就业并积极开展集体协商的企业进行相应的税收优惠和融资支持,要通过征信系统、舆论宣传等途径引导企业推进集体协商。

第六,调解疏导机制。谈判过程是一种利益妥协过程,在谈判陷入僵持不下时,通过引入中立第三方及时疏导调解、引导双方,尽可能扩大共同点,直接有利于谈判的成功。加拿大的做法[41]是,政府在劳资双方谈判陷入僵局时,可以主动介入,以仲裁者身份明辨谈判条件的合理性,帮助双方重新寻找利益共同点。针对谈判中发生的争议,加拿大还确立了强制调解制度,适用于集体协议从谈判、制定和履行的全过程。在仲裁程序启动前通过专职调解员的及时介入调解,充分挖掘能使双方和解的方案。加拿大的经验是值得借鉴的:其集体谈判中所发生的利益冲突和争论,基本在调解和仲裁程序推进以及理性、善意精神和疏导机制的贯彻中,使“95%以上的集体谈判最终能够达成协议,而不需要诉诸罢工等争议手段,大概只有2%左右的集体谈判最终才会走向罢工”。[42]

(五)对工资分配体系及结构的优化

首先,在宏观层面对于行业工资分配结构进行调控。一是要建立国企、垄断企业工资总额预算管理办法,加强经营预算的审计监督。国企、垄断行业应当向人大定期报告资产管理情况,向社会公众公告相关的经营和财务信息。完善对国企、垄断行业工资总额和工资水平的双重调控制度,要在合理确定工资外延的基础上将各种隐性、非货币工资纳入工资总额核算并加强监管,逐步建立国企、垄断行业企

---

[41] 欧美各国同样建立了相关的调解、调停机制,参见雷晓天:《集体劳动争议的预防与处理——来自欧洲的经验与启示》,载《中国劳动保障报》2013年3月30日。李文沛:《英美集体争议处理机制及其对中国的启示》,载《国家行政学院学报》2011年第5期。

[42] 刘俊、李满奎:《加拿大集体谈判法律制度研究》,载《西南政法大学学报》2012年第6期。

业利润和股权收益上缴制度。二是建立国有企业负责人薪酬与企业效益、规模和职工工资总额、工资水平增长幅度挂钩制度,合理确定国有企业负责人薪酬与职工工资分配的比例。对此,重庆的探索是:国有企业负责人年薪不得高于上年度本企业普通职工平均工资的6~8倍,且不得高于本地区上年度职工工资的15倍。三是应通过优化产业结构的方式,同时扶持吸收大量劳动力的私营企业、中小企业做大做强,逐渐改变高工资向知识、技术、资金密集型行业倾斜而劳动密集型行业长期偏低的分配结构。

其次,在具体的劳动报酬分配中,应当注重基本工资与非基本工资、显性工资与隐性工资的比例与结构。要从劳动者的需求角度,对应设计工资结构的比例,努力发挥工资内容对劳动者的生存保障与发展激励的作用。职工对劳动报酬是否满意,不仅看绝对值,更在于相对值。随着工资泛化以及分配内容的多元性,基本工资占实际收入的比重越来越低,但是欧洲很多国家基本工资达到50%以上。我国的工资结构呈现基本工资下降和非货币工资以及工资外收入上升的不合理趋势。要加强职工在工资分配中的民主性、参与性和分配的公开性,缩减福利性或隐性收入,同时为基本工资的占比提升创造条件,降低税费制度对基本工资维持生存发展需求的功能负担。

最后,同时从优化社会整体分配结构出发,协调好以工资为主体的初次分配与二次分配的关系,在整个分配体系中加大对于人力资本的发展性投资,避免纯粹的慈善式的给付,形成社会分配与社会生产之间的良性互动。既要避免西方社会分配关系中的制度包袱和福利陷阱,又要努力矫正我国经济与社会发展长期失衡发展的局面,通过推行发展型社会分配制度,找到一条符合经济社会和谐发展的“第三条道路”。

(六)相关配套制度的建设

1.统计核算制度的完善

一是要严格按照统计制度方法规定的统计范畴、指标口径、核算原则、计算方法、资料收集渠道等要求,统一调查标准,同时建立数据质量追究责任制;二是要发挥行业协会作用,科学合理地制定并定期发布各行业、各工种的劳动定额标准;三是应尽快建立地方性的薪酬调查体系,及时了解掌握不同地区、不同行业、不同岗位的薪酬状况,并建立定期发布制度;四是加强分类调查和重点调查,对垄断行业、企业高层,非工资收入、农民工等弱势群体的重点加强统计评价;五是实施不同行业、地区的信息资料交换和共享制度。

2. 完善税收制度

目前的个税对多数普通人来说仍体现为“工资税”,加之高收入者瞒报、漏缴比较严重,造成“我国中低收入者贡献了全部个人所得税的65%,而在美国,占纳税人5%的富人则贡献了联邦个人所得税的57.1%”[43]的对比与反差。应继续提高起征点,实行综合和分类相结合的个人所得税税制,对弱势群体细化且区别对待,并加大税收减免支持。要建设高收入群体的完整收入的信息数据库,扩大征税范围,并完善相应的税收征管机制。同时,应对垄断企业实行特殊税制,“按照国际上通行的做法,垄断行业职工工资保持在全社会平均工资中等偏上的水平,以社会平均利润作为企业的平均利润率”。[44] 要对中小企业进行结构性减税,取消不合理的收费,为企业通过工资协商增加劳动者收入创造空间。要通过税收优惠、信贷扶持、政策奖励等措施引导企业建立劳动报酬与劳动生产率联动的工资增长机制。

3. 健全职业培训制度

要制定全民性的《职业训练法》,健全对初级劳动者和弱势群体加大培训支持机制,对劳动者的职业全过程进行人力资本投资,进而提高获取工作的能力和工作质量。一份有质量的工作对人力资本和社会保障的提升效果远比被动地接收给付式的低工资、低福利的社会保障效果要好得多,也更有效率。

4. 推动社会保障建设

应当通过完善社会保障体系建设,降低劳动者对于维持基本生存部分的“工资依赖”,从而相对降低劳动力对于资本的依存度,而把工资收益用以发展的需求部分,促进工资的投资性和发展性功能的实现。同时,要完善制度建设,促进社会保障的统筹性以及与劳动力市场流动性之间的匹配,为统一劳动力市场形成奠定坚实基础。

(七)执行发展型的工资政策[45]

“社会政策的对象不再只是现实的贫困者或不幸者,而是一种增进全体社会成

---

[43] 闻媛:《我国税收结构对居民收入分配影响的分析与思考》,载《经济理论与经济管理》2009年第4期。

[44] 汪兆旗:《缩小收入分配差距是构建社会主义和谐社会的重要着力点》,载《长白学刊》2007年第6期。

[45] “发展型政策”是学界对吉登斯的“第三条道路”理论、阿玛蒂亚·森的“发展理论”以及梅志里对社会政策的专门论述所作的学术归纳,其对于我们反思中国经济社会政策的优化路径、制度建构,避免西方式的福利陷阱等都有重要的参考价值,在社会法制度建设中也有直接的借鉴意义。借鉴“发展型政策”理论,反思劳动法的调整中一贯奉行的倾斜保护理念,其前提建立在“强资本弱劳动”这种具有相对性的伦理认识中,严格讲劳动者是否是“弱者”也能够进行一番值得争论。所谓倾斜保护,实质是“权利的非均衡配置”,而“权利均衡配置”绝不是为保护一种利益而打压一种利益,劳动法的保护必须兼顾资方的利益,所谓“单保护”和“双保护”的讨论也只是视角不同而言的,劳动法制的建设必须与经济建设互动协调发展。

员经济和社会能力的社会资源再分配机制。”[46]发展型社会政策的要义在于:既强调经济发展成果的普惠性,又注重社会福利本身的生产性和投资性功能的发挥,强调要避免社会政策的负效果,而积极推进能够促进生产力的社会政策,实现经济与社会发展的包容整合式发展;认为人是经济和社会发展的根本目的和最终动力,立足于解决人的“能力贫困”,将社会福利性投入引向人力资本的开发上;在社会分配中,强调避免纯粹慈善式的给付、避免形成社会的福利依赖,变社会分配中被动回应式的行为模式为主动积极性的行为模式,通过推行积极的就业政策和积极的福利(positive welfare)[47],致力于从长期可持续的角度,从源头消除结构上的不平等,让劳动者在有尊严的劳动中得到自我实现的发展机会。

英国著名社会思想家罗素也曾经指出,“一个好的社会有两个要素,亦即是:第一,组成社会的人们此时的福祉;第二,借由社会福祉让人们的发展获得更好的能力”。[48] 在一个福利时代、老龄化社会到来的今天,工资制度绝不单纯地体现为一种债权契约关系,工资政策也不仅仅关涉劳动者的福利建设,而也体现为一种广义的经济政策,以工资为核心的劳动报酬制度要努力实现经济对价与社会补偿,社会保护与社会促进功能间的相互协调。工资不仅具有对价性,也具有福利性;不仅具有保障性功能,也具有投资性和促进性功能。工资政策不仅是一种分配政策,也是一种激励方法。在人力资本理论看来,劳动者的收入差异实际上“反映了由于教育、训练等投资不同而造成的人的生产能力的差异”。[49] “在上世纪80年代,美国和德国的收入不平等程度存在不同的变化趋势,部分原因就可以归结为企业培训制度的差异。”[50]可以说,劳动者以知识和技能为核心的人力资本竞争将直接决定其是否能被纳入社会主流生活中。“过去三十年,我国劳动生产率的提高更多是以引进高效率的机器设备而获得。在未来的发展中,经济要保持持续、稳定和内生发展,就需要人力资本的不断积累。”[51]

---

[46] 张秀兰、徐月宾、梅志里(Midgley):《中国发展型社会政策论纲》,中国劳动社会保障出版社2007年版。

[47] 对此,最著名的是吉登斯的“第三条道路”理论以及阿玛蒂亚·森的“发展”理论的相关论述。

[48] 叶至诚:《社会政策与社会立法》,台北,秀威咨询科技股份有限公司2009年版。

[49] 刘艾玉:《劳动社会学教程》,北京大学出版社2004年版。

[50] Acemoglu ,D. & J. — S . Pischke . Beyond Becker: Training in Imperfect Labor Markets, Economic Journa,l1999a,109(453),pp. 112 – 142. 转引自姚先国、翁杰:《工资结构、雇佣关系稳定性和企业的人力资本投资》,载《石油大学学报》(社会科学版)2005年第6期。

[51] 张焕波:《努力提高劳动报酬在初次分配中的比重》,载《中国经济分析与展望论文集》(2010 ~ 2011年)。

就工资制度而言,(1)要推动工资结构在从 Welfare in work(工作中的福利)向 Welfare to work(工作性的福利)的转变中进行优化。通过鼓励企业加大对人力资本的投入,工资范畴中的人力资本分配,不仅能够实现劳动者增加收入的机会公平,更是对整个社会人力资本的长远投资。(2)所谓"给一块面包不如给一份工作",应当在实现工资政策的目标中带动整个社会福利由"国家福利"向"工作福利"的分配转变,注重福利政策的投资性和发展性功能的实现。同时,通过二次分配的完善来降低劳动者对基本工资的依赖性,将工资实现劳动者发展需求的作用置换和彰显出来。(3)工资制度改革的核心不仅仅在于缩小收入差距,也要注重对于我国转型期产业结构优化,企业特别中小企业在经济困难时期的发展活力支持上做出贡献:既要通过工资上涨来促进企业的经济转型,又要能在经济困难的特殊时期具备社会保护与社会促进的联动机制。

不过,只有法律化、制度化才能令工资改革的行为具有稳定的可操作性。笔者建议在恰当时机制定统一的《工资法》,将工资确定、工资分配、工资调整、工资支付机制统一规范化,将劳动定额与劳动核算、最低工资制度、工资集体协商制度、奖金制度、工资救济保障制度等进行规范整合。尤其应将工资集体协商制度上升到法律层面,要通过一系列配套机制的运作,来间接地破解集体谈判在中国语境下的推进困境,进而带动中国劳动关系的转型。

四、代结语:体面劳动的核心是体面工资

工资理念、范畴、结构以及配套制度的优化,工资的合理增长,有利于促进我国经济社会中"从'低工资、低劳动者素质、低生产效率、低技术含量、低产品附加值、低产业层级'向'高工资、高劳动力素质、高生产效率、高技术含量、搞产品附加值、高产业层次'"[52]的重大转变。增加最低工资不是放纵职工的福利依赖,也不是恶意徒增企业的用工成本,更不是把劳动者置于纯粹"弱者"地位而给予的慈善式施惠。而是从根本上坚持以人为本的劳动报酬观,在维持劳动者基本生存和发展权利的需要过程中,实现经济发展与社会发展互动协调发展的目标。总结上述,可以说,体面劳动的核心是体面工资。"劳动者实现体面劳动,关键要拿到体面的工资,这是当前重建劳动伦理和社会发展秩序的迫切要求。"

---

[52] 同前注㉖。

退休年龄的法理分析及制度安排

林　嘉*

【摘　要】　退休年龄的确定关涉劳动者劳动权和社会保障权的实现。目前我国退休年龄的规定存在男女退休年龄差距过大、退休年龄存在身份差别、退休年龄低于世界平均水平、养老金受领时长过长等问题，这些问题也导致了法律适用上的困惑。退休应当是劳动者的一项权利而非义务，退休与劳动权之间不应当有必然的排斥关系，劳动者劳动权不应因退休而受限制或者被剥夺，男女不同龄退休会导致女性社会保障权利的减损和对女性发展权的限制。退休年龄的科学确定，应当考虑政治因素、经济因素和社会因素等。我国未来立法应采取“渐进式”的方式合理延迟退休年龄，适当区分不同的人群适用不同的退休年龄制度，逐渐拉近男女退休年龄的差异，实行弹性退休制度作为对法定退休年龄的补充，以及实行更加开放的退休制度，从强制退休逐渐过渡到灵活退休。

【关键词】　退休年龄　延迟退休　退休权　劳动权　男女同龄退休

党的十八届五中全会通过的《中共中央关于制定国民经济和社会发展第十三个五年规划的建议》明确规定，“建立更加公平更可持续的社会保障制度”“出台渐进式延迟退休年龄政策”，延迟退休问题引起社会广泛关注。近年来，随着我国全民养老保险制度的推进和人口老龄化的到来，延迟退休问题不断被提及并引起很大的争议，支持者和反对者不分伯仲。支持者认为，我国现行退休年龄的规定不合理：一是退休年龄过早，与世界主要国家退休年龄相比，我国的规定明显过早；二是男女退休年龄相差太大，女性 50 岁或 55 岁，男性 60 岁退休，两者相差了 5 ~ 10

---

* 中国人民大学法学院党委书记、教授，中国社会法学研究会常务副会长。原文刊载于《中国法学》2015 年第 6 期。

岁,造成男女退休的严重不平等;三是目前的退休年龄规定造成劳动力资源的极大浪费,随着医疗卫生条件的提高,我国人均寿命不断延长,人的生理机能也不断改善,50 岁、60 岁仍然具有相当的劳动能力,却已赋闲在家领取退休金;四是维持现行退休年龄会引发社会保障的危机,假设人均寿命不变,工作年限短则缴纳社会保险费的年限就少,而领取养老金的年限则会增多,必然导致养老金收支的失衡,随着人口老龄化的到来,养老金的危机将越来越显现。① 反对者认为,不能将发达国家的退休年龄作为我国的参照,我国人均寿命与发达国家仍有差距,我国人均预期寿命为 73.3 岁,在世界排名第 80 位,与发达国家相比有 5 ~6 岁的距离;普通工人大多从事体力劳动,如果从 18 岁开始工作计,到 60 岁已经工作了 42 年,60 岁以后体力下降难以胜任工作;目前低端行业工人的工资水平普遍较低,在岗期间工资水平与退休养老金待遇相差不大,甚至退休养老金高于在岗期间工资,这些人员对 50 岁或者 60 岁退休充满期待,延迟退休会降低他们的预期。此外,部分年轻人也认为,延迟退休会挤占就业机会,让目前就业难的问题雪上加霜;而相当部分企业也认为,延迟退休增加了企业的成本,延迟退休就意味着企业要为职工多缴纳社会保险费,而这些老员工对企业的贡献已经越来越小,延迟退休是将改革的成本转嫁给企业,这对企业不公平。

退休是社会保障体系中的重要制度。退休是劳动者依照国家法律规定,达到一定年龄和符合相关条件而退出工作岗位。退休不仅意味着劳动者完成了职业生涯,实现了自己的人生价值,更意味着劳动者在步入老年、劳动能力衰退之后,能够获得国家和社会的物质帮助,有稳定的生活来源,保障自己晚年的生活。退休关涉劳动者退出劳动岗位后的基本生存问题,退休的核心是退休待遇及其保障,而依据我国现行法的规定,达到法定退休年龄是享受退休待遇的前提之一,因此,关于退休年龄的规定自然成为人们关注和讨论的热点。我国目前退休年龄的规定是否合理?男女不同退休年龄的规定是否涉及性别歧视?我国实行延迟退休是否具备条件?未来退休年龄应当如何规定?退休年龄的问题既涉及社会学、经济学、生命医学,也涉及法学,有关退休年龄的规定,必须既符合人的生理需求和社会现实,也要符合法理的内涵与逻辑,这样才能使国民充分认识退休年龄及其背后的利益冲突和价值判断,顺利推进有关退休年龄的改革措施,从而保障社会稳定,维护人民群众的利益。

---

① 参见《社科院报告建议从 2018 年开始延迟退休年龄,取消男女差别》,载 http://politics. People. com. cn/n/2014/1226/c7073126278790. html,最后访问日期:2015 年 3 月 21 日。

一、我国退休年龄立法及法律适用中的困惑

(一)退休年龄的立法及存在的问题

我国关于退休年龄的规定最早见于1951年颁布的《劳动保险条例》,其中规定退休条件为男性职工年满60岁,一般工龄满25年,本企业工龄满5年;女性职工年满50岁,一般工龄满20年,本企业工龄满5年,可退职养老。特殊工种退休的条件规定为男性年满55岁,女性年满45岁。1978年国务院颁发《国务院关于工人退休、退职的暂行办法》和《国务院关于安置老弱病残干部的暂行办法》,进一步明确规定了退休的条件:(1)男性干部、工人年满60周岁,女干部年满55周岁,女工人年满50周岁,连续工龄或工作年限满10年;(2)从事井下、高空、高温、特别繁重体力劳动或者其他有害身体健康的工作,男年满55周岁、女年满45周岁,连续工龄或工作年限满10年;(3)男年满50周岁,女年满45周岁,连续工龄或工作年限满10年,经医院证明,并经劳动鉴定委员会确认,完全丧失劳动能力的;(4)因工致残,经医院证明,并经劳动鉴定委员会确认,完全丧失劳动能力的。② 这两个规定基本确立了我国退休年龄的制度并沿用至今。此后,国家还出台了一些特别规定对基本退休年龄制度作了补充,如国务院《关于高级专家离休退休若干问题的暂行规定》(国发〔1983〕141号)和中央组织部、劳动人事部《关于女干部离休退休年龄问题的通知》(劳人老〔1987〕2号)规定,对于少数高级专家,确因工作需要,身体能够坚持正常工作,征得本人同意,经有关机关批准,其离休退休年龄可以适当延长,但正职不超过70周岁、副职不超过65周岁。2005年《公务员法》对公务员提前退休也有特别规定,其中第88条规定,公务员符合下列条件之一的,本人自愿提出申请,经任免机关批准,可以提前退休:(1)工作年限满30年的;(2)距国家规定的退休年龄不足5年,且工作年限满20年的;(3)符合国家规定的可以提前退休的其他情形。

近年来,我国启动退休年龄改革的方案,一些地方开始了提高法定退休年龄、建立弹性退休制度的地方试点。如2010年上海市人力资源和社会保障局发布《关于本市企业各类人才柔性延迟办理申领基本养老金手续的试行意见》,规定参加本市城镇基本养老保险的企业中具有专业技术职务资格人员,具有技师、高级技师证

---

② 此外,国家有关部门对一些特殊工种结合其行业特点,规定了更为具体的退休年龄标准,如1981年国家劳动总局批复的《关于机械工业有毒有害作业等提前退休工种问题给第一机械工业部的复函》、1982年劳动人事部批复的《关于交通部门提前退休的特别繁重体力劳动工种给交通部的复函》、1984年劳动人事部批复的《关于石油工业提前退休工种给石油工业部的复函》、1988年劳动部颁布的《关于严格掌握企业职工退休条件的通知》等。

书的技能人员和企业需要的其他人员,到达法定退休年龄、符合在本市领取基本养老金条件,延迟办理申领基本养老金手续的年龄,男性一般不超过65周岁,女性一般不超过60周岁。2015年3月,中组部、人力资源和社会保障部发布通知,明确规定党政机关、人民团体中的正、副县处级及相应职务层次的女干部,事业单位中担任党务、行政管理工作的相当于正、副处级的女干部和具有高级职称的女性专业技术人员,年满60周岁退休。该通知先行将一部分女性的退休年龄提高到与男性相同。

我国关于退休年龄的规定从20世纪50年代开始沿用至今,有了很深的社会基础和广泛的认知度,但退休年龄规定本身也存在不少问题,主要有:(1)男女退休年龄差距过大。由于男性和女性生理机能和结构的差异,退休年龄存在一些差异是正常的现象,③据了解,全球采取男女不同退休年龄的国家和地区中,男女平均退休年龄差为4.41年,而我国男性和女性干部的退休年龄差为5年,男性与女性工人的退休年龄差则为10年。很显然,我国男女退休年龄差要比世界平均值高。(2)退休年龄存在身份差别。除了男女性别不同在退休年龄上有较大差距外,女性因职业身份的不同也有较大的差别,女工人的50岁对比女性公务员或干部的55岁和60岁也存在5~10年的差别。(3)退休年龄低于世界平均水平。目前,世界男女性的平均退休年龄分别为61.08岁和59.48岁,而我国目前退休年龄的规定低于世界平均水平,尤其是女性职工的退休年龄远低于世界平均水平。(4)养老金受领时长高于世界平均水平。据世界卫生组织2013年提供的资料,我国平均寿命女性为77岁,男性为74岁。④ 结合平均寿命和退休年龄等因素推算,我国男性养老金平均受领时长为14年,而女干部养老金的平均受领时长为22年,女职工养老金的平均受领时长为27年,远远高于世界养老金受领时长的平均水平。⑤ (5)由于目前我国的退休年龄为50~60岁,该年龄段人群仍处于体力精力较充沛阶段,许多退休人员选择再就业。据统计,目前全国50岁以上就业人口占全国就业总人

---

③ 据资料统计,在172个国家和地区中,男女退休年龄不同的国家和地区有66个,占38.37%,其中亚洲和太平洋21个(包括中国);欧洲26个;非洲8个以及美洲11个。参见范围:《退休年龄比较研究》,载《人口与经济》2011年第5期。

④ See World Health Organiazation, World Health Statistics 2014, at 62, at http://apps.who.int/iris/bitstream/10665/112738/1/9789240692671_eng.pdf? ua =1 (Last visited on March 25, 2015).

⑤ 从养老金平均给付时长来看,非洲国家和地区最短,男女性平均受领时长仅为0.065年;欧洲最长,男女性平均受领时长为14.475年;其次是美洲,男女性平均受领时长为13.42年;亚洲和太平洋的男女性平均受领时长为12.94年。See Social Security Programs Throughout the World, at http://www.ssa.gov/policy/docs/progdesc/ssptw/20122013/americas/index.html (Last visited on March 25, 2015).

口的19.4%,其中男性退休人员(以60周岁计)占18.8%,女性退休人员(以50周岁计)占24.1%。[⑥] 这些人群中相当一部分属于办理了退休手续领取退休待遇后重新就业的人员。

(二)退休年龄规定引发的法律适用困惑

退休不仅是劳动者达到老年、劳动能力开始衰退的一种事实状态,同时也是引发劳动合同终止,享受养老保险待遇的法律事实。因此,退休年龄成为这种法律事实的重要判断,而针对退休年龄的规定在法律适用上引发了不少问题。

第一,由于退休年龄的规定因性别和身份的差异而不同,因而引发了基于性别不平等的诉讼案件。最为典型的是2005年10月,建设银行平顶山支行职工周香华因不满女职工55周岁退休的规定,向湛河区法院递交了民事起诉状,主张我国现行法律规定的男女不同龄退休违宪,要求平顶山支行继续履行与自己的劳动合同。[⑦] 最终法院驳回了周香华的诉讼请求。随后,北京大学法学院妇女法律研究与服务中心就关于女职工退休年龄的规定,向全国人大常委会提起违宪审查建议,认为关于女职工退休年龄的规定违反了《中华人民共和国宪法》第33条第2款"中华人民共和国公民在法律面前一律平等"以及第48条第1款"中华人民共和国妇女在政治的、经济的、文化的、社会的和家庭的生活等各方面享有同男子平等的权利"的规定。当下,我国就业中的性别歧视问题已十分严重,如果在退休问题上也有歧视性规定,显然不利于妇女权利的保护。

第二,立法上对劳动合同终止条件的规定存有矛盾,导致实践中劳动合同终止的认定存在争议。劳动合同的终止,在法律上标志着劳动关系结束,双方不再履行劳动合同约定的给付义务,通常只需承担相应的后合同义务。关于劳动合同终止的条件,2007年《劳动合同法》第44条将"劳动者开始依法享受基本养老保险待遇的"作为劳动合同终止的条件,而按照《社会保险法》的规定,领取基本养老保险待遇的条件是"达到法定退休年龄时累计缴费满15年",也即要同时满足达到法定退休年龄和缴费满15年的条件。但实际上有相当部分人是不能满足"累计缴费满15年"的条件,但已达到退休年龄,此时,劳动合同是否要终止?这就产生了法律理解或适用的漏洞。对此,2008年国务院颁发的《劳动合同法实施条例》规定"劳

---

⑥ 参见国家统计局人口和就业统计司编:《2014中国人口和就业统计年鉴》,中国统计出版社2014年版,第159页。

⑦ 参见张春阳、马红梅:《河南女工要求男女同龄退休权案宣判,原告败诉》,载http://news.1488.com/news/legality/2006/28/1328101.shtml,最后访问日期:2015年3月20日。

动者达到法定退休年龄的，劳动合同终止”，该规定将劳动者达到法定退休年龄也补充规定为劳动合同终止的条件。这里的另一个问题是，劳动者达到法定退休年龄，劳动合同是否自行终止？如果未办理劳动合同终止手续，劳动者与用人单位之间的劳动关系是否存在？笔者认为，年龄的规定只是劳动合同终止的条件，劳动关系的终止，仍然要看双方是否办理了退休或终止手续，否则，劳动者即便过了退休年龄，如果未办理退休手续，劳动关系仍然存在。

第三，现行法律规定认定工伤需要以劳动关系存在为前提，对于超龄劳动者在工作过程中发生的伤害，能否认定为工伤？由于法律规定劳动关系终止的标准有“享受基本养老保险待遇”和“达到法定退休年龄”两个，导致实践中法律适用标准不同，其结果是同样在工作中受伤但不能得到相同的待遇。⑧ 如果依照“达到法定退休年龄”的标准，则超龄劳动者不符合享受工伤保险待遇的条件；如果依照“享受基本养老保险待遇”的标准，则未享受基本养老保险待遇的超龄劳动者尚有工伤保险待遇之可能。在超龄劳动者工伤问题上，最高人民法院在制定《关于审理工伤保险行政案件若干问题的规定》时曾有踌躇，⑨但最终没有规定。由于上位法的不明确，该问题的地方规定也五花八门，导致各地超龄劳动者因工受伤后的待遇各不相同。⑩ 劳动者在工作过程中受到伤害，本应得到工伤保险的人文关怀，但却因年龄而不能认定为工伤，或者因地区的不同而受到不同的对待，对该制度应当重新检讨。

第四，将退休年龄作为判断劳动关系是否存在的依据有很大弊端，导致超龄劳动者劳动关系无法认定，劳动者的劳动权益得不到保护，并由此引发大量争议。劳动者与用人单位之间是否存在劳动关系应当进行实质性判断，即以他们之间是否存在从属性关系为判断依据，但目前司法实践中往往以年龄而不是劳动关系的实

---

⑧ 如果认定为劳动关系，则劳动者可以享受社会保险待遇，而不认定为劳动关系，只能适用侵权法上之雇主责任。一般认为，侵权责任在归责原则、赔偿限额、免责事由等方面与社会保险存在较大差距。参见林嘉：《社会保险对侵权救济的影响及其发展》，载《中国法学》2005 年第 3 期。

⑨ 该司法解释草案拟规定“用人单位聘用的超过法定退休年龄但未享受退休待遇的职工因工伤亡，社会保险行政部门以超过法定退休年龄为由不认定工伤的，人民法院不予支持”，但最终该条文被放弃。

⑩ 如江苏省高级人民法院、江苏省劳动争议仲裁委员会《关于审理劳动争议案件的指导意见》、浙江省高级人民法院《关于审理劳动争议案件若干问题的意见（试行）》均认为超龄劳动者再就业属于“雇佣关系”，劳动者因工负伤不能认定为工伤，而河北省高级人民法院《关于我省劳动争议案件若干疑难问题处理的参考意见》、广东省高级人民法院、广东省劳动争议仲裁委员会《关于适用〈劳动争议调解仲裁法〉、〈劳动合同法〉若干问题的指导意见》、深圳市中级人民法院《关于审理劳动争议案件若干问题的指导意见（试行）》均认为已达法定退休年龄尚未领取基本养老保险的劳动者与用人单位建立的是“劳动关系”，因工受伤符合条件的可以享受工伤保险待遇。

质来判断,一般情况下都将超龄劳动者排除在劳动关系之外,其法律依据一是《劳动合同法实施条例》第21条规定,即"劳动者达到法定退休年龄的,劳动合同终止";二是最高人民法院《关于审理劳动争议案件适用法律若干问题的解释(三)》第7条规定,"用人单位与其招用的已经依法享受养老保险待遇或领取退休金的人员发生的用工争议,向人民法院提起诉讼的,人民法院应当按劳务关系处理"。对于这两个条文的内容,从法解释学的角度可以有以下解读:第一,凡是退休享受养老保险待遇的劳动者再就业,按劳务关系处理。第二,对于没有依法享受养老保险待遇或领取退休金的超龄劳动者,其按劳动关系还是劳务关系来处理,司法解释没有明确规定,也意味着可以是劳动关系也可以是劳务关系。实践中具体又可以分为两种情形,一是在原单位继续工作没有办理退休手续的,二是与原单位终止了劳动关系到新单位工作的。对于前者通常会认定为劳动关系,而对于后者则通常会认定为劳务关系。认定为劳动关系还是劳务关系对劳动者而言其结果有很大的差别,认定为劳务关系的则不适用劳动法。也就是说,除了前文提到劳动者在工作过程中受伤不能享受工伤保险待遇外,也不能适用劳动法对劳动者倾斜保护的规定,如果当事人之间发生争议,则按民法的债权债务关系来处理。这种简单粗暴的处理办法,一方面不利于对劳动者的保护,同时也涉嫌对超龄劳动者的歧视;另一方面也不利于企业的平等竞争,企业为了降低成本反而愿意招用超龄劳动者。因此,对这类问题,未来立法应当有所回应。

二、与退休年龄相关的基本法理

(一)退休是权利还是义务

关于退休之性质究竟为权利还是义务,学者之间素有争议,持权利说者代表观点有:"在退休的权义结构中,首先,退休是有劳动能力情况下的不退休义务,这是一种社会职责;其次,退休是公民选择不退休的权利,这是国家保障劳动权的体现……宪法意义上的退休权主要是不退休的权利和义务。"⑪"作为一项宪法上的权利,退休权的含义是指公民到达一定年龄之后,享有回家休养而其所属单位或者国家不停发工资的权利。"⑫"退休权是宪法规定的一项基本权利,它的具体权能包括社会保障权、社会救济权和医疗卫生权。"⑬而义务说的代表性观点则认为:"超过法定退休年龄的人员与用人单位终止劳动关系属于法律强制性规定,不因用人

⑪ 李海明:《论退休自愿及其限制》,载《中国法学》2013年第4期。

⑫ 夏正林:《论退休权的宪法保障》,载《法学》2006年第12期。

⑬ 陈雄:《老年人退休权的宪法分析》,载《法学杂志》2011年第2期。

单位是否与公民签订劳动合同而改变其性质,如果将不属于职工范围的人员适用《工伤保险条例》,认定或视同为工伤,则违反了认定工伤的主体资格规范。”⑭

退休是权利还是义务?对该问题需要从宪法及法律制度层面去分析。

从宪法层面看,我国《宪法》第44条规定:“国家依照法律规定实行企业事业组织的职工和国家机关工作人员的退休制度。退休人员的生活受到国家和社会的保障。”这是具有最高效力的退休制度法律渊源。我国宪法采取的是基本权利义务统一规定的立法模式,与宪法公认的义务条款如劳动义务、服兵役义务、纳税义务等相比,第44条并未表明退休是公民的义务。应当说,我国宪法中关于退休制度的规范采取的是典型的社会权利规范,社会权利规范的权义结构为公民是权利主体,权利主体的相对方即义务主体是国家。社会权不同于传统意义上的自由权,自由权的权义结构中国家只负消极的不作为义务,而社会权的权义结构中,国家应当承担积极作为义务,保障公民社会权利的实现。宪法中的社会权利规范即是对这种权利义务规范的最高效力表达。因此,第44条的规范意义应当是确立国家对公民退休权益的保障义务,而实现这种义务的方式是授权各级立法机关制定相关的法律法规规范退休制度,保障公民的退休权益。因此,从宪法文本看,我国宪法是将退休作为公民的一项基本权利而不是义务来规定的。

从法律制度层面看,我国目前最基本的关于退休年龄的规定是1978年国务院制定的行政法规。我国强制退休制度建立于20世纪50年代初,至1978年最终确立,该制度是当时我国计划经济的一个组成部分。在计划体制下,单位是国家计划的一部分,个人是单位计划的一部分,单位既无经营自主权,也无用人自主权,劳动力的流动与代谢完全闭塞于企业内部,个人必须服从国家计划的安排履行退休义务,这既是社会主义道德要求,亦是为保障劳动力新老接替、使国家计划顺利运行的强制性规定。当时背景之下,退休作为劳动者退出国家计划的行政化退出机制,每个劳动者必须服从国家强制性安排。改革开放以来,我国确立了社会主义市场经济体制,政企分离,企业获得经营自主权,成为独立的市场主体,用工权自然也由国家归还于市场,高龄劳动者是否退出劳动力市场,再无实现国家计划的使命,退休制度在计划经济背景下的刚性应当被软化,当事人尤其是劳动者的自由意志应当被尊重,退休的权利色彩应当被彰显。对于经济基础的变化,法律作为上层建筑自当有所因应,在宪法学理论中,有“宪法变迁”制度,即宪法条文本身没有发生任

⑭ 陈新:《农民工超过法定退休年龄受到事故伤害是否应当认定工伤》,载《中国劳动》2013年第7期。

何变化,但随着社会生活的变迁,宪法条款的实质内容发生变化并产生一定的社会效果。也就是说,当宪法规范与社会生活发生冲突时,某种宪法规范的含义已消失,在规范形态中出现适应社会生活实际要求的新的含义与内容。[15] 但时至今日,我国的退休制度从理念到实践仍然采用了计划经济时代遗留下来的强制退休制,该制度的背后是对劳动者劳动权的剥夺和限制。

就退休应当强制还是自愿的问题,目前世界各国正悄然发生变化。如美国早期大部分机构并没有实行强制退休制度,[16]但20世纪30年代养老保险制度的出现改变了这一状况。[17] 退休养老金制度的一个特点就是规定了强制退休年龄。[18] 因此,强制退休年龄在企业中的大量使用和退休金制度有着直接联系。但1967年的《就业年龄歧视法案》(Age Discrimination in Employment Act of 1967)的出台改变了这一状况。[19] 该法案适用于私营企业以及州和联邦政府机关工作人员(除法律另有规定),其中第4条明确规定禁止雇主在雇佣和解雇劳动者时的年龄歧视,[20] 该法保护40岁以上的劳动者,在立法之初,其所保护的劳动者的年龄上限为65岁,在1984年修改为70岁。[21] 1985年美国最高法院在审理 Western Air Lines Inc. 诉 Criswell 一案中,引用了国会制定《就业年龄歧视法案》的立法理由,认为强制退休年龄的使用是武断的,因为年龄并不能作为判断劳动者工作能力的因素。[22] 史蒂文斯法官(Justice Stevens)指出,强制退休制度会对老年劳动者带来社会认同感的丧失以及经济上的困难,他们将很难再被雇佣。社会作为一个整体丧失了这些劳动者带来的技术和经验。而这些劳动者的退休也会对政府带来经济上的压力,如社会保险金的支出。[23] 1986年《就业年龄歧视法案》的修订取消了所保护的劳动者的年龄上限的规定,这也使禁止强制退休制度最终确立。美国国会众议院的报告中表明了国会通过此修正案的理由:确保70岁及其以上的老年劳动者,在其有意

---

⑮ 参见韩大元:《宪法变迁理论评析》,载《法学》1997年第4期。

⑯ David Hackett Fischer, Growing Old in America, at 143 (Oxford University Press Inc. ,1978).

⑰ Laurence M. Friedman, Your tie Will Come: The Law of Age Discrimination and Mandatory Retirement, at 75 (Russell Sage Foundation,1984).

⑱ Id. ,76.

⑲ See Title 29 of the United States Code § 621(a). Congressional statement of findings and purposes.

⑳ Id. , § 623.

㉑ See Arthur Gutman, Eeo Law and Personnel Practices (2nd Edition), at 197 (Sage Publications, Inc. , 2000).

㉒ See 472 U. S. 400,411n. 15,37 FEP Cases 1829,1834 n. 15(1985).

㉓ See Criswell,472 U. S. 400 at 411,31 FEP Cases at 1834.

愿继续工作并且可以继续工作的时候,并未被剥夺其谋生的基本人权。[24] 根据该法案确立了反年龄歧视原则,退休是劳动者个人选择自由,强制退休是非法的行为。当然针对一些特殊职业或人群,法律也规定了禁止强制退休年龄的例外。例如,飞行员的退休年龄为65岁,[25]联邦执法官员(federal law enforcement officer)退休年龄为57岁,消防员退休年龄为55岁。[26] 一些州的宪法中规定了州法院法官的退休年龄,如佛罗里达州、新泽西州规定州最高法院法官的退休年龄为70岁等。

除美国外,欧盟理事会于2000年11月27日通过了《关于建立就业与职业平等待遇总体框架的第2000/78/EC号理事会指令》,该指令的目的在于遏制在雇佣和工作中基于宗教、信仰、残疾、年龄或性取向等的歧视,以在会员国中落实平等待遇原则。此外,欧洲各国也先后制定法律禁止就业歧视。如英国2006年颁布了《雇佣平等(年龄)条例》,该法废除了之前实行的默示年龄歧视,即不能以雇员已到65岁为由解雇,除非有特别的解雇理由。[27] 德国于1989年通过了《老年部分时间工作法》(Altersteilzeitgesetz - AtG),该法一改过去施行的强制退休制度,规定了逐渐退休制度,并于1996年进行了修订。[28] 日本为了应对人口老龄化,从20世纪90年代开始推动禁止就业年龄歧视立法,2007年修订《雇佣对策法》,明确规定禁止企业招录员工时设置年龄限制。2004年修订《高龄者雇佣安定法》,将企业维持劳动者65岁退休作为法定义务,规定自2006年4月1日起,日本所有企业均应确保全部员工雇佣至65岁,企业应当通过提高退休年龄、导入继续雇佣制度、废除退休年龄等措施来保障目标的实现。[29]

(二)退休后能否享有劳动权

劳动权是宪法规定的公民的基本权利之一。劳动权有广义和狭义之分,广义

---

[24] 参见前引[23]。

[25] 联邦航空管理局关于飞行员退休年龄的声明。See Press Release - FAA Statement on Pilot Retirement Age, at http://www.faa.gov/news/press_releases/news_story.cfm? newsId = 10072 (Last visited on March 25, 2015).

[26] See Special Retirement Provisions for Law Enforcementofficers, Firefighters, air Traffic Controllers, and Military Reserve Technicians, at http://www.opm.gov/retirementservices/publicationsforms/csrsfers - handbook/c046.pdf (Last visited on March 25, 2015).

[27] 参见李海明:《英国强制退休的立法规制、判例及启示》,载《法学》2013年第9期。

[28] 在德国,逐渐退休制度又被称为接近退休年龄雇员的兼职工作或兼职退休制度。法律规定如果雇员同意他们的雇主将工作时间减至先前每周工作时间的一半,他们的兼职工资比例将至少增至之前全日制下净收入的70%;社会保障费用是以之前全日制工作收入的90%为基础来计算和支付。参见[德]曼弗雷德·魏斯、[德]马琳·施米特:《德国劳动法与劳资关系》,倪斐译,商务印书馆2012年版,第130页以下。

[29] 参见陶建国:《日本禁止就业年龄歧视法律制度探析》,载《日本问题研究》2009年第2期。

劳动权包括一切与劳动有关的由宪法和劳动法宣示的权利,狭义的劳动权仅指劳动者享有的劳动就业权、自由择业权以及获得劳动报酬的权利。[30] 我国《宪法》第42条第1句明确规定,"中华人民共和国公民有劳动的权利和义务"。宪法意义上的劳动权,具有社会权的属性,是一种受益权,可以请求国家积极的行为以保障其权利的实现。劳动法意义的劳动权是宪法规定的劳动权的具体化,一般可以具化在劳动法律关系中,劳动者可以通过与用人单位之间建立劳动关系、依照劳动法的规定或者通过劳动合同设定权利义务来实现。我国《劳动法》第3条规定了劳动权的具体内容。[31] 公民的劳动权是否应受到限制?宪法规定公民享有的劳动权并没有设定限制性条件,劳动法规定的劳动权要受劳动法的规范。在劳动法意义上,享有劳动权的主体是劳动法律关系的主体即劳动者,这里的"劳动者"区别于政治学、社会学上使用的概念,是指达到法定就业年龄、具有劳动能力的公民。我国《劳动法》通过禁止性规范条款规定了最低就业年龄,[32]即法定最低就业年龄16岁,未满法定就业年龄的公民,用人单位不得招用,否则构成使用童工的违法行为。但在最高就业年龄上,法律并没有作出明确规定,也即没有规定劳动者享有劳动权的最高年龄限定。目前,主流观点包括司法审判实践都认为,法定退休年龄是对劳动者劳动权利能力的限定,超过退休年龄的劳动者不能再享有劳动权,不受劳动法保护。其理由一是将退休看作强制性义务,到退休年龄应当强制性退出职业生涯;二是将《劳动合同法实施条例》第21条的规定作为法律依据。

笔者认为,退休与劳动权之间不应当有必然的排斥关系。如上文所述,退休是国家赋予公民享有的权利,即使目前我们实行强制性退休制度,但也不必然得出退休就意味着劳动权的丧失。劳动权作为宪法规定的公民享有的一项基本权,除非法律明确规定,不能因某个法律事实的出现而被剥夺,《劳动合同法实施条例》第21条只是规定劳动合同终止的情形,即用人单位可以提出终止劳动合同的情形,但劳动合同终止并不等同于劳动权被剥夺。也就是说,国务院发布的条例不能也不应当产生公民基本权利被终结的结果。

---

[30] 有宪法学者认为,宪法上的劳动权与劳动法上的劳动权有所不同,劳动法上的"劳工权"与宪法学上的"劳动权"是种属概念。参见王德志:《论我国宪法权的理论建构》,载《中国法学》2014年第3期。但对于大部分人来说,获得生活来源的途径还是从事职业劳动,在这一层面上,以"劳工权"为典型代表讨论劳动权不会出现概念上的偏差。

[31] 我国《劳动法》第3条前半段规定:"劳动者享有平等就业和选择职业的权利、取得劳动报酬的权利、休息休假的权利、获得劳动安全卫生保护的权利、接受职业技能培训的权利、享受社会保险和福利的权利、提请劳动争议处理的权利以及法律规定的其他劳动权利。"

[32] 我国《劳动法》第15条前半段规定:"禁止用人单位招用未满十六周岁的未成年人。"

劳动权作为社会权的属性,与自由权相对应,要求政府在承担消极不侵犯义务的同时,还要积极采取措施保障权利的实现,强调政府的正当作为义务。在实现这个义务的同时,传统自由权中抵御政府的意蕴仍得发挥其作用,具体表现就是政府对公民基本权利作出限制时,仍然应当保持谦抑性。从职业劳动领域来讲,规定到达法定退休年龄的劳动者必须退出劳动力市场,构成了对劳动权的限制。根据美国宪法学理论,劳动权被归类为"经济性的基本权利",对劳动权可以进行必要限制,但要接受于1976年"Craig v. Boren"案中确立的"中度的"司法审查标准。[33] 这种程度的审查标准可以被概括为立法目的的迫切性,手段与目的的实质关联性以及为达到目的所采取的手段是否符合比例原则。[34] 根据这一标准对我国现行的退休制度进行检视,可以发现:首先,从立法目的来看,依《宪法》第44条后段之规定,"退休人员的生活受到国家和社会的保障",目的是使履行了劳动义务的老年劳动者,能够在其劳动能力衰退时,不必再为生计奔波,可以选择退出劳动力市场,由国家来保障其退休后的生活。从尊重自然规律、保障老年劳动者的生存利益、维持国家劳动力市场有序代谢的角度来看,国家规定退休制度确有其重要性甚至迫切性。其次,所谓的"手段与目的的实质关联性",也就是所采取的手段是否能够最终达到所欲实现之目标。现行立法规定强制退休制度的初衷是为了保障老年劳动者晚年的生活,然而,许多老年劳动者仍有"发挥余热"的想法和能力,对这种能力的强行剥夺,不仅会造成人力资源的巨大浪费,同时对他们的精神上也会造成打击。对老年生活的保障,不仅要保证其物质上的富足,心理、精神上的健康也同样重要,限制他们通过劳动实现自我价值,显然不利于他们晚年生活的幸福。最后,从欲达致目标和所采取手段的比例性上来看,我国宪法将退休规定为一项基本权利,而在下位法中却被规定成一项义务,由自由性变为强制性,这种"质变"已然对目的和手段之间的比例性造成了根本性的破坏。另外,对于"最小损害标准",一个直观、显性的衡量手段就是"是否穷尽了其他措施的可能性"。在制度选择上,起码存在有自愿退休、弹性退休、兼职劳动等可行方案,通过对这些方案进行试点作出适合我国国情的选择,替代现行的强制退休制度或者作为其合理补充,无疑更加符合比例原则。

---

[33] 在美国,根据基本权利的价值位阶不同,对基本权利的限制存在三重基准:严格性审查基准,要求限制必须出于"迫切的利益";中度审查基准,出于"重要的利益";合理性审查基准,出于"正当的利益"。参见张翔:《基本权利的规范建构》,高等教育出版社2008年版,第65页。

[34] 张步峰:《男女退休不同龄制度的宪法学思考》,载《法学家》2009年第4期。

此外,劳动权与退休权有着密切的关系。公民获得退休保障的权利既属于社会保障权的范畴也属于劳动权的范畴。随着现代社会保障制度的建立,公民获得退休保险待遇是社会保障的重要内容,但同时退休又与劳动者的工作权相关。退休是劳动者退出工作岗位,它以之前与用人单位建立劳动关系为前提,即劳动者履行了劳动义务,或缴纳了必要的社会保险费。我国《劳动法》第3条明确规定,劳动者"享受社会保险和福利的权利"。从劳动法意义看,劳动权涵盖了退休权;从社会保险法意义看,退休权是劳动权的延伸。劳动者获得退休待遇,既基于其缴费满足了一定的条件,理论上说也源自劳动者先前劳动的积累,因此,劳动者享有退休权其实也是在消极意义上行使劳动权。在现代社会,劳动权和退休权两者作用的发挥是相互接续的,目的都是保障劳动者基本人权,当其中一项权利因某种原因无法发挥预期作用时,另一项权利的"补位"是当然之理,国家自无强行限制之理。当下,我国的养老金水平还比较低,当养老金不足以保证老年人的基本生活时,应当允许其再行使工作权以提高自己的生活水平,这与工作权和退休权的法理关系并无冲突。从国际社会及各国相关立法看,劳动权(工作权)作为基本人权范畴地位越来越重要,1966年《联合国经济、社会、文化权利国际公约》第6条第1款规定,"本公约缔约各国承认工作权,包括人人应有机会凭其自由选择和接受的工作来谋生的权利,并将采取适当步骤来保障这一权利"。从各国立法看,一般只要是雇员,从事从属性劳动,即受劳动法保护,而无论其是否到退休年龄。如英国规定,超过领取养老金年龄的雇员仍然可以和雇主继续保持劳动关系。[35] 在美国,尽管《就业年龄歧视法》允许"福利计划"可以根据雇员年龄的差异提供不同的福利,但法律禁止养老金计划要求雇员因年龄原因必须退休。

目前,我国采取的退休后不受劳动法保护的"一刀切"做法有失合理及合法性,劳动者劳动权不应因退休而受限制或者被剥夺。诚然,退休后如果享受养老保险待遇,领取了退休金,继续从事工作时,在劳动保护上与一般劳动关系可以有一些差异,但涉及劳动基准如工作时间、休息休假、劳动保护、最低工资保护以及工伤待遇等问题上应当适用劳动法的规定。未来立法应当打破纯粹以退休年龄来判断是否有劳动关系的做法,只要劳动者从事从属性劳动,就应当受劳动法保护。如果退休后再就业的,可以在劳动保护制度和社会保险制度上作出衔接,比如养老金可以适当减少,同时要求用人单位缴纳相应的社保费用,如工伤保险、医疗保险等。

---

[35] 谢增毅:《退休年龄与劳动法的适用——兼论"退休"的法律意义》,载《比较法研究》2013年第3期。

（三）退休年龄与社会权的男女平等

社会权，是指公民所享有的要求国家对其经济活动参与、物质与文化生活积极促成以及提供物质上、经济上帮助和相应服务的权利，具体包括劳动权、社会保障权以及发展权等。退休年龄的规定对公民社会权的实现有直接的关系，由于我国法律规定男女退休年龄不同，导致对女性社会权的不利影响。

首先，女性的社会保障权利的减损。一方面，从社会保险权利来看，依我国现行法律规定，养老保险待遇的确定与缴费年限有关，缴费年限越长，养老金水平越高。而女性相比于男性提前5～10岁退休，意味着相应缴费年限的减少，而这种减少与女性的工作能力无关，完全是法律人为设限。另一方面，从社会福利层面来看，50岁并非我国法律意义上的老年人，[36]因此，大部分老年女性在离开工作岗位后，不仅丧失了劳动报酬，只能享受“打折”的养老金，还要等10年之久才能享受国家为老年人确立的社会福利措施，如免费乘车、体检等。这种制度差异设计，显然有悖男女平等理念。

其次，对女性发展权的限制。一般来说，工作经验是随着年龄不断增长的，女性在职业生涯前半段的努力积累，会逐渐在随后的工作生涯中受到积极的评价，其职位、待遇都可能在后期得到较大提升。然而，我国现行的50周岁、55周岁退休的规定，使许多年富力强、经验丰富的女性被迫退出劳动岗位，其前期努力工作的积累尚未得到评价时便被“清零”。而依社会一般观念，人的社会地位是与其工作上获得的评价分不开的，因之，长久来看，女性提升自己社会地位乃至政治地位的努力，将会因过早的退休年龄而受到极大的限制。

权利平等是法律确立的基本原则，我国《宪法》第33条中明确规定，“中华人民共和国公民在法律面前一律平等”。权利平等保障在法性质上可以分为排除差别的客观法原则与要求保障基准待遇的主观法权利，前者使国民在受到差别对待时有权利要求排除差别，后者使国民有权利保障达到平等待遇。[37] 权利平等原则的另一面是反歧视。当初法律规定男女不同退休年龄，很大程度上出于对女性的照顾和保护，但发展至今日，这种差别对待成为对女性的不利益、变为对女性权利的消减时，立法需要重新检讨。

---

[36] 我国《老年人权益保护法》第2条规定：“本法所称老年人是指六十周岁以上的公民。”

[37] 许庆雄：《现代人权体系中平等原则之研究》（上），载我国台湾地区《中正大学法学集刊》2002年第6期。

三、退休年龄制度设计的考量因素

如上所述,我国退休年龄的制度确立于20世纪50年代,至20世纪70年代最终形成,至今已60多年,目前退休年龄制度改革已成趋势。退休年龄的确立涉及政治的、经济的、社会人口等多种因素,需要综合各种因素来考虑。

(一)政治因素的考量

退休年龄一方面关系劳动者何时开始享受退休保险待遇,与公民的社会保障权息息相关,另一方面又关系劳动关系是否存续,与劳动权密切相关。社会保障权和劳动权都属于基本人权范畴。我国宪法明确规定,"国家尊重和保障人权"。联合国《经济、社会和文化权利国际公约》第6条和第9条规定分别规定了缔约各国承认人人有权享受工作权和社会保障权。我国《劳动法》和《社会保险法》的立法目的之一就是要保障公民的劳动权和社会保障权的实现。因此,确定退休年龄时,必须充分考虑如何最大限度地保障劳动者劳动权和社会保障权的实现。

退休年龄事关每一个家庭和每一个公民,与公民的福祉和幸福感相关,也维系着社会的稳定和安全。社会稳定是国家发展的前提,没有社会稳定就很难有经济发展和社会进步。目前我国正面临着全面深化改革阶段,需要有稳定的社会秩序。在退休年龄问题上,应当通过充分的酝酿讨论,获得全民的最大共识和得到"最大公约数",才能使退休年龄改革法案稳步推进。

(二)经济因素的考量

1. 与劳动就业的关系。退休年龄与就业的关系主要体现在两方面:一方面,退休年龄的设定与劳动力市场的储备情况有关。当市场上劳动力储备充足时,有较多的年轻劳动力资源可以顶替年老的劳动者,不会出现劳动力短缺的情况,不需要年老的劳动者延长劳动年限,此时允许劳动者在一个相对年轻的年龄退出劳动力市场,安享晚年。另一方面,退休年龄也与劳动力的需求结构有关。老年劳动者往往技能熟练,经验丰富,在高级技术岗位或者管理岗位上有较大的竞争力,当市场上这类岗位需求较大时,会在客观上延迟劳动者的退休年龄。当然,退休年龄的整体推迟,意味着劳动者工作岗位退出年限延长,对新增劳动岗位可能有一些影响,但并非是绝对或者必然的。首先,从各国实践来看,提前退休与解决失业问题并没有必然联系,以美国为例,美国法定退休年龄较高,失业率却一直在低水平(5%左右),而意大利退休年龄低,失业率却长期维持在高水平上(20%)。[38] 其次,两类劳

---

[38] 李珍:《关于中国退休年龄的实证分析》,载《中国社会保险》1998年第4期。

动力的就业优势不同，二者在就业关系上并非简单的替代关系，如前所述，老年劳动者就业主要集中在技术和经验密集型岗位，年轻劳动者往往难以胜任这类岗位的要求。最后，解决劳动就业问题不能通过缩短劳动者的职业生涯年限，要解决失业问题，从根本上来说是要使国家的经济保持在适度的发展水平，提供更多的就业机会，并通过市场投资环境的完善，鼓励更多的资本投资和自主创业。[39]

2. 与养老金收支的关系。退休标志着劳动者退出劳动力市场，不再以劳动报酬为主要生活来源，转而通过领取养老金来维持退休后的生活。因此，养老保险基金的储备和支付能力就成为决定退休年龄的重要因素之一。退休年龄的确立，是劳动者从事职业劳动与退出工作岗位的分割点，在劳动关系存续期间，劳动者要缴纳养老保险费，而一旦退休，则从原来的养老金缴费人变为养老金享受人。假如人均寿命不变，退休年龄规定的越早，则劳动者缴纳养老金的年限越短，而领取养老金的年限就越长。我国的退休养老制度在20世纪90年代末以来经历了从国家型养老制度向社会型养老保险制度的转变。在这一制度变迁过程中，一方面是历史遗留的老职工赡养问题，另一方面是城镇化进程中养老保险扩张性的发展，再加上近些年我国人口结构的不合理，“未富先老”现象的出现，导致目前我国养老金压力巨大。根据学者2012年的测算，我国2013年的养老保险金缺口将达到18.3万亿元，至2050年，我国养老金收支缺口需要的财政补贴仍然占我国财政支出的9.9%。[40]假如在目前我国退休年龄的基础上适当延迟，则可以增加缴费的主体数量，增加养老保险基金的储备，有效地缓解未来养老金的压力。国际劳工局曾经提出，如果把领取养老金的年龄从60岁提高到65岁，养老金的支出减少大约50%。因此，在确定退休年龄时，应当通过精算的方法，在养老金的缴费和供养之间求得一个合理的平衡值。

3. 与经济发展的关系。社会保险制度与经济发展密不可分。一方面，经济的发展为社会保险制度提供必要的资金支持和保障；另一方面，通过社会保险制度功能的发挥反作用于经济的发展。我国社会保险基金主要源自于用人单位和个人的缴费，尤其企业缴费占了绝大部分。目前我国用人单位和个人负担的社会保险“五险”中费率平均在40%～50%，其中养老保险费率为28%，企业缴费为20%，高居

---

[39] 林嘉：《社会保障法的理念、实践与创新》，中国人民大学出版社2002年版，第180页。

[40] 马骏：《化解国家资产负债中长期风险》，载 http://magazine.caijing.com.cn/20120611/111886697.html，最后访问日期：2015年3月30日。

世界前五名。为了减轻企业负担,增强企业的竞争力,各界已就降低费率达成共识。[41] 而为了维持社会保险制度可持续发展,必须保证基金应有的规模,即使降低了用人单位的缴费率,也不能影响社会保险制度的运行。当缴费率降低时,可以采取各种方式予以弥补基金的不足,如增加财政补贴,划拨国有资产等,其中,延迟退休年龄是必须考虑的方向。通过延长退休年龄,相应延长参保缴费的时间,缩短养老金的领取,在维持养老金收支均衡的基础上,根据情况降低企业的缴费率,从而减轻企业的负担,提高企业的竞争力。[42]

(三)社会因素的考量

1. 与人口预期寿命的关系。人口寿命是制约劳动者劳动时间长度的自然因素。生老病死是不可违逆的自然规律,规定退休年龄不能脱离人口寿命这一现实因素。一般来说,一定时期内人均寿命越长,对于劳动者的劳动年限预期也会增长,从而规定较高的退休年龄。从世界范围看,随着人均寿命的增长,各国都在推动逐渐延迟退休年龄。[43] 我国现行退休年龄规定最早始于1951年,当时的人均寿命仅为49岁。随着社会经济的发展,我国的人均寿命显著提高,根据统计显示,2012年我国的人均寿命已增长为男性74岁、女性77岁。[44] 目前退休年龄规定大大低于平均寿命,我国平均养老金受领时长远远高于世界平均水平。

2. 受人口结构变化的影响。从人口年龄结构看,我国自20世纪70年代末开始实施计划生育政策,人口年龄结构发生了很大变化。2000年开始中国进入老龄化社会,被称为"未富先老"现象。2000年中国第五次人口普查结果显示,假定生育率维持现有水平不变,中国有劳动能力的人数的增长时间仅为10年,劳动适龄人口从2005年以后的十年将表现出增长态势,但在2016年达到峰值,其后开始转为负增长。[45] 目前,我国的人口红利进入了渐消期。据统计,截至2014年年底,我

---

[41] 根据人力资源和社会保障部、财政部《关于调整失业保险费率有关问题的通知》规定,从2015年3月1日起,失业保险费率暂由现行《失业保险条例》规定的3%降至2%,单位和个人缴费的具体比例由各省、自治区、直辖市人民政府确定。在省、自治区、直辖市行政区域内,单位及职工的费率应当统一。有关职能部门人士也表示,2015年将力争实现职工养老保险的全国统筹。参见《人社部:力争今年出台职工养老保险全国统筹方案》,载 http://news. Xinhuanet. com/politics/2015lh/201503/10/c_1114590578. htm,最后访问日期:2015年4月10日。

[42] 参见柳清瑞、苗红军:《人口老龄化背景下的推迟退休年龄策略研究》,载《人口学刊》2004年第4期。

[43] 参见范围:《退休年龄比较研究》,载《人口与经济》2011年第5期。

[44] World Health Organization, supra note 6, 62.

[45] 刘月:《中国人口年龄结构变化分析》,载《劳动保障世界》2014年第12期。

国60岁以上老年人口数量已达到2.02亿,占总人口的14.9%。[46] 根据《中国人口老龄化发展趋势百年预测》结果,2020年老龄人口将进一步增至2.48亿,占17.2%,呈加速增长之势。老年人口在社会总人口的比重增加将会带来社会抚养比的上升,增加在职职工的负担。2013年老年抚养比是21.58%,如果维持现有人口增长率,至2050年我国人口抚养比将上升到46%,差不多为2位在职职工负担一位退休人员。

3. 受科学教育发展水平的影响。随着教育和科技水平的提高,目前人均受教育时间越来越长。高等教育的普及化使人们接受教育的时间在增多,进入职场的年龄在推迟。在现有退休制度下,受教育时间越长,相应的工作时间就越短,这是对人力资源的极大浪费。目前企业也越来越注重员工的培训,对人力资源的质量要求越来越高,投入也越来越大,总体劳动力的质量水平在提升。在确立退休年龄时,必须考虑如何发挥人力资本效用的最大化,以应对未来社会经济发展对劳动力的需求。

综上分析,就目前我国政治、经济、社会发展现状而言,修改退休年龄立法不仅有必要性也有可行性,延长退休年龄是经济社会发展的必然选择。

四、国外退休年龄立法考察

人口老龄化是目前世界各国所共同面临的课题。20世纪70年代发达国家率先步入老龄化社会,随后许多后发国家也开始出现了人口老龄化。[47] 如何应对老龄化社会带来的挑战,各国纷纷出台相应措施,其中,退休年龄的延迟以及相应的养老金计划的调整成为不可回避的问题。

(一)美国

在美国,退休年龄通常是指正常开始领取养老保险金的年龄。美国1935年《社会保障法》中规定的可以正常领取养老保险金的年龄(full retirement age)为65

---

[46] 参见吴玉韶、党俊武主编:《中国老龄事业发展报告(2014)》,社会科学文献出版社2014年版,第28页。

[47] 国际上公认的人口老龄化的定义是指社会中大于/等于60岁人口超过总人口的10%,或大于/等于65岁人口超过总人口的7%。2005年联合国发布报告预测显示,世界60岁以上老年人口比例将由2000年的10.0%上升到2025年的15.1%,2050年的21.7%;65岁以上老年人口比例相应由6.9%上升到10.5%、16.1%;年龄中位数相应由26.8岁上升到32.8岁、37.8岁。《2014年世界各国人口老龄化现状分析》,载http://www.chinabgao.com/stat/stats/39319.html,最后访问日期:2015年4月16日。

岁。[48] 1983 年,由于社会保险基金出现财务危机,国会开始对该法案进行修订,[49]确立了一个在 22 年内逐步增加退休年龄直至 67 岁的计划,目前正常退休年龄为 67 岁。但劳动者可以选择提早退休,可以领取养老保险金的最早年龄(early retirement age)为 62 岁,[50]法律同时规定退休年龄与养老金领取的比例直接相关,如果 62 岁退休,可以领取的养老保险金金额比正常退休年龄领取的金额会有相应比例的减少。政府奖励延迟领取养老保险金的劳动者,如果在 66 岁(或者按照修改后的法案 68 岁以后)领取养老保险金,领取的数额则会比正常退休年龄下增加相应比例的数额。[51] 根据盖洛普(Gallup) 公司的统计分析,在 2014 年,美国劳动者平均退休年龄为 62 岁,这一数字是自 1991 年以来的最高值。1991 年为 57 岁,而 2002 年则为 59 岁。[52] 根据盖洛普的预测,美国的平均退休年龄在未来还会继续增加。退休年龄增加的原因主要是社会保障金的不断降低以及劳动者个人未能在企业年金账户[53]中存入足够的养老资金或者是大部分的劳动者并未参与企业年金制度。[54]

(二)德国

德国于 1957 年规定 65 岁为法定退休年龄。1972 年德国退休金改革方案引入了弹性退休制度,1992 年立法修订规定提前退休将减少退休金。2007 年,德国议会通过了新法案,决定自 2012 年起至 2029 年,逐步将退休年龄提高到 67 岁。延迟的 2 年分为 24 个月,前 12 个月用 12 年过渡,即从 2012 年 1 月 1 日起每年在上一年的基础上增加一个月的工作时间,这样到 2024 年过渡到 66 周岁退休。后 12 个月用 6 年过渡,即从 2024 年 1 月 1 日起每年在上一年基础上增加 2 个月的工作时间,这样到 2029 年逐步将退休年龄提高到 67 岁,从 2023 年起完全执行 67 岁的

---

[48] See Social Security Act of 1935.

[49] John A. Svahn & Mary Ross. Social Security Amendments of 1983: Legislative History and Summary of Provisions, Vol. 46, No. 7, Social Security Bulletin (July 1983).

[50] See Title 42 of the United States Code § 402.

[51] Dawn Nuschler, Social Security Primer, R42035, Congressional Research Service (January 13, 2014).

[52] See Rebecca Riffkin, Average U. S. Retirement Age Rises to 62Younger Americans are More Likely to Expect to Retire Before Age 55, at http://www. Gallup. com/poll/168707/averageretirement - agerises. aspx (Last visited on March 25, 2015) .

[53] 美国企业年金中最重要的 401K 计划下的资金是放入劳动者个人账户,由劳动者个人管理,劳动者可自主选择证券组合进行投资,收益进入个人账户。参见李超民:《美国社会保障制度》,上海人民出版社 2009 年版,第 14 页。

[54] 在 2012 年,企业年金的参与人数仅占到 44%。See Monique Morrissey, The State of U. S. Retirement Security: Can the Middle Class Afford to Retire? The Testimony before the U. S. Senate Committee on Banking, Housing and Urban Affairs Subcommittee on Economic Policy, March 12, 2014.

退休制度。[55] 德国退休年龄新法案的出台,主要源于人口结构的变化,人口老龄化的加剧。据德国政府公布的预测数字,到2030年,德国65岁以上的人口将达到2200万,约占总人口的25%。1991年平均社会抚养比例大于为4∶1,到2030年,该比例将达到2∶1。而且,随着人均寿命的延长,退休人员领取养老金的年限也越来越长,统计表明,过去50年里,德国人平均领退休金的时间增加了8年,达到约18年。1960年人们领取退休金的时间平均为10年,现在则为18.2年。[56] 尽管延长退休年龄也有反对声音,但德国政府基于养老保险制度可持续发展的需要,仍然毫不动摇地推进该制度。

(三)英国

英国法定退休年龄是男65岁,女60岁。2006年10月英国颁布《就业平等(年龄)条例》,规定65岁为默认退休年龄。2011年1月,英国废除默认退休年龄,超过65岁的雇员只要自己希望继续工作就不能被强制退休。[57] 同时,英国政府于1995年通过《养老保险法》,规定英国政府将在2010年5月6日至2020年4月6日逐步将女性退休年龄提高到65岁,以实现男女同龄退休。[58]

(四)法国

法国自20世纪90年代开始进行退休养老制度改革。1993年巴拉迪尔政府推出方案将私企雇员领取全额养老金的缴费年限从37.5年逐步延至40年。1995年新上台的朱佩政府尝试将1993年的改革方案扩大到公部门,但最终阻力太大,以朱佩下台改革失败告终。2003年拉法兰政府迫于公共财政赤字占GDP比重3.1%的压力,再次推出养老改革方案,并成功地将公务员领取全额养老金的缴费年限拉齐到私部门水平,即从37.5年延伸到40年。2007年萨科齐上台后再次推动养老保险制度改革,特别是2010年通过了《退休金法案》,将全体国民的退休年龄从60岁延长到62岁,2020年基本养老保险金缴纳年限达41.5年,受领全额退休金的法定正常退休年龄从65岁延长至67岁。2013年,新上台的奥朗德又推出新的改革方案,规定2020年起至2035年,逐步将领取全额养老金的缴费年限延长至43年,同时逐步提高基本养老金的缴费率。[59]

---

[55] 贾红梅:《看德国立法变更退休年龄》,载《中国人大》2012年第13期。

[56] 参见前引55,贾红梅文。

[57] 张凌竹:《退休法律制度研究》,吉林大学2012年博士学位论文。

[58] 郑春荣:《英国社会保障制度》,上海人民出版社2009年版,第95页。

[59] 彭殊祎:《法国推行制度的改革历程和特点》,载《法国研究》2014年第4期。

(五)日本

日本于1944年建立厚生年金保险制度,将年金支付起始年龄定为55岁。1954年日本改革厚生年金制度,设立定额部分,并将支付年龄提高到60岁,以应对经济快速发展对劳动力的需求。20世纪70年代开始,日本全面开始了逐步提高退休年龄的漫长历程。1971年,日本颁布关于稳定老年人就业的法案,积极推进45岁以上劳动者就业,并试图通过企业补贴,将退休年龄从55岁提高到60岁;1976年,日本政府要求企业尽可能将55岁及以上人员的就业率提高到60%以上;1986年,日本《老年劳动法修正案》正式确定60岁的退休目标,并明确规定到1998年废止60岁之前退休的行为;1990年,日本再次修订《老年劳动法》,鼓励雇主继续雇佣员工到65岁;2000年的《老年劳动法修正案》要求雇主应当尽力将退休年龄提升到65岁,2004年的《老年劳动法修正案》则分阶段强制性地提高退休年龄,将退休年龄从2006年4月提高到62岁,2007年4月提高到63岁,2010年4月提高到64岁,2013年4月提高到65岁。[60]

(六)巴西

近年来,巴西政府为了解决巨大的财政赤字,开始推进退休制度改革。2003年巴西参议院通过法案,将法定退休年龄规定为男性60岁,女性55岁,比之前大幅提高了7岁。[61] 目前,巴西的城市就业者(包括自雇者)的退休年龄为男性65岁,女性60岁;而农村就业者的退休年龄为男性60岁,女性55岁。根据巴西的法律规定,在1991年7月25日之后参保的就业者,必须能够证明其累计缴费至少达到180个月(15年)。但是,上述条件只是领取养老金的必要条件,符合上述条件的劳动者并不强制退休。[62]

从上述各国推出的养老金法案看,无一例外地将养老金改革与退休年龄联系在一起。通过延迟退休年龄、提高缴费年限、调整养老金领取比例等措施来缓解养老金支出加大所带来的巨大的财政赤字问题,以应对人口老龄化和经济增长放缓所带来的压力。

五、完善退休年龄的制度建议

退休年龄的确立既关系我国社会保险制度特别是养老保险制度的安全运行问

---

[60] 张士斌:《退休年龄政策调整:日本经验与中国借鉴》,载《现代日本经济》2014年第1期。

[61] 《各国热议延长退休年龄》,载 http://www.China.com.cn/international/txt/201207/30/content_26066353.htm,最后访问日期:2015年3月20日。

[62] See Social Society Country Profiles - Brazil, at https://www.issa.int/zh/country-details?countryId=BR&regionId=AME&filtered=false (Last visited on March 20, 2015).

题,又关系到公民的社会保障权和劳动权的实现。我国现行退休年龄规定存在许多不合理因素,改革是必然的趋势。未来退休年龄立法应当从以下方面着力:

第一,采取“渐进式”的方式合理延迟退休年龄。由于退休年龄涉及各方的利益,不同群体从各自利益角度对延迟退休持不同态度。因此,出台退休年龄改革方案应当采取审慎稳妥的方式。十八届五中全会决议提出要“出台渐进式延迟退休年龄政策”,明确了“渐进式”是我国退休年龄立法的基本方向。“渐进式”意味延迟退休方案要逐渐地推进而不是一蹴而就。首先,要进行充分的讨论和论证,给民众充分表达的自由,广泛征询各方意见,获得民众最大的共识,也为下一步落实延迟退休提供必要的思想和舆论准备。其次,提供一个过渡期,应当在科学精算的基础上,预先提出在未来若干年内逐渐实现延迟退休的计划,让民众对照该计划有一定的心理预期。最后,过渡期能够消弭延迟退休对目前已临界退休的人员的不利影响,体现“老人老办法、新人新办法”的灵活做法。过渡期的确立,可以参考人口老龄化的进程和老年人口高峰值的到来,以立法通过后的一定期限,可以考虑以20 年为期逐渐过渡到将法定退休年龄延迟到 63 ~65 岁。前 10 年的速度可以放缓一些,后 10 年的速度可以相对加快。

第二,适当区分不同的职业与人群,适用不同的退休年龄制度。就劳动者群体而言,因劳动的种类、岗位的差异、受教育的程度不同等存在千差万别,不同人群对退休年龄的需求不同。比如,在关于延迟退休年龄的讨论中,企业职工普遍反对延迟退休,而专业技术人员普遍支持延迟退休。这些“不同声音”尽管出于各自的立场,但有其一定的合理性。一般而言,体力劳动者普遍受教育程度低,16 ~18 岁即可以进入职场劳动,如果不间断工作,至 60 岁退休已工作 40 多年,如果继续从事体力劳动,其身体状况已经很难适应高强度的劳动,一般希望提前退休。而脑力劳动者因受教育年限长,进入职业生涯的年龄普遍推迟,作为专业技术人员或高级管理人员而言,60 岁仍然是其职业生涯的黄金年龄,如果不加区别的“一刀切”退休,则是对人力资源的极大浪费。因此,在制定退休年龄立法时,应当针对不同的人群做出适当的区分。在制度设计上,可以考虑以下几点:首先,通过上述“渐进式”的方式逐渐延迟退休年龄,并以此作为基本退休年龄,适用于一般职工。其次,对于符合条件的特别人群适用提前退休的规定。比如,长期从事井下、有毒有害、高空高温、繁重体力劳动等岗位满一定年限的劳动者,退休年龄可以在基本退休年龄基础上提前 3 ~5 年。某些特殊岗位的劳动者如飞行员、消防队员等,退休年龄也可以提前 3 ~5 年。符合提前退休年龄的岗位由国家统一规定。此外,患职业病或长期患病的职工,符合条件的也可以提前退休。最后,对于符合条件的特别人群适用延迟退休的规定。比如,对于达到一定条件的专业技术人员、高级管理人员或高级行政人员,退休年龄可以在基本退休年龄的基础上延迟 3 年,特别需要的延迟 5 年。

第三,逐渐拉近男女退休年龄的差异。目前,我国女性的退休年龄普遍过低,当时立法之所以规定女性退休年龄较早,主要是认为女性的生理特点决定了其劳动能力的衰退会早于男性,而且女性承担了较重的家庭责任,如照顾老人,教育子女等,出于对女性的照顾和保护,规定了较低的退休年龄。然而现在看来,这些客观因素都已发生较大的变化,女性对"特殊保护"的需求显然与过去不同,尤其是目前女性的平均寿命高于男性,更为重要的是,如前所述,女性的提前退休已经造成了男女之间的严重不平等,这种不平等也并未给女性带来"实质平等",反而可能构成歧视,许多女性职工通过法律诉讼主张自己与男性等同的退休权利。因此,在确定退休年龄方案时,应当率先对女职工退休年龄进行修订。第一步应当尽快将目前实行的女职工 50 岁退休年龄延迟到 55 岁,统一女工人与女职员的退休年龄。第二步是规定一个合理期间(如 10 年),统一男女职工的退休年龄。当然,考虑到男女在生理上确实存在一定差异,基于对女性职工尤其是女性体力劳动者的特殊保护,在统一男女退休年龄后,应当尊重女性的个人意愿,在制度设计上赋予女性提前退休的选择权。

第四,实行弹性退休制度,作为对法定退休年龄的补充。弹性退休是在法定退休年龄外,赋予劳动者有条件地选择提前退休或延后退休,并领取不同比例的退休金的制度。弹性退休是目前世界上许多国家所采取的一种退休选择模式,以满足不同人群对退休年龄的不同需求。由于法定退休年龄过于刚性,而劳动者参加工作年限、缴费年限以及所从事的工作性质等存在差异,因此,应当在制度设计上为劳动者提供各种不同的选择。第一,可以将法定退休年龄与养老金领取比例相挂钩。当劳动者达到基本的缴费年限(目前我国法定最低缴费年限为 15 年),且接近法定退休年龄的,可以自愿申请提前退休。应当在立法上设定提前退休的条件以及养老金领取的相应比例,根据劳动者提前退休的年限,在全额养老金的基础上领取比例养老金。第二,将退休年龄与养老金缴费年限相挂钩。当劳动者缴纳养老保险金达到一定年限,且满足距离法定退休年龄的一定年限,可以申请提前退休。比如,缴费已达 35 年(该年限的确立要与退休年龄相结合),可以提前退休并领取全额养老金。这样,既考虑了不同人群对退休年龄的不同需求,也体现了养老保险制度权利义务相统一的原则。

第五，实行更加开放的退休制度，待条件成熟，可以从目前的强制退休逐渐过渡到灵活退休。退休年龄可以是法定，但达到退休年龄不一定都实行强制退休。未来退休年龄立法中，可以规定除非担任一定职务的国家公务员或国企中高管人员，达到法定退休年龄实行强制退休，其余情形可以交由劳动者与用人单位双方协商。当劳动者达到法定退休年龄时，如果用人单位愿意继续聘用劳动者，劳动者愿意继续工作的，可以推迟办理退休手续，同时推迟领取养老金，劳动关系继续保留，并受劳动法的规范和保护，在劳动关系存续期间，用人单位和劳动者仍需缴纳各项社会保险费。如果劳动者办理退休手续后再重新工作，可以根据其工作时间或劳动报酬的多少，按比例或暂停领取养老金，符合条件的仍需缴纳社会保险费。这样，既能够一定程度解决退休再就业对劳动就业市场的影响，也能够缓解养老金支付的压力，同时还能够将社会保障法与劳动法有效地衔接，解决目前因退休年龄规定带来法律适用的困惑，更好地保护劳动者的劳动权和社会保障权。

就业权保障与劳动基准的平衡研究

——以构建和谐社会为视角

刘金祥*

【摘　要】　劳动者就业权的保护不能单纯用提高劳动基准来实现。我国劳动立法应平衡劳资双方的权利与利益，确定劳动基准应以“宽覆盖、严执法”为出发点，促进就业的法律制度应立足于增强劳动力市场的弹性；要从制定出台就业促进法、合理制定具体的劳动基准、制定劳动定额标准、建立欠薪保障制度、完善最低工资制度等方面保障劳动者的就业权。

【关键词】　和谐社会　就业权的保障　劳动基准　劳资平衡

一、劳动者就业权的保护不能单纯用提高劳动基准来实现

《劳动合同法（草案）》第二稿（以下简称草案二审稿）公布后，在社会上引起了很大的反响。其中一个重要的争论焦点在于，劳动立法大幅度提高劳动基准（此处的劳动基准是广义的，包括最低工资标准、劳动保护标准、福利基准、招退工制度等一系列制度），是切实保护了劳动者的权利，还是限制了劳动者的权利？大幅度提高劳动基准，不但不能切实保护劳动者的正当权利，反而限制了劳动者的正当权利，尤其是不利于保障劳动者的就业权，从而会对和谐社会的构建产生负面影响。制定全面、科学的劳动基准才是保障和实现劳动者就业权的根本所在。

（一）立法最需要保障的是劳动者中的弱者就业权

劳动者其实分成不同的层次，好像一座金字塔，包括上层的经理人员、中层的专业技术人员、下层的产业工人以及最底层的无业、失业、半失业人员等。让这些

---

* 华东理工大学法学院教授，中国社会法学研究会常务理事。原文刊载于《政治与法律》2007 年第 2 期。

人在同一条线上接受法律的保护，只会让底层的劳动者更加弱势。现在最需要法律关注和保护的是“金字塔”的最底层，但是现行法律对无业、失业等最需要关注的人员却关注不够。对于这些人来说，就业才是生存之本，才是最需要解决的问题。而且保障社会成员的充分就业也是国家和政府的重要责任。法律的制定，要有利于他们就业，要从各个方面营造有利于促进就业的氛围和制度环境，要使国家和政府在促进就业方面的责任得到强化和顺利实施。

（二）立法限制劳动者的流动性会使就业机会受到严重冲击

由于企业“被动招工”的风险大大增加，同时企业解聘员工受到各种限制，人员流动性大为降低。从短期看，企业为了避免“被动招工”，可能采取“严进”的用工政策，减少使用人员，这本身就会大量减少就业。从长远看，在企业奉行“严进严出”用工政策的情况下，由于底层劳动者从事的工作一般可替代性较强，需要一定的人员流动性以实现就业，在岗位稀缺、流动停滞的就业环境里，底层劳动者首先受到冲击。

（三）草案二审稿可能产生“三铁”保护模式，不利于就业权的保障

所谓“三铁”是指“铁饭碗”、“铁工资”和“铁交椅”。“三铁”是计划经济条件下的用工制度的缩影，主要体现在用工能进不能出，岗位能上不能下，工资能高不能低。用工能进能出、岗位能上能下、工资能高能低是市场经济劳动用工的基本要求，不应予以漠视。“草案二审稿”的规定将造成劳动关系凝固化。在岗位稀缺、流动停滞的就业环境里，替代性强的底层劳动者首先受到冲击。中国现阶段每年新增四五百万大学毕业生、农村有1.5亿富余劳动力，全社会为解决就业做出了巨大努力，而“草案二审稿”的规定可能进一步加重就业压力。

“草案二审稿”以为机械地提高劳动基准就能够给予劳动者最大的保护，但直接的后果却往往是“铁饭碗、铁交椅、铁工资”的回归，从而加重就业压力，[①]从根本上动摇了对就业权保障的制度基础。因此，新的法律制度的构建，必须着眼于就业权的保障和劳动基准的平衡问题。

二、劳动立法应平衡劳资双方的权利与利益

目前，我们国家正面临着构建社会主义和谐社会的任务。和谐社会需要物质基础，而这个物质基础需要资本来倡导。一个社会的和谐，首先需要资方与劳方的和谐。劳资双方当然具有不同的利益，政府也应当平等对待劳资双方的自由、权利

---

① 田享华：《劳动合同法草案争议：劳动关系过于僵化》，载 http://www.hroot.com/d-970118.hr? 劳动合同法草案争议：劳动关系过于僵化，最后访问日期：2009年1月12日。

和利益。面对各方的不同意见,科学合理的劳动立法应平衡考虑劳资双方的权利与利益,为员工与企业之间形成自由、公平的劳动合同关系创造制度基础。劳动立法的视角理应着眼于创造这种制度基础,树立以下的理念:

(一)必须充分关注劳动与用人单位的双方利益适度平衡

从发展的观点看,劳动立法既要保护劳动者的合法权益,也应当保护用人单位的合法权益。劳动关系的和谐是劳资双方的和谐,两者缺一不可。在目前情况下,因为劳动者相对于用人单位来说经常处于弱势地位,劳动立法才倾向于对其进行重点保护。劳动者权利固然需要保护,但也应有一定的限度,也不能完全忽视用人单位的利益,更要考虑双方的利益适度平衡、权利和义务适当对等,否则,有悖市场经济参与主体适用法律平等的基本原则。如果一味强调保护劳动者利益而忽视用人单位的合法权益,劳动立法的调整就会矫枉过正,重点保护也就失去了平等、公平的正义基础。

(二)必须将关注点放在"宽覆盖、严执法"上

我国《劳动法》是调整我国劳动关系的基本法,《劳动合同法》是《劳动法》的核心,从属于《劳动法》,是对现有《劳动法》的补充和完善。笔者赞同有的学者对现有《劳动法》的评价:高标准、窄覆盖、宽执法。众所周知,标准是刚性的,只能上,不能下。问题是提高标准是否能做到,实施不了怎么办?提高标准要有经济基础,在我国目前劳动就业形势非常严峻的状态下,前有数百万急需就业的大学毕业生,后有从农村城市化转移出来的数亿农民工像无家可归的孩子难有地方落脚,社会本身还有大量的失业人员。社会就业压力急剧膨胀,提高标准不是理性和现实的选择。底层劳动者需要的是生存权、就业权、底线标准的劳动保护,标准越高,底层劳动者越得不到保护。因此,目前的劳动立法要解决的是如何宽覆盖、严执法,立法的视角应对此加以关注,另外,还要照顾我国的文化背景等众多因素,否则法律出台后,会影响到其顺利实施。

(三)关注增强劳动力市场的弹性

目前的劳动合同立法有刚性有余、弹性不足的弊端。劳动合同法应向更具弹性的世界潮流方向发展,让劳动关系调整更具弹性,为其伸缩空间留下余地。20世纪五六十年代国际劳工组织曾试图使劳动关系标准化,但后来发现,这种方式不利于就业。政府应该保障公民就业的基本权利,但对工资水平不一定作出硬性规定。工资和就业水平往往是市场博弈的结果,而只有全社会的效率得到普遍改善,工资和就业的总水平才有可能提高。

各国政府对就业市场的干预和监管，无论是想保护劳工还是要扩大就业，一般都是出于好意。但是现代经济极其复杂，其中某些政策动机和效果之间的关系，往往不符合人们的直觉和常识。所以，尽管有些举措十分必要，但决策和实施必须特别小心，否则可能得不偿失，事与愿违。

政府是劳工利益的保护者，但不是政府干预越多，劳工得到的利益就越多。事实上，政府过度干预往往会损害劳动者的长远和根本利益。典型案例包括1947年印度通过的、试图让大型制造业的工人拥有更多权利的《劳资争议法》和法国的《首次雇用法》所引起的不利后果与争议。

（四）劳动立法应当立足我国目前国情，立法目标和任务是促进就业

从目前我国的国情和构建社会主义和谐社会的总要求来看，维护社会的稳定是各级政府进行社会管理的最重要目标之一。将这一目标置于劳动立法的框架中，可以解析出两个基本的立法目标和任务，即促进就业和平衡劳资双方利益。因为在当前乃至今后相当长时期内，解决就业问题仍然是保护和实现劳动者权利的首要任务，因此，稳定和创造就业岗位，最大限度地促进就业，也应当是这次劳动合同立法追求的目标之一。而只有平衡了劳资双方的利益，才能够使双方在诚信的基础上，最大限度地发挥各自的作用，同时营造和谐的氛围。而这样的结果同时也会对就业起极大的促进作用。

劳动立法如果能够在促进就业和平衡劳资利益方面发挥其应有的作用，则可以认为其已经基本达到了立法的目的和初衷，也为构建和谐社会做出了应有的贡献。

三、就业权的保障和劳动基准的制度构建

（一）尽快出台促进就业法

就业体现的就是生存权和发展权，要建设和谐社会，就要解决城市化进程中就业岗位不足与劳动者工作需要增加的矛盾。在目前的法律保障上，国内主要是《劳动法》，其内容虽然涉及了促进就业，但力度不够，因而出台《促进就业法》呼声颇高。党中央、国务院对加快就业立法工作提出了明确要求，对现行一整套有中国特色的积极就业政策进行总结和评估，在此基础上形成具有普惠性、长效性的法律制度和机制，为扩大就业创造良好的社会环境和法律环境。我国政府在研究制定“十一五”规划中，已将促进就业和再就业列为工作重点，有关部门正在积极研究并将加大促进就业法立法的力度。②

② 魏星：《我国将加大促进就业法立法力度》，载新浪网：http://news.sina.com.cn/0/2005-10-12/1912715108s.shtml，最后访问日期：2005年10月12日。

(二)合理制定具体的劳动基准

(1)全面引进SA8000,建立劳动基准认证机制。"SA8000标准"作为世界上第一个关于企业社会道德责任标准,对我国东部发达地区的企业发展提出了新的要求。③ 在实施中已经取得了良好的效果。因此,在我国全面引进SA8000,建立劳动基准认证机制已刻不容缓。第一,建立适合中国国情又能与国际劳工标准基本接轨的劳动基准,并严格执行是维护劳动者权益一项重要措施。首先,制定富有人道和尊严的劳动基准是社会发展的目标,从源头上约束"寻低竞争"。劳动基准既是劳工的权利,也是人类社会共有的道德标准,同时也反映了企业的管理水平和社会责任。其次,积极提高劳动力素质,改善劳工标准,促进生产力的发展,提升自己竞争力。第二,用劳动基准认证来维护劳工的基本权益。认证制度是通过消费者依据产品的质量、环境保护和劳工权益等来选择产品,而企业则通过向第三方提出申请,以通过认证获得市场的"通行证",否则其产品就可能失去市场,从而影响企业的生产行为。认证是企业的一种自觉行为,每年还需要年检,实现对企业生产监管的经常化、制度化;企业通过认证建立起自己的信誉,从而占有更大的市场份额,形成企业的"向上竞争"。第三,最低劳动基准、最低工资、最基本的社会保障,这是政府干预劳动力市场的重要手段。但企业职工利益的保护,更多的是要靠职工通过集体协商、民主管理等途径来实现。促进劳动者保护,工会是一个必要条件。但目前工会影响力和认同度仍有待提高。工会勇于介入涉及职工利益的问题,才能彰显其地位和作用。④

(2)制定劳动定额标准,保障劳动者权益。随着国有企业的转制、改制,以及合资、私营、民营企业的发展,由国家有关部门制定行业劳动定额的做法被逐步取消,取而代之的是由企业按各自的情况和要求实施各自的劳动定额标准。

由于没有合理的定额标准,在这些企业,员工不得不加班加点完成工时,员工合法权益受侵害的情况非常普遍。这里有两个问题要解决:一是什么是合理的定额标准;二是定额标准产生的途径。关于合理的定额标准。有学者认为,合理的行业劳动定额标准应该至少保证让大多数员工即80%以上员工能完成定额工作。以企业做一件衬衫为例,5%的员工一天能做2件衬衫,85%的员工一天可以做1件半衬衫,10%的员工一天只能做1件衬衫,合理的工时标准应该定为一天做1件半衬衫。此外,如果一个单位50%的员工无法完成规定工作量,这一工作量也不

③ 冯钢:《SA8000标准与中国企业工会的"困境"》,载《浙江社会科学》2005年第1期。

④ 王大奔:《构建和谐劳动关系》,载《解放日报》2005年1月23日。

能作为工时标准。而完成工作所采用的工时应该是标准工时,即按照国家规定的一周工作5天,一天工作8小时计算工时,超过该工时完成的工作属于加班加点完成的工作。退一步说,即使在合理的劳动定额内完不成工作,员工每月也应该获得不低于最低工资的劳动报酬。

关于定额标准产生的途径,合理的行业劳动定额标准不该由老板说了算,需要由协商产生,而目前我国能够代表企业的行业协会尚未健全或不具有足够的代表性。因此,相关部门目前正协商建立、健全各级劳动关系的三方协商机制。目前首先应改变企业和员工中普遍存在的"工时定额应该由老板说了算"的观念,根据劳动法等法律法规规定,劳动报酬、劳动定额属于企业与员工协商的范围,协商确定劳动定额是员工应有的权利。目前有的地方工会正在酝酿制定合理的行业劳动定额标准,并计划选择部分行业进行试点,一旦条件成熟,这项措施会被逐步推广。根据设想,试点定额标准将在开展前期调研的基础上,由政府部门、工会与企业代表协商确定。在行业定额标准出台前,企业员工可以依法按照集体协商机制,由工会代表员工与企业协商本企业合理的工时定额标准,通过专项集体合同来保障员工的合法权益。⑤

(三)建立欠薪追缴保障制度,促进劳动就业

在市场经济条件下,一旦发生雇主欠薪的情形,劳资关系就会发生激烈冲突,损害劳工权益,危害社会秩序。近年来,在我国欠薪问题大量发生,已成为全社会关注的问题之一,而相关的制度和法律仍不健全,影响了社会的稳定,从我国的具体国情看,建立欠薪保障制度尤为必要。建立欠薪保障制度虽然意义重大,但涉及直接或者间接向企业征收费用,事关企业的财产权,因此,根据依法治国的精神,应当通过立法加以确立。欠薪保障制度应当体现社会共济、低收费、广受益等原则。在缴费主体方面,应明确为企业缴费,劳动者作为纯受益人,不承担缴费责任。在受偿主体方面,针对我国欠薪多为欠农民工工资的实际现象,从平等保护原则出发,应明确企业里的所有从业人员,无论是城镇职工还是农民工,一旦遇到欠薪的情况,都可以申请通过欠薪保障基金受偿,尽可能扩大受益面。在缴费标准方面,目前,我国尚不具备通过政府财政拨款成立统一的欠薪保障基金的条件,因此,可以通过企业缴费的途径解决欠薪保障制度的资金来源。为了便于基金的管理,可以设立欠薪保障基金委员会,由政府部门、工会、企业代表组织共同组成,对欠薪保

⑤ 谢克伟:《申城酝酿制定合理行业劳动定额标准》,载解放网,最后访问日期:2006年6月30日。

障基金进行管理。欠薪保障基金委员会的设立应当由政府批准,同时,政府作为监督机构,对欠薪保障基金委员会进行监督,违反法律的,可予以必要的惩处乃至撤销、变更。欠薪保障项目的设定应符合国情。可以将保障项目集中在工资和社会保险费两项基本内容上,同时,设定必要的最高限额。各地可以有所差异。在该限额外,剩余欠薪优先从企业资产中受偿。这样,既能够体现对劳动者权益的保护,又不至于对其他担保债权产生过于不利的影响。欠薪偿付的运作程序是被欠薪者获得实体权益的重要保障。首先,要明确申请欠薪保障基金垫付的条件,这是启动偿付程序的前提。其次,合理设定申请的时效。欠薪直接影响劳动者的正常生活,因此,客观上需要及时偿付。再次,设置申诉程序。劳动者认为符合基金偿付条件,欠薪保障基金委员会拒绝支付的,劳动者可向监督基金委员会的主管政府部门申诉。最后,明确诉讼程序,劳动者对申诉结果不服的,可以通过民事诉讼的途径直接主张权利。⑥

(四)最低工资制的统一和完善

在工资制度中,最低劳动工资基准制是最主要的内容之一。所谓最低工资,是指劳动者在法定工作时间内正常履行劳动义务的前提下,应在其所在单位获得的劳动报酬最低标准。实行最低工资制度并逐步提高最低工资标准能有效保护劳动者的合法权益。

以上海为例,20世纪90年代中期,上海已经开始实施最低工资制度。随着经济的发展,上海的最低工资标准已从当时的290元增长到目前的750元。但是750元实在过低,难以满足劳动者的一般生活需要,必须尽快提高。各地的最低工资标准也大致如此。那么,如何提高?按照劳动和社会保障部2004年颁布的《最低工资规定》,国家对最低工资的确定和调整方式作了明确的规定:确定和调整月最低工资标准,应参考当地就业者及其赡养人口的最低生活费用、城镇居民消费价格指数、职工个人缴纳的社会保险费和住房公积金、职工平均工资、经济发展水平、就业状况等因素。上述规定过于抽象笼统,难以操作。笔者建议:首先,把各地年度平均工资的增长比例作为提高最低工资的法定依据。其次,最低工资标准发布实施后,如相关因素发生变化,应当适时作出调整。如果没有变化,则从原来劳动和社会保障部《最低工资规定》的每两年至少调整一次,改为每年调整一次。这样做既简便又合理,同时也容易操作,对劳动者中的低收入阶层有最低生存的保障。

---

⑥ 邱宝华:《建立欠薪保障法律制度促进劳动就业》,载《政治与法律》2006年第1期。

(五)建立创业鼓励和资助制度

国家要把发展产业经济与劳动就业紧密结合起来。应该通过优惠的财政税收政策和提供小额贷款等大力支持中、小、微型企业的创立与发展,我们可将这种国家扶持下的创业称为"人民的创业活动"。积少成多、集腋成裘,拓宽就业渠道,不仅缩小收入差距可现曙光,就连增长方式转变为"内需"也大有希望。目前,公众创业的积极性很低。据统计,从1999～2004年的6年中,在中国这样一个13亿人口的大国里,每年仅增加10万家法人企业。这对于每年新增近千万就业人口来说,真可谓杯水车薪。正因如此,国有企业改制后的下岗待业人员、一年一度的高校毕业生以及潮涌般的进城务工农民就都成为低收入阶层的庞大"穷"员或"后备军"。没有工作,收入尚无从着落,又何谈缩小收入差距。⑦

(六)建立低收入家庭特殊培训制度

技能低下或不适应市场的需求是制约就业的顽疾,解决上述问题的办法是培训。通过加强培训,提高基础教育水平,不断提高低收入人群的就业能力。由于低收入家庭的成员文化水平低,劳动就业技能差,所以成为最困难的就业群体。解决他们的培训问题,不但家庭要相应投入,而且政府也要加大投入。对贫困户待业人员,政府可以采取减免收费的措施支持他们参加短期职业培训,帮助他们提高就业竞争能力,变被动助困(低保补贴)为主动助困。

(七)高度重视解决农民工问题

农民工已是我国产业大军中的一支重要力量。据国家统计局调查,2004年全国进城务工和在乡镇企业就业的农民工总数超过2亿人,其中进城务工人员1.2亿人左右,农民工广泛分布在国民经济的各个行业。农民工在我国工业化、城镇化、现代化建设中发挥着重要作用。但从现实情况看,农民工面临的问题仍然十分突出,主要是:工资偏低,拖欠工资现象严重;劳动时间长,安全条件差;缺乏社会保障,职业病和工伤事故多;培训就业、子女上学、生活居住等方面也存在诸多困难,经济、政治、社会权益得不到有效保障。这些问题引发了不少社会矛盾和纠纷,也引起了社会各方面的广泛关注。进一步解决好农民工问题,有着极大的重要性和紧迫性,对于改革发展稳定和整个现代化事业具有全局性的重大意义。最近制定的《国务院关于解决农民工问题的若干意见》,站在全局和战略的高度,进一步明确了解决农民工问题的战略思路,制定了解决关系农民工切身利益的突出问题的政策

---

⑦ 《聚焦收入分配制度改革》,载http://www.woobbs.com,最后访问日期:2006年6月20日。

措施,体现了对农民工的尊重与爱护。但从现实来看,解决农民工问题涉及面广,还需要做多方面的工作,特别要抓紧解决涉及农民工利益的一些带普遍性和最现实的问题。

(八)社会保障制度的建立和完善

社会保障制度是国家依据一定的法律和规定,保证社会成员的基本生活需要,保持社会稳定的一项社会安全制度,包括社会保险、社会救助、社会福利、社会优抚等内容。我国的社会保障制度是建国以后逐渐发展起来的。然而随着经济体制改革的深化,尤其是在我国面临人口结构日益老龄化和企业结构性改革使下岗失业人员日益增多的压力下,以国家包揽为特征的单一型社会保障制度,已无法适应不断发展的新体制需要。为此,按照权利和义务相统一、效率与公平相兼顾、改革和过渡相衔接的原则,通过改革逐步建立起符合新经济体制要求的多层次社会保障体系,已成为当务之急。⑧

社会保障体系是再分配的一个重要机制,是社会稳定的一个"安全阀",是切实保障困难群众基本生活的一道安全网。从实际出发,既要逐步扩大保障的覆盖面,又要合理确定保障水平,实现社会保障的可持续性。具体来说,要继续完善城镇职工基本养老和基本医疗、失业、工伤、生育保险制度,认真解决进城务工人员的社会保障问题;认真研究并逐步解决群众看病难看病贵问题;继续深化医疗卫生体制改革,完善公共卫生和医疗服务体系,基本建立新型农村合作医疗制度。同时,要进一步完善社会救助体系,维护弱势群体的基本利益。当前要着重消解城乡之间和城市内部的二元社会结构,保障社会成员劳动机会和创业机会的平等,这样的机会平等既能做到效率优先,又体现了公平的原则,有利于保持社会和谐。

我国的社会保障制度现正处于初创阶段。改革的深化与社会主义市场经济体制的建立,呼唤着具有中国特色的社会保障制度的建立。我国《劳动法》的颁布以及国务院制定的《社会保险费征缴条例》《失业保险条例》等四个法规,已经在社会保障法制建设方面迈出可喜的一步。当务之急需要先制定一部社会保险法。社会保险法是规范因社会保险产生的法律关系的法律规范。社会保险制度秉承积少成多、众人拾柴火焰高的保险精神,在劳动者遇到生育、伤害、疾痛、残废、老年、死亡等事项时,依法支付保险金。⑨

⑧ 参见郭聪:《关于我国收入差距的社会现状探析》,载《经济研究》2000年第7期。

⑨ 参见王利明:《社会保障立法刍议》,载《法制日报》2000年4月9日。

职场性骚扰的共同侵权责任形态研究

曹艳春[*] 刘秀芬

【摘 要】 依据侵权责任人的数量，侵权责任可分为单独责任和共同责任。职场性骚扰作为一种侵权行为，其单独责任形态即各当事人对性骚扰行为承担直接责任还是替代责任的问题；其共同责任形态即当性骚扰行为发生时各当事人如何分担赔偿责任的问题。为解决职场性骚扰的共同责任分担问题，可采取如下责任分担方式：当性骚扰行为的直接加害人为单位的管理者或普通雇员时，直接加害人、雇主、其他共同侵权人承担连带责任；当性骚扰行为的直接加害人为非雇员的第三方时，雇主承担补充责任；在对待有过错的负有性骚扰防治义务的管理者的责任承担上，应由雇主承担替代责任。

【关键词】 职场性骚扰 侵权责任形态 替代责任 连带责任 补充责任

一、职场性骚扰侵权责任的含义与形态

职场性骚扰是发生于工作场合的或与工作有关的，加害人对受害人实施的、以侵犯对方人格权为目的的、基于性或性别的行为，该行为会对受害人的工作造成实质损害，或者使受害人的工作环境变得充满敌意性、胁迫性、侵犯性。职场性骚扰可以分成两种：一是有管理权限的雇员实施的性骚扰行为，即单位的管理者（或其他有权者）对雇员（通常是女性）要求性施惠（sexual favors），以作为维系正常雇佣关系的条件；二是没有管理权限的普通雇员或非雇员的第三方实施的性骚扰行为。管理者实施的性骚扰会导致有形的雇佣行为，也就是有权导致被骚扰的雇员留雇佣地位上的重大的改变，包括雇佣与解雇、提升与未能够提升、降级、不希望的重新

---

* 上海海事大学法学院副院长、教授，中国社会法学研究会常务理事。原文刊载于《政治与法律》2010年第1期。

任命、引起重大的利益上改变的决定、补偿的决定和工作的分派等,因而被称作交换型性骚扰。而普通雇员的性骚扰只会产生敌意的环境,并不能影响被骚扰者在工作中的利益与地位,因而被称作敌意环境型性骚扰。[①] 综观各国关于性骚扰的法律和研究,性骚扰类型的不同会直接导致性骚扰侵权责任承担上的不同。

侵权责任形态,是指侵权法律关系当事人如何分配赔偿责任的不同表现形式,即侵权责任由侵权法律关系中的不同当事人按照侵权责任分配规则承担赔偿责任的基本形式。[②] 侵权责任有如下具体形态:自己责任、对人的替代责任、对物的替代责任、被告责任、原告责任、过失相抵的双方责任、公平责任的双方责任、优者危险负担的双方责任;单独责任以及共同责任中的连带责任、按份责任、不真正连带责任、补充责任、并合责任。[③] 由加害人承担侵权责任时,侵权责任形态会随着加害人数量的不同而发生变化。单独的加害人,当然就是自己负责或者替代负责的单独责任。二人以上的加害人承担侵权责任,就是共同责任的侵权责任形态。侵权责任的共同形态,是在侵权行为的行为人是复数的情况下,赔偿责任在数个行为人之间分配或者负担的形式。[④]

笔者认为,侵权法上的责任形态包括两层含义:(1)侵权人或准侵权人[⑤]如何对被控侵权行为承担赔偿责任;(2)侵权人之间、侵权人与准侵权人之间、准侵权人之间如何分担赔偿责任。具体到职场性骚扰的侵权责任形态,就是要弄清下列问题:加害人如何对自己实施的性骚扰行为承担责任?雇主为加害人实施的职场性骚扰行为承担直接责任还是间接责任?加害人与雇主以及负有性骚扰防治义务的管理者之间如何分担赔偿责任?

上述前两个问题属于侵权责任形态中的单独责任形态问题,后一个问题属于侵权责任形态中的共同责任形态问题。关于职场性骚扰的单独侵权责任形态问题,在笔者发表于《燕山大学学报》(哲学社会科学版)2008年第4期的《职场性骚扰雇主责任的归责原则研究》一文中已有论述,即性骚扰加害人为自己的侵权行为承担过错的侵权责任,从本质上说属于直接责任;雇主要为雇员实施的交换型性骚

---

① 曹艳春:《雇主替代责任研究》,法律出版社2008年版,第255页。

② 刘清波:《民法概论》,开明书店1979年版,第226页,转引自杨立新:《中国侵权责任法应当如何规定侵权责任形态》,载《法律适用》2008年第8期。

③ 杨立新:《中国侵权责任法应当如何规定侵权责任形态》,载《法律适用》2008年第8期。

④ 杨立新:《中国侵权责任法应当如何规定侵权责任形态》,载《法律适用》2008年第8期。

⑤ 准侵权人的责任是基于准侵权人与侵权人之间的监护关系、雇佣关系、监督管理关系、与致害动物之间的饲养和管理关系等。

扰承担严格的替代责任,其本质是间接责任,而雇主对敌意环境型性骚扰承担的责任则是以其“是否尽到性骚扰防治义务”为据而承担过错责任,因而从本质上说也是直接责任。本文不再对职场性骚扰的单独侵权责任形态进行赘述,本文的核心是对职场性骚扰中的共同侵权责任形态作出分析,以解决职场性骚扰诉讼中具体的侵权责任分担问题。

二、职场性骚扰侵权责任承担的比较研究

综观各国对职场性骚扰侵权责任的追究,有这样一个发展趋势:从只追究性骚扰加害人的侵权责任到既追究加害人的侵权责任也追究雇主的责任。这一演变过程蕴含着立法者、司法者以及社会公众对职场性骚扰认识的转变和提升,也使职场性骚扰从概括的性骚扰概念下剥离出来。职场性骚扰的共同侵权责任问题可能涉及如下几方:性骚扰行为的直接实施者(直接加害人)、其他共同侵权人(性骚扰行为的教唆者与帮助者等)、负有性骚扰监管职责的管理者、雇主等。

(一)美国

最初,在美国,无论是监督管理者实施的性骚扰行为还是普通雇员实施的性骚扰行为都被认为是个人的品行行为,而与雇主无关,雇主自不应承担任何责任。然而,随着职场性骚扰案件的增加及人们对职场性骚扰认识的加深,雇主责任逐渐进入人们的视线,并不断完善起来。1986 年联邦最高法院在 Meritor Savings Bank v. Vinson 一案中首次确定雇主对监督管理者实施的交换型性骚扰承担代理法律责任,这一判例得到理论界和实务界的认同。然而,对于敌意环境型性骚扰,尤其是监督管理者实施的敌意环境型性骚扰雇主应否承担责任,以及雇主承担怎样的责任,却有多种不同的声音。⑥ 1998 年,联邦最高法院分别在 Ellerth v. Burlington Industries 及 Faragher v. City of BocaRaton 两案的判决中,对雇主在敌意工作环境案件中所应该担负之法律责任,做了明确宣示。首先,在 Faragher 一案中,最高法院以七票对两票之多数,判决雇主对监督管理者之敌意环境性骚扰行为,负担所谓代理法律责任,若下属之被害人因此类行为遭到有形之经济损失,诸如解雇、降级或调至较差之职位等。然而,雇主对此类指控亦可提出所谓“免责抗辩”,诸如已采取合理措施加以防范以及事后迅速纠正处理等。其次,在 Ellerth 一案中,最高法院是以七票对两票之多数,重申雇主应对监督管理者对其直接下属所造成的敌意环境型性骚扰行为负担代理之法律责任,即使被害人并未因此类行为遭到任何有形之

⑥ 焦兴恺:《向工作场所性骚扰问题宣战》,台北,元照出版有限公司 2002 年版,第 136、137、247 ~ 248 页。

就业不利后果。然而,在被害人未蒙受损失之情形雇主得提出积极抗辩,证明已采取合理之措施,来迅速防范及事后纠正此类行为,但被害受雇者却未能合理运用这些措施,来避免遭受这类伤害。⑦

美国的托马斯案⑧是处理雇主责任、加害人责任以及有过错的管理者责任之间关系的典型案例。该案判决确定了雇主、有过错的管理者、加害雇员三方承担连带责任。

在美国,对职场性骚扰除追究雇主与管理者的侵权责任外,新泽西州最高法院认为还应追究"帮助者"和"教唆者"责任,该法院认为任何人(无论是雇主还是雇员)帮助、教唆、煽动、强迫或胁迫反歧视法禁止的行为都是违法的,某雇员构成性骚扰帮助者或教唆者的条件是:(1)被告支持的一方实施了造成损害的非法行为;(2)一般被告在提供帮助时知道其行为构成非法行为的一部分;(3)被告必须明知并且对违法行为提供了实质帮助。

(二)欧盟及其成员国

欧盟对职场性骚扰的关注始于20世纪70年代。欧盟在对职场性骚扰的规制上曾出台过多个指令,其中2002年修订的《平等待遇指令》(2002/73/EC号指令)指出:平等待遇原则意味着在任何公共和私营部门,包括与就业机会、职业指导和培训、雇佣和工作条件、解雇和吸纳职工或雇主组织的成员等相关的机构,都不应存在任何基于性别的直接或间接的歧视。雇主有责任对公司内受到性骚扰的雇员进行经济赔偿。该指令要求公司老板采取所有可能的措施防止性骚扰的发生,并经常向全体员工通报相关情况。该指令要求各成员国建立各自的代理机构,从而促进反歧视法的执行,成员国也必须鼓励雇主和负责职业培训的机构出台预防措施,以防止工作场所的性骚扰。如果各成员国没有在规定的时间内制定相关的国内法实施该指令,或者未达到该指令对个体权利的保护程度,该指令的规定将直接适用于各成员国。

根据德国《工作场所性骚扰受雇人保护法》的规定,无论被骚扰之受雇人在工

---

⑦ 焦兴恺:《向工作场所性骚扰问题宣战》,台北,元照出版有限公司2002年版,第136、137、247~248页。

⑧ 该案的案情如下:伊塞亚·托马斯是纽约尼克斯队主帅,托马斯利用职权之便,对其属下女职员、前尼克斯市场与商务高级副总监布朗。桑德斯多次提出无礼下流要求,不能得逞后便用污言秽语对其辱骂。有一次同网队比赛前,托马斯竟要求桑德斯与其到裁判休息室"快活快活"。2005年12月,托马斯试图亲吻桑德斯臀部,碰壁后竟问"今天不做爱吗"。尼克斯队主席多兰得知后,竟以"未能履行工作职责"为由将桑德斯开除,忍无可忍的她将两人一起告到法庭。法院判决尼克斯队、多兰(管理者)和托马斯共同赔偿桑德斯1600万美元。

作中曾因容忍性骚扰而获得经济利益，或因不容忍性骚扰而受到不利益，只要骚扰造成受雇人人格尊严的损害，受雇人即有权向其服务企业有关组织或机构提出申诉；雇佣人若未采取适当必要措施，或虽采取措施但无法阻止工作场所性骚扰的再度发生，则受雇人有权为免予再度受性骚扰而停止工作，在停止工作期间的利益不受任何影响；受雇人亦有权就其人格利益受到侵害要求雇主承担侵权赔偿责任。⑨根据德国民法之规定，若性骚扰构成一项被界定为“未经授权之行为”，则雇主与被控从事性骚扰活动者都有可能被认为应负担法律责任。此外，如果性骚扰行为是轻率行为之一项结果，而其之所以会发生，是由于一项过失而未能采取有效措施来防范或阻止或对抗它，则雇主即可能须负担法律责任。再者，如果原告被害人因性骚扰之结果，而可能导致任何不利之情形，则雇主也应同样负担法律责任。⑩

英国 1975 年《性别歧视法》宣布在就业中基于性别的不利对待为非法，其中包括性骚扰。该法规定个人应对违反《性别歧视法》的行为负法律责任，且无论该行为是否经雇主授意或批准，雇主均应承担责任，但如果可证明已采取了预防措施，即可对责任进行抗辩。⑪

法国在性骚扰的责任承担上也采取雇主责任与个人责任相结合的方式。任何人，包括雇主、监督管理者、同事及非雇员第三方都可能为自己实施的性骚扰行为承担个人责任。但当该行为涉及监督管理者时情况有所不同。1992 年《劳工法》规定，监督管理者之性骚扰行为通常都可归责于雇主，即在此时出现雇主责任与个人责任的重合。

（三）日本

在处理有过错的管理者与雇主责任的关系上，日本法院倾向于判决二者承担连带责任。以关于日本京都某综合医院的案件为例，在该医院工作的某女性受到男职员一而再、再而三的性骚扰。该女性以受到性骚扰为由向法院提出诉讼。争论围绕是否要追究对性骚扰疏于防范的医院经营方面的管理责任而展开。判决结果是，该事件反映出医院防治性骚扰不利的一面，医院以及负责解决性骚扰问题的管理部长要向受害人公开道歉，并支付精神损害赔偿。⑫

---

⑨ 伍劲松：《美国两性工作平等制度研究》，载《法学家》2004 年第 3 期

⑩ 焦兴恺：《向工作场所性骚扰问题宣战》，台北，元照出版有限公司 2002 年版，第 136、137、247 ~ 248 页。

⑪ ［英］英格丽德 · 古贝：《公正和有利的工作条件权：消除工作场所性骚扰的措施》，载《人大报刊复印资料 · 民商法学》2005 年第 5 期。

⑫ 日本法学研究会：《性骚扰应对》，竺家荣译，中信出版社 2001 年版，第 214 页。

(四)中国

我国在性骚扰的防治上起步较晚。1995年,香港立法局在英国《性别歧视法》基础上制定了《性别歧视条例》,并于同年7月通过执行。香港《性别歧视法》第46章第1条规定:"在雇佣过程中的个人所做的任何事情,应该依本法目的而视为其雇主所从事的行为,无论从事该行为雇主是否知晓或者批准。"但其第46章第3条规定:"如果雇主采取合理的措施去阻止雇员为此行为或在受雇佣过程中描述该行为,则雇主可以进行抗辩。"2002年,我国台湾地区的"两性工作平等法"中也有关于追究职场性骚扰的雇主责任的规定。

在祖国大陆也有追究性骚扰雇主责任的法律酝酿。首先是各省、自治区、直辖市出台的《妇女权益保障法》的实施办法中提及的追究性骚扰雇主责任的相关规定;其次是正在酝酿中的全国统一立法。2008年"两会"期间,中国法学会反对家庭暴力网络联合中国社科院法学所性别与法律研究中心草拟的《人民法院审理性骚扰案件时的若干规定》的司法解释专家建议稿提交"两会"审议。该建议稿首次规定了用人单位的责任:"劳动者在求职或执行职务过程中遭受性骚扰的,用人单位应当承担连带赔偿责任。"用人单位证明自己采取了预防和制止措施,才可免责。如果用人单位没有尽到预防和制止性骚扰职责,致使性骚扰事件发生,应向受害人支付惩罚性赔偿金。该建议稿还规定了用人单位对受害人遭遇的补救责任,如"受害人因拒绝性骚扰被调岗、调换工作地点、降低待遇、降级、撤职等的,用人单位应予以纠正。因拒绝性骚扰而被解雇、开除、辞退或被迫辞职的,受害人要求复职的,用人单位应予以复职"。

(五)小结

从上述国家和地区关于职场性骚扰的规定可以看出,为职场性骚扰雇主责任寻求法律依据已是性骚扰立法的核心,职场性骚扰的侵权责任主体逐渐由一元化转向多元化,追究职场性骚扰的共同侵权责任的做法逐步取代了追究职场性骚扰直接加害人单独责任的做法。但是,不得不面临的另一问题就是,各责任主体之间的侵权责任如何分担?这是本文讨论的核心。

三、职场性骚扰的加害人责任与雇主责任之间的关系

雇主为其管理者和普通雇员的性骚扰行为承担责任,这在各国立法和司法实践中都得到了确认。职场性骚扰的雇主责任和加害人责任之间如何分担是研究职场性骚扰的共同侵权责任形态中最重要的一环,对此问题的研究也要建立在职场性骚扰的两种类型基础之上。

(一)交换型性骚扰下的雇主责任与加害人责任之间的关系

从单独责任形态的角度讲,雇主为管理者实施的交换型性骚扰行为承担的责任为替代责任,这解决了雇主责任的合理性问题。那么,从共同责任形态的角度分析,交换型性骚扰下的雇主责任与加害人责任之间的关系如何?这是解决在交换型性骚扰下雇主责任与加害人责任的具体分担问题,是将职场性骚扰共同侵权责任付诸实施的重要一环。

如何将侵权责任的单独形态与共同形态联系起来?英国学者约翰·库克认为,替代责任是连带责任的一种。对雇员在雇佣过程中从事的侵权行为,雇主与雇员是连带的侵权责任承担者,这意味着雇主或雇员都有可能被起诉承担全部责任,原告可以起诉其中的任何一方。但是,通常情况下雇主会被首先起诉,因为雇主的责任承担能力更强,同时雇主也被赋予对作为连带责任承担者的雇员享有追偿权。[13] 这是基于"谁过错,谁负责"的公平正义理念的考量。但是,这种追偿权只发生在雇主承担责任以后,而不得以追偿权对抗原告的责任承担请求。换句话说,雇主与加害者雇员之间的内部责任分担不得对抗二者对受害者雇员的外部责任承担。

我国学者在对待替代责任和连带责任的关系上倾向于二者分离说,法律上也试图作出泾渭分明的规定。雇主在通常情况下为雇员的侵权行为承担替代责任,例外的情况下承担连带责任。一般而言,法人或者其他组织侵权责任是替代责任,其赔偿法律关系与其他替代责任一样,具有赔偿主体与直接行为人相脱离的特点。在该种赔偿责任关系中,直接侵权人是法人或者其他组织的法定代表人、负责人和其他工作人员。而赔偿义务主体为法人或者其他组织,即致害他人的法定代表人或者其他工作人员所属的法人或者其他组织。在法人或者其他组织侵权责任中,法人或者其他组织作为赔偿义务人,直接对受害人承担责任,而不是由直接行为人承担责任。法人或者其他组织在承担了赔偿责任之后,对于有过错的直接行为人,可以依法追偿。受害人不得向直接行为人请求赔偿,因为直接行为人不具有义务主体资格。另外,最高人民法院《关于审理人身损害赔偿案件适用法律若干问题的解释》(以下简称《人身损害赔偿司法解释》)第 9 条第 1 款后半部分规定了"雇员因故意或者重大过失致人损害的,应当与雇主承担连带赔偿责任。雇主承担连带赔偿责任的,可以向雇员追偿"。这样,在传统的雇主承担替代赔偿责任之外,又出

---

⑬ [英]约翰·库克:《侵权行为法》,法律出版社 2003 年版,第 338 页。

现了雇主与雇员的连带责任。按照该司法解释,雇主与雇员的连带责任,是指雇员在从事雇佣活动中因故意或重大过失致人损害的,与雇主承担的连带赔偿责任。雇主与雇员的连带责任的确定,除了一般的侵权责任构成要件之外,还必须具备以下两个要件:第一,必须是在从事雇佣活动中雇员致人损害。第二,雇员必须有故意或重大过失。只有在雇员有故意或重大过失时,才会发生雇主与雇员的人身损害赔偿连带责任。⑭

我国首个性骚扰司法解释建议稿在性骚扰雇主责任追究上坚持采取连带责任的方式。该建议稿未对职场性骚扰雇主责任作出两种类型的划分,事实上在管理者雇员实施的交换型性骚扰发生时雇主是不得以尽到防治义务而主张免责的,而在敌意环境型性骚扰发生时雇主可主张此类免责。从雇主角度而言,雇主为管理者的交换型性骚扰承担无过错的替代责任。但是,从受害人角度而言,并不排除受害人将实施性骚扰行为的管理者和雇主一同告上法庭的可能,当此种情况发生时实施性骚扰行为的管理者要与雇主承担连带的赔偿责任。采用替代责任,就是因为雇主承担责任的资力更为强大,更具有履行侵权损害赔偿债务的能力,而雇员的赔偿能力相对较弱,雇主承担替代责任,能够很好地保障受害人损害赔偿权利的实现。⑮ 但是,并不能由此排除实施性骚扰行为的管理者承担连带责任的可能性,实施性骚扰行为的管理者是性骚扰行为始作俑者,受害人有权利直接向其请求损害赔偿。至于究竟是单独起诉雇主还是将实施性骚扰行为的管理者与雇主一同起诉,其选择权在受害人。也就是说,在交换型性骚扰下,雇主对监督管理者实施的性骚扰行为承担替代责任还是承担连带责任,并不取决于实施性骚扰行为的管理者的过错程度,而是取决于被告的数量,即替代责任是指雇主作为单一准侵权人承担单独赔偿责任的情形,而连带责任是指雇主与加害人作为复合侵权人承担共同赔偿责任的情形。

(二)敌意环境型性骚扰下雇主责任与加害人责任之间的关系

《人身损害赔偿司法解释》第3条第1款规定:“两人以上共同故意或者共同过失致人损害,或者虽无共同故意、共同过失,但其侵权行为直接结合发生同一损害结果的,构成共同侵权,应当按照民法通则第一百三十条规定承担连带责任。”在敌意环境型性骚扰诉讼中,笔者认为雇主在对性骚扰行为尽到必要合理的防止和纠正义务时得以免除责任,此时的雇主责任承担的依据在于雇主本身的过错,因此是

---

⑭ 杨立新主编:《类型侵权行为法研究》,人民法院出版社2006年版,第583~584、587页。

⑮ 杨立新主编:《类型侵权行为法研究》,人民法院出版社2006年版,第583~584、587页。

直接责任。当雇主未对性骚扰行为尽到合理的注意义务时,雇主和加害者雇员都要对性骚扰行为承担责任。在敌意环境型性骚扰中,雇主过错与加害者雇员的过错是导致性骚扰行为的两个原因,加害者雇员的过错导致性骚扰行为发生,而雇主过错为加害者雇员的性骚扰行为提供开始或继续的机会和条件,因而雇主要为雇员的性骚扰行为承担责任。因此,在敌意环境型性骚扰下,雇主是基于自身过错而与加害者雇员承担连带责任。

敌意环境型性骚扰发生的场合,有过错的雇主与加害者雇员为共同侵权行为人。雇主与加害者雇员的过错结合可分为如下几种情形:一是雇主为加害者雇员的性骚扰行为提供帮助,此时雇主与加害者雇员之间存在共同的直接故意,即有共同过错,因而要承担连带责任。二是雇主对加害者雇员的行为放纵或视而不见,此时是雇主的间接故意与加害者雇员故意的结合,因此要承担连带责任。三是雇主对雇员的性骚扰行为存在过失,即应制定性骚扰内部规章而未制定、应建立性骚扰内部解决程序而未建立或者应察觉性骚扰行为而未察觉,此时发生雇主过失与加害者雇员故意的结合,雇主失职或失察的过失为雇员的性骚扰行为提供可乘之机,使本该得到制止的性骚扰行为继续下去或恶化下去。二者虽无共同过错,但其行为直接结合导致性骚扰的恶果,因而也要承担连带责任。从上述三种情形中可以看出,无论哪种情形下,雇主过错对雇员性骚扰行为的发生和继续所起到的作用都是不可忽视的。雇主负有为雇员提供健康和谐的工作环境的职责,同时雇主也有治理单位内部环境的职权,雇主此种职责和职权的实现是建立在完善的内部规章和有效的惩戒措施基础之上的。若雇主已尽到必要合理之注意义务,那么雇主对雇员的性骚扰行为不承担责任;若雇主未尽到必要合理之注意义务(如上述三种情形,可视为雇主为雇员的性骚扰行为提供了可资利用的条件),雇主就要为加害者雇员的性骚扰行为承担连带责任。此种设计的缘由在于,雇主的工作环境为雇员的性骚扰行为提供了平台和机会,雇主要尽其所能避免此类情况发生,这是雇主的社会责任和义务,若雇主果真未尽到此方面义务,那么就要与加害者雇员一起承担相对较重的连带责任。雇主承担连带责任后仍可根据加害者雇员的过错向其追偿。但是,无论在交换型性骚扰下还是敌意环境型性骚扰下,受害人都将会得到一次完满的赔偿。

另外,敌意环境型性骚扰还包括非雇员的第三方在职场范围内对雇员实施的性骚扰行为,在此种情况下,雇主对加害人的行为几乎没有控制力,因而让雇主承担与雇员实施的性骚扰行为等同的连带责任是不妥的。杨立新教授认为,在雇主未尽职场安全保障义务,致使非雇员的第三人对雇员在职场范围内实施性骚扰行为,造成受害人损害的,雇主承担补充责任,适用侵权补充责任的基本规则。[16] 笔者赞同这一观点。也就是说,在非雇员的第三方对雇员实施职场性骚扰行为时,雇主的赔偿责任是第二顺位的,只有在受害人无法从加害人处获得赔偿的情况下,受害人才可请求雇主承担赔偿责任,并且雇主对非雇员的第三方享有追偿权。需要明确的是,这里所说的雇主承担补充责任的情况不包括某些雇主故意让其员工穿着性感服饰博得客户欢心,或明知非雇员的第三方正在对雇员实施性骚扰行为而不加阻止的情况,在此种情况下,可认定雇主与非雇员的第三方对性骚扰行为的发生存在共同故意,因而要承担连带责任。

四、职场性骚扰的加害人责任、雇主责任与管理者责任之间的关系

在谈到职场性骚扰案件的责任承担时,加害者雇员的自己责任与雇主责任自然是在所难免的。雇主责任通常是一种单位责任,那么,在雇主责任之外,单位的管理者(包括单位的直接负责人以及其他享有管理职权并且负有性骚扰防治义务的人)是否还要承担个人责任?从上述的美国托马斯案和日本京都某综合医院的案件不难看出,美国和日本在此问题的回答上是肯定的。笔者认为,有过错的负有性骚扰防治义务的管理者责任承担问题与实施交换型性骚扰的管理者责任承担问题有类似之处:二者都被赋予监督管理权限,虽然其权限的具体内容有所不同,但是,无论是实施性骚扰行为的管理者还是有过错的负有性骚扰防治义务的管理者都存在权力滥用的情况。实施性骚扰行为的管理者直接实施了侵权行为,而有过错的负有性骚扰防治义务的管理者对单位内部发生的性骚扰行为采取的放纵和漠视的态度,使性骚扰继续或恶化下去,也对受害人的权利造成了直接或间接的侵犯,因而有过错的负有防治义务的管理者也应对性骚扰行为的发生承担责任。这里所说的管理者过错是指管理者对某雇员的性骚扰行为漠视,或者管理者应当知悉并制止性骚扰行为的发生而没有知悉或尽力制止。如果负有防治义务的管理者是为实施性骚扰侵权行为人提供帮助或者教唆,则此时管理者为共同侵权人,就要承担共同侵权人的连带责任。若管理者不知悉或不应当知悉该事件的发生,或者即便知悉该事件但是尽了所有的注意而未能制止其发生或继续,则管理者一般不需为性骚扰行为的发生承担责任。也就是说,管理者责任是一种以自身过错为基础的直接责任。

---

⑯ 杨立新、马桦:《性骚扰行为的侵权责任形态分析》,载《法学杂志》2005年第6期。

管理者被赋予防治性骚扰的职责和权限,代行雇主职责,管理者在性骚扰防治上表现出的任何姿态和作出的任何行为都是雇主意志的体现,尽管其行为在某些情况下是不妥的。负有性骚扰防治义务的管理者对性骚扰行为的发生可能存在失职失察的过失,由于负有性骚扰防治职责的管理者是雇主的代理人,因而管理者的过错都被视为雇主的过错,并由雇主对受害人承担责任,在雇主承担责任后对有过错的管理者享有追偿的权利。管理者责任并非与雇主责任和加害者雇员责任处于同一层次上,管理者责任只是雇主的合理预期,换言之,在雇主对雇员的性骚扰行为承担替代责任后其追偿对象不只有加害者雇员,还有存在过错的管理者。因此,管理者在一般情况下,不应与雇主承担连带责任。管理者责任最重要的价值在于为雇主增加了一个追偿对象,以达到分散企业风险和刺激管理者在对待单位内部性骚扰的问题上尽职尽责的目的。雇主追偿权的实现可以是请求有过错的管理者雇员承担赔偿责任,也可以是通过降低工资、降级甚至解雇以达到威慑有过错的管理者和免除后患的目的。

五、小结

通过上述关于职场性骚扰的共同侵权责任形态分析,对职场性骚扰的责任分担问题应当已能够有宏观上的把握,但是,微观上的责任分担份额还要依赖个案中各方当事人的过错程度及其在职场性骚扰发生和发展中所起的作用而定。

劳动关系的集体化转型与政府劳工政策的完善

常 凯*

【摘 要】 中国的劳动关系正由个别劳动关系调整向集体劳动关系调整转型。《劳动合同法》的颁布实施,标志着中国劳动关系的个别调整在法律建构上已经初步完成,同时也开启了劳动关系集体调整的新起点。现实中个别劳动关系的建构和调整,已经无法解决劳资矛盾和维系劳动关系的稳定。在劳动关系集体化转型的过程中,有两种互补的力量和途径:一是政府主导的自上而下的建构过程,二是劳动者自发的自下而上的促进过程。从权利争议到利益争议,是劳动关系集体化转型的重要特点。中国的劳工政策亟待调整和完善,包括劳动关系理论指导和调整模式的选择、集体劳动法的健全、劳动者集体权利的确认以及两种劳工力量的关系处理等。

【关键词】 劳动关系 集体化转型 劳工政策

我国劳动关系的市场化建构正处于一个关键的历史时期,即劳动关系由个别向集体的转变时期。劳动关系的集体化转型,是市场化劳动关系形成的重要标志。这一转型对于我国社会经济和政治的发展,都有着重要的影响。了解中国劳动关系集体化转型的原因、过程、特点,以及在劳动关系集体化转型的背景下中国劳工政策完善发展的方向和要求,不仅是劳动关系理论研究的重要内容,对于目前劳动关系的调整与和谐劳动关系的建设,也有直接的现实意义。鉴于国有企业情况较为复杂,本文讨论以非国有企业为主。

---

* 中国人民大学劳动人事学院教授,中国社会法学研究会副会长。原文刊载于《中国社会科学》2013 年第 6 期。

一、从个别劳动关系到集体劳动关系:理论与文献回顾

从个别劳动关系到集体劳动关系,是劳动关系结构和调整的一种历史进程。所谓个别劳动关系是指个别劳动者与雇主所结成的关系。劳动者和雇主是个别劳动关系的主体,个别劳动关系一般通过书面或口头的劳动合同来确定和规范双方的权利与义务。通过劳动合同确立的劳动关系,在形式上似乎平等,实际却是一种从属关系。[①] 这种从属性直接表现为劳动者必须服从雇主的指挥、指令和要求完成特定的任务,并由此产生劳动者的人身从属、社会从属。劳动的从属性是个别劳动关系的最主要特点。[②]

所谓集体劳动关系又称团体劳动关系,通常指劳动者集体或团体一方(通常以工会为代表)与雇主或雇主组织,就劳动条件、劳动标准以及有关劳资事务进行协商交涉而形成的社会关系。现实中的集体谈判关系、集体争议关系、职工参与管理关系等即属于此类关系。集体劳动关系包括企业、行业、产业等不同层面的关系。工人通过自身的团结和集体行动与雇主协商谈判来确定劳动条件和劳动标准,是集体劳动关系的主要功能。

与个别劳动关系的从属性相比,集体劳动关系具有对等性的特点。集体劳动关系的形成,使劳动关系双方的力量能够获得相对平衡。集体劳动关系是为矫正个别劳动关系的从属性而产生的。推动个别劳动关系向集体劳动关系发展的原动力,是劳动者希望改变劳动的从属性及劳动关系的不对等性的诉求和行动。工人们的团结行动,促成了集体劳动关系的形成。

从个别劳动关系规范调整逐步转向集体劳动关系规范调整,是市场经济国家劳动关系调整发展的一般轨迹。以个别劳动关系调整为基础,以集体劳动关系调整为主线,则是各国劳动关系调整的通常做法。劳动关系系统作为社会大系统中的子系统,随着社会基本系统的调整和变化,劳动关系的结构和调整方式也随之发生转变,亦即劳动关系转型。[③] 如第二次世界大战后在世界政治经济格局的变化下,1950~1960年的欧美各国包括亚洲的日本工会运动高涨,劳动立法和劳工政策所面对的主要是集体劳动关系。1980~1990年以来,由于高新技术和新管理方式的出现,以及工会运动的消沉,在欧洲和美国都出现了劳动关系的"转型",在欧洲主要表现为"放松"集体规制,美国则更加强调"个体"。集体劳动关系开始被削

---

① 参见《马克思恩格斯全集》(第48卷),人民出版社1985年版,第3~35页。

② 日本劳働法仝编:《现代劳働法讲座(1)劳働法の基础理论》,日本劳働法仝1981年版,第83页。

③ 常凯主编:《劳动关系学》,中国劳动社会保障出版社2005年版,第15页。

弱,个别劳动关系更受关注。

与此同时,中国开始了由计划经济向市场经济过渡的转变,劳动关系也面临市场化“转型”。尽管各国的“转型”存在差别,但由于全球化背景,在劳动关系转型的理论和方法方面,各国间仍有借鉴意义。

在劳动关系转型问题研究中,《美国产业关系的转型》④一书的观点及方法对后来劳动关系转型的研究有重要影响。此后近十年中,劳动关系的转型研究成为国际劳动关系学界的热点,争论的关键在于人们对于“转型”概念界定以及研究方法和角度的差异。⑤ 艾里克森(C. Erickson)等通过区分“非根本性改变”与“转型”、“渐进式转型”与“激进式转型”概念,提出劳动关系的转型必然意味着劳动关系深层结构发生了更为显著的变化。⑥ 布鲁林(G. Brulin)的研究重点探讨了基层、地区和国家三级工会在这一变化中的作用及意义。⑦ 国际产业关系协会2003年的年会就亚洲国家或地区,特别是韩国、中国台湾地区和菲律宾的劳动关系转型问题进行了专题讨论。⑧ 克里斯·豪威(C. Howell)在研究法国劳动关系转型过程后,发现两个悖论:一是在工会力量衰落的同时,大量的社会对话和工人代表制度被注入公司层面;二是在法国部分地区出现劳动力市场集中调节弱化的同时,法国政府在劳动关系系统的重构过程中仍扮演了核心角色。他指出,劳动关系的制度变革在缺乏政府积极干预的情况下是不可能发生的;无论是雇主还是工会,都不可能单独创设持久的劳动关系制度。⑨

随着中国国企改革的深入和现代企业制度的实施,市场化的劳动关系逐步形成,劳动关系和劳动者权益问题开始凸显。1990年关于劳动关系转型的主要问题是劳动关系从计划经济向市场经济的转型。陈佩华(Anita Chan)首次用组合主义为理论工具,提出中国向市场经济转变的过程中,国家组合主义将逐步过渡到社会

---

④ [美]托马斯·寇肯、[美]哈瑞·卡兹、[美]罗伯特·麦克西:《美国产业关系的转型》,朱飞、王侃译,中国劳动社会保障出版社2008年版,第1~12页。

⑤ Christopher L. Erickson and Sarosh Kuruvilla, “Industrial Relations System Transformation”, *Industrial and Labor Relations Review*, Vol. 52, No. 1, 198, pp. 3 – 21.

⑥ 同前注⑤。

⑦ G. Brulin, “The Transformation of Swedish Industrial Relations from Below”, *Economic and Industrial Democracy*, Vol. 21, No. 2, 2000, pp. 237 – 251.

⑧ Dong – One Kim and Seongsu Kim, “Industrial Relations in Asia: Transformation or Transition?”, *Industrial Relations: A Journal of Economy and Society*, Vol. 42, No. 3, 2003, pp. 311 – 314.

⑨ Chris Howel, “The Transformation of French Industrial Relations: Labor Representation and the State in a Post – Dirigiste Era”, *Politics & Society*, Vol. 37, No. 2, 2009, pp. 225 – 229.

组合主义。[10] 库鲁维拉(Sarosh Kuruvilla)在研究日本等7个有代表性的亚洲国家的劳动关系后,指出新加坡、马来西亚和菲律宾的劳动关系系统是对环境的渐进适应,中国和韩国的劳动关系则属于根本性转型。[11] 但以上研究对于劳动关系集体化转型及其所涉及的深层问题尚未涉及。

学术界对于中国劳动关系集体化转型的研究,主要是进入21世纪后开始的。海外学者的研究主要集中于工会、集体谈判的制度转变等问题。李昌徽(Chang - Hee Lee)通过对比中国和越南状况,认为所谓中国劳动关系市场化的转型是以一系列劳动关系制度的变化为标志的,如一定程度上借鉴了西方的集体谈判制度、三方机制与劳动法律制度等。[12] 陈峰认为比较理想的制度是把现存工会作为国家一部分的国家法团主义转化成某种集中化的社会法团主义,在这种体制下,工会成为国家的伙伴,并且在三方(政府、工人和工会)的制度性安排中具有独立地位。[13] 克拉克(S. Clarke)等认为,中国现有的集体协商谈判,是地方党政运用行政权力推动的,而不是企业劳资双方的主动行为;这一制度没有为中国提供一个新的产业关系的系统框架。[14]

国内学者则更关注集体合同和集体争议与转型的关系。程延园提出,我国劳动关系已从个别劳动关系阶段发展到集体劳动关系的调整阶段,集体劳动关系是否协调已成为劳动关系调整的关键问题。[15] 张立富则通过比较中美劳动关系的转型指出,中美两国的劳动关系处于完全不同的发展阶段。美国要在逐渐弱化的集体劳动关系框架内发展具有更高竞争力和柔性的个体劳动关系和非典型雇佣关系,中国则面临着重建集体劳动关系、规范个别劳动关系及非典型雇佣关系的双重

---

⑩ 陈佩华:《革命乎?组合主义乎?——后毛泽东时期的工会和工人运动》,载《当代中国研究》1994年第4期;常凯主编:《劳动关系·劳动者·劳权——当代中国的劳动问题》,中国劳动出版社1995年版,第1~29页。

⑪ Sarosh Kuruvila, "The Linkages Between Industrialization Strategies and Industrial Relations Human Resource Policies: Singapore, Malaysia, the Philippines and India", *Industrial and Labor Relations Review*, Vol. 49, No. 4, 1996, pp. 635 - 657.

⑫ Chang - Hee Lee, "Recent Industrial Relations Developments in China and Viet Nam: The Transformation of Industrial Relations in East Asian Transition Economies", *Journal of Industrial Relations*, Vol. 48, No. 3, 2006, pp. 415 - 429.

⑬ Feng Chen, "Between the State and Labor: The Conflict of Chinese Trade Unions' Double Identity in Market Reform", *The China Quarterly*, no. 176, Dec. 2003, pp. 1006 - 1027.

⑭ S. Clarke, Chang - Hee Lee and Qi Li, "Collective Consultation and Industrial Relations in China", *British Journal of Industrial Relations*, Vol. 42, No. 2, 2004, pp. 235 - 254.

⑮ 程延园:《集体谈判制度研究》,中国人民大学出版社2004年版,第31~32页。

任务。[16] 乔健等则进一步指出,从个别劳动关系向集体劳动关系转变,劳动者已产生了分享经济发展成果的要求,从基本权利诉求转向利益诉求。劳动争议的集体性及诉求内容的变化反映出新生代农民工的团结意识。[17]

笔者从1990年以来一直关注和研究中国劳动关系转型问题。2004年以劳工权利为核心,提出中国劳动关系研究的框架体系,认为中国劳动关系是以集体劳工权利的实现程度为中心而构筑和发展的,由个别劳动关系向集体劳动关系的转化是中国劳动关系发展的趋势。[18] 2009年更明确提出,中国劳动关系的结构和调整机制正处于由个别劳动关系向集体劳动关系转型的阶段,如何形成法制化的集体劳动关系,是中国劳动关系发展面临的主要任务和基本方向。[19] 上述有关劳动关系转型的理论和研究,还仅限于提出中国劳动关系集体化转型这一问题,而关于这一转型的社会环境、转型动力、过程特点以及各方主体在转型中的地位,特别是转型对于劳工政策的影响,尚未得到深入探讨,这正是本研究试图回应的问题。

二、中国劳动关系的集体化转型:过程与起点

与传统市场经济国家不同,我国市场化的劳动关系并非在经济发展过程中自然形成,而是政府通过改革从计划经济体制中转型而来。劳动关系的市场化转型是作为经济体制转型的重要构成部分,以所有权关系和经营权关系的转变为背景,通过劳动用工制度的改革而具体实现的。所有权关系和经营权关系的改革,确认了企业"产权明晰"和"独立经营"的原则,配合劳动用工制度的改革,劳动者从计划经济下"全民所有"的产权关系中剥离出来,成为劳动力市场上的劳动力提供者。这一改革的直接目标是建立一个自由流动的劳动力市场,并在此基础上构建市场化的劳动关系。

劳动制度的改革和市场化劳动关系的初步建立,大致经历了以下过程:第一阶段,20世纪80年代中期到90年代初,主要是在国企进行用工制度改革并推行劳动合同制,是劳动改革的试水时期。第二阶段,20世纪90年代初到21世纪初,劳动制度改革作为以建立现代企业制度为目标的企业改制的"配套改革",进入全面实

---

[16] 张立富:《中国和美国劳动关系转型的比较分析》,载《中国人力资源开发》2010年第4期。

[17] 乔健、郑桥、余敏、张原:《迈向"十二五"时期中国劳动关系的现状和政策取向》,载《中国劳动关系学院学报》2011年第3期。

[18] 常凯:《劳权论——当代中国劳动关系的法律调整研究》,中国劳动社会保障出版社2004年版,第44、63页。

[19] 常凯主编:《中国劳动关系报告——当代中国劳动关系的特点和趋向》,中国劳动社会保障出版社2009年版,第8页。

施时期。随着大部分国有企业的市场化,这些企业的职工转变为市场经济下的雇佣劳动者。与此同时,亿万农民弃农务工以农民工的身份加入现代产业,直接成为纯粹的市场化的雇佣劳动者。第三阶段,从21世纪初到2008年《中华人民共和国劳动合同法》(以下简称《劳动合同法》)的颁布实施,这一阶段主要是巩固改革成果,确立这种新的劳动关系,并以法律的形式予以认定。

至此,市场化的劳动关系初步形成。但这并没有最终完成劳动关系的市场化转型,因为由《劳动合同法》所规制和确认的劳动关系还是一种个别劳动关系。而必须进一步形成集体劳动关系,才能完成市场化劳动关系的转型。从个别劳动关系向集体劳动关系转变,是市场经济条件下劳动关系调整的客观要求。但这种转变并不能自然形成,而是劳动关系各方在博弈中形成的最终结果。推动劳动关系集体化转型的内在力量主要是劳动者自我保护的权利诉求。但只有当政府意识到,集体劳动关系将会使经济和社会更加稳定持续地发展,更稳定和有效的运营将使管理层能够得到集体谈判带来的劳动成本上升的补偿,从而将集体劳动关系的构建和调整作为政府劳工政策的重点,集体劳动关系制度和机制才能最终形成。

中国的劳动制度改革,其重点是在“用工”上,即所谓“用工制度”改革,目的在于如何形成劳动力市场并有效地配置和使用劳动力。这种改革是通过一种自上而下的强制性的行政行为实现的。这个过程也是中国市场化中雇佣者与被雇佣者劳动关系双方主体重构的过程。这是一种新型的市场化的劳动关系,但在《劳动合同法》实施前,还基本上是一种个别的劳动关系。个别劳动关系只是市场化劳动关系的自然与基本形态,这是一种从属和不对等的劳动关系。《劳动合同法》所规制的劳动关系,即是一种单个劳动者与雇主所形成的个别劳动关系。

当然,在劳动用工制度改革的过程中,改革的设计者并不是没有考虑到集体劳动关系的建构问题。1992年修订的《中华人民共和国工会法》(以下简称《工会法》)和1994年通过的《中华人民共和国劳动法》(以下简称《劳动法》),都涉及集体劳动关系建构问题,但这些规定并未能够有效实施。这是因为在市场化的个别劳动关系的法律制度没有建立之前,集体劳动关系缺乏制度基础。而且,这一期间乍被抛入劳动力市场的劳动者对于市场经济下自身地位的认识尚不清晰,另外,农民工在社会意识上也还没有真正融入产业大军。此期劳动者的“集体无意识”或

“集体无行动”,是社会急速转型中劳动者意识形成中的一个特定现象。[20] 在这种情况下劳动关系的集体化建构是难以进行的。尽管在此期间也曾出现过工人的集体停工或集体上访等群体性事件,但由于劳动关系集体化转型的主客观条件都不充分,所以这些行为并未能促成集体劳动关系的形成,而只是劳动关系集体化转型的预演和先声。

《劳动合同法》的颁布和实施,是我国劳动关系集体化转型的契机和新起点。《劳动合同法》在中国劳动法治史上发挥着承前启后的作用:它的颁布实施,标志着中国劳动关系的个别调整在法律建构上已经初步完成,同时,又开启了劳动关系集体调整的新起点,并为劳动关系的集体调整提供了法律基础。

作为个别劳动关系形成的法律形式,劳动合同是市场化劳动关系法律规制的首要和基础内容。劳动合同制度从20世纪80年代即开始试行,1995年《劳动法》颁布后,劳动合同作为劳动制度改革的主要内容正式推行。虽历时10余年,但效果并不理想。2005年12月28日,全国人大常委会副委员长何鲁丽在向全国人大报告的《劳动法》执法检查结果中指出:从检查情况看,中小型非公企业劳动合同签订率不足两成,个体经济组织的签订率更低。一些用人单位为规避法定义务,不愿与劳动者签订长期合同。大部分劳动合同期限在一年以内,劳动合同短期化倾向明显。[21] 这一报告所提出的问题是启动劳动合同立法的主要动因。

2005年开始启动的劳动合同立法进程,是一个各方利益集团博弈的过程。劳动者希望能够更多地保护自己的劳动权益;雇主反对限制企业的用人自主权和增加企业劳动成本;政府希望能在企业发展和劳工保护之间找到一个平衡点。由于该法的制定牵涉几乎所有的职业人群,因而引发了全社会的高度关注,也在学界引

---

⑳ 学界关于工人的“集体无意识”和“集体无行动”研究,主要是针对20世纪90年代国企改制过程中工人的状况而言的。主要作品有:Ching Kwan Lee,“The Labor Politics of Market Socialism: Collective Inaction and Class Experiences among State Workers in Guangzhou”,*Modern China*, vol. 24, no. 1, 1998, pp. 3 – 33;刘爱玉:《国有企业制度变革过程中工人的行动选择——项关于无集体行动的经验研究》,载《社会学研究》2003年第6期。

㉑ 何鲁丽:《全国人大常委会执法检查组关于检查〈中华人民共和国劳动法〉实施情况的报告》(2005年12月28日),2005年12月29日,载 http://www.npc.gov.cn/npc/zt/2005-12/29/content_343899.htm,最后访问日期:2012年2月24日。

起了激烈争论。[22] 立法机构在平衡各方意见的基础上，基于劳动关系的现实状况以及劳动立法的本质要求，以劳动者保护作为立法主旨，并同时兼顾企业的合法权益，最终，《劳动合同法》于 2007 年 7 月在全国人大常委会高票通过。[23]

《劳动合同法》的颁布，特别是其中关于明确法律责任、加大违法成本的相关规定，极大地促进了劳动合同制度的完善和执行。具体表现在如下两个方面：首先，劳动合同的签订率稳步上升。据主持《劳动合同法》起草工作的全国人大常委会法制工作委员会副主任信春鹰提供的资料显示，2008 年 1 月到 2008 年 9 月规模以上企业签订劳动合同的比例达 93%，而在《劳动合同法》实施之前，劳动合同签订率不足 20%。[24] 其次，劳动合同短期化的情况得到有效遏制。人社部的调查显示，新法实施后劳动合同的签订期限主要为 3 年。此外，劳动合同中关于劳动者权利的条款，如工资标准、工作时间、社保缴费、休息休假、职业安全等相关内容得到明确，特别是社会保险缴费标准获得较大的提高。[25]

然而，在《劳动合同法》的实施中，也出现了一些新问题，比较突出的有：部分企业用各种手段规避和应对《劳动合同法》的相关规定、大量使用劳务派遣工、以非正规就业替代正规就业等。《劳动合同法》颁布后出现的另一种情况是劳动争议集中爆发。据劳动和社会保障事业发展统计公报的数据，《劳动合同法》颁布实施后，劳动争议案件出现"井喷"。而据最高人民法院的统计数字，2008 年全国审结劳动争议案件 28 万余件，同比上升 93.93%。[26]

---

[22] 2006 年 3 月 20 日到 4 月 20 日，《劳动合同法(草案)》向社会公开征求意见，共收到意见 191 849 件。《劳动合同法》草案出台后，关心该法的学界产生严重分歧。以笔者为代表的"京派"认为，草案正是为了平衡我国劳动关系中劳方处于弱势地位的现状；以董保华为代表的"海派"则认为，草案对劳动者保护"过度"，不符合实际情况，结果可能适得其反(参见陈小瑾、陈磊：《中国将为〈劳动合同法〉付出代价》，载《南方人物周刊》2007 年第 29 期)。学界这场所谓的"南北之争"，一直持续到该法颁布之后。双方主要观点参见常凯：《劳权保障与劳资双赢——〈劳动合同法〉论》，中国劳动社会保障出版社 2009 年版)。董保华：《劳动合同立法的争鸣与思考》，上海人民出版社 2011 年版。

[23] 第十届全国人大常委会在历经四次审议后，终于在 2007 年 6 月 29 日的第二十八次会议上，以 145 票赞成、0 票反对、1 人未按表决器的投票结果通过。全国人大常委会委员、全国人大常委会法制工作委员会副主任信春鹰表示，这个结果说明了对于《劳动合同法》的制定、立法原则和内容架构，在立法机关达成了高度共识(王娇萍：《争议声中形成的共同意志——记〈劳动合同法〉立法的背后》，载《工人日报》2007 年 7 月 10 日，第 7 版)。

[24] 《劳动合同法实施后合同签订率由不足 20% 提升至 93%》，2009 年 3 月 9 日，载 http://politics.people.com.cn/GB/1026/8932537.html，最后访问日期：2011 年 6 月 18 日。

[25] 白天亮：《劳动合同短期化得到遏制　新签劳动合同期限以 3 年为主》，载《人民日报》2010 年 1 月 28 日，第 13 版。

[26] 王俊秀、刘梦泽：《劳合法实施 2 年劳动争议案井喷　新工人求职更难》，载《中国青年报》2010 年 1 月 19 日，第 5 版。

面对《劳动合同法》执行中的问题以及劳动争议激增的状况,一些学者认为这是由《劳动合同法》中存在的政府干预劳动力市场和过度保护劳动者条款所致,并提出修法主张。[27] 作为该法的立法参与者,笔者当时提出,这些问题的出现,并不是由于实施了《劳动合同法》,而是劳动法治的程度尚不到位,劳动争议“井喷”正是由于以往劳动关系不规范所引发。要解决《劳动合同法》实施后出现的新问题,不是要“修法”放松管制,而是要进一步完善集体劳动关系立法,以保障个别劳动关系法规定的内容实施。笔者当时即提出,目前需要坚持实施《劳动合同法》,并在此基础上推行更加完善的《劳动基准法》《集体合同法》等配套法律。[28]

《劳动合同法》作为个别劳动关系调整法,其效用主要是运用公权利对劳动者的权利进行保护并对雇主的权利进行限制,以使个别劳动关系中的“资强劳弱”状况得到部分矫正。然而,仅靠外部的行政力量并不能实现劳动关系的力量对等,只有通过劳动者自身的集体力量,才能实现劳资力量的相对平衡和劳资自治。从法理意义层面,法律对于劳动关系的调整主要通过两种途径来实现:一是直接制定劳动法规定雇主义务,保障劳动者权益,并通过国家监督予以实施;二是工人成立工会与雇主进行集体谈判,确定彼此权利义务,实行国家指导下的劳资自治。[29] 前者为“公力救济”的手段,后者则是“自力救济”的手段。公力救济主要是个别劳动关系调整的手段,自力救济则主要是集体劳动关系调整的手段。通常而言,前者为基础,后者是保障;前者是实体,后者是程序。即个别劳动关系的调整只有和集体劳动关系调整相结合,实现为抵制雇主专断力的劳动关系系统的功能平衡,方能真正实现劳动关系调整的目的。

正是在这个意义上,《劳动合同法》的实施,既对集体劳动关系的构建和规制提出要求,也为集体劳动关系构建提供了基础。主要表现在以下几个方面。

其一,《劳动合同法》的实施在制度层面为集体劳动关系的建构提供了基础。如前所述,《劳动合同法》的实施促使劳动合同的签约率、合同期限以及合同规范等有了大幅改观,其完善劳动合同制度的直接目的已见成效。以劳动合同制度为主要标志的个别劳动关系的规范和稳定,为集体劳动关系的建构提供了需求,同时,

---

[27] 参见廖卫华:《人大代表梁慧星:劳动合同法要让企业劳动者都满意》,载《成都商报》2009 年 3 月 10 日,第 4 版。

[28] 马丽:《常凯:劳资关系应以法为鉴》,载《法人》2009 年第 3 期。

[29] 王泽鉴:《民法学说与判例研究》(2),中国政法大学出版社 1998 年版,第 324 页。

该法律将有关集体合同的规定纳入其中,也为集体劳动关系调整的接续做了准备。[30]

其二,《劳动合同法》的颁布实施,普遍提升了全社会的劳动法治理念。特别是《劳动合同法》在全社会范围内的大争论,更是一次前所未有的普法大教育。这在一定程度上改变了以往《劳动法》是"软法"的社会认识,企业守法意识在加强。《劳动合同法》实施后的第一年,上海地区的劳动争议案件同比增长 119%,但用人单位的全部胜诉率占结案数的 17.2%,同比上升了 5.3%,这是自有统计以来首次出现用人单位胜诉率上升的情况。[31] 这表明企业用工规范程度提高,劳动关系开始从"法外运行"逐步转变为"法内运行"。[32]

其三,《劳动合同法》的颁布实施,提升了劳动者的权利意识和集体意识。《劳动合同法》对于劳动者意识的影响主要表现在两个方面:(1)《劳动合同法》的颁布和宣传普及,使众多的劳动者了解了法律规定的个体享有的相关权利,并可以通过法律手段来维护自己的权利。[33] (2)由于劳动法治系统并不完善,《劳动合同法》中的权利与现实中的权利差距很大。劳动者自然要思考如何实现法律赋予的权利。以集体意识为主要内容的市场经济中劳动者意识的提升,成为促成劳动关系集体化转型的最主要推动力。

三、劳动关系集体化转型:路径与特点

如果说,个别劳动关系的市场化转型主要是政府推动所完成的,在这个过程中,劳动者基本上处于一种被动的地位,是被"抛入"劳动力市场的;那么,劳动关系的集体化转型,则是由政府和劳动者共同推动进行的。在劳动关系集体化转型的过程中,有两种力量和两种途径:一是政府主导的自上而下的建构过程,二是劳动

---

[30] 在《劳动合同法》立法之初,立法者便考虑到了后续的集体劳动关系立法特别是集体合同立法问题。因当时集体合同单独立法在立法程序上无法与劳动合同立法同时进行,所以,在《劳动合同法》的"特别规定"一章中,专门设置了"集体合同"一节。将集体合同的相关规定放在劳动合同立法中,这在劳动立法中是一种特例,但这种处理方式有助于个别劳动关系调整与集体劳动关系调整的接续。

[31] 上海市人力资源和社会保障局:《本市发布 2008 年劳动争议情况分析》,2009 年 2 月 23 日,载 http://www.12333sh.gov.cn/2007sxy/2007news/2007xwzt/200902/t20090223_1061830.shtml,最后访问日期:2011 年 6 月 18 日。

[32] 关于劳动关系由"法外运行"转变为"法内运行"的论述,参见常凯、邱婕:《中国劳动关系转型与劳动法治重点——从〈劳动合同法〉实施三周年谈起》,载《探索与争鸣》2011 年第 10 期。

[33] 根据在上海市总工会《劳动合同法》实施情况调研课题组于 2008 年 5 月至 8 月的调查数据:82.71% 的职工知道《劳动合同法》从 2008 年 1 月 1 日起施行,87.30% 的职工知道用人单位变更劳动合同需要与劳动者双方协商一致,74.06% 的职工认为《劳动合同法》的全面实施有利于维护职工合法权益,94.29% 的职工选择发生劳动争议时通过正常途径维权。

者自发的自下而上的促进过程。

由党政主导的自上而下建构集体劳动关系的过程,是与劳动力市场改革同步进行的。其内容主要是以工会为主体的工会市场化改革和工会市场行为的推进。我国的《工会法》第6条第1句规定:维护职工合法权益是工会的基本职责。工会在维护全国人民总体利益的同时,代表和维护职工的合法权益。[34] 这一关于工会职责的规定,是中国工会处理劳资关系的基本原则,即工会要代表和维护劳动者合法权益,与此同时还要维护全国人民的总体利益,即所谓"两个维护"的原则。在这一原则下,中国工会在劳动关系市场化的进程中,通过建立"职工之家"、推进企业民主管理、开展厂务公开、送温暖、参与劳动立法、实施法律援助、推进三方协商机制、组织起来依法维权、组建工会、推行集体协商等方式和活动,推动职工权益的维护和劳动关系的调整。特别是《劳动合同法》实施以后,全国总工会(以下简称全总)以在企业组建工会和推行集体协商作为工作重点,2010年提出"两个普遍",即"依法推动企业普遍建立工会组织""依法推动企业普遍开展工资集体协商"。[35] 截至2010年9月,全国工会会员达到2.39亿人,新增1361.3万人,其中新增农民工会员839.8万人。共签订集体合同140.8万份,覆盖企业243.9万个,覆盖职工1.85亿人。[36] 全总的这些工作,在构建集体劳动关系架构、扩大工会社会影响、维护劳动者合法权益等方面都发挥了积极作用。

但这种由党政主导的以行政化手段推行的工会组建和集体协商,存在严重的指标化、数字化和形式化等问题。在工会组建方面的主要问题是,由于企业工会组建主要是由雇主控制和主导,所以许多新建的企业工会是"挂牌工会"或"空壳工会"。更为严重的是,一部分新建工会被雇主所控制而成为"老板工会",这些工会在劳资冲突时,往往会选择站在雇主一方。[37] 在集体协商的推进方面,由于党政高度重视积极介入,并将其纳入政绩考核,这样可以快速提升集体合同的数目和覆盖范围,但在一些地方这种集体合同签订成为一种行政行为,形同虚设或流于形式;

---

[34] 《中华人民共和国工会法》(2001年)第1章第6条。

[35] 王兆国:《在全总十五届四次执委会议上的讲话》(2010年7月25日),载《中国工运》2010年第8期。

[36] 潘跃:《全国工会会员达2.39亿人　工会加大推进"两个普遍"》,载《人民日报》2011年5月1日,第1版。

[37] 对此,广东省工会主席邓维龙曾明确指出:很多企业工会在工人心目中只是老板的附设机构,工会在平常就做些困难员工帮扶、主持活动竞赛的事,调动员工的积极性,使他们能够更好地为老板创造价值。但是当劳资矛盾发展到比较尖锐的时候,工会就代表老板的利益了(参见张小磊等:《广东省总工会主席:企业工会主席多不是民主选举》,载《羊城晚报》2010年7月3日,第A02版)。

重形式、轻内容,重数量、轻质量,重政绩、轻实绩,是集体合同签订中较为普遍的问题。在一些地方甚至在某种程度上集体合同制度背离了维护劳动者权益和调整劳动关系的原意,某种程度上成为一种政绩工程。[38]

集体劳动关系形成的重要指标是工会组建率和集体合同签订率。但对于集体劳动关系的形成判断,不仅要看这两个指标,更要看集体合同是否经过了协商谈判、其内容是否规范有效并能够落实。如果只有形式没有内容,集体劳动关系便不可能形成。企业中如果没有以工会为代表的工人参与,也不可能形成真正意义上的集体劳动关系。遗憾的是,目前中国企业特别是非公企业的劳动关系,其性质基本上仍然处于原子化和碎片化的状态,即一个雇主面对一群工人的这种个别劳动关系的构成状态。

集体化劳动关系的实现,一个基本的要求就是要有广大劳动者的诉求,需要劳动者直接介入和参与。劳动关系集体化转型没有工人的参与无法完成。由于集体劳动关系与个体切身利益攸关,劳动者也在用自己的行动推动着劳动关系的集体化。这是一种自发的自下而上的行动。如果说,政府推动的劳动关系集体化转型还是一种外在的推动力,那么劳动者推动的劳动关系集体化转型则是一种内在的推动力。而劳动者的行动有待于集体意识的发轫和觉醒。只有劳动者意识到要为改变现状而采用集体行动时,方能促成集体劳动关系的形成。

中国工人是在市场化转型的过程中逐步形成自己的集体意识的。就其发展阶段看,20 世纪 80 年代中期和 2000 年前后,各地曾引发了一些工人的集体行动。[39]但这一时期工人对于市场经济的性质以及工人地位权利的认识,还未形成市场经济的劳动者意识。劳动者意识又称为劳工意识(labor consciousness),是指市场经济下作为雇佣劳动者的工人群体在特定的劳动形式和劳动过程中对于自身地位的认识。劳工权利意识是劳工意识的核心内容。[40]《劳动合同法》颁布实施,从法律上表明中国的城市工人完成了由以往的国企工人到市场中的雇佣劳动者的身份转换,同时确认农村工人完成了由农民工到雇佣劳动者的转变。[41] 市场经济下的劳动者意识,正是在工人们意识到自己在市场经济中的现实地位及其所享有的法律规

---

[38] 王晶:《集体协商谈判制度须以劳工三权为基础》,载《战略与管理》2011 年第 5 期。

[39] 关于 20 世纪 80 年代中期中国工人的集体行动的评述,参见常凯:《工潮问题的调查与分析》,载《当代工会文丛》(第 1 辑),工人出版社 1988 年版。

[40] 常凯:《论劳动者文化》,载《工运研究》1995 年第 2 期。

[41] 《劳动合同法》中不存在国企工人或农民工的称谓,而统称为"劳动者"。这标志着城市工人和农村工人在法律身份上已经不存在差异,即均为劳动(雇佣)关系中的劳动者。

定的劳工权利的基础上自发形成的。

这种自发形成的劳工意识,只是"他们全体的群体心理意识",停留在争取"眼前的局部的利益"。[42] 其诉求目标只是要求"做一天公平的工作,得一天公平的工资"。[43] 综观中国近年来工人集体行动的诉求,我们发现,工人的诉求只是争取在现有体制下得到更为公平的对待。在建设时期的当代中国,要求在现行体制内通过团结和谈判的合法手段来争取自己的经济权益,现实中具有合法性和合理性。工人正是以这种行动推动了中国劳动关系的集体化转型。

《劳动合同法》实施后所发生的一系列集体劳动争议和劳工集体行动,特别是2010年夏季发生的以"南海本田事件"为代表的外企工人的"停工潮",成为中国劳动关系集体化转型的标志性事件。[44] 这些集体争议和集体行动,具有以下的特点和意义:

首先,从性质上,这两年所发生的集体争议都是经济性质的争议,争议对象是企业的雇主或管理层,并期望政府能够公正解决问题。但这种劳资纠纷有一个新的特点,即开始由权利争议转向利益争议。[45] 以往的集体争议,更多的是由于劳动者权利被侵害而发生的权利争议。近年的集体争议,基本上都是要求在现有基础上提高工资、改善待遇,要求公正待遇的利益争议。一般而言,利益争议只有在劳动者形成集体力量后方能提起。从权利争议到利益争议,表明集体争议诉求性质的变化,是劳动关系集体化转型的重要特点。

其次,从组织形式上,我国所发生的集体行动,均为工人自发举行。事件的发生往往是由某种偶然的契机引发,并非事先有组织有计划地进行。尽管在事件的发起和进行中,会有工人领袖和骨干出现。但一旦事件解决,这些领袖就完成了使命,工人自发的临时性的团结也就不复存在。然而,工人的自发行动规模和范围却有扩大的趋势,一个企业的集体行动往往会引发连锁行动,扩大到行业或地区,虽然这种连锁反应并非有组织的串联和预谋。这表明,工人的集体意识,已经不仅仅

---

[42] 卢卡奇:《历史与阶级意识》,杜章智等译,商务印书馆1999年版,第136页。

[43] 同前注①,第2卷,第203~204页。

[44] 关于"南海本田事件"的评述,参见伊夫、徐多:《亲历一次罢工谈判》,载《新民周刊》2010年第32期。

[45] 所谓权利争议,是指基于法律、集体合同或劳动合同之规定,当事人主张权利存在与否或有无受到侵害或有无履行债务等发生的争议。所谓利益争议,是指当事人对于将来构成彼此间权利义务之劳动条件,主张继续保持现存条件或应予变更调整而发生的争议。权利争议的形式可以是个别争议,也可以是集体争议,利益争议的形式通常都是集体争议。参见《英国劳资关系法实施规则》(1972年)第126条;中华全国总工会编:《外国劳动法律法规选编》(上),内部版,1997年,第73页。

局限在企业内。

最后,工人的集体行动和集体谈判绝大部分是在理性的状态中进行的。工人集体行动的范围和内容仅局限于在工作场所停止工作,而没有出现过诸如上街、堵路、破坏公物等过激行为。而且集体争议的解决,大部分都是通过劳资集体谈判实现的。如《人民日报》2010 年 5 月 28 日对于正在进行中的南海本田停工事件的评价是:南海本田公司因"'薪水太低'引发工人停工""劳资双方理性协商""工会和相关职能部门介入劳资争端,促成双方平等协商""劳资双方协商的整个过程均在理性与和平的状态中进行。尽管上千工人参与到停工和表达诉求之中,但厂区秩序良好,劳资双方都没有出现过激行为和不理智举动"。[46] 工人集体行动的法制观念和理性行为得到相关部门的肯定和认可。

以停工为主要形式的工人集体行动,在市场经济条件下是一种解决劳资矛盾的正常的市场行为,但不应是一种日常行为,停工的意义更在于"威慑"。我国近年集中发生的工人集体行动事件,从深层次来说是多年来低劳动成本换取效益的做法所引致的劳资矛盾激化,劳动者已经不能接受这种状况。就企业而言,停工是一种经营管理危机,主要表现为分配不公平、管理简单及缺乏真正的劳资沟通协商机制。如果发生停工的企业有工会的话,工人自发的集体行动表明该工会并未有效地代表劳动者,集体合同也没有发挥协调劳动关系的作用。

对于这些挑战和危机,政府部门如能采取"理智对待,法治解决"的方式,那么事件基本都能得到妥当的处理。首先,对于工人集体行动的性质要有一个比较准确的判断,即确认这是劳资经济纠纷,不当成"维稳事件",这是事件妥善解决的前提。其次,事件只能是依法处理,《工会法》第 27 条规定:"企业、事业单位发生停工、怠工事件,工会应当代表职工同企业、事业单位或者有关方面协商,反映职工的意见和要求并提出解决意见。对于职工的合理要求,企业、事业单位应当予以解决。工会协助企业、事业单位做好工作,尽快恢复生产、工作秩序。"这是事件处理的基本依据。[47] 就政府而言,劳资集体争议发生后,政府不要急于强制工人复工,也不要去压制企业提薪,而是作为第三方协调人的身份为劳资的协商谈判创造条件。其中南海本田事件即是一个成功处理的典范。在南海本田事件中,笔者作为罢工工人的法律顾问,参与了集体谈判的全过程。在南海区劳动部门的主持下,该谈判持续了 6 个多小时,最终达成企业提薪 34% 的协议,结束了持续 17 天的集体行动。

---

[46] 李刚:《本田在华整车企业全线停产》,载《人民日报》2010 年 5 月 28 日,第 15 版。

[47] 《工会法》第 3 章第 27 条。

南海本田事件的处理模式,成为当时广东各地处理集体争议事件的典范样本,各地的停工事件大部分以增长工资20% ~30%达成劳资协议的方式得以解决,而具有停工风险的企业也主动通过集体协商谈判增加工资而消弭了风险。

工人的集体行动以及各方对于事件处理的理智态度,促进了劳动关系集体化转型两种路径的结合及相互促进,积极推动了劳动关系的集体化转型。其作用主要表现在劳动关系集体化的两个基本指标方面。

一是有效推动了集体协商谈判的进行。中国工人集体行动启动后,才有了有效和对等的劳资集体协商谈判。与那些相对形式主义的集体合同相比,以工人为主体开展的集体协商谈判,是一种真正具有市场经济特征的双方对等的集体协商谈判。体制外工人自发的集体行动,及通过法制手段的解决,直接促进了体制内集体合同制度的实施,这是政府正确处理劳资集体纠纷和工人集体行动所获得的积极的正面效应。2010年工人集体行动和集体谈判,不但直接提升了一些企业和行业的工资标准,而且直接影响了劳动力的市场价位指数:2011年全国共有24个省份年内调整了最低工资标准,平均增幅22%。[48] 最低工资各地增幅均为历年最高,其中工人集体力量影响的因素不可忽略。劳动者集体议价能力在劳动力价格的标志性指标——最低工资标准的提升上显示出来。

二是促进了工会改革,加强了工会与工人的联系。2010年的罢工均为工人自发举行。工会的作用主要体现在罢工的处理中,具体表现为在事件发生后,工会代表并组织职工与企业协商谈判,促成工人的行动由无序转变为有序,实现事件规范的法治解决。工人自发的集体协商谈判的成功,与工会的介入和组织直接相关。如广东省工会即接受了南海本田工人"改组工会"的诉求,在事件发生之后对南海本田企业工会进行了重新选举。得到工人支持的新的工会委员会在2012年进行了第二次集体谈判,并获得增加工资611元的结果,超出上年停工谈判的涨幅。[49] 工人的集体行动直接促成了集体劳动关系中工人的组织化与工会的群众化的结合。

工人自发的集体行动,作为一种对等的劳资关系博弈形式,弥补了政府和工会推行劳动关系集体化转型的不足,使集体化转型有了社会基础力量的参与和支撑。在工人集体行动的推动下,中国的劳动关系集体化转型进入一个新的时期。尽管这一路径有其积极意义,然而,由于工人自发的集体行动,无论是对于企业还是对

㊽ 《24个省份年内调整最低工资》,载《新京报》2011年12月30日,第A05版。

㊾ 黄应来:《南海本田劳资谈判 今年工资再涨611元》,载《南方都市报》2011年3月2日,第A17版。

于工人,都需付出极大的成本,并不是我们所期望的最优选择,而只是一种客观的无奈之举。

所以,如何通过政府劳工政策的调整和完善,更好地处理劳动关系转型中的问题,使这种转型更加稳妥有序,减少工人的集体行动,避免出现更多的社会冲突和矛盾激化,便成为我们必须要考虑解决的问题。

四、政府劳工政策的调整和完善:目标与要求

为适应劳动关系的集体化转型,政府的劳工政策也面临着转型,这就是劳动关系调整需要从个别调整为主转变为以集体调整为主。

所谓劳工政策(labor policy),是指以工资劳动者(劳工)为政策对象、以解决劳工问题为主要内容的社会政策。[50] 通过劳动关系规制调整是实现劳工政策目标的主要途径,在此意义上,劳工政策即劳动关系政策,这一政策主要涉及劳动关系各主体权利义务的确认,以及劳动关系运行和矛盾处理的规制。劳工政策应该是市场经济下政府基本的社会政策。但改革以来我国的劳工政策在政府的政策体系中没有独立的体系和结构,一直是作为经济改革的"配套政策"定位的。[51] 这种状况与长期以来以经济发展为唯一目标的价值选择直接相关。受此影响,劳工问题逐渐积累演化为目前影响中国持续发展的最突出的因素。对此,中央政府在《十二五规划》中已经做了战略性的调整,民生问题和劳资关系问题已经成为"十二五"期间政府着力解决的重大任务。为完成这一任务,调整和完善劳工政策已成为政府工作特别是劳动工作的当务之急。

中国劳工政策转型,要求以政府为主导的劳动关系调整,从目前着重于个别劳动关系的调整,逐步过渡到以个别劳动关系调整为基础,以集体劳动关系的构建和调整为主体。应通过不断完善一体多元的劳动关系调整系统,包括劳动法治体系的建立、集体合同制度的实施、工会作用的发挥、企业人力资源的改善等,来推进集体劳动关系的构建与调整。逐步实现政府协调下的劳资自治,则是政府劳动关系政策的最终目标。[52] 要实现这种转变,需要研究解决以下问题:

完善集体劳动法律是劳动关系集体化调整的基础。目前,我国虽然已经初步形成了市场经济下劳工政策的框架,但尚不完善和健全,其中,最突出的即是集体

---

[50] [日]大河内一男:《社会政策(総論)》,有斐阁1958年版,第6~7页。

[51] "劳工政策"在我国以往被称为"劳动政策"。这两个概念既有联系又有区别:劳工政策的对象是劳动者,政策目标是劳动者权利的保护;劳动政策的对象是劳动过程,政策目标是劳动过程的管理和规制。劳动政策也涉及劳工权益,但不局限于此,其概念外延较之劳工政策更加宽泛。

[52] 同前注⑲,第53~61页。

劳动关系规制和调整的内容尚未形成体系,特别是在劳工政策最主要构成形式——劳动法律方面,目前还局限于个别劳动关系规制,集体劳动关系法律规制尚处于零散残缺的状态中。[53] 如前所述,市场经济国家在劳动力市场制度建立之后,集体劳动关系的法律规制即成为劳动法治的重点。在欧美国家,"劳动法"的含义通常为集体劳动关系调整法,调整个别劳动关系的法律一般称为"雇佣法"。[54] 由于我国集体劳动法律缺失,致使集体劳动关系调整中的一些重大问题,诸如工人和雇主各自的组织权利界限为何,工人集体行动的边界何在,集体行动的发起和处理依照何种程序,工会在劳资冲突中承担哪些责任和义务等,都缺乏界定和处置的法律依据。无法可依是有些劳资冲突未能预防或及时解决甚至扩大的重要原因。为保证劳动关系集体化转型的规范进行,集体劳动关系法的立法应该提上日程。这些法律主要包括《工会组织法》《集体合同法》《集体争议法》等。[55]

确认和保障劳工权益是劳工政策的核心特征。需要强调的是,集体劳动关系法的立法核心理念,是确认并保障"劳工三权"的实现,即确认和保障劳动者的团结权、集体谈判权和集体争议权。这些权利又被称为"劳动基本权",是劳动者在劳动法中最重要的基本权利。[56] 集体劳动关系法律规制的目的,是要实现劳资双方通过有效的组织和程序,自行处理相关的劳资事务。为此,集体劳动关系法律规制的基本问题需要明确,即在集体劳动关系中,劳动者自身并不仅仅是被"代表"和"维护"的对象,而应该是权利主体。由于目前劳资主体双方都不成熟,政府工作的重点应该是创造劳动法治环境,培育劳资双方主体,逐步扩大劳资自治的程度。如何处理工会组织和工人的关系问题,是劳工政策转型中的核心问题。如上所述,中国现有工会与工人的关系问题,在更深的层次上涉及中国两种劳工力量和劳工运动

---

[53] 目前,中国由人大通过的劳动法律共有九部,即《中华人民共和国工会法》(1950年、1992年、2001年修订)、《中华人民共和国劳动法》(1994年)、《中华人民共和国矿山安全法》(1992年)、《中华人民共和国职业病防治法》(2001年、2011年修订)、《中华人民共和国安全生产法》(2002年)、《中华人民共和国劳动合同法》(2007年)、《中华人民共和国就业促进法》(2007年)、《中华人民共和国劳动争议调解仲裁法》(2007年)、《中华人民共和国社会保险法》(2010年)。在这些法律中除《工会法》及个别法律中的个别条文外,都是对个别劳动关系调整的规定。

[54] 参见[美]罗伯特·A.高尔曼:《劳动法基本教程——劳工联合与集体谈判》,马静等译,中国政法大学出版社2003年版,中译版"前言",第1~2页。

[55] 这一问题已经被国家立法机构所关注,并开始为集体劳动关系立法进行相关准备。在2011年2月全国人大法律工作委员会举办的"新春专家座谈会"上,笔者发言建议加快集体劳动关系立法。在2012年2月的"新春专家座谈会"上,笔者又提议要研究罢工权立法。这些建议得到有关立法负责人的重视,会后法工委专门召集部分劳动法学者开会,征求关于劳动立法的建议,并开始立法调研。

[56] [日]花见中:《劳働基本權》,中央公论社1969年版,第ii页。

的相互关系问题。所谓两种劳工力量，一种是体制内以全总为代表的现行工会的力量，另一种是体制外的劳动者自发的力量。两种劳工运动，一种是指体制内的工会运动，其以自上而下的行政化方式进行，开展诸如组建工会、签订集体合同、劳模评选、劳动竞赛、送温暖等活动；另一种是体制外的劳工运动，其以自下而上的工人自发动员为特征，以工人的集体行动为主要诉求方式，以劳动条件的改善为直接目标。两种劳工力量和两种劳工运动的出现，主要是由于劳方主体的分离所造成的。在法律意义上，劳方主体是由工会和劳动者共同组成的，即劳动者是劳方的意志主体，工会是劳方的形式主体。工会和劳动者共同构成所谓"劳方"。[57] 但在现实中，由于一些"地方工会行政化"和"企业工会老板化"的现象突出，工会与劳动者脱离的问题严重。例如，如果体制内工会无法有效地代表和维护劳动者权益，劳动者便会选择自力救济的路径。由是形成"两种劳工力量和两种劳工运动"这种特定的中国现象。[58]

在劳动关系集体化转型的过程中，两种路径的推进方式显示了两种力量和运动的互相作用和影响。近年出现的集体争议和集体行动为这一问题的处理提供了经验。如果处理得当，有助于两种力量的合作和促进，如果处理不当，则会加深两种力量的矛盾和对立。正确处理的前提是，要对自发的工人力量予以准确定性并采用正确的策略。应该看到，自发的工人力量的存在和活动，首先有其客观性，这就是目前的工会不能有效地维护劳动者的利益，劳动者必然要自我救助。就合法性而言，工人的集体行动包括停工，并没有违反我国的法律规定。[59]

但工人的自发集体行动具有不可控的特点，因而需要加强对其引导和规制。为保证社会安全，对其也需抱有政治警惕性。但简单地把自发的劳工力量和劳工运动划为政治对立面，则是一种制造社会冲突和政治冲突的行为。强行压制工人自发运动，只会使问题复杂化并加剧社会矛盾。正确的做法应是在现有政治框架和法律框架下，对其引导和规制，实现两种劳工力量的互相支援和互相补充。2010

---

[57] 常凯、张德荣：《工会法通论》，中央党校出版社 1993 年版，第 110 页。

[58] 学界对于"两种劳工力量和劳工运动"具有不同的观点。一种观点认为体制内的工会及其运动只是一种行政力量和行政行为，而不认可其为"工会"。笔者认为，体制内的工会运动在中国具有法律的依据和社会基础，是国际工会运动中的中国代表；这种"中国特色的工会"是后计划经济的一种特定的工会和工会运动。另一种观点认为体制外工人的自发行动只是"突发性事件"或"群体性事件"，而不能称为"劳工运动"。笔者认为，我国近年出现的劳工集体行动，尽管没有正规的组织和纲领，但这种成千上万人持续介入开展的社会行动，已成为劳工运动的特定构成和形式。

[59] 常凯：《关于罢工合法性的法律分析——以南海本田罢工为案例的研究》，载《战略与管理》2010 年第 4 期。

年夏季,广州和大连市政府在妥善处理工人自发集体行动方面,已积累了经验。[60]体制内工会运动的特点是有组织而群众参与不足,而体制外劳工运动则有群众缺组织。目前两种劳工力量的基本诉求一致,即在现有体制下通过法律手段来维护和改善工人的地位和待遇。实现双方的合作互补,是中国劳工集体力量形成和集体劳动关系调整的现实要求。要实现这一要求,关键在于体制内工会必须依法履行其职责,克服工会的行政化和老板化倾向,主动将体制外的工人力量组织和吸引到体制内。这一问题的解决有待于工会自身政策的完善和调整,也有待于政府劳工政策的明晰和完善。

劳工政策的调整还涉及劳工政策的理论指导和调整模式的选择。市场化下的劳动关系理论主要有三种观点,即马克思主义的劳动关系理论、一元论的劳动关系理论和多元论劳动关系理论。我们需要根据中国国情,选择不同理论的合理部分。在当前劳动关系理论指导方面,马克思主义理论的一些基本原则,如社会经济矛盾、工人利益代表,在当今社会仍有其价值,需要坚持。一元论的理论主要是人力资源理论,该理论有其合理价值,要充分运用,但需要克服该理论由于明确的雇主导向所具有的利益局限性。[61] 多元化的劳动关系系统理论,承认劳资之间存在着利益差别和矛盾,劳资双方都拥有自己的权利,劳资矛盾的处理和调整,应该在现有体制内,通过程序规则和实体规则,实现双方的共同发展。多元化的劳动关系理论,已是当今市场经济条件下各国劳工政策制定的主要理论工具。但以往我们对于这一理论并不熟悉,现在需要了解和借鉴这一理论,促进我国和谐劳动关系的构建。[62]

劳动关系的调整模式,按照利益处理方式主要分为利益抗衡型、利益一体型和利益协调型三种类型。由于我国仍然处在劳动关系转型期,所以劳动关系调整模式的选择,不应该是单一的而应该是复合的,即应将利益协调型的劳动关系作为我

---

[60] 在广州和大连2010年停工处理的成功案例中,许多工会干部认为,正是工人的集体行动提高了工会的地位和影响,工人成为了支持工会的基础力量。而工人则反映,由于工会作为工人代表的积极介入,使群体性行动有了一个良好的结局。

[61] 一元论的劳动关系理论认为,劳资双方是合作伙伴,没有根本利害冲突,劳资关系本质上是和谐的,劳资冲突只是暂时的异常行为,这种异常行为可能是管理不当所致,也可能是有人故意捣乱造成,其可以通过改善内部管理来解决。资方的工作就是将个别工人的目标和组织的目标整合起来,而工会的存在扰乱了合作的整体结构,因而是不受欢迎的组织(参见常凯主编:《劳动关系学》,中国劳动社会保障出版社2005年版,第28页)。

[62] 多元化的劳动关系理论以邓洛普的劳动关系系统理论为代表,参见John T . Dunlop, *Industrial Relations Systems*, New York: Henry Holt and Co. , Inc. , 1958。

国劳动关系调整模式构建的基本目标,但这只是目标而不是现实;利益抗衡型的劳动关系在一定时期和一定范围内出现,是一种正常的现象,正确处理这一关系有助于劳动关系的健康发展;同时,要汲取利益一体型劳动关系的特点,提倡劳资合作共赢,通过改善企业管理来建构稳定和谐的企业劳动关系。总体思路应为:目标和谐、承认冲突、通过法制、实现“双赢”。

集体谈判散论

刘　诚*

【摘　要】 集体谈判与集体协商是同一概念，应该统一使用集体谈判。平等协商有广义和狭义之分，广义平等协商应该以商谈替代之，而仅涉及非谈判事项的狭义平等协商应该以劳资协商替代之。集体谈判权归属于劳资双方，劳方私法主体是工会或职工群体或工会群体，其中工会是基本主体，资方私法主体是雇主或雇主组织或雇主群体。工会是宪法上的基本权利主体、社会法上的权利主体、私法上的当事人，雇主是宪法上的基本权利主体、行政法上的相对人、社会法上的义务主体、私法上的当事人或第三人。职工是私法上的第三人、社会法上的关系人。集体合同是具有规范性效力的特别合同，兼具合同和基准性法规二重性。集体合同具有双重效力，社会法效力为主，表现为集体基准效力；私法效力居于次要地位，表现为合同效力。应对集体谈判僵局的主要方式是产业行动和调解（调解也是处理产业行动的主要方式）。

【关键词】 集体谈判　主体　集体合同　集体争议　僵局

集体谈判是国外解决集体争议（产业纠纷）的一般方式，对于劳资持续合作至关重要。鉴于集体谈判及其相关概念混乱，比较集体谈判权主体问题上莫衷一是，集体合同（集体谈判成果）性质的研究不够深入，集体谈判僵局应对方式在立法上几乎是空白，本文拟对上述问题做一探讨，以推进集体劳动关系理论研究的深入，同时也促进集体劳动关系立法的完善。

---

* 上海师范大学哲学与法政学院教授，中国社会法学研究会副会长。原文刊载于《上海师范大学学报》（哲学社会科学版）2016年第3期。

一、集体谈判及其相关概念辨析

集体谈判、集体协商与平等协商,是经常混用的概念。因此,有必要对这三个概念进行辨析和选择,以免造成不必要的混乱。

集体谈判也称团体交涉,是工会或职工代表与用人单位(雇主)[①]或其团体(雇主组织)就劳动条件进行交涉以求达成协议(集体合同或集体协议)的一种方式。集体谈判是工会与雇主或雇主协会之间对工作报酬、工作时间及其他雇佣条件,依据特定的程序所进行的协商和交涉,目的是签订集体协议,建立谈判共同体内部的基准劳动条件,以维持劳资合作的持续进行。[②]

集体谈判是国际劳动组织使用的概念,也是绝大多数国家使用的概念。根据国际劳工组织 1981 年通过的 154 号公约《促进集体谈判公约》第 2 条规定,集体谈判包括一名雇主、一个雇主群体或者是一个或多个雇主组织同一个或多个工人组织之间就下列事项进行的所有谈判:(1)决定劳动条件和雇佣期限;(2)调整雇主和工人之间的关系;(3)调整雇主或者他们的组织同一个或者多个工人组织之间的关系。[③]

在我国,目前只有深圳的地方立法使用了集体谈判或谈判的语词。深圳市第四届人民代表大会常务委员会第十八次会议 2008 年 4 月 1 日修订、广东省第十一届人民代表大会常务委员会第二次会议 2008 年 5 月 29 日批准的《深圳市实施〈中华人民共和国工会法〉办法》,首次将"集体谈判"一词纳入地方法规。此外,2008 年 10 月 6 日,深圳市第四届人民代表大会常务委员会发布了《深圳经济特区和谐劳动关系促进条例》,也使用了谈判的概念。

我国在法律和法规中一般不使用集体谈判的概念,而一直使用集体协商和平等协商的概念,并将集体协商与集体合同放在一起进行规定,而平等协商则有时限于集体合同无关事项、有时包括集体合同有关事项。如《劳动法》第 8 条规定:"劳动者依照法律规定,通过职工大会、职工代表大会或者其他形式,参与民主管理或者就保护劳动者合法权益与用人单位进行平等协商。"[④]"企业职工一方与企业可以就劳动报酬、工作时间、休息休假、劳动安全卫生、保险福利等事项,签订集体合

① 由于不同国家的法律及国际劳工公约使用术语不同,为表述方便,本文同时使用了若干相同概念的不同语词表述,如雇主与用人单位、雇员与工人及职工和劳动者、集体谈判与集体协商、集体合同与集体协议等。

② 刘诚:《集体谈判与工会代表权》,载《社会科学战线》2012 年第 4 期。

③ C154 Collective Bargaining Convention,1981.

④ 《中华人民共和国劳动法》第 8 条。

同。集体合同草案应当提交职工代表大会或者全体职工讨论通过。”⑤这里没有使用集体协商的概念,平等协商则限于民主管理等(我们不妨称为狭义的平等协商)而与集体合同无关。《劳动合同法》第5条前半段和第4条第2句规定:“企业职工一方与用人单位通过平等协商,可以就劳动报酬、工作时间、休息休假、劳动安全卫生、保险福利等事项订立集体合同。”⑥“用人单位在制定、修改或者决定有关劳动报酬、工作时间、休息休假、劳动安全卫生、保险福利、职工培训、劳动纪律以及劳动定额管理等直接涉及劳动者切身利益的规章制度或者重大事项时,应当经职工代表大会或者全体职工讨论,提出方案和意见,与工会或者职工代表平等协商确定。”⑦这里把平等协商的使用扩展到集体合同(我们不妨称为广义的平等协商),也没有使用集体协商的概念。劳动和社会保障部颁布的《集体合同规定》规定:“本规定集体合同,是指用人单位与本单位职工根据法律、法规、规章的规定,就劳动报酬、工作时间、休息休假、劳动安全卫生、职业培训、保险福利等事项,通过集体协商签订的书面协议;所称专项集体合同,是指用人单位与本单位职工根据法律、法规、规章的规定,就集体协商的某项内容签订的专项书面协议。”⑧这里使用了集体协商的概念,并且把集体合同或专项集体合同与平等协商联系在一起。可见,集体协商仅限于集体合同有关事项,而平等协商的使用则比较混乱,有时是广义概念,有时是狭义概念。

关于平等协商的定义,根据全国总工会颁布的《工会参加平等协商和签订集体合同试行办法》,“平等协商是指企业工会代表职工与企业就涉及职工合法权益等事项进行商谈的行为”。⑨ 该办法将平等协商做了广义的使用,不仅包括职工民主管理、规章制度的制定和修改、劳动争议的预防和处理,还包括劳动合同的订立、变更、续订、解除等,但没有使用集体协商的概念。

关于劳资协商,国际劳工组织《企业内雇主与工人之间协商与合作建议书》要求企业内部劳资双方就不属于集体谈判范围的问题协商与合作;1960年《政府、雇主组织与工人组织之间在产业与国家一级协商与合作建议书》[Consultation(Industrial and National Levels)Recommendation,1960]明确使用了协商的概念,并将上述协商与合作提升到产业级和国家级,并且要求政府以适当的方式介入;《企业

⑤ 《中华人民共和国劳动法》第33条。
⑥ 《中华人民共和国劳动合同法》第51条。
⑦ 《中华人民共和国劳动合同法》第4条。
⑧ 《集体合同规定》第3条。
⑨ 《工会参加平等协商和签订集体合同试行办法》第3条。

内部管理部门与工人之间沟通建议书》要求，基于共同利益，劳资双方都应该采取措施促进沟通；《企业内审议工人的不满建议书》要求企业建立内部不满申诉机制，尽可能地在企业内部解决工人的申诉，但这一机制不得剥夺工人向行政机关申诉或司法机关起诉的权利。这四个建议书基于劳资合作的思路，强调沟通与协商，目的在于产业关系的稳定与协调。上述建议书的协商范围明确限于非谈判事项。

可见，我国目前概念使用混乱。应该统一术语，按照《集体合同规定》，参照深圳地方立法，将集体谈判与集体协商作为同一概念，并且以集体谈判（Collective Bargaining）取代集体协商；而将狭义的平等协商用于非谈判事项，包括民主管理、规章制度、争议处理等，并且应该以劳资协商（Labor – management Consultation）替代之。此外，广义的平等协商应该以商谈（Negotiation）替代之，包括集体谈判事项。需要指出的是，基于意识形态考虑而拒绝使用集体谈判的语词是可笑的，其荒谬程度甚于过去使用待业而回避失业。实际上，从其特点[10]来看，集体谈判比商务谈判更加强调合作，并且是持续性合作。

为进一步保证概念的确定性，有必要对平等协商与作为集体合同订立程序的集体谈判（集体协商）的区别进行总结。其区别如下：（1）平等协商与集体谈判的概念不同。平等协商又称劳资协商，是指工会或职工代表与用人单位或其组织就涉及职工权益的事项进行沟通、对话和商讨，以实现相互理解和合作，并在可能的条件下达成一致的行为。集体谈判又称集体协商，是指工会与用人单位或其组织为改善劳动条件而进行的谈判。（2）平等协商与集体谈判的目的不同。平等协商不一定以达成协议为目的，只增进相互理解也可。但是集体谈判的目的很明确，那就是签订集体合同，建立谈判共同体内部的基准劳动条件，以维持劳资合作的持续进行。（3）平等协商与集体谈判所关注的内容不同。集体谈判的内容只限于劳动条件。平等协商所关注的内容则很广泛，但不包括谈判事项。（4）平等协商与集体谈判受法律规定约束程度不同。集体协商须按照法定程序进行，集体协商立法主要是签订集体合同的程序性规定，平等协商则没有严格的法定程序约束。（5）平等协商与集体谈判的争议解决方式不同。平等协商时，如果发生争议，应自行协商，但不得采用罢工、闭场等方式解决。集体谈判时，如果发生争议，可以采用罢工、闭场等方式解决，也可以请第三人协调处理。

---

[10] 刘诚：《集体谈判与工会代表权》，载《社会科学战线》2012 年第 4 期。

二、集体谈判权的主体及其权利义务

集体谈判权是劳资双方进行集体谈判的权利和义务的统一,属于劳动基本权;集体谈判权既是劳方财产权(劳动者的劳动力产权)的衍生权利,也是劳方人身权(劳动者的特殊身份权)的衍生权利(工会法人身份权)的组成部分。作为准公权力(准立法权),集体谈判共同体的权力是劳资双方谈判权的和谐统一,两者都是限制性权利义务的统一,都属于社会权;作为准公权利(公法上的请求权与准自由权或自治权的统一),劳方当事人的谈判权是限制性权利和限制性义务的统一(相对于雇主和政府的限制性权利、相对于劳动者的限制性义务),资方当事人的谈判权是限制性义务和限制性权利的统一[11](首先是相对于劳方当事人的限制性义务、其次是相对于政府的限制性权利),都属于基本权利(宪法权利)、作为私权利(关于谈判程序、方法和内容方面的权利以及缔约权),双方当事人的谈判权互为权利义务。[12]

关于集体谈判权的归属或集体谈判权主体,目前有三种表述,一是集体谈判的主体,二是集体合同的主体,三是集体合同的当事人。笔者认为,以集体劳动关系的主体(或集体劳动法律关系的主体)、集体合同的当事人和集体谈判权主体表述比较恰当,[13]并且应该将集体谈判权主体与其他主体区别开来。关于集体劳动关系的劳方主体(集体谈判权劳方主体),过去有三种观点,即"代理说""团体说""合并说"。[14] 目前,我国有四种观点,职工主体说(赞成"代理说")、共同主体说(赞成"合并说")、工会主体说(赞成"团体说")、同一说(赞成"团体说")。关于职工主体说、共同主体说和工会主体说的缺陷,孙德强等已经进行过讨论,[15]但视角限于民法,忽视了劳动法的特殊性(公私法混合属性);关于同一说的缺陷,笔者也进行过讨论。[16]

笔者认为,工会权利包括工会法人代表权、工会机关代表权和工会代表代理权;会员人格有时部分为工会法人人格吸收,表现在集体合同的契约效力方面;有时独立,表现在集体合同的规范效力方面。没有工会或工会不作为时,职工群体可

---

[11] 换言之,集体谈判权既是劳资双方相对于政府的防御权,也是劳方相对于资方的权利、资方相对于劳方的义务。既体现了宪法基本权的垂直效力,也体现了水平效力或第三人效力。

[12] 参见刘诚:《论集体谈判权主体》,载《工会理论研究》2013年第2期。

[13] 参见刘诚:《论集体谈判权主体》,载《工会理论研究》2013年第2期。

[14] 参见史尚宽:《劳动法原论》,台北,正大印书馆1978年版,第104页。

[15] 参见孙德强、沈建峰:《集体合同主体辨析》,载《政法论坛》2009年第3期。

[16] 参见刘诚:《论集体谈判权主体》,载《工会理论研究》2013年第2期。

以视为准工会法人(事实团体),成为替代性当事人。多个工会都无法获得代表权时,工会法人群体可以视同工会法人,成为替代性当事人。[17] 因此,就劳资自治意义上的集体谈判权而言,劳资双方都是宪法上的基本权利主体或公权利主体(相对于政府)。就集体合同的契约效力而言,劳方当事人[18]或集体劳动法律关系劳方主体或集体谈判权劳方主体是工会或职工群体或工会法人群体(其中工会是基本主体)、劳方第三人是职工,资方当事人是雇主或雇主组织或雇主群体,资方第三人是雇主(雇主组织为合同当事人时)。就集体合同的规范性效力而言,合同基准性内容的权利主体(社会法上的关系人)是职工(社会法上的权利主体),义务主体是雇主(社会法上的义务主体),行政主体是劳动监察机关,行政相对人是雇主。可见,集体谈判权分别归属于工会(或职工群体或工会法人群体)和雇主(或雇主组织)。雇主是四重主体,一是宪法上的基本权利主体或公权利主体(相对于政府),二是私法上的当事人(相对于工会或职工群体或工会群体)或第三人(相对于雇主组织和工人组织),三是社会法(集体合同基准性内容即劳动条件条款)上的义务主体(相对于职工),四是行政法上的行政相对人(相对于劳动监察机关)。工会是二重主体,一是宪法上的基本权利主体(相对于政府),二是私法上的当事人(相对于雇主或雇主组织)或第三人(相对于工会法人群体和雇主或雇主组织)。职工是二重主体,一是私法上的第三人,二是社会法上的关系人(集体合同基准性内容的权利主体),而非合同当事人。[19] 为区别起见,我们不妨将这一观点称为"异法域主体说"或"多重主体说"。此外,劳资双方构成的集体谈判共同体是准立法主体。[20]

三、集体谈判成果及其性质和效力

集体谈判的成果是集体合同。集体谈判与集体合同的关系是过程与成果的关系,前者反映劳资双方的动态关系,后者反映劳资双方的静态关系。从集体谈判过程的角度来说,重点是明确集体谈判权主体及其权利义务,包括理论阐述和立法规范;从集体谈判成果的角度来说,重点是明确集体合同的性质和效力,包括理论阐述和立法确认。

---

⑰ 参见刘诚:《论集体谈判权主体》,载《工会理论研究》2013 年第 2 期。

⑱ 需要说明的是,当事人与主体不同,当事人既有权利又有义务,而主体则可能只有权利或义务。当事人有一般当事人与诉讼当事人之分,前者指与某种法律事实有直接关系的人,后者一般是指向法院提起诉讼请求的原告人和被提起诉讼的被告人。主体通常是指享有法定资格,并在法律关系中享受一定权利和(或)承担一定义务的人。

⑲ 关于多重关系、多领域或多维度复杂关系的逻辑问题,详见刘诚:《论辩证逻辑》,载《上海社会科学院学术季刊》2002 年第 4 期。

⑳ 笔者《论集体谈判权主体》一文对此曾经有过讨论,但不够深入,故再次讨论。

集体合同又称团体协约、集体协议,是工会(或职工代表)代表职工与用人单位(雇主)或雇主组织就劳动报酬、工作条件等各项具体劳动标准,经协商谈判订立的书面协议。集体合同的内容就是用人单位的劳动标准(内部劳动基准),这些劳动标准的具体内容主要有劳动报酬、工作时间、休息休假、劳动安全卫生、社会保险和福利等事项。中国台湾地区"团体协约法"第1条第1款的定义是:"称团体协约者,谓雇主或有法人资格之雇主团体,与有法人资格之工人团体,以规定劳动关系为目的所缔结之书面契约。"㉑

集体合同是具有规范性效力的特别合同,兼具合同和基准性法规二重性。例如,在德国,集体合同于法律认可后,在法源体系中由契约规范之地位,上升到法律规范之地位,成为独立的法源,具有如同法律应具有之效力。集体合同的法源效力源于宪法上立法权的授予,类似于地方立法权的授予,属于集体谈判联盟之内部关系立法,是"团体规章制定权"之衍生物。签订集体合同,理论上系契约行为与团体规章制定行为之结合。㉒ 德国集体合同的"法规性效力"与"债权性效力"在立法上的表现是《德国集体合同法》。该法第1条第1款规定:"集体合同规范集体合同当事人的权利和义务,它还包含法规性效力内容,即对于劳动关系的建立、内容和终止以及企业规章或企业组织法上的规范具有法规性效力。"㉓再如,在瑞典,中央级集体协议不仅具有合同的效力,而且属于法的渊源,并且工会有优先解释权。㉔ 此外,集体合同还具有私法上的第三人效力(见后面的论述)。因此,我们可以将集体合同解释为团体社会㉕所特有的兼具私法效力和社会法效力的规范性合同,是具有私法上的当事人效力、私法上的第三人效力和社会法上的关系人效力三重效力的特别合同。

首先,集体合同是具有债法效力(私法效力)的特别合同,一般也具有民事合同的性质,突出表现在当事人承担集体合同的违约责任。集体合同的债法效力首先表现在,许多国家将集体合同纳入债法的范畴。例如,在德国,集体合同被视为《德国民法典》债编中的"无名合同",其履行可以通过签订合同的团体对其成员施加

㉑ 我国台湾地区"团体协约法"第1条。

㉒ 黄越钦:《劳动法新论》,中国政法大学出版社2003年版,第299~300页。

㉓ 吴文芳:《德国集体合同"法规性效力"与"债权性效力"之研究》,载《法商研究》2010年第2期。

㉔ 刘诚:《发达国家工会代表权立法及其借鉴》,载《学术界》2006年第5期。

㉕ 德国的团体理论认为,集体合同与一般合同的显著区别是,后者以个体作为当事人,合同的违约责任也应由个体承担(见吴文芳:《德国集体合同"法规性效力"与"债权性效力"之研究》,载《法商研究》2010年第2期)。

压力的方式进行。“债权性效力”的内容主要包括集体合同的双方当事人负有的履行义务、和平义务，凸显集体合同也具有债权相对性的特征。德国集体合同“债权性效力”的内容是集体合同作为合同对双方当事人权利义务的约束，也是集体合同作为“私法上契约”的题中应有之义，体现了集体合同作为私法合同的基本属性。[26]瑞士债法不但将劳动合同纳入民法，而且将集体合同规定于债法之中。[27] 其次，集体合同的合同效力还表现在，集体合同对于双方当事人及第三人都具有私法上的效力。例如，我国《劳动法》关于“因履行集体合同发生争议，经协商解决不成的，工会可以依法申请仲裁、提起诉讼”[28]的规定，属于私法上的当事人效力。《集体合同规定》中规定的“职业技能培训”“奖惩”“裁员”等，属于私法上的第三人效力。“集体合同期限”“违反集体合同的责任”等，属于私法上的当事人效力。关于私法上的第三人效力，大陆法中“债的相对性原则”[29]和英美法中“合同的相对性原则”[30]也已经被突破，我国也承认了民事合同的第三人效力。[31]

需要指出的是，集体合同的私法效力居于次要地位，以至于可以忽略（如英国的集体协议通常没有合同效力）。[32] 我国台湾地区因合同义务履行的难题而拒绝承认工人集体（事实团体）推举代表的集体谈判权，[33]不仅违背了国际劳工组织《工人代表公约》的规定，实践中也是有害的。并且，集体合同债法效力（私法效力）的范围是集体劳动关系当事人和第三人，即工会或职工群体或工会群体和雇主或雇主组织及第三人；集体合同的债法效力与个别劳动关系当事人无直接关系，即权利义务主体不包括作为个别劳动关系当事人的雇员个人和雇主。

其次，集体合同是具有法规性效力（三分法下社会法效力或二分法下公法效力）的基准性规范，属于社会法规范，是劳动法的重要渊源。集体合同的社会法效力（规范效力）表现在，劳动合同约定的劳动条件不得低于集体合同的约定；作为非当事人的第三方，雇员是集体合同关系人（权利主体）、雇主（作为个别劳动关系的

---

[26] 吴文芳：《德国集体合同“法规性效力”与“债权性效力”之研究》，载《法商研究》2010 年第 2 期。

[27] 黄越钦：《劳动法新论》，中国政法大学出版社 2003 年版，第 299 ~ 300 页。

[28] 《中华人民共和国劳动法》第 56 条。

[29] 佟强：《侵害债权制度法律性质考察》，载《现代法学》2005 年第 2 期。

[30] 王利明：《论合同的相对性》，载《中国法学》1996 年第 4 期。

[31] 韩世远：《试论向第三人履行的合同——对我国〈合同法〉第 64 条的解释》，载《法律科学——西北政法学院学报》2004 年第 6 期；毛大春、黄立云：《合同相对性与第三人权利——以英国 1999 年〈合同第三人权利法〉为中心的研究》，载《福建政法管理干部学院学报》2002 年第 2 期；李建华、董彪：《专家对第三人承担民事责任的理论基础——兼论德国新债法对我国民事立法的启示》，载《社会科学战线》2005 年第 5 期。

[32] ［英］史蒂芬·哈迪：《英国劳动法与劳资关系》，陈融译，商务印书馆 2012 年版，第 330 ~ 332 页。

[33] 黄越钦：《劳动法新论》，中国政法大学出版社 2003 年版，第 300 页。

当事人)是集体合同关系人(义务主体)和行政相对人。如我国《劳动法》第35条规定:"依法签订的集体合同对企业和企业全体职工具有约束力。职工个人与企业订立的劳动合同中劳动条件和劳动报酬等标准不得低于集体合同的规定。"[34]《劳动合同法》第75条中规定:"县级以上地方人民政府劳动行政部门实施监督检查时,有权查阅与劳动合同、集体合同有关的材料,有权对劳动场所进行实地检查,用人单位和劳动者都应当如实提供有关情况和材料。"[35]我国台湾地区"团体协约法"规定,"为团体协约当事人之雇主"和"属于团体协约当事团体之雇主及工人,或团体协约订立或订立后加入该团体之雇主及工人""均为团体协约关系人,应遵守团体协约所定之劳动条件"。[36] 这些规定以及我国《集体合同规定》中规定的集体协商内容"劳动报酬""女职工和未成年工特殊保护"等,都属于公法上的规范效力(关系人[37]效力)或劳动基准效力。此外,关于社会法[38]上的效力(规范效力),德国有宪法的直接规定——德国联邦宪法法院的解释以及学说的发展,确立了《德国基本法》第9条第3款为劳资自治的宪法来源,也是集体合同"法规性效力"最重要的法律渊源。因为集体合同并非国家立法,其在现代德国取得"法规性效力"的权力来源是宪法委托。按照德国联邦宪法法院的解释,"劳资自治"是宪法托付工会与雇主及其组织在同盟自由的范围内以保护和改善劳动、经济条件为目的在劳动生活的范围内享有的管辖权。集体合同双方就工资与劳动条件自行达成协议,国家不予干涉。按照今天德国法上的通说,集体合同"法规性效力"的来源为"国家立法权的授予"。[39]

需要强调的是,集体合同的法规性效力不同于一般法规,而类似于劳动基准性法规。一是对雇员有利时有强行效力,不利时只有相对强行效力;二是集体合同只能设定最低劳动条件,不能设定最高劳动条件;三是凡是规定于集体合同的权利,不可抛弃;四是劳动合同约定的劳动条件不同于集体合同时,差异部分无效,而由集体合同约定取代之。[40] 此外,集体合同的法规性效力的范围是个别劳动关系当事

---

[34] 《中华人民共和国劳动法》第35条。

[35] 《中华人民共和国劳动合同法》第75条。

[36] 我国台湾地区"团体协约法"第14条。

[37] 我国台湾地区"团体协约法"将团体协约关系人定义为"团体协约当事人之雇主"和"属于团体协约当事团体之雇主及工人"。

[38] 需要说明的是,德国宪法不同于美国宪法,属于公法和社会法通则,而美国宪法只是公法通则。公私法二分法下,社会法总体上属于公法。

[39] 吴文芳:《德国集体合同"法规性效力"与"债权性效力"之研究》,载《法商研究》2010年第2期。

[40] 黄越钦:《劳动法新论》,中国政法大学出版社2003年版。

人,而与集体劳动关系当事人无直接关系。并且,集体合同以法规性效力为主,集体合同往往被视为法的渊源(如德国[41]、瑞典[42])。

四、集体谈判僵局的应对

应对集体谈判僵局的主要方式是产业行动和调解(调解也是处理产业行动的主要方式)。产业行动尽管违反劳动合同,并且可能导致侵权(如纠察行为),但其法律责任为产业行动权这一免责事由所阻却。产业行动权无论是作为团结权这一自然权利的派生权利,或自治权这一自然权利的派生权利,还是基于法律的直接规定,都属于免责的正当事由。产业行动由于涉及劳资自治,政府对于合法的产业行动,一般处理方式只能是调解。并且,由于是利益纠纷,调解也不违反行政法治原则。

1. 产业行动

产业行动,又称集体行动(Collective action)、工业行动(Industrial action),"是指劳资关系双方为在劳动关系中实现自己的主张和要求,依法采用罢工或闭厂等阻碍企业正常运营手段等进行对抗的行为"。[43] 产业行动是集体谈判的辅助手段,目的是施加压力,迫使雇主在集体谈判中让步。产业行动包括工人的产业行动和雇主的产业行动。工人的产业行动的最常见形式是罢工,所以,狭义的产业行动又指罢工。以罢工为主要内容的产业行动,主要出现在企业和产业的范围内。鉴于集体谈判是解决劳资争议中利益争议的基本手段,产业行动对于劳动者团体利益来说,具有不可替代的意义。

工人的产业行动通常都由工会来组织,所以又称为工会的产业行动。工会的产业行动有集体怠工、集体休假、联合抵制、占领工厂、设置纠察线、罢工等,雇主的产业行动有闭厂、雇佣罢工替代者、复工运动、黑名单等。其中,罢工和闭厂是主要形式。

目前,我国关于产业行动的立法只有《工会法》第 27 条含糊其辞地规定:"企业、事业单位发生停工、怠工事件,工会应当代表职工同企业、事业单位或者有关方面协商,反映职工的意见和要求并提出解决意见。对于职工的合理要求,企业、事

---

[41] [德]W. 杜茨:《劳动法》,张国文译,法律出版社 2005 年版,第 27 页;[德]曼弗雷德·魏斯、[德]马林·施密特:《德国劳动法与劳资关系》,倪斐译,商务印书馆 2012 年版,第 31 页。

[42] See Reinhold Fahlbeck, Labour Law and Employment Law in Sweden, Lund: Juristforlarget I Lund, 1981, p. 16.

[43] 常凯:《罢工权立法问题的若干思考》,载《学海》2005 年第 4 期。

业单位应当予以解决。工会协助企业、事业单位做好工作,尽快恢复生产、工作秩序。”[44]并且,工会置身于罢工行动之外。至于用人单位的闭厂权,立法则根本没有涉及。应该在立法解决基层工会直接选举问题和代表诉讼问题的基础上,借鉴工业化国家的经验,立法确认罢工权(包括民事免责和刑事免责),同时也赋予用人单位闭厂权。

2. 调解

调解是在双方自愿的基础上,中立第三方介入,使双方妥协从而化解纠纷的活动。集体争议调解是中立第三方介入,应对集体谈判僵局或产业行动的活动。集体争议调解模式主要有美国的独立机构调解模式、瑞典的行政调解模式和日本的三方机制调解模式。[45]

目前,我国立法只有关于个别争议调解的规定,而没有关于集体争议调解的规定。《劳动法》第84条第1款只规定:“因签订集体合同发生争议,当事人协商解决不成的,当地人民政府劳动行政部门可以组织有关各方协调处理。”而《劳动争议调解仲裁法》则在劳动争议处理范围中直接忽略了。应该立法明确规定,因签订集体合同而发生的争议应该以调解为主。同时,取消劳动行政部门内部的劳动争议协调处理机构,而代之以专门的调解机构。专门调解机构目前可以考虑实行“三方原则”,即政府劳动部门代表、工会代表和企业代表各1/3组成集体争议调解委员会,政府劳动部门代表出任主任;也可以考虑设立专门的行政调解机构,即在各级政府设立专门的集体争议调解处,专门从事因签订集体合同而发生的劳动争议的调解工作。但长远来看,应该设立行政调解机构,即在各级政府设立专门的集体争议调解处,以保持调解的中立性。考虑到制度成本,并且工作量有限,调解机构一般设立中央和省两级即可,个别地区可以增加市级调解机构。[46]

---

[44] 《中华人民共和国工会法》第57条。

[45] 刘诚:《国外劳动争议调解制度及其启示》,载《中国劳动关系学院学报》2006年第6期。

[46] 刘诚:《不同模式劳动争议调解制度异同分析》,载《中国劳动》2006年第5期。

集体劳动关系与和谐社会构建

石美遐*

“社会主义和谐社会”概念的提出,标志着党对于建设具有中国特色社会主义理论的升华。和谐社会是一个大系统,“和谐”不是抽象的、虚拟的假想,而是一个具有实际内容,并由多个子系统组成的社会运行系统。因此,没有各子系统的和谐就没有整个社会的和谐。包括集体劳动关系在内的劳动关系作为一种重要的社会经济关系就是这样的子系统之一。鉴于国内已有文献对个别劳动关系有不少探讨,而从和谐社会的角度讨论集体劳动关系文献还比较少,因此,本文拟就此谈些初步看法。

一、集体劳动关系与和谐社会的相关性

(一)和谐社会的含义与集体劳动关系

按照胡锦涛总书记的提法,社会主义和谐社会的基本特征包括:民主法治、公平正义、诚信友爱、充满活力、安定有序、人与自然和谐相处。其中的“安定有序”与集体劳动关系的状况最为直接,如果劳动关系主体双方关系紧张、群体事件频繁发生,整个社会将无法实现“安定有序”。近一两年来,我国各界根据自身的特点,对“和谐社会”的含义进行了很多的讨论。有一种解释是,“和谐”指人与人之间、个人与政府之间、人与社会之间以及人与自然之间的和谐。从劳动关系的内涵和外延出发,可以说,劳动关系涉及和谐社会四个方面中的前三个。可见,劳动关系与和谐社会的构建之间存在比较明显的相关性。劳动关系主要包括个别劳动关系和集体劳动关系。在集体劳动关系中,通过集体协商签订集体合同,可以科学、有效地平衡双方之间的利益关系、缓解和降低集体劳动争议的发生,实现建立稳定、协

---

* 北京交通大学经济管理学院教授,中国社会法学研究会常务理事。原文刊载于《法学家》2007 年第 2 期。

调的集体劳动关系,为构建和谐社会提供良好的劳动关系基础。

(二)劳动关系的特性与和谐社会的关联

关于劳动关系的概念,国内外学界和实际工作领域有一些不同的表述和界定。这些表述因学科不同、国家的社会制度和文化传统的差异而有所区别。我国学界从中国的传统和实际出发,加之对国际上较有代表性的劳动关系称谓的借鉴,对劳动关系的具体界定也有一些不同之处。但基本的含义是类似的,即就狭义而言,劳动关系是劳动者与用人单位之间的关系;就广义而言,劳动关系的主体还包括政府等相关组织。从劳动关系的层次结构看,①劳动关系还有个别劳动关系和集体劳动关系的区分。前者是劳动者个人与用人单位之间的劳动权利义务关系,而后者是由工会为代表的劳动者为一方,与用人单位(雇主)或企业组织所构成的集体劳动权利义务关系。需要说明的是,本文所讨论的集体劳动关系,除了传统的集体劳动关系的含义外,还包括了那些虽然没有工会组织,但劳动者一方主体涉及多人而产生的劳动关系,比较典型的是群体性的劳动争议行为。②

劳动关系是基本的社会经济关系,它不仅涉及人口众多的从业人员,还通过家庭关系辐射到几乎是全社会的人口。劳动关系还是以经济关系作为基本构成的社会关系,因此,劳动关系双方结合过程中的关系是否协调,关系到社会主义市场经济能否高效、有序地运行和发展。因此,劳动关系,特别是集体劳动关系,是否稳定,直接关系到整个社会的和谐。如果一个社会的劳动关系两大相对群体之间不和谐,整个社会也不会是和谐的,或者是只能实现有限的和谐。

(三)集体劳动争议与和谐社会

从近年来劳动争议的各类统计数字看,无论是个别劳动争议还是集体劳动争议,均呈持续上升态势。在有些地区的某些时段,劳动关系方面的矛盾已成为社会的突出矛盾。集体劳动关系的特性决定了,它很容易成为社会矛盾和冲突的多发领域,成为社会稳定的大隐患。集体劳动关系矛盾表现的社会直接性和影响的广泛性使它对于和谐社会的构建具有至关重要的作用。可以说,集体劳动关系的和谐是整个社会和谐的基石。

---

① 关于劳动关系的层次结构的提法,参见常凯主编:《劳动关系学》,中国劳动社会保障出版社2005年版,第11页。

② 从1993年国务院的《企业劳动争议处理条例》第5条规定推定,在我国,发生争议的职工一方在3人以上,并有共同理由的,被视为是集体争议。实际上有关部门亦是按此口径统计的。

二、我国集体劳动关系现状分析

(一)对我国劳动关系的总体评价

关于我国目前劳动关系总的状况,政府有关部门的评价是,总体上看,我国劳动关系基本保持和谐,但在一些局部问题上矛盾突出,部分用人单位违反劳动保障法律法规,侵害劳动者合法权益的现象屡禁不止。[③]

(二)集体劳动关系的主体尚待发育成熟

社会主义市场经济的建立过程中,个别劳动关系的主体已得到复位,但集体劳动关系的主体仍处在不断发育和成型之中。主体发育不全的问题主要表现在两方面:一是在国有企业中,理论上集体劳动关系的主体是清楚的,但实际上,集体劳动关系主体双方都还缺乏一定的清晰度。虽然,签订集体合同的统计数字较高,但实际效果很有待于提升。二是在非国有企业中,在非正规就业部门,作为劳动者一方利益的代表——工会组织或者是处于缺位状况、或者是作用很有限。这两种状况都说明,我国现阶段,集体劳动关系的主体处于不成熟阶段。因此,在微观层面,作为调整集体劳动关系科学而有效的手段——集体合同在现实中,要么是比较多地流于形式;要么是调整集体劳动关系的典型形式——集体合同的缺失。这种状况严重地影响集体劳动关系调整手段发挥其应有的作用。其结果必然是,集体劳动关系往往难以实现真正的和谐。

(三)集体劳动关系的相关数字令人担忧

我国目前集体劳动关系和谐程度主要表现为争议的标的是集体共同所有,而这种争议还常常演变为罢工、怠工、群体性事件和突发性事件;而因签订和履行集体合同而发生的争议迄今还很少见到。

我国现实中发生的集体劳动争议的数字显示出,一些局部、某些时段的集体劳动关系是不和谐或是欠和谐的。劳动社会保障部的资料显示,自 1987 年至 2005 年,各级劳动争议仲裁委员会受理的案件以年均 27.3% 的增长速度上升。"十五"期间,各级人民法院审理的劳动争议案件以每年 28% 的幅度增长。同时,集体劳动争议规模化、组织化倾向明显,有些集体争议还引发了严重的群体性突发事件。2005 年全国企业发生百人以上集体上访事件 722 起,比 2004 年增加 117 件,其中

---

③ 国家劳动和社会保障部:《大力构建和谐稳定劳动关系,促进社会主义和谐社会建设》(研究报告主报告),2006 年,第 10 页。

因拖欠工资问题引发的占50.4%。④

1991年,全国各级劳动争议仲裁委员会共受理3人以上的集体劳动争议案件308起,占受理案件总数的4%,到2004年,全国劳动争议仲裁委员会立案受理的集体劳动争议案件总数达到19 241件,占受理案件总数的7.3%。2005年集体劳动争议案件1.9万件,比上年略有增长;共涉及劳动者41万人,平均每案涉及劳动者人数为21人。从比率看,集体劳动争议案件数量占案件总数的6.2%,涉及人数占全部劳动争议案件涉及总人数的55.1%。⑤ 从以上统计数字可以看出,虽然集体劳动争议案件数在劳动争议总案件数子中所占比例在7%以下,但所涉及的人数却占到一半以上。可见,集体劳动关系调整的如何对于社会的稳定与和谐具有十分重要的意义。

三、如何构建和谐社会框架下的集体劳动关系

国家劳动和社会保障部"构建和谐劳动关系"课题组在其2000年的研究报告——"大力构建和谐稳定劳动关系,促进社会主义和谐社会建设"中提出,根据我国的社会经济制度的特点,按照党中央的有关要求,构建和谐劳动关系的目标是:建立规范有序、公平合理、合作互利的社会主义新型劳动关系,保持劳动关系的长期和谐稳定。⑥ 这一目标为包括集体劳动关系在内的整个劳动关系调整领域设立了明确的战略。笔者认为,在和谐社会框架下探讨集体劳动关系的有效调整应当具有开放式的视角,既有法律规制的手段,又有非法律规制的举措;需要宏观层面的思路,又需要微观层面的思考。但限于篇幅,以下笔者主要从三个方面探讨如何加强对我国现阶段集体劳动关系的调整。

(一)在法制的框架下,对集体劳动关系的运作进行规范

劳动关系的复杂性决定了使其达到和谐的途径是多元的,但为有效地调整涉及多方主体的集体劳动关系,首先其基本手段是法制的保障,即通过法律这一最主要的社会调控工具为构建和谐的集体劳动关系提供制度上的保障。若要使集体劳动关系实现规范有序,其前提条件是集体劳动关系调整的法律法规基本健全。健全的立法是集体劳动关系和谐的基础,这是由法律规范的特点所决定的。

---

④ 国家劳动和社会保障部:《大力构建和谐稳定劳动关系,促进社会主义和谐社会建设》(研究报告主报告),2006年,第12~13页。

⑤ 中国企业联合会、中国企业家协会:《2006年中国企业劳动关系状况报告》(初稿),2006年,第85页。

⑥ 国家劳动和社会保障部:《大力构建和谐稳定劳动关系,促进社会主义和谐社会建设》(研究报告主报告),2006年,第19页。

集体劳动关系调整中面临着利益调整问题。这种利益调整的原则应当是,通过法律对集体劳动关系各方的利益关系进行调整,以合理地配置社会的权利义务关系。法律上的权利可以直接或间接地转化为物质上的利益,集体劳动关系中更是如此。因此,对集体劳动关系进行法律上的规制是促使集体劳动关系和谐的基础和前提。

经过了多年的立法实践,我国调整劳动关系的立法取得了长足的发展。立法活动十分繁荣。但是,就立法的内容看,其调整的主要是个别劳动关系,而集体劳动关系的规范则很少,而这种状况与集体劳动关系调整的现实状况不相符合。我国关于集体劳动关系的法律调整除了《工会法》之外,反映在劳动法律中的规范主要体现在《劳动法》中关于集体合同的签订和因签订和履行集体合同发生争议的处理。就是这十分有限的规定还不是在单独的章节中加以规范,而是插在对个别劳动关系规范的有关章节中。这种规范的形式一方面反映了立法当时对集体劳动关系中有关理论问题认识的模糊,另一方面也反映出对集体劳动关系立法缺乏应有的重视,导致了对集体劳动关系法律调整的严重缺位状态。此外,我国现阶段对集体劳动关系调整还表现为政府、工会和企业组织或单独或联合下放的关于三方机制的政策文件。这类文件虽然规制层次较低,但它在集体劳动关系调整的实践中也发挥着积极的作用。因为,法制对构建社会主义和谐社会的保障作用还体现在守法方面。而“三方机制”在促进集体劳动关系各方依法行事方面具有不可替代的作用,也是国际上通行的一种做法。

从总体情况看,我国目前集体劳动关系的法律规制落后与个别劳动关系的法律规制。例如,《劳动法》中关于劳动合同的条款不仅条目多,内容也比较具体。同时,《劳动合同法(草案)》也即将出台。而规范集体劳动关系的典型立法——《集体合同法》虽然多年前就起步,但一直处于边缘地位。现实中集体劳动关系的突出问题迫切需要法律的规范,因此,加快集体劳动关系的立法是劳动关系有序运行的必然选择。

关于集体劳动关系的法律规制,其具体形式可以视具体时机而定,或者通过对《劳动法》进行修订,将集体劳动关系问题设立专门章节加以规范,或者通过对集体劳动关系某一项内容的立法来规范集体劳动关系调整中比较突出的问题,如《集体合同法》,或者通过其他劳动法律法规加进一些集体劳动关系调整的规制内容。关于集体劳动关系的立法内容,要对重要的基本权利问题,而且是现实中比较突出的问题进行法律规范,不能采取回避的态度,如对罢工问题的正面规范。只有对集体劳动关系的主要运行环节予以规范,集体劳动关系的调整才能有序,最终实现相对的和谐。

(二)建立以政府为主导、以社会伙伴合作为基础的集体劳动关系调整模式

虽然集体合同是市场经济条件下集体劳动关系双方自主调整集体劳动关系的基本制度,但其运行机制因国而异。在我国,个别劳动关系比较,虽然集体劳动关系也应当以双方自主协调为基础,但集体劳动关系更需要政府的必要介入,有时甚至需要政府发挥其主导作用。

从世界范围看,有些国家的调整劳动关系的手段是通过立法确立基本的劳动标准,而给予劳动关系双方较大的自主调整空间,所谓的自主调整主要是就集体劳动关系主体在集体谈判的基础上通过签订集体合同来调整双方之间的劳动关系。还有的国家通过立法的形式对劳动关系予以较多的直接规范,政府发挥重要的干预作用。国家有关部门对劳动关系调整的基本取向是,劳动关系的建立以劳动合同为基本方式,通过劳动关系双方的自我调节和政府的适度干预,保持劳动关系的协调和相对稳定。这里的"自我调节"包括个别劳动关系主体之间与集体劳动关系主体之间的自主调节。但与个别劳动关系相比,集体劳动关系真正自主调节的本质基本还不够成熟,这主要表现在集体协商、集体谈判制度较大的局限性。因此,现阶段的集体劳动关系调整应当注重宏观层面的功能,即以政府的直接介入、以较深程度的参与为特征。政府具体介入的途径包括两个方面。第一,在立法中发挥独有的作用。第二,在三方机制中,以与三方机制的各方主体的合作为基础,发挥政府主导、协调、主动配置集体劳动关系调整资源的作用。

(三)强化对集体劳动争议处理的法律规制

目前,我国大陆的集体劳动争议的涉案人数超过劳动争议总人数的半数。问题产生的原因是多方面的,解决的途径也是多元素的。然而,比较迫切的治理手段还是对集体劳动争议处理的法律规范。反思我国现行的集体劳动争议处理的立法,总体上讲,对集体劳动争议处理的规范是比较薄弱的。在有限的规范中主要是就签订和履行集体合同所产生争议而言,对群体性的争议的规范很少。而恰恰是后一种情况的争议多发、频发。现行法律对于这种影响广、后果较严重的群体争议的处理与个别争议的处理程序相同,这种规制框架不能满足集体劳动争议处理的现实需要,应当探讨对此类争议进行创新性的专门的法律规制。关于签订和履行集体合同争议处理的法律规范主要反映在《劳动法》的第10章和《集体合同规定》的第4章。虽然这些规定体现了国际上的通行做法,即注重政府的介入,但对于专

家和专业人士的参与还没有涉及。另外,关于签订集体合同的争议处理与履行集体合同的争议处理是否应适用同一程序还是不同的程序,学界还有争论,仍需较多的探讨和论证。但有一点是各方已达成共识,即充分利用现已形成的三方机制的资源,形成符合中国现阶段实际而又科学的集体劳动争议处理机制,为构建和谐社会提供良好的集体劳动关系环境。

《广东省企业集体合同条例》的制度创新与不足

翟玉娟*

【摘　要】 近几年来，劳资关系领域呈现了新的变化和趋势，劳资冲突从单纯的权利争议发展到权利争议与利益争议并存，从“底线型”利益诉求发展到“底线型”与“增长型”利益诉求并存，因劳资事件引发的群体性事件不断增加和激烈化。广东作为中国劳动关系最活跃的地区，为应对实践中不断出现的劳动事件，于2014年修订了《广东省企业集体合同条例》，该地方立法规定了不当劳动行为的具体表现及相应的法律责任，并在利益争议处理上有所突破，为今后全国性立法提供经验和探索，但由于立法理念、现实妥协等原因，仍存在不少的缺陷和不足。

【关键词】 利益争议　调解　不当劳动行为　法律责任

中国社会科学院法学研究所公布的调查数据显示，劳资纠纷是导致千人至万人群体性事件的主要原因，占群体性事件的36.5%①。近年来因劳资纠纷引发的集体行动具有规模化、长期化、对抗化特征，有的企业一旦出现股权变更、搬迁转让等因素，劳动者就会通过罢工集体提出增加工资、补偿多年经济补偿金、补缴社会保险等多项要求，曾经罢工的企业出现“惯性多次罢工”。② 在这些群体性劳资冲突中，劳动者诉求往往不是法律上明确规定的用人单位的强制义务，劳动行政部门将其称为“法外诉求”而无法通过行政罚款、责令改正等行政途径解决。有的地方政府对罢工高度警觉，频繁适用维稳手段平息罢工事件，针对目前的劳资冲突，原

* 深圳大学法学院教授，中国社会法学研究会常务理事。原文刊载于《中国人力资源开发》2015年第19期。

① 李林、田禾:《法治蓝皮书:中国法治发展报告》，社会科学文献出版社2014年版。

② 如深圳海量存储设备有限公司2007年曾出现过罢工，2011年12月又出现罢工。深圳盐田国际码头有限公司2007年曾出现过罢工，2013年再次出现罢工。

有的解决机制遇到了难题,劳资之间亟待建立合理、规范的法律调整机制。

近年来,国家并没有针对集体协商出台相应的法律法规,为应对实践中不断发生的群体性劳资事件,2009 年,广东省起草制定的《广东省企业民主管理条例》曾两度大规模征求社会各界意见,深圳市起草制定的《深圳经济特区集体协商条例(修改草案)》也广泛向社会各界征求意见并经过了人大常委会的三读程序,但两部法律草案受到了部分企业和商会组织的强烈反对,最终并没有得以通过。2014 年,广东省人大常委会对原有的《广东省企业集体合同条例》(以下简称《广东条例》)进行了修订,并于 2015 年 1 月 1 日正式实施,该条例在修订过程中争议不断,在实施后作用并不显著,批评声多于赞美声,但该条例毕竟对于实践中需要迫切劳资争议解决机制问题、不当劳动行为及法律责任问题等关键性的问题上有了一些规定和突破,但用维稳手段处理正常劳资纠纷的立法思路导致劳资之间的利益冲突无法通过法律上的集体协商机制进行处理,存在一定的缺陷。

一、《广东省企业集体合同条例》的制度创新

(一)劳动争议处理机制上的突破

1. 突出了首先利用社会力量解决争议的思路。我国立法对劳动争议并无明确的权利争议和利益争议之分,《中华人民共和国劳动法》(以下简称《劳动法》)第 84 条将涉及集体合同的劳动争议划分为因签订集体合同产生的争议和因履行集体合同产生的争议。因签订集体合同是指在集体协商过程中出现的争议,法律设置了当事人可以进行协商和政府协调处理两种处理方式,实践中在签订集体合同过程中的争议较多,一旦出现僵局,当事人无法进行协商解决时,只能申请劳动行政部门或者行政部门主动介入进行协调处理。政府协调处理方式深刻体现了国家控制劳动关系的思路,政府往往以维稳方式处理劳资纠纷,影响了市场经济下劳资双方正常博弈的环境。面对日益增长的劳资群体争议,政府成了救火队。一直以来,立法上缺少多元化的利益争议解决途径致使利益争议无法及时有效解决,是我国劳动争议处理机制遭到较多诟病之处。在集体协商利益争议处理上,《广东条例》设置的处理途径有协商、调解和协调,在处理思路上是先协商后调解、先社会组织协调后行政部门协调的程序流程。(1)先协商后调解。《广东条例》第 32 条规定,在协商过程中,双方产生争议,职工方和企业首先协商处理,职工方与企业不愿协商、协商不成或者在协商后达成和解协议后不履行的,当事人一方或双方可以向依法设立的基层人民调解组织或者具有劳动争议调解职能的组织申请调解。争议经调解达成协议的,职工和企业应当履行。《中华人民共和国人民调解法》将基层

人民调解组织定位为依法设立的调解民间纠纷的群众性组织。人力资源和社会保障部提出具有劳动争议调解职能的组织包括在乡镇、街道设立具有劳动争议调解职能的组织和行业性劳动争议调解组织,人民调解委员会、部分乡镇街道设立的劳动争议调解组织和行业性劳动争议组织皆属于社会力量的范畴。(2)先社会组织协调,后行政部门协调的协调方式。《广东条例》第33条规定,职工方与企业发生争议,职工方可以向企业所在地地方总工会提出协调请求,地方总工会应当及时介入,指导帮助职工方与企业开展协商,协调双方达成一致意见。这里的地方总工会包括地方各级总工会,包括街道、区、市、省等各级总工会组织。《广东条例》第34条规定,双方发生争议的,企业方面代表组织应当及时介入。工会组织和企业方面代表组织也属于社会组织的范畴。《广东条例》第35条规定只有当工会组织和企业代表组织协调未能解决争议的,当地人力资源社会保障行政部门再进行协调。在协调处理上,《广东条例》与《劳动法》《集体合同规定》的处理方式、程序上均有不同,原来的规定是一旦当事人协商不成,当地人民政府劳动行政部门就可以组织有关各方进行协调处理,《广东条例》的突破点是先由其他社会组织进行协调处理,只有协调处理没有解决的,再由行政部门介入,改变了原来由政府部门直接介入的模式,有利于调动发挥社会力量解决劳资冲突。(3)在协商处理上,工会组织和企业代表组织的协调地位与原来有所不同。《广东条例》不仅突出了工会和企业代表组织可以先进行协调的程序,还赋予了他们可以充当协调主体的地位,《劳动法》和《集体合同规定》规定在协调程序中,劳动保障行政部门应当组织同级工会和企业组织等三方面人员,共同协调处理集体协商争议。《广东条例》第33条规定,工会收到职工的协调请求后,帮助职工与企业开展协商,协调双方达成一致意见。该条例第34条规定,企业代表组织一旦发现出现争议,就应当及时介入,协调双方达成一致意见。工会组织和企业代表组织不仅仅是原来被组织参加协调的被动一方,而是可以直接进行协调的主动一方。

2. 首开利用政府之外的专业人士解决利益争议的先河。原来《劳动法》《集体合同规定》对集体协商争议双方不能协商解决的,只能向劳动保障行政部门提出协调处理申请,除此之外,不能申请其他部门、组织和个人介入。《广东条例》第35条将协调处理扩展到两种形式,一是由人力资源社会保障行政部门派出人员进行协调,二是由人力资源社会保障行政部门从集体协商专家名册中指定人员进行协调。虽然《广东条例》并没有将争议的协调处理直接交给社会力量,还要由人力资源社会保障部门建立专家名册,并指定专家进行协调,但毕竟是政府开始重视、适用专业人才解决劳资利益争议的一个突破。目前实践中一旦出现劳资争议行为,政府往往成为解决争议的唯一主体,缺乏中立性,广东率先引用政府之外的专业人士解决劳资争议,打破了只有政府人员才能介入解决的现状。

3. 首次规定了集体协商利益争议可以适用调解方式。一直以来,我国对于签订集体合同过程中产生的争议只有协商和协调处理两种方式,《广东条例》首次增加了调解的解决途径。《广东条例》第 32 条规定,职工方与企业不愿协商、协商不成或者达成和解协议后不履行的,可以向依法设立的基层人民调解组织或者具有劳动争议调解职能的组织申请调解。《广东条例》允许劳资双方循序自愿选择协商、调解程序,也可以未经协商直接进入调解程序,《广东条例》率先为利益争议设置了调解程序,在全国尚属首次,以多种方式解决处理劳资争议是很多国家处理劳动争议的经验,也得到了国际劳工组织的认同与支持。日本《劳动关系调整法》的基本原则是双方自愿解决争议,劳动委员会听从双方的意见,根据协调、调解和仲裁程序解决劳动争议。③ 国际劳工组织 1951 年的《自愿调停和仲裁建议书》(第 92 号,1951 年)和在 1981 年通过的《集体谈判公约》(第 154 号)中都规定集体谈判有多种争议途径。近年来,国家人力资源和社会保障部强调建立大调解体制,提倡专业化调解,但仅限于权利争议案件,《广东条例》在地方立法中,首先适用调解方式解决利益争议具有先进性。

4. 赋予了上级工会和企业代表组织的主动介入权。《劳动法》第 84 条规定,因签订集体合同发生争议,当事人协商解决不成的,当地政府劳动行政部门可以组织有关各方协调处理,《集体合同规定》第 50 条则进一步规定:劳动保障行政部门应当组织同级工会和企业组织等三方面的人员,明确排除了上级工会的参与。实践中,上级工会及时介入并督促下级政府劳动行政部门及时解决集体争议起到了较大的影响和效果,如在南海本田罢工事件中,广东省总工会、广州市总工会的协调角色对事件的完美解决起到了非常重要的作用。《广东条例》汲取了实践中的经验,第 33 条直接赋予了当职工要求上级工会协调时,上级工会可以直接开展协调处理的权利。上级工会可以是上一级工会,也可以更上级的工会组织,使上级工会参与协调处理有了更明确直接的法律依据。同样,上级企业代表组织也可以主动及时介入劳资利益争议的协调处理。

---

③ [日]荒木尚志:《日本劳动法》,李坤刚、牛志奎译,北京大学出版社 2010 年版,第 142 页。

(二)首次规范了不当劳动行为

不当劳动行为，是指在集体协商过程中，劳资双方会采用一些对己方有利对对方不利的行为，阻碍集体协商进程、破坏集体协商的进行。不当劳动行为法制化首先发展于美国，1935年的美国《劳动关系法》(NLRA)规定雇主的不当行为依法应受处罚，1947年《美国劳资关系法》增列禁止工会采取不当劳动行为的规定。[④] 有的学者认为当前中国亟须不当劳动行为规范立法，是以规范和平衡劳动关系为其直接目的的一项立法措施。[⑤]

目前，我国虽然在立法上没有明确不当劳动行为的概念，但在《中华人民共和国工会法》《集体合同规定》法律法规中对企业一方有类似不当劳动行为及相应法律责任进行了规定，只是并没有集中统一规定在同一个条文中，而是散见于第六章法律责任部分，企业一方的不当劳动行为主要有阻挠职工依法参加组织工会或者阻挠上级工会帮助、指导职工筹建工会的，因参加工会活动解除职工劳动合同等，对企业有不当劳动行为的，劳动行政部门可以进行责令改正，给予赔偿，行为构成犯罪的，依法追究刑事责任，没有构成犯罪的，按照治安管理处罚的程序进行处理。我国相关法律并没有对工会一方的不当劳动行为进行规定。《广东条例》没有明确适用不当劳动行为的用语，但对在集体协商期间劳资双方不得进行的行为进行了集中详细规定，第22条规定了双方的不当劳动行为，第23条规定了资方的不当劳动行为，第24条规定了劳方的不当劳动行为，《广东条例》对可能出现影响集体协商的行为进行详细集中规定，限制劳资双方的不当行为，在地方集体协商立法中处于首创。

(三)对提供公共服务的企业事业单位的停产停业行为进行了限制

为了保障社会的正常运转，有的国家对提供公共服务的行业举行影响社会秩序的罢工有一定的限制，例如，美国1947年《全国劳资关系法》规定若罢工影响到国家经济稳定并危及国家安全时，总统有权发布命令停止罢工。《深圳经济特区和谐劳动关系条例》是国内最早规定冷静期制度并规定政府可以发布命令停止罢工的地方立法，在供水、供电、供气、公共运输单位出现停工、怠工、闭厂行为的，危害公共安全、损害正常的社会经济秩序和市民生活秩序、严重危害公共利益的行为，政府可以发布命令，要求用人单位或者劳动者停止该项行为，并在命令发布之日起三十日内为冷静期，双方在此期限内不得采取激化矛盾的行为。《广东条例》虽然

---

④ 黄越钦:《劳动法新论》，中国政法大学出版社2003年版，第311~314页。

⑤ 常凯:《不当劳动行为立法》，载《中国社会科学》2000年第5期。

没有规定冷静期制度，但规定了当地政府可以发布命令停止争议行为并扩大了适用的行业范围，将行业扩展到广播通信、电视、公共卫生、医疗、教育、金融行业，并明确提出适用于提供公共服务的企业事业单位。政府除了发布命令外，当地人力资源社会保障行政部门、政府有关部门、地方总工会、企业方面代表组织应当指导和督促双方开展集体协商，化解矛盾，从而将争议行为的双方引入集体协商的轨道上。

二、《广东省企业集体合同条例》存在的不足

（一）忽视了集体协商实践中的基本规律

1. 不当劳动行为界定过于宽泛。美国和日本劳动法中建立了比较完善的不当劳动行为制度，根据劳方和资方在集体谈判中所处的地位角色不同，分别规定了劳方和资方的不当劳动行为。例如，美国《国家劳资关系法》规定资方的不公正劳动行为主要有对雇员组织权、集体谈判权以及参加以上活动的干涉、限制或胁迫，控制干涉劳工组织的成立、活动或给予财政支持，对参加劳工组织的雇员给予差别待遇，对提出控诉或者作证的雇员予以解雇和拒绝进行集体谈判等。工会的不当劳动行为主要包括限制胁迫员工参加劳工组织和集体谈判，对企业挑选集体谈判代表进行限制或者施加压力，迫使或者企图促使雇主对参加劳工组织的人员进行歧视，雇员代表拒绝同雇主进行集体谈判，引诱或者鼓励其他员工参与罢工，要求被集体合同覆盖的所有成员都要参加某一劳工组织，促使雇主为没有提供劳动的员工支付报酬，以设置纠察为手段威胁雇主接受该工会为谈判代表等。《广东条例》第22条统一规定了劳资双方都不得采取的不当劳动行为，统一规定的优越性是对双方都有可能采取的共性行为进行了归纳总结，缺点是缺乏差别性，有的行为是劳方采取的较多，有的是资方采取的较多，虽统一规定但仍有针对性。有的条款存在不适当之处，如劳资双方第一项不当劳动行为是“拒绝或者无正当理由故意拖延集体协商进程”，拒绝可以构成不当劳动行为，但拖延不能构成，无论在商务谈判和劳资谈判中，拖延战术是基本的谈判技巧，一方采用拖延战术时，对方要善于化解和适用适当的压力手段，不能以一方适用拖延战术而认定其为违法行为。对于第4项劳资双方在集体协商过程中有侵犯他人人身自由的行为也属于不当劳动行为，侵犯他人人身自由的行为可能触犯刑律，可以直接依据有关法律法规予以处理。《广东条例》作为专门规范集体协商和集体合同的地方性立法，在涉及对公民人身自由的处罚和强制措施方面无须再设类似条款，也无权进行规定。对于第5项“其他可能激化矛盾的行为”属于不当劳动行为的兜底条款，集体协商是一种利益协调

机制,劳资之间既存在共同利益,也存在利益冲突,一种有效的雇佣关系既要成功解决利益冲突产生的问题,又要成功追求劳资共同的目标,双方通过谈判和妥协解决问题。⑥ 在谈判和妥协过程中,出现冲突是正常现象,一方或者双方采取压力手段或者争议行为是必需的,劳方可以进行罢工,资方有权通过停止正常生产经营等方式进行防御和对抗。《广东条例》将劳资都有可能采取的压力手段视为不当劳动行为,反映出地方政府仍然视劳资冲突为非正常状态的思维模式。

《广东条例》第23条对资方不当劳动行为进行了规定,在目前劳资力量严重失衡的情况下,限制资方的不当行为可以保障劳方团结权,对集体协商代表进行保护可以鼓励劳方开展集体协商。资方的不当劳动行为包括限制干扰工会履行职责或者职工方产生协商代表,对职工方协商代表打击报复,拒绝提供集体协商所必需的材料或者提供虚假材料,拒绝执行集体协商调解协议等行为。什么属于集体协商资方需要提供的必需材料?《广东条例》并未释明,对于不提供信息及提供虚假信息应承担的法律责任也未加规定。集体协商涉及劳动条件的商谈,必然要求用人单位提供相应的企业信息,有的国家称之为雇主披露信息义务。信息披露是集体协商的关键,雇主应该承担信息披露义务。在信息披露上,法律应该对信息披露的范畴做出规定,如劳动者工资总额、福利总额、缴纳社会保险费情况、上年度的利润等都属于与协商事项直接有关的信息,在劳动者或者劳动者协商代表要求提供时,用人单位应当在法律规定的范围内履行信息披露义务,同时还要规定用人单位不披露或者披露虚假信息的法律责任。

2. 限制了劳资双方正常的博弈行为。《广东条例》通过对不当劳动行为的规定限制了劳资双方的行为,对争议行为进行限制是适当和必要的,但限制的不合理会阻碍协商的正常进行。如在集体协商期间,双方不得采取过激行为,职工不得违反劳动合同约定不完成劳动任务等,都过分限制了双方的正常博弈。在集体谈判陷入僵局的情况下,劳资双方可以适用相应的压力手段,劳方采取罢工等集体争议行为,资方采取闭厂、寻找替代工人的行为是正当的。美国劳动关系中的典型罢工形式是在合同谈判期间,为争取工资、福利和工作规则而发生的罢工,这种罢工是受国家劳动关系法保护的罢工。⑦ 广东的规定无视集体协商就是双方通过压力平衡机制解决劳资冲突的本质特征,剥夺了双方进行劳资争议行为的权利,违背了集体

---

⑥ [美]哈里·C.卡茨等:《集体谈判与产业关系概论》,李丽林等译,东北财经大学出版社2010年版,第4~6页。

⑦ [美]约翰·W.巴德:《劳动关系:寻求平衡》,于桂兰等译,机械工业出版社2013年版,第247页。

协商的基本规律。在实践中无法操作，也在理论上背离了集体协商的根本目的和性质。

3. 变相剥夺了劳动者的罢工权。《广东条例》第 24 条对劳方的不当劳动行为进行了限制。包括在集体协商期间，职工不得违反劳动合同约定，不完成劳动任务；不得违反劳动纪律，或者以各种方式迫使企业其他员工离开工作岗位；不得堵塞、阻碍或者封锁企业的出入通道和交通要道，阻止人员、物资等进出，破坏企业设备、工具或者破坏企业正常生产经营秩序和公共秩序。集体协商的期间为 3 个月，双方协商还可以延长 60 天。5 个月的时间限制将导致劳动者在此期间无法进行罢工，一旦有不履行劳动合同的情况，劳动者就要承担相应的法律责任。对于是否应该对劳方规定不当劳动行为，理论和实践中都有争议。美国 1935 年的《全国劳动关系法》中只规定了雇主的不当劳动行为，1947 年《塔夫脱—哈特莱法》增加了禁止工会采取不当行为的规定。日本的不当劳动行为是指雇主对劳动者和工会团结权的侵害行为，不当劳动行为的责任主体是雇主⑧。日本劳动法学界的主导性意见为：在宪法保障团结权的情况下，工会不当劳动行为立法是对于团结权的限制，如果确有工会侵害雇主利益的行为，使用民法的侵权原理救济即可⑨。笔者认为是否应对工会及劳方规定不当劳动行为，应根据立法背景、劳动关系现状和劳资力量对比情况决定。《塔夫脱—哈特莱法》在历史上限制了美国工人组织罢工、集体谈判的权利，赋予了资方更多的权利，因而引起了工人们的极大不满，先后发动多次罢工以示抗议⑩。中国劳资关系状况仍然处在劳方无法处于与资方对抗的地位，加强劳工之间的团结，让集体协商机制真正运行起来，劳资双方通过有效的协商机制构建利益协调机制是当前集体协商立法的立足点，加强和完善团结权、禁止雇主干预打击劳方的团结权是当务之急，在这种情况下更应对劳方代表进行全面保护，充分保障劳方的集体协商权，而不能在工人力量薄弱的情况出于维稳需要通过立法压制工人表达正常合理的诉求。

要实行真正的集体协商，罢工是一个绕不过的话题，广东作为经济发展最发达的地区，也是中国罢工发生率最高的地区，在现行宪法没有规定罢工自由权的情况下，为了保障集体协商顺利进行，最小限度地减少罢工带来的不利影响，可以从以下几个方面规范引导劳资双方的争议行为：(1) 在一方承诺进行集体协商后，对方

---

⑧ 田思路、贾秀芬：《论日本"不当劳动行为"的法律构成》，载《金陵法律评论》2012 年春季卷。

⑨ 常凯：《罢工权立法问题的若干思考》，载《学海》2005 年第 4 期。

⑩ 郭瑞芝、白建才：《塔夫脱—哈特莱法》，载《陕西师范大学学报》2012 年第 4 期。

不得进行争议行为。这里以承诺而不是以送达集体协商要求作为不得进行集体争议行为的界限。争议行为的目的是促使对方进入集体协商程序,对方同意表示愿意开展集体协商,就没有必要继续进行争议行为,但应在承诺后及时进入协商过程,对于承诺后迟迟不进入协商程序的,对方仍然可以进行争议行为。(2)在集体协商会议期间,双方不得进行劳资争议行为。协商会议是双方对劳动条件的协商过程,需要在冷静客观的环境下进行合理的讨论和协商。(3)在劳资争议行为进入解决阶段,不得进行争议行为。在集体协商过程中产生的争议双方不能自行解决时,交给双方信任的中立第三方或者行政部门协商或者调解,是双方自行选择或者法律的强制规定,在这种情况下,劳资双方不能采取过激行为。如我国台湾地区“劳动争议处理法”第7条、第8条分别对劳资双方限制争议权行使进行了规定,劳资争议在调解或仲裁期间,劳资双方不得有过激行为。国际劳工组织《自愿调停和仲裁建议书》中规定一旦纠纷得到了所有方的同意进入了调解程序,后者在调解过程中应放弃罢工、闭厂等行为。(4)在集体劳动合同有效期间,不能进行争议行为。这就是集体合同中的和平义务,即在合同有效期间内不得进行罢工。很多国家规定集体合同的双方当事人约定在合同履行期间不能采取集体行动。(5)对经营公用事业的企业争议行为应有所限制。

集体争议行为尤其是罢工涉及公民的基本权利和自由,权利是责任的源泉。如果没有罢工权,工会的自愿性谈判与协议将成为无源之水。[11] 虽然地方立法可以先行先试,但毕竟涉及立法层次、立法权限问题,地方性法规在集体协商和集体谈判中既不能绕过罢工,也不宜作出太多限制,限制过多会影响集体协商的有效推行。

(二)统一规定集体协商时间不合理

集体协商需要多长时间,每个企业情况不同,为了避免协商双方拖延协商过程以及限制双方的过激行为,《广东条例》适用了“一刀切”的做法,统一规定集体协商期限。《广东条例》第20条的规定,集体协商期限为3个月,双方协商同意可以适当缩短或者延长,如果延长,还可以延长60日。期限起算的时间为送达集体协商要求书面材料之日起,即单方将集体协商书面要约送达对方的时间开始计算集体协商的期限。要约是单方面行为,送达协商要约不一定能进入集体协商程序,对方对协商要约也不一定会接受,《广东条例》只规定要约要求送达就意味着进入了

---

⑪ 常凯:《罢工权立法问题的若干思考》,载《学海》2005年第4期。

集体协商期间，会导致劳动者一旦出现罢工，企业就会发出集体协商要约要求，或者是劳动者一方发出协商要约后，无论企业是否愿意进行集体协商以及在协商过程中出现任何情况，因有 3 个月的时间限制，劳动者就不能采取任何罢工及其他争议行为，该条款规定不合理，在实践中无法操作。

（三）用治安管理处罚及刑事责任手段制裁劳资双方过严

《广东条例》首次规定了在集体协商期间如果发生涉及人数较多、影响较大的集体协商争议，政府可以运用警力进行处理。《广东条例》第五章规定了劳资双方不当劳动行为的法律责任，尤其引人注目的是对双方的行为可以采用《中华人民共和国治安管理处罚法》（以下简称《治安管理处罚法》）的规定进行处理，并明确规定有破坏企业正常生产经营秩序和公共秩序的行为可以追究治安管理处罚责任和刑事责任。治安管理处罚行为主要包括扰乱公共秩序、妨害公共安全、侵犯人身权利、财产权利、妨害社会管理的行为，《广东条例》中列举的行为在《治安管理处罚法》中找不到相应的处罚条款，例如拖延集体协商过程属于谈判技巧方面的，只有行为严重才可以被认定为不是诚意、善意的行为，或者被认定为不当劳动行为，通过治安管理处罚明显过当。对企业不当劳动行为如限制、干扰工会履行职权或职工一方产生集体协商代表，对职工方协商代表打击报复，拒绝提供集体协商所需材料或提供虚假材料，只是对谈判过程中的一些不配合行为，也构不成违反治安管理的行为。集体协商中出现的过激行为属于双方之间谈判过程中出现的问题，双方可以通过博弈进行解决，政府直接采用治安管理处罚和承担刑事责任手段的做法明显不妥，实践中已经出现了对罢工的组织者和领导者进行治安管理处罚和追究刑事责任的情况。在立法征求意见过程中，有的学者就担心目前中国资强劳弱的格局下，劳动者力量不够强大，法规会成为限制工人罢工的工具，会打击罢工组织者和领导人，影响工人争取利益。广东立法的目的是通过可操作性的法律和制度规范无序的罢工行为，但实施以来，并没有改变未经谈判突然发生罢工现状，并没有通过建立集体协商机制让双方可以有效博弈。有的学者认为，广东立法错失了良机，只是维持现状，未能建立可行的集体谈判制度。[12] 例如，在深圳观澜庆盛服饰皮具有限公司工人罢工事件中，资方决定搬迁工厂，工人提出了集体协商的要求，要与资方就加班工资、补缴养老保险进行协商，根据《广东条例》的规定，就已经进入了集体协商期间，但事实上资方拒绝协商，致使劳方既无法进入集体协商程序，

---

⑫ 何宜伦：《虽增集体谈判条例，广东今年或仍爆更多罢工》，载《南华早报》2015 年 3 月 5 日。

采取罢工等争议行为又违法的尴尬局面。同样企业有关工作人员需要听从企业领导人指挥,不做会失业,做了就要受治安管理处罚甚至承担刑事责任,两头为难。仅仅对不当劳动行为进行规范,而没有相应的救济手段,动辄采用警力或者让责任人承担治安管理处罚或刑事责任,只能使劳资矛盾更加激化,从仅仅的经济性罢工导致对政府的不满。有的国家建立了完整的不当劳动行为救济制度,如日本、美国等。可以通过行政救济、司法救济甚至民事救济的方式。例如,美国不当劳动行为救济制度最大的特点是同时适用于雇主和雇员、工会的不当劳动行为,其所设计的裁决机制很好地实现了对雇员的民事救济。[13]

(四)利益争议处理途径多元化不足

《广东条例》对争议处理虽有不少的突破及创新,但是与征求意见稿的草案相比,仍有较大的退步。在征求意见二稿中,设置了协商、调处、调解和调停多元化的解决机制。调解是指在双方未能协商达成一致意见,当事一方或双方书面向当地人力资源和社会保障行政部门提出调解申请,由人力资源和社会保障行政部门、同级工会和企业代表组织等协调劳动关系三方机制成员单位开展调解。调停是指未经调解,或者经调解未达成一致意见,企业和工双方共同向当地人力资源和社会保障行政部门申请调停并书面承诺接受和执行调停委员会调停意见的程序。允许劳资双方循序自愿选择协商、调处、调解和调停程序,也可以未经协商直接进入调解程序,未经调解直接进入调停程序,让劳资双方自由选择争议解决途径。草案赋予了调停更重要的法律地位,一旦双方申请调停,就应当一并书面承诺接受和执行调停小组的调停意见,调停意见有强制执行力。在调停程序中,双方可以分别选择一方的调停员,首席调停员仍由人力资源和社会保障行政部门指定。但遗憾的是,最终公布通过的正式稿,取消了调停程序。《广东条例》在利益争议处理途径设置上,仍不够多元化。

---

[13] 叶珊:《雇主不当劳动行为的民事救济》,载《北方法学》2012年第4期。

社会保障法论

论社会保险权的司法救济

郭 捷*

【摘 要】 本文立足于公、私法融合的法理基础，全面分析了我国社会保险权法律保护的制度框架，并从社会保险权司法救济体制创新及建立必要的违宪审查、公益诉讼、证据规则、多主题保护网等制度层面，提出了完善社会保险权司法救济法律制度的思考。

【关键词】 社会保险权 司法救济 法律制度

一、社会保险权司法救济的法理基础

社会保险权，是指公民在年老、患病、工伤、失业、生育等情况下依法从所在政府和其他社会主体获得经济补偿或物质帮助的权利。社会保险权是一种社会权利，其根本目的是帮助社会成员的基本生活，维护社会成员的生存权利，进而维护国家的长治久安及社会的和谐发展，这是社会保险立法的出发点和归宿。社会保险权作为典型的生存权，是生存权体系中具有实质意义的权利，对于生存权的保障和实现具有重要意义和关键作用，这些已为国际社会所公认。自英国1601年《济贫法》萌芽，19世纪下半叶德国俾斯麦政府初步形成，德国1919年的《魏玛宪法》的宪法明文确立，20世纪30年代资本主义世界爆发了严重的经济危机背景下发展与完善，20世纪70年代末以来的改革，其历史性质及功能表现得淋漓尽致。当今，西方发达国家均已建立了较为完善的社会保险制度，社会保险权作为人权（生存权）的重要内容，已为各国宪法、法律所普遍确认。《世界人权宣言》明确规定："每个人，作为社会的一员，有权享受社会保障。"在我国，社会保险制度也越来越引起党和政府的高度重视，2008年以来的全球金融、经济危机，使我国难以独善其身。

---

* 西北政法大学原副校长、教授，中国社会法学研究会副会长。原文刊载于《法治论坛》2009年第12期。

从侧面讲,这不单是挑战,全球金融、经济危机为我国主要包括社会保险在内的社会保障制度提供了千载难逢的机遇。为保证我国经济和社会可持续发展,主要包括社会保险在内的社会保障制度的建立及完善更是被提上了议事日程,其根本目的在于保障全体公民学有所教、劳有所得、病有所医、老有所养、住有所居,保障社会的安定和谐,促进经济良性循环和社会可持续发展。新近包括农村养老保险工作试点的政策,充分体现了党和政府大力发展社会保险事业的决心。

社会保险权的权利理念经历了从"自由权"向"社会权"观念、从私法调节向社会法调节的转变。自由权首先是在1776年美国《弗吉尼亚州宪法》的人权宣言中受到保障的,接着是《合众国宪法》,进而是1789年的《法国人权宣言》把此继承了下来,并且在自由主义和个人主义的思想基础上进一步发育成熟,形成了具有自己完整体系的基本人权。因此,自由权是资本主义成立阶段的产物。[①] 而社会权则是资本主义垄断阶段的产物。在1919年的《魏玛宪法》中才首次受到保障。就两者之主要差异而言,自由权是一种与"夜警国家"和自由国家的国家观相对应的基本人权。因为资本主义社会的运行是自律性地展开的,国家的任务仅仅在于排除对这种秩序的干扰,而对所有自律性领域,国家则不应加以干涉。在社会成员面临年老、患病、工伤、失业、生育等社会风险的而影响生存的情况下亦然,主要靠社会成员自己克服,自由权就是适应这样的时代要求的。与此相对照的是,社会权则是与福利国家或积极性国家的国家观相对应的基本人权。其目的在于消除伴随资本主义的高度化发展而产生的贫困和失业等社会弊病,为此要求国家积极地干预社会经济生活,保护和帮助弱者。[②] 具体来说,关于两者区别,主要包括如下几点:"1. 自由的基本权,其究极之思想史根据,为基于自然法;社会的基本权则否。2. 自由的基本权,为消极的权利,以不受国家拘束为其内容;社会的基本权,则为积极的权利,以要求国家积极的行为及施策,为其内容。3. 自由的基本权,原则上不具限界,不附条件;社会的基本权,则附有限界及条件。"[③]因此,"前者以自由主义国家,为其根据;后者则以现代福祉国家,为其根据"。[④] "这种理解,如果撇开国家的社会制度性质不论,大体是准确的。"[⑤]

---

① [日]大须贺明:《生存权论》,林浩译,法律出版社2001年版,第11~12页。

② 同前注①,第12页。

③ 黄越钦:《劳动法新论》,台北,翰芦图书出版有限公司2000年版,第76页。

④ 同前注③。

⑤ 许建宇:《社会法视野中的劳动权——作为社会全的劳动权之基本范畴解析》,载林嘉主编:《劳动法评论》(第1卷),中国人民大学出版社2005年版,第69页。

在社会权理念支撑下的社会保险权与以往的权利相比较，其最大变化表现在下述方面：社会保险法上的权利观，从注重“消极权利”转向注重“积极权利”，更多地强调国家和社会的义务和责任；权利保护所采用的方法，突出“社会本位”的观念，从强调“自发性调节”到国家积极地干预社会经济生活，从单纯追求形式自由到主要追求社会正义（特别是“分配正义”）价值目标。也就是说，从私法调节转向社会法调节，从而保护和帮助面临年老、患病、工伤、失业、生育等社会风险社会成员。在这一理念指导下，社会保险权权利义务主体及其权利法律保护也就极为清晰化了，进而带来了许多相关全新的理念和制度。社会保险权义务主体包括：国家（主要通过社会保险行政机构体现）、用人单位、社会保险经办机构、社会保险基金运营机构、社会保险监督机构等。国家是社会保险权的第一义务主体。保障劳动者社会保险权，首先是国家的责任，所谓国家责任，既包括国家有责任建立起完善的社会保险制度，以保障公民享受社会保险的权利；也包括国家必须承担必要的财政支出，以及通过行政手段具体实现劳动者社会保险权利的义务。⑥ 用人单位是社会保险权的第二义务主体，主要履行为劳动者依法申办社会保险登记并缴纳社会保险费的义务。社会保险经办机构负责筹集社会保险基金，确认社会成员享受社会保险待遇的资格，给付社会保险待遇，组织社会保险服务；社会保险基金运营机构专门负责社会保险基金投资运营，等等。社会保险法的目的就是保障全体社会成员（主要是劳动者）的社会保险权利，因此，在社会保险法律关系中，全体社会成员（主要是劳动者）的身份主要是权利主体，而且这种主体身份是贯穿始终的。对社会保险权利的法律保护，无论是立法保护，还是司法（包括行政司法）保护，均应充分基于社会法理念。社会法不同于以国家权力本位的行政法，也有别于以个体权利为本位的民商法，是在以社会利益为本位的前提下形成的、具有公私法融合法的相对独立法域。“在现代法律体系中，出现了经济法、劳动法、社会保障法等等，它们是以传统公法要素与私法要素为基本框架、以传统公法和私法的调整方法为原型混合而成的第三种结构要素，我们称之为社会法。”⑦也就是说，社会保险权利司法（包括行政司法）救济，既不可单纯依据传统私法原理，也不能单纯依据传统公法原理，而应是建立在公法和私法的调整方法融合的基础上。

二、我国现行法对社会保险权的司法救济

目前，我国现行法对社会保险权的司法救济尽管是不甚完整的和有限的，但其

---

⑥ 史探径：《社会保障法研究》，法律出版社2000年版，第115页。

⑦ 孙笑侠：《法的现象与观念》，山东人民出版社2001年版，第94页。

法律框架依然是较为明确的。

(一)适用劳动争议的调解、仲裁和民事诉讼

劳动者与用人单位之间发生的社会保险争议,按照劳动争议处理。在我国,劳动者的社会保险权益是基于其与用人单位之间的劳动关系而产生的,《中华人民共和国劳动法》第72条后半句规定:“用人单位和劳动者必须依法参加社会保险,缴纳社会保险费。”用人单位基于劳动关系为劳动者缴纳失业、养老、医疗、工伤等社会保险费,当劳动者的社会保险权益受到用人单位的侵犯时,按照劳动争议来处理和解决。《中华人民共和国劳动争议调解仲裁法》第2条规定:“中华人民共和国境内的用人单位与劳动者发生的下列劳动争议,适用本法:……(四)因工作时间、休息休假、社会保险、福利、培训以及劳动保护发生的争议……”《工伤保险条例》第54条规定:“职工与用人单位发生工伤待遇方面的争议,按照处理劳动争议的有关规定处理。”《中华人民共和国劳动争议调解仲裁法》规定了劳动争议的处理原则、机构和程序,简称为“一调一裁两审判”,其中,调解并非必经程序,仲裁是必经程序,审判是最终程序。人民法院只受理当事人不服仲裁而起诉的社会保险争议案件,由民事法庭依民事诉讼程序审理。

(二)适用行政复议与行政诉讼

公民、法人或者其他组织与社会保险管理机构之间发生的社会保险争议按照行政争议处理和解决。《社会保险行政争议处理办法》规定,公民、法人或者其他组织对于经办机构未按规定审核社会保险缴费基数、未按规定核准、支付、调整社会保险待遇等具体行政行为,可先向作出该具体行政行为的经办机构申请复查;对复查决定不服,或经办机构逾期仍未作出复查决定的,可向直接管理该经办机构的劳动保障行政部门申请行政复议;对行政复议决定不服的,可依法向人民法院提起行政诉讼。《社会保险费征缴暂行条例》第25条规定:“缴费单位和缴费个人对劳动保障行政部门或者税务机关的处罚决定不服的,可以依法申请复议;对复议决定不服的,可以依法提起诉讼。”《工伤保险条例》第55条第1项规定:“申请工伤认定的职工或者其直系亲属、该职工所在单位对工伤认定结论不服的;工伤职工或者其直系亲属对经办机构核定的工伤保险待遇有异议的,可以依法申请行政复议;对复议决定不服的,可以依法提起行政诉讼。”值得一提的是,《社会保险法(草案)》也作了几乎相同的规定,《社会保险法》第83条第1款和第2款规定:“用人单位或者个人认为社会保险费征收机构的行为侵害自己合法权益的,可以依法申请行政复议或者提起行政诉讼。用人单位或者个人对社会保险经办机构不依法办理社会保

险登记、核定社会保险费、支付社会保险待遇、办理社会保险转移接续手续或者侵害其他社会保险权益的行为,可以依法申请行政复议或者提起行政诉讼。个人与所在用人单位发生社会保险争议的,可以依法申请仲裁、提起诉讼。用人单位侵害个人社会保险权益的,个人也可以要求社会保险行政部门或者社会保险费征收机构依法处理。"

三、我国社会保险权的司法救济的缺失及其完善

"没有救济即没有权利",这是法理上的至理名言,对公民的社会保险权也是如此。其中,司法救济(不仅指司法审判,还包括行政司法救济)是最有效、最常用的救济途径,也是社会保险权获得保障的最后一道防线。因为"在许多情况下如果得不到司法救济的巩固和补充的话,那么已采取的其他措施很可能是无效的"。[⑧] 由此可见,我国现行法对社会保险权的司法救济是不甚完整和有限的。其中,既有体制缺失又有制度缺失,主要表现在现行司法救济体制严重滞后于社会保险发展的需要,并未形成独立的专门性的社会保险司法救济体制以及由此引起的一些制度缺失。造成这些缺失的深层原因在于,长期以来,我国理论界及实务界公法、私法观念根深蒂固,而社会法观念并未深入人心;直接原因在于社会保险理论与实务长时期未独立于劳动法体系之外,社会保险行政管理"政事不分"。随着我国社会保险制度和管理体制的不断完善,我们应紧抓这一契机,秉承社会法理念,进行社会保险权司法救济体制创新及制度创新。

(一)完善社会保险权司法救济体制

目前,依据《劳动法》《劳动争议调解仲裁法》《工伤保险条例》《社会保险行政争议处理办法》等法律、法规,我国劳动者和用人单位之间的社会保险争议按劳动争议及行政争议处理,但是,劳动争议及行政争议与社会保险争议在本质上存在差别,它们在争议主体、内容范围、制度体系、处理原则和程序等方面均有很大差别。社会保险权的社会权本质决定了社会保险关系不是单纯的民事关系、行政关系,也不等同于劳动关系,人为地将其分解从而分别适用民事或行政程序,不能有效维护社会保险权人的利益以及国家和社会的利益,所以,社会保险权利司法(包括行政司法)救济,既不可单纯依据传统私法原理,也不能单纯依据传统公法原理,而应是建立在公法和私法的调整方法融合的基础上。应建立专门性的社会保险权司法救济体制,进而完善社会保险权司法救济体制。建议在人民法院设立劳动和社会保

---

⑧ 摘自经济、社会和文化权利委员会通过的"一般性意见"。

障法庭,专门从事审理劳动和社会保障争议案件,使当事人在其社会保障权益受不法侵害时获得有力的司法保护,在条件成熟后,可借鉴国外普遍实行的专门法院审判方式,建立我国专门的劳动和社会保障法院。这一司法体制改革的进程要适合我国的国情,比如专业法官队伍的建设就任重道远,应在现有的人民陪审员制度的基础上进行改进,让特定领域的专家和技术人员参与到社会保障司法救济上来,有效解决专职司法人员在特殊领域专业知识缺乏的难题。在审判中充分体现出劳动和社会保障事务的特殊性。人民法院对社会保障领域里发生的违法、犯罪案件,应当依法及时审理;对拒不缴纳法定的社会保险费、拒不履行支付保险金义务、不正当使用保险基金、贪污、挪用、侵占保险基金的行为人,应当依法分别追究其刑事责任、行政责任和民事责任。现在,有些地方在人民法院已设立了社会保障法庭,对欠缴社会保险费的企业采取强制的司法措施,追缴了社会保险费,充分体现了司法机制在保证社会保障法律实施方面具有的强制性和震慑作用。

(二)完善社会保险权司法救济制度

1. 建立以诉讼为形式的违宪审查制度。在法治国家,建立以诉讼为形式的违宪审查制度,对各种权利的保护都具有终极意义,对社会保险权的保护也不例外。在我国,宪法是国家的根本大法,具有最高的法律效力,但在具体司法实践中,宪法被排除在法院适用范围之外,宪法并没有作为法院裁判案件的直接法律依据。我国也有违宪审查制度,但并不是以宪法诉讼的形式出现的。“虽然宪法规定由全国人大常委会解释宪法,并通过全国人大常委会以批准、备案等审查方式对法规和规章是否符合宪法和法律进行审查,但这种审查体制是以权力机关为核心、以行政层级关系为组织形式、以非诉讼为基本特征的具有浓厚行政管理色彩的体制。”⑨各级法院在审理案件的过程中,都没有在审理具体案件直接依据宪法,一般只在裁判文书中引用基本法律、行政法规、司法解释、地方性法规以及自治条例和单行条例。“‘二战’以后,宪法基本权利具有直接效力即可以直接作为司法判断的依据在发达国家已少有例外,许多第三世界国家也群起效法。时至今日,基本权利的直接效力已成为世界性的一项宪政惯例。”⑩我们应借鉴世界各国宪政历史中积累的成熟经验,建议在我国建立以诉讼为形式的违宪审查制度,使公民的社会保险权等权利受到侵害时,在行政诉讼和民事诉讼救济途径都穷尽后,仍能在宪法层面获得救

---

⑨ 朱福惠:《违宪审查制度的法理基础——论宪法对立法权的限制和约束》,厦门大学出版社2002年版,第271页。

⑩ 周永坤:《论宪法基本权利的直接效力》,载《中国法学》1998年第7期。

济。这样也有助于督促国家对公民社会保险权义务的履行。

2. 建立社会保险公益诉讼制度。公益诉讼,是指任何公民、国家机关、企事业单位、社会团体等组织,可以以自己的名义,对违反法律,侵犯国家利益、社会公共利益的行为,向国家司法机关提起诉讼。近年来在国内外法学界乃至司法实践中,"公益诉讼"问题越来越引起大家的重视。我国《民事诉讼法》《行政诉讼法》并未建立公益诉讼制度。然而,随着社会经济的发展,建立公益诉讼制度越发显得不可或缺。社会保险纠纷,表面上看似乎只是关系到社会成员个人的利益,但实质上它直接关系到处于弱势地位的社会保障权人的基本生存权,关系到社会公共利益建立社会保险公益诉讼制度,利于通过全社会的力量实现社会保险的司法救济。

3. 建立社会保险争议诉讼证据规则。社会保险争议既有别于一般民事争议,又与行政争议相区别,因而应该就社会保险争议诉讼证据规则作出特别规定。在社会保险争议中,国家(主要通过社会保险行政机构体现)、用人单位、社会保险经办机构、社会保险基金运营机构、社会保险监督机构等作为强势的一方,拥有人、财、物等方面的优势,证据取得对其来说相对很容易,所以,基于保障弱势群体的法理考虑应通过制度的创新对"谁主张,谁举证"的形式正义进行实质性矫正,也就是说,社会保险争议诉讼除了适用民事诉讼一般证据规则之外,应该建立一些特别规则并优先适用。具体表现在:第一,举证责任规则方面。社会保险争议诉讼举证责任规则,以用人单位承担举证责任为原则,以劳动者承担举证责任为例外。无法确定举证责任承担时,人民法院可以根据公平原则和诚实信用原则,综合当事人举证能力等因素确定举证责任的承担。第二,举证期限规则方面。为了体现程序正义和程序效益的原则,应该对举证时效作出规定:首先,法定的举证时效应在法庭辩论结束前届满。其次,超期举证应承担一定的法律后果:当事人故意逾期举证,法院不予采纳;当事人确有理由逾期举证,即使在二审程序甚至再审程序提出新的证据,法院可以酌情采纳,但当事人应承担因逾期举证而造成的诉讼费用。[11] 最后,必要时可采取官方调查、取证的原则。例如,德国《社会法院法》明确规定,以官方身份,调查取证,弄清事实,是社会法院的法定义务。

4. 完善相关法律责任制度。社会保险领域法律责任兼具公法和私法责任的特点,因此,对社会保险领域违法行为的责任追究,不能局限于民事、行政、刑事法律责任之一种,而必须采取更为复杂的多元化法律责任方式,内容包括民事责任、行

---

[11] 刘诚:《论劳动争议诉讼立法》,载《劳动关系》2008 年第 8 期。

政责任、刑事责任。我国现行法律、法规重在规定对单位和责任人的民事责任、行政责任,刑事责任很少涉及,即使涉及,也很缺乏操作性,同时很少明确政府对社会保险制度所负的财政责任与行政责任,因此应完善相关法律责任制度。例如,如何处理缴费人拖延缴费、不能足额缴费、甚至拒绝缴费的行为,我国现行法律、法规重在规定对单位和责任人的经济处罚,而德国对企业的法定代表人规定了严厉的刑事制裁;同样对利用欺诈手段骗保的当事人也以欺诈罪严惩。如果保险机构的工作人员与当事人串通,加重处罚。这一立法理念和经验值得我们借鉴。

5. 构建多主体的权利保护网相关制度。对社会保险权的保护不局限于司法保护,而是放在相关联的更大范围解决。构建多主体的权利保护网,是国外社会保险权保护的成功经验,对我们有很好的借鉴意义。如在德国除司法机构外,有议会中的专门委员会、劳动保障部门、银行、医院、工会组织等,均负有相应的维权职责,如果不作为,要承担相应的法律后果。同时,要培育和发挥专业律师队伍的维权作用以及社会保险协会的维权作用。这里所说的维权,不仅是参保人的权益,也包括缴费人的合法权益。

社会保险经办机构的法律定位

叶静漪[*]　肖　京

【摘　要】　我国《社会保险法》的顺利实施受制于社会保险经办机构管理体制的顺畅与否。我国以前立法对社会保险经办机构的性质和职能的法律定位不明,而《社会保险法》回避了这一问题,直接影响到社会保险业务的办理。因此,很有必要在理论上对社会保险机构的性质和职能进行定位,并在立法上予以明确。通过对社会保险经办机构现状和现行立法相关条文的分析可以看出,我国社会保险经办机构应该定位为以服务为主但具有行政管理职能的事业单位。

【关键词】　社会保险经办机构　性质　职能　法律定位

一、问题的提出

在当前特殊的时代背景下,我国《社会保险法》能否顺利实施以及由此相关的社会保险体系能否良好运行,直接影响和谐社会的构建,已经成为国家和社会民众普遍关注的问题,其意义十分重大。从系统论的角度来看,一个系统能否良好运行,与其运行流程中的关键点和关键环节直接相关。社会保险经办机构作为连接社会保险的各个环节的关键点,对整个社会保险系统的运行起着独特而又关键的作用。在一定意义上讲,社会保险经办机构体制和立法定位决定着社会保险体系运行得是否顺畅,从而也决定着《社会保险法》的实施效果。

然而,我国以前的相关立法对于社会保险经办机构的法律定位尤其是社会保险经办机构性质和职能的法律定位并不明确,《社会保险法》中也并未完全解决这一问题,现实生活中人们对于社会保险经办机构性质和职能的理解和看法也并不

---

[*] 北京大学党委副书记、教授,中国社会法学研究会副会长兼秘书长、党支部书记。原文刊载于《法学杂志》2012年第5期。

统一。这一问题的存在,不仅对社会保险法理论的进一步深入研究形成了障碍,同时也不利于现实生活中社会保险相关问题的顺利解决,直接影响到社会保险体系的有效运行和《社会保险法》的实施。

因此,在理论上对社会保险机构相关问题进行认真梳理和准确定位,并在立法上予以明确,这不仅有助于推进社会保险法理论研究,也有利于理顺社会保险体系中的各种关系,正确处理社会保险运行过程中的各种争议,为保证社会保险体系的良好运行创造必要的条件。另外,从社会保险行政管理的视角来看,社会保险经办机构承担了大量的社会保险公共事务,承担着相应的行政管理和服务职能,从这种意义上讲,对社会保险经办机构进行准确的法律定位,有助于实现公共管理的法治化,真正实现社会保险业务管理的依法行政,提高社会保险行政管理的效能。

二、我国社会保险经办机构的现状

对社会保险经办机构角色的准确定位,离不开对社会保险经办机构历史和现状的把握,尤其是要认真分析我国社会保险机构的现状,从现实生活中发现问题,进而提出改进和完善的路径。

从词源的角度来看,"社会保险经办机构"一词是改革开放以来使用的词语。我国官方文件中有关"社会保险经办机构"的正式表述,最早见于1993年《国务院批转国家体改委关于一九九三年经济体制改革要点的通知》(以下简称《通知》)中,[①]此后虽然在我国其他规范性文件中广泛使用,但均未对其具体含义进行明确界定,对其地位和职能也未作具体定位。直到2001年,原劳动和社会保障部发布的《社会保险行政争议处理办法》(以下简称《办法》)也只是从实务操作方便的角度对社会保险经办机构的概念进行了归纳,但未对其法律性质和职能进行界定。[②]《社会保险法》中虽然多次出现了"社会保险经办机构"一词,并且在该法第九章中专门对社会保险经办机构的设置和经费、管理制度和支付社会保险待遇的职责、登记和保管缴费信息资料并提供服务、社会保险信息系统建设等方面作了详细的规定,但也未对社会保险经办机构的概念和性质进行明确界定。[③] 因此,虽然"社会

---

① 该《通知》第10条第8段规定:"结合机构改革建立统一的社会保障管理体制。社会保险实行政事分开,社会保险管理部门从宏观上进行政策、制度、标准管理;社会保险经办机构具体承办社会保险业务并承担资金保值、增值责任。继续搞好改革开放试验区、经济特区和一些省市建立统一社会保障管理体制的试点。"

② 该《办法》第2条第2款规定:"本办法所称的经办机构,是指法律、法规授权的劳动保障行政部门所属的专门办理养老保险、医疗保险、失业保险、工伤保险、生育保险等社会保险事务的工作机构。"

③ 具体内容可参见《社会保险法》第72条至第75条。

保险经办机构”一词被广泛使用，但在我国立法上，“社会保险经办机构”实际上是一个内涵和外延模糊的概念，其法律性质和职能并不明确。

社会保险经办机构的性质和职能不仅在立法上不明确，在实践中也存在一定程度的混乱。虽然我国社会保险经办机构在实际运行中有一个大致的范围，但并无统一的模式。这体现在：

第一，从当前社会保险工作的实际情况来看，我国的社会保险工作仍然是按照1993年《国务院批转国家体改委关于一九九三年经济体制改革要点的通知》中规定的模式，在社会保险工作机构功能方面遵循“政事分开”的原则。社会保险工作机构包括社会保险行政部门和社会保险经办机构。社会保险行政部门（归属于人力资源与社会保障部门）主要负责社会保险有关政策、法规的制定，而社会保险经办机构主要负责贯彻落实国家有关社会保险的政策和法律、法规，并承办有关社会保险的具体工作。

第二，从社会保险经办机构的具体设置来看，社会保险经办机构又可以分为中央、省（自治区、直辖市）、市、县（区）四级机构，在乡、镇和城镇中的社区设立社会保险工作站。其中，中央的社会保险经办机构（人力资源和社会保障部社会保险事业管理中心）并不承担具体社会保险经办业务，主要是对地方社会保险经办机构实行业务指导，地方社会保险经办机构具体办理社会保险业务。④

第三，从社会保险经办机构的行政隶属来看，中央社会保险经办机构隶属于人力资源和社会保障部，地方各级社会保险经办机构一般隶属于同级人力资源与社会保障行政部门管理，但也有例外，如上海、陕西、黑龙江等省市对省级以下社会保险经办机构实行垂直管理。⑤

第四，从社会保险经办机构的名称来看，中央的社会保险经办机构称为社会保险事业管理中心，属于司（局）级单位，而地方社会保险经办机构在名称上则五花八门，有的地方称为社会保险管理中心，⑥有的地方称为社会保险局，⑦其他名称还有社会保险公司、机关事业社会保险局、农村社会保险公司、医疗保险结算中心、医疗

---

④ 从这种意义上看，人力资源和社会保障部社会保险事业管理中心部承办具体社会保险业务，因此并不是真正意义上的“经办”机构，只能是行使社会保险业务管理的机构。

⑤ 《我国社会保险业务经办的基本情况和主要问题》，载 http://hi. lss. gov. cn/web/default/article. jsp? articleId = 1442，最后访问日期：2011 年 8 月 2 日。

⑥ 如江西省社会保险管理中心、大连开发区社会保险管理中心、厦门社会保险管理中心等名称。

⑦ 如吉林省社会保险局、重庆市社会保险局、长春市社会保险局、深圳市社会保险局等名称。

保险管理中心、医疗保险局等。[8] 社会保险经办机构内部设置以处、科、部、室等来区分,极易混淆社会保险行政机关与社会保险经办机构之间的界限。

第五,从社会保险经办机构的级别来看,中央社会保险经办机构属于司(局)级直属事业单位,但地方社会保险经办机构的级别也并不统一。以省级社会保险经办机构的级别为例,有的省份是副厅级单位,[9]有的省份则是处级单位。[10] 据人力资源和社会保障部统计,截至2009年年底,全国各级经办机构规格为副厅级的有25个,处级的有771个,科级及以下的有6652个。[11]

第六,从社会保险经办机构的业务范围来看,中央社会保险经办机构统一管理社会保险的所有险种,地方则存在较大差异:有的地方实行"五险合一",只设立一个社会保险经办机构,有的地方则按险种分设企业养老保险、机关事业养老保险、医疗、工伤、农村养老保险多个经办机构。

第七,从社会保险经办机构的职权来看,虽然社会保险经办机构负责社会保险基金的管理和支付,但在社会保险费的征缴方面则存在较大的差异,有的地方由社会保险经办机构全面负责社会保险费的征缴,有的地方则由税务部门全部或部分代征社会保险费。

由以上分析可以看出,在实践中存在社会保险经办机构的诸多问题,这些问题又可以进一步概括为两个主要问题:一是社会保险经办机构的法律性质定位不明晰,社会保险经办机构到底是行政机构还是事业单位在实践中并不明确,因此社会保险经办机构在各地的归属和具体名称存在诸多乱象;二是社会保险经办机构的职责不明确,是定位于管理职能还是服务职能十分模糊,其具体职责是否包括社会保险费的征缴和社会保险基金的管理,这在立法上并不统一,各地的具体实践也存在较大差异。这两个主要问题,严重影响到社会保险体系的良好运行。

社会保险经办机构的性质,一般是指社会保险经办机构在组织法上是属于行政机关还是非行政机关的公共服务单位。社会保险经办机构的职能,一般是指社会保险经办机构是管理机构还是服务机构,承担的是管理职能还是服务职能。社

---

[8] 如深圳市社会保险公司、福建省机关事业社会保险局、福州市农村社会保险公司、天津市医疗保险结算中心、福州市医疗保险管理中心、黑龙江省社会医疗保险局等名称。

[9] 如湖南省社会保险管理服务局、海南省社会保险事业局、江西省社会保险事业管理局为副厅级单位。

[10] 如河南省社会医疗保险中心、海南省农村社会保险管理局为处级单位。

[11] 人力资源和社会保障部组织编写:《中华人民共和国社会保险法讲座》,中国劳动社会保障出版社2011年版,第223页。

会保险经办机构的法律性质在一定程度上决定了社会保险经办机构的职能，而社会保险经办机构的职能也体现了社会保险机构的法律性质。因此可以说，社会保险经办机构的法律性质和职能实质上是一个问题的两个方面。从我国现状来看，对社会保险经办机构进行法律性质定位，就是要明确社会保险经办机构究竟是属于行政机关还是属于事业单位；对社会保险经办机构职能进行定位，就是要明确社会保险经办机构承担的是管理职能还是服务职能，抑或是同时承担管理和服务的职能。

三、社会保险经办机构性质的法律定位

社会保险经办机构的性质，与一国的社会保险制度紧密相连。基于历史、文化、政治、经济等方面的差异，在不同国家和地区，社会保险经办机构有不同的定性，在具体的名称和设置上也存在一定的差异。但从整体上看，在当代法治国家，多倾向于把提供社会保险经办机构定位为非行政机关的公共服务单位。[⑫]

从我国当前的情况来看，中央一级的社会保险经办机构性质的法律定位相对明确。虽然《社会保险法》未对社会保险经办机构明确规定，但从人力资源和社会保障部官方网站介绍来看，人力资源和社会保障部社会保险事业管理中心是综合管理全国社会保险基金和社会保险经办业务工作的部直属事业单位，[⑬]这是对社会保险事业管理中心（中央社会保险经办机构）性质的定位。

但地方社会保险经办机构的法律性质和职能在立法上并不十分明确。《社会保险法》对社会保险经办机构的法律性质的规定主要体现在关于社会保险经办机构的设置和经费保障方面。该法第72条规定，“统筹地区设立社会保险经办机构。社会保险经办机构根据工作需要，经所在地的社会保险行政部门和机构编制管理机关批准，可以在本统筹地区设立分支机构和服务网点。社会保险经办机构的人员经费和经办社会保险发生的基本运行费用、管理费用，由同级财政按照国家规定予以保障”。该条规定实际上是非常模糊的，谁来设立社会保险经办机构，也就是设立社会保险经办机构的主体并未明确，对社会保险经办机构的性质也未明确说明，给人们留下了诸多想象空间。

我们可以依据不同的思路来做一个简单的法律逻辑推理。如果按照地方与中

---

⑫ 当然，这里存在对社会保险机构本身的理解问题，如果把有些国家征收社会保障税的税务机关也包括在社会保险经办机构之内的话，又应另当别论。

⑬ 载 http://www.mohrss.gov.cn/page.do?pa=8a81f3f13170c04f013173a03fef060e，最后访问日期：2011年8月1日。

央统一的原则,既然中央社会保险经办机构的性质为事业单位,不妨认定地方社会保险经办机构也是事业单位。但这种推理具有两个明显的缺陷,一是社会保险经办机构是否可以如此类推,其依据不足;二是中央和地方社会保险经办机构的实际职能上是不一致的,地方社会保险经办机构要处理大量的具体社会保险事务。

另外一种思路是按照排除法的方式来定性。我国《民法通则》把法人分为四类:企业法人、机关法人、事业单位法人、社会团体法人。社会保险经办机构承担社会保险业务的办理,与商业保险业务的办理在性质上有明显的区别,因此不能被认为是企业单位。社会保险经办机构也很难归入行政机关之中。依照行政法基本原理,“行政机关是依宪法或行政组织法的规定而设置的行使国家行政职能的国家机关,这一点使它与法律法规授权的组织和其他社会公权力组织区别开来”,⑭而社会保险经办机构目前在我国宪法和行政组织法中并无依据,因此,社会保险经办机构不能被认为是独立的行政机关,虽然社会保险经办机构隶属于社会保险行政机关,与行政机关有着千丝万缕的联系,同时也在事实上行使着一定的行政权。⑮ 当然,从我国现实情况来看,社会保险经办机构也不能被认为是社会团体。从整体上来看,社会保险经办机构更接近于事业单位。但我国《社会保险法》对此未予明确,有必要在今后的配套法律法规中进一步完善。

四、社会保险经办机构职能的法律定位

如前文所述,社会保险经办机构的职能与其性质紧密相连。在一个法治国家,不仅社会保险经办机构的性质需要明确定性,其具体职能的定位也要明确具体。由于中央和地方的社会保险经办机构在具体职能上面存在较大差异,因此有必要把二者分开论述。

总体上看,中央一级的社会保险经办机构的职能定位相对明确。虽然《社会保险法》未对中央社会保险经办机构的职能专门规定,而且《社会保险法》中有些关于社会保险经办机构的规定实际上不适用于中央社会保险经办机构,但人力资源和社会保障部对其职责进行了专门规定。据官方网站公布,人力资源和社会保障部社会保险事业管理中心承担的具体职责包括19个方面:(1)制定全国社会保险经办管理总体规划和实施方案,并组织实施。(2)组织拟订社会保险经办工作的管理、技术和服务标准,并组织实施;会同有关部门拟订社会保障服务中心建设规划,

---

⑭ 姜明安主编:《行政法与行政诉讼法》,北京大学出版社、高等教育出版社2007年版,第117页。

⑮ 关于社会保险经办机构的权利和职能,下文会有论述。根据行政法原理,行政机关以外的组织可以依据法律、法规的授权或者行政机关的委托行使一定的行政权,因此,不能说行使行政权的就一定是行政机关。

并组织实施。(3)拟订社会保险参保扩面、基金征缴和支出计划建议方案,制定计划考核评估体系,并组织实施。(4)制定社会保险参保登记、缴费申报、费用征缴、财务核算、权益记录、稽核检查、关系建立、终止和转移、接续、待遇审核、支付等经办规程与操作规范,并组织实施;会同有关部门审核补充养老保险方案。(5)承担编制全国社会保险基金预决算草案,组织实施社会保险基金预算;指导各地编制社会保险基金年度报告;负责监测全国社会保险基金运行情况;参与制定中央财政社会保险转移支付资金分配方案。(6)制定社会保险基金统筹与调剂的具体办法,指导全国社会保险经办系统管理社会保险基金。(7)编制汇总全国社会保险年度、季度、月度财务报表,指导全国社会保险经办系统执行社会保险基金财务、会计制度。(8)建立全国社会保险运行情况分析制度,指导各地开展运行分析。(9)负责社会保险精算工作,指导全国社会保险经办系统对社会保险基金中长期财务风险进行测算分析,建立年度精算报告制度。(10)受部委托,负责全国社会保险统计数据的采集汇总、整理分析工作,参与拟订社会保险统计指标体系,指导全国社会保险经办系统执行统计报表制度和开展统计工作,参与拟订社会保险统计报表制度。(11)制定全国社会保险信息系统业务需求,会同有关部门制定业务指标体系;负责数据规范管理工作,牵头组织社会保险数据整理、整合工作,组织全国联网数据上报;建立数据分析应用体系,指导各地开展分析应用工作;参与金保工程总体规划的制定与实施。(12)制定社会保险稽核、内部控制、内部审计和信息披露制度并组织实施;拟订清理欠缴社会保险费计划,并指导实施。(13)拟订社会保险经办业务档案管理规定并组织实施;指导全国社会保险经办系统开展社会保险咨询和个人账户基金查询服务工作。(14)拟订医疗保险、工伤保险、生育保险定点医疗机构、康复机构、伤残辅助器具配置机构、药店管理规范,制定考核评价体系,建立谈判机制并监督实施,指导全国社会保险经办系统管理定点服务机构。(15)制定社会保险社会化管理服务规范,指导全国社会保险经办系统开展社会化管理服务工作;参与指导推动地方街道(乡镇)、社区劳动保障平台建设。(16)制定社会保险经办机构岗位设置规范、工作人员任职资格标准、业务培训规划、考核规范和内部自律制度并指导实施。(17)承办社会保险经办事务的国际交流与合作及中外社会保险协议的具体实施。(18)参与社会保险宣传工作,主办《中国社会保障》杂志。(19)承办部里交办的其他事项。[16] 这些职责从其性质上来讲,都可以归入行政管理的范畴,主要包括政策规则的制定以及社会保险业务的指导两个方面,很少涉及服务性质方面的职能。

对社会保险经办机构的具体职能,《社会保险法》虽未明确说明是针对地方社会保险经办机构的规定,但是可以从我国社会保险工作的体制判断出,因为中央社会保险经办机构实际上是不承担具体的社会保险经办业务的。针对地方社会保险经办机构的职责,相关条文规定可以概括为9个方面的内容:(1)社会保险登记。《社会保险法》第57条规定:"用人单位应当自成立之日起三十日内凭营业执照、登记证书或者单位印章,向当地社会保险经办机构申请办理社会保险登记。社会保险经办机构应当自收到申请之日起十五日内予以审核,发给社会保险登记证件。用人单位的社会保险登记事项发生变更或者用人单位依法终止的,应当自变更或者终止之日起三十日内,到社会保险经办机构办理变更或者注销社会保险登记。工商行政管理部门、民政部门和机构编制管理机关应当及时向社会保险经办机构通报用人单位的成立、终止情况,公安机关应当及时向社会保险经办机构通报个人的出生、死亡以及户口登记、迁移、注销等情况。"第58条第1款和第2款规定:"用人单位应当自用工之日起三十日内为其职工向社会保险经办机构申请办理社会保险登记。未办理社会保险登记的,由社会保险经办机构核定其应当缴纳的社会保险费。自愿参加社会保险的无雇工的个体工商户、未在用人单位参加社会保险的非全日制从业人员以及其他灵活就业人员,应当向社会保险经办机构申请办理社会保险登记。"(2)社会保险建档。《社会保险法》第74条第2款规定:"社会保险经办机构应当及时为用人单位建立档案,完整、准确地记录参加社会保险的人员、缴费等社会保险数据,妥善保管登记、申报的原始凭证和支付结算的会计凭证。"(3)社会保险个人权益记录。《社会保险法》第74条第3款规定:"社会保险经办机构应当及时、完整、准确地记录参加社会保险的个人缴费和用人单位为其缴费,以及享受社会保险待遇等个人权益记录,定期将个人权益记录单免费寄送本人。"(4)社会保险咨询服务。《社会保险法》第74条第4款规定:"用人单位和个人可以免费向社会保险经办机构查询、核对其缴费和享受社会保险待遇记录,要求社会保险经办机构提供社会保险咨询等相关服务。"(5)社会保险待遇支付。《社会保

---

[16] 资料来源于人力资源与社会保障部网站对人力资源和社会保障部社会保险事业管理中心职责相关介绍,载 http://www.mohrss.Gov.cn/page.do? pa=8a81f3f13170c04f013173a03fef060e,最后访问日期:2011年8月1日。

险法》第73条第2款规定:“社会保险经办机构应当按时足额支付社会保险待遇。”(6)公布和汇报社会保险基金相关情况。《社会保险法》第70条规定:“社会保险经办机构应当定期向社会公布参加社会保险情况以及社会保险基金的收入、支出、结余和收益情况。”第80条第2款规定:“社会保险经办机构应当定期向社会保险监督委员会汇报社会保险基金的收支、管理和投资运营情况。社会保险监督委员会可以聘请会计师事务所对社会保险基金的收支、管理和投资运营情况进行年度审计和专项审计。审计结果应当向社会公开。”(7)社会保险稽核。《社会保险法》第58条第1款规定:“用人单位应当自用工之日起三十日内为其职工向社会保险经办机构申请办理社会保险登记。未办理社会保险登记的,由社会保险经办机构核定其应当缴纳的社会保险费。”(8)受理有关社会保险的举报、投诉。《社会保险法》第82条规定:“任何组织或者个人有权对违反社会保险法律、法规的行为进行举报、投诉。社会保险行政部门、卫生行政部门、社会保险经办机构、社会保险费征收机构和财政部门、审计机关对属于本部门、本机构职责范围的举报、投诉,应当依法处理;对不属于本部门、本机构职责范围的,应当书面通知并移交有权处理的部门、机构处理。有权处理的部门、机构应当及时处理,不得推诿。”(9)加强社会保险经办机构内部管理。《社会保险法》第73条第2款规定:“社会保险经办机构应当建立健全业务、财务、安全和风险管理制度。”

以上关于社会保险经办机构具体职能的规定,虽然也十分详细,但并不完整,同时,《社会保险法》也回避了社会保险经办实践中迫切需要明确的问题。问题主要体现在三个方面:第一,社会保险经办机构的职责是服务还是管理并不明确。《社会保险法》第8条规定,“社会保险经办机构提供社会保险服务,负责社会保险登记、个人权益记录、社会保险待遇支付等工作”。这一条被认为是对社会保险经办机构职责的概括性规定,但这条规定看似明确,实际不然。比如,虽然我们根据此规定可以推断出社会保险经办机构承担社会保险服务的职能,但是社会保险服务的外延到底又有多宽?《社会保险法》并未明确。另外,除了社会保险服务的职能外,社会保险经办机构是否还承担行政管理方面的职能?并不能从该条文中得出明确的结论。第二,社会保险经办机构职责是否包括征收社会保险费并不明确。现实生活中社会保险费的征收机构各个地方差异明显,迫切需要统一规定,但《社会保险法》却回避了这一重要问题。《社会保险法》第59条规定,“县级以上人民政府加强社会保险费的征收工作。社会保险费实行统一征收,实施步骤和具体办法由国务院规定”。通过这一授权规定,《社会保险法》把“皮球”踢给了国务院。

第三,社会保险经办机构的职责是否包括社会保险基金的管理并不明确。虽然人力资源和社会保障部明确规定了中央社会保险经办机构具有管理社会保险基金的职能,但《社会保险法》并未明确,仅在第70条和第80条分别规定了社会保险经办机构对社会保险基金信息公开和汇报的义务。

五、结论

社会保险经办机构在整个社会保险系统运行中扮演着十分重要的角色,随着社会保险事业的逐步推进,这个角色会更加重要,因此,社会保险经办机构的性质和职能必须尽快明确。从我国特有的现实国情出发,结合我国社会保险事业发展前景,借鉴世界其他国家的有益经验,应该把社会保险经办机构的性质定位为执行一定行政管理职能的事业单位。在这一定位的基础上,社会保险经办机构的职能应该以服务为主,并逐步剥离其行政管理方面的职能,使其真正成为服务社会的公共机构。限于文章的篇幅和主旨,与社会保险经办机构法律定位相关的问题并未展开,比如社会保险经办机构定位与社会保险体制之间的关系、社会保险机构经办机构征收社会保险费的利弊和模式选择问题、社会保险经办机构在社会保险争议处理中的法律地位等。这些问题的回答,都要建立在对社会保险经办机构的准确法律定位之上,但又反过来影响到社会保险经办机构的定位。对于这些问题的思考和讨论,将会为《社会保险法》的充实和完善提供有益的思路。[17]

---

⑰ 严辉文:《体面劳动的关键是体面工资》,载《中国青年报》2010年12月9日。

基于财务独立的社会保险基金预算

张荣芳*

一、社会保险:源于保险原理的财务独立性

《预算法》修改后,将社会保险基金正式纳入政府预算,构建起全口径预算体系。和商业保险相比,尽管设立宗旨和运作方式不同,但不可否认,社会保险也是一种保险,二者的共性在于,参保人通过保险缴费形成保险基金,由特定主体管理或经营,用于支付参保人在特定情况下的费用或补偿。没有风险分散的功能,就不会有保险;没有参保人的缴费,形成抵御风险的基金,也不可能有保险。商业保险如此,社会保险亦然。保险原理体现在财务运作上,强调社会保险财务独立于一般国库预算,具有自给自足的封闭性特征,国家不得将保费收入挪作其他非属该社会保险承担之风险以外的社会支出。① 此即社会保险的财务独立原则。

我国社会保险在建构过程中一直强调这一原则。在医疗保险、工伤保险以及生育保险制度中,相关法律法规明确规定,保险基金遵循以支定收、收支平衡的原则。② 职工基本养老保险制度改革之初,国务院改革方案亦要求,养老保险基金由政府根据支付费用的实际需要和企业、职工的承受能力,按照以支定收、略有结余、留有部分积累的原则统一筹集。③ 1997 年和 2005 年国务院关于职工基本养老保险改革的决定之所以没有确立该原则,主要因为国家直接将转制成本归入养老保

---

* 武汉大学法学院教授,中国社会法学研究会副会长。原文刊载于《武汉大学学报》(哲学社会科学版)2015 年第 3 期。

① 孙迺翊:《论社会保险制度之财务运作原则——兼评中央与地方政府关于健保保费补助之争议问题》,载《政大法学评论》2008 年第 101 期。

② 参见《工伤保险条例》第 8 条;国务院《关于建立城镇职工基本医疗保险制度的决定》第三部分;《企业职工生育保险试行办法》第 4 条。

③ 参见国发〔1991〕33 号文。

险基金,使其无法实现内部收支平衡④。失业保险基金未明确该原则的原因亦如此⑤。总之,我国社会保险的财务制度是明确的:社会保险基金主要由社会保险费及其收益组成,独立于国家财政,原则上以支定收、收支平衡。

社会保险的财务独立原则不仅要求社会保险基金作为整体独立于财政资金,还要求每个基金独立运行,相互不得共济。我国社会保险基金按保险种类和统筹级别分别设置,包括职工基本养老保险基金、职工基本医疗保险基金、失业保险基金、工伤保险基金和生育保险基金,以及城乡居民的养老保险基金和医疗保险基金。《社会保险法》第64条要求,各项社会保险基金按照社会保险险种分别建账,分账核算。具体到某一类别的社会保险基金,可能按照制度设计还包含个人账户基金和统筹基金,如职工基本养老保险基金、基本医疗保险基金。不仅不同的社会保险基金支付对象不同,统筹基金和个人账户基金还分别对应不同的支付范围。特别是个人账户基金,它们由被保险人个人缴纳、专户储存,待参保人符合条件时领取,投资收益归参保人个人所有,余额依法可以由被保险对象的法定继承人继承。每一基金的独立性和支付范围的特定性,使社会保险基金的预算范围具有自身的特点。

社会保险基金独立于政府财政运行,自负盈亏,其支出范围和标准必须依法规定,不能由政府有关部门通过预算确定。社会保险基金是支付社会保险待遇的专项资金,而社会保险待遇体现了被保险人的保险权利,其具体内容和限制方式必须法定化。由于社会保险具有强制性,社会主体在承担强制纳保、缴纳保费的法定义务时,其社会保险待遇请求权和期待权也必须由法律明确规定。这相当于国家与社会主体之间以法律形式签订了“协议”,将公民和国家的义务明确记载于法律。我国社会保险制度亦大致体现了这一要求,《社会保险法》和有关行政法规、国务院决定等对被保险人享受保险待遇条件和标准有较为明确的规定。⑥ 尽管也有部分待遇给付条件和标准被授权省级政府确定或者统筹级别的政府规定,但这只是表明,我国社会保险待遇的法定化程度有待提高,对目标本身的追求应该确定不移。

二、社会保险基金:预算范围与功能的独特性

《预算法》第4条第2款明确规定,政府的全部收入和支出都应纳入预算。这是预算全面性原则的要求。这一原则在政府公共预算、国有资本经营预算和政府

---

④ 参见国发〔1997〕26号、国发〔2005〕38号文。

⑤ 参见中发〔1998〕10号文。

⑥ 参见国发〔2005〕38号文第6部分;《工伤保险条例》第30条。

性基金预算中均得到贯彻落实，但社会保险基金预算应有所区别，至少，个人账户基金应当排除在外。这是因为，独立的职工基本养老保险个人账户基金不属于财政收入，是缴费人个人所有的强制储蓄账户，《社会保险法》第 14 条对此有明确规定。基于这种特性，个人账户基金不应当纳入职工基本养老保险基金的收入范围。从用途上看，它也不应当纳入当期支出范围。国务院关于职工基本养老保险的有关规定中明确，职工个人缴纳的社会保险费设立个人账户基金，劳动者在工作期间缴费，退出职业活动（退休或者因病、因伤完全丧失劳动能力）时从中领取养老金或者残疾津贴。基本养老保险基金个人账户的当期收入不能用于当期支出，只能用于本人退休之后的养老金支出。尽管个人账户基金从设置时起就未独立管理和运营，而是与统筹基金混同成为基本养老保险基金当期收入，用以支付当期职工基本养老保险待遇支出。但自 2000 年起国务院要求试点做实个人账户，2005 年《国务院关于完善企业职工基本养老保险制度的决定》明确要求逐步做实个人账户，各地均按照中央的部署开始实施。截至 2011 年年底，共有 13 个试点省份共积累个人账户基金 2700 多亿元。⑦ 这部分资金对缴费人而言，缴费期和使用期不同步，当期收入的个人账户资金不能支出。政府在核算职工基本养老保险基金当期收入时，应当剔除个人账户基金收入。在确定职工基本养老保险基金当期支出时，亦应当排除由个人账户支付的部分养老金。只有这样，个人账户基金才能独立运行；也只有这样，基金的收支范围才符合社会保险法的相关要求。职工医疗保险个人账户基金虽然可以用于当期支出，但它也不是政府预算范围内的资金，其支出范围、标准和对象均依法确定，无法通过预算在不同主体之间平衡，不应纳入政府预算范围。

《预算法》第 1 条开宗明义：“为了规范政府收支行为，强化预算约束，加强对预算的管理和监督，建立健全全面规范、公开透明的预算制度，保障经济社会的健康发展，根据宪法，制定本法。”可见，预算的主要功能是控制政府的收支行为。然而，社会保险基金的收支不完全以预算为依据。从收入看，社会保险基金收入主要来源于社会保险缴费，社会保险缴费主体、缴费标准、缴费时间均由社会保险法律明确规定。公共财政补贴也是社会保险基金的重要来源。《社会保险法》第 65 条第 2 款要求“县级以上政府在社会保险基金出现支出不足时，给予补贴”，但没有明确政府补贴的标准。在实践中，该补贴通过一般性公共预算开支，计入社会保险基

---

⑦ 参见全国人大财经委关于城乡社会保障制度体系建设的专题调研报告，载 http://www.npc.gov.cn/npc/ztxw/tctjcxsbtxjs/2014-05/19/content_1863640.htm，最后访问日期：2015 年 2 月 28 日。

金的收入范围。对于社会保险基金预算来说,是否能取得政府补贴,能取得多少补贴,都不是其自身能决定的,而是有赖于一般性公共预算。

预算控制的重点是预算支出,原则上预算执行机关不得在预算总额之外进行支出。但社会保险基金支出依据不是预算,而是社会保险法关于保险待遇的支付条件和支付标准。例如,职工基本养老保险待遇的支付条件和标准由《社会保险法》和国务院的相关文件规定;职工失业保险待遇支出的条件由《社会保险法》和《失业保险条例》规定,具体标准授权省、自治区、直辖市人民政府确定。生育保险福利待遇标准同样如此。职工的医疗保险待遇、工伤保险待遇绝大部分福利标准也是依法确定的,只有部分待遇是由法律授权统筹地区政府决定。即使法律授权统筹地区决定的社会保险待遇项目,决定开支的主体往往也是地方政府,而不是预算审批机关。

可见,社会保险基金预算的功能并不在于控制基金收支,而只是基金收支的预测。要想改变基金的收支标准或条件,必须修改相关的法律或法规。

三、预算编制原则:财务独立性的独特要求

收支平衡原则是预算编制的基本原则,社会保险预算也如此。但是,社会保险基金财务的独立性,要求社会保险基金预算的"收支平衡"原则具有自身的特点。

首先,社会保险基金遵循以支定收、收支平衡的原则,不同于公共预算编制应遵循"量入为出、收支平衡"的原则。社会保险待遇的法定性,决定被保险人享受待遇的条件和标准由法律明确规定,即社会保险基金的支出法定。所以,在编制社会保险基金预算支出时,政府没有相机选择的权力,只能依据社会保险法的相关规定核算社会保险待遇支出额度。如果基金收入不足以应对保险待遇支付,政府应当通过公共财政补贴或者由其他方式解决支付缺口。政府预算的作用仅在于核算社会保险基金收支状况和统筹规划基金余缺,预先安排补充基金缺口的基金来源;不能根据当期收入的多少预算当期的支出。

其次,社会保险财务的独立性,要求收支平衡原则应在各个基金中实现,而不是作为一个整体的社会保险基金。我国社会保险基金按照参保人的身份和地区划分为若干个体,如某统筹地区的职工基本养老保险基金、失业保险基金、工伤保险基金,以及某统筹地区农村医疗保险基金等,每个基金独立存在,相互不能共济。各统筹级别政府在编制社会保险基金时,应当分类核算,实现各基金的收支平衡,不是将该统筹级别政府管理的所有社会保险基金作为一个整体实现平衡。

最后,社会保险财务的独立性,要求社会保险费用与保险待遇之间平衡。虽然社会保险基金收入主要来自两部分:保险费收入和政府财政补贴收入;但参保人的保险待遇应当在总量上与该群体缴纳的保险费用基本对应。社会保险尽管不像商业保险那样要求个案中保费与保险给付的保险精算对应关系,但保险原理在此呈现一种"约略性"比例,以此强调社会保险财务上能够自给自足。这也是保险团体成员团结互助、分摊风险的要求。如果保险费收入无法应对和满足保险待遇支出,可以通过降低保险待遇标准或者增加保费收入的方式,实现社会保险基金的内部平衡。政府补贴作为外部费用,应当对应保险团体的"外部事务",即政府赋予社会保险基金的一些非保险类功能和目标。

综上所述,尽管社会保险基金预算已经纳入全口径预算体系,但由于该基金本身需要遵循财务独立原则,使其预算范围和功能不同于其他类别的预算,预算编制原则也有自身的特点。社会保险基金预算必须考虑到这些特殊性,否则其功效很难落实到位。

论工伤保险基金先行支付制度的缺陷与完善

徐智华[*]　邓　娜

【摘　要】　我国工伤保险基金先行支付制度的实施,使工伤劳动者的合法权益得到了法律的保护,但由于工伤保险基金先行支付制度的立法本身存在缺陷,包括先行支付行使条件规定不合理、工伤保险赔偿与民事侵权赔偿责任存在竞合、工伤追偿机制不完善、存在基金安全等方面的问题,导致先行支付制度的落实存在较大的阻碍,甚至出现与该制度的立法目的背道而驰的尴尬局面。建议立法合理规定先行支付的条件,并借鉴国外经验构建起完善的追偿程序和明确追偿中的责任来完善工伤追偿机制,强化政府责任的承担、设立专项支付基金,完善工伤保险基金投资运营的法律规定,以防范基金安全风险问题。

【关键词】　工伤保险基金　先行支付　缺陷　完善

一、工伤保险基金先行支付的含义和构成要件

（一）工伤保险基金先行支付的含义

工伤保险基金先行支付这一概念的首次出现是在《社会保险法》第41条和第42条的规定中,该制度的建立是为了更好地保障工伤职工的合法权益,使工伤职工能够得到及时的救助。然而,法律只规定了先行支付这一制度,并未就先行支付的概念做出具体的规定与说明。为了更好地发挥先行支付制度的积极作用,笔者认为有必要在理论上对其概念进行明确界定。

根据《社会保险法》及《社会保险基金先行支付暂行办法》的规定可以得出,社会保险经办机构属于工伤保险待遇先行支付的义务主体,先行支付的内容为工伤保险待遇,请求先行支付的权利主体为工伤职工及其近亲属,应当支付工伤保险待

---

* 中南财经政法大学教授,中国社会法学研究会常务理事。原文刊载于《湖北社会科学》2015年第8期。

遇的第一义务主体为未依法缴纳工伤保险费的用人单位以及导致工伤发生的第三人。因此,社会保险经办机构的先行支付义务属于一种无利益基础的支付,这种支付无疑是一种垫付性支付,社会保险经办机构履行先行支付义务后必然获得追偿的权利。因此,工伤保险基金先行支付制度的内涵不仅包括先行支付,还应包括追偿,先行支付完成后必然出现相应的追偿关系。

综上所述,工伤保险基金先行支付是指在发生法律规定应当由用人单位或第三人向工伤职工支付工伤保险待遇而其不支付的情形下,经过工伤职工及其近亲属的申请,由社会保险经办机构从工伤保险基金中先行支付,先行支付后可以向用人单位或第三人进行追偿的制度。

(二)工伤保险基金先行支付的构成要件

根据前面有关先行支付概念的论述可以得出,构成工伤保险基金先行支付的要素主要包括以下几个方面:(1)先行支付的主体是社会保险经办机构;(2)必须发生法律规定的由工伤保险基金先行支付的情形(包括未依法缴纳保险费的用人单位不支付及造成工伤发生的第三人不支付两种类型);(3)受害职工必须被认定为属于工伤;(4)必须经过工伤职工及其近亲属的申请;(5)因用人单位不支付而进行先行支付的支付范围是工伤保险待遇,而因第三人导致的工伤所履行的先行支付范围仅仅包括工伤医疗费用;(6)社会保险经办机构履行先行支付义务后有权向用人单位及第三人追偿。

二、工伤保险基金先行支付制度存在的缺陷及分析

(一)先行支付的行使条件不够明确

《社会保险法》和《社会保险基金先行支付暂行办法》(以下简称《暂行办法》)颁布以来,我国有部分地区已经就细化工伤保险基金先行支付实施的程序及内容出台了相关的管理办法,但总体上看,明确接受并贯彻实施这一制度的地区只是少数,该制度的实施在大部分地区遇到了较大的困难。这一现象出现的主要原因之一即工伤保险基金先行支付的行使条件难以明确,增加了实践中的操作难度。

《社会保险法》只是笼统地提出了第41条和第42条规定的工伤保险基金先行支付的两种适用情形,并未就其具体的行使要件作出明确规定,需要结合工伤保险立法原意,对其进行分析。《暂行办法》虽然对先行支付的行使条件作出了进一步地细化规定,如申请的主体为职工或其近亲属,用人单位不支付的具体情形等,但是仍然未解决因规定不明确而难以操作的问题,需要进一步完善立法规定。具体来说,我国现行立法有关工伤保险基金先行支付的行使条件规定存在以下几个方面的不足。

1. 申请主体称谓不统一。根据《暂行办法》的规定,申请工伤保险基金先行支付的主体为职工或其近亲属,《工伤保险条例》与《社会保险法》也都将工伤保险的参保主体规定为“职工”。然而,《劳动法》与《劳动合同法》有关社会保险的规定中所使用的称谓为“劳动者”,“职工”与“劳动者”所代表的对象是否属于同一范围法律并未做出说明。这不仅给司法实践带来困扰,也造成法律用语的不一致,影响法律的严肃性。

2. “不支付”和“无法确定”缺乏认定标准。《社会保险法》和《暂行办法》对工伤保险基金先行支付适用的情形均分为两类:未依法缴纳工伤保险费的用人单位不支付工伤保险待遇和因第三人原因造成工伤,第三人不支付工伤医疗费或无法确定第三人的。根据上述法律法规规定可以得出,能否适用先行支付制度的一个重要前提条件是用人单位不支付或者第三人不支付或无法确定第三人。

《社会保险法》对何为不支付或者无法确定的情形并未作出相关规定,缺乏具体的认定标准与程序,使司法实践难以操作,并在标准的认定上产生了分歧。《暂行办法》较《社会保险法》有了一定的细化,针对用人单位不支付的情形进行了列举,明确规定以下几种情形被视为用人单位不支付:(1)用人单位被依法吊销营业执照或者撤销登记、备案的;(2)用人单位拒绝支付全部或部分费用的;(3)依法经仲裁或诉讼后仍不能获得工伤保险待遇,法院出具中止执行文书的;(4)职工认为用人单位不支付的其他情形。此外,《暂行办法》对用人单位不支付情形的认定还进行了程序上的规定,如书面催告通知。

虽然《暂行办法》较之《社会保险法》而言,对“不支付”的认定标准及有关程序进行了进一步的明确,然而《暂行办法》只针对用人单位不支付的情形做了规定,且是通过列举形式对几种情形进行了确定,对列举之外的其他应当视为用人单位不支付情形的认定标准仍然是空白。此外,《暂行办法》对第三人“不支付”与“无法确定”的认定标准及相关程序依然没有作出规定,第三人“不支付”是仅包括全部不支付还是也包括部分不支付不得而知。因此,《暂行办法》并没有解决《社会保险法》有关工伤保险基金先行支付制度难以操作的难题。

3. 先行支付的申请时间有待界定。《社会保险法》与《暂行办法》只规定了职工或其近亲属享有先行支付的申请权,却未具体规定对该申请权的行使期限。《暂行办法》第10条规定,个人申请先行支付医疗费用、工伤医疗费或工伤保险待遇,应提交所有医疗诊断、鉴定等费用的原始票据等证据,社保经办机构保留所有证据。这一规定是否说明申请人只能在所有医疗终结后才能行使工伤保险基金先行支付的申请权？如果答案是肯定的,那么先行支付制度使工伤职工获得及时救治的立法目的是否能够实现？如果答案是否定的,那么职工申请工伤保险基金先行支付的权利始于何时又终于何时？为了保护工伤职工的合法权益,也为了先行支付制度能够收到好的效果,立法有必要对职工申请先行支付的权利期限进行明确规定。

（二）工伤保险赔偿与民事侵权赔偿的竞合问题

因第三人侵权造成的工伤,导致工伤保险赔偿与民事侵权损害赔偿发生竞合。《社会保险法》针对第三人侵权导致的两种赔偿竞合问题仅规定了工伤保险基金有权向第三人追偿工伤医疗费。通过法律规定可以明确得出,工伤职工从工伤保险基金获得工伤医疗费后不能再向第三人主张工伤医疗费的赔偿。然而,对于工伤医疗费之外的其他工伤保险待遇,工伤职工是否可以获得双份赔偿,《社会保险法》与《暂行办法》均未作出明确规定。这一立法态度的不明确会导致司法实践得出不一致的裁判结果,从而出现不公平的现象。

（三）追偿机制不健全

《社会保险法》规定工伤保险基金先行支付后获得向未依法缴纳工伤保险费的用人单位及第三人进行追偿的权利。然而,《社会保险法》只是对工伤保险基金的追偿权进行了概括性的规定,对其追偿的具体程序等均未提及。在短时间内仓促出台的《暂行办法》也未对具体的追偿机制做出合理的设置。根据《暂行办法》第13条第1款和第3款的规定,社保经办机构在向工伤职工先行支付工伤保险待遇后,应当责令用人单位在10日内偿还,用人单位账户余额少于应当偿还的数额的,社会保险经办机构可以要求其提供担保,签订延期还款协议。《暂行办法》第12条第1款规定,社会保险经办机构先行支付工伤医疗费后,有关部门确定了第三人责任的,应当要求第三人按照责任大小偿还先行支付数额中的相应部分。从上述规定可以得出,《暂行办法》对社保经办机构的追偿仅仅规定了责令支付、签订协议、要求偿还等方式,这些方式的强制力度显然不高,且缺少切实有效的追偿手段及程序,不利于工伤保险基金利益的返还,进而会阻碍工伤保险基金先行支付制度的稳健、可持续运行。

（四）基金安全存在的风险问题

我国工伤保险基金实行以支定收、收支平衡的原则,基金主要来源于用人单位缴纳的工伤保险费、利息收入、滞纳金、罚款等。由于我国工伤保险的强制力度不高,工伤参保率低,且工伤保险费费率整体水平偏低,导致工伤保险基金的收入来源并不充足。根据以支定收的原则,年末基本做到收支相抵,略有结余。据《中国人力资源和社会保障事业统计公报》的统计数据显示,我国在2009年和2010年期间,工伤保险基金的收入分别为240亿元和270亿元,支出分别为156亿元和179亿元;年末累计结存额为404亿元和547亿元,结存储备金分别为65亿元和91亿元,基本做到收支相抵。[①] 这说明在实行工伤保险基金先行支付制度之前,基金收入与支出已经达到基本平衡的状态,而先行支付制度是由工伤保险基金垫付原本不属于工伤保险基金支付的内容,该部分基金支出不存在对应的基金资金收入来源。由于我国工伤保险参保率不高,未依法缴纳工伤保险费的用人单位大量存在,这就容易导致工伤保险基金支出大于收入,造成基金赤字,引发基金安全风险。

此外,如前文所述,由于我国立法并未设置健全的先行支付追偿机制,容易产生工伤保险基金先行支付的费用无法追回的风险。依据《暂行办法》的规定,不支付工伤保险待遇的用人单位主要包括:被依法吊销营业执照或者撤销登记、备案的;拒绝支付全部或部分费用的;依法经仲裁或诉讼后仍不能获得工伤保险待遇,法院出具中止执行文书的。其中,第一种和第三种情形本身就存在无法追回的风险,而针对用人单位拒绝支付全部或部分费用的情形,《暂行办法》只规定社保经办机构应当在3个工作日内向用人单位发出书面催告通知,要求其在5个工作日内进行支付,并告知如不按时支付将由工伤保险基金先行支付并取得向其追偿的权利。催告程序并不具有强制力和威慑力,无法从源头上减少先行支付的产生,从而加大了工伤保险基金的支出压力。而对于第三人侵权造成工伤的情形,先行支付的产生往往是因为第三人无法支付工伤医疗费用或者无法确定第三人,这种情形本身也加大了基金利益追回的难度。

总之,一方面工伤保险基金支出增加,另一方面基金利益追回难度大,共同引发了基金安全风险。如果不解决基金安全风险问题,不仅无法继续推行工伤保险基金先行支付制度,还会影响工伤保险制度的正常运行,损害依法缴纳了工伤保险费的用人单位工伤职工的合法利益。

三、完善工伤保险基金先行支付立法的对策及建议

(一)完善先行支付行使条件的立法规定

1.统一规定先行支付的申请主体为劳动者。对于"劳动者"与"职工"所指范

---

① 李亚男:《我国工伤保险参保率较低之原因分析与对策探讨》,载《重庆科技学院学报》2011年第2期。

围是否一致，实践中存在不同的看法。有学者认为，“职工”的范围比“劳动者”的范围更小，前者仅指与用人单位签订正式书面劳动合同的有编制的那部分雇员，而“劳动者”是指与用人单位存在合法劳动关系的所有雇员，不仅包括签订书面劳动合同的劳动者，也包括与用人单位形成事实劳动关系的那部分劳动者。另有学者认为，“职工”与“劳动者”所指的范围完全一致。《劳动合同法》第 7 条规定，用人单位自用工之日起即与劳动者建立劳动关系，用人单位应当建立职工名册备查。所以从该法律规定来看两者含义一致。笔者赞成第二种观点，所谓“职工”与“劳动者”只是称谓不同而已，都是指与用人单位建立劳动关系（包括事实劳动关系）的自然人。但是，为了保持法律用语的规范性、前后一致性以及维护法律的严肃性，笔者建议将两者统一规定为劳动者，以消除实践中的分歧。

2. “不支付”与“无法确定”的立法完善建议。

（1）未依法缴纳工伤保险费的用人单位不支付的认定。根据《暂行办法》第 6 条、第 7 条的规定，用人单位被依法吊销营业执照或撤销登记、备案；拒绝支付全部或者部分费用的；经依法仲裁、诉讼后仍不能获得工伤保险待遇，法院出具中止执行文书的，职工可以申请先行支付，社保经办机构经书面催告后用人单位不支付的，可以认定为用人单位不支付，从而以工伤保险基金先行支付。对于第一种和第三种情形，劳动者提交相关材料比较容易，对于不支付的认定比较简单。然而，对于用人单位拒绝支付全部或部分费用以及其他劳动者认为不支付的情形，劳动者提交相关材料并不是很容易。笔者建议，对于提交材料有难度的情形，可以免除劳动者提交材料的义务，劳动者请求用人单位支付被拒绝后可以直接向社保经办机构提出申请，由社保经办机构对用人单位进行书面通知，如果用人单位明确表示会支付，则规定一定期限，过了规定的期限用人单位仍未支付则进行先行支付。

（2）第三人原因引起先行支付的立法完善。工伤保险遵循的一大原则即为无过失补偿原则，只要劳动者被认定为工伤，就应当向其支付工伤补偿。所以，当用人单位依法缴纳了工伤保险费，劳动者因第三人侵权发生了事故伤害时，只要事故伤害被认定为工伤，社保经办机构就应当从工伤保险基金中支付工伤劳动者所有工伤保险待遇。但鉴于第三人侵权应当向工伤劳动者承担侵权责任，所以侵权损失赔偿的最终责任者应当是第三人，在此赔偿范围内工伤保险基金支付属于先行支付，是一种垫付，先行支付后可以取得向第三人追偿的权利。而当用人单位未依法缴纳工伤保险费时，尽管因第三人侵权造成工伤，只要劳动者被鉴定为工伤，就能依据《社会保险法》第 41 条的规定向社会保险经办机构提出先行支付申请，社会保险经办机构先行支付后取得分别向用人单位和第三人追偿的权利。

综上所述,建议立法直接取消前置条件“第三人不支付工伤医疗费用或无法确定第三人”的规定,并将《社会保险法》第41条和第42条合并,直接明确规定:第三人的原因造成工伤,由工伤保险基金先行支付。工伤保险基金先行支付后,有权向第三人追偿。职工所在用人单位未依法缴纳工伤保险费,发生工伤事故的,由用人单位支付工伤保险待遇。用人单位不支付的,从工伤保险基金中先行支付。从工伤保险基金中先行支付的工伤保险待遇应当由用人单位偿还,用人单位不偿还的,由社保经办机构先行支付后取得向用人单位和第三人分别追偿的权利。依照上述思路修改条文后,既可以解决难以认定第三人不支付或无法确定的标准问题,也有益于实践应用和操作。

3. 明确规定先行支付的申请时间。规定先行支付的申请时间不仅能够让工伤职工得到及时的救治,还能通过申请的截止期限辅助判断用人单位是否履行了支付义务,为先行支付提供判断依据。根据《民法通则》第136条的规定可以得知,身体受到伤害要求赔偿的诉讼时效为1年。劳动者受到工伤事故伤害也属于一种身体伤害,可以参照1年的诉讼时效进行规定。然而,对于申请先行支付的起始时间该定为何时是值得探讨的。

大连市在《关于基本医疗保险基金先行支付有关问题的通知》中规定,先行支付的申请时间应为首次住院医疗终结之日起1年内。以首次住院医疗终结之日的次日为先行支付的申请起始日是否科学合理值得商榷。如果工伤职工家庭贫困无法支付住院治疗费用的,上述先行支付申请起始期限的规定将达不到及时救助工伤职工的功效。因此,立法可明确规定,在用人单位不支付的情形下,将先行支付的申请时间规定为工伤职工或其近亲属首次向用人单位申请支付工伤保险待遇被拒绝之日起1年内;在第三人侵权且用人单位依法缴纳了工伤保险费的情形下,先行支付的申请时间应为职工被认定为工伤之日起1年内;在第三人侵权且用人单位未依法缴纳工伤保险费的情形下,先行支付的申请时间应为工伤职工或其近亲属首次向用人单位申请支付工伤保险待遇被拒绝之日起1年内。

(二)工伤保险赔偿与侵权赔偿竞合的立法完善

我国可以借鉴国外立法经验,通过分析各种立法模式的利弊,并结合我国实际情况,选择适合我国立法背景与立法目的的模式,对工伤保险待遇与民事侵权损害赔偿竞合的处理办法作出明确统一的规定。

国外有关工伤保险待遇与民事侵权赔偿竞合的处理模式主要有以下几种:

(1)单一模式,又称免除模式。是指工伤职工只能向工伤保险经办机构请求工伤保险待遇,而不能再依侵权责任法向侵权人主张损害赔偿。这种模式的适用有一定条件:仅适用于特定人、特定事故、特定损害及特定意外事故发生原因。采取这种模式的国家主要有法国、德国、瑞士等。(2)选择模式,是指工伤职工只能在两种赔偿之间择其一,选择一种的同时不能再行使另外一种。英国和其他英联邦国家早先采用这种模式,但后来都已废止。(3)叠加模式,又称兼得模式。是指工伤职工可以同时获得工伤保险待遇及民事赔偿。[②] 采用此种模式的国家很少,最典型的为英国。(4)补充模式,指工伤职工对工伤保险待遇及民事赔偿都可以行使请求权,但最终获得数额不得超过其实际所受的损失。如日本、智力等国采用此种模式。[③] 笔者比较赞同采用前文所述四种模式中的补充模式。首先,因用人单位不支付而引起先行支付的情形下,应区分用人单位是否存在主观过错而区别对待。当用人单位不存在过错时,工伤职工只能请求工伤赔偿,不能再向用人单位主张民事赔偿;当用人单位存在过错,而工伤赔偿不能填补工伤职工所受损失时,职工还可向用人单位主张民事赔偿,但所获赔偿不得超过所受损失。其次,因第三人侵权引起先行支付的情形,工伤职工申请先行支付后,先行支付范围内对第三人的债权请求权全部转移给工伤保险经办机构,工伤职工不再享有对第三人的民事侵权赔偿请求权,但如果工伤先行支付的待遇不足以填补工伤职工所受损失时,职工还可行使对第三人的民事侵权赔偿请求权,所得赔偿总额不得超过其所受损失。总之,建议法律明确规定工伤职工不得获得双份赔偿。

(三)建立和完善先行支付制度的追偿机制

追偿机制是否完善关系到工伤保险基金的安全,会影响工伤保险基金先行支付制度是否能够正常运行进而发挥其功效,所以必须对我国工伤保险基金先行支付制度的追偿机制做出严格、合理的设置。

1. 应当构建完善的追偿程序。建议在社保经办机构内部设立专门处理先行支付问题的部门,配备专业人才,并赋予该部门一定的强制权力、罚款权力等。与此同时,明确追偿的具体期限为与申请人向第三人主张民事侵权赔偿权利的诉讼时效相同,从确定先行支付之日起算。

2. 明确追偿中的责任。社保经办机构能否顺利完成追偿任务,有赖于多方主体的积极配合,包括工伤职工、用人单位、第三人及社保经办机构的工作人员。法

---

② Friedmann, Social Insurance and Tort Liability, *Harv L. Rev.* ,1949.

③ 程琥:《工伤保险前沿问题审判实务》,中国法制出版社 2014 年版。

律应当对相关主体的责任作出明确规定,如对于不积极提供证据的申请人可以从以后支付的待遇中扣减相应的数额;对于恶意申请先行支付的申请主体和恶意拖延赔偿的第三人给予罚款等惩罚;加大对不依法缴纳工伤保险费的用人单位的处罚力度,并对有关责任人员进行罚款等处罚;明确规定社保经办机构工作人员在审核、支付、追偿过程中的责任,对于不严格依法履行职责的工作人员给予警告等行政责任,情节严重的依法追究其刑事责任。

(四)完善工伤保险基金的管理

工伤保险基金先行支付制度的一个负面效应即引发基金安全风险,基金安全是先行支付制度有效运行的前提,完善基金管理,解决基金安全问题势在必行。从司法实践来看,采取完善基金追偿制度、明确相关主体法律责任等措施,都能起到维护基金安全的作用。除此之外,我们建议还可以从下列几个方面完善工伤保险基金管理,解决基金安全问题。

1.强化政府责任的承担。工伤保险制度的设计理念是通过缴纳工伤保险费组成工伤保险基金池来分散工伤事故风险,实现工伤风险共担。所以,基金承担风险之边界应严格限定于资金池的构建主体,即保费缴纳者内部,不得扩张至该群体之外,造成保费本身的制度外负担,而回避国家应为的照护义务与财政责任。想让原本未履行保费缴纳义务的群体纳入保险共同体的唯一道路是政府之责的实际承担,即财政资金的注入。④ 所以,工伤保险基金先行支付制度的实施应当强调政府责任的承担,政府一方面应当监督用人单位缴纳工伤保险费,惩治该制度运行过程中的各种违法行为;另一方面应当在每年的财政预算中提供专项资金用于支持工伤保险基金先行支付制度的实施,保障该制度的有效运行。

2.设立专项支付基金,专款专用。工伤保险基金先行支付属于工伤补偿先行支付制度的一种形式,该制度的实施容易引发基金安全风险,为了解决基金安全问题,我们可以效仿我国台湾地区的工伤补偿先行支付制度,即由中央主管机关编列专项预算,成立专项基金,实施专款专用,专门对未参保工伤职工予以补偿。该专项基金独立于工伤保险基金,其主要来自政府的财政预算,以及对未参保单位的追偿所得和罚款所得等。设立专项基金,以罚充养,一方面能突出政府责任的回归,实现政府提供社会保障的职责,另一方面能保障工伤保险基金安全,同时为未参保工伤职工提供及时的救治,发挥先行支付制度的积极作用。

---

④ 郑晓珊:《工伤保险法体系——从理念到制度的重塑与回归》,清华大学出版社2014年版。

3. 完善工伤保险基金投资运营法律规定。我国目前的工伤保险基金主要以定期存款的形式存入银行，而根据2010年的相关数据，“国家在2010年的物价涨幅目标控制在4%，社会保险基金的投资收益率一般只有2%左右”。⑤ 由于我国目前缺乏对工伤保险基金进行投资运营的相关法律法规规定，使基金保值增值的压力巨大，一定程度上增加了基金的安全风险。因此，有必要完善基金投资运营的相关法律规定，充实工伤保险基金资金来源，推动先行支付制度的稳健运行。

（1）建立准入制度。工伤保险基金投资监管的首要环节即基金运营准入的管理。准入管理包括两个方面的内容：一是工伤保险基金运营机构所需具备的资格标准，如注册资本、组织机构等；二是准入运营的内容，主要通过限制基金投资运营的投资范围、投资金额、投资方式等保障基金安全。通过准入制度的建立，可以将一些可能造成基金损失的机构拒之门外，达到降低基金运营风险的目的。

（2）细化预算、决算制度。定期编制符合实际的预算和决算是对工伤保险基金进行有效财政调控和监督的重要前提。目前，我国《社会保险基金财务制度》只是对预算的概念、编制、审批和执行作了简要规定，我国对基金预算、决算的规定过于笼统，有必要对其进行细化，以实现对工伤保险基金的监管目标，控制基金运营风险。

（3）实施多元化投资方式。工伤保险基金能否实现保值增值很大程度上取决于投资制度是否合理。目前，我国社会保险基金以储蓄为主的单一投资模式已经无法适应国际社会保险基金投资的潮流。为了确保工伤保险基金的长治久安，实现基金保值增值，应该建立科学谨慎的多元化投资模式，同时完善各种投资限制制度，如审计制度、投资信托制度、风险准备金制度、资产评估制度等。

---

⑤ 郑莹：《社会保险法制的理论重构与制度创新研究》，法律出版社2013年版。

长期照护保险立法探析

郑尚元*

【摘　要】 我国已经进入老龄社会，老龄人口中部分失能失智的老人需要长期照护。传统社会中，长期照护责任与风险全部由当事人家庭承担。随着我国老龄化、少子化情势加剧，对于少子家庭、独子家庭，甚至个别"丁克"家庭，老人失能失智后，将面临巨大灾难。德国、日本在其健康保险(医保)法制基础上，建构了独立的社会保险第五险，即长期照护保险法律制度。该制度以分担当事人及其家庭风险为背景，将个人风险转换为社会保险。我国目前的养老服务体系虽然存在一定的社会福利性，但根本上说仍属于私法层面的服务与被服务关系，照护老人的支出大部分由当事人及其家庭支出。建构长期照护保险法制，建立长期照护保险经办机构制度、将长期照护服务机构一并纳入法制体系，是该类社会问题解决的必由之路。

【关键词】 长期照护　社会服务　社会保险法制

一、老龄化、少子化与失能老人长期照护难题

(一)老龄化与少子化的现状与趋势

关于人口老龄化及衍生出的相关话题，已经被各种媒体和学界所阐释，中国未富先老的格局已经成为公认的社会事实。根据国家统计局《2014 年国民经济和社会发展统计公报》，2014 年中国 13.67 亿人口中，60 岁及以上的老人 2.12 亿人，占总人口的比例为 15.5%，65 岁及以上人口数为 1.37 亿人，占 10.1%。另外一组数据显示：中国 65 岁以上老年人口占总人口的比重 1982 年为 4.9%，1990 年为 5.6%，2000 年为 7.1%，2010 年为 8.9%，2014 年为 10.1%。从上述数据可以看

* 清华大学法学院教授，中国社会法学研究会副会长。原文刊载于《法学评论》2018 年第 1 期。

出,中国的人口老龄化正呈加速度上升状态。[①] 2017 年 3 月 28 日公布的《国务院关于印发"十三五"国家老龄事业发展和养老体系建设规划的通知》指出,"十三五"时期是我国老龄事业改革发展和养老体系建设的重要战略窗口期,形势严峻,预计到 2020 年,全国 60 岁以上老年人口增加到 2.55 亿人左右,占总人口比重提升到 17.8% 左右,高龄老年人将增加到 2900 万人左右,独居和空巢老人将增加到 1.18 亿人左右,老年抚养比将提高到 28% 左右。人口老龄化的一端是老年人口的增加,缘于医疗技术、健康保健以及生活质量提高各种因素。一般而言,在和平的社会环境中,经济和社会发展必然导致平均寿命的延长,经济愈发达地区,平均寿命提升至近 80 岁甚至超 80 岁及老龄社会形成几乎可以成为规律。人口老龄化的另一端是年轻人口的骤然减少,导致人口年龄结构的失衡及老龄化的加剧。20 世纪 80 年代,随着"独生子女政策"的推行,客观上抑制了中国人口膨胀情形的恶化,使中国少生了至少 2 亿人。[②] 这 2 亿人口的减少直接导致我国老龄化进程的快速推进。此外,我国高等教育事业的发展、城市化与外出务工等各种因素亦是我国人口老龄化之构成因素。人口老龄化及人口结构的演变直接对我国的养老体系构成威胁。现代社会,宏观的养老保障体系应当分为三个部分:基本养老保险制度(物质保障)、基本养老服务制度与精神养老服务等环节。传统社会中,上述三个环节被统合为一体:养老送终皆由子女所为,无论是父母老年失去劳动能力后的物质赡养,还是父母失去生活能力后的精神赡养皆由子女负担,而现代社会中,上述养老问题逐步走上社会保障化、法制化道路。就我国现实而言,养老保险制度和养老服务两项制度已经分置,前者为老年人提供晚年的物质保障,后者侧重生活服务。

(二)高龄失能老人长期照护难题

在老龄社会中,失能人口的比例是客观存在的。2015 年 7 月,中国老龄科学研究中心在《中国养老机构发展研究报告》中指出,2014 年年底,我国失能老年人口接近 4000 万人。到 2030 年和 2050 年,我国的失能老人将分别达到 6168 万人和 9750 万人。[③] 这些失能老人情形复杂,类似关节与风湿导致行动不便甚至卧床、中风导致行动不便甚至偏瘫、失去记忆、老年痴呆症等各种各样的失能都需要专人护理,即长期照护当事人的生活。正如上文所言,中国传统社会中的养老问题,包括

---

① 《中国成世界上老龄化最严重的国家》,载《第一财经日报》2015 年 9 月 24 日。

② 易富贤:《计划生育三十多年来中国少生了多少人》,载《财经》2015 年 10 月 29 日。

③ 杨团:《中国长期照护的政策选择》,载《中国社会科学》2016 年第 11 期;唐钧:《失能老人护理补贴制度研究》,载《江苏社会科学》2014 年第 2 期。

物质保障与精神慰藉全部依赖子女,这种世代传承体系建构在道德、伦理等一系列社会规范之中,亦体现在中国的传统律法之中。中国传统孝道的物质基础就是要从物质上供养父母,即赡养父母,“生则养”,这是孝敬父母的最低纲领。④ 对于“不孝”,除了伦理道德的谴责之外,则是律法的惩治,并未存在任何形式的标准与刻度,完全依赖于当事人的自我判断和自身经济能力的限制。子女自身经济能力强者,提供给父母晚年可靠的、较高水准的物质奉养;子女自身经济能力弱者,提供给父母晚年的物质奉养偏弱甚至不可靠。养老问题在传统社会中尤其体现在“临终关怀”的表现上,广义上讲,“送终”亦是“养老”的范围。

传统社会中的以“孝”为导向的养老问题在当代中国遇到的难题,无论城市与农村皆有其相应的障碍和纠结。在农村,由于土地承包经营,劳动力得以自由释放,为数两亿以上的农民工随着大规模的城市化建设进城务工,亦造成了留守儿童、留守老人和妇女等严重的社会问题。⑤ 如此,传统社会中依赖子女孝敬而养老的模式,因农民工进城务工失去了依托。⑥ 在城市,独生子女的父母尚未步入老年或刚刚步入老年,该部分人群并未成为现实中的养老服务对象,而当今七八十岁以上的老人,通常不止一个子女,城市老人养老属于个人负担与社会负担混合性的状态。大部分老年人居家养老,少部分人进入机构养老,亦有一部分人则长年与医院为伴,医院成为“医养结合”的机构与场所。老人依托医院“养老送终”,医院转为变相之养老服务机构,造成医疗服务资源的严重浪费。未来独生子女之父母进入养老服务对象年代后,10 年至 20 年之后,该类问题的严峻性可以用“危机四伏”来形容。目前,我国养老服务机构分为公立养老服务机构与私立养老服务机构。前者的财政支持力度较大,收费较为低廉、服务较有保障,后者则良莠不齐。我国公办养老服务机构、私营养老服务机构皆未有相应的法律规制,同时,我国公立、私营养老服务机构皆未与长期照护保险链接,进入该类机构养老者,皆自行“埋单”。这就是有的养老服务机构排队“一百年”才能进入,而有的机构则无人问津的主要原因之一。⑦

未来的养老服务,亦如《国务院关于印发“十三五”国家老龄事业发展和养老

---

④ 东汉许慎在《说文解字》中对“孝”的解释是:“善事父母者,从老省、从子承老也”。所谓的“善事父母”,包含了养老在内的一切善待父母的举措,更多的是一种道德与伦理的价值导向。

⑤ 2016 年 2 月 4 日,国务院以国发(2016)13 号印发《关于加强农村留守儿童关爱保护工作的意见》,足见“留守儿童”已经成为当代汉语的一个新语境。

⑥ 刘昱君:《对老年社会工作介入农村留守老人生活照料的分析》,载《理论观察》2013 年第 11 期。

⑦ 《北京最火养老院——北京市第一社会福利院,竟要排 100 年!》,载《广州日报》2013 年 10 月 14 日。

体系建设规划的通知》指出的,一定是居家社区养老服务与机构养老服务相结合的养老服务模式。但是,这些服务绝对不是"免费午餐"。上述养老服务的支出如果完全由个人负担,老人的身体状况决定支付的额度,风险全由个体负担,尤其是失能失智老人且家境较差者,将无法克服此等难关。因此,养老服务之社会保险制度建构实为必要。

二、长期照护保险立法的域外经验与启示

(一)德国、日本长期照护保险法制的形成

德国是世界上最早建构社会保险法制的国家。缘自劳工问题而生成的社会保险法制,其功能是多元的,一方面,能够软化劳资冲突与对抗,避免社会动荡甚至革命;另一方面,能够使雇主经营风险适度降低。此外,社会保险法制有助于平息政治层面的冲突与对抗,缓释社会运动尤其是劳工运动。德国于 19 世纪 80 年代启动的社会保险立法是将商业保险技术与社会政策的有机整合,因其在帝国时期由威廉一世皇帝颁布诏书而启动该项立法工程,史称"黄金诏书",俾斯麦在该项事业之贡献被后世所铭记。1883 年,德国颁布《劳工疾病保险法》,1885 年颁布《伤害(劳工事故)保险法》,1889 年颁布实施《老年及残疾人年金保险法》。1911 年整合上述三部法律之后的帝国保险法,1927 年颁布了《失业保险法》。⑧ 对于长期照护一体的公共讨论,源自 1974 年德国老人扶助协会(Kuratorium Deutsche Altershilfe)所提出的一份关于老年疾病住院治疗以及透过法定健康保险承担费用的专家鉴定书。鉴定书中赞成由健康保险合作社承接给付责任。之后,在公共讨论的基础上,经历初步解决倡议、法律草案提出、健康保险给付阶段,最终,照护保险独立立法,并最终编入《社会法典》。⑨ 依据健康保险法对特殊被保险人之照护给付始于 1986 年的《照护改善法》,该法影响了 1988 年 12 月 20 日德国联邦议院通过的《健康改革法》,即健康保险法修正案。法定疾病保险给付的范围由此扩大到严重照护需求性的给付范围项目,具体包括在《社会法典》第五篇健康保险项目之增加给付范围的规定:(1)经医师确认,因疾病或身心障碍而生活须受辅助时,可获得居家照护;(2)照护服务人员度假或因故无法照护时,该居家照护每年最长有 4 周之替代照护;(3)倘重度照护需求者自觅适当照护人力,健康保险人得基于其申请而支付其每月 400 马克之费用;(4)降低或避免照护需求性发生之医学复健给付应予以提供。20 世纪 90 年代初,照护保险独立于健康保险呼声高涨,1994 年 4 月 22 日联

⑧ 郑尚元:《德国社会保险法制之形成与发展》,载《社会科学战线》2012 年第 7 期。

⑨ 卓俊吉:《德国长期照护保险法制之研究》,台湾政治大学法律学研究所 2004 年硕士学位论文。

邦议院通过《照护保险法(草案)》,同年4月29日联邦参议院通过该草案,之后经总统签署公布,该法于1995年1月1日起实行。⑩ 照护保险法编入德国《社会法典》第十一篇,1995年开始居家照护给付,1996年7月1日开始提供机构照护给付。2008年5月30德国联邦议院通过《照护保险结构持续发展法》(Das Gesetz zur strukturellen Weiterentwicklung der Pflegeversicherung),该法于当年7月1日生效。该法明确具体修改了"照护需求性"的界定内容,间接地扩大了长期照护对象的范围。其"照护需求性"之界定的参考因素包括移动、认知与联系能力、行为与心理问题情境、自我照顾、疾病治疗条件要求与康复处理、日常生活安排与社会接触等方面,并按照照护需求之照护等级,设定"微小、显著、严重、最严重、特别需要"状况等五种不同需求度。⑪ 该法的颁布与实施使得德国照护保险制度更加精细与科学,亦更具可操作空间。

德国20世纪末形成的照护保险法制,一定程度上体现了德国因应社会老龄化甚至高龄化后社会问题解决之需求,一如其他国家和地区一样,长期依赖健康保险给付之老年人护理(长期照护),导致支出攀升与医疗资源浪费,使长期照护保险逐渐独立于健康保险而运作。由此,生成了社会保险的第五项保险制度,亦称社会保险的第五大支柱。

日本是世界上典型的高龄化国家。早在20世纪60年代,日本颁布实施了《老人福祉法》,建立了以市町村委为依托的健康诊断、健康交谈和健康指导,其目的在于保障高龄者的身心健康。但是,老年医疗费用支出逐步增加,国民的医疗负担日益加重。1983年日本颁布实施了《老年保健法》,该法于1984年开始施行。⑫ "在日本之社会保险中,并无单以高龄者为对象之健康保险,各该高龄者依据其职业别或地区别等,加入各该健康保险。《老年保健法》一改过去老人福利法之医疗无偿化措施,对70岁以上高龄者承受定额之部分负担,且逐年提高其部分负担。但因部分负担仍偏低,还是难以唤起成本意识。"⑬日本老年保健法是在老年福利法基础上形成的具有一定老年照护色彩的老年保健法律制度,但老年保健法并不能从根本上解决失能高龄老人的长期照护问题。日本曾出现过孤寡空巢老人的自杀事件,尤其是日本《介护保险法》出台前后,这种现象成为严重的社会问题。日本于

---

⑩ 林美色:《长期照护保险:德国荷兰模式析论》,巨流图书公司2011年版,第153~155页。

⑪ 同前注⑩,第157页。

⑫ 荒木诚之:《社会保障法》,青林书院1989年版,第123页。

⑬ 李志妤:《日本长期照护保险法制之研究》,台湾政治大学2003硕士学位论文。

1997 年 12 月通过了《介护保险法》并于 2000 年 4 月施行。日本的介护保险制度产生背景既有应对现实之需，亦有因应未来之远见：(1)日本高龄人口增长迅速。日本高龄人口 1993 年每年增加约 200 万人，2025 年之后每年将增加 520 万人。(2)介护重度化、长期化。(3)介护者的高龄化。⑭

德国、日本作为发达的市场经济国家，社会保险制度已相当完备，而照护保险制度作为新近产生的一类新型社会保险制度，亦是社会发展倒逼法制之推进。没有人口老龄化、高龄化的事实，没有家庭少子化、社会经济高度产业化的社会背景，老年人尤其是高龄老年人的照护完全属于家庭个体所应承载义务。然而，在上述“三化”背景下，家庭照护的社会传统崩塌，没有社会照护，老年人的“善终”将成为社会难题。中国社会虽未摆脱“发展中国家”之社会基础，但老龄化、高龄化趋势颇似发达国家，“未富先老”几乎成为共同认知，如何应对“硬性”养老服务，出路只能是社会养老，基于此点而建构的照护保险制度已成五大社会保险制度的支柱之一，中国社会保险制度之建构同样须面对如此难题。

(二)我国台湾地区长期照护实践与立法走向

我国台湾地区 1993 年进入高龄化社会，老年长期照护成为现实问题。1993 年 8 月 27 日依“护理人员法”制定的“护理机构设置标准”，首次将护理之家、日间照护、居家照顾机构定位长期照护机构。⑮ 之后，我国台湾地区卫生部门实施“老人长期照护三年计划”(1998 ~ 2001 年)，可以说是长期照护纳入独立立法之开端。2007 年 3 月我国台湾地区内政部门发布“长期照顾十年规划”(2007 ~ 2016 年)，列出若干规划：其一，普及化，长期照顾从低收入户拓展至全民；其二，连续性照护，整合理疗与社会资源，有限发展居家照顾；其三，设置康复设施，支撑失能者自立；其四，阶梯式补助原则；其五，支持家庭照顾责任；其六，逐渐扩大长期照顾之地方资源整合，最后整合不同层级政府、政府部门之间、政府与民间、政府与市场及家庭之间关系等。⑯ 从 1980 年“老人福利法”颁布后，我国台湾地区在健康维护(老人预防保健服务、中低收入老人医疗费用补助、中低收入老人重病住院看护费补助)、居家照护(居家服务、设置居家服务职员中心、中低收入老人住宅设施设备补助改善)、社区照顾服务(紧急救援、日间照护、营养餐服务、临时照顾)、机构养护服务

---

⑭ [日]菊池馨实:《社会保障法》，有斐阁 2014 年版，第 410 页。

⑮ 李素桢:《老人长期照护之伦理分析:儒家与丹尼尔斯公义照护观点之探讨》，台湾“中央大学”哲学研究所 2009 年博士学位论文。

⑯ 同前注⑮，第 83 页。

(分长期照护机构、养护机构、安养机构、文康机构、服务机构等)、老年经济安全(低收入户老人生活补助、中低收入老人生活津贴、中低收入老人特别照顾津贴)。此外,“全民健康保险法”规定了居家照护给付。⑰

我国台湾地区从20世纪80年代开始,不断地推进老年长期照护实践,累积了相当多经验,并且发展出具有特色的长期照护措施和办法。但是,这些政策多头实施,不同的部门之间难免形成资源浪费或照护空白的中间地带。相对而言,对于低收入户或低收入老人的长期照护政策落实相对扎实,而对于其他人群则存在疏漏。同时,我国台湾地区的长期照护仍未建立起社会保险制度,其经济安全无法得到充分保障。个人风险并未由社会保险得以遮蔽,或者说老人失能之个人风险尚未完成社会化分担。最近,我国台湾地区已经完成了“长期照护保险法”的起草,立法工作已经启动。

三、我国长期照护的零星实践探索及法制阙如

如同市场经济发达国家曾经遇到的难题,曾经解决难题的过程一样,我国目前正经历着由医到养、医养结合、个别养老到社会养老的深度变迁中,几千年来的“养儿防老”的格局将被打破。但是,这一过程不可避免地具有“摸着石头过河”的探索路径,亦有中国特色的国情现实——城市与农村的二元社会结构所产生的相关问题。

(一)机构养老与经济支撑

我国目前存在的养老服务机构分为公立与私营两类,前者一般属于财政支持力度大的公立养老服务机构,多数称社会福利院。全国老龄化程度较重的上海市,其养老服务机构设施较多,服务亦较完备。以市级养老服务机构为例,上海市第三社会福利院暨民政老年医院是政府开办的市综合性养老机构,内设失智老人照料中心、介护老人照料中心、介助老人照料中心、老年疾病医疗康复中心,为失智失能老人提供医疗护理、生活照料、人文关怀等服务,根据入住需求对老人进行生理疾病、心理智能、生活能力的评估,提供分类等级生活照料护理,以失智失能生活照料护理为特色。其服务项目包括:为老人提供居室环境卫生,督促老人个人卫生料理,外衣及被褥洗涤、冲泡开水,组织老人参加各类活动,及时处理老人的突发情况。按照老人生活依赖程度分为:轻度依赖,在三级护理服务内容的基础上,协助老人个人卫生料理,为老人提供病情变化观察、内衣裤洗涤,送发三餐;中度依赖:

---

⑰ 同前注⑬,第116~132页。

在二级护理服务内容的基础上,提供洗澡帮助、个人卫生、搀扶如厕、整理床单位、提供定时居室巡视服务;重度依赖,在一级护理服务内容的基础上,为老人提供晨晚间护理、洗澡擦身及更衣,喂饭、压疮护理,搀扶或帮助两便,提供24小时居室巡视服务。

上述上海市第三社会福利院作为市级养老服务机构,属于公立养老服务机构,运作相对规范,收费较低。即使如此,仍存在许多亟待解决的问题以及上述行为与服务的法制化问题。其一,该机构的服务与当事人接受服务之间存在"平价"基础上的对价关系。其二,其生活依赖程度更多体现为"内部规则"。其三,老年人入院并未取得法律上的请求权。换言之,入院与否的因素很多。其四,重度依赖收费为面议价格,实则体现为个人供养能力起到决定因素。换言之,"钱"是决定性因素而非老人服务需要。其五,其护理为基本的生活护理,缺乏基本医疗护理的相关服务,在该问题上民政部门与卫生部门需要整合资源的问题很多。其六,属于重度依赖老人之养老服务,其收费由"面议"决定标准,实则是个人"埋单",换言之,个人风险毫无社会保险遮蔽,个别经济能力较强且早已购买商业险的当事人可能报销此笔费用。相对而言,带有明显"社会福利"色彩的上海市第三社会福利院所提供的社会养老服务虽然未与社会保险制度进行嫁接,对于一般生活依赖的老人而言,个人经济负担并不沉重,但对于失能失智的老年人而言,该机构并不能提供"社会福利"性的养老服务。

与上海市第三社会福利院所提供的"平价"社会养老服务相比,区级以下尤其是具有"经营"色彩的社会养老服务机构所提供的社会养老服务,其收费带有明显的"市场"属性。上海月星敬老院是普陀区民政局下属的一家养老机构,投资250万元,于2006年4月正式投入使用。其收费标准如下:托管费(双人房)1300元、托管费(三人房)1200元、托管费(四人房)1050元、托管费(五人及以上)900元;护理费(二级)800元、护理费(一级)1100元、护理费(专护)面议;伙食费400元;一次性生活用品代办费150元;入院保证金3000元。至于完全私营的养老服务机构,其服务标准、收费标准、护理标准更是难以控制。

诚如上文所言,机构养老,尤其是高龄失能、失智老人之养老必然涉及医养结合的问题,其重心在养而不可缺医。换言之,基本的医疗服务在养老服务机构必然有所体现,因此,相关的护理标准和护理人才是客观必需的。目前,我国失能失智老人之专业护理多被理解为住院医疗护理,养老院或福利院之护理多体现为生活护理。

(二)居家养老与社区养老

所谓的居家养老,是指以家庭为核心、以社区为依托、以专业化服务为依靠,为居住在家的老年人提供以解决日常生活困难为主要内容的社会化服务。服务内容包括生活照料与医疗服务以及精神关爱服务。主要形式有两种:由经过专业培训的服务人员上门为老年人开展照料服务;在社区创办老年人日间服务中心,为老年人提供日托服务。通常,居家养老的老人并非失能失智老人,只是其生活能力有所下降,行动不便,需要帮助。居家养老,对于我国人口快速老龄化、养老设施建设相对滞后的现实而言,以及对于中国家庭养老传统而言,更为契合中国国情。居家养老与养老服务并不矛盾,现实生活中,居家养老与雇请保姆现象非常普遍。上述现象体现的是养老的个体化与私生活的封闭,居家养老与社会化服务,居家养老与保险给付相结合,乃是现代社会的必由之路。"社区养老"是以家庭养老为主,社区机构养老为辅,在为居家老人照料服务方面,又以上门服务为主,托老所服务为辅的整合社会各方力量的养老模式。这种模式的特点在于:让老人住在自己家里,在继续得到家人照顾的同时,由社区的有关服务机构和人士为老人提供上门服务或托老服务。居家养老与社区(包括城市社区与农村社区)养老应当是事物的一体两面,社会越进步,两者不可能也不应当分开。随着社区服务设施的不断完善,社区服务种类的不断丰富,类似日间照料、紧急呼叫与救援、出行协助、代办购物(水电热气、柴米油盐、瓜果蔬菜等)、老年餐服务、社区医疗机构之医疗护理服务等,上述服务皆应成为社区养老服务的内容。

2015年1月29日通过的《北京市居家养老服务条例》第3条规定:"居家养老服务应当以居住在家老年人的服务需求为导向,坚持自愿选择、就近便利、安全优质、价格合理的原则。居家养老服务主要包括以下内容:(一)为老年人提供社区老年餐桌、定点餐饮、自助型餐饮配送、开放单位食堂等用餐服务;(二)为老年人提供体检、医疗、护理、康复等医疗卫生服务;(三)为失能老年人提供家庭护理服务;(四)为失能、高龄、独居老年人提供紧急救援服务;(五)利用社区托老所等设施为老年人提供日间照料服务;(六)为老年人提供家庭保洁、助浴、辅助出行等家政服务;(七)为独居、高龄老年人提供关怀访视、生活陪伴、心理咨询、不良情绪干预等精神慰藉服务;(八)开展有益于老年人身心健康的文化娱乐、体育活动。"北京市居家养老的上述规定如果能够得到贯彻实施,当事人间如果具备了彼此间的上述权利义务,居家养老与社区养老则融为一体,居家养老亦成为法律意义上的居家养老。

(三)立法阙如、长期照护与社会保险之嫁接

20世纪80年代以来,我国因应国有企业改革而逐步建立的新型社会保险制度,包含养老、医疗、工伤、失业、生育等五大种类的社会保险项目,该五类社会保险已于2010年在《社会保险法》中得到体现,该法第二章至第六章分别规定了基本养老保险、基本医疗保险、工伤保险、失业保险与生育保险。上述五险就是社会生活中所谓的"五险一金"中的"五险"。事实上,本人一直坚持,生育保险并非独立险,生育险实则为健康保险(医保)之分娩给付,属于社会医疗保险"事故"中的一类。而社会保险之真正"五险"应当是老年年金(养老)保险、健康(医疗)保险、失业(亦称就业)保险、职业伤害(工伤)保险、长期照护保险。德国系创建上述五险之典范国家,其长照险创建较晚(1994年),近些年才入编《社会法典》。长期照护保险如何实践,如何形成法律制度,其难题较多,但其在社会保险中的地位只会因老龄化而愈加重要,社会保险立法不能没有长期照护保险的内容。长期护理保险在发达国家早已有之。以德国为例,德国实施强制性长期护理保险,其目的主要是向病人和长期护理服务提供方(家庭成员、朋友、健康护理专业人员)提供经济上的帮助,以减轻社会福利的负担。德国的长期护理保险是一种义务保险,是德国社会保障体系的第五支柱。目前,我国已经开始长期照护保险实践试点。2016年6月27日,人力资源和社会保障部办公厅发布《关于开展长期护理保险制度试点的指导意见》,在全国近20个城市进行试点。上述试点,皆为未来长期照护之社会保险制度创建而寻求实践经验,长期照护保险给付属于典型的社会行政给付,政府的运作职责客观存在。换言之,离开了政府,该项社会保险便不可能创建。根据长期护理保险制度实施的国际经验和中国社会保险制度的实践经验,中国长期护理保险制度应该是一个统一的福利性、普惠性、强制性社会保障制度。⑱

《中华人民共和国老年人权益保障法》第44条规定:"地方各级人民政府加强对本行政区域养老机构管理工作的指导,建立养老机构实施监督。县级以上人民政府民政部门负责养老机构的指导、监督和管理,其他有关部门依照职责分工对养老机构实施监督。"无论是公立社会福利性养老服务机构,还是私营养老服务机构,所提供的养老服务皆需个人"埋单",并未由社会分担风险。换言之,如同缺少了医保支撑的医疗体系一样,进入医院治疗皆属自费,未来在养老服务机构养老一样可以"报销",如同那些"重症"患者,更需社会保险支撑,失能失智老人更需"社会照

---

⑱ 林宝:《对中国长期护理保险制度模式的初步思考》,载《老龄科学研究》2015年第5期。

料”,需要社会分担其家庭和个人之照料风险。因此,养老服务与社会保险之嫁接,即长期照护保险制度系社会保险制度的有机组成部分。法制形成乃是因应社会需要的结果,长期照护保险立法需要在实践经验的基础上,结合中国国情与域外长期照护保险法理,形成具有中国特色的法律制度框架。

四、长期照护保险法制原理及其基本内容

(一)长期照护保险之基本法律关系

长期照护保险法与社会保险法之其他四类社会保险法制相比,类似健康保险(医保)法,是法律关系结构最为复杂的社会保险法律关系结构,涉及法律主体多元,不止保险人、被保险人囊括其中,还包括养老服务(长期照护)机构、社区服务机构等保险辅助人。图1长期照护保险法律关系更能直观地体现不同法律主体间的法律关系构造。

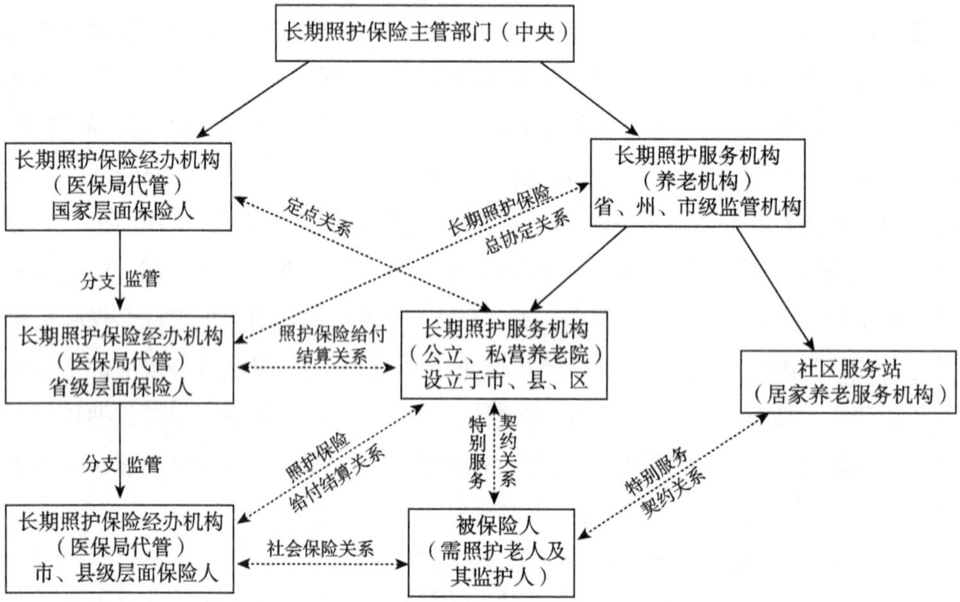

图1　长期照护保险法律关系结构

(二)保险人及其业务运作

长期照护保险之保险人系社会保险法上之公法人,其承担的保险给付义务属于行政给付之一。不同的国家和地区,长期照护保险之保险人的组织设计存在相应的差异,反映的是一个国家和地区社会管理层面的历史与文化。法律制度必然反映这种历史与文化。以日本为例,日本介护保险之保险人,为市町村及相关特别

区,市町村(特别区)承担介护登记的认定,介护认定审查会的设置等。[19] 日本对于介护保险之保险人定位,曾存在激烈的争执,即存在"中央立法地方埋单"的情形,反对再将市町村列为该类保险之保险人,因之前的国民健康保险法、国民年金法已经将市町村列为保险人,地方财政负担沉重。目前市町村与特别区为介护保险之保险人,然而各保险人可能受制于地区规模的差异,无法达到合理之风险分担之社会保险要求,因而可联合多个市町村合组一个保险人,形成业务与费用分担上的配合。[20] 德国长期照护保险之保险人,采多元保险人主义,实行社会自治原则,他们将健康(疾病)保险与照护保险合并在一去,组建保险人,但不同的基金负担不同的保险给付,行政费用则由两个基金共同分担,疾病保险医事服务处同时提供照护保险等级之判定。依据德国《社会法典》第四篇、第五篇及第十一篇之规定,各照护保险基金内部设置理事会和行政委员会,其理事会的职责包括:管理照护基金、代理照护基金、向行政委员会报告重要性决定之执行状况、财务状况与预期发展情形、申报义务、联邦与州照护基金任务之履行、与疾病基金医事服务处合作等。行政委员会主要职责为:议决章程与其他资质规章、监督理事会、决定照护基金重要事项、确认预算计划、因会计年度对理事会解散进行表决、代表照护基金对理事会及其成员进行事务交涉、议决土地取得、让与和设定担保及建筑物设备、议决照护基金之解散或与其他照护基金之自愿合并。[21]

我国目前尚未建构长期照护保险之保险经办机构,以笔者观点,应当借鉴德国经验,将医保之保险人(医保经办机构)与长期照护保险之保险人合二为一,业务分开办理,基金各自运行,这对于节约人才和行政经费以及专业互通各方面皆有价值。尤其是长期照护保险之失能失智认定、照护等级认定,应当是专业医疗范畴,不可由行政机构越俎代庖。当然,我国医疗保险之运作,深陷部门纠葛之困,人保、卫生、发改、中医药管理等部门皆欲主导成为"主管部门",至今医保经办机构亦未成为法律上之保险人。而长期照护保险之保险人及保险业务主管,必然涉及当下之人保、卫生、民政等多个部门。理性分析,卫生部门主管医保及长期照护业务,更符合其主管业务之范围,而保险人应当是独立运作之法人——独立运作业务之健康保险(医保)局。

---

⑲ 同前注⑭,第413~414页。

⑳ 陆敏清:《日本照护保险法制研究》,台湾中正大学2002年硕士学位论文。

㉑ 同前注⑩,第180~183页。

(三)被保险人范围厘定

日本介护保险之被保险人,依据《介护保险法》分为两类,第一类被保险人系在市町村(特别区)拥有住所的65岁以上的老人;第二类系在市町村(特别区)拥有住所,40岁以上未满65岁且参加健康保险(医保)的当事人。[22] 关于第二类被保险人,并非所有需要照护的当事人都能成为被保险人,第二类被保险人非因特定疾病需要照护时,仅能依其他法律,如身心障碍者法获得综合性的照护服务。[23] 或者说,只有部分属于法定照护保险给付的疾病需要照护时,40~65岁的当事人才能成为被保险人,否则,只能依据其他法律提供照护服务。日本照护保险之被保险人更集中地体现为老年照护的特色,并非所有需要照护的当事人能够成为被保险人。德国长期照护保险之被保险人不受年龄限制,实则将年龄较轻之残障人士作为长期照护保险之被保险人,其社会保障水准更高,尤其是对于接近"老年人"的当事人,如因非特定疾病而无法获得长期照护,当事人将失去此等社会保障;或者说,部分残障青年如果生活无法自理,一样可以得到长期照护。如此,社会分担个人风险的比重更大,该类社会保险所扮演的角色更重,远不止因应老龄化的问题。

未来长期照护保险之被保险人范围,以笔者之见,应当参酌日本法例。首先,确定老年人(65岁以上)为长期照护保险之被保险人,40岁以上65岁以下之需要照护者,必须参加医保,并且符合法定慢性疾病范围、失能失智的当事人,其他需要照护的成员应当适用其他法律或者家庭照护为主。换言之,我国的长期照护保险制度所覆盖的被保险人应当以"老"为主,因应急速发展的老龄化、高龄化与少子化的现实,亦考虑中国国力尚属于发展中国家的国情。

(四)长期照护机构及其护理人员——保险业务之辅助人

长期照护保险之照护提供者,一般包括长期照护服务机构(我国称养老院、敬老院、老人养护服务中心、社会福利院等)、社区服务机构和长期照护人员。长期照护服务机构系长期照护保险制度实践的必要主体,尤其是针对失能失智老人在机构养老的情形,该机构必然成为法律关系中的主体之一。德国长期照护机构为养护之家(Pflegehim),系独立自主之经济性机构,该机构的工作人员具有老人照顾员或健康及疾病照顾员的学历,属于专业的照护服务机构。此外,还有居家照护服务站,其是专门提供居家式照护的病人照护或是老人照顾的联合组织。作为一种社会站(Sozialstation),这类照护服务站是一种社会福利性的地方主体组织。至于

㉒ 同前注⑭,第414页。

㉓ 同前注⑳,第51~54页。

专业照护人力，属于受过专业培训的照护人员。[24] 日本介护保险法同样规定了照护服务提供者的法律地位。

我国目前养老服务机构独立运行，与服务者之间仅仅是“契约式”的单纯服务与被服务对价关系，因存在公立与私营两类养老服务机构，存在民政部门监管力度上的差异，该类机构有一定的社会福利性质，但不属于严格意义上的长期照护保险机构，被服务的老人需要本人或家属全额“埋单”。不论是公立养老服务机构还是私营养老服务机构，都须符合相应的专业法定标准、经过法定程序遴选而进入法定保险给付特约（定点）范围，与照护保险之保险人签订特约协议或定点协议，成为法定照护保险之辅助人。

（五）机构养老给付与居家养老给付共存——照护认定与照护等级

凡是涉及保险给付的问题，必然存在给付的标准。换言之，因老人照护依赖等级上的差异，需要服务的等级标准自然存在差异。照护等级，亦为护理等级，老人照护等级之认定，是由照护保险机构委托的专门机构进行专业认定，其认定必须经过法定的认定程序进行，并且在异议的情形下，由相关机构进行重新认定。该认定机关和认定程序，多与医学、老年学有关。“由于照护保险法制保险给付设计须先依个别需要照护等级，于给付限额内接受给付为模式，因此保险人在履行义务之前，必须基于权限‘认定’被保险人是否具有照护之必要？其次，若有必要则接受何种等级之保险给付？”[25]这些问题即是照护等级认定必要性所在。应当说，照护等级之认定是长期照护保险法律制度的核心制度之一。

在照护等级认定的基础上，应区分机构养老与居家养老的标准，考量我国国情，将长期照护保险之给付优先于急、难、重之老人照护，亦即因应失能失智老人无护理无法生存的社会纠结与家庭困境，而居家养老之给付更应体现人文关怀、互帮互助与社区服务相结合。

（六）长期照护保险之费率机制

凡是保险，无论商业保险还是社会保险，都需筹建保险基金，自然需要筹集保险基金之费率设计，长期照护保险法之基本权利义务形成，体现为保险费缴费（contribution）义务与享受保险给付（benefit）的法制框架。其中，保险给付分门别类，而保险费同样不能定额定律，而是随个人收入、年龄、风险增加、社会公平等若干要素之后，确定相应的保险缴费机制。因老龄人口比率、失能失智概率、长期照

---

[24] 同前注⑩，第 255 ~ 265 页。

[25] 同前注⑳，第 71 页。

护成本、社会平均收入变动等,影响保险费率、保险缴费基数之形成。我国尚未建构该项社会保险制度,人力资源和社会保障部在部分地区进行试点,累计实践经验与数据参数,这是法制形成的基础。同时,类似德、日等国,因其老龄化先于中国若干年,且长期照护保险已经法制化,其费率机制形成对中国有一定参照价值。虽然上述两国之保障水平、被保险人覆盖人群有差异,但法律原理一致,可以参酌其中适合我国国情的保险费率机制设计。

(七)争议处理机制及权利救济

长期照护保险属于社会保险之一类,社会保险法制的实施,必然涉及权利救济问题,自然亦产生争议处理机制的建构问题。"德国除一般行政法院外,另外设立社会法院为特别行政法院,负责审理以保障社会基本权利为中心之公法上法律争议事件,例如,社会保险争议。"㉖长期照护保险法律关系结构复杂,既可能发生保险人与被保险人的照护保险争议,亦可能发生被保险人(及其亲属)与照护服务机构(保险辅助人)的服务争议,也可能产生被保险人与照护等级认定机构(保险人委托之法定机构)的照护等级争议。另外,也不排除保险人与照护服务机构之特约协议争议等。㉗ 因此,从权利救济角度及权利保障角度来看,可能发生社会行政复议、社会行政诉讼,也可能发生带有保险给付性的行政复议、行政诉讼,还可能发生没有给付内容的纯行政复议、行政诉讼(例如,照护等级之复议与诉讼)。此外,类似于民事救济程序的诉讼发生概率是客观存在的,如老人在照护服务过程中,可能有服务质量问题,也可能有侵权损害赔偿问题等。总之,作为社会保险五大支柱之一,该类社会保险所产生的争议,需要法定的救济程序和法定的争议处理机制。我国虽然尚未建构长期照护保险法制,虽未发生这类争议,但是未纳入保险之前的养老院、敬老院、福利院与被服务的老人(及其亲属)的合同、侵权纠纷早已发生,只不过我们按照一般民事案件处理而已。即使是未纳入长期照护保险之单纯的服务与被服务关系,用传统民事纠纷的处理程序及现有的处理机制,亦显得牵强附会。因此,我国亟待建构社会保险争议处理的法律制度。

㉖ 台湾社会法与社会政策学会主编:《社会法》,台北,元照出版有限公司2015年版,第417页。

㉗ 同前注⑳,第134~163页。

就业援助:社会救助立法的基本取向

杨德敏*

【摘　要】 社会救助立法的核心价值在于保障公民的生存权和发展权,就业援助既是就业促进的重要措施,又是社会救助的根本方式。就业援助通过对有劳动能力的贫困者提供就业培训、就业岗位、就业服务等援助实现就业,从源头上使受救助者脱贫致富,有利于实现贫困者生存权和发展权双重并重的效果,理应成为我国社会救助立法的基本价值取向。我国社会救助法立法应遵循就业导向、向能力贫困者倾斜、生存保障与就业促进联动等原则。

【关键词】 就业援助　社会救助　就业救助

社会救助是指国家和社会对依靠自身努力难以满足其生存发展基本需求的公民给予物质帮助和服务的制度,它通常被视为政府的当然责任,其目标是帮助社会贫困群体摆脱生存危机,维护社会和谐稳定。社会救助的外延包括生活救助、灾害救助、教育救助,医疗救助、就业救助、住房救助等。① 就业救助是指对生活贫困、有劳动能力但就业困难的失业人员给予就业扶持和帮助的制度。就业援助是以增加劳动收入为目的,以就业困难人员为主要对象,由政府制定特殊扶持政策,开发公益性就业岗位,提供各类有针对性的援助措施,帮助贫困群体中的就业困难人员尽快实现再就业的一项制度。② 就业援助包括支持和鼓励困难群众就业,优先落实各项帮扶政策,给予必要的生活保障,通过开展就业技能培训、职业介绍或提供就业

---

* 江西财经大学法学院院长、教授,中国社会法学研究会常务理事。原文刊载于《江西社会科学》2012年第12期。

① 就业救助的对象是指生活贫困、有劳动能力但就业困难的失业或无业人员。而就业援助既包括对个体实施的各种救助,也包括对劳动就业服务企业、其他安置失业人员的企业以及再就业培训机构等组织实施的政策优惠。因此,就业救助属于就业援助的一部分。

② 郜风涛、张小建:《中国就业制度》,中国法制出版社2009年版,第324页。

岗位,帮助困难群众实现就业和再就业等内容。[③] 可见,就业援助属于社会救助的范畴,其本身是获得就业的基本保证,促进就业才能使受救助者脱贫,是社会救助的根本出路,就业援助是促进就业的重要方式,符合社会救助群体的切身需要,对社会救助来说,属于治本性救助,为此,本文对我国社会救助立法体现"促进就业"的价值取向进行探讨和分析,以期对立法有所裨益。

一、社会救助立法的价值分析

社会救助立法理念,即该法律制度设计的本质出发点和追求目标,可以解释社会救助法律制度供给的现实需求动因。[④] 法律制度作为一种理论架构,价值来自其回应现实社会生活中的实际需求而产生。客观社会生活的实际决定了社会救助法律制度的价值选择。

(一)保障生存权

"生存权,即为维持人的生存所必不可少的权利,包括生命权、健康权、物质享受权等内容。生存权基于人类的生存本能而产生,是一种自然权利,它是伴随人的出生而自然产生,直至人的死亡而自然消灭的一种权利。和法定权利不同,这种自然权,是天赋的、不可转让的。"[⑤]生存权是一切人权的起点,作为第一人权,是贯穿着基本人权发展始终的人权,值得一提的是,这里所指的"生存权"仅指狭义的生存权,主要是指无生活能力者享有请求国家给予物质帮助的权利,是针对社会上老、弱、病、残、幼等缺乏独立谋生能力的公民而言的,国家有责任帮助这些社会弱者,使其维持基本的生活,这种权利在一定程度上就是我们现在所说的"社会救助权"的前身。在所有权利和自由中,生存权是一项基础性的、前提性的权利,没有这项权利,其他一切权利和自由都无从谈起。社会救助的目的就是要使公民的生存权得到基本保证,以保障公民的其他权利和自由,维护人的尊严。

生存权表明公民对国家的积极权利,国家负有满足公民请求的法定义务。同时,国家对于公民生存权的维护和保障应通过具体的制度设计来完成。制度设计应保证公民的生存权在自我不能实现时,有向国家请求帮助的权利;同时,国家有相应义务,即在公民的生存权受到威胁时,有对其提供帮助的义务;在公民请求权被拒绝时应有相应的救济手段。在世界大多数国家,保障生存权已上升为一种宪法性权利。保障生存权——社会保障制度设计的最原始立足点和出发点,同理,在

③ 廖益光:《社会救助概论》,北京大学出版社2009年版,第10页。
④ 曹明睿:《社会救助法律制度研究》,厦门大学出版社2004年版,第98页。
⑤ 方乐华:《社会保障法论》,世界图书出版社1999年版,第28页。

社会保障制度中重要组成部分的社会救助法律制度的设计中，最原始的立足点和出发点也就是保障公民的生存权。

（二）实现发展权

发展是生存权的必然要求，它的设立解决了适者生存、不适者也生存的问题，生存权可以确定生存的最低标准，但并不反对社会弱者为适应社会发展的更高追求——公民拥有发展权。发展权是人的个体和人的集体参与、促进与享受其相互之间在不同时空限度内得以协调、均衡、持续地发展的一项基本人权。[⑥] 1986 年联合国大会决议通过《发展权利宣言》标志着发展权作为一项新的人权正式在国际范围内获得承认，该宣言指出，各国为实现发展权应采取的必要措施就是确保所有人获得基本资源、教育、保健服务、粮食、住房、就业、收入公平分配方面的机会均等。个体发展权的实现直接依赖于国家义务主体所提供的物质保障和法律保障。

贫困者往往因收入低和发展不足，权利易被社会排除在外。从这个角度来看，贫困是对发展权的剥夺，而不仅是经济收入的低下。现代社会救助是向陷入贫困者传递多种资源的复杂过程，不仅是一次性的现金或物质救济，而是把保障其生存看作一个基础，在此基础上通过各种配套救助和社会工作，促进被救助者通过自助摆脱贫困状态，融入主流社会。[⑦] 因此，社会救助立法应突出考虑贫困者的发展权需求，通过就业援助促进贫困者就业，在一定程度上帮助其自救自立，有利于培育和提升有劳动能力的贫困者的生存和发展能力，最终消除贫困，减少政府和社会压力，实现社会救助价值。这是我国社会救助立法的理论动因，即由传统的消极救助立法向积极救助立法模式转变。

二、我国社会救助立法就业促进功能的不足

我国现行社会救助立法对就业促进在以下几个方面存在不足：

（一）最低生活保障制度重生存、轻发展，就业促进功能缺失

1999 年 10 月 1 日，国务院发布的《城市居民最低生活保障条例》第 2 条第 1 款规定，“持有非农业户口的城市居民，凡共同生活的家庭成员人均收入低于当地城市居民最低生活保障标准的，均有从当地人民政府获得基本生活物质帮助的权利”。由此，作为“最后安全网”的城市低保制度在我国逐步建立。总体而言，城市低保制度存在重“资金保障”轻“就业服务保障”的问题，使“就业制度”对城市低收入者和低技能劳动者产生负面作用和向外的推力，呈现为形式性救助的特点。虽

---

⑥ 汪习根：《发展权法理探析》，载《法学研究》1999 年第 4 期。

⑦ 阎昱蓉：《论甘肃地方社会救助制度的完善》，兰州大学 2008 年硕士学位论文。

然我国城市低保制度中也融入了就业促进这方面的内容,体现了促进低保对象就业的基本精神。但是,就业促进与低保制度的联动机制不明确,缺乏相关就业保护性措施和辅助性服务措施,而且职业培训制度没有发挥其应有的作用,政府任凭低保对象长期因就业信心不足、市场竞争力低、就业稳定性差、照料儿童和老人等原因而不敢或不能就业。[⑧] 当然社会救助制度起点是生存救助,但其根本目标是推动被救助者脱离生存困境进而促进自身价值的实现。现行的社会救助体系以低保制度为主体,而低保制度是以个人或家庭的收入为标准的一种补差式的现金和实物救助,使被救助者容易陷入"福利依赖"陷阱,不利于刺激就业和人的价值的实现,违背了社会救助制度的初衷。[⑨] 可见,低保制度容易使受救助对象产生对社会福利的依赖,对有劳动能力的救助对象无法刺激其求职欲望,违背社会救助制度的初衷,究其原因,关键是现行社会救助立法缺失对低保制度与就业促进有效衔接机制的规定,导致低保制度无法充分发挥就业促进作用。

(二)生存保障与就业促进联动机制缺失

2009年4月3日公布的《社会救助法(草案)》第3条第2款中规定,"社会救助以居民最低生活保障为基本内容"。长期以来,政府对贫困人口救助的着力点主要在于解决其生存问题,对如何促进有劳动能力的贫困者就业关注不够,缺少相关的或有力的促进就业政策,由此,对被救助者来说,依赖救济福利生存比通过劳动就业获得收入更具吸引力,导致有劳动能力的受救助者缺乏就业动机,缺乏劳动就业的责任约束。社会救助制度目的不是维持或"制造"一个低收入阶层,而是把保障其生存作为基础,同时使其中具有一定劳动能力的救助对象经过一段时期的调整,经由就业摆脱贫困,不再接受政府救助。[⑩] 应当说保障贫困者的生存权、消除贫困是政府的责任,政府在保障有劳动能力的贫困者基本生活的同时,采取激励政策促进其就业,通过提高劳动收入而使被救助者脱贫,既满足了人的物质需求,又满足了人的精神需求,这是最有效、治本性的社会救助方式,也是社会救助制度设计的最理想途径。但现行社会救助立法均侧重在对被救助者的生存保障,而缺失对贫困者生存保障与就业促进相互衔接、相互促进机制的规定。

(三)社会救助立法中就业援助专项救助制度缺失

经过多年的实践,目前我国以覆盖城乡全体居民为政策目标,以最低生活保障

---

⑧ 任丹:《城市最低生活保障制度与就业联动机制探析》,载《社会保障研究》2009年第5期。

⑨ 李秉文:《社会救助:"全民就业"式优于全民低保"式》,载《经济学家》2010年第11期。

⑩ 王磊:《城市低保对象救助与就业问题博弈分析》,载《财经问题研究》2009年第5期。

为基本内容,包括城乡低保、农村五保供养、专项救助、自然灾害救助、临时救助以国家确定的其他救助在内的社会救助体系,已经基本形成。[11]《社会救助法(草案)》第3条将社会救助体系界定为:“社会救助以居民最低生活保障为基本内容,并根据实际情况实施专项救助、自然灾害救助、临时救助以及国家确定的其他救助。”该草案第16条规定:“对共同生活的家庭成员人均收入低于当地居民最低生活保障标准2倍且家庭财产状况符合所在省、自治区、直辖市人民政府有关规定的家庭,由县级以上地方人民政府有关主管部门根据需要给予教育、医疗、住房等专项救助。”现代社会救助权利体系应该是一个包含生活救助、灾害救助、医疗救助、失业救助、住房救助、教育救助、法律救助等内容丰富复杂的体系,且随着社会经济的发展而日益丰富。[12] 对因失业致贫而又有劳动能力的受救助者给予就业援助,当然属于社会救助的专项救助范围,也是社会救助最有效的方式之一。然而,《社会救助法(草案)》在对类型多样、内容复杂的专项救助内容规定上,条款却很少,尤其是缺失对就业援助的明确规定,尽管“国家确定的其他救助”,应涵盖就业援助,但由于这一制度的特殊性而又没有作出明确具体规定,仍需依靠其他法律规范来加以规定,其适用性和可操作性不强,是立法的一大遗憾。

在《社会救助法(草案)》前一稿即《征求意见稿》第8条规定:“县级人民政府劳动行政等有关部门应当为享受最低生活保障和专项救助待遇家庭中有劳动能力的成员提供就业指导、技能培训等方面的服务,并通过职业介绍、扶持从事个体经营、安排公益性岗位、办理劳务输出等方式促进其就业。”笔者认为,该条规定了对具有劳动能力的贫困者提供就业援助,提高贫困者的“造血”功能,为其退出社会救助创造了条件,达到了社会救助目的,符合立法的价值取向,体现了社会救助立法的实质性进步,没有理由被删除。

(四)社会救助政策偏离发展权理念,积极救助方式缺失

我国现有许多社会救助制度理念,是基于迫切的现实需求、被动地回应现实生活需要而产生的,在这一理念指引下,制定的社会救助政策及法律法规往往表现出临时性、不稳定性特点,偏离社会救助立法的发展权理念,其结果是重“收入贫困”,

---

[11] 民政部社会救助司副司长王治坤在接受记者采访时表示,目前我国仅城乡低保对象人数已达7500多万人,涉及救助资金1200多亿元。参见谢素芳:《社会救助:保障困难群众的基本权利》,载《中国人大》2012年4月25日。

[12] 杨思斌:《中国社会救助立法研究》,中国工人出版社2009年版,第10页。

轻"能力贫困",缺乏用积极救助的方式来解决贫困居民的生存问题,[13]难以使受救助者真正走向独立和实现自我发展。随着我国改革的不断深入,许多有劳动能力的下岗失业人员已成为我国城市低保对象,如果不及时转变观念,仍然采取传统的社会救助模式,则无法从根本上解决贫困问题,再加上贫困具有代际传递性特点,很有可能造成"贫困循环"。就业是民生之本,是发展之源,促进就业是积极救助的重要举措,现阶段只有对许多具备劳动能力的贫困群体就业问题给予特别救助,采用"发展型"的积极救助方式,并逐步实现生活保障与就业促进制度相衔接,才能体现社会救助立法的发展权理念,实现人的发展权价值。

三、我国社会救助立法的基本价值取向:就业援助

就业援助是通过对有劳动能力的贫困者提供就业培训、就业岗位、就业服务等援助实现就业,从源头上使受救助者脱贫致富的制度,其有利于实现贫困者生存权和发展权双权并重的效果,理应成为我国社会救助立法的基本价值取向。

(一)就业援助与社会救助目标高度一致

马克思经典政治经济学认为,只有劳动才是一切物质财富和精神财富的源泉,劳动就业是生存发展的基本前提。就业困难人员只有享有劳动就业权,参加就业劳动,才能取得其生活必需品,其基本生活才有保障。[14] 就业援助是政府对生活贫困、有劳动能力而又无法依靠自身力量获得就业的群体所采取的就业救助措施,目的是支持、鼓励、帮助困难群众就业,从而给予他们必要的生活保障。因此,对就业援助专项救助进行立法规定,有利于保障生活贫困而又有劳动能力的就业困难人员劳动就业权的实现,也有利于维护甚至改善其生存状况。就业问题不解决好,就不能真正提高就业困难人员的生活水平。就业援助是对贫困者的就业救助,通过实现就业以增加其收入,并逐步提高他们的生活水平,帮助贫困群体融入社会进而缓和社会矛盾,实现社会和谐稳定。可见,就业援助的内涵和目标与社会救助的内涵和目标具有高度一致性,就业援助是社会救助的根本途径,就业援助作为专项救助制度应当在社会救助立法中得以规定和体现。

(二)就业援助是积极的、治本性的社会救助方式

现代社会救助制度要求确立积极的社会救助理念,积极的社会救助理念强调

---

[13] 社会救助方面的法规和政策已经实施多年,也逐步走向规范,如《城市居民最低生活保障条例》(1999年)、《城市生活无着的流浪乞讨人员救助管理办法》(2003年)、《农村五保供养工作条例》(2006年)、国务院《关于在全国建立农村最低生活保障制度的通知》(2007年)等,但是这些政策法规在一定程度上存在积极救助方式缺失,难以体现人的发展权价值等问题。

[14] 王财斌:《就业援助立法研究》,宁波大学2011年硕士学位论文,第16页。

社会救助是维护公民权利的基本手段，而不是政府或者社会的施舍。积极的社会救助理念强调社会救助是实现社会公平的工具，而不是实现经济效益的手段，它更加强调社会救助对贫困群体自我获得劳动收入能力的培养，而不是仅仅向他们提供经济救助。[15] 社会救助制度更应该对贫困群体提供其他有效的帮助，帮助他们提高自身获得工作机会的能力，从而通过自己的劳动获得收入，尤其是对那些具有正常劳动能力的贫困群体，更应该将对其获得劳动收入能力的扶持放在重要位置。[16] 只有建立一种综合性的社会救助体系，才能够使社会救助制度有效发挥贫困救助与贫困预防的双重功能。对有劳动能力的贫困者提供就业援助，注重对被救助者生存发展能力，是治本性的社会救助方式，是积极的社会救助立法理念的必然要求。

（三）就业援助充分体现了社会救助立法的价值

就业影响到千家万户的收入和生活，是民生之本，具有稳定的劳动收入是民众维持基本生活和防止贫困的根本途径。社会救助制度不仅应该关注对受助者提供有限的救济，更应该注重为有劳动能力的受助者提供合适的工作，帮助他们获得劳动收入进而预防贫困。对贫困者提供经济救助是一种当贫困成为现实时的救助，具有一定的消极性；而对贫困者提供就业援助，从而帮助其提高劳动技能，获得劳动收入则具有对贫困的预防性功能，具有明显的积极性。因此，为有效地预防贫困、消除贫困，使贫困者脱贫致富，社会救助立法应该重视社会救助内容的完整、社会救助措施的完善。因为对贫困者提供了工作，使他们获得劳动收入，从相关社会救助中退出，就业援助是实现这一目标的最好途径，它使贫困者获得良好的生存和发展环境，故就业援助既保障了贫困者的生存权，又实现了贫困者的发展权。就业援助对于公民来说，在获取生存能力的基础上，可以去争取发展能力，这样既体现生存救助，也体现发展救助，是符合社会救助制度初衷的。可见，就业援助完美并充分地体现了生存和发展并重的救助方式，有助于被救助的贫困者从源头上和根本上脱贫致富，最终从根本上实现社会救助的目的。因此，就业援助是社会救助立法的基本价值取向。

（四）就业援助是世界各国社会救助立法趋势

近年来，许多国家的社会救助方案正在发生转变，从以社会福利为导向转移到以激活就业为导向，逐步减少被救助人收入的同时，增加了就业补助、教育培训、工

---

[15] 丁建定：《构建我国新型城市社会救助制度的原则与途径》，载《东岳论丛》2009 年第 2 期。

[16] 马用浩：《消除能力贫困：解决城市贫困问题的新视角》，载《探索与争鸣》2003 年第 2 期。

读课程和语言学习,目的是使受助者重新回到劳动力市场。[17] 很明显,这些措施均属于就业援助的范畴,从根本上说,对有劳动能力的贫困者的救助,就是帮助其就业才是最好的出路,而不是被动地给予受助者生存保障,就业援助成为社会救助立法的基本价值取向,是世界各国共同的立法经验。

1. 美国。从1997年开始,州政府和当地社区为那些享受"贫困家庭临时救助"的家庭设计福利就业方案,几乎所有的州都设有专门机构为救助对象提供就业,由联邦政府提供一定的资金帮助,创造额外工作机会。如政府作为劳动力市场的购买方,进入劳动力市场直接雇用受助劳动力。

2. 英国。英国求职人员津贴制度取消了以前失业人员靠领取失业津贴养活自己的办法。新办法规定,失业人员只有证明自己在寻找工作,并签订"求职人员协议",政府才给予"津贴",目的在于鼓励人们积极就业。

3. 德国。社会保障对失业群体和低收入群体起着重要的支持作用,国家负有扶助贫困的法定责任,成为保障与救助发展的根本支撑。[18] 德国《哈茨法案》的核心是将过去单纯发放失业津贴改为将失业救济与社会救济合并代之以"创业补贴"。

4. 日本。政府围绕就业援助通过了众多法案,从法律上确保了日本终身雇佣制、终身技能开发机制和劳动力供需调节机制等就业援助模式的有效实施。[19] 近年来,西方国家福利改革中的一个共同趋势是在社会救助体系中实行"就业福利"政策,[20]以推动有劳动能力的被救助者再就业。

从国外立法经验和趋势来看,促进有劳动能力的贫困者就业和对他们提供就业援助,是世界各国社会救助最普遍、最重要的手段。

四、专项救助:就业援助立法的原则

将就业援助作为专项救助内容,在《社会救助法》中应专章作出更为详细的规定,且其他专项救助、自然灾害救助、临时救助等救助类型的规定均应体现就业援助这一基本价值取向。就业专项援助立法应坚持以下原则:

---

⑰ 邱莉莉:《中外救助及失业人员再就业政策比较研究》,载《城市问题》2009年第12期。

⑱ 张莉:《英、法、德、美四国社会性弱势群体救助安排比较研究》,载《国外社会科学》2009年第3期。

⑲ 陈成文、邓婷、孙淇庭:《就业援助:英、美、日三国的实践模式及其启示》,载《中国党政干部论坛》2009年第4期。

⑳ "就业福利"是指,有劳动能力的被救助者在享受被救助权利的同时,必须履行一系列和工作有关的义务。

（一）坚持“就业导向”原则

社会救助立法以实现人的生存权和发展权为目标，就业援助切合这一目标的实现，也符合“就业优先”战略原则。“就业优先”战略符合社会发展的基本规律，符合“以人为本”的治国和管理理念，它从人的生存和发展权利出发，更加注重公平和效率之间、不同地区之间、不同社会群体之间的协调和发展，实现了从“重物”向“重人”的转变。在这一战略原则的指导下，社会救助立法要坚持“就业导向”原则，即在给予有劳动能力的贫困者基本生活救助时，始终要坚持以就业促进为基本导向，优先考虑促进其就业，优先考虑如何帮助其就业，如果有劳动能力的贫困者不愿意就业或不愿意接受就业援助，则基于违背“就业导向”原则，应减少直至剥夺其受相应社会救助的机会。“就业导向”原则应贯穿于就业专项援助立法、执法、司法、守法的全过程，包括就业培训、就业服务、公益性就业岗位提供、就业补贴等方面，这些具体制度的设计都要发挥有利于对有劳动能力贫困者积极求职、就业产生利益导向机制。

（二）向“能力贫困者”倾斜救助原则

对有劳动能力的贫困者，实行倾斜救助原则，重在提供就业培训援助和公共就业服务援助、提高他们的就业技能。这一原则要求：首先，实施有针对性的就业培训援助体系。就业培训既可以提高受训者的工作技能，也可以传授其再就业的技巧，从而扩大再就业机会。应针对能力贫困者的自身特点，设计有针对性的就业培训体系，加强就业培训的有效性、针对性和实用性。制度设计时，我们可考虑减少对有劳动能力的贫困者进行直接的现金支付，而将这笔资金集中起来专门设一项促进再就业的培训费用，培训对象同时免除其学费、书本费、杂费等。其次，实施公共就业服务援助。政府和培训机构对有劳动能力的贫困者提供公共就业服务援助，包括职业介绍、就业培训、创业指导和失业保险等方面，通过公共就业服务，他们可以更准确地找准自己的职业定位，把合适的人放在适合的岗位上，达到“人尽其用”的效果。同时，政府通过提供公共就业服务，可以对人力资源市场中的就业歧视、信息不透明等市场缺陷问题进行调控，确保市场地位平等，维护劳动力市场正常运行，更有效地帮助有劳动能力的贫困者获得就业援助。最后，在财税和金融政策等方面给予优惠、减免，提供绿色通道，进行倾斜保护。总之，政府应尽可能采取各种政策和措施，对有劳动能力的贫困者给予特别的、倾斜性的救助，促使他们就业，实现实质公平正义，保障他们的基本生活需要。

(三)生存保障救助与就业促进联动原则

我国社会救助立法,应转变救助方式,发展积极救助,实现生活救助与就业促进联动,鼓励救助对象积极求职、实现自立。城市低保是长期化、制度化、规范化的社会救助手段,是社会救助的基本内容。[21] 为防止福利依赖,促进社会融合,社会救助制度的理念应该积极实现从收入维持向就业促进的转变。[22] 社会救助立法应坚持生存保障救助与就业促进联动原则,加大社会救助制度与劳动力市场政策的融合,提高贫困劳动者的就业能力。立法时,对享受救助和福利应附加就业或接受就业援助的条件,体现福利激励与就业、就业培训激励、就业援助等制度联动,建立促进有劳动能力贫困者积极就业的利益导向机制,鼓励他们在福利和就业之间做出抉择,推动其实现就业。为增强法律的可操作性,立法可根据受救助对象的困难程度、文化程度、技能状况等情况分类救助。

(四)公平、公正、及时原则

公平就业原则,也称平等就业原则[23],政府应当公平地进行制度设计,实施公共就业保护政策和扶持措施,有责任为每个公民提供平等的就业机会,为有劳动能力的贫困者提供就业援助,使公民的生存权得到切实保障。公平就业原则要求政府对所有有劳动能力的贫困者,不分城乡差别,提供平等的就业机会和公平的就业条件,提供统一的、制度化的就业援助专项资金、设置专门的组织机构和制定规范的服务流程。公正原则主要是维护正义,防止徇私舞弊。公平正义是构建社会主义和谐社会的基本价值基础,要求政府在解决和处理一切社会问题时,都必须考虑到社会的公平和正义,就业问题当然也不例外。[24] 就业援助的公正强调就业过程中的形式正义和程序正义。及时原则,是指就业援助应当以及时、迅速解决有劳动能力贫困者的就业问题为目的,尽快执行就业援助程序,在合理的时间内解决就业援助问题,实现就业援助高效化,使未就业的救助对象获得有针对性的扶助以及时就业。

㉑ 任丹:《城市最低生活保障制度与就业联动机制探析》,载《社会保障研究》2009年第5期。

㉒ 彭宅文、丁怡:《最低生活保障制度与就业促进:问题与政策调整方向》,载《中国劳动》2009年第1期。

㉓ 《就业促进法》第3条明确规定:"劳动者依法享有平等就业和自主择业的权利。劳动者就业,不因民族、种族、性别、宗教信仰等不同而受歧视。"在此基础上,就业促进法还专章规定"公平就业",明确政府维护公平就业的责任,明确政府给予人力资源市场中就业困难人员就业援助的责任。

㉔ 杨德敏:《促进就业的财政法保障研究》,中国政法大学出版社2010年版,第61~62页。

图书在版编目(CIP)数据

劳动关系法治化探索：中国劳动关系学院建校70周年祝贺文集. 上 / 姜颖主编. -- 北京：法律出版社，2019
ISBN 978-7-5197-3717-7

Ⅰ. ①劳… Ⅱ. ①姜… Ⅲ. ①劳动法-中国-文集
Ⅳ. ①D922.504-53

中国版本图书馆CIP数据核字(2019)第168426号

劳动关系法治化探索(上)
——中国劳动关系学院建校70周年祝贺文集
LAODONG GUANXI FAZHIHUA TANSUO(SHANG)
—ZHONGGUO LAODONG GUANXI XUEYUAN JIANXIAO 70 ZHOUNIAN ZHUHE WENJI

姜 颖 主编

策划编辑 李 璐 林 蕊
责任编辑 李 璐 林 蕊
装帧设计 汪奇峰

出版 法律出版社
总发行 中国法律图书有限公司
经销 新华书店
印刷 北京虎彩文化传播有限公司
责任校对 晁明慧
责任印制 胡晓雅

编辑统筹 司法实务出版分社
开本 710毫米×1000毫米 1/16
印张 28.5
字数 481千
版本 2019年9月第1版
印次 2019年9月第1次印刷

法律出版社/北京市丰台区莲花池西里7号(100073)
网址/www.lawpress.com.cn
投稿邮箱/info@lawpress.com.cn
举报维权邮箱/jbwq@lawpress.com.cn
销售热线/400-660-8393
咨询电话/010-63939796

中国法律图书有限公司/北京市丰台区莲花池西里7号(100073)
全国各地中法图分、子公司销售电话：
统一销售客服/400-660-8393/6393
第一法律书店/010-83938432/8433 西安分公司/029-85330678 重庆分公司/023-67453036
上海分公司/021-62071639/1636 深圳分公司/0755-83072995

书号:ISBN 978-7-5197-3717-7 **定价**:88.00元